DIREITO PENAL

Parte Geral

Eduardo Fontes

DIREITO PENAL

Parte Geral

2024

EDITORA *Jus*PODIVM

www.editorajuspodivm.com.br

EDITORA
*Jus*PODIVM
www.editorajuspodivm.com.br

Rua Canuto Saraiva, 131 – Mooca – CEP: 03113-010 – São Paulo – São Paulo
Tel: (11) 3582.5757
• Contato: https://www.editorajuspodivm.com.br/central-de-relacionamento

Diagramação: Futura *(rogerio@futuraeditoracao.com)*

Capa: Ana Caquetti

F683d Fontes, Eduardo
Direito Penal - Parte Geral / Eduardo Fontes – São Paulo: Editora JusPodivm, 2024.
752 p.

ISBN: 978-85-442-5142-3

1. Direito Penal. 2. Lei Penal. 3. Teoria Geral do Crime. Fontes, Eduardo. II. Título.

CDD 341.5

Bibliotecária responsável:
Ana Carolina Ribeiro Mois – CRB7 – RJ 007348/0

À minha amada esposa Priscila, minha companheira de vida e fonte inesgotável de amor, apoio e inspiração. Sua força, sua compreensão e seu carinho são o alicerce sobre o qual construímos nossa família e nossos sonhos. Obrigado por ser minha parceira de vida, minha confidente e minha melhor amiga. Este livro é dedicado a você, como uma expressão da minha gratidão e do meu amor eterno.

Ao meu querido filho Nicolas, que é a luz da minha vida e a motivação por trás de cada conquista. Nicolas, mesmo nos momentos em que o trabalho me afastou de casa, seu amor e compreensão foram meu refúgio. Obrigado pela paciência e por ser tão querido. Este livro também é dedicado a você, como reconhecimento a sua incrível capacidade de me entender e me apoiar em todos os momentos.

Ao meu pai Francisco, a quem agradeço pela educação e apoio constante. Obrigado, pai, por vibrar com cada conquista e por sempre confiar em mim. Seu exemplo e orientação foram fundamentais para moldar o homem que sou hoje.

À minha irmã Jaqueline, cujo amor incondicional e apoio inabalável sempre me fortaleceram nos momentos mais difíceis.

Por fim, agradeço sinceramente ao Dr. Marcelo Lorenço pelo apoio valioso e pela colaboração essencial que tornaram possível a realização deste livro.

Prefácio

Ao nos debruçarmos sobre as páginas deste manual tratando da Parte Geral do Código Penal brasileiro, somos imediatamente capturados por uma narrativa não apenas didática, mas profundamente engajada com a realidade jurídica e social de nosso país. Eduardo Fontes, com sua experiência inigualável como Delegado da Polícia Federal, transcende as expectativas ao oferecer uma obra que é, ao mesmo tempo, um guia essencial para estudantes e profissionais do direito e um espelho reflexivo das complexidades inerentes à aplicação da lei no Brasil.

Fontes, que combina uma sólida formação acadêmica com uma vasta experiência de campo, nos presenteia com um manual que é tanto um mapa quanto uma bússola para aqueles que se aventuram pelos labirintos da legislação penal. Sua capacidade de traduzir termos técnicos em uma linguagem acessível, sem perder a profundidade analítica, faz deste livro um recurso precioso para todos os envolvidos na prática e estudo do direito penal.

Mas este Manual é mais do que um instrumento de aprendizado. É também uma ponte entre a teoria e a prática, entre o acadêmico e o operacional. Eduardo Fontes utiliza sua vivência prática como Delegado da Polícia Federal para enriquecer a discussão teórica com exemplos interessantes, casos práticos e situações enfrentadas no dia a dia das instituições encarregadas de aplicar a lei. Esta abordagem confere à obra uma relevância e uma aplicabilidade que vão muito além dos muros das universidades e das salas de aula.

Além disso, o autor não se furtou de abordar as controvérsias e os debates que permeiam a Parte Geral do Código Penal, apresentando-os de maneira equilibrada e estimulando o leitor a uma reflexão crítica sobre as diversas posições. Sua habilidade em fazer isso, equilibrando rigor acadêmico com sensibilidade prática, é uma das muitas qualidades que tornam este manual um recurso indispensável.

Portanto, seja você um estudante em busca de compreensão clara e acessível sobre a Parte Geral do Código Penal, um profissional do direito em busca de um aprofundamento nas nuances da aplicação penal, ou simplesmente alguém interessado em entender os mecanismos que regem a justiça penal em nosso país, encontrará neste manual um valioso aliado.

Agradecemos ao Dr. Eduardo Fontes por nos oferecer uma obra tão rica e necessária, que certamente se tornará uma referência na área e contribuirá significativamente para o aprimoramento do estudo e da prática do direito penal no Brasil.

Itupeva, 18 de março de 2024.

Rogério Sanches Cunha
Promotor de Justiça/MPSP. Mestre em
Direito pela PUC-Campinas.
Autor de obras jurídicas.

Sumário

CAPÍTULO 1

Introdução ao direito penal......23

1.1. Conceito e classificações......23
1.2. Características......25
1.3. Criminalização primária, secundária e terciária......26
1.4. Funções do direito penal......28
1.5. Princípios clássicos do direito penal......30
1.5.1. Princípio da dignidade da pessoa humana......30
1.5.2. Princípio da legalidade......31
1.5.3. Princípio da culpabilidade......36
1.5.4. Princípio da responsabilidade pelo fato (materialização do fato ou exteriorização)......38
1.5.5. Princípio da responsabilidade pessoal, da personalidade ou da intranscendência......40
1.5.6. Princípio da intervenção mínima......41
1.5.7. Princípio da exclusiva proteção do bem jurídico......43
1.5.8. Princípio da humanidade......45
1.5.9. Princípio da proporcionalidade......45
1.5.9.1. Proibição de proteção deficiente e mandados constitucionais de criminalização......49
1.5.10. Princípio da ofensividade ou da lesividade......52
1.5.11. Princípio da alteridade ou da transcendentalidade......53
1.5.12. Princípio da presunção de inocência ou da não culpabilidade......54
1.5.13. Princípio do "ne bis in idem" ou da inadmissibilidade da persecução penal múltipla......55
1.5.14. Princípio da individualização da pena......56
1.5.15. Princípio da insignificância ou da bagatela própria......57
1.5.15.1 Requisitos para aplicação do princípio da insignificância......59
1.5.15.2. Aplicação do princípio da insignificância em situações específicas......60
1.5.15.2.1. Reincidência......60
1.5.15.2.2. Criminoso habitual......62
1.5.15.2.3. Crimes contra a ordem tributária (Lei nº 8.137/90)......62
1.5.15.2.4. Apropriação indébita previdenciária (CP, art. 168-A) e sonegação de contribuição previdenciária (CP, art. 337-A)......63

1.5.15.2.5. Estelionato previdenciário ... 63
1.5.15.2.6. Contrabando ... 64
1.5.15.2.7. Crimes contra o Meio Ambiente ... 64
1.5.15.2.8. Crimes contra a Administração Pública ... 65
1.5.15.2.9. Moeda falsa ... 66
1.5.15.2.10. Tráfico de drogas ... 66
1.5.15.2.11. Drogas para consumo pessoal ... 67
1.5.15.2.12. Posse ou porte de arma ou munição ... 67
1.5.15.2.13. Manutenção de rádio comunitária clandestina ... 67
1.5.15.2.14. Transmissão clandestina de sinal de internet via radiofrequência ... 68
1.5.15.2.15. Violência doméstica ... 68
1.5.15.2.16. Crimes contra o Sistema Financeiro Nacional ... 68
1.5.15.2.17. Furto qualificado ... 69
1.5.15.2.18. Furto de pequeno valor ... 69
1.5.15.3. Princípio da insignificância imprópria ou da bagatela imprópria ... 71
1.5.15.4. O princípio da bagatela e sua relação com a teoria das janelas quebradas ("Broken Windows Theory") ... 72
1.5.16. Princípio da adequação social ... 74
1.6. Relações com outros ramos do direito ... 75
1.7. Direito penal, criminologia e política criminal ... 76
1.8. Sistemas penais ... 78
1.8.1. Direito Penal Máximo ou Maximalismo Penal ou Eficientismo Penal ... 78
1.8.2. Direito Penal Mínimo ou Minimalismo Penal ... 78
1.8.3. Abolicionismo Penal ... 79
1.8.4. Direito de Intervenção ... 82
1.9. Direito penal do inimigo ... 83
1.10. Velocidades do direito penal ... 86
1.11. Direito penal paralelo e direito penal subterrâneo ... 87
QUESTÕES ... 88
GABARITO ... 93

CAPÍTULO 2

A lei penal ... 95

2.1. Fontes do direito penal ... 95
2.2. Interpretação da lei penal (sujeito, modo e resultado) ... 99
2.3. Analogia ... 104
2.4. Características e classificações da lei penal ... 106
2.4.1 Teoria das normas de Karl Binding ... 106
2.4.2. Classificação das leis penais ... 107
2.5. Conflito aparente de normas ... 109
2.5.1. Conceito ... 109
2.5.2. Expressões sinônimas ... 109
2.5.3. Requisitos ... 109
2.5.4. Finalidade ... 110
2.5.5. Princípios que solucionam o conflito aparente de normas ... 110
2.5.5.1. Princípio da especialidade ... 110
2.5.5.2. Princípio da subsidiariedade ... 111
2.5.5.3. Princípio da consunção ou da absorção ... 112
2.5.5.4. Princípio da alternatividade ... 117

2.6.Norma penal em branco ... 118
2.6.1. Espécies ... 119
2.7.Normas penais em branco e o princípio da legalidade ... 121
2.8.Lei penal no tempo ... 122
2.8.1. *Abolitio criminis* (CP, art. 2º, *caput*) ... 125
2.8.2. *Novatio legis in mellius* (CP, art. 2º, parágrafo único) ... 126
2.8.3. Nova lei incriminadora *(novatio legis incriminadora)* ... 128
2.8.4. *Lex gravior* ou lei penal mais grave ... 128
2.8.5. Combinação de leis penais *(lex tertia)* ... 129
2.8.6. Lei penal intermediária ... 131
2.8.7. Sucessão de complementos de normas penais em branco ... 131
2.8.8. Leis intermitentes (excepcional ou temporária) ... 132
2.8.9. Tempo do crime ... 134
QUESTÕES ... 136
GABARITO ... 141

CAPÍTULO 3

Lei penal no espaço ... 143

3.1. Lugar do crime (Art. 6º, CP) ... 143
3.2. Territorialidade ... 145
3.2.1. Direito de passagem inocente ... 149
3.3. Extraterritorialidade ... 151
3.3.1. Extraterritorialidade incondicionada (art. 7º, inciso I e § 1º, CP) ... 152
3.3.2. Extraterritorialidade condicionada (art. 7º, inciso II e § 2º, CP) ... 156
3.3.3. Extraterritorialidade hipercondicionada (art. 7º, § 3º, CP) ... 157
3.4. Eficácia de sentença estrangeira ... 159
3.5. Contagem dos prazos ... 160
3.6. Frações não computáveis da pena ... 162
3.7. Legislação especial ... 163
3.8. Lei penal em relação às pessoas ... 163
3.8.1. Imunidade diplomática ... 164
3.8.2. Imunidade parlamentar ... 168
3.8.2.1. Imunidade parlamentar absoluta ... 169
3.8.2.2. Imunidade parlamentar relativa ... 170
3.8.3. Imunidades e estado de sítio ... 173
3.8.4. Outras imunidades ... 174
QUESTÕES ... 177
GABARITO ... 183

CAPÍTULO 4

Teoria geral do crime ... 185

4.1. Conceito de crime ... 185
4.1.1. Critério formal ou legal ... 185
4.1.1.1. Crime x Contravenção Penal ... 186
4.1.2. Conceito material de crime ... 192

4.1.3. Conceito analítico de crime 193
4.1.3.1. Corrente bipartite ou bipartida 194
4.1.3.2. Corrente tripartite ou tripartida 194
4.1.4. Conceito criminológico de crime 195
4.2. Sujeitos do crime 197
4.2.1. Sujeito Ativo 197
4.2.1.1. Teoria da dupla imputação 199
4.2.2. Classificação do crime quanto ao sujeito ativo 200
4.2.3. Sujeito Passivo 201
4.2.3.1. Classificação do crime quanto ao sujeito passivo 204
4.2.3.2. Outras questões 204
4.3. Objeto do crime 205
4.3.1. Objeto Jurídico 205
4.3.2. Objeto Material 206
4.4. Classificação dos crimes 207
QUESTÕES 217
GABARITO 221

CAPÍTULO 5

Fato típico 223

5.1. Introdução 223
5.2. Conceito 224
5.3. Elementos 224
5.3.1. Conduta 226
5.3.1.1. Teoria causalista, mecanicista, clássica, naturalista, causal ou sistema Liszt-Beling 226
5.3.1.2 Teoria neoclássica, causal-valorativa ou neokantista 230
5.3.1.3. Teoria finalista 234
5.3.1.4. Teoria social da ação 240
5.3.1.5. Funcionalismo penal 242
5.3.1.5.1. Funcionalismo moderado de Claus Roxin (também chamado de racional-teleológico) 243
5.3.1.5.2. Funcionalismo radical de Günther Jakobs (também chamado de sistêmico) 244
5.3.1.6. Teoria da ação significativa 249
5.3.1.7. Teoria adotada pelo Código Penal 250
5.3.2. Formas de Conduta 251
5.3.2.1. Crimes comissivos (por ação) 251
5.3.2.2. Crimes omissivos (por omissão) 251
5.3.2.2.1. Espécies de omissão 252
5.3.2.2.1.1. Crime omissivo próprio 252
5.3.2.2.1.2. Crimes omissivos impróprios, espúrios ou comissivos por omissão 253
5.3.2.2.2. Nexo causal nos crimes omissivos 259
5.3.2.3. Crimes de conduta mista 261
5.3.3. Principais características da conduta 261
5.3.3.1. Causas de exclusão da conduta 261

5.4. Crime doloso 263
5.4.1. Teorias relacionadas ao elemento volitivo (vontade) 264
5.4.2. Teorias relacionadas ao elemento cognitivo (consciência) 265
5.4.3. Teorias adotadas pelo Código Penal 266
5.4.4. Críticas ao elemento volitivo do dolo 266
5.4.5. Espécies de dolo 268
5.5. Crime culposo 272
5.5.1. Conceito de crime culposo 272
5.5.2. Espécies de culpa 276
5.5.3. Causas de exclusão da culpa 278
5.5.4. Crime preterdoloso ou preterintencional 279
5.6. Resultado 281
5.6.1. Conceito 281
5.6.2. Espécies 281
5.7. Nexo causal ou relação de causalidade 287
5.7.1. Teorias 287
5.7.2. Dos elementos da causalidade normativa segundo Roxin 297
5.7.3. Dos elementos da causalidade normativa segundo Jakobs 300
5.7.4. Nexo causal nos crimes omissivos próprio e impróprios 302
5.7.5. Teoria da Condição INUS 305
5.8. Tipicidade 309
5.8.1. Conceito 309
5.8.1.1. Tipicidade formal (doutrina tradicional) 309
5.8.1.2. Tipicidade material (doutrina moderna) 309
5.8.1.3. Tipicidade conglobante 310
5.8.2. Evolução doutrinária da tipicidade 313
5.8.3. Adequação típica 315
QUESTÕES 316
GABARITO 321

CAPÍTULO 6

Ilicitude 323

6.1. Causas de exclusão da ilicitude 325
6.1.1. Estado de necessidade 326
6.1.1.1. Requisitos do Estado de Necessidade 327
6.1.2. Legítima defesa 331
6.1.2.1. Requisitos da Legítima Defesa 332
6.1.2.2. Hipóteses de cabimento da legítima defesa 338
6.2. Estrito cumprimento do dever legal 339
6.3. Exercício regular de direito 341
6.3.1. Ofendículos 342
6.3.2. Consentimento do ofendido 343
6.3.2.1. Requisitos do consentimento do ofendido: 344
QUESTÕES 345
GABARITO 350

CAPÍTULO 7

Teoria geral da culpabilidade 351

7.1. Conceito 351
7.2. Teorias acerca da culpabilidade 352
7.2.1. Teoria psicológica da culpabilidade 352
7.2.2. Teoria psicológico-normativa da culpabilidade 353
7.2.3. Teoria normativa pura da culpabilidade 353
7.2.4. Teoria funcional 355
7.2.4.1. Culpabilidade na visão de Claus Roxin 355
7.2.4.2. Culpabilidade na visão de Gunther Jakobs 356
7.3. Elementos da culpabilidade 357
7.3.1. Imputabilidade 357
7.3.1.1. Sistemas de aferição da imputabilidade 358
7.3.1.2. Inimputáveis 359
7.3.1.3. Excludentes de imputabilidade 359
7.3.1.4. Consequência da inimputabilidade 364
7.3.1.5. Semi-imputabilidade 364
7.3.1.6. Consequência da semi-imputabilidade 365
7.3.1.7. Emoção e paixão (art. 28, inc. I) 367
7.3.2. Potencial consciência da ilicitude 368
7.3.2.1. Erro de proibição 370
7.3.2.1.1. Classificações do erro de proibição 370
7.3.3. Exigibilidade de conduta diversa 377
7.3.3.1. Causas de inexigibilidade de conduta diversa 378
7.3.3.1.1. Coação moral irresistível (vis compulsiva) 378
7.3.3.1.2. Estrita obediência hierárquica a ordem não manifestamente ilegal 380
7.3.3.2. Existência de causas supralegais de exclusão da culpabilidade 381
7.3.3.2.1. Hipóteses específicas de inexigibilidade de conduta diversa 384
7.3.4. Coculpabilidade 386
7.3.5. Coculpabilidade às avessas 387
7.3.6. Culpabilidade pela vulnerabilidade 388
QUESTÕES 388
GABARITO 395

CAPÍTULO 8

Teoria do erro 397

8.1. Erro de tipo 398
8.1.1. Espécies de erro de tipo 398
8.1.1.1. Erro de tipo essencial 398
8.1.1.2. Erro de tipo determinado por terceiro 399
8.1.1.3. Erro de tipo psiquicamente condicionado 402
8.1.1.4. Erro de tipo acidental 402
QUESTÕES 407
GABARITO 411

CAPÍTULO 9

Iter criminis, tentativa, desistência voluntária, arrependimento eficaz, arrependimento posterior e crime impossível 413

9.1. *Iter criminis* ou caminho do crime 413
9.1.1. Cogitação 414
9.1.2. Preparação 414
9.1.3. Execução 415
9.1.3.1. Teorias de transição entre atos preparatórios e atos executórios 416
9.1.4. Consumação 419
9.1.4.1. Consumação nos crimes de furto e roubo 420
9.1.5. Exaurimento 422
9.2. Tentativa 422
9.2.1. Conceito 422
9.2.2. Elementos 423
9.2.3. Natureza Jurídica 424
9.2.4. Classificação 425
9.2.5. Crimes que não admitem a tentativa 426
9.2.6. Teorias sobre a punibilidade da tentativa 428
9.2.7. Critério de diminuição e impactos na dosimetria da pena 430
9.3. Desistência voluntária e arrependimento eficaz 431
9.3.1. Requisitos 432
9.3.2. Desistência voluntária (art. 15 do CP, 1ª parte) 433
9.3.3. Arrependimento eficaz ou resipiscência (art. 15 do CP, 2ª parte) 435
9.3.4. Efeitos 436
9.3.5. Outras questões 436
9.3.6. Arrependimento posterior (art. 16, CP) 439
9.3.6.1. Requisitos 439
9.3.6.1.1. Crime praticado sem violência ou grave ameaça 440
9.3.6.1.2. Reparação do dano ou restituição da coisa 440
9.3.6.1.3. Até o recebimento da denúncia ou queixa 441
9.3.6.1.4. Critérios para redução da pena 441
9.3.6.1.5. Dispositivos especiais acerca do arrependimento posterior e efeitos da reparação do dano 442
9.3.6.1.6. Comunicação dos efeitos da reparação do dano no concurso de pessoas 443
9.3.6.1.7. Diferenças entre arrependimento eficaz e arrependimento posterior 443
9.4. Crime Impossível 444
9.4.1. Teorias acerca da punibilidade do crime impossível 445
9.4.2. Momento para aferição da inidoneidade ou impropriedade absoluta 446
9.4.3. Diferenças entre crime impossível e delito putativo 447
9.4.4. Crime impossível e crime complexo 449
QUESTÕES 450
GABARITO 454

CAPÍTULO 10

Concurso de pessoas 455

10.1. Conceito 455
10.2. Requisitos 455
10.2.1. Pluralidade de agentes culpáveis 455
10.2.2. Relevância causal das condutas 456
10.2.3. Vínculo subjetivo 457
10.2.4. Existência de fato punível 458
10.2.5. Unidade de infração penal para todos os agentes 458
10.3. Formas engajamento em uma infração penal 462
10.3.1. Teoria subjetiva 462
10.3.2. Teoria extensiva 463
10.3.3. Teoria objetiva ou dualista 463
10.3.4. Teoria do domínio do fato 464
10.3.4.1. Domínio do fato na concepção de Hans Welzel 464
10.3.4.2. Domínio do fato na concepção de Claus Roxin 465
10.4. Participação 468
10.4.1. Formas de participação 468
10.4.2. Teorias acerca da punição do partícipe 469
10.4.3. Outras questões relevantes 471
10.5. Comunicabilidade das circunstâncias, condições e elementares (Art. 30, CP) 472
QUESTÕES 474
GABARITO 479

CAPÍTULO 11

Teoria da pena 481

11.1. Princípios limitadores da pena 483
11.2. Teorias da pena 484
11.2.1. Teoria absoluta ou retributiva 484
11.2.1.1. Teoria retributiva de Kant 485
11.2.1.2 Teoria retributiva de Hegel 485
11.2.2. Teoria relativa ou preventiva 486
11.2.2.1. Prevenção geral 486
11.2.2.1.1. Prevenção geral negativa 486
11.2.2.1.2. Prevenção geral positiva 487
11.2.2.2. Prevenção especial 488
11.2.2.2.1. Prevenção especial negativa 488
11.2.2.2.2. Prevenção especial positiva 488
11.2.3. Teoria mista, eclética, unitária ou unificadora 489
11.3. Espécies de penas 491
11.3.1. Sistemas penitenciários 492
11.3.2. Pena privativa de liberdade 493
11.3.2.1. Regimes penitenciários 494
11.3.2.1.1. Fixação do regime penitenciário 495
11.3.2.1.1.1. Crimes hediondos e regime inicial de cumprimento da pena 498

11.3.2.1.2. Regras dos regimes penitenciários 498
11.3.2.1.2.1. Regime Disciplinar Diferenciado (RDD) 500
11.3.2.1.2.2. Regras do regime semiaberto 501
11.3.2.1.2.3. Regras do regime aberto 502
11.3.2.1.2.3.1. Prisão albergue domiciliar 503
11.3.2.1.2.3.2. Ausência de local adequado para o cumprimento da pena em regime aberto... 503
11.3.2.1.2.4. Regime especial 505
11.3.2.1.2.5. Regime de cumprimento de pena do índio 506
11.3.2.2. Progressão de regime penitenciário 506
11.3.2.2.1. Regras especiais para progressão de regime de mulher gestante ou que for mãe ou responsável por crianças ou pessoas com deficiência 508
11.3.2.3. Regressão de regime penitenciário 509
11.3.2.4. Autorizações de saída 513
11.3.2.4.1. Permissão de saída 513
11.3.2.4.2. Saída temporária 513
11.3.2.4.2.1. Saída temporária automática 514
11.3.2.5. Remição 515
11.3.2.5.1. Remição pelo trabalho 515
11.3.2.5.2. Remição pelo estudo 516
11.3.2.5.3. Remissão ficta ou virtual 518
11.3.2.5.4. Regras da remição 520
11.3.2.5.5. Perda dos dias remidos 521
11.3.2.6. Detração 521
11.3.2.6.1. Hipóteses de cabimento da detração 522
11.3.2.6.2 Detração penal e prescrição 523
11.3.2.7. Aplicação da pena privativa de liberdade 524
11.3.2.7.1. Sistemas para aplicação da pena 524
11.3.2.7.2. Elementares e circunstâncias 525
11.3.2.7.3. Fases de aplicação da pena 526
11.3.2.7.3.1. Primeira fase: fixação da pena-base e circunstâncias judiciais 527
11.3.2.7.3.2. Segunda fase: fixação da pena provisória 535
11.3.2.7.3.2.1. Circunstâncias atenuantes 535
11.3.2.7.3.2.2. Circunstâncias agravantes 543
11.3.2.7.3.2.3. Concurso entre circunstâncias atenuantes e agravantes 555
11.3.2.7.3.3. Terceira fase: fixação da pena definitiva 556
11.3.3. Penas restritivas de direitos 559
11.3.3.1. Conceito e natureza jurídica 559

11.3.3.2. Requisitos ... 560
11.3.3.3. Penas restritivas de direitos e tráfico de drogas ... 563
11.3.3.4. Penas restritivas de direitos e crimes militares ... 564
11.3.3.5. Competência para aplicação da pena restritiva de direitos ... 564
11.3.3.6. Regras para substituição ... 565
11.3.3.7. Reconversão da pena restritiva de direitos ... 566
11.3.3.7.1. Reconversão obrigatória ... 566
11.3.3.7.2. Reconversão facultativa ... 567
11.3.3.8. Impossibilidade de execução provisória das penas restritivas de direitos ... 567
11.3.3.9. Penas restritivas de direitos em espécie ... 568
11.3.3.9.1. Prestação pecuniária ... 568
11.3.3.9.2. Perda de bens e valores ... 570
11.3.3.9.3. Prestação de serviços à comunidade ou a entidades públicas ... 571
11.3.3.9.4. Limitação de fim de semana ... 572
11.3.3.9.5. Interdição temporária de direitos ... 573
11.3.3.9.5.1. Proibição do exercício de cargo, função ou atividade pública, bem como de mandato eletivo ... 574
11.3.3.9.5.2. Proibição do exercício de profissão, atividade ou ofício que dependam de habilitação especial, de licença ou autorização do poder público ... 575
11.3.3.9.5.3. Proibição de inscrever-se em concurso, avaliação ou exame públicos ... 575
11.3.3.9.5.4. Suspensão de autorização ou habilitação para dirigir veículo ... 576
11.3.3.9.6. Proibição de frequentar determinados lugares ... 577
11.3.4. Pena de multa ... 577
11.3.4.1. Aplicação da pena de multa ... 577
11.3.4.2. Pagamento da pena de multa ... 579
11.3.4.3. Execução da pena de multa ... 579
11.3.4.4. Prescrição da pena de multa ... 581
11.3.4.5. Superveniência de doença mental ... 581
11.3.4.6. Multa substitutiva ... 581
11.3.4.7. Inadimplemento da multa e extinção da punibilidade ... 582
11.3.4.8. Sistemática da pena de multa na legislação extravagante ... 583
QUESTÕES ... 585
GABARITO ... 590

CAPÍTULO 12

Concurso de crimes ... 591

12.1. Sistemas de aplicação da pena ... 591
12.2. Concurso material ou real de crimes ... 592
12.3. Concurso formal ou ideal de crimes ... 593
12.3.1. Concurso formal perfeito ou próprio ... 593
12.3.2. Concurso formal imperfeito ou impróprio ... 594
12.4. Crime continuado ... 597

12.4.1. Requisitos do crime continuado ... 598
12.4.1.1. Unidade de desígnios como requisito subjetivo ... 600
12.4.2. Espécies de crime continuado ... 601
12.4.3. Critério para aumento do crime continuado ... 603
12.4.4. Concurso de crimes com imposição de multa ... 603
12.4.5. Outras questões relevantes ... 604
12.5. Limite das penas ... 605
12.5.1. Unificação das penas ... 606
12.5.2. Outras questões ... 606
QUESTÕES ... 608
GABARITO ... 613

CAPÍTULO 13

Suspensão condicional da pena ... 615

13.1. Sistemas ... 616
13.2. Requisitos para concessão ... 616
13.2.1. Requisitos objetivos ... 617
13.2.2. Requisitos subjetivos ... 617
13.3. Espécies de sursis ... 619
13.4. Período de prova ... 620
13.5. Revogação do sursis ... 621
13.5.1. Revogação obrigatória ... 621
13.5.2. Revogação facultativa ... 622
13.6. Cassação do sursis ... 623
13.7. Prorrogação do período de prova ... 624
13.8. Término do período de prova e extinção da pena ... 625
13.9. Questões finais ... 625
QUESTÕES ... 627
GABARITO ... 629

CAPÍTULO 14

Livramento condicional ... 631

14.1. Requisitos para a concessão ... 631
14.1.1. Requisitos objetivos ... 632
14.1.2. Requisitos subjetivos ... 634
14.2. Condições do livramento condicional ... 636
14.3. Revogação do livramento condicional ... 637
14.3.1. Revogação obrigatória ... 637
14.3.2. Revogação facultativa ... 639
14.4. Término do período de prova e extinção da pena ... 640
QUESTÕES ... 640
GABARITO ... 643

CAPÍTULO 15

Efeitos da condenação ... 645

15.1. Efeitos penais ... 646
15.2. Efeitos extrapenais ... 647

15.2.1. Efeitos genéricos 647
15.2.1.1. Pressupostos de aplicação do confisco alargado 651
15.2.1.1.1. Medidas assecuratórias aplicáveis 652
15.2.1.1.2. Ônus da prova 653
15.2.1.1.3. Decisão fundamentada do juiz 653
15.2.1.1.4. Instrumentos utilizados por organizações criminosas ou milícias 654
15.2.1.1.5. Constitucionalidade 654
15.2.2. Efeitos específicos 655
15.3. Efeitos da condenação na legislação extravagante 659
QUESTÕES 662
GABARITO 666

CAPÍTULO 16

Reabilitação criminal 667

16.1. Conceito e natureza jurídica 667
16.2. Sigilo dos registros sobre o processo e condenação 668
16.3. Suspensão condicional de efeitos secundários específicos da condenação 668
16.4. Procedimentos e requisitos 670
16.5. Revogação 671
QUESTÕES 671
GABARITO 674

CAPÍTULO 17

Medida de segurança 675

17.1. Conceito e natureza jurídica 675
17.2. Periculosidade 676
17.3. Aplicação da medida de segurança 677
17.4. Espécies de medidas de segurança 678
17.5. Prazo da medida de segurança 680
17.6. Execução da medida de segurança 681
17.7. Medida de segurança provisória 683
17.8. Conversão da pena em medida de segurança 684
QUESTÕES 685
GABARITO 689

CAPÍTULO 18

Ação penal 691

18.1. Condições da ação 691
18.1.1. Condições gerais ou genéricas 691
18.1.2. Condições específicas ou de procedibilidade 692
18.2. Classificação das ações penais 693
18.2.1. Ação penal pública 693
18.2.1.1. Particularidades da ação penal pública condicionada 694
18.2.1.1.1. Representação do ofendido 695
18.2.1.1.2. Requisição do Ministro da Justiça 696
18.2.2. Ação penal privada 696

18.2.2.1. Ação penal exclusivamente privada ou propriamente dita 697
18.2.2.2. Ação penal privada personalíssima 698
18.2.2.3. Ação penal privada subsidiária da pública 699
18.2.3. Ação penal nos crimes complexos 700
QUESTÕES 700
GABARITO 704

CAPÍTULO 19

Extinção da punibilidade 705

19.1. Aspectos gerais 705
19.2. Causas de extinção da punibilidade 706
19.2.1. Morte do agente (CP, art. 107, I) 706
19.2.2. Anistia, graça e indulto (CP, art. 107, II) 707
19.2.2.1. Questões finais 710
19.2.3. *Abolitio criminis* (CP, art. 107, III) 711
19.2.4. Prescrição, decadência e perempção (CP, art. 107, IV) 711
19.2.4.1. Decadência 711
19.2.4.2. Perempção 713
19.2.5. Renúncia do direito de queixa ou pelo perdão aceito nos crimes de ação penal privada (CP, art. 107, V) 713
19.2.5.1. Renúncia do direito de queixa 713
19.2.5.2. Perdão do ofendido aceito pelo querelado 715
19.2.6. Retratação do agente (CP, art. 107, VI) 716
19.2.7. Perdão judicial (CP, art. 107, IX) 717
QUESTÕES 718
GABARITO 721

CAPÍTULO 20

Prescrição 723

20.1. Aspectos gerais 723
20.2. Prescrição da pretensão punitiva (PPP) 726
20.2.1. Prescrição da pretensão punitiva em abstrato 727
20.2.2. Prescrição da pretensão punitiva retroativa 729
20.2.3. Prescrição da pretensão punitiva superveniente, intercorrente ou subsequente 730
20.2.4. Marco inicial da contagem da prescrição da pretensão punitiva 731
20.2.5. Causas impeditivas da prescrição da pretensão punitiva 733
20.2.6. Causas interruptivas da prescrição da pretensão punitiva 737
20.3. Prescrição da Pretensão Executória (PPE) 739
20.3.1. Marco inicial da contagem da prescrição da pretensão executória 740
20.3.2. Causas impeditivas da prescrição da pretensão executória 741
20.3.3. Causas interruptivas da prescrição da pretensão executória 742
20.4. Prescrição virtual, antecipada ou pela pena hipotética 742
QUESTÕES 743
GABARITO 746

Referências 747

CAPÍTULO 1

Introdução ao direito penal

1.1. Conceito e classificações

De maneira geral, o Direito Penal é conceituado como o conjunto de princípios e regras que visam reprimir a prática de um crime ou contravenção penal mediante a imposição de uma sanção penal. Entretanto, essa definição encerra apenas o **aspecto formal** do Direito Penal, que também pode ser conceituado sob os aspectos material e sociológico.

Em seu **aspecto material**, o Direito Penal é compreendido como a reunião de comportamentos humanos censurados pela coletividade, pois comprometem a conservação e o desenvolvimento social.

No **âmbito sociológico,** o Direito Penal é conceituado como instrumento de controle social, na medida em que impõe os limites necessários à convivência social minimamente ajustada e harmoniosa.

Por ser composto de regras cogentes e indisponíveis integra o ramo do Direito Público.

Trata-se de uma disciplina do Direito que se diferencia das demais em função da gravidade das sanções impostas.

Direito Penal - Aspectos	
Formal	Conjunto de princípios e regras que visam reprimir a prática de um crime ou contravenção penal mediante a imposição de uma sanção penal.
Material	Reunião de comportamentos humanos censurados pela coletividade, pois comprometem a conservação e o desenvolvimento social.
Sociológico	Instrumento de controle social, na medida em que impõe os limites necessários à convivência social minimamente ajustada e harmoniosa.

Classificação doutrinária:

Direito Penal objetivo é o conjunto de preceitos legais que regulam a atividade estatal de definir infrações penais e cominar as respectivas sanções, ou seja, o conjunto de normas jurídico-penais em vigência no país.

Direito Penal subjetivo é o *ius puniendi*, ou seja, o direito de punir. Trata-se, em verdade, de um poder-dever exercido com exclusividade pelo Estado, como manifestação do seu poder de império. Contudo, esse direito de punir não é absoluto, encontrando limites estabelecidos pelo próprio direito penal objetivo.

Ex.1: a inércia do Estado por determinado lapso temporal pode levá-lo a perder o direito de punir, em razão da prescrição (art. 109 e ss. do CP)

Ex.2: o princípio da intraterritorialidade também constitui um óbice ao *ius puniendi* estatal, na medida em que um fato criminoso praticado em nosso território não sofrerá a incidência da lei penal brasileira, devendo o agente ser processado e julgado no seu Estado e de acordo com as suas leis (art. 5º, CP).

Ex.3: a sanção penal que, em caráter excepcional, pode ser aplicada pelos próprios indígenas, paralelamente à sanção penal, também constitui uma exceção ao monopólio do direito punitivo estatal (art. 57 do Estatuto do Índio)[1]. A propósito, já se decidiu no sentido de que não compete à jurisdição estatal processar ou julgar caso ocorrido em terra indígena, envolvendo exclusivamente seus integrantes e já tendo sido proferida penalidade pela própria comunidade, sob o risco de ferir a garantia do *ne bis in idem*[2]. Este tema, inclusive, foi objeto de questionamento na prova oral de Delegado de São Paulo em 2019.

O Tribunal Penal Internacional constitui exceção ao direito de punir do Estado?

Não, pois o direito punitivo do TPI possui caráter complementar, só intervindo quando a Justiça repressiva interna **falhar, tornar-se omissa ou insuficiente** (art. 1º do Estatuto de Roma, o qual consagra o **princípio da complementariedade**).

O Direito Penal subjetivo também pode ser **positivo ou negativo**. Positivo, refere-se aos tipos de criminalização: primária (criar normas) e secundária (aplicar normas, punindo quem as transgrida)[3]. Já o negativo é caracterizado pela faculdade de derrogar preceitos penais ou restringir o alcance das figuras delitivas.

---

1. Lei nº 6.001/73, art. 57. Será tolerada a aplicação, pelos grupos tribais, de acordo com as instituições próprias, de sanções penais ou disciplinares contra os seus membros, desde que não revistam caráter cruel ou infamante, proibida em qualquer caso a pena de morte.
2. O Tribunal de Justiça de Roraima entendeu que os usos e costumes da comunidade indígena são protegidos pela Constituição da República (CF/88, art. 231), devendo-se respeitar os limites do artigo 57, que veda a aplicação de penas cruéis, infamantes e a pena de morte (TJRR. Apelação Criminal nº 0090.10.000302-0 - Bonfim/RR – 17/02/2016).
3. V. comentários ao tópico 1.3.

Direito Penal substantivo ou material é sinônimo de direito penal objetivo, ou seja, conjunto de normas (princípios e regras) que se ocupam da definição das infrações penais e da imposição de suas consequências (pena ou medida de segurança).

Direito Penal adjetivo ou formal corresponde ao direito processual penal (expressão em desuso, já que o direito processual penal é uma ciência autônoma do Direito Penal).

<table>
<tr><th colspan="4">DIREITO PENAL - CONCEITOS</th></tr>
<tr><td>Objetivo</td><td colspan="3">É o conjunto de normas jurídico-penais em vigência.</td></tr>
<tr><td rowspan="2">Subjetivo</td><td rowspan="2">É o ius puniendi (poder-dever de punir do Estado)</td><td>Positivo</td><td>Poder de criar normas (criminalização primária) e punir quem as transgrida (criminalização secundária).</td></tr>
<tr><td>Negativo</td><td>Possibilidade de revogar ou restringir preceitos penais.</td></tr>
<tr><td>Substantivo ou Material</td><td colspan="3">Sinônimo de direito penal objetivo.</td></tr>
<tr><td>Adjetivo ou Formal</td><td colspan="3">Corresponde ao direito processual penal, expressão em desuso, pois o direito penal processual é ciência autônoma. Cuidado, apesar de não ser mais empregada, essa classificação já foi cobrada em concursos públicos.</td></tr>
</table>

1.2. Características

O Direito Penal é **uma ciência cultural normativa, valorativa e finalista.** Dissecando esse conceito, podemos inferir:

> **Ciência:** suas regras compõem a dogmática jurídico-penal.
>
> **Cultural:** pertence à ciência do "dever-ser" e não às ciências naturais, que cultuam o "ser". O Direito Penal é essencialmente valorativo, situando-se no campo jurídico, no plano abstrato.
>
> **Normativa:** estuda o Direito Positivo.
>
> **Valorativa:** valoriza hierarquicamente suas normas.

Finalista: tem por fim a proteção dos bens jurídicos mais importantes para o convívio harmônico em sociedade.

Essas não são as únicas características do Direito Penal, pois ele ainda possui natureza **constitutiva e sancionatória**, além de um **caráter fragmentário.**

Natureza constitutiva: em certas situações, protege interesses que não são regulados por outros ramos do direito, o que denota seu caráter independente (proteção de direitos em primeira mão). Exemplo: uso indevido de drogas ilícitas.

Natureza sancionatória: embora não crie bens jurídicos, protege alguns interesses disciplinados por outras áreas do Direito.

Caráter fragmentário: não protege todos os valores ou interesses, mas apenas aqueles considerados mais relevantes para o convívio harmônico na sociedade.

1.3. Criminalização primária, secundária e terciária

A criminalização é uma atividade estatal e se desenvolve em três momentos, numa sequência lógica. Daí, falar-se em criminalização primária, secundária e terciária.

A **criminalização primária** relaciona-se com a atividade legislativa, pois consiste no ato de criar **lei que incrimina determinada conduta ou autoriza a punição** em decorrência da prática de um ato criminoso. A norma, como ato formal, não é direcionada a nenhuma pessoa em particular. Nota-se que a criminalização primária é dotada de **abstração e generalidade.**

Por outro lado, a **criminalização secundária** diz respeito à efetiva **aplicação das leis penais incriminadoras**, situação em que se desencadeia a persecução e a punição a determinado indivíduo, que infringiu a lei penal, fruto do processo de criminalização primária. Desse modo, é possível observar que a criminalização secundária tem como características a **concretude e a individualidade.**

Por fim, a **criminalização terciária** refere-se àquele que foi alcançado pelo sistema punitivo, sendo-lhe imposta uma pena privativa de liberdade. Deve ser analisada em **duas vertentes:** primeira, ao incutir na mente do indivíduo selecionado (criminalização secundária) e que violou a lei penal incriminadora (criminalização primária) que ele é um criminoso e merece a punição; segunda, ao transmitir à sociedade a ideia de que não há outra opção a não ser a segregação desse indivíduo por meio do cárcere.

PROCESSOS DE CRIMINALIZAÇÃO		
Criminalização primária	**Criminalização secundária**	**Criminalização terciária**
Elaboração da norma penal incriminadora pelo Poder Legislativo	Poder de aplicar a lei (Polícia, MP, Judiciário etc.)	Cumprimento da pena privativa de liberdade pelo condenado. Criminoso e sociedade passam a entender que a punição é necessária

Nota-se que os processos de criminalização estão diretamente relacionados com a **seletividade do sistema penal.**

Na criminalização primária (norma criada pelo Poder Legislativo) a seletividade do sistema penal atende aos **interesses das classes dominantes**.

Na criminalização secundária (concretização do programa punitivo criado pelo Poder Legislativo), os órgãos encarregados do controle social (Polícia, Ministério Público, Poder Judiciário etc.) escolhem e, de certa forma, **elegem quais pessoas serão alcançadas** pelo poder punitivo.

Há forte tendência de o sistema penal ser exercido sobre pessoas previamente escolhidas em face de suas fraquezas, a exemplo dos moradores de rua, prostitutas e usuários de drogas[4]. E é na criminalização terciária que essa seletividade se concretiza, evidenciando que o sistema penal seleciona uma **parcela específica da população sobre a qual incidirá com mais veemência.**

4. Este fenômeno é observado pela criminologia na teoria do etiquetamento (*labelling approach*).

SELETIVIDADE PENAL NOS PROCESSOS DE CRIMINALIZAÇÃO		
Criminalização primária	**Criminalização secundária**	**Criminalização terciária**
A seletividade do sistema penal atende aos interesses das classes dominantes.	Os órgãos encarregados do controle social selecionam aqueles que serão alcançados pelo sistema penal.	Parcela específica da população que foi selecionada é efetivamente alcançada pelo sistema penal.

1.4. Funções do direito penal

Atualmente, diversas funções são atribuídas ao Direito Penal, destacando-se:

Direito Penal como proteção de bens jurídicos: trata-se da **principal** função do Direito Penal. Porém, dado o seu caráter fragmentário, não são todos os bens jurídicos que reclamam a proteção desse ramo do direito. Compete ao legislador selecionar os valores ou interesses indispensáveis para a manutenção e o desenvolvimento do indivíduo e da sociedade, pois somente esses fazem jus à tutela penal.

Direito Penal como instrumento de controle social: compete ao Direito Penal a **preservação da paz pública e da ordem social.**

Direito Penal como garantia: protege os cidadãos contra os **arbítrios estatais**, uma vez que só pode haver punição a determinada pessoa se o fato praticado estiver descrito na lei como infração penal.

Função ético-social do Direito Penal: expressa os valores éticos e morais de uma determinada sociedade. Traduz a ideia de garantir a **inviolabilidade das normas elementares** que compõem um mínimo ético social, partindo da premissa de que incumbe ao Direito Penal influenciar a consciência cidadã para orientá-la, pedagogicamente, à proteção dos bens jurídicos essenciais. Exemplo: crimes fiscais.

Função simbólica do Direito Penal: refere-se à utilização do Direito Penal com o intuito de fabricar uma **aparência de eficiência estatal**, provocando uma falsa sensação de segurança. Embora as criações legislativas sejam reais, seus efeitos, na maioria das vezes, são apenas imaginários. Em relação aos governantes, há um sentimento de que, ao elaborarem uma lei penal, cumpriram com sua missão de contribuir para a preservação da paz pública e a consequente redução da criminalidade. No que toca aos governados, há a errônea percepção de que o legislador está atento aos problemas sociais, e que a nova lei penal colocará freios no avanço da criminalidade. Contudo, a longo prazo a população percebe que, a despeito da elaboração de normas penais, a sociedade permanece insegura, levando ao descrédito em relação a todo o arcabouço jurídico.

Função motivadora do Direito Penal: a ameaça de **imposição cogente de sanções penais** motiva os indivíduos a respeitarem as suas normas.

Função de redução da violência estatal: o Estado somente deve incriminar aquelas condutas estritamente necessárias para a sociedade, uma vez que sua intervenção constitui, por si só, uma violência, dado o **caráter altamente agressivo** de suas sanções penais.

Função promocional do Direito Penal: o Direito Penal é elemento de transformação, na medida em que promove valores que serão difundidos socialmente. O Direito Penal não deve transformar-se em barreira para o progresso, mas servir de **instrumento para a evolução da sociedade**.

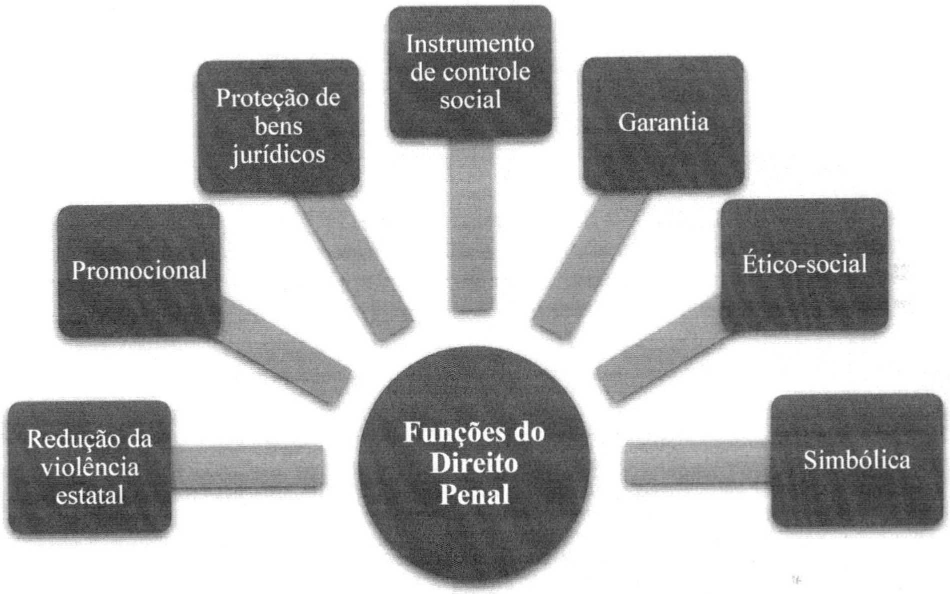

A fim de proporcionar um estudo mais abrangente, alertamos que há autores que abordam esses conceitos como **missão imediata e missão mediata do Direito Penal.**

Há divergência doutrinária quanto à **missão imediata** do Direito Penal. A primeira corrente, que prevalece atualmente, é alinhada ao funcionalismo teleológico de Claus Roxin, e compreende que "o Direito Penal é instrumento de ***ultima ratio***, associado à **proteção de bens jurídicos fundamentais** ao desenvolvimento social do indivíduo. Daí decorre a necessidade de associação da fundamentação das categorias do delito a um fundamento material de ofensa ao bem jurídico". A segunda corrente, cuja base é o funcionalismo sistêmico de Jakobs, concebe que a principal missão do Direito Penal é a **estabilização normativa,** ou seja, proteger o próprio ordenamento jurídico, a fim de assegurar a vigência da norma.

Por sua vez, a **missão mediata** do Direito Penal é verdadeira via de mão dupla, uma vez que, de um lado, limita os comportamentos humanos, agindo como forma de controle social, e de outro, impõe limites também à atuação estatal, a fim de evitar arbítrios e excessos.

<table>
<tr><th colspan="3">MISSÕES DO DIREITO PENAL</th></tr>
<tr><td rowspan="2">Imediata</td><td>Funcionalismo Teleológico
Claus Roxin</td><td>Direito Penal é instrumento de ultima ratio, associado à proteção de bens jurídicos fundamentais ao desenvolvimento social do indivíduo.</td></tr>
<tr><td>Funcionalismo Sistêmico
Gunther Jakobs</td><td>Direito Penal é a estabilização normativa, ou seja, visa proteger o próprio ordenamento jurídico, a fim de assegurar a vigência da norma (autopoiético).</td></tr>
<tr><td>Mediata</td><td colspan="2">Via de mão dupla, limitando comportamentos humanos, agindo como forma de controle social e impondo limites à atuação estatal, evitando arbítrios e excessos.</td></tr>
</table>

1.5. Princípios clássicos do direito penal

1.5.1. Princípio da dignidade da pessoa humana

É a norma de maior valor axiológico do constitucionalismo contemporâneo. Prevista no art. 1º, inc. III, da Constituição Federal, o princípio da dignidade da pessoa humana está inserido como um dos **fundamentos** da República Federativa do Brasil.

A dignidade da pessoa humana serve de parâmetro para **aplicação, interpretação e integração** de todo o ordenamento jurídico. Proíbe a incriminação de condutas socialmente inofensivas e **veda o tratamento degradante, cruel ou de caráter vexatório.** Em síntese, o princípio reclama o absoluto respeito aos direitos e garantias fundamentais, tanto da vítima, quanto do criminoso. Qualquer intervenção penal que atinja de forma desarrazoada o direito fundamental inerente à dignidade humana deve ser considerada inconstitucional.

Este princípio espraia-se por todos os ramos do Direito, mas está especialmente atrelado ao Direito Penal, por ser a disciplina que representa a mais severa intervenção aos direitos fundamentais.

Na esfera penal, a dignidade da pessoa humana pode ser assim relacionada:

AO CRIME	À PENA	À EXECUÇÃO DA PENA
Ao proibir condutas inofensivas para a sociedade, já que não há delito sem lesão efetiva ou ameaça concreta ao bem juridicamente tutelado (*"nulllum crimen sine injuria"*).	Vedando tratamento degradante, cruel ou de caráter vexatório (art. 5º, XLVII).	Assegurando condições mínimas de humanidade para que o apenado possa cumprir a reprimenda de maneira digna.

1.5.2. Princípio da legalidade

O princípio da legalidade é um dos princípios basilares do garantismo penal. Alguns doutrinadores apontam que sua origem remonta à Magna Carta do Rei João Sem Terra, de 1215, embora seja consenso de que a Revolução Francesa representou seu momento de maior expressão.

Tem previsão em diversos diplomas internacionais, destacando-se:

- Convênio para a proteção dos direitos humanos e liberdades fundamentais (1950)[5];
- Convenção Americana de Direitos Humanos (Pacto de São José da Costa Rica)[6];
- Estatuto de Roma do Tribunal Penal Internacional.[7]

No Brasil, tal princípio encontra fundamento na Constituição Federal em seu art. 5º, incisos II (legalidade genérica[8]) e XXXIX (legalidade penal[9]).

Constitui uma **garantia** do cidadão e pode ser visualizado sob duas óticas: **formal e material**. Do ponto de vista **formal**, significa que não há crime sem **lei** anterior que o defina, nem pena sem o devido processo **legal** (CF, art. 5º, XXXIX e CP, art. 1º). Sob a ótica **material,** compreende que apenas a **lei formal e escrita** é fonte criadora de infrações penais (crimes e contravenções) e sanções (pena e medida de segurança), sendo inconstitucional a utilização em seu lugar de outros atos normativos, do costume ou do argumento analógico em desfavor do réu. Somente a lei, em sentido estrito (**lei ordinária ou lei complementar**), pode tratar de matéria penal. Outro reflexo desse viés material do princípio da legalidade é a impossibilidade de se considerar crime uma conduta que, na visão da sociedade, não é considerada lesiva a bens jurídicos relevantes.

Diante disso, não se admite a criação de **normas penais incriminadoras** por meio de medidas provisórias, tratados internacionais[10], leis delegadas, resoluções ou decretos. Mas há uma exceção! O Supremo Tribunal Federal tem precedente

---

5. Art. 7º. 1. Ninguém pode ser condenado por uma acção ou uma omissão que, no momento em que foi cometida, não constituía infracção, segundo o direito nacional ou internacional. Igualmente não pode ser imposta uma pena mais grave do que a aplicável no momento em que a infracção foi cometida.
6. Art. 9º. Ninguém pode ser condenado por ações ou omissões que, no momento em que forem cometidas, não sejam delituosas, de acordo com o direito aplicável. Tampouco se pode impor pena mais grave que a aplicável no momento da perpetração do delito. Se depois da perpetração do delito a lei dispuser a imposição de pena mais leve, o delinqüente será por isso beneficiado.
7. Artigo 23. Nulla poena sine lege. Um indivíduo condenado pelo Tribunal somente poderá será punido em conformidade com o disposto no presente Estatuto.
8. Art. 5º, II - ninguém será obrigado a fazer ou deixar de fazer alguma coisa senão em virtude de lei.
9. Art. 5º, XXXIX - não há crime sem lei anterior que o defina, nem pena sem prévia cominação legal.
10. A definição dos crimes de lesa-humanidade (crimes contra a humanidade), pode ser encontrada no Estatuto de Roma (promulgado no Brasil por força do Decreto nº 4.388/2002). No Brasil, no entanto, ainda não há lei que tipifique os crimes contra a humanidade. Diante dessa lacuna legislativa, não se mostra possível internalizar a tipificação do crime contra a humanidade trazida pelo Estatuto de Roma, mesmo se cuidando de Tratado internalizado por meio do Decreto n. 4.388, porquanto não há lei em sentido formal tipificando

admitindo que **normas penais benéficas** sejam veiculadas por meio de **medidas provisórias**. Foi o que ocorreu com a Medida Provisória nº 417/2008, que autorizou a entrega espontânea de armas de fogo à Polícia Federal. Essa norma, posteriormente convertida na Lei n. 11.706/2008, evidentemente benéfica, extinguiu a punibilidade de eventual posse irregular da referida arma e nunca foi declarada inconstitucional[11].

▸ IMPORTANTE

A norma penal incriminadora somente pode ser criada por lei federal (CF, art. 22, inc. I).

O princípio da legalidade também possui uma **dimensão política** e uma **dimensão técnica.**

- **Dimensão política:** fundada na doutrina do contrato social e no princípio da divisão de poderes. Reconhece no Poder Legislativo o órgão representante da vontade geral perante os outros poderes. Por essa razão, o Direito Penal, que atua como instrumento de controle social, só pode emanar de normas oriundas do Poder Legislativo (leis).
- **Dimensão técnica:** representa uma garantia de liberdade, pois não admite a punição de determinada conduta sem que haja uma lei prévia definindo o fato como criminoso.

<table>
<tr><td rowspan="4">Princípio da Legalidade</td><td rowspan="2">Garantia</td><td>Formal - não há crime sem lei anterior que o defina, nem pena sem o devido processo legal.</td></tr>
<tr><td>Material - apenas a lei formal e escrita é fonte criadora de infrações penais (crimes e contravenções) e sanções.</td></tr>
<tr><td rowspan="2">Dimensão</td><td>Política - Pelo o Poder Legislativo ser o órgão representante da vontade geral as normas só podem emanar dele.</td></tr>
<tr><td>Técnica - não admite a punição de determinada conduta sem que haja uma lei prévia definindo o fato como criminoso.</td></tr>
</table>

referida conduta (princípio da legalidade art. 5º, XXXIX da CF/88). STJ. 3ª Seção. REsp 1798903-RJ, Rel. Min. Reynaldo Soares da Fonseca, julgado em 25/09/2019 (Info 659).

11. Ademais, o STF se pronunciou favorável à legalidade da MP 1.571/97, que extinguia a punibilidade nos casos de reparação dos danos nos crimes tributários e previdenciários (HC 254.818).

O princípio da legalidade subdivide-se em **cinco subprincípios:**

- **Anterioridade da lei penal ("lex praevia"):** a infração penal deve ser definida em **lei anterior** e a sanção penal deve basear-se em **prévia** cominação legal. O princípio da anterioridade veda a **retroatividade maléfica** da lei penal. Exemplo: O aumento da pena de um delito traduz lei penal maléfica, de sorte que a norma não poderá retroagir para alcançar fatos ocorridos antes da sua entrada em vigor. Foi o que aconteceu com o crime de concussão (CP, art. 316, *caput*), que teve sua pena máxima aumentada com o advento do Pacote Anticrime. No entanto, há uma exceção. As **leis penais benéficas** devem retroagir (CF, art. 5º, XL).
- **Reserva legal ou estrita legalidade:** somente lei em sentido **formal** pode veicular norma penal incriminadora. Parafraseando o penalista alemão Edmund Mezger: "somente a lei abre as portas da prisão".
- **Lei escrita ("lex scripta"):** o costume não pode criar crimes e tampouco penas. Para ser válida, a lei deve ser escrita e publicada.
- **Lei estrita ("lex stricta"):** A lei penal incriminadora deve ser interpretada de forma restritiva, vedando-se a analogia **em prejuízo do réu ("in malam partem").** A analogia **benéfica ("in bonam partem")** é perfeitamente possível. Exemplo: Aquele que colabora como informante de **traficante solitário** também deverá ser responsabilizado pelo crime do art. 37 da Lei de Drogas, aplicando-se ao caso a analogia *in bonam partem.*
- **Lei certa (taxatividade ou mandato de certeza – "lex certa"):** impede a criação de tipos penais imprecisos ou indeterminados. O legislador precisa ser claro, preciso, taxativo ao redigir uma norma penal incriminadora. Os tipos penais "não devem deixar margens a dúvidas nem abusar do emprego de normas muito gerais ou tipos incriminadores genéricos, vazios"[12]. Alguns tipos penais da Lei de Abuso de Autoridade podem ser citados como exemplos de violação a esse princípio, embora continuem válidos e em vigor. Quando voltamos o olhar para a redação do art. 10 da Lei 13.869/19[13], observamos a vagueza e a imprecisão do legislador. O termo "***manifestamente descabida***" constante no referido tipo penal é extremamente vago e enseja dúvidas.

12. ASSIS TOLEDO, Francisco de. **Princípios básicos de direito penal**. São Paulo, Saraiva, 2000, p. 29.
13. Art. 10. Decretar a condução coercitiva de testemunha ou investigado manifestamente descabida ou sem prévia intimação de comparecimento ao juízo: Pena - detenção, de 1 (um) a 4 (quatro) anos, e multa.

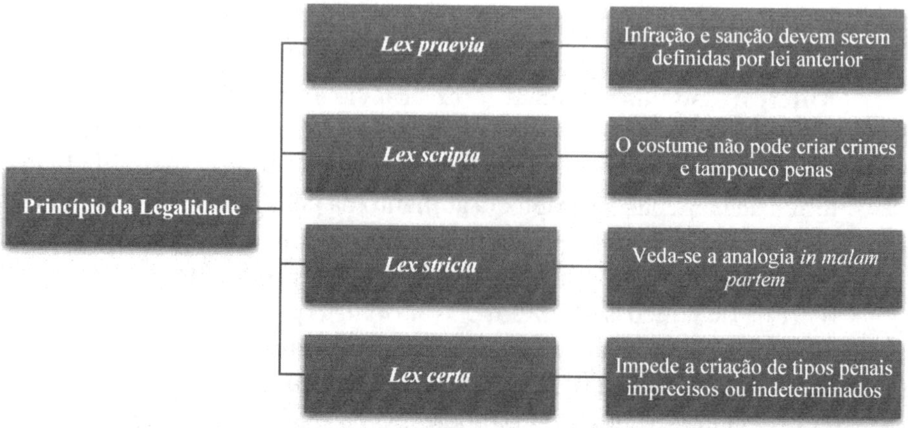

Por fim, há quatro **garantias individuais** que derivam do princípio da legalidade:

- **Garantia criminal**: a imputação de um fato a alguém e sua consequente punição são decorrentes de expressa previsão legal. Já dizia Von Liszt que as leis criminais constituem a "Magna Carta dos delinquentes", pois tudo o que não é proibido está permitido[14]. Daí a afirmação de Figueiredo Dias no sentido de que "ninguém pode ser punido criminalmente em relação a uma conduta que na época de sua ação ou omissão era um indiferente penal"[15]. Essa garantia decorre da previsão de que "não há crime sem lei anterior que o defina" (CF, art. 5º XXXIX e CP, art. 1º).
- **Garantia penal:** Somente as penas previstas em lei são passíveis de aplicação, numa clara limitação ao arbítrio estatal. Afinal, "não há pena sem prévia cominação legal" (CF, art. 5º, XXXIX e CP, art. 1º). Assim como a lei deve elencar as condutas humanas que caracterizam infrações penais, também precisa determinar as sanções cabíveis em cada caso, o que deve ser respeitado pelo magistrado sentenciante, que não pode aplicar pena inexistente ou em patamar superior ao estabelecido pelo legislador. Da mesma forma, de nada adianta descrever uma conduta criminosa e não prever a respectiva sanção penal, tal qual se observa no art. 35 da Lei nº 8.977/95, onde o legislador considera ilícita a interceptação de sinal de TV a Cabo, sem, contudo, atribuir qualquer tipo de sanção a esse comportamento humano indesejado.[16]
- **Garantia jurisdicional:** só pode haver condenação em virtude de sentença prolatada por juízo competente (CF, art. 5º, LIII), após o devido

14. LISZT, Franz von. **Artigos e conferências de direito penal**, [s.l]: [s.ed.], 1905, p. 80.
15. DIAS, Jorge de Figueiredo. **Direito Penal: parte geral**. São Paulo: Revista dos Tribunais; Coimbra: Editora Coimbra, 2007. t. I., p. 182.
16. Art. 35. Constitui ilícito penal a interceptação ou a recepção não autorizada dos sinais de TV a Cabo.

processo legal, com observância do contraditório e ampla defesa (CF, art. 5º, LIV e LV). Como se nota, trata-se de garantia de natureza processual penal que decorre do princípio da legalidade.

- **Garantia de execução:** a pena deve ser executada da maneira como a lei estabelece, sem submeter o condenado a condições mais gravosas do que o comando legal determina[17].

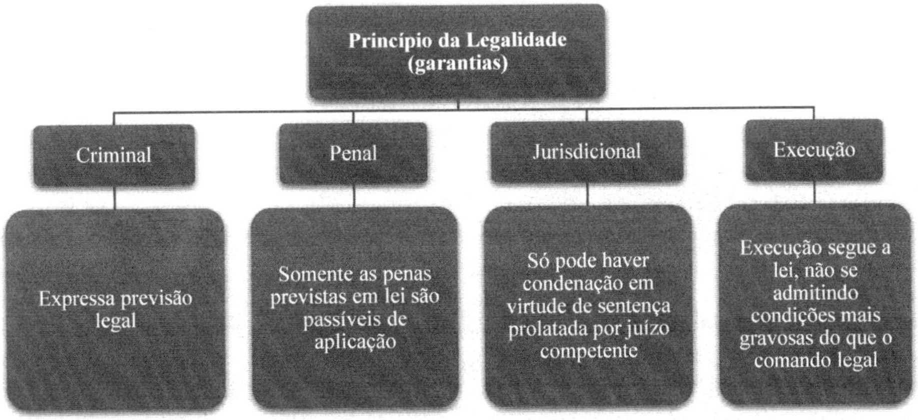

▸ ATENÇÃO!

Princípio da legalidade x criminalização da homofobia e da transfobia

Na criminologia contemporânea trabalha-se com o mapeamento das diversas formas de controle por meio das quais somos moldados como sujeitos, principalmente no que diz respeito ao gênero e à sexualidade. O termo *queer* significa estranho, e é geralmente utilizado para fazer referência a lésbicas, gays, bissexuais e transexuais, ou ainda a qualquer pessoa que não segue ou contesta o padrão normativo vigente. A **criminologia *queer***, portanto, consiste em uma abordagem teórica e prática que visa ressaltar e pôr em discussão a estigmatização, a criminalização e as diversas formas de rejeição enfrentadas pela população *queer* no sistema penal, tanto no papel de vítimas como no papel de agressoras.

No âmbito penal, a discriminação ou preconceito em razão de "identidade ou orientação sexual" ainda não se encontra criminalizada em nossa legislação, apesar da existência de mandados constitucionais de criminalização (CF, art. 5º, XLII e XLIII). Em virtude da mora do legislador em atender aos comandos constitucionais, o STF concluiu o julgamento da ADO nº 26 e do MI nº 4.733 no dia 13/06/19, ajuizadas em face dos citados mandados constitucionais de criminaliza-

17. Em 2016, o Supremo Tribunal Federal editou a Súmula Vinculante nº 56, segundo a qual a falta de estabelecimento penal adequado não autoriza a manutenção do condenado em regime prisional mais gravoso, devendo-se observar, nessa hipótese, os parâmetros fixados no RE 641.320/RS.

ção e passou a entender que a conduta homofóbica e transfóbica estão inseridas no crime de racismo (Lei 7.716/89), compreendido este em sua dimensão social.

Portanto, de acordo com o STF, a LGBTfobia constitui crime previsto na Lei de Racismo (Lei n. 7.716/89) e consequentemente, é inafiançável e imprescritível. Para a Corte Suprema as práticas homotransfóbicas qualificam-se como espécies do gênero racismo, na dimensão de racismo social, na medida em que tais condutas importam em atos de segregação que inferiorizam membros integrantes do grupo LGBT, em razão de sua orientação sexual ou de sua identidade de gênero.

Ousamos divergir desse entendimento. Diante do princípio da legalidade, basilar do garantismo penal, jamais poderia uma decisão judicial criar infrações penais. A decisão da Suprema Corte evidencia uma analogia "in malam partem". Há de se reconhecer que, na prática, inexistem meios concretos para se exigir do Poder Legislativo o cumprimento de sua obrigação jurídico-constitucional no sentido de criminalizar determinados comportamentos indesejados pela sociedade.

1.5.3. Princípio da culpabilidade

Trata-se de princípio constitucional **implícito** que decorre da dignidade da pessoa humana.

Esse princípio deve ser analisado sob três vertentes:

- **Culpabilidade** como elemento **integrante do conceito analítico do crime;**
- **Culpabilidade** como princípio **medidor da pena;**
- **Culpabilidade** como princípio **impedidor da responsabilidade penal objetiva.**

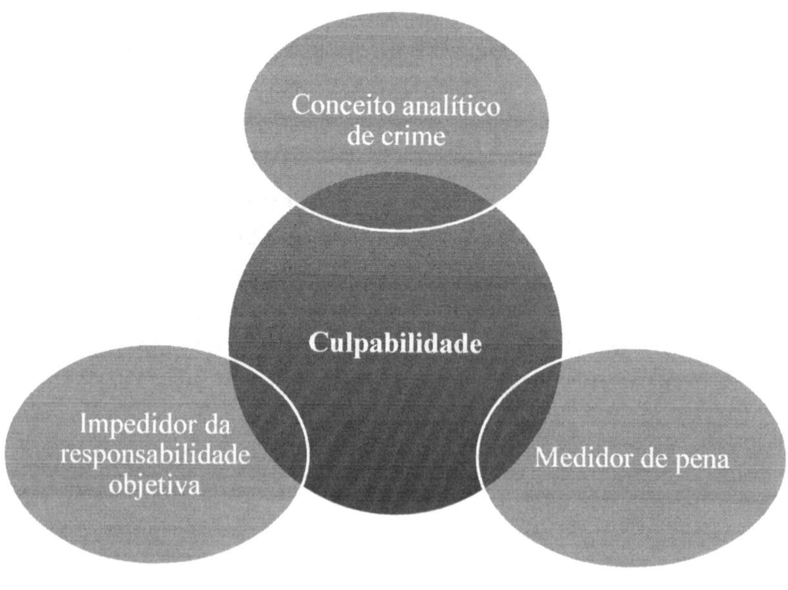

Culpabilidade como elemento integrante do **conceito analítico do crime**

A culpabilidade constitui o terceiro substrato do conceito analítico e tripartite de crime, que deve ser analisado pelo operador do direito necessariamente após o exame do fato típico (primeiro substrato) e da ilicitude (segundo substrato).

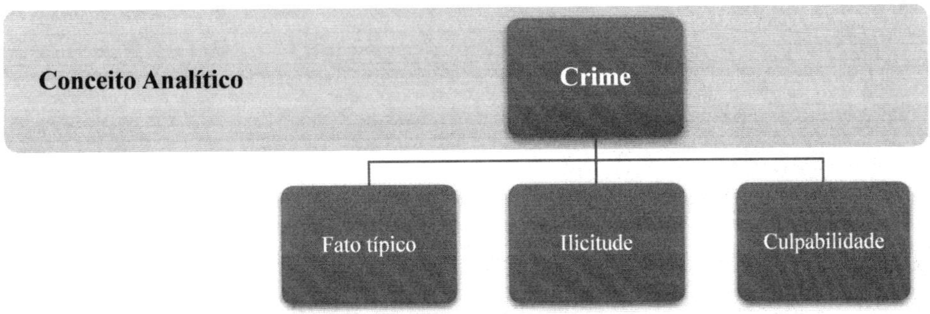

Culpabilidade como **princípio medidor da pena**

A aplicação da pena, na primeira etapa do seu cálculo, dependerá da análise do art. 59 do CP, que estabelece a **culpabilidade** como uma das circunstâncias a ser considerada pelo magistrado na fixação da pena-base[18].

Culpabilidade como **princípio impedidor da responsabilidade penal objetiva**

O princípio da culpabilidade também deve ser compreendido de forma a evitar qualquer espécie de responsabilidade objetiva do agente, já que ninguém pode ser responsabilizado por uma conduta que não estava revestida de dolo ou culpa[19].

A responsabilidade penal é sempre **subjetiva**, conforme se extrai do art. 19 do CP: "pelo resultado que agrava especialmente a pena, só responde o agente que o houver causado ao menos culposamente".

18. Art. 59 - O juiz, atendendo à **culpabilidade**, aos antecedentes, à conduta social, à personalidade do agente, aos motivos, às circunstâncias e consequências do crime, bem como ao comportamento da vítima, estabelecerá, conforme seja necessário e suficiente para reprovação e prevenção do crime.

19. O simples fato de o acusado ser sócio e administrador da empresa constante da denúncia não pode levar a crer, necessariamente, que ele tivesse participação nos fatos delituosos, a ponto de se ter dispensado ao menos uma sinalização de sua conduta, ainda que breve, sob pena de restar configurada a repudiada responsabilidade criminal objetiva. STJ. 6ª Turma. HC 224.728/PE, Rel. Min. Rogerio Schietti Cruz, julgado em 10/06/2014.

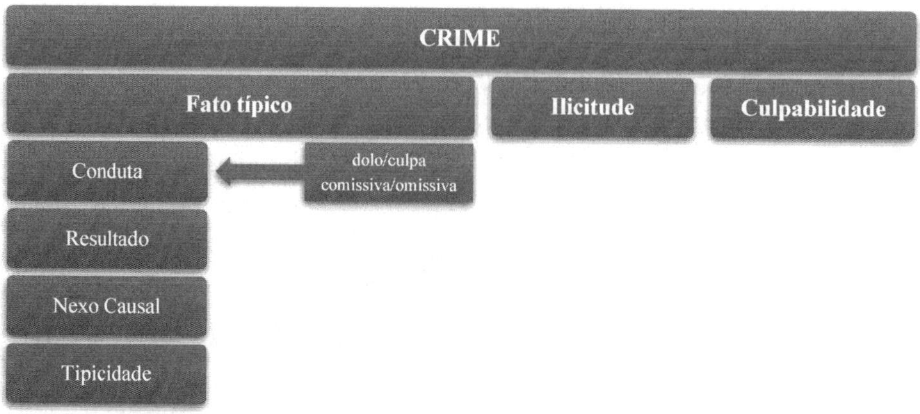

Na esfera penal o indivíduo só responderá por determinado resultado a que tenha dado causa se estiver **subjetivamente** vinculado a ele, ou seja, se agir dolosa ou culposamente. Não obstante, parcela da doutrina reconhece existir em nosso ordenamento jurídico resquícios de **responsabilidade penal objetiva** em duas situações:

- **Rixa qualificada (art. 137, parágrafo único, do Código Penal):** o dispositivo prevê que a ocorrência de morte ou lesão grave agravará a pena de **todos** os agentes envolvidos no fato, independentemente de quem tenha dado causa ao resultado agravador.
- **Infrações penais praticadas em estado de embriaguez voluntária ou culposa (art. 28, II, do Código Penal):** o indivíduo ébrio encontra-se privado da capacidade de compreender a ilicitude de suas ações e determinar-se de acordo com esse entendimento, mas, mesmo assim, responderá pela infração cometida em estado de embriaguez (teoria da *actio libera in causa*).

Também não há responsabilização penal se o fato decorre de **evento fortuito ou acidente**. Por isso, a antiga fórmula **"versari in re illicita"**[20] é incompatível com o **princípio da responsabilidade subjetiva**, já que ninguém pode ser responsabilizado por atos fortuitos derivados de uma prática ilícita, numa verdadeira espécie de culpabilidade por derivação.

1.5.4. Princípio da responsabilidade pelo fato (materialização do fato ou exteriorização)

Segundo esse princípio, derivado do postulado ***nullum crimen sine actio,*** o Estado só pode punir as condutas humanas que se exteriorizam no mundo dos

20. O chamado *versari in re illicita* implica que aquele que realizar um ato ilícito penal responde por todas as consequências derivadas deste fato, ainda que em sua inicial atuação não houvesse nenhum nexo subjetivo.

fatos, sendo vedada a aplicação de sanções em razão das condições do agente, tais como personalidade, estilo de vida, pensamentos etc.

Desse modo, delineia-se uma distinção entre o Direito Penal do fato e Direito Penal do autor, conforme quadro a seguir:

Direito Penal do autor	Direito Penal do fato
O sujeito é julgado e punido não pelo que fez, mas pelo o que é, pelo seu perfil, pelo seu passado. Criminaliza-se a personalidade do agente e não a conduta por ele praticada. Para os partidários desse modelo de Direito Penal a atitude meramente interna (cogitação) é suficiente para se castigar o autor, dispensando a prática de qualquer fato. O **Direito Penal do Inimigo** pode ser citado como um exemplo dessa vertente do Direito Penal, assim como a chamada **interceptação telefônica por prospecção**, aquela realizada com base em conjecturas ou na periculosidade de alguém antes mesmo da ocorrência de qualquer fato criminoso.	Em oposição ao Direito Penal do Autor, não admite a sanção do caráter ou do modo de ser do indivíduo. O que interessa para o Direito Penal é exclusivamente a conduta (fato) praticada no caso concreto e não o perfil do agente ou o seu passado criminoso. O Direito Penal não se preocupa em julgar as pessoas, mas sim os seus atos. A repressão criminal estatal só é admitida pelo que a pessoa fez, nunca pelo que a pessoa é.
O **direito penal é prospectivo**, ou seja, se baseia na periculosidade do agente. O magistrado faz um **juízo de prognose:** ele olha para o futuro.	O **direito penal é retrospectivo**, ou seja, baseia-se na culpabilidade do agente. O magistrado faz um **juízo de diagnose:** ele olha para o passado.

Nosso ordenamento jurídico acolheu o **Direito Penal do fato**. O Estado Democrático de Direito, que tem como núcleo central a dignidade da pessoa humana (CF, art. 1º, inciso III) e o princípio da culpabilidade, de status constitucional, permitem extrair essa conclusão. Prova disso é o art. 2º do CP, ao estabelecer que "ninguém pode ser punido por fato que lei posterior deixa de considerar crime (...)".

Importante ressaltar que o **princípio da vedação ao retrocesso** impede a supressão desse sistema, que privilegia o fato praticado e não a figura do autor.

O Supremo Tribunal Federal repudiou o Direito Penal do autor, e declarou que o art. 25 da Lei de Contravenções Penais não foi recepcionado pela Constituição Federal por violação dos princípios da dignidade da pessoa humana e da isonomia. No voto do Relator, Ministro Gilmar Mendes:

> Acolher o aspecto subjetivo como determinante para caracterização da contravenção penal equivale a criminalizar, em verdade, a condição pessoal e econômica do agente e não fatos objetivos que causem relevante lesão a bens jurídicos importantes ao meio social. Nesse sentido, deve-se inadmitir infração penal que privilegie o direito penal do autor em detrimento do direito penal do fato.

> Vê-se claramente que, interpretações dessa natureza não se destinam a fatos, mas a determinadas espécies de autores, incriminando-os não pela prática de fatos delituosos, mas porque, na avaliação subjetiva do legislador, determinados agentes que representam "alto risco" para a sociedade ou, então, porque há suspeitas de que podem destinar-se à prática de crimes.
>
> Admitir essa qualidade do sujeito ativo para a configuração do tipo vai muito além da intenção de proteger o bem jurídico tutelado, no caso o "patrimônio", e representa, isso sim, um modelo político-criminal não só transgressor da própria dignidade da pessoa humana, mas também apto a substituir um modelo de direito penal do fato por um modelo de direito penal do autor[21].

Cabe uma ressalva: embora nosso ordenamento jurídico tenha adotado o Direito Penal do fato, as circunstâncias relacionadas à pessoa do autor serão consideradas pelo juiz por ocasião da dosimetria da pena, a exemplo da reincidência, dos maus antecedentes, da personalidade etc. Isso não acarreta ofensa ao princípio da responsabilidade pelo fato, pois tal procedimento adotado pelo juízo no momento de aplicação da sanção tem por finalidade atender a outro princípio de estatura constitucional, o da individualização das penas (CF, art. 5º, XLVI). Por essa razão, a jurisprudência considera constitucional a agravante da reincidência[22].

1.5.5. Princípio da responsabilidade pessoal, da personalidade ou da intranscendência

Decorre de disposição constitucional (CF, art. 5º, XLV), e impede, no âmbito do Direito Penal, que alguém seja responsabilizado por fato de outrem. O Direito Penal não admite essa responsabilidade, como ocorre no Direito Civil, em que é possível responsabilizar os pais por atos dos filhos menores. No Direito Penal a responsabilidade é **sempre pessoal**.

Em função desse princípio o órgão acusatório está obrigado a individualizar os comportamentos na peça acusatória, por isso não se admite denúncia vaga, genérica ou coletiva[23].

A jurisprudência, contudo, vem temperando essa necessidade de a acusação individualizar comportamentos nos crimes societários[24], exigindo apenas a clara descrição das condutas típicas praticadas, com a sua atribuição ao acusado

---

21. STF, Plenário. RE 583523/RS, rel. Min. Gilmar Mendes, julgado em 3/10/2013; RE 755565/RS, Rel. Min. Gilmar Mendes, julgado em 3/10/2013.
22. STJ, 5ª Turma. AgRg nos EDcl no REsp 965.071/RS, Rel. Min. Napoleão Nunes Maia Filho, j. em 26/02/2008.
23. Assim, não basta que o acusado se encontre em posição hierarquicamente superior. Isso porque o próprio estatuto da empresa prevê que haja divisão de responsabilidades e, em grandes corporações, empresas ou bancos há controles e auditorias exatamente porque nem mesmo os sócios têm como saber tudo o que se passa. STF. 2ª Turma. HC 127397/BA, Rel. Min. Dias Toffoli, julgado em 6/12/2016 (Info 850).
24. Nos crimes de autoria coletiva, não é necessária a descrição minuciosa e individualizada da ação de cada acusado. Basta que o Ministério Público narre as condutas delituosas e a suposta autoria, com elementos suficientes para garantir o direito à ampla defesa e ao contraditório. Embora não seja necessária a descrição pormenorizada da conduta de cada denunciado, o Ministério Público deve narrar qual é o vínculo entre o

devidamente qualificado. Não é necessária a descrição minuciosa das atuações individuais dos agentes, desde que haja a demonstração de um liame entre a sua ação e a suposta prática delituosa, garantindo a plausibilidade da imputação e o exercício da ampla defesa. Da mesma forma, esse princípio exige que o magistrado realize a individualização da pena do condenado.

O princípio da intranscendência da pena também se aplica às empresas que são condenadas criminalmente. Para o STJ, a extinção legal de uma pessoa jurídica - sem qualquer indício de fraude -, ensejará também a extinção da sua punibilidade, aplicando-se analogicamente a causa prevista no art. 107, I, do CP ("morte do agente") [25].

1.5.6. Princípio da intervenção mínima

Com origem na Declaração Francesa dos Direitos do Homem e do Cidadão[26], o princípio da intervenção mínima postula que o Direito Penal, em razão de sua notória agressividade aos direitos fundamentais, deve ser utilizado como ***ultima ratio***, somente quando as demais formas de controle social se revelarem insuficientes ou ineficazes para a tutela de bens jurídicos relevantes para a sociedade.

Se o princípio da legalidade constitui uma garantia por estabelecer critérios para o processo de criminalização de uma conduta, o princípio da intervenção mínima restringe o arbítrio legislativo ao delinear parâmetros mínimos para que uma conduta seja considerada criminosa. Esse limite criado pelo princípio da intervenção mínima é *"coerente com a lógica de um Estado social, que busca o maior bem-estar com o menor custo social"*[27].

A intervenção mínima do Direito Penal é considerada um princípio constitucional implícito, possuindo duas facetas distintas: **a fragmentariedade e a subsidiariedade.**

Segundo o subprincípio da **fragmentariedade**, o Direito Penal só deve ser utilizado quando houver grave violação a um bem jurídico relevante para a sociedade[28]. Em um universo de bens passíveis de tutela jurídica, que podem sofrer todo tipo de lesão, o Direito Penal só se ocupará de uma parte, de um "fragmento" desse mundo de situações.

---

denunciado e o crime a ele imputado, sob pena de ser a denúncia inepta. STJ. 5ª Turma. HC 214861-SC, Rel. Min. Laurita Vaz, julgado em 28/2/2012.

25. STJ, 3ª Seção. REsp 1.977.172/PR, Rel. Min. Ribeiro Dantas, julgado em 24/08/2022.
26. Art. 8º: a lei apenas deve estabelecer penas estrita e devidamente necessárias.
27. MOLINA, Antônio García-Pablos de apud BUSATO, Paulo César. **Direito Penal – Parte Geral**. São Paulo: Atlas, 2013, p. 55.
28. Nesse sentido, entendemos que o art. 63, inciso II, da Lei de Contravenções Penais, ao considerar infração penal a conduta de servir bebida alcóolica a quem já se encontra embriagado, não respeita o princípio da fragmentariedade.

Nesse sentido, nem todos os ilícitos configuram infrações penais, mas apenas os que atentam contra valores fundamentais da sociedade.

Universo de ilícitos no ordenamento jurídico

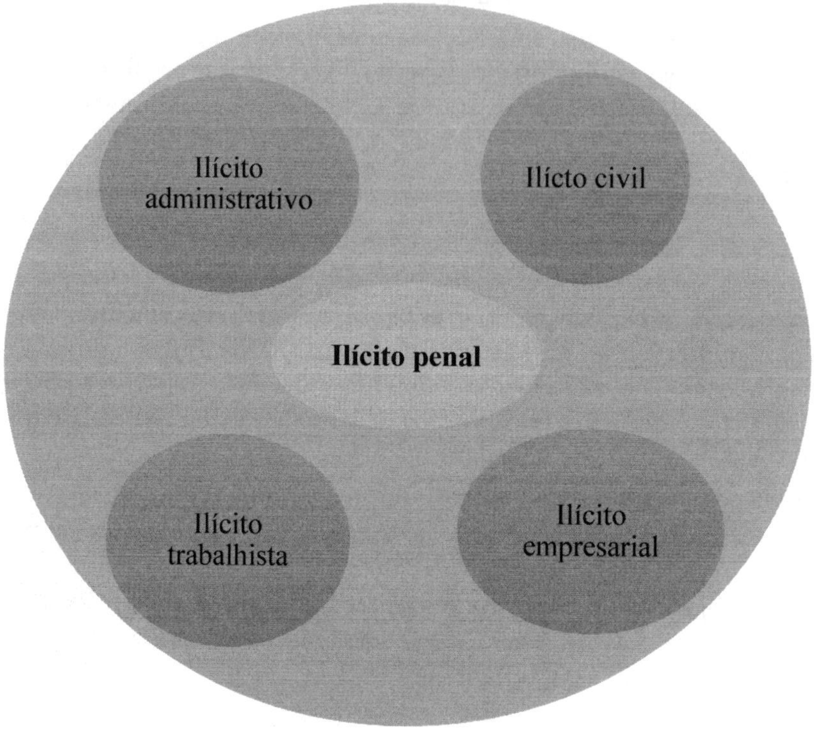

Uma frase que ilustra muito bem o que foi representado nesta imagem é a seguinte: "**Nem tudo o que é ilícito em nosso ordenamento jurídico constitui um ilícito penal**". Inclusive este conceito foi objeto de cobrança no concurso público de Delegado de Polícia da Bahia em 2022, **o que demonstra sua relevância.**

Em respeito ao subprincípio da fragmentariedade, uma série de condutas tipificadas como infrações penais há alguns anos foram gradativamente descriminalizadas, pois sua repercussão se restringia ao campo da moralidade, sem afrontar qualquer bem jurídico de relevância. O exemplo clássico desse processo, também conhecido como **fragmentariedade às avessas** (expressão do Direito Penal subjetivo negativo), é o adultério, que estava tipificado no art. 240 do Código Penal e foi revogado pela Lei n. 11.106/2005, tendo em vista a evolução da sociedade em diversos aspectos, inclusive com novos modelos de família. Note que o adultério, embora não constitua ilícito penal, remanesce como um ilícito civil, uma vez que são aplicadas sanções ao cônjuge infiel, a exemplo da perda do direito à pensão alimentícia (art. 1.708, parágrafo único, do CC).

Por sua vez, o subprincípio da **subsidiariedade** postula que o Direito Penal deve agir como um verdadeiro "soldado de reserva", sendo manejado apenas quando os outros ramos do Direito não forem capazes de tutelar suficientemente o bem jurídico[29].

Há uma importante distinção entre a **fragmentariedade e a subsidiariedade**. A primeira atua no **plano abstrato,** direcionando-se à atividade legislativa, posto que permite a criação de tipos penais somente quando os demais ramos do Direito forem insuficientes para a tutela do bem jurídico. Já a subsidiariedade tem incidência no **plano concreto,** relacionando-se à aplicação do direito, pois baliza a atuação prática do Direito Penal, que só será aplicado após o insucesso dos outros ramos do ordenamento jurídico[30].

PRINCÍPIO DA INTERVENÇÃO MÍNIMA - *ULTIMA RATIO* **Direito Penal só deve ser aplicado quando estritamente necessário**	
Fragmentariedade	**Subsidiariedade**
O Direito Penal somente atua em casos de relevante lesão ou perigo de lesão ao bem jurídico tutelado.	O Direito Penal aguarda o fracasso das demais esferas de controle.
Destinado à atuação legislativa Plano **abstrato**	Destinado aos operadores do direito Plano **concreto**

1.5.7. Princípio da exclusiva proteção do bem jurídico

De acordo com esse princípio, o Direito Penal tem a função exclusiva de proteger os **bens imprescindíveis para a vida em sociedade**, assim reconhecidos pelo ordenamento jurídico. Dessa maneira, deve abster-se de tutelar valores éticos e morais ou de índole meramente política. A noção de bem jurídico pressupõe a relevância para a sociedade de determinado "ente material ou imaterial", o que deve encontrar respaldo nos valores que emanam da Constituição e nos princípios do Estado Democrático e Social do Direito[31].

---

29. A "carteirada" passou a ser considerada crime de abuso de autoridade com o advento da Lei n. 13.869/19. Conquanto imoral e antiética, o Direito Penal não deveria se preocupar com comportamentos que são suficientemente inibidos ou reprimidos por outros ramos do ordenamento jurídico, os quais, inclusive, cominam sanções extrapenais mais rigorosas. Neste sentido, a Lei de Improbidade Administrativa prevê até mesmo a perda do cargo para algumas hipóteses (art. 12, inc. I, da Lei n. 8.429/1992).
30. MASSON, Cleber. **Direito Penal Esquematizado. – Parte Geral, v. 1.** 10 ed. São Paulo: Método, 2016, p. 53.
31. CUNHA, Rogério Sanches. **Manual de Direito Penal – Parte Geral**. Salvador: Juspodivm, 2016, p. 67.

Como bem aponta Roxin, "não é necessário que os bens jurídicos possuam realidade material: a possibilidade de disposição sobre coisas que a propriedade garante ou a liberdade de atuação voluntária que se protege com a proibição da coação não são objetos corporais: entretanto, são partes integrantes da realidade empírica. Também os direitos fundamentais e humanos, como o livre desenvolvimento da personalidade, a liberdade de opinião ou religiosa, também são bens jurídicos. [...] embora as instituições estatais como a administração da justiça ou o sistema monetário ou outros bens jurídicos de todos tampouco são objetos corporais, mas são realidades vitais cuja diminuição prejudica de forma duradoura, a capacidade de rendimento da sociedade e a vida dos cidadãos. [...] podem-se definir os bens jurídicos como circunstâncias reais dadas ou finalidades necessárias para uma vida segura e livre que garanta todos os direitos humanos a civis de cada um na sociedade ou para o funcionamento de um sistema estatal que se baseia nestes objetivos. [...] Um conceito de bem jurídico semelhante não pode ser limitado, de nenhum modo, a bens jurídicos individuais: ele abrange também bens jurídicos da generalidade."[32].

O reconhecimento da existência de bens jurídicos metaindividuais e a expansão da criação de delitos de perigo abstrato estão relacionados ao fenômeno da **espiritualização dos bens jurídicos** (também denominado **liquefação, desmaterialização ou dinamização dos bens jurídicos**). Esse fenômeno tem duas características principais:

a) **a tutela de bens jurídicos difusos e coletivos**, tais como o meio ambiente, as relações de consumo, a ordem econômica etc., numa gradativa superação à teoria pessoal do bem jurídico, que restringia o espectro de incidência da tutela aos bens individuais (a exemplo da vida, do patrimônio e da propriedade).

b) **tendência de antecipação da tutela penal** mediante a criação de crimes de perigo abstrato e concreto, que tipificam condutas **potencialmente lesivas** ao bem, ainda que nenhum dano efetivo seja causado.

O que se entende por bem jurídico coletivo aparente?

Bem jurídico coletivo aparente ou falsos bens jurídicos coletivos são aqueles formados pela soma de vários bens jurídicos individuais, e que são tratados pelo legislador conjuntamente, a fim de fundamentar a antecipação da tutela penal em determinados casos e legitimar incriminações e punições. Ex.: paz pública, saúde pública, incolumidade pública etc.

32. ROXIN, Claus. **A Proteção de Bens Jurídicos como Função do Direito Penal**. 2 ed. Porto Alegre: Livraria do Advogado, 2009, p. 18-19.

Parcela da doutrina defende que os bens jurídicos coletivos aparentes (ou "falsos coletivos"), acabam por violar os princípios da lesividade, da dignidade da pessoa humana e da fragmentariedade do Direito Penal.

Tendo em vista que o princípio da exclusiva proteção dos bens jurídicos também constitui uma garantia negativa, a doutrina[33] propõe que o fenômeno da espiritualização dos bens jurídicos seja considerado sob dois parâmetros, a fim de evitar a criminalização desarrazoada de condutas humanas:

c) **pessoalidade:** embora o bem jurídico seja coletivo, deve sempre estar ligado à pessoa humana, por exemplo, a contaminação do manancial que abastece uma comunidade atinge um bem coletivo, mas também a cada um dos moradores que utilizam aquela água para consumo.

d) **substancialidade:** o bem jurídico deve ser descrito de modo que seja possível efetivar um juízo de constatação sobre sua lesão ou exposição a perigo.

1.5.8. Princípio da humanidade

Corolário da dignidade da pessoa humana, o princípio da humanidade possui assento constitucional.

As normas penais devem dispensar tratamento humanizado aos criminosos. Não obstante ostentem temporariamente essa condição, continuam como sujeitos de direitos. Vedam-se, assim, tortura, tratamento desumano ou degradante (CF, art. 5º, III), penas de morte, de caráter perpétuo, cruéis, de banimento ou de trabalhos forçados (CF, art. 5º, XLVII).

1.5.9. Princípio da proporcionalidade

Não há unanimidade doutrinária quanto ao fundamento do princípio da proporcionalidade. Há correntes que afirmam ser decorrência dos direitos fundamentais; outras sustentam tratar-se de postulado implícito no Estado Democrático de Direito (CF, art. 1º); também há os que defendem ser derivado do direito suprapositivo.

Fato é, no entanto, que esse princípio, cada vez mais aplicado pela jurisprudência, destina-se:

a) **ao legislador**, na criação de infrações penais e cominação das respectivas sanções (proporcionalidade abstrata);

b) **ao magistrado**, na fase da aplicação das reprimendas (proporcionalidade concreta);

c) **aos órgãos da execução das penas** (proporcionalidade executória).

33. TAVARES, Juarez. **Teoria do injusto penal.** 2 ed. Belo Horizonte: Del Rey, 2002, p. 215-221.

A proporcionalidade demanda a aplicação de três subprincípios, que devem ser analisadas em uma sequência lógica:

- **Adequação ou utilidade:** exige que a medida adotada seja apta a alcançar os resultados pretendidos;
- **Necessidade ou exigibilidade:** consiste em uma forma de limitação ao Poder Público, impondo que, dentre as medidas adequadas para alcançar determinado resultado, adote sempre a menos gravosa possível. Portanto, "um ato que limita um direito fundamental só será considerado necessário, se para realizar seu objetivo pretendido, não haja outra medida ou ato que limite em menos intensidade (menos gravidade), o direito fundamental a ser atingido"[34].
- **Proporcionalidade em sentido estrito:** depois de avaliada a adequação e a necessidade da medida, deve-se fazer uma ponderação que busque o **equilíbrio** entre os resultados pretendidos e a gravidade da intervenção. Haverá desproporcionalidade quando o peso a ser suportado por aqueles atingidos com a adoção da medida for demasiado em relação aos benefícios de sua aplicação.

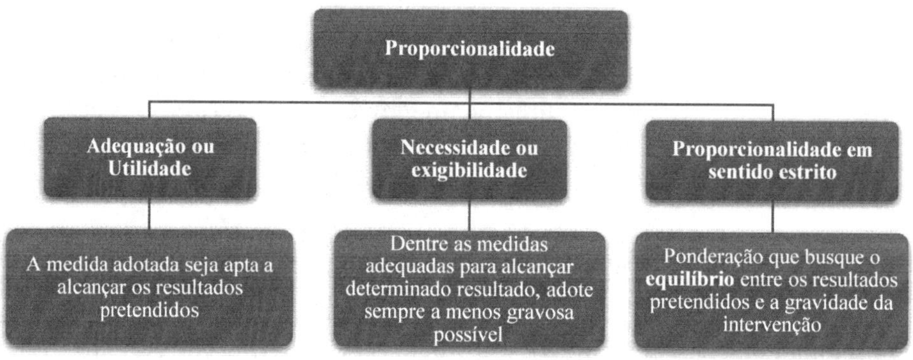

Além disso, o princípio da proporcionalidade está diretamente relacionado com a doutrina do **garantismo penal** proposta por Luigi Ferrajoli[35], corrente jurídica que defende o respeito máximo aos direitos fundamentais e às garantias processuais. Assim como dois lados de uma moeda, as vertentes **negativa e positiva** do garantismo demonstram a **dualidade ou o caráter dúplice** do princípio da proporcionalidade.

34. FERNANDES, Bernardo Gonçalves. **Curso de Direito Constitucional.** 3.ed. Rio de Janeiro: Lumen Juris, 2011, p. 201.

35. FERRAJOLI, Luigi. **Direito e Razão**. São Paulo: Revista dos Tribunais, 2002.

No Brasil, onde observamos o aumento exponencial da criminalidade, muito se tem debatido sobre os limites impostos pela **proibição do excesso** (garantismo negativo) por parte do Estado e as reinvindicações da **proibição da proteção deficiente ou insuficiente** (garantismo positivo) da coletividade, a fim de buscar soluções que compatibilizem a eficácia no combate à violência e a preservação de direitos e garantias fundamentais.

- **Proibição do excesso estatal:** Trata-se de uma concepção do **garantismo negativo**, consubstanciada na proteção do criminoso contra os excessos estatais. De acordo com essa faceta do princípio da proporcionalidade, não é lícito ao legislador criar infrações penais que não protejam qualquer bem jurídico. Assim, seria desproporcional a criação de um tipo penal que visasse punir a prostituição, na medida em que nenhum bem jurídico estaria sendo tutelado. De igual modo, é vedado ao legislador, na elaboração de uma infração penal, cominar pena exagerada e desnecessária, porquanto o preceito secundário deve corresponder à exata medida da violação do bem jurídico tutelado pela norma. Nesse sentido, o Superior Tribunal de Justiça considerou inconstitucional a pena prevista no art. 273 do Código Penal por violação do princípio da proporcionalidade.[36] Posteriormente, o Supremo Tribunal Federal também reconheceu a inconstitucionalidade da cominação da pena em abstrato prevista no art. 273 do CP — reclusão, de dez a quinze anos, e multa — para a importação de medicamentos sem registro no órgão de vigilância sanitária competente (art. 273, § 1º-B, I, do CP). O vício decorre da ofensa à vedação de penas cruéis e da afronta a princípios constitucionais, como o da proporcionalidade e o da individualização da pena[37].
- **Proibição da vedação de proteção deficiente ou insuficiente de um direito fundamental:** Deve-se proteger de maneira adequada o Estado e a coletividade, exigindo-se atuação estatal positiva para prevenir o chamado déficit de proteção dos direitos fundamentais. Contrapõe-se à ideia de garantismo negativo, estabelecendo um grau suficientemente adequado de proteção aos bens jurídicos fundamentais **(garantismo positivo).** Desse modo, como a Constituição Federal protege o direito à vida, não seria possível ao legislador descriminalizar o homicídio, por evidente afronta ao princípio da proporcionalidade sob a faceta da proteção deficiente da coletividade. Portanto, o garantismo positivo endossa a função estatal de proteção suficiente de direitos fundamentais a partir do Direito Penal.

Parcela da doutrina defende que o **garantismo ideal** seria o **garantismo integral**, consubstanciado na perfeita e necessária conjugação das duas vertentes garantistas: **negativa e positiva.** Aliás, segundo essa corrente doutrinária, a ten-

36. STJ, Corte Especial. AI no HC 239363/PR, Rel. Min. Sebastião Reis Júnior, j. em 26.02.2015, DJe 10/04/2015.
37. STF, Plenário. RE 979962/RS, Rel. Min. Roberto Barroso, julgado em 24/3/2021 (Repercussão Geral - Tema 1003) (Info 1011).

dência de aplicação excessiva do garantismo negativo em detrimento do positivo é denominada **garantismo hiperbólico monocular, garantismo à brasileira ou hipergarantismo:**

> Louvamos e defendemos abertamente a proteção dos direitos fundamentais individuais, mas a ordem jurídico-constitucional prevê outros direitos (não se olvide dos coletivos e sociais), também deveres (que são pouco considerados doutrinária e jurisprudencialmente no Brasil), e está calcada em inúmeros princípios e valores que não podem ser esquecidos ou relegados se a pretensão é efetivamente fazer uma compreensão sistêmica e integral dos comandos da Carta Maior. (...) A tese central do garantismo está em que sejam observados rigidamente não só os **direitos fundamentais** (individuais e também coletivos), mas **também os deveres fundamentais** (do Estado e dos cidadãos), previstos na Constituição. (...) Se tem difundido um garantismo penal unicamente monocular e hiperbólico: evidencia-se desproporcionalmente (hiperbólico) e de forma isolada (monocular) a necessidade de proteção apenas dos direitos fundamentais individuais dos cidadãos que se veem investigados, processados ou condenados. (...) Também como imperativo constitucional (art. 144, caput, CF), o dever de garantir segurança (que se desdobra em direitos subjetivos individuais e coletivos) não está em apenas evitar condutas criminosas que atinjam direitos fundamentais de terceiros, mas também na devida apuração (com respeito aos direitos dos investigados ou processados) do ato ilícito e, em sendo o caso, da punição do responsável.[38]

▸ IMPORTANTE

A tendência de aplicação excessiva do garantismo negativo em detrimento do garantismo positivo foi denominado pela doutrina de **garantismo hiperbólico monocular.**

PRINCÍPIO DA PROPORCIONALIDADE			
Garantismo Negativo	**Garantismo Positivo**	**G. Hiperbólico Monocular**	**G. Integral ou Binocular**
Visa prevenir o excesso do Estado.	Visa prevenir o déficit de proteção dos direitos fundamentais.	Aplicação exagerada do garantismo negativo.	Perfeita e necessária conjugação das duas vertentes garantistas: negativa e positiva.

38. FISCHER, Douglas. O que é garantismo penal (integral)? In: CALABRICH, Bruno; FISCHER, Douglas; PELELLA, Eduardo. **Garantismo penal integral**. Salvador: Juspodivm, 2013, p. 29-53.

1.5.9.1. Proibição de proteção deficiente e mandados constitucionais de criminalização

Mandados constitucionais de criminalização (ou penalização) são **obrigações de tutela penal previstas na Constituição Federal**. Em diversos dispositivos o constituinte **determina** ao legislador infraconstitucional a criação de figuras típicas penais. A propósito, a Constituição Federal no art. 5º, inciso XLIII, prevê a existências dos crimes de tortura, tráfico ilícito de drogas, terrorismo e os hediondos. Dessa forma, o legislador ordinário deve descrever essas condutas, tipificando-as com ameaça de pena criminal, em observância ao comando constitucional.

Mandados de criminalização explícitos: Existem diversos mandados de criminalização expressos no Texto Constitucional, a saber: CF, art. 5º, incisos XLI (discriminação atentatória dos direitos e liberdades fundamentais), XLII (racismo), XLIII (tortura, tráfico ilícito de entorpecentes e drogas afins, terrorismo e os definidos como crimes hediondos), XLIV (ação de grupos armados, civis ou militares, contra a ordem constitucional e o Estado Democrático), art. 7º, inciso X (retenção dolosa do salário)[39], e o art. 227, § 4º (abuso, a violência e a exploração sexual da criança e do adolescente).

Mandados de criminalização implícitos: Compulsando o plexo de bens e valores plasmados na Constituição da República, infere-se que alguns são dotados de especial relevância e, no âmago de uma sociedade centrada na dignidade da pessoa humana, gozam de primazia em relação aos demais. Haveria, nesse caso, um imperativo constitucional implícito de tutela penal. Nessas hipóteses, o constituinte não afirma categoricamente que "*a lei considerará crime...*" (CF, art. 5º, XLIII) ou que alguma conduta será considerada criminosa "*nos termos da lei*" (CF, art. 5º, XLII). No entanto, dada a importância do bem ou interesse protegido, entende-se que há uma **obrigação tácita de tutela penal** que não pode ser olvidada pelo legislador infraconstitucional. Assim, o constituinte, ao assegurar o direito à vida (CF, art. 5º, *caput*), implicitamente estaria determinando ao legislador ordinário a criação de figuras típicas penais como o homicídio, o infanticídio e o aborto, como forma de **proteção integral e suficiente desse bem jurídico.**

Em atenção ao **princípio da proporcionalidade**, em sua faceta de **vedação da proteção insuficiente dos direitos fundamentais**, o Supremo Tribunal Federal afastou a tese de que a criminalização do porte ilegal de armas é ilegítima, conforme excerto do julgado a seguir:

> HABEAS CORPUS. PORTE ILEGAL DE ARMA DE FOGO DESMUNICIADA. (A) TIPICIDADE DA CONDUTA. CONTROLE DE CONSTITUCIONALIDADE DAS LEIS PENAIS. MANDATOS CONSTITUCIONAIS DE CRIMINALI-

39. Este mandado constitucional de criminalização ainda não foi implementado pelo legislador infraconstitucional.

ZAÇÃO E MODELO EXIGENTE DE CONTROLE DE CONSTITUCIONALIDADE DAS LEIS EM MATÉRIA PENAL. CRIMES DE PERIGO ABSTRATO EM FACE DO PRINCÍPIO DA PROPORCIONALIDADE. LEGITIMIDADE DA CRIMINALIZAÇÃO DO PORTE DE ARMA DESMUNICIADA. ORDEM DENEGADA.

1. CONTROLE DE CONSTITUCIONALIDADE DAS LEIS PENAIS. 1.1. Mandatos constitucionais de criminalização: A Constituição de 1988 contém significativo elenco de normas que, em princípio, não outorgam direitos, mas que, antes, determinam a criminalização de condutas (CF, art. 5º, XLI, XLII, XLIII, XLIV; art. 7º, X; art. 227, § 4º). Em todas essas é possível identificar um mandato de criminalização expresso, tendo em vista os bens e valores envolvidos. Os direitos fundamentais não podem ser considerados apenas proibições de intervenção (Eingriffsverbote), expressando também um postulado proteção (Schutzgebote). **Pode-se dizer que os direitos fundamentais expressam não apenas uma proibição do excesso (Übermassverbote), como também podem ser traduzidos como proibições de proteção insuficiente ou imperativos de tutela (Untermassverbote). Os mandatos constitucionais de criminalização, portanto, impõem ao legislador, para seu devido cumprimento, o dever de observância do princípio da proporcionalidade como proibição de excesso e como proibição de proteção insuficiente.** 1.2. Modelo exigente de controle de constitucionalidade das leis em matéria penal, baseado em níveis de intensidade: Podem ser distinguidos 3 (três) níveis ou graus de intensidade do controle de constitucionalidade de leis penais, consoante as diretrizes elaboradas pela doutrina e jurisprudência constitucional alemã: a) controle de evidência (Evidenzkontrolle); b) controle de sustentabilidade ou justificabilidade (Vertretbarkeitskontrolle); c) controle material de intensidade (intensivierten inhaltlichen Kontrolle). O Tribunal deve sempre levar em conta que a Constituição confere ao legislador amplas margens de ação para eleger os bens jurídicos penais e avaliar as medidas adequadas e necessárias para a efetiva proteção desses bens. Porém, uma vez que se ateste que as medidas legislativas adotadas transbordam os limites impostos pela Constituição – o que poderá ser verificado com base no princípio da proporcionalidade como proibição de excesso (Übermassverbot) e como proibição de proteção deficiente (Untermassverbot) –, deverá o Tribunal exercer um rígido controle sobre a atividade legislativa, declarando a inconstitucionalidade de leis penais transgressoras de princípios constitucionais.

2. CRIMES DE PERIGO ABSTRATO. PORTE DE ARMA. PRINCÍPIO DA PROPORCIONALDIADE. A Lei 10.826/2003 (Estatuto do Desarmamento) tipifica o porte de arma como crime de perigo abstrato. De acordo com a lei, constituem crimes as meras condutas de possuir, deter, portar, adquirir, fornecer, receber, ter em depósito, transportar, ceder, emprestar, remeter, empregar, manter sob sua guarda ou ocultar arma de fogo. Nessa espécie de delito, o legislador penal não toma como pressuposto da criminalização a lesão ou o perigo de lesão concreta a determinado bem jurídico. Baseado em dados empíricos, o legislador seleciona grupos ou classes de ações que geralmente levam consigo o indesejado perigo ao bem jurídico. A criação de crimes de perigo abstrato não

representa, por si só, comportamento inconstitucional por parte do legislador penal. A tipificação de condutas que geram perigo em abstrato, muitas vezes, acaba sendo a melhor alternativa ou a medida mais eficaz para a proteção de bens jurídico-penais supraindividuais ou de caráter coletivo, como, por exemplo, o meio ambiente, a saúde etc. Portanto, pode o legislador, dentro de suas amplas margens de avaliação e de decisão, definir quais as medidas mais adequadas e necessárias para a efetiva proteção de determinado bem jurídico, o que lhe permite escolher espécies de tipificação próprias de um direito penal preventivo. Apenas a atividade legislativa que, nessa hipótese, transborde os limites da proporcionalidade, poderá ser tachada de inconstitucional.

3. LEGITIMIDADE DA CRIMINALIZAÇÃO DO PORTE DE ARMA.

Há, no contexto empírico legitimador da veiculação da norma, aparente lesividade da conduta, porquanto se tutela a segurança pública (art. 6º e 144, CF) e indiretamente a vida, a liberdade, a integridade física e psíquica do indivíduo etc. Há inequívoco interesse público e social na proscrição da conduta. É que a arma de fogo, diferentemente de outros objetos e artefatos (faca, vidro etc.) tem, inerente à sua natureza, a característica da lesividade. A danosidade é intrínseca ao objeto. A questão, portanto, de possíveis injustiças pontuais, de absoluta ausência de significado lesivo deve ser aferida concretamente e não em linha diretiva de ilegitimidade normativa. 4. ORDEM DENEGADA. (**grifo nosso**)[40]

▸ IMPORTANTE

Os mandados de criminalização estão intrinsicamente ligados à vertente do princípio da proporcionalidade que proíbe uma proteção deficiente de um direito fundamental, de modo que, uma vez atendido pelo legislador ordinário o comando constitucional de intervenção penal, não seria possível retroceder em termos legislativos.

Portanto, não se revela admissível, dentre outras, a descriminalização do homicídio ou a revogação total da Lei dos Crimes Hediondos, sob pena de caracterizar a **proteção estatal insuficiente**, com a consequente violação do princípio constitucional da proporcionalidade.

Entra em cena o chamado **princípio do não retrocesso ou efeito *cliquet* dos direitos fundamentais**, o qual não admite recuo na salvaguarda desses direitos, a menos que sejam criados outros mecanismos **mais eficazes** para alcançar o mesmo desiderato do constituinte.

Por fim, ante a existência de mandados constitucionais de criminalização, seria absolutamente incompatível com a Carta Magna a implantação de um **sistema abolicionista do Direito Penal**, transferindo para outros ramos do Direito - que não o Direito Penal -, a tutela de bens ou interesses para os quais o constituinte reclama uma intervenção estatal mais rigorosa e contundente. Em

40. STF, 2ª Turma. HC 104.410/RS. Rel. Min. Gilmar Mendes, publicado no DJE em 27/03/2012.

outras palavras, nos moldes atuais, não há espaço para a eliminação do Direito Penal do ordenamento jurídico brasileiro.

1.5.10. Princípio da ofensividade ou da lesividade

Segundo o princípio da ofensividade, oriundo do postulado *nullum crimen sine injuria,*

não há crime se não ocorrer lesão efetiva ou perigo de lesão ao bem jurídico. Possui **função político-criminal**, dirigindo o legislador na escolha dos bens jurídicos que irá proteger e das condutas que irá tipificar. Também ostenta uma **função dogmática e interpretativa**, impondo ao magistrado que, não obstante a subsunção formal do comportamento à descrição da lei penal, verifique se realmente o bem jurídico foi lesionado ou exposto a perigo.

Para parcela minoritária da doutrina, a adoção desse princípio deslegitimaria, em tese, a existência de crimes de perigo abstrato, pois se a lei presume o perigo é porque, em última instância, esse perigo não existe[41]. Essa mera presunção mostra-se incompatível com o moderno Direito Penal da culpabilidade, que exige, para a reprovação do fato, a demonstração de que a conduta praticada causou um perigo de lesão ao bem jurídico tutelado.

A doutrina amplamente dominante, em harmonia com a jurisprudência, admite os crimes de perigo abstrato. Trata-se de uma **técnica legislativa** que deve ser utilizada para proteger de forma eficiente bens jurídicos relevantes para um convívio social harmônico. Segundo o STJ:

> Por outro lado, a conduta ilícita prevista no art. 56, caput, da Lei n. 9.605/1998 é de perigo abstrato. Não é exigível, pois, para o aperfeiçoamento do crime, a ocorrência de lesão ou de perigo de dano concreto na conduta de quem produz, processa, embala, importa, exporta, comercializa, fornece, transporta, armazena, guarda, tem em depósito ou usa produto ou substância tóxica, perigosa ou nociva à saúde humana ou ao meio ambiente, em desacordo com as exigências estabelecidas em leis ou nos seus regulamentos. 3. Embora seja legítimo aspirar a um Direito Penal de mínima intervenção, não pode a dogmática penal descurar de seu objetivo de proteger bens jurídicos de reconhecido relevo, assim entendidos, na dicção de Claus Roxin, como "interesses humanos necessitados de proteção penal", qual a proteção ao meio ambiente e à incolumidade pública. Não se pode, assim, esperar a concretização de danos, ou exigir a demonstração de riscos concretos para a punição de condutas que representam potencial produção de danos ao ecossistema e, por consequência, a pessoas indeterminadas.[42]

41. Para aprofundamento do assunto, remetemos o leitor ao tópico 5.6., onde a classificação dos crimes de perigo abstrato, perigo concreto e perigo abstrato-concreto é explicado detalhadamente.
42. STJ, 6ª Turma, REsp 1.439.150/RS, Rel. Min. Rogério Schietti Cruz, j. em 05/10/2017 (Info 613).

Essa expansão do Direito Penal, com a previsão de crimes de perigo abstrato e a consequente proteção de bens metaindividuais (difusos ou coletivos) é denominada por Claus Roxin de **espiritualização, desmaterialização ou liquefação de bens jurídicos no Direito Penal.**

Não se deve confundir espiritualização, desmaterialização ou liquefação dos bens jurídicos com o **direito de intervenção** consagrado por Winfried Hassemer[43], o qual, em respeito à intervenção mínima, defende uma visão reducionista do direito penal. Para Hassemer, o Direito Penal deveria ser empregado apenas na proteção de bens jurídicos individuais e causadores de dano ou de um perigo concreto. Já o direito de intervenção seria responsável pela tutela de bens jurídicos metaindividuais e de condutas que gerassem perigo meramente abstrato, por meio de um sistema com direitos e garantias mais flexíveis e que não contempla penas privativas de liberdade, privilegiando a prevenção no lugar da repressão, funcionando como uma espécie de direito administrativo sancionador[44].

1.5.11. Princípio da alteridade ou da transcendentalidade

Desenvolvido por **Claus Roxin**, esse princípio não admite a incriminação de conduta meramente interna do agente, **incapaz de atingir bem jurídico alheio**. Assim, o pensamento, por mais imoral, vil, pecaminoso e antiético que seja, jamais pode ser considerado típico. Da mesma forma, não compete ao Direito Penal punir condutas cujos efeitos prejudicarão somente o próprio agente.

Exemplificativamente: embora a vida seja um direito fundamental constitucionalmente tutelado, o suicídio não é considerado conduta típica, visto que o suicida atenta unicamente contra sua própria vida, não atingindo bem jurídico de terceiros.

Nessa esteira, a autolesão também não configura crime, salvo se ocorrer visando o recebimento de seguro (CP, art. 171, § 2º, inc. V), pois em tal hipótese o patrimônio da seguradora que se pretende iludir será atingido.

▸ ATENÇÃO

Com base nesse princípio a Defensoria Pública tenta emplacar a tese de que o art. 28 da Lei de Drogas é inconstitucional, ao fundamento de que o tipo penal não atingiria bem jurídico de terceiros. De acordo com esse entendimento, aquele que consome drogas faz mal apenas a si mesmo e não a terceiros. O caso está sob julgamento no STF, que já começou a julgar o RE 635.659/SP com repercussão geral reconhecida.

---

43. HASSEMER. Perspectivas de uma moderna política criminal. **Revista Brasileira de Ciências Criminais**, v. 8, p. 41-51.
44. Para aprofundar o tema, remetemos o leitor para o tópico 1.8.4.

1.5.12. Princípio da presunção de inocência ou da não culpabilidade

Conforme o art. 5º, inciso LVII da Constituição Federal, "ninguém será considerado culpado até o trânsito em julgado de sentença penal condenatória". Além da Carta Magna, a Declaração Universal de Direitos Humanos, o Estatuto de Roma e a Convenção Americana sobre Direitos Humanos possuem previsões semelhantes.

Doutrina e jurisprudência[45] vêm preferindo a expressão **"princípio da não culpa ou da não culpabilidade"** ao argumento de que a expressão **presunção de inocência** impediria a prisão provisória (temporária ou preventiva), já que todos são presumidamente inocentes. Por outro lado, uma prisão provisória e excepcional seria compatível em face de alguém não presumido inocente, mas sobre o qual pairam indícios suficientes de autoria, embora ainda não possa ser considerado culpado. Vale lembrar que a CF/88 em momento algum utiliza o termo "inocente".

O Supremo Tribunal Federal possui julgados relevantes baseados nesse princípio. Vejamos:

- **Súmula vinculante nº 11[46].** Decorre do princípio da não culpa, evidenciando que o emprego de algemas deve ser **excepcional**, já que impõe constrangimento ao cidadão presumidamente não culpável.
- **Execução provisória da pena**. Se ainda não houve trânsito em julgado, não se pode determinar que o réu inicie o cumprimento provisório da pena. Não importa que os recursos pendentes possuam efeito meramente devolutivo (sem efeito suspensivo). Não existe cumprimento provisório da pena no Brasil porque ninguém pode ser considerado culpado antes do trânsito em julgado (art. 5º, LVII da CF/88).[47]

O Pacote Anticrime autorizou a execução provisória da pena em caso de decisão condenatória prolatada pelo júri, quando o réu for condenado a pena igual ou superior a 15 anos (art. 492, inciso I, "e", do CPP). Nesse caso, deve prevalecer o princípio constitucional da soberania dos veredictos (art. 5º, XXXVIII, "c", da CF).

Em que pese a autorização dada pela lei, de se executar provisoriamente a pena nos casos de condenação no Tribunal do Júri, o STF[48] e o STJ[49] vêm decidindo pelo não cabimento dessa regra. A constitucionalidade do dispositivo encontra-se pendente de julgamento (RE 1.235.340) com repercussão geral conhecida (Tema

---

45. STF, 1ª Turma, HC 101.537, Rel. Min. Marco Aurélio, Dje 14/11/2011.
46. Só é lícito o uso de algemas em casos de resistência e de fundado receio de fuga ou de perigo à integridade física própria ou alheia, por parte do preso ou de terceiros, justificada a **excepcionalidade** por escrito, sob pena de responsabilidade disciplinar, civil e penal do agente ou da autoridade e de nulidade da prisão ou do ato processual a que se refere, sem prejuízo da responsabilidade civil do Estado.
47. STF, Plenário. ADC 43/DF, ADC 44/DF e ADC 54/DF, Rel. Min. Marco Aurélio, julgados em 7/11/2019.
48. STF, 2ª Turma. HC 163814 ED/MG, Rel. Min. Gilmar Mendes, julgado em 19/11/2019 (Info 960).
49. STJ, 5ª Turma. AgRg no HC 714.884-SP, Rel. Min. Jesuíno Rissato (Desembargador convocado do TJDFT), Rel. Acd. Min. João Otávio de Noronha, julgado em 15/03/2022 (Info 730).

1068) e a tendência da jurisprudência é a consolidação da tese do STJ no sentido de se considerar ilegal a execução provisória da pena como decorrência automática da condenação proferida pelo Tribunal do Júri[50].

Em resumo, é possível extrair 3 consequências importantes desse princípio:

- qualquer restrição à liberdade do investigado/acusado somente se admite após sua condenação definitiva, não evitando, porém, a prisão cautelar ao longo da persecução criminal, desde que imprescindível, exigindo-se adequada fundamentação;
- o ônus da prova incumbe à acusação;
- a condenação deve derivar da certeza do julgador, sendo que a dúvida deverá ser interpretada em favor do réu (*in dubio pro reo*).

1.5.13. Princípio do "ne bis in idem" ou da inadmissibilidade da persecução penal múltipla

A expressão latina "ne bis in idem" constitui um **princípio geral de direito internacional**, sendo considerado decorrência lógica da coisa julgada.

Não encontra previsão expressa na Constituição Federal, mas em diplomas internacionais, como o Estatuto de Roma (art. 20), o Pacto de San José da Costa Rica (art. 8º, nº 4), a Convenção Americana de Direitos Humanos e no Pacto Internacional de Direito Civis e Políticos (art. 14.7), segundo a qual "o acusado absolvido por sentença passada em julgado não poderá ser submetido a novo processo pelos mesmos fatos dentre outros" [51].

Conquanto não esteja estampado na nossa Constituição, a doutrina aponta que o princípio do *ne bis in idem* encontra fundamento na **equidade, no devido processo legal e no direito de liberdade.**

De ampla aceitação no cenário internacional, esse princípio busca evitar a multiplicidade da persecução penal ou o duplo risco (*double jeopardy*) e pode ser analisado sob três vertentes:

- **Processual:** impede que alguém seja processado duas vezes pelo mesmo fato;
- **Penal:** impede que alguém seja condenado duas vezes pelo mesmo fato; e

50. Jurisprudência em Teses do STJ (Ed. 185). Tese 10: Apesar da alteração legislativa promovida pela Lei nº 13.964/2019 no art. 492, I, e do Código de Processo Penal - CPP, a jurisprudência do Superior Tribunal de Justiça e do Supremo Tribunal Federal entende que é ilegal a execução provisória da pena como decorrência automática da condenação proferida pelo Tribunal do Júri, salvo quando demonstrados os fundamentos da prisão preventiva.

51. Decreto 678/92, Art. 8º, nº 4.

- **Execucional:** impede que alguém seja executado duas vezes por condenações ligadas ao mesmo fato.

Portanto, o princípio do *ne bis in idem* veda que o agente seja processado, condenado ou punido duas vezes pelo **mesmo fato.**

O Código Penal prevê alguns institutos que materializam esse princípio, como se observa do art. 8º, nas hipóteses em que a pena é cumprida no estrangeiro, e do art. 42, que prevê a detração penal. No âmbito jurisprudencial, é possível visualizá-lo na Súmula 241 do STJ: "A reincidência penal não pode ser considerada como circunstância agravante e, simultaneamente, como circunstância judicial".

Mas é preciso ressaltar que **não se trata de princípio absoluto,** afinal, o Código Penal, ao regular as hipóteses de **extraterritorialidade incondicionada** da lei penal brasileira (art. 7º, § 1º), evidencia que o agente **poderá ser condenado no estrangeiro e também no Brasil, pelo mesmo crime**[52]. Trata-se de hipótese excepcional que encontra fundamento na soberania dos países.

Outra exceção está no Estatuto de Roma ao estabelecer que a execução da Corte e a aplicação da pena ao condenado não prejudicará sua punição pelo Estado Parte (arts. 20 e 80).

O próprio STF já relativizou esse princípio da inadmissibilidade da persecução penal múltipla ou do duplo risco (*double jeopardy*). De acordo com a Corte Suprema, se restar demonstrado que o Estado que "processou" o autor do fato violou os deveres de investigação e de persecução efetiva, o julgamento realizado no país estrangeiro pode ser considerado ilegítimo, tornando válida a investigação, o processo e o julgamento no Brasil por idêntico fato[53].

1.5.14. Princípio da individualização da pena

O princípio da individualização da pena encontra previsão expressa na Constituição Federal, em seu art. 5º, XLVI. Embora esteja intimamente relacionado à operação de dosimetria da pena efetuada pelo magistrado sentenciante, não se restringe ao âmbito judicial, pois se projeta em também em outras fases.

- **Individualização da pena na fase legislativa:** quando o legislador cria a infração penal já esboça os primeiros parâmetros de sua individualização ao **cominar a pena**. Por exemplo: a pena para o crime de furto simples varia entre um e quatro anos, enquanto no roubo simples a pena é de quatro a dez anos. Isso é um início de individualização da pena pelo próprio legislador, que ocorre no plano abstrato. Se ele estipulasse uma

52. Não concordamos com esse entendimento (v. item 3.3. "Da extraterritoridalidade da lei penal").
53. STF, 2ª Turma. HC 171118/SP, Rel. Min. Gilmar Mendes, julgado em 12/11/2019 (Info 959).

pena padrão para todos os delitos, haveria ofensa a esse princípio. Por isso, a pena deve ser cominada na **exata medida da violação ao bem jurídico tutelado**. O crime de homicídio deve ter uma pena maior do que o crime de lesão corporal; o crime de latrocínio merece ser reprimido de forma mais gravosa que o furto, e assim por diante.

- **Individualização da pena na fase judicial:** ocorre quando o juiz efetivamente aplica a **pena ao caso concreto**, observando o sistema trifásico para o cálculo da pena privativa de liberdade, e bifásico para aplicação da pena de multa, respeitando os limites mínimo e máximo estipulados pelo legislador (**teoria das margens**).
- **Individualização da pena na fase executória (administrativa):** diz respeito ao momento da execução da pena pelo Estado. Há critérios de individualização que também devem ser observados durante o **cumprimento da sanção**, na medida em que alguns presos progridem, outros regridem, alguns trabalham etc.

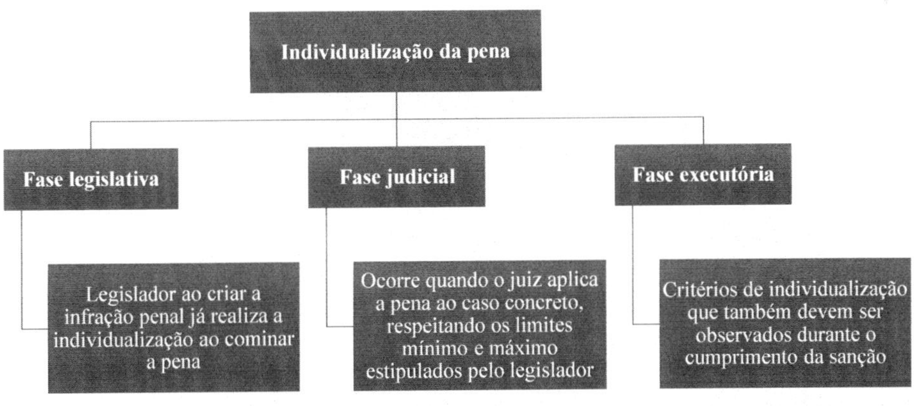

1.5.15. Princípio da insignificância ou da bagatela própria

De acordo com a maioria da doutrina, o princípio da insignificância tem origem no Direito Civil, mais precisamente no Direito Romano. Deita suas raízes no brocardo *minimus non curat praetor* (o juiz não deve se ocupar de coisas mínimas, insignificantes).

O responsável por sua introdução no âmbito do Direito Penal foi **Claus Roxin, em 1964**. Portanto, trata-se de **criação doutrinária**, acolhida amplamente pela jurisprudência e que tem o condão de afastar a **tipicidade material.**

O princípio da insignificância surge como instrumento de interpretação restritiva do tipo penal que, de acordo com a dogmática moderna, não deve ser considerado apenas em seu aspecto formal, de subsunção do fato à norma (tipicidade formal), mas, primordialmente, em seu conteúdo material, de cunho valorativo, no sentido da sua **efetiva lesividade ao bem jurídico tutelado** pela norma penal, o que consagra o postulado da fragmentariedade do Direito Penal[54].

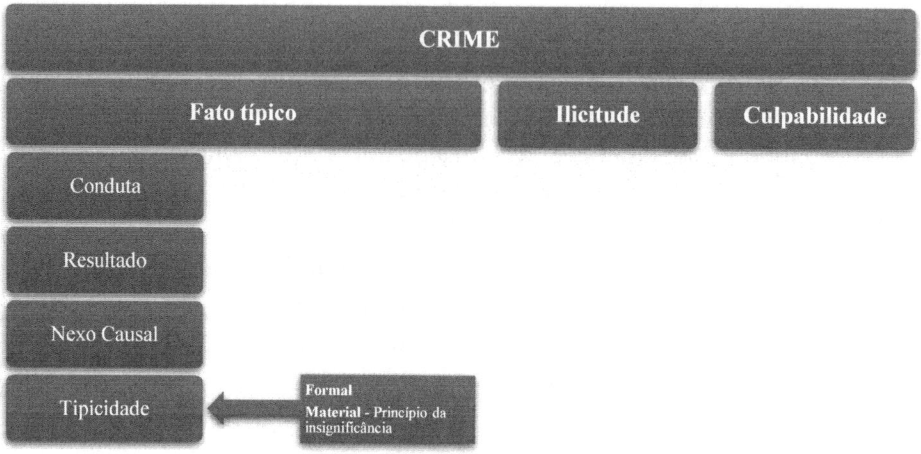

Por não estar previsto em lei[55], tem natureza jurídica de **causa supralegal de exclusão da tipicidade material.** É fundamentado em valores de **política criminal** e destina-se a realizar uma **interpretação restritiva da lei penal,** limitando a abrangência da incidência prática do tipo penal.

De acordo com a jurisprudência do Supremo Tribunal Federal:

> O princípio da insignificância – que deve ser analisado em conexão com os postulados da fragmentariedade e da intervenção mínima do Estado em matéria penal – tem o sentido de excluir ou de afastar a própria tipicidade penal, examinada na perspectiva de seu caráter material. [...] O sistema jurídico há de considerar a relevantíssima circunstância de que a privação da liberdade e a restrição de direitos do indivíduo somente se justificam quando estritamente necessárias à própria proteção das pessoas, da sociedade e de outros bens jurídicos que lhes sejam essenciais, notadamente naqueles casos em que os valores penalmente tutelados se exponham a dano, efetivo ou potencial, impregnado de significativa lesividade.[56]

Quanto ao **momento de sua aplicação,** filiamo-nos à corrente que entende ser possível a incidência do princípio da insignificância **em qualquer fase**, até mesmo antes de iniciada uma investigação, pois não há crime a perseguir (o fato se torna

---

54. MANÃS, Carlos Vico. **O Princípio da Insignificância como Excludente da Tipicidade no Direito Penal**. 1ª. ed., São Paulo: Saraiva, p. 56-81.

55. O CPP no art. 28-A, § 2º, inciso II prevê o acordo de não persecução penal (ANPP) e estabelece que o instituto não será cabível em caso de reincidência, habitualidade ou reiteração criminosa, salvo se a infração pretérita for insignificante. O dispositivo apenas faz menção à infração insignificante, mas não traz o conceito ou os requisitos do princípio da insignificância.

56. STF, 2ª Turma, HC 98.152/MG, Rel. Min. Celso de Mello, j. em 09/05/2009.

atípico). Se não há infração penal, o Delegado de Polícia, como **primeiro garantidor da legalidade e da justiça**, deve aplicar esse princípio, deixando de instaurar o inquérito policial, seja por meio da lavratura do auto de prisão em flagrante, seja por meio de portaria. Pode, ainda, ser aplicado pelo membro do Ministério Público, que não promoverá a ação penal, manifestando-se pelo arquivamento dos autos em virtude da atipicidade material da conduta praticada pelo agente; e, finalmente, em caso de ação penal em curso, deve ser reconhecido pelo Juiz, que absolverá sumariamente o réu antes mesmo de dar início à instrução probatória (CPP, art. 397, inc. III).

É importante destacar que essa posição, embora majoritária, não é pacífica na doutrina. De acordo com uma segunda corrente, não é possível a aplicação da bagatela na fase pré-processual, pois a autoridade policial age por força do princípio da obrigatoriedade, e em virtude disso não pode prescindir da investigação, nem mesmo da prisão em flagrante, se for o caso. Desse modo, somente o Poder Judiciário possuiria aptidão para reconhecer o princípio da insignificância. Respeitosamente discordamos desse posicionamento, pois entendemos que vedar a aplicação do princípio da bagatela pelo Delegado de Polícia implica em afronta ao princípio da intervenção mínima e seus corolários.

1.5.15.1 Requisitos para aplicação do princípio da insignificância

No julgamento do HC 84.412-0/SP, o Min. Celso de Mello idealizou quatro **requisitos objetivos** para a aplicação do princípio da insignificância, os quais passaram a ser adotados pela jurisprudência do STF e do STJ.

Portanto, somente se aplica o princípio da insignificância se no caso concreto estiverem presentes os seguintes requisitos cumulativos:

a) mínima ofensividade da conduta;

b) ausência de periculosidade social da ação;

c) reduzido grau de reprovabilidade do comportamento; e

d) inexpressividade da lesão jurídica provocada.

Além dos vetores de ordem objetiva, a jurisprudência também leva em consideração a **importância do objeto material** subtraído, a **condição econômica do sujeito passivo, a condição pessoal do sujeito ativo**, assim como as **circunstâncias e o resultado do crime**, a fim de se determinar, **subjetivamente**, se houve ou não relevante lesão ao bem jurídico tutelado. Nesse sentido foi a decisão do STF:

> DIREITO PENAL. ATIPICIDADE. PRINCÍPIO DA INSIGNIFICÂNCIA. PARÂMETROS E CRITÉRIOS. INEXPRESSIVIDADE DA LESÃO JURÍDICA PROVOCADA. AUSÊNCIA. INAPLICABILIDADE. HABEAS
>
> CORPUS DENEGADO. 1. A questão de direito tratada neste writ, consoante a tese exposta pelo recorrente na petição inicial, é a suposta atipicidade da con-

duta realizada pelo paciente com base na teoria da insignificância, por falta de lesividade ou ofensividade ao bem jurídico tutelado na norma penal. 2. Registro que **não considero apenas e tão somente o valor subtraído (ou pretendido à subtração) como parâmetro para aplicação do princípio da insignificância.** Do contrário, por óbvio, deixaria de haver a modalidade tentada de vários crimes, como no próprio exemplo do furto simples, bem como desapareceria do ordenamento jurídico a figura do furto privilegiado (CP, art. 155, § 2°). Como já analisou o Min. Celso de Mello, no precedente acima apontado, o princípio da insignificância tem como vetores "a mínima ofensividade da conduta do agente, a nenhuma periculosidade social da ação, o reduzido grau de reprovabilidade do comportamento e a inexpressividade da lesão jurídica provocada." (HC 84.412/SP). 3. No presente caso, considero que tais vetores não se fazem simultaneamente presentes. Consoante o critério da tipicidade material (e não apenas formal), excluem-se os fatos e comportamentos reconhecidos como de bagatela, nos quais têm perfeita aplicação o princípio da insignificância. O critério da tipicidade material deverá levar em consideração a importância do bem jurídico possivelmente atingido no caso concreto. 4. No caso em tela, **a lesão se revelou significante não obstante o bem subtraído ser inferior ao valor do salário mínimo.** Vale ressaltar, que há informação nos autos de que o valor "subtraído representava todo o valor encontrado no caixa (fl. 11), sendo fruto do trabalho do lesado que, passada a meia-noite, ainda mantinha o trailer aberto para garantir uma sobrevivência honesta." Portanto, de acordo com a conclusão objetiva do caso concreto, entendo que não houve inexpressividade da lesão jurídica provocada. 5. Ante o exposto, denego a ordem de habeas corpus.[57]

Requisitos objetivos	Requisitos subjetivos
• Mínima ofensividade da conduta do agente • Ausência de periculosidade social da ação • Reduzido grau de reprovabilidade do comportamento • Inexpressividade da lesão jurídica provocada	• Importância do objeto material (valor sentimental) • Condição econômica do sujeito passivo • Condição pessoal do sujeito ativo • Circunstâncias e o resultado do crime

1.5.15.2. *Aplicação do princípio da insignificância em situações específicas*

1.5.15.2.1. Reincidência

A reincidência *não impede, por si só, que o juiz da causa reconheça a insignificância penal da conduta*[58]. A aplicação do princípio bagatelar envolve um juízo amplo (**"juízo conglobante"**), que vai além da simples aferição do resultado ma-

57. STF, 2ª Turma, RHC 96.813/RJ, Rel. Min. Ellen Gracie, DJe 23/04/2009.

58. É possível aplicar o princípio da insignificância para o furto de mercadorias avaliadas em R$ 29,15, mesmo que a subtração tenha ocorrido durante o período de repouso noturno e mesmo que o agente seja reincidente. Vale ressaltar que os produtos haviam sido furtados de um estabelecimento comercial e que logo após o agente foi preso, ainda na porta do estabelecimento. Objetos furtados: R$ 4,15 em moedas, uma garrafa

terial da conduta, abrangendo também a reincidência ou contumácia do agente, elementos que, embora não determinantes, devem ser considerados[59]. No entanto, nos recentes julgados prolatados pela Suprema Corte é possível notar uma evolução e, ao mesmo tempo, uma tendência nessa temática.

Num caso envolvendo o crime de furto, o STF entendeu possível o juiz reconhecer a insignificância ao réu reincidente, mas não para absolvê-lo, pois nessa hipótese o princípio não se revelaria **socialmente desejável**. Ao invés de reconhecer a atipicidade material da conduta o magistrado condenou o réu, mas utilizou a circunstância de a coisa subtraída ser insignificante para fixar o regime inicial aberto – e não o fechado, como determina o CP, art. 33, § 2º, "c", do CP. Note que o juiz não absolveu o réu, mas reconheceu a bagatela para, com base em outro princípio, o da **proporcionalidade**, criar **uma exceção jurisprudencial** à regra do CP, art. 33, § 2º, "c", aplicando um regime mais brando ao réu reincidente[60]. Em outro caso concreto, o STF reconheceu a insignificância do bem subtraído, mas não absolveu réu por tratar-se de reincidente em crime patrimonial. Ao invés de absolvê-lo, a Suprema Corte concedeu a substituição da pena privativa de liberdade por restritiva de direitos, a despeito da previsão contida no CP, art. 44, II [61].

Em resumo:

INSIGNIFICÂNCIA E RÉU REINCIDENTE

Regra: A reincidência não impede, por si só, que o juiz da causa reconheça a insignificância penal da conduta e absolva o réu. Deve-se sempre analisar as peculiaridades do caso concreto.

Exceções: Na hipótese de o juiz da causa considerar penal ou socialmente indesejável a aplicação do princípio da insignificância para absolver o réu, poderá, com base no princípio da proporcionalidade:

a) Fixar regime inicial aberto, excepcionando a regra do CP, art. 33, § 2º, "c", no caso concreto;

b) Substituir a pena privativa de liberdade por restritiva de direitos, a despeito do disposto no CP, art. 44, II.

---

de Coca-Cola, duas garrafas de cerveja e uma garrafa de pinga marca 51, tudo avaliado em R$ 29,15. STF. 2ª Turma. HC 181389 AgR/SP, Rel. Min. Gilmar Mendes, julgado em 14/4/2020 (Info 973).

59. STF, Plenário. HC 123108, Rel. Min. Roberto Barroso, julgado em 03/08/2015 (Info 793).

60. STF, 1ª Turma. HC 135164/MT, Rel. Min. Marco Aurélio, red. p/ ac. Min. Alexandre de Moraes, julgado em 23/4/2019 (Info 938).

61. STF, 1ª Turma. HC 137217/MG, Rel. Min. Marco Aurélio, red. p/ ac. Min. Alexandre de Moraes, julgado em 28/8/2018 (Info 913).

1.5.15.2.2. Criminoso habitual

Para o Supremo Tribunal Federal, a reiteração delitiva obsta a incidência da bagatela por demonstrar maior reprovabilidade da conduta[62]. Vale lembrar que sempre há a possibilidade de o magistrado, analisando as peculiaridades do **caso concreto,** verificar que a aplicação do princípio da insignificância é medida **socialmente recomendável**[63]. Segundo jurisprudência do Superior Tribunal de Justiça[64], caso o agente responda por outros inquéritos policiais, ações penais ou tenha contra si condenações criminais, não poderá ser beneficiado com a aplicação do princípio da insignificância por lhe faltar o **requisito subjetivo.** Nesse sentido, o próprio STJ já decidiu que a reiteração criminosa inviabiliza a aplicação do princípio da insignificância nos crimes de descaminho, ressalvada a possibilidade de, no caso concreto, as instâncias ordinárias verificarem que a medida é socialmente recomendável[65].

1.5.15.2.3. Crimes contra a ordem tributária (Lei nº 8.137/90)

Os Tribunais Superiores admitem a aplicação do princípio da insignificância, tanto nos crimes contra a ordem tributária (Lei nº 8.137/90) como também no delito de descaminho (CP, art. 334, *caput*), o qual tem natureza de crime tributário, a despeito de estar previsto entre os crimes praticados por particular contra a Administração em geral. O fundamento reside na Lei n. 10.522/2002 e na Portaria MF nº 75, de 29/03/2012, na qual o Ministro da Fazenda determinou, em seu art. 1º, inciso II, "o não ajuizamento de execuções fiscais de débitos com a Fazenda Nacional, cujo valor consolidado seja igual ou inferior a R$ 20.000,00 (vinte mil reais)". Como o Fisco não tem interesse em executar os débitos inscritos como dívida ativa da União que não atingirem a importância de R$ 20 mil, não haveria justa causa para a deflagração da ação penal. Se o valor é insignificante para o Fisco, não pode ser relevante para o Direito Penal. De fato, seria ilógico permitir que alguém

---

62. STF, HC 152.768/RS, Relator Min. Ricardo Lewandowski, 14/03/2018, e HC 152.097/PR, Relator Min. Dias Toffoli, 19/02/2018.

63. Em regra, a habitualidade delitiva específica (ou seja, o fato de o réu já responder a outra ação penal pelo mesmo delito) é um parâmetro (critério) que afasta o princípio da insignificância mesmo em se tratando de bem de reduzido valor. Excepcionalmente, no entanto, as peculiaridades do caso concreto podem justificar o afastamento dessa regra e a aplicação do princípio, com base na ideia da proporcionalidade. É o caso, por exemplo, do furto de um galo, quatro galinhas caipiras, uma galinha garnizé e três quilos de feijão, bens avaliados em pouco mais de cem reais. O valor dos bens é inexpressivo e não houve emprego de violência. Enfim, é caso de mínima ofensividade, ausência de periculosidade social, reduzido grau de reprovabilidade e inexpressividade da lesão jurídica. Mesmo que conste em desfavor do réu outra ação penal instaurada por igual conduta, ainda em trâmite, a hipótese é de típico crime famélico. A excepcionalidade também se justifica por se tratar de hipossuficiente. Não é razoável que o Direito Penal e todo o aparelho do Estado-polícia e do Estado-juiz movimente-se no sentido de atribuir relevância a estas situações. STF, 2ª Turma. HC 141440 AgR/MG, Rel. Min. Dias Toffoli, julgado em 14/8/2018 (Info 911).

64. STF, HC 260.375/SP, 5 ª Turma, Relator Min. Moura Ribeiro, 17/09/2013.

65. STJ, 3ª Seção. EREsp 1217514-RS, Rel. Min. Reynaldo Soares da Fonseca, julgado em 9/12/2015 (Info 575).

seja processado criminalmente pela falta de recolhimento de um tributo que sequer será cobrado no âmbito administrativo-tributário, ou seja, pela própria "vítima". O direito penal, em tal hipótese, deixaria de ser a ***ultima ratio***. O valor estabelecido pela jurisprudência para fins de aplicação do princípio da insignificância (R$ 20mil) é aquele fixado no **momento da consumação do crime**, vale dizer, da **constituição definitiva do crédito tributário**, e não aquele posteriormente alcançado com a inclusão de juros e multa por ocasião da inscrição desse crédito na dívida ativa. Outro detalhe merece ser destacado. O entendimento jurisprudencial alcança **apenas os tributos federais**, já que a Lei n. 10.522/2012 refere-se ao valor que a União considera insignificante. Para a sonegação de tributos estaduais e municipais deve-se analisar se cada ente federativo possui previsão específica dispensando a execução fiscal de tributos abaixo de determinado valor.

1.5.15.2.4. Apropriação indébita previdenciária (CP, art. 168-A) e sonegação de contribuição previdenciária (CP, art. 337-A)

A jurisprudência não admite a aplicação do princípio da insignificância, ao fundamento de que esses tipos penais protegem a própria subsistência da Previdência Social, sendo **elevado o grau de reprovabilidade** da conduta do agente que atenta contra este bem jurídico supraindividual. O bem jurídico tutelado pelos delitos de **apropriação indébita previdenciária** e de **sonegação de contribuição previdenciária** é a subsistência financeira da Previdência Social. Logo, não há como afirmar que a reprovabilidade da conduta atribuída ao paciente é de grau reduzido, considerando que esta conduta causa prejuízo à arrecadação já deficitária da Previdência Social, configurando nítida lesão a bem jurídico supraindividual. O reconhecimento da atipicidade material nesses casos implicaria ignorar esse preocupante quadro[66].

1.5.15.2.5. Estelionato previdenciário

De acordo com o entendimento do STF e do STJ, não é possível a aplicação da bagatela ao crime de estelionato previdenciário. Não obstante o crime seja fundamentalmente contra o patrimônio, a conduta que atinge um órgão da Administração Pública exerce efeitos deletérios também sobre a moral administrativa e a própria fé pública. Especialmente quando se trata de um órgão de previdência social, com o qual a maior parcela da população é obrigada a contribuir no presente para financiar os benefícios futuros, é imprescindível que todos tenham a confiança de que os recursos depositados estão sendo bem geridos e que condutas arquitetadas para dilapidá-los sejam reprimidas com severidade. Se a prática de tal crime se tornar comum, sem qualquer repressão penal da conduta, certamente se agravará

66. STF, 2ª Turma. RHC 132706 AgR, Rel. Min. Gilmar Mendes, julgado em 21/06/2016; STJ. 3ª Seção. AgRg na RvCr 4.881/RJ, Rel. Min. Felix Fischer, julgado em 22/05/2019.

a situação da Previdência, responsável pelos pagamentos das aposentadorias e dos demais benefícios dos trabalhadores brasileiros. Daí porque se conclui que é **elevado o grau de reprovabilidade da conduta praticada**[67].

1.5.15.2.6. Contrabando

Por não se tratar de delito puramente fiscal, o Supremo Tribunal Federal não admite a aplicação do princípio da insignificância para o delito de contrabando. Trata-se de **delito pluriofensivo**, no qual o tipo penal busca evitar o fomento de transporte e comercialização de produtos proibidos por lei, protegendo, principalmente, a saúde pública. No entanto, o Superior Tribunal de Justiça reconhece, em **caráter excepcional**, que a insignificância pode ser aplicável em duas hipóteses bastante peculiares:

- **contrabando de medicamentos para uso próprio**, em razão da diminuta quantidade e ínfimo potencial lesivo a valores juridicamente tutelados[68].
- **contrabando de cigarros,** quando a quantidade apreendida **não ultrapassar 1.000 (mil) maços**, seja pela diminuta reprovabilidade da conduta, seja pela necessidade de se dar efetividade à repressão ao contrabando de vulto, excetuada a hipótese de reiteração da conduta, circunstância apta a indicar maior reprovabilidade e periculosidade social da ação[69].

1.5.15.2.7. Crimes contra o Meio Ambiente

A doutrina e a jurisprudência divergem. No âmbito doutrinário, majoritariamente, sustenta-se não ser possível aplicar o princípio da insignificância aos crimes ambientais, baseado nos seguintes fundamentos: (i) o bem jurídico tutelado é difuso (supraindividual); (ii) o meio ambiente é de extrema relevância para as presentes e futuras gerações; (iii) a própria Lei dos Crimes Ambientais prevê a transação penal (art. 27) e a suspensão condicional do processo (art. 28) para aqueles comportamentos que atingem o bem jurídico de forma pouco significante; e (iv) os crimes ambientais são classificados como delitos de acumulação, o que, para alguns, inviabilizaria a aplicação do princípio da bagatela própria.[70]

CRIMES DE ACUMULAÇÃO OU DE DANO CUMULATIVO

São aqueles em que a conduta, isoladamente considerada, apesar de formalmente típica, revela-se incapaz de ofender o bem jurídico. Contudo, as reiterações

67. STF, 1ª Turma. HC 111918, Rel. Min. Dias Toffoli, julgado em 29/05/2012. STJ. 5ª Turma. AgRg no AREsp 627891/RN, Rel. Min. Jorge Mussi, julgado em 17/11/2015.
68. Jurisprudências em Tese, STJ, Edição 221, item 10.
69. STJ, 3ª Seção. Tema Repetitivo 1.143, Rel. Min. Sebastião Reis Júnior, julgado em 13/09/2023.
70. CUNHA, Rogério Sanches. **Manual de direito penal: parte geral (arts. 1º ao 120).** 7. ed. rev., ampl. e atual. Salvador: JusPODIVM, 2019, p. 210.

desse comportamento produzem a acumulação de microlesões que, somadas, podem tornar-se materialmente típicas, ofendendo ou expondo a perigo o bem jurídico tutelado. Ex. a conduta de um ribeirinho de jogar pequena quantidade de lixo em um rio é, em si, irrelevante. No entanto, se outros resolverem adotar a mesma postura ao longo do mesmo rio, o dano será significativo. Essa teoria, de origem alemã, ainda não encontra amparo nas decisões dos Tribunais pátrios.

O princípio da insignificância não se aplica aos delitos de acumulação?

É possível a incidência do princípio da insignificância, mas sua análise deve ser adequada aos fundamentos do crime por acumulação. Isso quer dizer que não se examina a pouca relevância da lesão ou do perigo de lesão baseando-se na conduta individual, mas considerando o resultado da provável acumulação. Dessa forma, o produtor rural surpreendido despejando detritos em um rio pode estar cometendo uma conduta em si irrelevante, mas, se consideramos a provável repetição daquela conduta por outros produtores instalados ao longo do mesmo rio, nota-se aí a alta probabilidade de um dano maior, que afasta o princípio da insignificância. Se, no entanto, trata-se de alguém surpreendido em uma área isolada pescando em período de defeso apenas com uma linha atrelada a uma vara artesanal, pode-se imaginar que mesmo considerada a possibilidade de repetição daquela conduta por outras poucas pessoas que vivem na região o dano ainda assim seria diminuto. Neste caso, o princípio da bagatela pode incidir para que se reconheça a atipicidade material[71].

Na jurisprudência, predomina o entendimento pela admissibilidade do princípio da bagatela aos crimes ambientais, desde que presentes os seus pressupostos[72].

Mas atenção! O princípio da insignificância **não é aplicável aos crimes praticados contra a Administração Ambiental** (arts. 66 ao 69-A), tendo em vista que o bem jurídico protegido é a moralidade administrativa, nos mesmos moldes que ocorre com os delitos contra a Administração Pública previstos no Código Penal[73].

1.5.15.2.8. Crimes contra a Administração Pública

No STF ainda há divergência, havendo julgados nos dois sentidos. No âmbito do STJ, o entendimento encontra-se sumulado (Súmula 599, STJ: O princípio da insignificância é inaplicável aos crimes contra a Administração Pública). Embora

---

71. CUNHA, Rogério Sanches. Manual de direito penal: parte geral (arts. 1º ao 120). 7. ed. rev., ampl. e atual. Salvador: JusPODIVM, 2019, p. 231-232.
72. STJ, REsp 1.263.800-AgR, Relator o Ministro Jorge Mussi, DJe 21.8.2014; STJ - RHC 39.578, Relatora a Ministra Laurita Vaz, DJe 19.11.2013; STJ - HC 143.208, Relator o Ministro Jorge Mussi, DJe 14.6.2010; STF - AP 439, Relator o Ministro Marco Aurélio, Pleno, DJe 13.2.2009; STF. 2ª Turma. Inq 3788/DF, Rel. Min. Cármen Lúcia, julgado em 1/3/2016.
73. STJ, 5ª Turma. AgRg no AREsp 962.776/RS, Rel. Min. Nefi Cordeiro, julgado em 17/10/2017.

o texto da súmula se refira genericamente aos crimes contra a Administração Pública, prevalece que sua incidência deve se concentrar apenas aos **crimes funcionais.**[74] Em primeiro lugar, porque é no entorno desses crimes que a moralidade administrativa é mais atingida. Em segundo lugar, porque há ao menos um crime contra a Administração Pública – cometido por particular – em que tanto o STJ quanto o STF admitem a insignificância: o descaminho[75].

Com o avanço da jurisprudência, o próprio STJ passou a reconhecer a possibilidade, excepcional, de afastar a incidência da Súmula n. 599/STJ para aplicar o princípio da insignificância aos crimes praticados contra a administração pública quando for ínfima a lesão ao bem jurídico tutelado[76].

Portanto, em se tratando de crimes contra a Administração Pública, a análise permanece **casuística**, devendo-se observar o caso concreto para aplicação ou não do princípio da bagatela.

1.5.15.2.9. Moeda falsa

Não incide o princípio da insignificância, pois a fé pública é um bem intangível, ligado à confiança que a população deposita em sua moeda. Da mesma forma, os Tribunais não aplicam o princípio da bagatela aos crimes contra a fé pública em geral, como a falsificação de documentos públicos[77].

▸ ATENÇÃO

Frise-se que, em situação excepcional o STJ aplicou o princípio da **insignificância** nos crimes contra a fé pública (**uso de atestado médico falso**)[78].

1.5.15.2.10. Tráfico de drogas

Não se aplica o princípio, pois o crime é de **perigo abstrato** e constitucionalmente equiparado a hediondo. Portanto, há uma presunção de que a saúde

---

74. "Crimes funcionais: é o praticado por funcionário público, de acordo com a definição do artigo 327 do Código Penal. Pode ser próprio ou impróprio. No primeiro, se afastada a qualidade de funcionário público, o fato se torna atípico (ex.: prevaricação). No segundo, a falta dessa qualidade poderá configurar outro delito (ex.: peculato-furto)". CUNHA, Rogério Sanches. **Manual de direito penal: parte geral (arts. 1º ao 120).** 7. ed. rev., ampl. e atual. Salvador: JusPODIVM, 2019, p. 207.
75. CUNHA, Rogério Sanches**. Súmula 599 do STJ: Não se aplica o princípio da insignificância nos crimes contra a Administração Pública**. Disponível em: https://meusitejuridico.editorajuspodivm.com.br/2017/11/20/sumula-599-stj-nao-se-aplica-o-principio-da-insignificancia-nos-crimes-contra-administracao-publica. Acesso em: 19 jun. 2019.
76. Jurisprudências em Tese. Edição 220, 01/09/2023. Teses 2.
77. Ainda que seja apenas uma nota e de pequeno valor, não se aplica o princípio por tratar-se de delito contra a fé pública, havendo interesse estatal na sua repressão. O bem violado é a fé pública, a qual é um bem intangível e que corresponde à confiança que a população deposita em sua moeda, não se tratando, assim, da simples análise do valor material por ela representado. STJ, 6ª Turma. AgRg no AREsp 558790/SP, Rel. Min. Sebastião Reis Júnior, julgado em 15/10/2015.
78. STJ. 5ª Turma. AgRg no AREsp 1816993/B1, Rel. Min. Joel Ilan Paciornik, julgado em 16/11/2021.

pública e paz social foram lesadas, independentemente da quantidade de drogas apreendida em poder do agente. Porém, é preciso alertar que há posicionamento isolado considerando possível a aplicação do referido princípio mesmo ao tráfico de drogas[79].

1.5.15.2.11. Drogas para consumo pessoal

Prevalece o entendimento de não ser possível sua aplicação, pois além de o delito ser de **perigo abstrato**, a pequena quantidade de droga é **inerente ao tipo penal** do art. 28 da Lei n. 11.343/06. Segundo o STF, mesmo que se trate de porte de quantidade ínfima de droga, convém que se reconheça a tipicidade material do delito para o fim de **reeducar o usuário** e evitar o incremento do uso indevido de drogas. Ressalte-se que há um julgado isolado do STF que admitiu a insignificância ao usuário que trazia consigo 0,6 g de maconha para uso próprio.[80]

1.5.15.2.12. Posse ou porte de arma ou munição

Em geral, os tribunais não admitem a incidência do princípio da bagatela, por se tratar de crime de **perigo abstrato.** Excepcionalmente, no entanto, tem-se admitido tal princípio em situações bastante peculiares, sobretudo quando se trata de posse ou porte de **pequena quantidade de munição desacompanhada de arma de fogo.** Em um caso concreto, o agente portava, na forma de pingente, uma única munição desacompanhada da arma. Em outro, o agente era acusado de manter a posse de uma cápsula de projétil de fuzil guardada em sua residência, desacompanhada de arma de fogo e sem munição, pois era de festim. Em ambas as situações, foi afastada a tipicidade em razão da inexistência de potencialidade lesiva das condutas. Essa flexibilização da jurisprudência das Cortes Superiores virou tese no âmbito do STJ, com a seguinte redação: "a apreensão de ínfima quantidade de munição desacompanhada de arma de fogo, excepcionalmente, a depender do caso concreto, pode levar ao reconhecimento da atipicidade da conduta, diante da ausência de exposição de risco ao bem jurídico tutelado pela norma"[81].

1.5.15.2.13. Manutenção de rádio comunitária clandestina

Mais um caso em que há divergência entre nossos Tribunais.

- **STJ**: não admite a aplicação do princípio da bagatela baseando-se no argumento de que a manutenção clandestina de rádio compromete a **segurança, a regularidade e a operabilidade do sistema** de teleco-

79. STF, 2ª Turma. HC 127.573/SP, rel. Min. Gilmar Mendes, Dje 11/11/2019.
80. STF, 1ª Turma HC. 110.475/SC, Rel. Min. Dias Toffoli, DJe 15.03.2012.
81. Jurisprudência em Teses do STJ – Edição 108, de 24 de agosto de 2018.

municações no país não podendo ser vista, portanto, como uma lesão inexpressiva ao bem jurídico tutelado[82].

- **STF:** em caráter excepcional, é possível o reconhecimento do princípio da insignificância desde que a rádio clandestina opere em **baixa frequência**, em **localidades afastadas** dos grandes centros e em situações nas quais ficou demonstrada a **inexistência de lesividade**[83].

Diante dessa divergência jurisprudencial, o candidato deve ficar muito atento com o enunciado das provas, em especial aquelas elaboradas pelo CEBRASPE (CESPE), devendo observar se a questão solicita o entendimento do STJ ou do STF sobre o tema, já que os Tribunais apresentam essa dissonância.

1.5.15.2.14. Transmissão clandestina de sinal de internet via radiofrequência

De acordo com a Suprema Corte, o desenvolvimento clandestino de atividade de transmissão de sinal de internet, via rádio, comunicação multimídia, sem a autorização do órgão regulador, caracteriza, por si só, o tipo descrito no art. 183 da Lei nº 9.472/97, pois se trata de crime formal, inexigindo, destarte, a necessidade de comprovação de efetivo prejuízo[84]. Esse posicionamento também é adotado pelo STJ e encontra-se cristalizado na **Súmula 606:** "Não se aplica o princípio da insignificância aos casos de transmissão clandestina de sinal de internet via radiofrequência que caracterizam o fato típico previsto no art. 183 da Lei nº 9.472/97".

1.5.15.2.15. Violência doméstica

Segundo a jurisprudência do STF e do STJ, o princípio da insignificância é inaplicável, por se tratarem de "comportamentos contrários à lei penal, notadamente quando exercidos com violência contra a mulher, devido à expressiva ofensividade, periculosidade social, reprovabilidade do comportamento e lesão jurídica causada, perdem a característica da bagatela e devem submeter-se ao direito penal". No âmbito do STJ, esse posicionamento foi consolidado na **Súmula 589**: "É inaplicável o princípio da insignificância nos crimes ou contravenções penais praticados contra a mulher no âmbito das relações domésticas".

1.5.15.2.16. Crimes contra o Sistema Financeiro Nacional

Não se admite, diante da necessidade de maior proteção à estabilidade e higidez do sistema financeiro nacional, independentemente do prejuízo que possa ter causado.[85]

---

82. STJ, 6ª Turma. AgRg no AREsp 740.434/BA, Rel. Min. Antônio Saldanha Palheiro, julgado em 14/02/2017.
83. STF, 2ª Turma. HC 138134/BA, Rel. Min. Ricardo Lewandowski, julgado em 7/2/2017 (Info 853).
84. STF, 1ª Turma. HC 152118 AgR, Rel. Min. Luiz Fux, julgado em 07/05/2018.
85. Nos casos de evasão de divisas praticada mediante operação do tipo "dólar-cabo", não é possível utilizar o valor de R$ 10 mil como parâmetro para fins de aplicação do princípio da insignificância. STJ. 6ª Turma. REsp 1535956-RS, Rel. Min. Maria Thereza de Assis Moura, julgado em 01/03/2016 (Info 578).

1.5.15.2.17. Furto qualificado

Em regra, o princípio não é aplicável, pois, ao menos em tese, há maior ofensividade e reprovabilidade da conduta[86]. No entanto, embora a presença de qualificadora no crime de **furto** possa, à primeira vista, impedir o reconhecimento da atipicidade material da conduta, a análise conjunta das circunstâncias pode demonstrar a ausência de lesividade do fato imputado, recomendando a aplicação do princípio da insignificância[87].

1.5.15.2.18. Furto de pequeno valor

É preciso diferenciar o furto de pequeno valor com o furto insignificante, já que não se tratam de expressões sinônimas e apresentam consequências jurídicas distintas. A primeira diferença reside na **natureza jurídica** desses institutos. O princípio da insignificância é **causa supralegal de descaracterização material da tipicidade penal**, ao passo que o furto de pequeno valor corresponde a uma **causa de diminuição de pena** estampada no CP, art. 155, § 2º. Sendo o réu primário, autoriza que o juiz substitua a pena de reclusão pela de detenção, diminua a pena de reclusão de um a dois terços, ou aplique somente a pena de multa. Segundo entendimento do STJ:

> O critério quantitativo do dano para afastar o princípio da bagatela e o furto privilegiado não pode ser idêntico. Primeiramente, o Magistrado deve aferir se a relevância do dano causado autoriza ou não reconhecer a insignificância. Uma vez afastada a incidência do princípio da insignificância, deve, ainda, avaliar se o dano patrimonial – tido penalmente relevante – pode ser considerado de pequeno valor. A jurisprudência desta Corte, no que diz respeito ao furto privilegiado, considera, como de pequeno valor, o bem que não ultrapasse o importe de um salário-mínimo[88].

Como se vê, para que haja enquadramento na figura típica do furto privilegiado, o bem não pode ter valor superior a um salário-mínimo. Quando se trata do princípio da insignificância, o STJ estabelece um limite sensivelmente menor:

> Esta Corte Superior de Justiça tem entendido que a lesão jurídica provocada não pode ser considerada insignificante quando o valor dos bens subtraídos perfaz mais de 10% do salário-mínimo vigente à época dos fatos e as características do fato demonstrem uma maior gravidade da conduta[89].

É importante destacar que para aplicação do furto privilegiado, o dispositivo legal não requer análise de outras circunstâncias além da primariedade e do valor do bem furtado. Portanto, as condições financeiras da vítima e o valor do bem para

86. STJ, 5ª Turma. HC 435.930, Relator Min. Reynaldo Soares da Fonseca, 14/04/2018.
87. STJ, 5ª Turma. HC 553872-SP, Rel. Min. Reynaldo Soares da Fonseca, julgado em 11/02/2020 (Info 665).
88. STJ, 5ª Turma. HC 375.220/SP, Relator Min. Joel Ilan Paciornik, 13/12/2016.
89. STJ, 6ª Turma. AgRg no REsp 1558547/MG, Relatora Min. Maria Thereza de Assis Moura, 19/11/2015.

ofendido não são fatores decisivos para incidência da minorante. Para a aplicação do princípio da insignificância, por sua vez, o juiz deve analisar os requisitos estabelecidos pela jurisprudência dos Tribunais Superiores, que permitem ao juiz considerar a extensão da ofensa ao bem jurídico, sopesando também a situação da vítima. A aplicação desse princípio envolve um juízo amplo ("conglobante"), que vai além da simples aferição do resultado material da conduta.[90] Em resumo, se a coisa subtraída é inferior a um salário mínimo, esta conduta poderá ser valorada pelo magistrado de duas maneiras:

- Considerar o valor insignificante e absolver o réu pela atipicidade material da conduta, com fundamento no CPP, art. 386, inc. III; ou
- Considerar a coisa de pequeno valor e aplicar o CP, art. 155, § 2º, substituindo a pena de reclusão pela de detenção, diminuindo-a de um a dois terços ou aplicando somente a pena de multa.

As principais diferenças entre o princípio da insignificância e o furto de pequeno valor estão esboçadas na tabela a seguir:

	PRINCÍPIO DA INSIGNIFICÂNCIA	FURTO PRIVILEGIADO
Natureza jurídica	Causa supralegal de exclusão da tipicidade	Causa de diminuição de pena
Previsão legal	Não há	Código Penal, art. 155, § 2º.
Limite de valor	10% do salário-mínimo vigente à época dos fatos (STJ)	Até 1 (um) salário-mínimo ao tempo dos fatos (STJ)
Critérios de aplicação	**Requisitos cumulativos:** a) mínima ofensividade da conduta; b) ausência de periculosidade social da ação; c) reduzido grau de reprovabilidade do comportamento; e d) inexpressividade da lesão jurídica provocada.	**Requisitos legais (CP, art. 155, § 2º):** a) agente primário; b) pequeno valor da coisa furtada.
	O juiz deve considerar a situação a vítima para decidir pela aplicação do princípio.	As condições financeiras da vítima e o valor do bem para ofendido não influenciam na aplicação da minorante.

90. Sobre o tema interessante saber sobre ":(...) **direito penal quântico** é aquele que não se contenta com a mera relação de causalidade física (causa e efeito), exigindo também a análise do nexo normativo (imputação objetiva) e da **tipicidade material**, a serem aferidos pelos operadores do direito no caso concreto." FONTES, Eduardo. HOFFMAN, Henrique et al. **Carreiras policiais: delegado federal**. 2. ed. rev., atual. e ampl. Salvador: JusPODIVM, 2021, p. 335.

1.5.15.3. Princípio da insignificância imprópria ou da bagatela imprópria

O princípio da insignificância ou da bagatela própria é aquele que **afasta a tipicidade material** da conduta, em face da irrelevância da lesão causada ao bem jurídico protegido pela lei penal. Embora a conduta do agente encontre perfeita adequação ao descrito no tipo penal (tipicidade formal), o fato ainda poderá ser considerado atípico (atipicidade material) se não houver lesão ou perigo de lesão ao bem jurídico protegido.

Diante de um fato penalmente insignificante deve o réu ser **absolvido por atipicidade material**, nos termos do CPP, art. 386, inc. III.

A bagatela própria **não encontra previsão no Código Penal Brasileiro**, sendo considerada uma **causa supralegal** de exclusão da tipicidade criada pela doutrina e que encontra amparo jurisprudencial.

De outro lado, a **bagatela imprópria**, também chamada de **princípio da desnecessidade da pena ou da irrelevância penal do fato**, não está ligada a questões afetas à tipicidade, mas à necessidade ou não de aplicação da pena, à luz do caso concreto analisado. A doutrina defende tratar-se de causa supralegal de extinção da punibilidade[91].

Na bagatela imprópria o fato **nasce penalmente relevante**, contudo, diante de diversos fatores a serem valorados pelo juiz por ocasião da prolação da sentença, a pena poderá ser considerada **desnecessária ou insuficiente**, especialmente porque o réu já experimentou, no caso concreto, uma "pena natural".

Também há distinção quanto ao momento e às consequências das infrações bagatelares. Com efeito, na bagatela propriamente dita (princípio da insignificância), a atipicidade da conduta pode ser reconhecida pela autoridade policial que sequer dará início a uma investigação formal, abstendo-se de instaurar um inquérito policial para apurar fato insignificante ou, ainda, pelo membro do Ministério Público, que não promoverá a ação penal, manifestando-se pelo arquivamento dos autos em virtude da atipicidade material da conduta praticada pelo agente; e, finalmente, em caso de ação penal em curso, pelo juiz, que absolverá sumariamente o réu antes mesmo de dar início à instrução probatória (CPP, art. 397, inc. III).

A bagatela imprópria, por sua vez, apenas será reconhecida na sentença após o regular desenvolvimento do processo, ou seja, sua aplicabilidade incide no plano concreto, somente depois de produzidas as provas o juiz terá condições de efetivamente analisar as circunstâncias do fato e reconhecer a desnecessidade concreta da pena, escorado no artigo 59 do Código Penal. O perdão judicial pode ser citado como um típico caso de bagatela imprópria.

---

91. Importante registrar que existe entendimento no sentido de que, diferentemente do princípio da insignificância, a bagatela imprópria não é extralegal, **encontrando fundamento no art. 59 do Código Penal**, ao reconhecer que a pena deve ser necessária e suficiente para a reprovação e prevenção do crime.

É importante mencionar que a jurisprudência ainda tem sido bastante tímida no reconhecimento da bagatela imprópria.

BAGATELA PRÓPRIA X BAGATELA IMPRÓPRIA		
Diferenças	**Bagatela Própria**	**Bagatela Imprópria**
Expressões sinônimas	Princípio da Insignificância	Princípio da desnecessidade da pena ou da irrelevância penal do fato
Fundamento legal	Não há	Código Penal, Art. 59
Natureza jurídica	Causa supralegal de exclusão da tipicidade material	Causa supralegal de extinção da punibilidade
Consequências	O fato se torna materialmente atípico	Embora seja típico o fato, o juiz reconhece que a pena não deve ser aplicada e extingue a punibilidade do agente
Momento de aplicação	Em qualquer fase, inclusive antes da instauração de um inquérito policial	Na sentença
Quem aplica	Delegado, Promotor e Juiz	Somente o juiz

1.5.15.4. O princípio da bagatela e sua relação com a teoria das janelas quebradas ("Broken Windows Theory")

Esta teoria, apresentada pelos criminólogos **James Wilson** e **George Kelling**, em 1982, na revista *Atlantic Monthly*, possui raízes nos estudos desenvolvidos pela Escola de Chicago, e em experiência de campo realizada em 1969 por **Philip Zimbardo**. Estabeleceu, pela primeira vez, uma **relação de causalidade entre a desordem e a criminalidade**.

Baseia-se em um experimento sociológico realizado pela Universidade de Stanford, que consistiu em deixar dois carros idênticos abandonados em bairros com características distintas de duas cidades diferentes dos Estados Unidos. O primeiro carro foi deixado no Bronx, em Nova Iorque, bairro conhecido pela violência e por diversos problemas sociais, e o segundo carro foi deixado em Palo Alto, na Califórnia, cuja realidade era diametralmente oposta, uma vez que era um bairro rico, seguro e bem estruturado.

O carro abandonado no Bronx foi completamente vandalizado em pouco tempo. Ao fim das primeiras 72 horas, além de ser severamente depredado, o veículo teve todos as suas partes furtadas: peças, rodas, bancos, espelhos etc. Por outro lado, o carro que permaneceu em Palo Alto estava intacto.

Em uma análise inicial, concluiu-se que a pobreza é um fator decisivo na gênese da criminalidade. Apesar dessa ilação, os estudiosos prosseguiram com o experimento: resolveram quebrar uma das janelas do veículo que havia permanecido intacto em Palo Alto. A partir de então, as mesmas cenas de depredação puderam ser observadas no bairro californiano, até que o carro ficou completamente vandalizado.

A pesquisa concluiu que a janela quebrada em um veículo, em um prédio, em uma fábrica etc., se não for imediatamente consertada, transmite a ideia de abandono, de ausência de um responsável, e a tendência é que, rapidamente, outras janelas sejam igualmente quebradas. Da mesma forma, os sinais de abandono e degeneração em uma comunidade, desacompanhados de qualquer ação para reverter o cenário, demonstram o desinteresse estatal, e fomentam, assim, a prática de novas condutas antissociais, pois o aparente descaso do Estado reforça o sentimento de impunidade.

Assim, partindo da premissa de que a incidência de crimes é maior nas zonas que refletem o descuido e negligência estatal, a teoria das janelas quebradas conclui que a repressão dos crimes, mesmo as infrações mais simples, deve ser máxima e imediata, sob pena de criar uma cultura de impunidade, ensejando a prática de outros tantos delitos.

Posteriormente, essa teoria embasou um programa norte-americano denominado **Tolerância Zero**, implementado na cidade de Nova Iorque. De acordo com essa metodologia, começou-se a combater de maneira rápida e rigorosa todo tipo de infração penal, desde as mais simples, como a evasão do pagamento de passagem praticada pelos puladores de catraca do metrô, as pichações, os pequenos roubos e atos de vandalismo, como os delitos mais graves e violentos. Com isso, os índices de criminalidade foram drasticamente reduzidos e a cidade de Nova Iorque tornou-se uma das metrópoles mais seguras do mundo.

A ideia por trás desse programa é que, combatendo com rigor os crimes menores, evita-se a prática de outros de maior gravidade. O sujeito que quebra a janela de um veículo deve ser punido com rigor, a fim de que não se sinta estimulado a destruir o carro por completo. Aquele que pratica pequenos furtos deve ser exemplarmente punido, do contrário, incentiva-se a prática de outros delitos mais graves.

Tanto a Teoria das Janelas Quebradas como a política do "Tolerância Zero" são metodologias voltadas contra o crime e não contra o criminoso. Ambas, porém, **não encontraram amparo no ordenamento jurídico pátrio.** Os Tribunais Superiores rechaçam essa ideia e adotam um princípio que corresponde à sua **antítese**, qual seja, o da **insignificância penal ou da criminalidade de bagatela.**

Com efeito, a Teoria das Janelas Quebradas está inserida no chamado **Maximalismo Penal**, também conhecido como **Movimento da Lei e da Ordem**, que enxerga o Direito Penal como a tábua de salvação para todas as mazelas sociais, reclamando uma repressão forte do Estado a qualquer infração penal, desde as mais simples às mais perversas. Por sua vez, o princípio da insignificância, adotado largamente pela jurisprudência pátria, integra o chamado **Direito Penal** Mínimo, de índole mais garantista, e, para essa vertente, o fato que atinge de maneira ínfima o bem jurídico tutelado pela norma penal torna-se irrelevante, não merecendo qualquer repressão estatal.

Embora os Tribunais Superiores não adotem a teoria das janelas quebradas, existem normas em nosso ordenamento jurídico que, de certa forma, sofreram sua influência. **A Lei Maria da Penha**, por exemplo, pode ser citada como uma norma inspirada nessa teoria, pois pune com rigor todo tipo de violência à mulher no âmbito doméstico e familiar, visando evitar que a situação evolua a ponto de ensejar um feminicídio, figura típica inserida no Código Penal pela Lei nº 13.104/2015.

1.5.16. Princípio da adequação social

Segundo o princípio da adequação social, desenvolvido por **Hans Welzel**, uma conduta humana não pode ser considerada criminosa, ainda que esteja tipificada como infração penal, se for **aceita socialmente e não afrontar o sentimento social de Justiça**. Para a doutrina, trata-se de uma **causa supralegal de exclusão da tipicidade material.**

O princípio da adequação social orienta a ação legislativa, deslegitimando a incriminação de condutas já amplamente aceitas e difundidas no seio da comunidade, mas não tem o condão de revogar a lei. Compactuar com entendimento contrário necessariamente conduz à conclusão de que o ordenamento jurídico deve se sujeitar a um **costume *contra legem***. Ainda, é preciso cautela para não rebaixar esse princípio à condição de mera tolerância. Muitas práticas infracionais, embora toleradas pelo Estado ou pela população em geral, são objeto de reprovação e afrontam o senso de justiça. Nesse sentido, o Superior Tribunal de Justiça já se posicionou:

> O fato de, muitas vezes, haver tolerância das autoridades públicas em relação a tal prática, não pode e não deve significar que a conduta não seja mais tida como típica, ou que haja exclusão de culpabilidade, razão pela qual, pelo menos até que advenha modificação legislativa, incide o tipo penal, mesmo porque o próprio Estado tutela o direito autoral. [...] Além do mais, não se pode considerar socialmente tolerável uma conduta que causa sérios prejuízos à indústria fonográfica brasileira e aos comerciantes legalmente instituídos, bem como ao Fisco, pelo não pagamento de impostos, sendo certo que, de acordo com o que se depreende da denúncia, no caso concreto, trata-se de várias dezenas de CDs e DVDs, de título variados, falsificados[92].

92. STJ, 3ª Seção. REsp nº 1.193.196/MG, rel. Min. Maria Thereza de Assis Moura, Dj 05.09.2012.

Portanto, quanto à aplicação do princípio da adequação social aos crimes contra a propriedade imaterial, o STJ consolidou seu entendimento por meio da **Súmula 502**: "Presentes a materialidade e a autoria, afigura-se típica, em relação ao crime previsto no art. 184, § 2º, do CP, a conduta de expor à venda CDs e DVDs piratas".

1.6. Relações com outros ramos do direito

O Direito, considerado como um conjunto de princípios e normas, **é uno**. Esse arcabouço jurídico é dividido em disciplinas para fins meramente didáticos. Dessa forma, não há dúvida de que tais disciplinas se relacionam. A título de exemplo, o Direito Penal possui íntima relação com o Direito Processual Penal, que serve como instrumento para garantir a incidência das leis penais ao caso concreto.

De igual modo, o Direito Constitucional funciona como parâmetro de legitimidade das leis penais, haja vista que todas as normas devem estar em perfeita harmonia com a nossa Bíblia Política.

O Direito Penal ainda se relaciona com o Direito Administrativo. Podem ser citados os crimes praticados contra a Administração Pública, dentre outros.

No tocante ao Direito Civil, visualiza-se uma clara interação entre essas disciplinas na previsão de delitos contra o patrimônio, contra o casamento, na teoria do erro, dentre outras.

Por fim, o Direito Penal também se relaciona com o Direito Internacional, como se observa nas imunidades diplomáticas, nos institutos ligados à extradição, deportação e expulsão, os crimes à distância etc.

1.7. Direito penal, criminologia e política criminal

Criminologia, Direito Penal e Política Criminal são ciências intimamente ligadas, apesar de possuírem diferentes escopos de atuação. Em virtude dessa estreita relação, é muito comum que as pessoas confundam seus conceitos, ou, ainda, que pensem tratar-se de uma única ciência.

O Direito Penal, como visto anteriormente, é uma **ciência formal e normativa**, cuja finalidade principal é a **proteção de bens jurídicos** fundamentais para o convívio social, por meio da criação de figuras típicas penais, impondo a respectiva sanção. Segundo o conceito analítico de crime, em uma visão tripartite e finalista, o delito é composto de fato típico, ilícito, sendo praticado por agente culpável.

A Criminologia é uma **ciência independente e autônoma** que por meio da experiência e verificação científica **analisa o fenômeno criminológico** existente na sociedade, investigando o crime, o criminoso, o motivo, a vítima, o contexto social, bem como as reações sociais às legislações penais existentes. Como ciência do ser, eminentemente **empírica**, vale-se do **método indutivo** para observar a realidade.

A diferença entre as duas ciências torna-se ainda mais evidente quando analisamos o conceito de crime para cada uma delas. A Criminologia vê o **crime como um problema social,** verdadeiro fenômeno comunitário, abrangendo quatro elementos constitutivos, a saber: incidência massiva na população (não se pode tipificar como crime um fato isolado); incidência aflitiva do fato praticado (o crime deve causar dor à vítima e à comunidade); persistência espaço-temporal do fato delituoso (é preciso que o delito ocorra reiteradamente por um período significativo de tempo no mesmo território) e consenso inequívoco acerca de sua etiologia e técnicas de intervenção eficazes (a criminalização de condutas depende de uma análise minuciosa desses elementos e sua repercussão na sociedade).

A política criminal, por sua vez, é o **conjunto de princípios e recomendações** para **reforma e transformação** da legislação criminal e dos órgãos encarregados de sua aplicação, os quais provêm do incessante processo de mudança social, do desempenho obtido pelas instituições que integram o sistema penal, e dos avanços e descobertas da Criminologia. De acordo com o sistema penal, a política criminal também pode abarcar questões envolvendo segurança pública, política judiciária e política penitenciária, o que permite inferir que a política criminal é o conjunto de uma série de estruturas[93].

Em decorrência do caráter fragmentário e subsidiário do Direito Penal, somente aquelas condutas que realmente causem dano ou ao menos coloquem em perigo bens jurídicos penalmente relevantes devem ser tipificadas. Dessa forma, o

93. BATISTA, Nilo. **Introdução crítica ao direito penal brasileiro**. 11 ª edição. Rio de Janeiro: Revan, 2007, p. 34.

legislador faz uma seleção, um juízo de valor positivo, para definir os bens jurídicos merecedores de tutela penal (criminalização primária).

A **política criminal** contribui para esse processo, pois, por meio dela, o legislador realiza um filtro (político, sociológico e filosófico) da realidade social e propõe a inclusão ou a exclusão de normas penais no ordenamento jurídico. Exemplificativamente: por meio do filtro exercido pela política criminal, percebeu-se que os valores que eram protegidos pela criminalização da sedução (CP, art. 217) e do adultério (CP, art. 240) deixaram de ser merecedores da tutela penal em virtude das evoluções que a sociedade tem experimentado nas últimas décadas, expressão do direito penal subjetivo negativo. Por esse motivo, tais tipos penais foram revogados (descriminalizados).

Em síntese, a política criminal é **ciência multidisciplinar** que auxilia o legislador a filtrar o Direito Penal, propondo a inclusão e exclusão de normas penais.

CIÊNCIAS PENAIS (CIÊNCIAS CRIMINAIS)		
Direito Penal	**Criminologia**	**Política criminal**
Analisa fatos humanos indesejados, define quais devem ser rotulados como crime ou contravenção, anunciando as penas	Ciência empírica que estuda o crime, o criminoso, a vítima e o comportamento da sociedade	Trabalha com estratégias e meios de controle social de combate à criminalidade
Ocupa-se do crime enquanto **NORMA** (dever ser)	Ocupa-se do crime enquanto **FATO** (ser)	Ocupa-se do crime enquanto **VALOR** (como deve ser)
Dedutivo (parte da situação geral para a particular)	Indutivo (parte da questão concreta até chegar à conclusão generalizada)	
Ex.: Define o terrorismo como crime.	Ex.: Analisa quais fatores contribuem para o terrorismo.	Ex.: Estuda como diminuir o terrorismo.

Direito Penal

- É fortemente repressivo;
- Protege bens relevantes por meio da sanção penal;
- Preocupa-se unicamente com a adequação do comportamento humano ao tipo penal;
- Não realiza qualquer diagnóstico das causas que promovem ou impulsionam o comportamento delitivo;
- Caracteriza-se como uma **ciência formal.**

Criminologia

- Busca conhecer a realidade, compreendê-la;
- Faz um diagnóstico do crime;
- Faz um diagnóstico da tipologia do criminoso;
- Caracteriza-se como uma **ciência empírica.**

Política Criminal

- Conjunto de princípios e estratégias;
- Busca diminuir os índices de criminalidade;
- Orienta o legislador na construção de tipos penais;
- Sugere estratégias para melhor eficácia do aparato estatal.
- Caracteriza-se como uma **ciência político-estratégica.**

1.8. Sistemas penais

1.8.1. Direito Penal Máximo ou Maximalismo Penal ou Eficientismo Penal

De acordo com esse sistema, o **Direito Penal deve ser aplicado com rigor** sempre que se verificar o cometimento de uma infração, desde as mais simples às mais nefastas. Para essa teoria, somente o Direito Penal é capaz de salvar a sociedade de todas as suas mazelas. São manifestações desse sistema a **teoria das janelas quebradas, o movimento da lei e da ordem, o Direito Penal do inimigo, a Lei Antiterrorismo**, dentre outras.

A doutrina critica severamente esse sistema, uma vez que o maximalismo penal procura educar a sociedade sob a ótica do Direito Penal, fazendo com que comportamentos de pouca monta, irrelevantes, sofram as consequências graves desse ramo do ordenamento jurídico. O papel pedagógico do Direito Penal faz com que tudo interesse a ele, tendo como consequência lógica desse raciocínio um Direito puramente simbólico, impossível de ser aplicado[94].

1.8.2. Direito Penal Mínimo ou Minimalismo Penal

O Direito Penal somente deve intervir como *ultima ratio*, ou seja, apenas quando outros ramos do direito se revelarem incapazes de proteger adequadamente um bem jurídico **(princípio da subsidiariedade)**. Esse sistema é baseado na **intervenção mínima** do Direito Penal e no **garantismo penal** defendido por **Luigi Ferrajoli.**

---

94. GRECO, Rogério. **Direito Penal do Equilíbrio: uma visão minimalista do Direito Penal**. 4 ed. Niterói, RJ: Impetus, 2009, p. 14.

A corrente minimalista é subdividida em duas vertentes: o **minimalismo radical**, cujas ideias se assemelham em muitos pontos ao abolicionismo, e que admite a intervenção penal somente em situações excepcionais, e o **minimalismo moderado**, de índole garantista, o qual atribui ao Direito Penal apenas a tutela de bens jurídicos relevantes, isto é, indispensáveis ao convívio social. Esta última vertente pauta-se no princípio da intervenção mínima, do qual decorrem seus corolários: subsidiariedade, fragmentariedade e ofensividade[95].

Para os partidários desse sistema, deve ser dada prevalência a outras instâncias do controle social, reservando o Direito Penal para casos extremos, como o é o direito de intervenção de Winfried Hassemer. Desse modo, nota-se que o "direito penal mínimo não é em si uma solução, mas parte da solução, pois o decisivo, para o controle racional da criminalidade, além da eficientização do controle social não penal (particularmente a eficientização do controle administrativo), é privilegiar intervenções estruturais (etiológicas), e não apenas individualizadas e localizadas (sintomatológicas), em especial com vistas a criar condições que evitem o processo de marginalização social do homem, por meio de políticas sociais de integração social deste. Um direito penal assim residual não é só, portanto, o programa de um direito penal mais justo e mais eficaz; é também parte de um grande programa de justiça social e de pacificação dos conflitos. [...] Uma boa política social ainda é, enfim, a melhor política criminal[96]".

DIREITO PENAL MÍNIMO	
Proposta	Reduzir a incidência do direito penal e maximização da liberdade das pessoas.
Garantismo penal (Luigi Ferrajoli)	Serve como modelo de parametrização das doutrinas minimalistas, sendo cristalizado em dez axiomas.
Direito de Intervenção (Winfried Hassemer)	Localizado entre o Direito Penal e o Direito Administrativo, propõe um novo modelo de enfrentamento da criminalidade.

1.8.3. Abolicionismo Penal

Defende um **niilismo penal**, e considera os instrumentos de repressão à criminalidade (a exemplo de Direito Penal e Direito Processual Penal) como algo nocivo ao corpo social, devendo, por isso, ser **definitivamente abolido**.

95. QUEIROZ, Paulo. **Direito Penal: Parte Geral.** 4 ed. Rio de Janeiro: Editora Lumen Juris, 2008, p. 97.

96. Ibidem, p. 103.

Possui três vertentes, que se diferenciam conforme as ideias sustentadas por seus maiores expoentes[97]. Vejamos o que eles defendem:

a) **Louk Hulsman:** defende a completa abolição do sistema penal e a resolução dos conflitos pelas partes envolvidas; propõe uma mudança da terminologia penal para não excluir formas alternativas de solução de conflitos;

b) **Thomas Mathiensen:** demonstra contrariedade à pena de prisão e ao sistema penitenciário; apoia a reparação dos danos causados à vítima como meio substitutivo de punição; sustenta um sistema punitivo aberto a outras medidas alternativas;

c) **Nils Christie:** propõe a extinção de qualquer espécie de pena que possa causar sofrimento; defende o reducionismo punitivo e a justiça comunitária para solucionar problemas criminais.

Vários são os argumentos que sustentam o abolicionismo e outras teorias deslegitimadoras, tais como o minimalismo radical[98]. Os principais são:

a) **Caráter definitorial do delito:** tendo por base a **teoria do etiquetamento (*labeling approach*)**, afirma que as condutas definidas como crime apenas têm em comum o fato de serem previstas em lei dessa forma. Isso explicaria, por exemplo, porque em alguns países condutas como a bigamia são consideradas criminosas, enquanto em outros lugares não têm qualquer relevância para o Direito Penal. Desse modo, considera que o crime é fruto do próprio sistema penal.

b) **Inidoneidade preventiva ou motivadora:** defende que a existência do Direito Penal e de todo o aparato repressivo é levada em consideração pelo indivíduo que cogita cometer um crime. Se deixa de fazê-lo, é em razão de outros fatores que realmente são capazes de influenciar em sua escolha: religião, cultura, moral etc.

c) **Excepcionalidade da intervenção penal:** para os defensores do abolicionismo as cifras ocultas do Direito Penal atestam sua desnecessidade. Ressalta que apenas uma ínfima parcela dos crimes cometidos chega ao conhecimento das autoridades, e que o número é ainda menor quando considerados os índices de condenações. Portanto, a lei penal é aplicada de forma excepcional, mostrando-se, assim, desnecessária.

d) **Seletividade do Direito Penal:** embora a lei proclame uma pretensa igualdade formal entre os indivíduos, quando a realidade é analisada, nota-se que prevalece a desigualdade material. O fato de as prisões se acharem superlotadas de pessoas pobres não é acidental[99]. Dessa maneira,

97. LIMA JÚNIOR, José César Naves de. **Criminologia.** Salvador: Juspodivm, 2017, p. 181-183.

98. QUEIROZ, Paulo. **Direito Penal: Parte Geral.** 4 ed. Rio de Janeiro: Editora Lumen Juris, 2008. p. 96-102.

99. Ibidem, p. 99.

o abolicionismo prega que o Direito Penal atua sobre a desigualdade, operando de maneira seletiva e contribuindo para a perpetuação de estereótipos e estigmas.

e) **Caráter sintomatológico e consequencial do Direito Penal:** afirma que o sistema penal atua sobre as manifestações da violência, e não sobre suas causas. Ou seja: ataca os sintomas, mas não a doença, e por causa disso, é ineficaz.

f) **Caráter criminógeno do Direito Penal:** os defensores das teorias deslegitimadoras postulam que quando uma conduta é criminalizada não é possível observar a redução de sua incidência no seio social. Na maioria das vezes, há a proliferação da **prática** delituosa na clandestinidade, a exemplo do que ocorreu com o tráfico ilícito de drogas. O problema da violência não se limita ao comércio das drogas, pois, indiretamente, fomenta a prática de uma série de outros delitos correlatos, como a lavagem de capitais, o contrabando de armas, a corrupção etc.

g) **Reificação do delito e neutralização da vítima:** reificação consiste no processo em que uma realidade humana ou social perde ou parece perder seu dinamismo e passa a apresentar a fixidez de um ser inorgânico, com perda de autonomia e, no caso do homem, de autoconsciência; coisificação[100]. Portanto, sustentam que o Direito Penal aborda todos os crimes como se fossem iguais, e, por conseguinte, as pessoas envolvidas no conflito perdem sua identidade própria, para tornarem-se apenas "vítimas" ou "infratores". Ao terem suas individualidades desconsideradas, as vítimas são neutralizadas e deixadas em segundo plano durante o processo de persecução penal, enquanto o Estado assume o protagonismo.

h) **Intervenção sobre pessoas e não sobre situações:** o Direito Penal, ao agir a partir do conceito de culpabilidade, valoriza os aspectos individuais do sujeito e responde a uma ação humana, tida como criminosa, sem considerar o seu contexto e o sistema onde o indivíduo está inserido. Os defensores do abolicionismo afirmam, portanto, que fatores sociais e ambientais devem ser levados em consideração, pois a conduta do agente não está dissociada deles.

Diante do que foi exposto, questiona-se se seria possível a implantação de um sistema abolicionista em nosso ordenamento jurídico. A resposta é negativa. Ante a existência de **mandados constitucionais de criminalização**, seria absolutamente incompatível com a Carta Magna a implantação de um sistema abolicionista que transferisse para outros ramos do direito, que não o penal, a tutela de bens ou interesses para os quais o constituinte reclama uma intervenção estatal mais rigorosa e contundente. Em outras palavras, nos moldes atuais, **não há espaço para**

100. AULETE DIGITAL. **Dicionário Digital Caldas Aulete**. Disponível em: http://www.aulete.com.br/reificação. Acesso em: 01 set. 2022.

a eliminação do direito penal do ordenamento jurídico brasileiro, em face dos mandados de criminalização espalhados pela Constituição da República de 1988.

Direto Penal Máximo	O Direito Penal deve ser aplicado como regra.
Abolicionismo Penal	O Direito Penal deve ser eliminado do ordenamento jurídico.
Direito Penal Mínimo	(Garantismo Penal) – O Direito Penal deve ser exceção e, quando aplicado, todos os direitos e garantias fundamentais do cidadão devem ser observados, afinal, ele é sujeito de direitos e não um objeto da persecução penal.

1.8.4. Direito de Intervenção

Teoria formulada por Winfried Hassemer (Escola de Frankfurt), pela qual o Direito Penal deveria ficar adstrito às lesões a bens jurídicos individuais (vida, liberdade, patrimônio etc.), notadamente aos crimes de dano ou de perigo concreto, dentro da sua perspectiva como *ultima ratio*.

Assim, o direito de intervenção surge como uma solução para alcançar a tutela de bens difusos e crimes de perigo abstrato[101] funcionando como uma espécie de Direito Administrativo sancionador, localizado entre o Direito Penal e o Administrativo, não contemplando penas privativas de liberdade e privilegiando a prevenção em lugar da repressão.

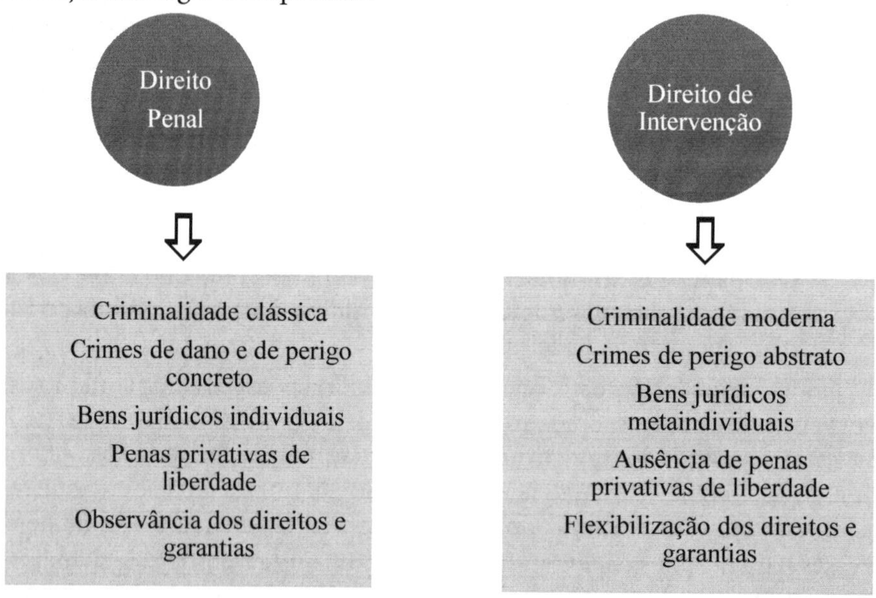

101. **ATENÇÃO!** Recorde-se da liquefação ou desmaterialização do Direito Penal e não confunda com o Direito Penal de Intervenção que estamos tratando neste tópico, conforme a advertência realizada no tópico dos princípios clássicos do Direito Penal.

Este modelo sofre críticas da comunidade jurídica:[102]

a) de forma injusta e classista, reserva a prisão aos crimes tradicionais, privilegiando a criminalidade moderna com sanções de outra natureza;
b) é retrógada, pois mantém o Direito Penal centrado nos problemas do passado;
c) dificuldade para se identificar quais bens jurídicos devem ser amparados pelo Direito Penal e quais pelo Direito de Intervenção;.
d) inverte os princípios da subsidiariedade e da proporcionalidade, uma vez que os crimes que colocam a sociedade em maior risco seriam punidos de forma mais branda.

	Direito Penal Máximo (James Wilson)	Abolicionismo (Hulsman)	Direito Penal Mínimo (Ferrajoli)	Direito de Intervenção (Hassemer)
Noção	Utilização do D. Penal como regra para todos os delitos.	Inexistência do D. Penal.	Utilização do D. Penal de forma excepcional.	Utilização do D. Penal apenas para a criminalidade clássica.
Procedimento	Flexibilizado.	Não prevê PPL.	Garantista.	Flexibilizado e sem PPL para a criminalidade moderna.
Exemplo	Direito Penal do Inimigo.	Acordo, arbitragem etc.	CF/88.	Crimes de colarinho branco.

1.9. Direito penal do inimigo

Teoria desenvolvida pelo penalista alemão **Günther Jakobs.** Está relacionada ao **funcionalismo radical**, que defende a aplicação do Direito Penal de maneira rígida e incisiva a um determinado tipo de criminoso, como forma de proteção ao próprio ordenamento jurídico, a fim de garantir a **efetividade das normas.** Representa uma vertente do **Direito Penal do autor**.

Na visão de Jakobs, todos aqueles que desestabilizam a ordem social por meio de condutas delitivas atentam contra a coletividade e, em razão de sua insubmissão à ordem jurídica vigente, devem ser considerados **inimigos**. De certa maneira, o criminoso inimigo não poderá invocar o ordenamento jurídico para protegê-lo, pois ele obstinadamente o desprezou. Para o penalista alemão existem **dois mo-**

102. ALVES, Jamil Chaim. **Manual de direito penal: parte geral e especial**. Editora: JusPODIVM, 2020, p. 111.

delos de Direito Penal: um, aplicado ao **criminoso cidadão**, e outro, ao qual se submete o **criminoso inimigo.**

A transição do 'cidadão' ao 'inimigo' seria produzida mediante a reincidência, a habitualidade, a delinquência profissional e, finalmente, a integração em organizações delitivas estruturadas[103].

O criminoso cidadão deve ser julgado com **absoluto respeito aos direitos e garantias fundamentais.** Por outro lado, ao criminoso considerado inimigo do Estado, Jakobs defende a **supressão ou flexibilização** dos seus direitos e garantias, pois representa uma ameaça à ordem pública. Como o indivíduo faz da **prática de crimes seu meio de vida**, merece um tratamento mais severo que o aplicável ao criminoso cidadão. Exemplo de práticas alinhadas a essa teoria: admissão de tortura para obtenção de confissão; interceptação telefônica sem autorização judicial; ampliação do prazo de prisão temporária; rigor penitenciário no cumprimento da pena etc.

CRIMINOSO CIDADÃO	CRIMINOSO INIMIGO
Aceita cumprir o ordenamento jurídico, embora eventualmente até possa descumprir alguma norma	Afronta a estrutura do Estado e desestabiliza a ordem, revelando um modo de vida contrário às normas jurídicas
Respeito aos direitos e garantias fundamentais	Supressão ou flexibilização dos direitos e garantias fundamentais

São características e consequências do Direito Penal do inimigo:[104]

a) flexibilização ou eliminação de direitos e garantias individuais (penais e processuais penais), admitindo-se inclusive a tortura. Utilização da pena privativa de liberdade com flexibilização de garantias (Direito Penal de terceira velocidade);

b) mitigação do princípio da ofensividade com criação de crimes de perigo abstrato (para dispensar comprovação do efetivo risco ao bem jurídico tutelado);

c) relativização do princípio da legalidade, por meio da criação de tipos penais vagos e sanções imprecisas;

103. SILVA SÁNCHEZ, Jesús-María. **A expansão do direito penal: aspectos da política criminal nas sociedades pós-industriais.** Trad. Luiz Otávio de Oliveira Rocha. São Paulo: RT, 2002, p. 149.

104. MASSON, Cléber. **Direito Penal Esquematizado – Parte Geral, v. 1**. São Paulo: Editora Método, 2016, p. 112; CUNHA, Rogério Sanches. **Direito Penal – Parte Geral**. Salvador: Juspodivm, 2016, p. 188.

d) suavização do princípio da exteriorização do fato, punindo o indivíduo não pelo que ele fez, mas pelo que ele é (Direito Penal do autor);
e) antecipação da tutela penal com criação de crimes-obstáculo (para atingir atos preparatórios);
f) criação artificial de delitos (inflação legislativa);
g) majoração de penas;
h) aumento do rigor da execução penal;
i) incremento do uso de técnicas especiais de investigação como a colaboração premiada (concedendo benefícios em troca de ajuda à Justiça), a ação controlada (com flexibilização da prisão em flagrante) e a infiltração de agentes policiais.

Como se nota, o Direito Penal do inimigo relaciona-se com o **funcionalismo sistêmico ou radical** (que se preocupa não com a proteção a bens jurídicos, mas com o império da norma), representando o **Direito Penal do autor** e simultaneamente o **Direito Penal de terceira velocidade.**

Cuida-se de um **Direito Penal prospectivo**, porquanto as medidas impostas ao inimigo levam em conta o perigo que ele representa para o futuro. Trata-se de verdadeira guerra, na qual o importante é vencer, ainda que mediante deslealdade com o adversário[105].

Parcela da doutrina afirma que há influências do Direito Penal do Inimigo nas seguintes normas: **Lei nº 7.565/76** (Lei do abate de aeronaves), **Lei nº 10.792/03** (criou o regime disciplinar diferenciado na execução penal), **Leis nº 9.613/98, nº 11.343/06 e nº 12.850/13** (admitem meios extraordinários de obtenção de prova como colaboração premiada, ação controlada e infiltração policial), **Lei 8.072/90** (que veda a fiança e algumas causas extintivas da punibilidade para crimes hediondos) e **Lei 13.260/16** (prevê punição para atos preparatórios de terrorismo).

Não obstante a existência dessas normas, sustentamos que o Direito Penal do inimigo não se aplica e tampouco seria admitido no Brasil, porque as garantias materiais e processuais inerentes ao **Estado Democrático de Direito**, insculpidas em cláusula pétrea constitucional, devem obrigatoriamente ser respeitadas, independentemente de quem seja o **criminoso**.

Além disso, a adoção do Direito Penal do inimigo em um Estado que preza pelos valores democráticos constitui verdadeiro **retrocesso histórico**, na medida em que remonta a procedimentos característicos dos períodos anteriores ao Iluminismo, quando o acusado era despido de qualquer direito e rebaixado à condição

---

105. É exemplo típico do chamado Direito Penal do Inimigo a procura, localização e a posterior execução (por tropa militar norte-americana - SEALs) do árabe saudita e muçulmano Osama Bin Laden, líder da Al-Qaeda (A Base), ocorrida no Paquistão, em maio de 2011, por ter sido a ele atribuída a prática de crimes contra a humanidade, assassinatos em massa e terrorismo (inclusive o planejamento do ataque aéreo às chamadas "Torres Gêmeas" em Nova Iorque, EUA, em que mais de três mil pessoas morreram).

de **objeto** do processo. Desse modo, revela-se **inconstitucional**, por violar não somente diversos direitos e garantias fundamentais, mas também por afrontar um dos próprios **fundamentos do Estado Democrático de Direito** Brasileiro: o princípio da **dignidade da pessoa humana** (art. 1º, III, CF).

Em resumo:

DIREITO PENAL DO CIDADÃO	DIREITO PENAL DO INIMIGO
Indivíduo como sujeito de direitos	Indivíduo como objeto de coação
Respeito aos direitos e garantias penais e processuais penais	Flexibilização ou eliminação de direitos e garantias individuais
O criminoso cidadão não pratica infrações penais de forma habitual nem integra organização criminosa	O criminoso inimigo pratica crime por princípio (ideologia), integrando organização criminosa e agindo com profissionalismo
Vigora a culpabilidade do ato (o que interessa é o fato praticado e não o perfil do criminoso)	Vigora a culpabilidade do autor (preocupa-se com o perfil do criminoso e não com o ato por ele praticado)
A pena visa a recuperação do criminoso	A pena visa a eliminação ou a inutilização social do criminoso
É um Direito Penal do fato	É um Direito Penal do autor

1.10. Velocidades do direito penal

A noção de velocidades do Direito Penal[106] foi idealizada por **Jesus-María Silva Sánchez**, que elencou **3 velocidades.** Para elaborar essa teoria, o penalista espanhol levou em conta o tempo que o Estado leva para punir o autor de uma infração penal (conforme o procedimento de persecução penal utilizado) e a sanção penal aplicada (mais ou menos grave).

A **1ª velocidade** enfatiza as infrações penais mais graves, punidas com penas privativas de liberdade, exigindo, por este motivo, um procedimento mais demorado, que observa todas as garantias penais e processuais penais.

Já a **2ª velocidade** relativiza direitos e garantias fundamentais, possibilitando punição mais célere, mas, em compensação, prevê sanção não privativa de liberdade (penas alternativas).

A **3ª velocidade** mescla as 2 anteriores. Defende a punição do criminoso com pena privativa de liberdade (1ª velocidade), permitindo, para determinados crimes (tidos como mais graves), a flexibilização de direitos e garantias constitucionais

106. CUNHA, Rogério Sanches. **Direito Penal. Parte Geral**. Salvador: Editora Juspodivm, 2016, p. 41.

(2ª velocidade). O Estado responde de forma intensa (nem sempre sinônimo de justiça) e célere. Essa velocidade se liga ao **Direito Penal do inimigo.**

Fala-se, ainda, em uma **4ª velocidade** do Direito Penal, ou **neopunitivismo**, desenvolvida pelo penalista argentino, **Daniel Pastor**[107]. Destaca-se como um movimento do **panpenalismo**, que busca a todo custo o aumento do arsenal punitivo do Estado, inclusive de forma mais arbitrária e abusiva do que o Direito Penal do inimigo. Refere-se à aplicação do Direito Penal pelo Tribunal Penal Internacional (TPI) aos chefes de Estado que violem Tratados e Convenções Internacionais de tutela de direitos humanos. Cria-se, em outras palavras, um Direito Penal absoluto.

Em resumo:

	1ª Velocidade	2ª Velocidade	3ª Velocidade	4ª Velocidade
Espécie de sanção penal	Penas privativas de liberdade	Penas alternativas	Penas privativas de liberdade	Violação de direitos humanos de chefes de Estado
Procedimento	Garantista	Flexibilizado	Flexibilizado	Flexibilizado
Exemplo	CPP	Lei n 9.099/95	Lei 12.850/13	Estatuto de Roma (TPI)

Embora não haja consenso doutrinário, o jurista brasileiro Walmir Messias de Moura Fé desenvolveu o conceito de direito penal de **5ª velocidade**, a qual estaria ligada à maior presença (expansão) do controle policial, que deve privilegiar a atuação preventiva e o aumento da gama de atribuições para a gerência de complexidades diante da agressividade das condutas verificadas em nossa sociedade de novos riscos modernos existentes. Segundo o autor, a ação momentânea das agências de controle estatal está fundamentada na finalidade de prevenção das mazelas e consequências danosas às pessoas "já que numa sociedade eivada pelo caos, exige-se um Poder de Polícia mais adequado à mobilidade social no contexto de riscos e perigos constantes"[108].

1.11. Direito penal paralelo e direito penal subterrâneo

O Direito Penal paralelo e o Direito Penal subterrâneo são manifestações do sistema penal existente em determinada sociedade que extrapolam a esfera institucional de repressão, normalmente exercida pelo Estado.

107. PASTOR, Daniel Roberto. La deriva neopunitivista de organismos y activistas como causa del desprestigio actual de los derechos humanos. **Nueva Doctrina Penal**, Buenos Aires, 2005, p. 73-114.

108. TUIRNI, Ramon Teixeira; FERNANDES, Bráulio da Silva Fernandes; LOPES, Ricardo Ferraz Braida Lopes. Reflexos do avanço expansionista à luz das velocidades do Direito Penal. **Revista das Faculdades Integradas Vianna Júnior**, v.11, n. 2, Juiz de Fora, jul-dez 2020, p. 327-328. Disponível em: https://www.viannasapiens.com.br/revista/article/view/692. Acesso em: 11 set. 2022.

O **Direito Penal paralelo** é aquele decorrente das ações de outros grupos ou agências que, de certa forma, também exercem o poder punitivo, sem, contudo, integrar o sistema de controle estatal. Não é incomum que as sanções aplicadas no sistema paralelo sejam muito mais gravosas do que as penas cominadas no Código Penal e legislação extravagante. Segundo a doutrina, são exemplos desse sistema o banimento de atletas por federações esportivas, multas de elevado valor, internação forçada de pacientes realizadas por médicos etc.[109].

Por sua vez, o **Direito Penal subterrâneo** se manifesta quando as agências estatais encarregadas da repressão penal passam a agir arbitrariamente e sem respaldo legal, utilizando métodos que, em grande parte das vezes, envolvem torturas, desaparecimentos, chacinas etc.[110].

- **Direito penal paralelo**

  Ações de outros grupos ou agências que, de certa forma, também exercem o poder punitivo, sem, contudo, integrar o sistema de controle estatal.

- **Direito penal subterrâneo**

  Agências estatais encarregadas da repressão penal passam a agir arbitrariamente e sem respaldo legal.

QUESTÕES

QUESTÃO 1

IBFC - 2022 - PC-BA - Investigador de Polícia Civil

Assinale a alternativa que apresenta o significado do princípio da ofensividade.

a) Só se deve recorrer ao Direito Penal se outros ramos do direito não forem suficientes; o Direito Penal deve ser concebido como a última opção, para ser usado somente quando estritamente necessário.

b) O Direito Penal deve tutelar os bens jurídicos mais relevantes para a vida em sociedade, sem levar em consideração valores exclusivamente morais ou ideológicos.

c) Não há crime se não há lesão ou perigo real de lesão a bem jurídico tutelado pelo Direito Penal.

109. ZAFFARONI, Eugenio Raul; ALAGIA, Alejandro; SLOKAR, Alejandro. **Derecho penal**: parte geral. Buenos Aires: Ediar, 2002, p. 25.

110. Idem.

d) Condutas historicamente aceitas e consideradas adequadas pela sociedade em tese não merecem intervenção penal punitiva, não sendo abrangidas pelos tipos penais.

e) Decorrente do princípio da dignidade da pessoa humana, impõe impedir que a pena venha a ser empregada como instrumento de violência, com tratamento desumano ou cruel.

QUESTÃO 2

INSTITUTO AOCP - 2022 - Governo do Distrito Federal - Policial Penal

Joana compareceu à delegacia de polícia relatando violência doméstica, na qual seu companheiro, por não aceitar que ela exercia atividade laboral, destruiu seus instrumentos de trabalho, os quais foram avaliados em R$ 85,00 (oitenta e cinco reais). Considerando o caso narrado, julgue o seguinte item.

Na hipótese, conforme entendimento do Superior Tribunal de Justiça (STJ), será aplicável o princípio da insignificância em favor do companheiro de Joana, haja vista o reduzido valor dos objetos destruídos.

Certo ( ) Errado ( )

QUESTÃO 3

FGV - 2022 - TJ-DFT - Analista Judiciário - Área Judiciária

Dentro dos critérios de solução do conflito aparente de normas, é correto afirmar que o princípio da:

a) Subsidiariedade é presidido por mera análise lógica respeitante aos elementos constitutivos dos tipos penais decorrentes.

b) Subsidiariedade estabelece que a incidência da norma principal, que tem uma sanção mais grave, afasta a incidência da norma subsidiária.

c) Subsidiariedade é presidido por mera análise lógica referente a em que medida haveria uma relação de gênero e espécie essencialmente formal.

d) Especialidade tem uma estrutura lógica de interferência, exigindo um juízo de valor do fato em relação às normas.

e) Especialidade tem uma estrutura lógica de interferência, não de subordinação, exigindo uma verificação em concreto.

QUESTÃO 4

FGV - 2022 - MPE-GO - Analista Jurídico

Sandro foi preso em flagrante ao subtrair um pacote de macarrão, cujo valor era R$9,00, de um hipermercado do bairro onde morava. O Ministério Público ofereceu denúncia em face de Sandro, mas o magistrado rejeitou a peça acusatória, reconhecendo a incidência do princípio da bagatela ou insignificância. O referido princípio exclui a

a) Ilicitude.
b) Tipicidade formal.
c) Culpabilidade.
d) Tipicidade material.
e) Punibilidade.

QUESTÃO 5

VUNESP - 2023 - PC-SP - Delegado de Polícia

A função do Direito Penal é

a) proteger bens jurídicos relevantes para a sociedade.
b) aplicar penas e medidas de segurança.
c) dirimir controvérsias e pacificar a sociedade.
d) construir uma sociedade livre, justa e solidária.
e) garantir a execução das leis.

QUESTÃO 6

INSTITUTO AOCP - 2022 - DPE-PR - Defensor Público

Referente ao princípio da insignificância, assinale a alternativa correta.

a) Não se admite o reconhecimento do princípio da insignificância ao crime de furto de energia elétrica.
b) Admite-se a incidência do princípio da insignificância na conduta de uso de atestado médico falso.
c) Não se admite a incidência do princípio da insignificância aos crimes previstos no Estatuto do Desarmamento.
d) Admite-se a incidência do princípio da insignificância nos crimes ou contravenções penais praticados contra a mulher no âmbito das relações domésticas.
e) Não se admite a incidência do princípio da insignificância à conduta de pescar durante o período em que a pesca seja proibida.

QUESTÃO 7

FGV - 2022 - PC-AM - Delegado de Polícia

O princípio da insignificância é admitido na doutrina e na jurisprudência em relação ao delito de:

a) Descaminho.
b) Uso de documento falso.
c) Supressão de documento.
d) Roubo simples.
e) Contrabando.

QUESTÃO 8

FGV - 2022 - PC-AM - Delegado de Polícia

Assinale a opção que corresponde a bem jurídico coletivo aparente.

a) Meio ambiente equilibrado.
b) Administração estatal da justiça.
c) Incolumidade pública.
d) Ordem econômica.
e) Relações de consumo.

QUESTÃO 9

FGV - 2022 - PC-AM - Delegado de Polícia

Fruto da herança dos postulados iluministas, a partir da segunda metade dos anos 1970, um novo modelo normativo de garantia aos direitos sociais, civis e políticos é lapidado na Itália como sinônimo de Estado constitucional democrático, surgindo o garantismo.

Sobre esse modelo, é correto afirmar que:

a) O princípio da legalidade exige a descrição da conduta proibida de maneira precisa e determinada, mas não exerce influência na filtragem axiológica feita pelo juiz.
b) O princípio da culpabilidade, sob a lógica da análise jurisdicional focada somente na conduta praticada, permite a aplicação do instituto da reincidência.
c) O princípio da materialidade da conduta exige que a conduta criminosa praticada gere alteração sensorial no mundo dos fatos, impedindo um resultado meramente normativo.
d) O princípio da proteção suficiente, numa perspectiva garantista positiva, endossa a função estatal de proteção suficiente de direitos fundamentais a partir do Direito Penal.
e) O princípio da lesividade reforça a vedação a abusos de um sistema estatal representado na concepção de efetividade sem validade.

QUESTÃO 10

CESPE / CEBRASPE 2022 - IBAMA - Analista Ambiental - Recuperação Ambiental, Monitoramento e Uso Sustentável da Biodiversidade, Controle e Fiscalização

Bruna, com 19 anos de idade, grávida, e Celso, com 17 anos de idade, combinaram de subtrair bens de uma residência cujos moradores estavam viajando. Bruna ficou responsável por vigiar a entrada da casa e pegar os objetos que Celso lhe entregasse pela janela. Quando Celso estava dentro da casa, foi surpreendido pela empregada da família e acabou por acertar-lhe a cabeça com um objeto pontiagudo, causando-lhe a morte. Bruna somente tomou conhecimento do fato quando Celso lhe narrou o ocorrido ao chegarem com os objetos a um esconderijo.

A partir da situação hipotética precedente, julgue o item a seguir.

Eventual lei nova que aumente a pena do crime imputado a Bruna não poderá ser aplicada à situação descrita.

Certo ( ) Errado ( )

QUESTÃO 11

CESPE / CEBRASPE 2022 - IBAMA - Analista Ambiental - Recuperação Ambiental, Monitoramento e Uso Sustentável da Biodiversidade, Controle e Fiscalização

De acordo com o entendimento doutrinário majoritário a respeito da aplicação da lei temporária, julgue o item a seguir.

As circunstâncias de prazo fixadas na lei são elementos temporais do fato típico, por isso a norma estabelecida possui o caráter de ultratividade.

Certo ( ) Errado ( )

QUESTÃO 12

CESPE / CEBRASPE 2022 - IBAMA - Analista Ambiental - Recuperação Ambiental, Monitoramento e Uso Sustentável da Biodiversidade, Controle e Fiscalização

De acordo com o entendimento doutrinário majoritário a respeito da aplicação da lei **temporária**, julgue o item a seguir.

Cessada a criminalização do tipo penal no curso da ação penal, o réu será absolvido com fundamento na *abolitio criminis*.

Certo ( ) Errado ( )

QUESTÃO 13

FGV - 2024 - PC-SC Delegado

Acerca dos princípios penais, assinale a afirmativa correta.

a) O princípio da intranscendência pressupõe que o Direito Penal só pode incidir nas hipóteses em que há lesão ou risco de lesão a um bem jurídico.

b) O princípio da fragmentariedade preconiza que a pena não pode passar da pessoa do condenado.

c) O princípio da insignificância exclui a tipicidade formal em razão de lesão ou risco de lesão irrelevante ao bem jurídico tutelado.

d) O princípio do ne bis in idem indica que uma mesma circunstância não pode ser valorada em desfavor do suposto autor do fato mais de uma vez.

e) O princípio da ofensividade veda as penas de morte, perpétuas e cruéis, bem como as penas de trabalhos forçados e de banimento.

GABARITO

Questão 1	Letra "C"
Questão 2	Assertiva "Errada"
Questão 3	Letra "B"
Questão 4	Letra "D"
Questão 5	Letra "A"
Questão 6	Letra "B"
Questão 7	Letra "A"
Questão 8	Letra "C"
Questão 9	Letra "D"
Questão 10	Assertiva "Certa"
Questão 11	Assertiva "Certa"
Questão 12	Assertiva "Errada"
Questão 13	Letra "D".

CAPÍTULO 2

A lei penal

2.1. Fontes do direito penal

As fontes do Direito Penal se referem à sua origem, ou seja, de **onde emana o Direito Penal e de que maneira ele se exterioriza.**

As fontes do Direito Penal podem ser classificadas da seguinte forma:

a) **Fonte material, substancial ou de produção** – diz respeito ao **órgão encarregado da produção** da norma (de onde emana o direito). Em nosso ordenamento jurídico, somente a **União** pode ser fonte de produção do Direito Penal (CF, art. 22, inc. I). Os estados-membros, os municípios e o Distrito Federal não estão autorizados a editar normas penais em sentido estrito, vale dizer, não podem criar ou revogar infrações penais, prever penas, aumentá-las ou diminuí-las.

A exceção vem prevista na própria Constituição Federal, mais precisamente no seu art. 22, parágrafo único, o qual prevê que a **lei complementar** poderá autorizar os estados-membros a produzirem leis penais sobre **questões específicas**, assim consideradas aquelas de interesse local do estado-membro. Porém, embora possam regular temas específicos, nenhum estado-membro está autorizado a legislar sobre **temas fundamentais** do direito penal (sobre o princípio da legalidade, sobre as causas de exclusão da ilicitude, sobre a configuração do delito etc.).

▸ Fonte material (de onde emana o direito)

Regra: Competência privativa da União para legislar sobre direito penal (CF, art. 22, I).

Exceção: Os estados podem legislar sobre questões específicas de direito penal, desde autorizados por lei complementar (CF, art. 22, parágrafo único). Trata-se de competência legislativa suplementar.

b) **Formais, de conhecimento ou de cognição** – estão relacionadas às formas pelas quais o Direito Penal se exterioriza, ou seja, por meio de quais espécies normativas as normas incriminadoras ou não incriminadoras podem se manifestar **(onde o direito se revela).** As fontes formais são subclassificadas em:

- **Imediatas (ou primárias)** – Diante do princípio da legalidade, a lei é a única fonte imediata do direito penal. Somente a **lei em sentido estrito**, isto é, aquela emanada do Congresso Nacional, pode criar infrações penais (crimes e contravenções) e cominar as respectivas sanções (pena ou medida de segurança). Em regra, as normas penais incriminadoras são veiculadas em lei ordinária, mas nada impede que uma lei complementar o faça, a exemplo da Lei Complementar 105/2001[1].

  A **Medida Provisória,** embora tenha força de lei, não pode criar infrações penais (CF, art. 62, § 1º, inciso I, "b"). Ainda que venha a ser convertida em lei pelo Poder Legislativo, não haverá convalidação. No entanto, o STF admite a edição de MP que contenha **disposições benéficas** ao réu[2], por entender que o princípio da reserva legal tem por fim proteger o indivíduo frente ao arbítrio estatal, merecendo flexibilização quando a norma for favorável ao agente. Na prática, tivemos algumas medidas provisórias editadas entre os anos de 2003 a 2008 trazendo sucessivas prorrogações de prazo para possuidores de arma de fogo providenciarem a sua regularização ou sua entrega. Nesse período, quem fosse encontrado na posse de arma irregular não poderia ser punido pelos crimes previstos no Estatuto do Desarmamento. Essa **"abolitio criminis" temporária** evidencia os reflexos penais das medidas provisórias.

- **Mediatas (ou secundárias)** – são tradicionalmente consideradas fontes mediatas do Direito Penal: a Constituição Federal, a doutrina, os tratados e convenções internacionais de direitos humanos, os atos administrativos que complementam normas penais em branco, os costumes, os princípios do direito penal e a analogia *in bonam partem. As fontes formais mediatas ou secundárias* **jamais podem criar** *normas penais incriminadoras. Vamos analisá-las individualmente.*

  Constituição Federal: É considerada **fonte mediata** do Direito Penal, pois, além de conter mandados de criminalização, prevê princípios penais e apresenta um rol de penas permitidas e proibidas.

---

1. Art. 10. A quebra de sigilo, fora das hipóteses autorizadas nesta Lei Complementar, constitui crime e sujeita os responsáveis à pena de reclusão, de um a quatro anos, e multa, aplicando-se, no que couber, o Código Penal, sem prejuízo de outras sanções cabíveis. Parágrafo único. Incorre nas mesmas penas quem omitir, retardar injustificadamente ou prestar falsamente as informações requeridas nos termos desta Lei Complementar.
2. STF, Tribunal Pleno. RE 254.818/PR, Rel. Min. Sepúlveda Pertence, p. em 9/12/2002.

Doutrina: As obras produzidas pelos juristas desempenham papel relevante na interpretação e compreensão do ordenamento jurídico, razão pela qual também são consideradas **fontes mediatas** do Direito Penal.

Tratados e convenções internacionais sobre direitos humanos: São considerados **fontes mediatas** do Direito Penal. Diante do princípio da reserva legal, tratados e convenções não podem criar infrações penais para o **direito interno** (somente no âmbito do direito internacional). *Aliás, antes do advento das Leis n. 12.694/2012 e 12.850/13, responsáveis por definirem organização criminosa em nosso ordenamento jurídico, o STF entendeu pela impossibilidade de se adotar internamente o conceito de organização criminosa previsto na Convenção de Palermo*[3]. *Mais recentemente, o STJ decidiu que a tipificação de crime contra a humanidade depende da edição de lei em sentido formal, não sendo possível internalizar a conduta prevista no Estatuto de Roma, mesmo cuidando de Tratado internalizado*[4].

Atos administrativos: Quando funcionam como complemento de normas penais em branco, são considerados **fontes mediatas** do Direito Penal, já que produzem reflexos no sentido e alcance dos tipos penais. É o que se verifica na Portaria *344*/98 da ANVISA, que elenca o rol de drogas proibidas em nosso ordenamento jurídico, complementando os tipos incriminadores da Lei n. 11.343/06.

Costumes: São **fontes mediatas** do Direito Penal. Diante do princípio da legalidade, os costumes não podem criar infrações penais. Também não se admite o chamado **costume abolicionista**, pois uma lei só pode ser revogada por outra lei (LINDB, art. 2º). Mas é inegável que os costumes possuem uma missão importante no Direito Penal. Em algumas situações, produzem reflexos na **interpretação e aplicação** da lei penal. O costume interpretativo é denominado **costume *secundum legem*.** No crime de furto, por exemplo, o conceito de repouso noturno varia conforme o costume local. Da mesma forma, o crime de ato obsceno (CP, art. 233) sofre forte influência pelo contexto regional e cultural. A nudez em desfile de rua no carnaval é um comportamento reiterado, observado e admitido pela população brasileira, em uma permissividade que seria reprimida na quaresma[5].

---

3. STF, 1ª Turma. HC 96.007/SP, Rel. Min. Marco Aurélio, j. 12/06/2012.
4. STJ, 3ª Seção. REsp 1.798.903-RJ, Rel. Min. Reynaldo Soares da Fonseca, j. 25/09/2019.
5. JUNIOR, Miguel Reale. **Instituições de Direito Penal.** Rio de Janeiro: Forense, 2002, p. 81.

Costume Incriminador	Costume abolicionista	Costume interpretativo
Não se admite	**Não** se admite	**Admite-se**
A lei é o único instrumento normativo capaz de criar infrações penais e cominar as respectivas sanções (princípio da legalidade)	O costume não pode revogar uma lei penal[6]	É o denominado **costume *secundum legem*.**

Princípios de Direito Penal: Também são considerados **fontes mediatas** do Direito Penal. Houve grande ascensão dos princípios nos últimos anos, ficando reconhecido o seu *status* de normas jurídicas. A insignificância, por exemplo, passou de tema acadêmico quase sem relevância prática para a ordem do dia nos tribunais, afastando a tipicidade material de diversas condutas. Outros princípios, como o da legalidade, proporcionalidade e da individualização da pena, também têm sido empregados com frequência pelo Poder Judiciário, trazendo reflexos diversos na seara criminal[7].

Analogia *in bonam partem*: Também pode ser considerada **fonte mediata**, na medida em que revela o direito penal em favor do agente quando há lacuna legislativa.

A jurisprudência é considerada fonte mediata ou imediata do direito penal?

Há duas correntes que disputam o assunto.

1ª corrente: Para a doutrina clássica, é fonte mediata, sendo reconhecida a força dos precedentes jurisprudenciais, como se observa no CPC, art. 927, que relaciona as hipóteses nas quais a jurisprudência figura como modo de exteriorização do direito penal. Outro exemplo comumente citado é o CPP, art. 315, § 2º, VI.[8]

2ª corrente: A doutrina mais moderna considera a jurisprudência como fonte imediata do Direito Penal, a exemplo do que ocorre com as súmulas vinculantes. O verbete de nº 24, a propósito, disciplina a atipicidade de crime contra a ordem tributária quando pendente o lançamento definitivo do tributo[9]. Até mesmo

---

6. De acordo com o STJ, manter casa de prostituição (CP, art. 229) é crime que deve ser punido (HC 99.144/RJ, Rei. Min. Og Fernandes, 65 Turma, j. 04/11/2008). No mesmo sentido, o jogo do bicho continua sendo típico enquanto não for revogado por outra lei.
7. ALVES, Jamil Chaim. **Manual de Direito Penal – Parte Geral e Parte Especial**. Salvador. Editora JusPodivm. 2020. p. 144-145.
8. CPP, art. 315 (...) § 2º Não se considera fundamentada qualquer decisão judicial, seja ela interlocutória, sentença ou acórdão, que: VI - Deixar de seguir enunciado de súmula, jurisprudência ou precedente invocado pela parte, sem demonstrar a existência de distinção no caso em julgamento ou a superação do entendimento.
9. SV, 24. Não se tipifica crime material contra a ordem tributária, previsto no art. 1º, incisos I a IV, da Lei nº 8.137/90, antes do lançamento definitivo do tributo.

uma decisão não vinculante pode ser considerada como fonte formal imediata. É o caso do crime continuado (CP, art. 71), cujos contornos atuais dados pelos tribunais limitam a continuidade no tempo (trinta dias entre as infrações) e no espaço (mesma comarca ou comarcas vizinhas), além de estabelecer um requisito subjetivo para sua incidência (dolo global ou unitário). Filiamo-nos a essa corrente. Reforçando essa tese, o STF firmou o entendimento no sentido de que as condutas homofóbicas (LGBTfobia) constituem crime de racismo, sustentando, assim, a nossa posição[10].

<table>
<tr><th colspan="3">Fontes do Direito Penal</th></tr>
<tr><td>Material, substancial ou de produção</td><td colspan="2">É o órgão encarregado da produção da norma, somente a União pode ser fonte de produção do Direito Penal (CF, art. 22, inc. I). Os Estados têm competência legislativa suplementar para editar leis complementares sobre questões específicas de direito penal (CF, art. 22, parágrafo único).</td></tr>
<tr><td rowspan="2">Formal, de conhecimento ou de cognição</td><td rowspan="2">Espécies normativas pelo qual o direito penal se exterioriza</td><td>Imediata. Diante do princípio da legalidade, a lei em sentido estrito (pode ser lei complementar) é a única fonte imediata do direito penal. Obs.: STF admite a edição de MP que contenha disposições benéficas ao réu.</td></tr>
<tr><td>Mediata. Constituição Federal, a doutrina, os tratados e convenções internacionais de direitos humanos, os atos administrativos que complementam normas penais em branco, os costumes, os princípios do direito penal e a analogia in bonam partem.</td></tr>
</table>

2.2. Interpretação da lei penal (sujeito, modo e resultado)

Interpretar significa buscar o alcance e o sentido das normas jurídicas. A ciência que disciplina esse estudo é a **hermenêutica**. A atividade de interpretar a lei é chamada de **exegese.**

A interpretação é uma atividade intrínseca à atuação dos operadores do direito, e não se limita a desvendar pontos dúbios e obscuros da lei. O contraste entre o dinamismo frenético da sociedade em que vivemos e a rigidez dos diplomas normativos demanda processo exegético constante, mesmo que o texto legal, em sua aparência, seja suficientemente claro. A própria operação de subsunção de um fato concreto a determinado tipo penal exige uma dose de atividade interpretativa. Desse modo, podemos observar que a máxima *in claris cessat interpretatio* (que

10. STF, ADO 26 e MI 4733, julgadas em 13/06/2019.

em linhas gerais significa: havendo clareza, cessa a interpretação), não é a regra em nosso sistema jurídico.

A interpretação da lei penal pode ser classificada da seguinte forma:

Quanto ao sujeito:

a) **Autêntica ou legislativa**: realizada pelo próprio legislador, por meio de lei. É também chamada de interpretativa e tem natureza obrigatória. Possui eficácia retroativa, mesmo quando mais gravosa. A interpretação autêntica se subdivide em: **contextual**, quando o texto interpretativo está no bojo do diploma legal a ser interpretado, ou **posterior**, situação em que o texto interpretativo consta de outra lei, editada em momento posterior. Ex.: o conceito de funcionário público, previsto no art. 327 do Código Penal.

b) **Doutrinária ou científica:** é aquela realizada pelos juristas e estudiosos do Direito Penal por meio de suas obras, palestras etc. Embora contribua de maneira notável para a aplicação da lei, não possui natureza cogente. Exemplo: Código Penal comentado.

c) **Judicial ou jurisprudencial:** é a interpretação realizada pelos magistrados na **análise de casos** que lhe são apresentados, a exemplo das súmulas dos Tribunais Superiores. É preciso ter cuidado, porque se o Presidente de um Tribunal, em palestra proferida em seminário para magistrados de todo o Brasil, interpreta uma lei penal recém-publicada, tal interpretação não será considerada judicial ou jurisprudencial, pois não estará julgando um caso concreto. Trata-se de nítida interpretação doutrinária. De maneira geral, a interpretação judicial **não é obrigatória**, mas possui natureza cogente em duas hipóteses:

- **Caso concreto** apreciado, julgado e coberto pela coisa julgada ("inter partes");
- **Súmulas vinculantes**, editadas pelo Supremo Tribunal Federal, por força do art. 103-A da Constituição Federal.

Exposição de Motivos do Código Penal pode ser considerada uma interpretação autêntica?

Não. Conquanto a Exposição de Motivos acompanhe a lei, constitui exemplo de interpretação doutrinária, pois não foi votada e aprovada pelo Congresso Nacional. Também não são consideradas forma de interpretação autêntica contextual as rubricas e epigrafes dos títulos e capítulos do Código Penal, que servem apenas como elementos de interpretação.

Quanto ao modo:

a) **Literal ou gramatical:** é a mais precária de todas. Suas bases são eminentemente linguísticas e busca interpretar a lei a partir do **sentido literal** das palavras.

b) **Teleológica:** é a mais profunda das interpretações, porque busca desvendar a **genuína vontade manifestada** na lei.

c) **Histórica:** procura compreender o sentido da lei por meio de uma análise do **contexto** em que foi editada. Leva-se em conta o antecedente social que motivou a criação da norma.

d) **Sistemática:** analisa a norma em **conjunto com todo** o arcabouço jurídico, harmonizando-a com o sistema[11].

e) **Progressiva:** visa a **adaptar a lei de acordo com a evolução da sociedade**. Obviamente, a intepretação que se dá atualmente ao "ato obsceno" não é a mesma da década de 1940.

Quanto ao resultado

a) **Declarativa:** resulta da perfeita sintonia entre a letra da lei e a vontade do legislador, sem ampliar ou diminuir-lhe o espectro de incidência.

b) **Restritiva:** ocorre quando a letra da lei é mais ampla do que a vontade do legislador. A interpretação busca **restringir** o alcance da fórmula legal. Ex.: o art. 28, inciso II, do Código Penal dispõe que a embriaguez, voluntária ou culposa, pelo álcool ou substância de efeitos análogos não exclui a imputabilidade. Entretanto, o dispositivo deve ser interpretado restritivamente, de modo a excluir a embriaguez patológica, hipótese que se enquadra no art. 26 do referido diploma.

c) **Extensiva:** ocorre quando a lei disse menos do que deveria dizer. A interpretação **amplia** o alcance da fórmula legal excessivamente estreita. Ex.: o crime de extorsão mediante sequestro, tipificado no art. 159 do Código Penal, também abrange a extorsão mediante cárcere privado.

A interpretação extensiva é admitida no Direito Penal?

O tema é polêmico:

1ª corrente: Sim, por se tratar de mera atividade interpretativa que busca o efetivo alcance da lei, admite-se a interpretação extensiva até mesmo em relação às normas de natureza incriminadora. É a nossa posição e a que prevalece na doutrina (Guilherme Nucci[12], Paulo Queiroz[13], Luiz Regis Prado[14]).

---

11. O art. 25 da Lei de Contravenções Penais não foi recepcionado pela CF/88. STF. Plenário. RE 583523/RS e RE 755565/RS, Rel. Min. Gilmar Mendes, julgados em 3/10/2013. (Info 722).
12. NUCCI, Guilherme de Souza. **Curso de Direito Penal**. v. 1. Rio de Janeiro: Forense. 2017, p. 149-150.
13. QUEIROZ, Paulo. **Direito Penal: Parte Geral**. 4 ed. Rio de Janeiro: Editora Lumen Juris, 2008, p. 148.
14. PRADO, Luiz Régis. **Curso de Direito Penal Brasileiro.** v. 1 - Parte Geral. 9 ed. São Paulo: Revista dos Tribunais, 2010, p. 217.

2ª corrente: Como decorrência lógica do princípio da legalidade, admite-se apenas a interpretação extensiva que favorece o réu. A interpretação em matéria penal, em se tratando de incriminar, deve ser declarativa ou restritiva[15]. Apesar de minoritária na doutrina, conta com precedentes do STF[16] e do STJ[17].

CLASSIFICAÇÃO DAS FORMAS DE INTERPRETAÇÃO DA LEI PENAL

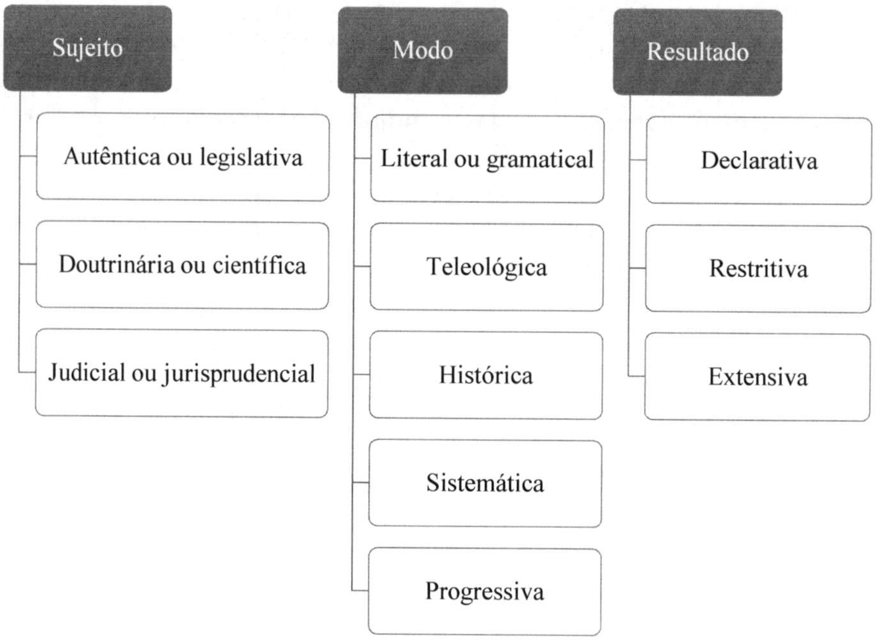

Interpretação analógica (intra legem)

Na intepretação analógica (*intra legem*), tendo em vista a impossibilidade de prever de maneira expressa no texto legal uma infinidade de circunstâncias que podem permear o caso concreto, o legislador lança mão de uma técnica específica para garantir que a lei possa acobertar as mais variadas hipóteses, dando-lhe, assim, certa maleabilidade. Para tanto, a lei apresenta em seu texto uma **fórmula casuística**, que logo após é seguida por uma **fórmula genérica.**

Ex.: homicídio qualificado mediante paga, promessa de recompensa (fórmula casuística) ou outro motivo torpe (fórmula genérica) - CP, art. 121, § 2º, I.

15. GARCIA, Basileu, **Instituições de Direito penal**, v. 1. t. 1. São Paulo: Saraiva, 2008, p. 216.
16. STF, 1ª Turma. RHC 85217/SP, Rel. Min. Eros Grau, j.02/08/2005; STJ, 6ª Turma. HC 476/315, Rel. Min. Celso Limongi, j. 17/12/2009.
17. STJ, 5ª Turma. EDcl no AgRg no HC 651.765/SP, julgado em 07/12/2021, DJe 14/12/2021.

Mediante **paga ou promessa de recompensa,**	ou por **outro motivo torpe.**
•Fórmula casuística	**•Formula genérica**

A norma não é capaz de identificar de antemão todos os motivos torpes que eventualmente impulsionariam um homicídio, mas explicita que todas as circunstâncias que tenham relação de semelhança com a paga e a promessa de recompensa poderão configurar motivo torpe para fins penais.

▸ ATENÇÃO!

Podemos notar que a **interpretação extensiva e a interpretação analógica** ampliam o campo de incidência da lei, a fim de que possa abrigar situações não previstas de modo expresso pelo legislador. A diferença essencial entre ambas reside na técnica legislativa: caso se verifique a existência de uma fórmula casuísta seguida de uma fórmula genérica, será **interpretação analógica**. Se a ampliação do escopo da norma for realizada a despeito do não emprego de tal técnica legislativa, estaremos diante de uma **interpretação extensiva.**

Interpretação *sui generis*

A par dessas classificações, temos ainda a **interpretação *sui generis***, que se subdivide em exofórica (fora do arcabouço normativo) e endofórica (dentro do arcabouço normativo):

a) **Exofórica:** O prefixo **-exo-** significa fora. Logo, na interpretação exofórica o significado da norma não é encontrado no arcabouço normativo. É o que se dá com o erro de tipo. Como não existe norma esclarecendo o significado da palavra "tipo" prevista no CP, art. 20[18], coube à doutrina essa definição (e não a lei). Em resumo, são os doutrinadores que explicam e conceituam o tipo.

b) **Endofórica:** O prefixo **-endo-** significa dentro. Por essa razão, na interpretação endofórica a norma é interpretada por meio de outros textos extraídos do próprio arcabouço normativo, como ocorre nas normas penais em branco. Ex.: A palavra "drogas" prevista nos tipos penais incriminadores da Lei n. 11.343/06 é interpretada de acordo com a Portaria 344/98 da ANVISA.

18. CP, Art. 20 - O erro sobre elemento constitutivo do **tipo** legal de crime exclui o dolo, mas permite a punição por crime culposo, se previsto em lei.

Interpretação objetiva e subjetiva

Por fim, a doutrina tradicional também costuma classificar a interpretação da lei penal em objetiva e subjetiva.

a) **Interpretação objetiva:** tem por finalidade descobrir a vontade da lei (*mens legis*);

b) **Interpretação subjetiva:** visa a compreender a vontade do legislador (*mens legislatoris*) quando editou a lei.

Tal divisão é rechaçada atualmente. Por força do princípio da legalidade, o parâmetro de interpretação das normas deve ser somente o texto da lei penal, vale dizer, o intérprete deve buscar sempre a vontade da lei e não a vontade daquele que a elaborou.

2.3. Analogia

O ordenamento jurídico não é um sistema fechado e impermeável. A realidade se desdobra em inúmeras variáveis, e o direito não é capaz de prever cada particularidade que os fatos podem assumir na vida cotidiana. Esses espaços não abrangidos pela norma são denominados **lacunas jurídicas**, e a analogia desempenha importante papel no preenchimento dessas lacunas.

A analogia, prevista no art. 4º da LINDB, é uma **forma de autointegração** da norma, e consiste em aplicar, a um caso não previsto de modo direto ou específico por uma norma jurídica, uma norma prevista para uma hipótese distinta, mas semelhante ao caso não contemplado[19]. Deriva da máxima *ubi eadem ratio, ibi eadem legis dispositio*, que significa: onde existe a mesma razão fundamental, prevalece a mesma regra de Direito.

Portanto, a analogia parte de **dois pressupostos:**

a) existência de lacuna no ordenamento jurídico (não há lei que regule uma situação concreta específica);

b) relação de semelhança entre uma hipótese regulada pela norma e a situação concreta não prevista em lei.

A analogia é forma de interpretação ou de aplicação da lei?

A analogia consiste em **aplicar determinada disposição legal a uma situação não prevista em lei**, desde que a hipótese regulada na norma e o caso concreto guardem entre si uma relação de semelhança. O operador do direito se vale da analogia quando não há lei específica a regular o caso concreto. A partir

19. DINIZ, Maria Helena. **Compêndio de Introdução à Ciência do Direito.** 20 ed. São Paulo: Saraiva, 2009, p. 461.

dessas premissas, infere-se que a **analogia é forma de aplicação da lei,** uma vez que ninguém pode interpretar uma lei inexistente.

Por força do princípio da legalidade, o Direito Penal não admite a utilização da **analogia** *in malam partem*. Por conseguinte, o intérprete da norma jamais poderá se valer da analogia com a finalidade de incriminar conduta ou agravar a reprimenda do agente. Nesse sentido, já decidiu o Superior Tribunal de Justiça:

> Caso o legislador quisesse punir de forma mais gravosa também o fato de o agente dirigir com a carteira de habilitação vencida, teria feito expressa alusão, assim como fez - no parágrafo único do art. 302 - em relação àquele que comete homicídio culposo na direção de veículo automotor sem permissão para dirigir ou sem carteira de habilitação.
>
> No Direito Penal, não se admite a analogia in malam partem, de modo que não se pode inserir no rol das circunstâncias que agravam a pena (art. 302, § 1º) também o fato de o agente cometer homicídio culposo na direção de veículo automotor com carteira de habilitação vencida.[20]

Por sua vez, a **analogia** *in bonam partem*, aquela utilizada em benefício do agente, é admitida no Direito Penal. Exemplificativamente: o art. 128, inciso II do Código Penal deixa de punir o médico que pratica aborto com o consentimento da gestante se a gravidez resultar de estupro. Mediante a aplicação analógica desse dispositivo, é possível estender a eximente aos casos em que o médico interrompe gravidez decorrente de violação sexual mediante fraude (CP, art. 215).

A analogia pode ser classificada como **analogia *legis*** e **analogia juris.**

a) **Analogia *legis*:** há a aplicação de uma norma específica a um caso semelhante que não foi expressamente regulado pelo ordenamento jurídico.

b) **Analogia *juris***: o operador precisa se valer de um complexo de princípios extraídos do sistema jurídico como um todo. Segundo a doutrina, a analogia *juris* é a autêntica analogia, pois, na aplicação do direito, ainda que o objeto de apreciação seja um fato específico ou uma norma individualmente considerada, nunca se pode prescindir da análise sistemática de todo o ordenamento jurídico.

Para encerrar este tópico, é importante destacar as diferenças entre analogia e interpretação analógica. À primeira vista, podem parecer processos similares, mas, na realidade, possuem distinções relevantes, como veremos no quadro a seguir:

---

20. STJ, 6ª Turma. HC 226.128/TO, Rel. Min. Rogério Schietti Cruz, j. 07/04/2015.

ANALOGIA	INTERPRETAÇÃO ANALÓGICA
É forma de **aplicação** da norma	É forma de **interpretação** da norma
Possui função integrativa	**Possui função interpretativa**
Supre a vontade da lei, posto que esta é inexistente. A lei foi omissa/lacunosa ao tratar de determinado assunto	Embora falte expressão literal, a vontade da lei existe. A aplicação da interpretação analógica é determinada pelo próprio texto legal, mediante a utilização de técnica legislativa específica (fórmula casuística seguida de fórmula genérica)
Não se aplica às normas penais incriminadoras	Pode ser aplicada às normas penais incriminadoras

2.4. Características e classificações da lei penal

2.4.1 Teoria das normas de Karl Binding

Compulsando a parte especial do Código Penal, é possível notar que o legislador utilizou uma técnica incomum na redação das normas incriminadoras: primeiramente, descreve a conduta; em seguida, determina a pena aplicável caso o comportamento descrito seja praticado. A norma possui, portanto, dois preceitos. Tomemos como exemplo o art. 121 do Código Penal:

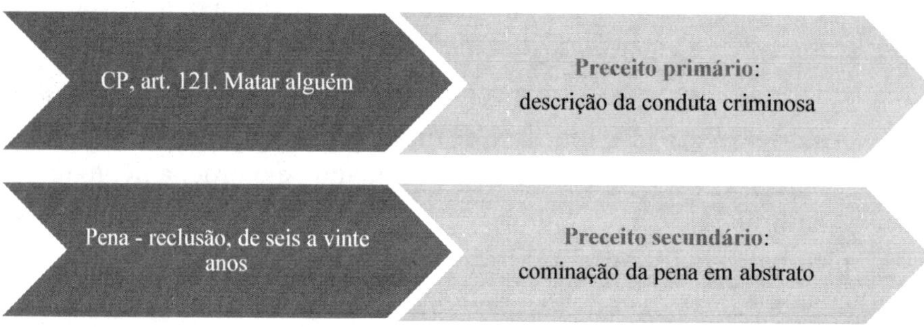

O preceito primário (*preceptum iuris*) é a porção do dispositivo que descreve minuciosamente a conduta indesejada. O preceito secundário *(sanctio iuris)* estabelece a reprimenda, cominando a pena em abstrato.

A lei penal é **descritiva** ao estabelecer quais condutas serão consideradas delituosas, **e não proibitiva**. A redação do preceito primário do art. 121 poderia ser: "não matar" ou "é proibido matar", mas o Código Penal adotou a **técnica de proibição indireta**, idealizada por **Karl Binding**. Desse modo, embora não haja uma proibição expressa na lei, extrai-se que o comportamento ali descrito é indesejado pelo fato de sua prática configurar pressuposto para aplicação da pena.

Segundo a teoria das normas de Binding, há uma diferença fundamental entre norma e lei penal: "a norma cria o ilícito, a lei cria o delito. A conduta criminosa viola a norma, mas não a lei, pois o agente realiza exatamente a ação que esta descreve".

Em resumo, o criminoso na realidade não viola a lei penal, e sim a proposição que lhe prescreve o modelo de sua conduta, que é um preceito não escrito.

TÉCNICA DE PROIBIÇÃO INDIRETA - KARL BINDING	
Lei Penal	Cria o **delito**.
	É descritiva e não proibitiva, ou seja, matar alguém é uma conduta descrita no tipo penal que funciona como pressuposto para aplicação da pena e esse raciocínio é de onde se extrai a "norma", pois a proibição "não matar alguém" é um preceito não escrito.
Norma	Cria o **ilícito**.
	O ilícito é o produto da interpretação da lei penal, que, quando violado pela conduta criminosa atrai o preceito secundário que é sanção penal. Portanto, se o agente realizar a conduta descrita "matar alguém" receberá a sanção do preceito secundário, mas, veja, o agente não necessariamente violou o preceito primário, pois este não traz uma conduta proibitiva, ele apenas realiza o que ali está descrito.

2.4.2. Classificação das leis penais

As leis penais podem ser classificadas da seguinte forma:

a) **Incriminadoras:** Descrevem condutas e cominam penas. Podem ser encontradas na parte especial do Código Penal. Ex. CP, art. 155 (crime de furto).

b) **Não incriminadoras**: Não descrevem condutas, nem cominam penas. Podem ser subdivididas em:

- **Permissivas ou justificantes**: são as causas de exclusão da ilicitude, pois elencam situações em que a prática de um fato típico é permitido. Podem ser encontradas na parte geral e na parte especial do Código Penal. Ex.: art. 23 (causas de exclusão da ilicitude) e CP, art. 128 (aborto legal), ambos do Código Penal.
- **Exculpantes ou dirimentes ou eximentes**: são as causas de exclusão da culpabilidade e de extinção da punibilidade. Podem ser encontradas na parte geral e na parte especial do Código Penal. Ex.: art. 26 (inimputabilidade), art. 107 (causas de extinção da punibilidade)

e art. 312, § 3º, 1ª parte (reparação do dano antes da sentença no crime de peculato culposo), todos do Código Penal.

- **Interpretativas ou explicativa**: interpretam o significado de conteúdos ou conceitos de outras normas. Ex.: art. 327 (conceito de funcionário público), art. 150, § 4º (conceito de casa no crime de violação de domicílio), ambos do Código Penal.
- **Complementares**: estabelecem regras para aplicação das leis penais, delimitando seu campo de incidência. Ex.: CP, art. 5º (territorialidade).
- **De aplicação ou complementares**: delimitam a validade da norma incriminadora. Ex.: CP, art. 2º CP (*abolitio criminis*).
- **Diretivas**: contém os princípios diretivos que regulam determinado instituto ou matéria. Ex.: CP, art. 1º (princípio da legalidade e da anterioridade).
- **Integrativas ou de extensão**: complementam a tipicidade quando a conduta do agente não se enquadra perfeitamente à descrição da norma penal incriminadora. Ex.: art. 14, I (tentativa – norma de extensão temporal[21]), art. 13, § 2º (omissão imprópria – norma de extensão causal) e art. 29 (concurso de pessoas – norma de extensão pessoal), todos do Código Penal.

c) **Completas ou perfeitas**: a lei define todos os elementos da conduta criminosa. Ex.: CP, art. 213 (crime de estupro).

d) **Incompletas ou imperfeitas**: alguns elementos da conduta criminosa são definidos por outro ato normativo (normas penais em branco) ou pelo juízo de valor do julgador (tipos penais abertos, normalmente caracterizados por expressões como "indevidamente", "sem justa causa"; e, em regra, nos crimes culposos). Ex.: crimes previstos na Lei de Drogas (norma penal em branco) e art. 153 (crime de divulgação de segredo), ambos do Código Penal.

---

21. A tentativa é exemplo de norma de extensão temporal por permitir a aplicação da lei penal a um momento anterior à consumação, pois o indivíduo inicia a execução do crime, mas não consuma o delito por motivos alheios a sua vontade. Para que este indivíduo responda pelo crime é necessária uma adequação típica por subordinação mediata ou tipicidade indireta, do qual se conjugam o delito que o indivíduo visava cometer com norma de extensão temporal para que haja a perfeita subsunção ao tipo penal, uma vez que, por exemplo, não vem descrito no preceito primário: "tentar matar alguém".

Incriminadoras	Descrevem condutas e cominam penas. Podem ser encontradas na parte especial do Código Penal.	
Não incriminadoras	Não descrevem condutas, nem cominam penas. Podem ser subdivididas em:	Permissivas Exculpantes Interpretativas Complementares De aplicação, finais ou complementares Diretivas Integrativas ou de extensão
Completas ou perfeitas	A lei define todos os elementos da conduta criminosa.	
Incompletas ou imperfeitas	Alguns elementos da conduta criminosa são definidos por outro ato normativo (normas penais em branco) ou pelo juízo de valor do julgador (tipos penais abertos).	

2.5. Conflito aparente de normas

Trata-se de criação doutrinária e jurisprudencial. Recebe essa denominação porque o conflito envolvendo a incidência de duas ou mais normas penais sobre um mesmo fato é fictício, restrito ao plano da aparência, pois, de fato, não existe.

2.5.1. Conceito

O conflito aparente de normas configura-se quando, em tese, aparenta-se possível a aplicação de duas ou mais normas penais a um único fato. **Ex.:** A importação de drogas ilícitas, que, à primeira vista, pode subsumir-se ao crime de contrabando, previsto no art. 334-A do Código Penal, ou crime de tráfico ilícito de drogas, previsto no art. 33 da Lei n. 11.343/06. Aqui o conflito é apenas **aparente**, resolvendo-se pelo princípio da especialidade, pois o tráfico de drogas é especial em relação ao contrabando.

2.5.2. Expressões sinônimas

O conflito **aparente de normas também é conhecido como concurso aparente de leis penais, concurso ideal impróprio ou concurso aparente de tipos.**

2.5.3. Requisitos

a) **unidade de fato;**
b) **pluralidade de leis penais;**
c) **vigência simultânea de todas elas.**

2.5.4. Finalidade

a) **Evitar o "bis in idem"** (a dupla punição é implicitamente vedada pelo sistema jurídico, como exigência de **justiça**). Não se admite, pelo mesmo fato, mais de uma punição.

b) **Manter coerente o ordenamento jurídico:** em virtude da falta de precisão técnica do nosso legislador, esse conflito não é algo incomum. No entanto, se existem leis incompatíveis, o sistema **deve** apresentar uma solução, pois o Direito não tolera antinomias (Norberto Bobbio).

2.5.5. Princípios que solucionam o conflito aparente de normas

a) Especialidade;
b) Subsidiariedade;
c) Consunção ou absorção; e
d) Alternatividade.

2.5.5.1. Princípio da especialidade

Significa que a norma especial prevalece em relação à norma geral *(lex specialis derogat generali).*

▸ IMPORTANTE

A comparação das leis é feita no ***plano abstrato*** e não se leva em consideração a gravidade da pena (é possível que a lei especial tenha pena mais branda do que a geral). Há uma **relação de gênero e espécie** entre as normas.

Lei especial é aquela que contém todos os dados típicos da lei geral, e também outros, denominados **especializantes**, que podem prever uma circunstância agravadora ou atenuante. Ex.: supondo que uma mãe, sob a influência do estado puerperal, mate o seu próprio filho, há dois tipos penais que aparentemente se aplicam ao caso: homicídio (CP, art. 121) e infanticídio (CP, art. 123). Em uma análise superficial, o fato praticado pela mãe parece corresponder ao crime de homicídio, pois matou o próprio filho. Contudo, o tipo penal que trata do infanticídio contém, além das elementares previstas no art. 121 do Código Penal, outros elementos considerados mais específicos. No caso do infanticídio temos os seguintes elementos especializantes:

- ato praticado pela mãe;
- durante ou logo após o parto;
- sob a influência do estado puerperal;
- tendo como vítima o próprio filho.

Nessa circunstância, aplicaremos a norma que prevê o crime de infanticídio, porque é considerada especial em relação ao homicídio. Note que, após uma análise mais detida, torna-se fácil constatar que o conflito é apenas aparente. Outro exemplo: homicídio culposo praticado na direção de veículo automotor. Nesse caso, incide o art. 302 do Código de Trânsito Brasileiro, o qual apresenta elementos mais específicos (sendo, portanto, lei especial) do que o tipo penal que prevê o homicídio culposo, no art. 121, § 3º, do CP.

Tipo fundamental ou básico e tipo derivado: O tipo fundamental é aquele que descreve os requisitos essenciais de uma ofensa ao bem jurídico (ex.: o art. 121, *caput,* do CP é o tipo fundamental do crime de homicídio) e é excluído pelo qualificado ou privilegiado, em razão do princípio da especialidade. Os tipos penais derivados possuem todos os elementos do tipo básico, além dos especializantes que possuem uma relação de dependência com o tipo fundamental. Dessa forma, o furto privilegiado e o qualificado prevalecem sobre o simples.

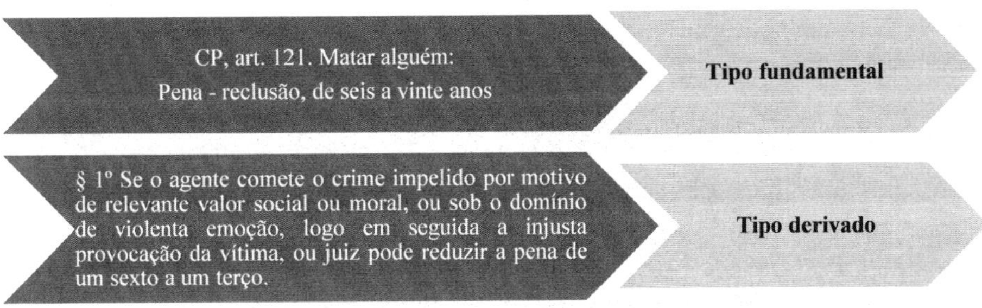

2.5.5.2. *Princípio da subsidiariedade*

A lei primária derroga a subsidiária ***(lex primaria derogat subsidiariea).***

A norma primária é a que descreve um tipo penal maior, ao passo que a subsidiária descreve apenas parte dele (a norma subsidiária está contida na primária). Assim, quando não for possível a aplicação da norma primária (tipo maior), o operador deve socorrer-se da subsidiária (tipo menor). A lei subsidiária, nas palavras de Nelson Hungria, funciona como um **"soldado de reserva"**, e somente será utilizada quando a lei primária não tiver incidência. Aplica-se sempre a lei mais grave.

▸ IMPORTANTE

Ao contrário do princípio da especialidade, cuja análise é feita em abstrato, no princípio da subsidiariedade a análise deve ser feita no **caso concreto**. Repare que não há elementos especializantes, mas a descrição de um fato mais abrangente e mais grave.

Espécies:

A subsidiariedade pode ser **tácita ou expressa:**

- **Tácita (implícita):** a subsidiariedade tácita pode ser verificada após a análise dos tipos penais. Não sendo possível aplicar o preceito principal, aplica-se o subsidiário. Na prática, tal operação acarreta na desclassificação. **Ex.:** na impossibilidade de enquadrar a conduta do agente como tráfico ilícito de drogas (Lei nº 11.343/06, art. 33), o delito é desclassificado para a posse de drogas para consumo pessoal (art. 28 do mesmo diploma legal). Nessa hipótese, o art. 28 atua como um soldado de reserva.
- **Expressa (explícita):** alguns tipos penais fazem expressa menção a sua aplicação subsidiária, a exemplo do crime de perigo para a vida ou a saúde de outrem, previsto no art. 132 do CP. Observe que próprio preceito secundário faz menção ao seu caráter subsidiário (Pena: detenção... "**se o fato não constitui crime mais grave**"). Em outras palavras, o dispositivo estatui que somente haverá incidência do tipo penal ali descrito se não restar configurado outro crime de maior gravidade.

2.5.5.3. *Princípio da consunção ou da absorção*

Esse princípio está ligado à prática de **atos preparatórios ou crimes-meio**, que ensejam a prática de outro delito (*lex consumens derogat consuptae*). A regra da consunção estabelece que a norma que abarca todo o desvalor atribuído pelo ordenamento jurídico a um caso concreto tem precedência sobre outra que somente abriga parte desse desvalor[22].

Dessa maneira, verifica-se a consunção quando um crime é meio indispensável à execução de outro, ou fase normal de sua preparação. Há a prática de uma primeira infração (crime-meio), que será absorvida por uma infração posterior (crime-fim). O que rege o princípio da consunção não é a especialidade da norma, mas sim a amplitude e gravidade dos delitos, pois o crime mais amplo e mais grave absorve o menos amplo e menos grave.

> **IMPORTANTE**
>
> Não há conflito entre normas, mas **entre fatos**, sendo que o mais grave absorve o menos grave.

No julgamento de um caso em que os agentes faziam uso de um estabelecimento de fachada para vender medicamentos falsificados, dentre os quais havia substâncias psicotrópicas, o Superior Tribunal de Justiça aplicou o princípio da

22. BUSATO, Paulo César. **Direito Penal – Parte Geral.** São Paulo: Atlas, 2013, p. 201.

consunção para afastar a incidência do art. 33 da Lei de Drogas, prevalecendo unicamente a condenação pelo crime tipificado no art. 273 do Código Penal, conforme podemos observar no excerto do julgado:

> Em que pese haver sido constatado que parte do material apreendido e periciado contém substâncias psicotrópicas constantes da Portaria n. 344, de 12/5/1998, da Secretaria de Vigilância Sanitária do Ministério da Saúde, capazes de causar dependência – conduta que, em princípio, se amolda ao tipo descrito no art. 33, caput, da Lei n. 11.343/2006 -, não há como subsistir a condenação dos acusados em relação ao crime de tráfico de drogas, de forma autônoma.
>
> Um dos requisitos do concurso aparente de normas penais e do princípio da consunção consiste, justamente, na pluralidade de normas aparentemente aplicáveis a uma mesma hipótese. Isso acarreta a necessidade de que o caso concreto preencha, aparente e completamente, a estrutura essencial de todas as normas incriminadoras.
>
> Não obstante, à primeira vista, a valoração dos fatos postos em discussão aponte, em tese, para o possível cometimento, em concurso, dos crimes de tráfico de drogas e de falsificação, corrupção, adulteração ou alteração de produto destinado a fins terapêuticos ou medicinais, certo é que o fato rendeu a prática de um único crime. Isso porque a intenção criminosa dos recorrentes era, em última análise, a de adquirir, ter em depósito, guardar, prescrever especificamente "produtos terapêuticos ou medicinais", utilizando-se, para tal finalidade, de estabelecimento comercial.
>
> Não se mostra plausível sustentar a prática de dois crimes distintos e em concurso material quando, em um mesmo cenário fático, se observa que a intenção criminosa era dirigida para uma única finalidade, perceptível, com clareza, ante os assentados de maneira incontroversa pelo acórdão recorrido.
>
> No universo de medicamentos ou de substâncias ilegais que eram manipulados, prescritos, alterados ou comercializados, foram apreendidas algumas que estão previstas em portaria da Secretaria de Vigilância Sanitária como substâncias psicotrópicas no Brasil (diazepam, zopiclona, zolpidem, bromazepam). Ou seja, trata-se de continente que abarcava, em seu conteúdo, substâncias que, em princípio, caracterizariam o tráfico de drogas.
>
> Nessa conduta dirigida a comercializar ilegalmente medicamentos destinados a fins terapêuticos e medicinais, sucedeu de haver substâncias que ora não possuíam registro no órgão de vigilância sanitária, ora estavam elencadas na lista de substâncias psicotrópicas da Portaria SVS/MS n. 344/1998, ora possuíam princípios ativos controlados, ora tiveram a alteração de suas cápsulas, para dar a aparência de que manipulados fossem.
>
> Os fatos materializados demonstraram ser a conduta dos recorrentes, desde o início de sua empreitada, orientada para, numa sucessão de eventos e sob a fachada de uma farmácia, falsificar, vender e manter em depósito para venda produtos falsificados destinados a fins terapêuticos e medicinais. Essa unidade de valor jurídico da situação de fato justifica, no caso concreto, a aplicação de uma só norma penal.

> Inequívoco que o fato aparentemente compreendido na norma incriminadora afastada (art. 33 da Lei n. 11.343/2006) encontra-se, na inteireza da sua estrutura e do seu significado valorativo, na estrutura do crime regulado pela norma que, no caso, será prevalecente (art. 273 do Código Penal).[23]

Os fatos menos amplos e menos graves podem funcionar como:

- atos preparatórios de outro crime;
- meio de execução de outro crime;
- mero exaurimento.

Exemplo 1: Para matar alguém é preciso causar lesões na vítima. Aquele que desfere uma paulada na cabeça da vítima com intenção de ceifar-lhe a vida comete, em tese, lesão corporal. Mas essa lesão corporal é meio para atingir o crime de homicídio. Nesse caso, não haverá imputação do crime de lesão corporal em concurso com homicídio. O agente deverá responder apenas pelo crime mais grave (homicídio) que vai absorver o crime-meio (lesão corporal). De forma figurada, pode-se afirmar que "*na consunção, o crime consuntivo é como que o vértice da montanha que se alcança, passando pela encosta do crime consumido*[24]".

Exemplo 2: A prática de violação de domicílio é meio para a realização do furto. O agente não deve responder por violação de domicílio em concurso com o furto, pois este absorve aquele.

Assim, os **crimes** consumados absorvem os crimes tentados. Da mesma **forma**, os crimes de dano absorvem os crimes de perigo.

Distinção: Enquanto na subsidiariedade e na especialidade há uma comparação em abstrato das leis penais, na consunção temos uma **comparação de fatos** e não de normas, de modo que o mais amplo e mais grave absorve o menos amplo e menos grave.

Hipóteses em que se aplica o princípio da consunção

- Crime complexo;
- Crime progressivo;
- Progressão criminosa;
- Fatos impuníveis (anterior, concomitante e posterior).

Crime complexo ou crime composto

É aquele que resulta da **fusão de dois ou mais crimes**. No crime complexo, os delitos autônomos que compõem a figura típica são absorvidos pela figura principal, e passam a funcionar como elementares ou circunstâncias no tipo complexo. É o

23. STJ, 6ª Turma. REsp 1.537.773-SC, Rel. Min. Sebastião Reis Júnior, Rel. para acórdão Min. Rogerio Scnietti Cruz, j. 16/08/2016.
24. NORONHA, Edgard Magalhães. **Direito Penal. v. 1.** 36 ed. São Paulo: Saraiva, 2001, p. 279.

caso do roubo (CP, art. 157), que contém em seu bojo o furto e o constrangimento ilegal, ou ainda do latrocínio, que contém o roubo e o homicídio etc.

Crime progressivo

São os chamados **crimes de ação de passagem**. É aquele em que o agente, pretendendo desde o início produzir resultado mais grave, pratica, por meio de atos sucessivos, crescente violação ao bem jurídico. Ex.: Fulano decide cometer um homicídio e, para tanto, desfere vários golpes de faca na vítima. É evidente que a vítima foi diversas vezes lesionada antes de morrer. Ocorreram múltiplas lesões corporais, além do homicídio. Entretanto, as diversas lesões corporais, necessárias para a execução do homicídio, ficam por este absorvidas.

No crime progressivo o agente responde apenas pelo crime fim. Importante notar que no crime progressivo o **dolo é único**, pois **desde o início existe a intenção** de cometer o delito mais grave.

Progressão criminosa

Na progressão criminosa o agente pretende inicialmente praticar um delito menos grave, mas no curso do *iter criminis* resolve cometer outro delito, de maior gravidade (dolo cumulativo).

Exemplo 1: O agente tem dolo inicial de furto, mas durante a execução do crime decide praticar um roubo. Imagine a seguinte *situação* hipotética: Fulano, com dolo de furto, entra numa casa para furtar. Começa a subtrair os bens do imóvel quando se depara com o morador. Aponta a arma de fogo que trazia consigo para o dono da casa, e faz uso de grave ameaça para neutralizá-lo. Isso é o que caracteriza a progressão criminosa. O roubo vai absorver o furto, porque este se tornou um meio para a prática daquele delito.

Exemplo 2: O agente decide *praticar* vias de fato contra a vítima, depois resolve lesioná-la e, não satisfeito, acaba por matá-la. Nessa hipótese, responderá exclusivamente pelo homicídio.

Note que, na progressão criminosa há uma crescente violação ao bem jurídico, e o resultado final, mais grave, absorve os demais, menos graves.

PROGRESSÃO CRIMINOSA X CRIME PROGRESSIVO

A diferença reside no **campo subjetivo**.

Crime progressivo: o **dolo é único.** O agente responde apenas pelo crime fim, o qual, desde o início, quer praticar.

Progressão criminosa: há uma **sucessão de dolos**. O agente, inicialmente, pretende cometer um delito menos grave, mas durante a sua execução resolve praticar outro de maior gravidade. O dolo geral final absorve o dolo inicial.

Fatos impuníveis

Podem ser de três espécies:

Fato anterior impunível (*ante factum* impunível): O fato anterior funciona como meio de execução do outro crime. **Ex.:** o agente que quebra o vidro de um veículo, com a finalidade de furtar uma bolsa do seu interior, não responde pelo crime de dano em concurso com o furto. O delito de dano é um *ante factum* impunível, pois é meio de execução do furto.

Diferença com o crime progressivo: No crime progressivo, o agente necessariamente tem de passar pelo crime menos grave. **Ex.:** para matar, é preciso ferir. No *ante factum* impunível, o crime anterior não é meio necessário, pois o agente pode furtar a bolsa sem ter de necessariamente quebrar o vidro do veículo. No *ante factum* impunível, para que haja a absorção do fato anterior, o crime deve ser menos grave. Diante disso, parte da doutrina critica a famosa Súmula 17 do Superior Tribunal de Justiça: *"Quando o falso se exaure no estelionato, sem mais potencialidade lesiva, é por este absorvido"*.

Exemplo: Aquele que falsifica um cheque **e realiza uma compra com a cártula pratica estelionato. Quando o falso se esgota no estelionato, ou seja, quando esse documento falso não pode ser novamente** utilizado, **o agente responderá apenas pelo estelionato, já que o cheque falso não possui mais potencialidade lesiva.**

Embora o falso seja mais grave que o estelionato, é preciso ter em mente que o cheque foi falsificado apenas para enganar alguém. O agente não pode continuar fazendo uso desse documento. Dessa forma, de acordo com o entendimento sumulado do STJ, o art. 171 do CP absorve a falsidade documental[25].

Tecnicamente, essa súmula está equivocada, porque o falso é mais grave do que o estelionato. No entanto, ela é mantida por questões de **política criminal**.

Essa súmula apenas se aplica quando o documento não puder mais ser utilizado para a prática criminosa. Assim, se o agente falsifica um documento de identidade (CP, art. 297) e o utiliza para praticar um estelionato (CP, art. 171), responderá pelos dois crimes, tendo em vista que será possível continuar cometendo outros delitos com o documento falso, já que sua potencialidade lesiva não se exauriu com o estelionato.

Fato concomitante impunível: são aqueles praticados no momento em que se executa o fato principal, a exemplo da mulher que suporta lesões corporais de

25. No mesmo sentido, entendeu o STJ: "Quando o falso se exaure no descaminho, sem mais potencialidade lesiva, é por este absorvido, como crime-fim, condição que não se altera por ser menor a pena a este cominada" (3ª Seção, REsp 1.378.053-PR, Rel. Min. Nefi Cordeiro, j. 10/8/2016).

natureza leve ao ser estuprada. Essas lesões ficam absorvidas pelo delito de estupro (CP, art. 213).

Fato posterior impunível (*post factum* impunível): Ocorre nas hipóteses em que o agente, após realizar a conduta, pratica novo ataque contra o mesmo bem jurídico, a fim de tirar proveito do crime anterior. Essa nova situação configura um *post factum* impunível. **Ex.:** Fulano, ladrão contumaz, após furtar um celular, vende-o a terceiro. A venda configura mero exaurimento do crime, pois não há dúvida que o larápio visa lucro financeiro.

2.5.5.4. *Princípio da alternatividade*

Tem aplicação nos **chamados tipos penais mistos alternativos (de ação múltipla ou conteúdo variado)**, que são aqueles que contêm em seu bojo diversas ações nucleares, a exemplo do art. 33 da Lei de Drogas, o qual possui dezoito verbos.

Desse modo, aquele que importa cocaína, mantém cocaína em depósito e depois vende cocaína, estaria, em tese, praticando três crimes de tráfico. Porém, por se tratar de tipo penal de conteúdo misto alternativo, entende-se que o agente deve responder por um **só crime de tráfico**, pois as condutas estão no **mesmo contexto fático**.

Crítica: Parte da doutrina entende que o princípio da alternatividade não serve para a solução do conflito aparente de normas. Na realidade, não há conflito entre duas ou mais normas, mas um **conflito interno na própria norma**, o que pode ser facilmente solucionado pelo princípio da consunção.

É óbvio que se o agente importa cocaína, mantém em depósito maconha e vende heroína, comete três delitos de tráfico em concurso material, pois as condutas não se inserem no mesmo contexto fático.

<table>
<tr><th colspan="3">CONFLITO APARENTE DE NORMAS</th></tr>
<tr><td rowspan="2">Especialidade</td><td rowspan="2">A norma especial prevalece em relação à norma geral</td><td>Tipo fundamental: descreve os requisitos essenciais de uma ofensa ao bem jurídico.</td></tr>
<tr><td>Tipo derivado: Os tipos penais derivados possuem todos os elementos do tipo básico, além dos especializantes que possuem uma relação de dependência com o tipo fundamental.</td></tr>
<tr><td rowspan="2">Subsidiariedade</td><td rowspan="2">A lei primária derroga a subsidiária</td><td>Tácita: não sendo possível aplicar o preceito principal, aplica-se o subsidiário.</td></tr>
<tr><td>Expressa: o tipo penal faz menção expressa a sua aplicação subsidiária.</td></tr>
</table>

Consunção	A norma que abarca todo o desvalor atribuído pelo ordenamento jurídico a um caso concreto tem precedência sobre outra que somente abriga parte desse desvalor	**Crime complexo:** os delitos autônomos que compõem a figura típica são absorvidos pela figura principal, e passam a funcionar como elementares ou circunstâncias no tipo complexo.
		Crime progressivo: o agente, pretendendo desde o início produzir resultado mais grave, pratica, por meio de atos sucessivos (imprescindíveis), crescente violação ao bem jurídico.
Consunção	A norma que abarca todo o desvalor atribuído pelo ordenamento jurídico a um caso concreto tem precedência sobre outra que somente abriga parte desse desvalor	**Progressão criminosa**: o agente pretende inicialmente praticar um delito menos grave, mas no curso do iter criminis resolve cometer outro delito (substituição ou sucessão de dolo).
		Fato anterior impunível: o fato anterior (não imprescindível) funciona como meio de execução do outro crime.
		Fato concomitante impunível: são aqueles praticados no momento em que se executa o fato principal.
		Fato posterior impunível: ocorre nas hipóteses em que o agente, após realizar a conduta, pratica novo ataque contra o mesmo bem jurídico.
Alternatividade	Tem aplicação nos chamados tipos penais mistos alternativos (de ação múltipla ou conteúdo variado), que são aqueles que contêm em seu bojo diversas ações nucleares. Crítica: não é conflito aparente de normas, mas um conflito interno na própria norma.	

2.6. Norma penal em branco

Também conhecida como **norma penal cega ou norma penal aberta** é aquela que precisa de uma complementação seja por outra lei, seja por ato da Administração Pública. Enquanto não advém o complemento a norma não possui eficácia. Trata-se de **atipicidade branca.**

Em regra, o legislador descreve o preceito secundário (previsão da pena) de forma completa, mas o preceito primário (descrição da conduta) reclama um complemento, caracterizando o que a doutrina chama de **norma primariamente remetida**.

Excepcionalmente, pode ocorrer o inverso. Nesse caso, o preceito primário é completo, mas o preceito secundário remete a outro ato normativo, configurando, assim, uma **norma secundariamente remetida, incompleta ou imperfeita.**

REGRA (norma primariamente remetida)		EXCEÇÃO (norma secundariamente remetida)	
Preceito primário (descrição da conduta)	Incompleto	**Preceito primário** (descrição da conduta)	Completo
Preceito secundário (previsão da pena)	Completo	**Preceito secundário** (previsão da pena)	Incompleto

A idealização das normas penais em branco teve origem na Alemanha, com **Binding**. Está estreitamente relacionada com a autorização de um órgão legislativo superior para que outro inferior pudesse completar sua prolação legislativa. Posteriormente, **Mezger** ampliou esse conceito, para admitir que o complemento normativo ao qual remete a norma em branco estivesse contido na própria lei que a estabelece, em outra legislação distinta (do mesmo nível legislativo), ou em lei diferente (de nível superior ou inferior à lei complementada)[26].

Obs1. É preciso ressaltar que não se trata de uma falha do legislador, mas de uma técnica legislativa utilizada para conferir celeridade ao Direito Penal, visando a proteção eficiente dos bens jurídicos.

Obs2. Franz von Liszt dizia que as leis penais em branco são como "**corpos errantes em busca de alma**"[27].

2.6.1. Espécies

a) **Norma penal em branco própria, em sentido estrito ou heterogênea:** a lei é complementada por uma norma de **natureza jurídica diversa**, oriunda de órgão distinto do Poder Legislativo. É o que se verifica nos crimes previstos na Lei de Drogas (Lei nº 11.343/06). Repare que os tipos penais incriminadores não esclarecem o que vem a ser "drogas". A relação das drogas proibidas em nosso ordenamento jurídico é encontrada na Portaria 344/98 da Agência Nacional de Vigilância Sanitária (ANVISA), autarquia pertencente ao Poder Executivo. Em síntese, temos uma norma emanada do Poder Legislativo, sendo complementada por uma portaria do Poder Executivo.

A propósito, o art. 1º da Lei nº 11.343/2006 esclarece:

> Art. 1º. (...)
>
> Parágrafo único. Para fins desta Lei, consideram-se como drogas as substâncias ou os produtos capazes de causar dependência, assim especificados em lei ou

26. BUSATO, Paulo César. **Direito Penal – Parte Geral**. São Paulo: Atlas, 2013, p. 178.

27. LISZT, Franz von. **Tratado de direito penal alemão.** Trad. José Hygino Duarte Pereira. Rio de Janeiro: F. Briguiet, 1889. t. I.

relacionados em listas atualizadas periodicamente pelo Poder Executivo da União. (grifei)

b) **Norma penal em branco imprópria, em sentido amplo ou homogênea:** nessa hipótese, o complemento é oriundo da mesma fonte de onde se originou a lei penal. A lei é complementada por outra lei, penal ou extrapenal. No primeiro caso, recebe o nome de norma penal em branco homogênea homovitelina e, no segundo, de norma penal em branco homogênea heterovitelina.

Exemplo 1. Todos os crimes funcionais (CP, arts. 312 a 326) constituem norma penal em branco homogênea homovitelina, pois o conceito de funcionário público é extraído do art. 327 do CP.

Exemplo 2: O art. 237 do Código Penal, que criminaliza a conduta daquele que contrai casamento conhecendo a existência de impedimento que lhe cause a nulidade absoluta, é norma penal em branco homogênea heterovitelina, pois o complemento advém dos arts. 1.521 e 1.522 do Código Civil, que elenca as causas de impedimento.

Homovitelina ou Homóloga	Heterovitelina ou Heteróloga
O complemento está no mesmo diploma legal	O complemento está em diploma legal diverso
Ex.: No peculato (CP, art. 312), a expressão "funcionário público" é esclarecida pelo art. 327, CP	Ex.: Ocultação de impedimento para casamento (CP, art. 237, CP). As causas de "impedimento" estão no Código Civil (arts. 1521/1522)

c) **Norma penal em branco ao quadrado ou raiz quadrada da norma penal em branco:** ocorre quando a norma penal necessita de **duplo** complemento. É o que acontece com o art. 38 da Lei nº 9.605/98, que pune as condutas de destruir ou danificar floresta considerada de preservação permanente. O conceito de floresta de preservação permanente é obtido no Código Florestal, que, dentre várias disposições, estabelece uma hipótese em que a área de preservação permanente será assim considerada após declaração de interesse social por parte do Chefe do Poder Executivo.

d) **Norma penal em branco ao avesso, ao revés ou invertida:** trata-se de hipótese excepcional, pois a descrição da conduta está perfeita, mas o preceito secundário carece de complementação e de **outro** diploma legal[28] (alguns doutrinadores preferem denominar esta hipótese de **norma imperfeita, incompleta ou secundariamente remetida).**

28. Fala-se em **crime remetido** quando a descrição da conduta está perfeita, mas o preceito secundário carece de complemento, o qual é encontrado no **mesmo diploma legal.** Ex.: CP, art. 304.

Ex.: crime de genocídio, previsto no art. 1º da Lei nº 2.889/56.

Lei 2.889/56, Art. 1º Quem, com a intenção de destruir, no todo ou em parte, grupo nacional, étnico, racial ou religioso, como tal:

a) matar membros do grupo;

b) causar lesão grave à integridade física ou mental de membros do grupo;

c) submeter intencionalmente o grupo a condições de existência capazes de ocasionar-lhe a destruição física total ou parcial;

d) adotar medidas destinadas a impedir os nascimentos no seio do grupo;

e) efetuar a transferência forçada de crianças do grupo para outro grupo;

Será punido:

Com as penas do art. 121, § 2º, do Código Penal, no caso da letra a;

Com as penas do art. 129, § 2º, no caso da letra b;

Com as penas do art. 270, no caso da letra c;

Com as penas do art. 125, no caso da letra d;

Com as penas do art. 148, no caso da letra e.

▸ IMPORTANTE

Diante do princípio da legalidade e considerando que a pena é um **dado essencial** do tipo penal, somente a lei em sentido estrito pode estabelecê-la ("nullum crimen nulla poena sine lege").

e) **Norma penal em branco de dupla face:** os preceitos primário e secundário reclamam uma complementação.

Ex.: "Código Penal, Art. 304 - Fazer uso de qualquer dos papéis falsificados ou alterados, a que se referem os arts. 297 a 302: Pena – a cominada à falsificação ou à alteração."

f) **Norma penal em branco de fundo constitucional:** é aquela cujo complemento da norma penal em branco está na Constituição.

Ex.: Homicídio funcional (CP, art. 121, § 2º, VII), que vem complementado pelos arts. 142 e 144 da CF/88.

2.7. Normas penais em branco e o princípio da legalidade

A doutrina tem debatido a constitucionalidade das normas penais em branco heterogêneas, que são aquelas complementadas por uma norma de natureza jurídica diversa, oriunda de órgão distinto do Poder Legislativo. Segundo o princípio da legalidade, apenas lei em sentido estrito pode criar crimes e cominar penas.

Desse modo, pergunta-se: autorizar que outro ato normativo, que não a lei estrita, determine o conteúdo do tipo penal configura afronta ao princípio da legalidade?

A respeito do assunto, destacaremos as duas principais correntes doutrinárias.

De acordo com a primeira, **minoritária**, há **violação do princípio da legalidade**, visto que a admissão das normas penais em branco heterogêneas permite a modificação de normas penais sem que seja levada em consideração a vontade do povo e dos Estados, representados pelos deputados federais e senadores, respectivamente. Além disso, essa vertente sustenta que a adoção de tal técnica acarreta **insegurança jurídica**, tornando o núcleo essencial do delito instável, já que o conteúdo da lei penal pode ir variando segundo a simples vontade da Administração.

Para a corrente **majoritária**, embora a adoção de normas penais em branco heterogêneas possa ensejar alguns embaraços, forçoso reconhecer que alguns âmbitos de profundo interesse da sociedade moderna são dotados de tal volatilidade, que não é possível o emprego do instrumental legislativo para manter a legislação adequada à realidade social[29]. De acordo com essa corrente, à qual nos filiamos, estando previsto o **núcleo essencial da conduta**, não há ofensa ao princípio da legalidade, já que o complemento se limita a detalhar algum aspecto do tipo penal. Em decisão monocrática do Min. Gilmar Mendes, o Supremo Tribunal Federal já se posicionou pela legalidade das normas penais em branco heterogêneas:

> De um modo geral, a doutrina admite a utilização da norma penal em branco como técnica legislativa, permitindo que o legislador remeta a outras fontes normativas, em melhor posição para complementar a proibição. Por exemplo, nas hipóteses em que a definição da proibição depende de conhecimento técnico, o legislador poderia remeter a complementação por órgão estatal competente. Sendo justificável a remissão, não haveria inconstitucionalidade. [...] No caso específico da Lei de Drogas – Lei 11.343/06 –, não há inconstitucionalidade a ser pronunciada. A Lei 11.343/06 incorporou, por remissão, a lista de substâncias previstas na norma de infralegal – Portaria SVS/MS 344/1998. Assim dispôs o art. 66 da Lei 11.343/06: "Art. 66. Para fins do disposto no parágrafo único do art. 1º desta Lei, até que seja atualizada a terminologia da lista mencionada no preceito, denominam-se drogas substâncias entorpecentes, psicotrópicas, precursoras e outras sob controle especial, da Portaria SVS/MS 344, de 12 de maio de 1998". Ou seja, a lei remeteu à portaria vigente, até sua atualização. Assim, tendo em vista a expressa remissão ao texto heterônomo, não há que se falar em violação ao princípio da legalidade.[30]

2.8. Lei penal no tempo

A lei começa a vigorar em todo o país 45 dias depois de oficialmente publicada (LINDB, art. 1º).

---

29. BUSATO, Paulo César. **Direito Penal – Parte Geral.** São Paulo: Atlas, 2013, p. 184
30. STF, RE 810.321/SP, Min. Gilmar Mendes, DJe 23/06/2016.

O período entre o dia da publicação da lei e sua entrada em vigor é chamado "**vacatio legis**".

A lei terá eficácia entre o período em que entrou em vigência até sua data de revogação (**princípio da continuidade da lei**)[31]. Esse período se chama **atividade.**

Em geral, a lei somente será revogada por outra lei, jamais pelos costumes (não existe costume abolicionista).

▸ CUIDADO!

Existem leis que não precisam ser revogadas por outra lei, pois são ***autorrevogáveis***. É o que ocorre com as leis *excepcionais* e *temporárias*.

A revogação, portanto, é a retirada da vigência de uma lei por outra, de forma total **(ab-rogação)** ou parcial **(derrogação).**

Quanto ao **modo,** a revogação pode ser:

a) **Expressa: a** própria **lei** revogadora **indica os dispositivos ou diplomas normativos revogados;**

b) **Tácita: a nova lei não** determina **de modo expresso a revogação, no entanto, revela-se incompatível com a anterior; e**

c) **Global: a nova lei regula inteiramente a** matéria **disciplinada pela anterior.**

▸ ATENÇÃO!

A decisão do STF que declara a inconstitucionalidade de uma lei por meio do controle difuso não a revoga, embora sirva de parâmetro para afastar a aplicação da norma em decorrência do fenômeno da abstrativização do controle difuso. Declarada a inconstitucionalidade incidental, é possível a superveniência de Resolução do Senado Federal para suspender a eficácia da lei[32]. Se a declaração se der via controle concentrado, a inconstitucionalidade fulminará de imediato a lei.

Conflito temporal: O Código Penal, como regra, adota a lei vigente quando da prática da conduta criminosa (*tempus regit actum*). Entretanto, essa regra é excepcionada diante da sucessão de leis penais disciplinando a mesma matéria

31. V. art. 2º da LINDB.
32. Importante destacar que o STF tem decisão recente no sentido de que o art. 52, inciso X, da CF, sofreu mutação constitucional e que a resolução do Senado Federal teria mera finalidade de publicidade, o que se convencionou denominar abstrativização do controle difuso. STF. Plenário. ADI 3406/RJ e ADI 3470/RJ, Rel. Min. Rosa Weber, julgados em 29/11/2017 (Info 886).

(surgimento de várias leis entre a data da conduta e o término do cumprimento da pena).

Por força do art. 5º, inciso XL, da Constituição Federal, do art. 9º da Comissão Americana sobre Direitos Humanos e do art. 2º do Código Penal, admite-se a **extratividade** da lei penal **mais favorável** ao agente. A extratividade é gênero que abrange a retroatividade e a ultra-atividade.

Fala-se em **retroatividade** quando a nova lei se aplica a fatos anteriores a sua chegada no ordenamento jurídico e em ultra-atividade quando a lei é revogada, mas continua a regular fatos que ocorreram enquanto estava vigente.

Regra	Exceção
A lei penal é irretroativa.	Admite-se a retroatividade e a ultra-atividade para **beneficiar** o réu.

Extratividade da lei penal benéfica: a lei penal que beneficia o agente não apenas retroage para alcançar o fato praticado antes de sua entrada em vigor, como também, embora revogada, continua a reger o fato ocorrido ao tempo de sua vigência.

Retroatividade	Ultratividade
A nova lei aplica-se a fatos anteriores.	A lei revogada continua a regular fatos que ocorreram ao tempo de sua vigência.

▸ Atenção

A lei penal benéfica é dotada de extratividade, podendo ser aplicada a fatos ocorridos fora da sua época de vigência, seja antes (retroatividade) ou depois (ultra-atividade);

A extra-atividade pressupõe sucessão de leis penais;

É admitida apenas para favorecer o agente;

Não tem aplicação na lei excepcional e temporária.

Passemos à análise das situações que a sucessão de leis penais no tempo pode desencadear, e seus principais efeitos:

2.8.1. *Abolitio criminis* (CP, art. 2º, *caput*)

A *abolitio criminis* ocorre quando há **supressão da figura criminosa.** Em outras palavras: a nova lei não mais considera crime determinado comportamento, ensejando a descriminalização da conduta. Tem natureza jurídica de **causa de extinção da punibilidade** (art. 107, III, do CP).

Por ser nitidamente mais benéfica, a *abolitio criminis* retroagirá para alcançar os fatos pretéritos, **ainda que acobertados pela coisa julgada.** Extingue todos os **efeitos penais** da sentença condenatória (reincidência, maus antecedentes etc.), mantendo apenas os efeitos civis (reparação do dano, por exemplo).

Para que ocorra a *abolitio criminis* não basta a revogação do tipo penal incriminador: é necessário que aquela conduta passe a ser considerada um fato completamente irrelevante para o Direito Penal. Desse modo, exige-se a supressão **formal e material** do fato criminoso, a exemplo do que ocorreu com o crime de adultério, abolido pela Lei nº 11.106/2005.

Quando se verifica a mera alteração topográfica do tipo penal, com a migração da conduta criminosa prevista em determinado artigo para outro dispositivo legal, não há *abolitio criminis*, mas **continuidade normativa.** O crime de atentado violento ao pudor, por exemplo, era previsto no art. 214 do Código Penal, dispositivo que foi revogado pela Lei nº 12.015/2009. Apesar da supressão formal do artigo, a conduta nele descrita migrou para o atual art. 213, agora sob o rótulo de "estupro". Assim, não houve a descriminalização do comportamento descrito no art. 214 do CP, mas apenas a sua supressão formal, posto que continuou a ser criminoso sob a ótica material[33].

Abolitio Criminis	**Princípio da continuidade normativa**
Descriminalização da conduta (**supressão formal e material do crime**).	Supressão formal, porém, com a **manutenção** do crime no ordenamento jurídico.
O fato deixa de ser punível.	A conduta criminosa migra para outro tipo penal.
A intenção do legislador é não mais considerar o fato como infração penal.	O legislador visa a manter o fato como infração penal.

Admite-se também a ***abolitio criminis* temporária.** Nesse caso, a incidência de determinado tipo penal fica suspensa, embora a figura típica não tenha sido extirpada do ordenamento jurídico. Desse modo, o agente que pratica a conduta descrita no tipo durante o período de sua suspensão não comete crime.

33. Jurisprudência em Tese, STJ, Edição 151, item 4. Os crimes de estupro e de atentado violento ao pudor foram reunidos em um único dispositivo após a edição da Lei n. 12.015/2009, não ocorrendo *abolitio criminis* do delito do art. 214 do Código Penal - CP, diante do princípio da continuidade normativa.

No Brasil, houve *abolitio criminis* temporária quanto ao delito de posse irregular de arma de fogo de uso permitido (art. 12 da Lei nº 10.826/2003). Segundo o art. 32 do Estatuto do Desarmamento, alterado pela Lei nº 11.706/2008, os possuidores e proprietários de arma de fogo poderiam entregá-la, espontaneamente, ficando extinta a punibilidade de eventual posse irregular da referida arma[34].

▸ FIQUE ATENTO!

A "abolitio criminis" temporária também é chamada de "**descriminalização temporária**" ou **"vacatio legis" indireta.**

2.8.2. *Novatio legis in mellius* (CP, art. 2º, parágrafo único)

Ocorre quando a lei posterior não descriminaliza a conduta, mas confere um **tratamento mais brando** ao fato. Nos termos do art. 5º, XL, da Constituição Federal, a lei deve retroagir para alcançar os fatos anteriores, **inclusive os já definitivamente julgados.**

O juízo competente para aplicar a lei mais favorável ao réu, inclusive nas hipóteses de *abolitio criminis*, é o juízo em que a ação estiver tramitando, seja no juízo de primeiro grau ou nos tribunais. Se houver condenação com trânsito em julgado, a Vara de Execuções Criminais será competente para aplicar a nova lei, conforme determina o art. 66, I, da Lei de Execução Penal, e **Súmula 611 do STF:** "Transitada em julgado a sentença condenatória, compete ao juízo das execuções a aplicação de lei mais benigna."

Atenção! Apesar do teor da súmula, a doutrina ensina que o juiz das execuções só terá competência para aplicar a lei mais benéfica quando a aplicação da norma depender de **mera operação matemática.** Em sendo necessário **juízo de valor** para aplicação da lei mais benigna, demandando uma **nova avaliação do mérito**, o interessado deverá ajuizar **revisão criminal** (art. 621, do CPP) para desconstituir o trânsito em julgado, cabendo ao Tribunal Competente aplicar a lei nova.

Novatio legis in mellius		
Espécie	Mera aplicação matemática	Demanda juízo de valor
Juízo competente	Juízo da execução	Juízo da revisão criminal

34. **Súmula 513 do STJ**: "A abolitio criminis temporária prevista na Lei n. 10.826/2003 aplica-se ao crime de posse de arma de fogo de uso permitido com numeração, marca ou qualquer outro sinal de identificação raspado, suprimido ou adulterado, praticado somente até 23/10/2005."

Aplica-se a lei penal mais benéfica se ela ainda está em período de *vacatio legis*?

O tema desperta muita discussão na doutrina, destacando-se duas correntes:

1ª corrente: Sim, porque esse período existe para que a lei se torne conhecida. Portanto, não faz sentido que aqueles que já se inteiraram da nova lei não sejam alcançados pelos seus preceitos mais benignos. O período de vacatio se revela indispensável apenas para as normas prejudiciais. É o entendimento de Alberto Silva Franco[35], Guilherme de Souza Nucci[36], Paulo Queiroz[37], René Ariel Dotti[38], dentre outros.

2ª corrente: Não, porque ainda não há lei com eficácia jurídica ou social, mas mera expectativa de lei. Pode ser que ela nunca entre em vigor, como se deu com o Código penal de 1969. É a posição que defendemos e sustentada por Damásio de Jesus.

Admite-se a retroatividade da jurisprudência?

Suponha que um roubo tenha sido praticado com emprego de arma de brinquedo em setembro de 2001. Nessa ocasião, o STJ possuía entendimento sumulado no sentido de que esse roubo seria majorado (STJ, Súmula 174). Ocorre que a Corte cancelou a referida súmula.

Questiona-se: Os fatos pretéritos, julgados com o aumento de pena, poderiam ser beneficiados diante do cancelamento da súmula?

As decisões mais recentes do STJ[39] e do STF[40] admitem a retroatividade da jurisprudência para beneficiar o réu. Exemplificando, a Súmula 554 do STF[41], interpretada a contrário senso, anuncia que o pagamento de cheque sem fundos antes da denúncia acarreta a extinta da punibilidade. Note que essa súmula está criando uma causa supralegal extintiva da punibilidade. Logo, deve retroagir para alcançar fatos anteriores. Essa posição confirma nosso entendimento de que a jurisprudência deve ser considerada fonte formal imediata do Direito Penal.

Contudo, frise-se que a posição não é pacífica, pois o STJ tem julgados mais antigos nos quais afasta a possibilidade de revisão criminal em virtude da mudança de orientação jurisprudencial sobre determinado tema[42].

---

35. FRANCO, Alberto Silva. **Código penal e sua interpretação jurisprudencial.** 5ª ed. São Paulo: Revista dos Tribunais, 1995, p. 67-70
36. NUCCI, Guilherme de Souza. **Curso de Direito Penal**. v. 1. Rio de Janeiro: Forense. 2017, p. 189-190.
37. QUEIROZ, Paulo. **Direito Penal: Parte Geral**. 4 ed. Rio de Janeiro: Editora Lumen Juris, 2008, p. 145.
38. DOTTI, René Ariel. **Curso de Direito Penal: parte geral.** 8. ed. São Paulo: Revista dos Tribunais, Thomson Reuters, 2022, p. 344-345.
39. STJ, 5ª Turma. AgRg nos EDcl no AREsp 1361814/RJ, Rel. Min. Reynaldo Soares da Fonseca, julgado em 19/05/2020.
40. STF, 1ª Turma. HC 161452 AgR, Rel. Min. Luiz Fux, julgado em 6/3/2020.
41. O pagamento de cheque emitido sem provisão de fundos, após o recebimento da denúncia, não obsta ao prosseguimento da ação penal.
42. STJ, 5ª Turma. REsp 706.042/RS, Rel. Min. José Arnaldo da Fonseca, DJ 07/11/2005 e AgRg no REsp 1447604/SC, Rel. Ministra Maria Thereza de Assis Moura, DJe 29/8/2014.

2.8.3. Nova lei incriminadora *(novatio legis incriminadora)*

É a denominada **neocriminalização**. A nova lei passa a considerar como criminosa uma conduta que até então não era relevante aos olhos do legislador penal.

Encontra previsão no art. 9º da Convenção Americana de Direitos Humanos[43] (1ª parte) e no art. 1º do CP[44].

Por força de disposição constitucional (CF, art. 5º, XL), essa lei, por ser mais gravosa, **somente alcançará os fatos ocorridos após sua entrada em vigor**, sendo, portanto, **irretroativa**.

Como exemplo de neocriminalização pode-se citar a Lei n. 13.869/19, que em seu art. art. 33, parágrafo único, tipificou como abuso de autoridade a famigerada "carteirada". Antes da inovação legislativa, tal comportamento constituía mera infração administrativa. Nessa ótica, o art. 33, parágrafo único, não pode retroagir para atingir fatos ocorridos antes da sua entrada em vigor.

2.8.4. *Lex gravior* ou lei penal mais grave

Ocorre quando a nova lei traz disposições que, de qualquer modo, sejam mais prejudiciais ao agente, tais como aumento de pena, criação de qualificadora ou de causa de aumento de pena, novas causas suspensivas ou interruptivas do prazo prescricional, imposição de regime prisional mais rígido etc.

Por ser mais grave, **é irretroativa**, aplicando-se apenas aos fatos posteriores à sua entrada em vigor.

Portanto, com a entrada em vigor de uma lei mais gravosa, dois fenômenos podem ser verificados: (i) a irretroatividade da norma mais prejudicial, posto que não alcançará fatos pretéritos; (ii) a ultra-atividade da lei mais benéfica, que será aplicada a fatos ocorridos no período em que esteve vigente, mesmo após sua revogação.

É importante fazer uma ressalva quanto aos crimes permanentes e continuados.

Crime permanente: é aquele cujos atos executórios se prolongam no tempo, a exemplo do crime de sequestro e cárcere privado (CP, art. 148). Considera-se que o crime está em execução durante o período em que a vítima estiver tolhida de sua liberdade.

Crime continuado: ocorre quando o agente, mediante mais de uma ação ou omissão, pratica dois ou mais crimes da mesma espécie e, pelas condições de tempo, lugar, maneira de execução e outras semelhantes, devem os subsequentes

---

43. CADH, art. 9. Ninguém pode ser condenado por ações ou omissões que, no momento em que forem cometidas, não sejam delituosas, de acordo com o direito aplicável.

44. Código Penal, art. 1º - Não há crime sem lei anterior que o defina. Não há pena sem prévia cominação legal.

ser havidos como continuação do primeiro. Por ex.: funcionário responsável pelas contas a pagar de um estabelecimento passa a desviar, diariamente, uma porcentagem do dinheiro destinado ao pagamento dos boletos, cometendo o crime de apropriação indébita (CP, art. 168) em continuidade delitiva.

Imaginemos que o agente cometeu o crime de sequestro, e privou a vítima de sua liberdade em 10/05/2018, enquanto está vigente a lei "X". No dia 15/05/2018, entra em vigor a lei "Y", que altera a lei "X" e agrava a pena do crime de sequestro. Em 30/05/2018, o agente finalmente põe a vítima em liberdade. Nesse caso, **haverá incidência da norma mais grave**, pois o crime ainda estava em execução por ocasião da entrada em vigor da norma mais gravosa. Esse entendimento foi disposto na **Súmula nº 711, do Supremo Tribunal Federal**: *"A lei penal mais grave aplica-se ao crime continuado ou ao crime permanente, se a sua vigência é anterior à cessação da continuidade ou da permanência."*

▸ CUIDADO!

No crime habitual, o raciocínio deve ser o mesmo da **Súmula 711 do STF**. Em havendo sucessão de leis durante a reiteração da conduta criminosa, deve-se aplicar a novel lei, ainda que mais severa.

2.8.5. Combinação de leis penais *(lex tertia)*

A combinação de leis penais seria a possibilidade de o juiz aplicar os trechos mais benéficos de leis que se sucederam no tempo, formando uma terceira lei penal ("lex tertia").

Imagine que uma nova lei penal entra em vigor. Em determinados aspectos, o novo diploma legislativo é favorável ao réu, em outros, prejudicial. É possível que o julgador, apreciando o caso concreto, combine as duas leis penais, a fim de extrair de cada uma delas as disposições mais benéficas ao réu?

Ex.: Suponha que o agente praticou o crime de tráfico de drogas sob a égide da Lei n. 6.368/76, mas, no momento da sentença condenatória, o juiz observa que está em vigor a Lei n. 11.343/06, que revogou por completo a anterior. Ao crime de tráfico de drogas, previsto no art. 12 da Lei n. 6.368/76, era cominada uma pena mais branda que o art. 33 da Lei n. 11.343/06. A princípio, portanto, o art. 12 da lei anterior seria mais benéfico e a lei deveria ser dotada de ultratividade. No entanto, o art. 33 da novel lei possui uma causa de diminuição de pena em seu § 4º (tráfico privilegiado) inexistente na lei antiga e, nesse aspecto, por ser mais favorável, deveria retroagir para alcançar os fatos anteriores.

Questiona-se: Poderia o juiz sentenciante aplicar a combinação de ambas as leis, condenando o traficante no art. 12, da Lei n. 6.368/76 (nesse ponto, mais benéfico que o art. 33 da Lei n. 11.343/06) e combiná-lo com o § 4º do art. 33 da Lei n. 11.343/06 (nesse tanto, mais benéfico que a lei anterior, que não previa causa de diminuição de pena para o traficante)? Note que, nessa hipótese, estaria o magistrado aplicando o trecho mais benéfico de ambas as leis.

Visando facilitar a compreensão, apresentamos o seguinte esquema:

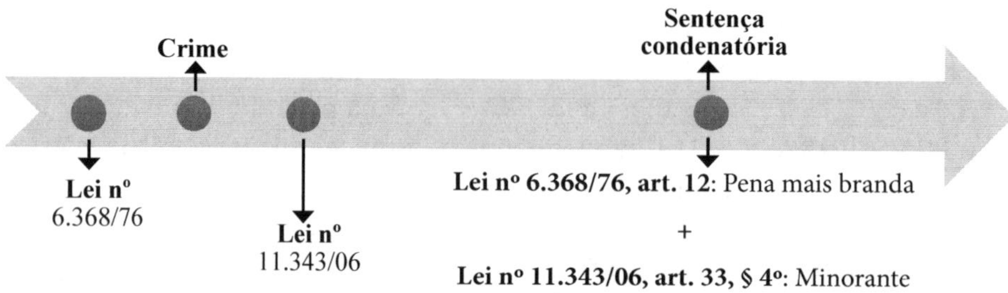

Duas correntes apresentam teorias a respeito do tema. De acordo com a primeira corrente, que defende a **teoria da ponderação global ou unitária**, para aferir a maior benignidade a lei deve ser considerada em sua inteireza, vedada a aplicação de parcelas de um e outro diploma normativo. A segunda corrente, por sua vez, acolhe a **teoria da ponderação diferenciada** e admite a combinação de leis a fim de extrair a norma mais favorável ao agente, pois em matéria de liberdades individuais, deve-se preferir, entre as interpretações possíveis, aquela que confere maior amplitude a esse direito. E como a regra da retroatividade da lei penal mais benéfica está expressa em nossa Constituição, essa interpretação mais abrangente recomenda que a retroatividade seja incondicional.

Os Tribunais Superiores posicionam-se de acordo com a primeira corrente, sendo contrários à possibilidade de combinação de leis penais favoráveis ao réu[45]. Inclusive, no âmbito do STJ o assunto já está sedimentado na Súmula 501, *in verbis:* "É cabível a aplicação retroativa da Lei nº 11.343/2006, desde que o resultado da incidência das suas disposições, na íntegra, seja mais favorável ao réu do que o advindo da aplicação da Lei nº 6.368/1976, sendo vedada a combinação de leis".

Vale lembrar que o Código Penal Militar proíbe expressamente a combinação de leis penais (art. 2º, § 2º).

Com o devido respeito àqueles que adotam entendimento diverso[46], concordamos com o posicionamento dos Tribunais Superiores, pois ao conjugar dispositivos de ambas as leis, o juiz se arvora à condição de legislador criando um terceiro tipo penal ("lex tertia"), violando, a um só tempo, os **princípios da reserva legal e da separação de poderes.**

▸ DICA

Nas provas preambulares, com questões de natureza objetiva, recomendamos que o candidato escolha a alternativa que afirma não ser admissível a

45. STF, Tribunal Pleno. RE 600.817, Rel. Min. Ricardo Lewandowski, j. em 07/11/2013, p. em 30/10/2014.
46. DE JESUS, Damásio. **Direito Penal – Parte Geral.** vol. 1. 33ª ed. São Paulo: Saraiva, 2013, p. 134.

combinação de leis penais. Em se tratando de questão discursiva ou indagação em prova oral, o ideal é abordar toda a argumentação aqui exposta, apresentando ambas as correntes e aquela acolhida pelo STF e STJ.

Na dúvida sobre qual lei é mais benéfica, como deve proceder o juiz?

Em havendo dúvida sobre qual lei é mais benéfica ao réu, deve-se o juiz consultá-lo para que indique, por meio do seu defensor, qual a norma efetivamente o beneficia.

2.8.6. Lei penal intermediária

É aquela que não estava vigendo ao tempo do fato, tampouco no momento do julgamento. De forma mais simples, é aquela que "nasce e morre" entre a conduta e a decisão judicial.

De acordo com o entendimento do Supremo Tribunal Federal, o princípio da lei penal mais benigna também se estende às leis intermediárias.

Exemplificando: o agente pratica infração penal na vigência da Lei "X". Enquanto o processo tramita, entra em vigor a lei "Y", mais favorável que a lei "X", revogando-a. Contudo, antes da prolação da sentença, a lei "Z" é editada e entra em vigor trazendo disposições mais prejudiciais ao réu e revogando a lei Y. Nesse caso, a lei "Y" deve ser aplicada, pois é mais benéfica que a lei "X" e a lei "Z", e teve vigência no período compreendido entre a data do fato e da sentença.

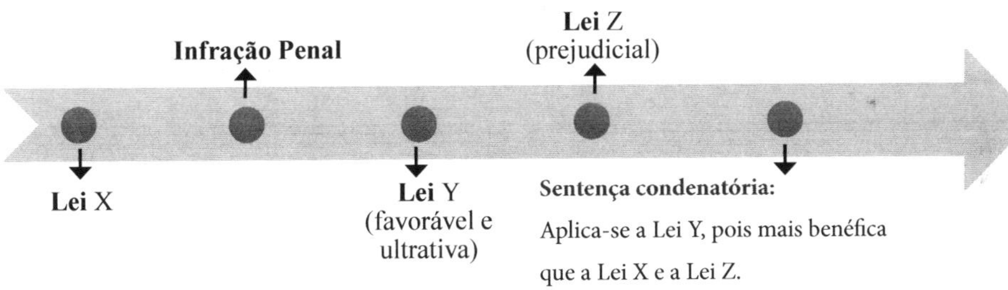

2.8.7. Sucessão de complementos de normas penais em branco

Normas penais em branco são aquelas cujo preceito primário ou secundário depende da complementação de outro ato normativo. A configuração do tipo penal só se perfaz por meio da conjugação de norma complementada e norma complementar.

Que efeitos a revogação ou alteração benéfica da norma complementar pode acarretar?

Prevalece o entendimento de que a alteração de um complemento de uma norma penal em branco homogênea sempre acarreta efeitos retroativos, uma vez que a norma complementar também é lei ordinária, submetendo-se ao mesmo processo legislativo da norma complementada; na hipótese **de norma penal em branco heterogênea**, podem ocorrer duas situações diferentes, a depender da natureza do complemento:

a) sem caráter excepcional (Ex.: portarias sanitárias que estabelecem o rol de moléstias cuja notificação é compulsória), sua **revogação ou alteração retroagirá** para alcançar fatos anteriores;

b) com caráter excepcional (Ex.: portarias de ordem econômica, que estabelecem tabelamento de preços), ainda que revogadas ou modificadas, não ensejam a *abolitio criminis*, sendo, pois ultrativas[47].

▸ DICA

O art. 33 da Lei de Drogas é exemplo de norma penal em branco heterogênea, e os atos normativos que o complementam não são revestidos de caráter excepcional. Portanto, sua alteração ou revogação ensejam a *abolitio criminis*.

<table>
<tr><th colspan="3">Revogação do complemento da norma penal em branco</th></tr>
<tr><td>Norma penal em branco homogênea</td><td colspan="2">Sempre acarreta efeitos retroativos, uma vez que a norma complementar também é lei ordinária.</td></tr>
<tr><td rowspan="2">Norma penal em branco heterogênea</td><td>Sem caráter excepcional</td><td>Revogação ou alteração retroagirá para alcançar fatos anteriores, culminando em abolitio criminis. Ex.: Portaria sanitárias.</td></tr>
<tr><td>Com caráter excepcional</td><td>Revogação ou alteração NÃO retroagirá para alcançar fatos anteriores, não ensejando abolitio criminis. Ex.: Portarias de ordem econômica de tabelamento de preços.</td></tr>
</table>

2.8.8. Leis intermitentes (excepcional ou temporária)

Previstas no art. 3º do Código Penal, são aquelas criadas para terem curta duração.

As leis intermitentes compreendem o gênero, do qual são espécies as leis temporária e excepcional.

a) **Lei temporária**: o período de vigência da lei vem expressamente determinado no seu texto. Em outras palavras, a lei já "nasce" sabendo o dia em que vai "morrer". Exemplo disso encontramos na Lei nº 12.663/2012, conhecida como Lei Geral da Copa, que criou tipos penais incriminadores com vigência até o dia 31 de dezembro de 2014 (art. 36).

47. STF, 1ª Turma. HC 73168– Rei. Min. Moreira Alves– DJ 15/03/1995; STF, 2ª Turma. HC 68.904, Rel. Min. Carlos Velloso, DJ 03/04/1992.

b) **Lei excepcional**: editada para ser aplicada em situações transitórias, de anormalidade social, a exemplo de guerras, calamidades públicas, enchentes etc. Desse modo, a lei seguirá vigendo enquanto as condições anômalas assim o demandarem, sem que haja uma duração cronológica pré-estabelecida. Embora também possua caráter provisório, não aponta de maneira expressa a data em que sua vigência chegará ao fim.

LEIS INTERMITENTES	
CP, art. 3º - A lei **excepcional** ou **temporária**, embora decorrido o período de sua duração ou cessadas as circunstâncias que a determinaram, aplica-se ao fato praticado durante sua vigência.	
Lei Temporária	Período de vigência da lei vem expressamente determinado no seu texto. Ex.: Lei Geral da Copa.
Lei Excepcional	Editada para ser aplicada em situações transitórias, de anormalidade social. Ex.: Calamidades públicas.

Essas leis possuem duas características fundamentais: são **autorrevogáveis e ultrativas**.

a) **Autorrevogabilidade:** A revogação **independe** da edição de nova lei. Basta que se verifique o advento da data definida pelo próprio diploma normativo, no caso das leis temporárias, ou que cesse a situação de anormalidade, tratando-se de lei excepcional. Devido à característica de autorrevogabilidade, são classificadas como **leis intermitentes**.

b) **Ultratividade:** As leis temporárias e excepcionais são ultrativas, na medida em que são aplicadas ao fato praticado durante a sua vigência, mesmo se já ocorreu a autorrevogação no momento da sentença. Dessa forma, aqueles que eventualmente violaram a lei durante o período em que esteve em vigor poderão ser punidos, ainda que venham a ser julgados após a sua autorrevogação.

Constatamos, assim, que a revogação das leis penais excepcionais e temporárias não enseja a aplicação da *abolitio criminis*, nem da *novatio legis in mellius*, constituindo exceção às regras que regem o conflito temporal de normas. Portanto, é correto dizer que a *lei excepcional e temporária regula fatos que não se sujeitam ao princípio da retroatividade da lei penal posterior mais benéfica.* É uma hipótese de **ultratividade maléfica** admitida pelo art. 3º do CP.

Esse regramento especial das leis excepcionais e temporárias tem duas finalidades: garantir a eficácia da norma, e evitar a aplicação da lei de maneira desigual e injusta.

Para melhor ilustração, imagine a seguinte hipótese: uma lei temporária está em vigor, estipulando que sua vigência se estenderá pelos próximos quatro anos.

Em determinado dia, "A" e "B" praticam uma conduta considerada como crime, segundo esse diploma normativo. Em poucos meses, "A" é processado em virtude dessa infração penal, iniciando o cumprimento de sua pena logo após o trânsito em julgado da decisão condenatória. Enquanto isso, o processo para julgamento do crime cometido por "B" caminha a passos lentos, em razão de inúmeros incidentes processuais. Quando a vigência da lei temporária chega ao fim, constata-se que "A" foi condenado e cumpriu integralmente a pena, ao passo que "B" sequer foi condenado pelo juízo da primeira instância. Caso a ultra-atividade da lei temporária não fosse admitida, o fenômeno da *abolitio criminis* ensejaria uma situação injusta, pois "B" já não responderia por crime algum, enquanto "A" foi condenado e cumpriu pena pelo mesmo fato.

Em síntese, a característica da ultratividade maléfica das leis intermitentes é imprescindível para evitar que sejam frustradas as suas sanções por expedientes ardilosos com vistas ao retardamento dos processos.

2.8.9. Tempo do crime

A expressão "tempo do crime" visa definir o momento em que se considera praticado o crime. Esse marco temporal é de grande relevância para o Direito Penal, pois vai impactar de maneira decisiva na **aplicação da lei ao caso concreto.**

Há três principais teorias a respeito do tempo do crime:

a) **Teoria da atividade:** considera praticado o crime no momento da ação ou omissão, ou seja, quando o agente **pratica** a conduta descrita na figura típica;

b) **Teoria do resultado ou do evento:** como o **próprio** nome já indica, considera praticada a infração penal no momento em que se verifica o resultado;

c) **Teoria mista ou da ubiquidade: para** esta teoria, que **abarca** as duas anteriores, o tempo do crime pode ser tanto o da conduta, quanto o do resultado.

Teoria adotada: Segundo o art. 4º do Código Penal, "considera-se praticado o crime no momento da ação ou da omissão, ainda que outro seja o momento do resultado", o que indica que o legislador acolheu a **teoria da atividade.**

▸ **ATENÇÃO!**

Em relação à prescrição, o Código Penal acolheu a **teoria do resultado (CP, art. 111, inciso I).**

Teoria da atividade	Teoria do resultado	Teoria da ubiquidade
Considera-se praticado o crime no momento da **CONDUTA**.	Considera-se praticado o crime no momento do resultado.	Considera-se praticado o crime no momento da conduta ou do resultado.
Adotada em relação ao **tempo do crime** (CP, art. 4º).	Adotada em relação à **prescrição** (CP, art. 111, inciso I) e para **fixação de competência** (CPP, art. 70)	Não é adotada.

A adoção da teoria da atividade traz alguns **desdobramentos**:

1º) Aplica-se a lei em vigor ao tempo da conduta ("tempus regit actum"), salvo se a do tempo do resultado for mais benéfica.

Ex.: na data de 30/05/2015, o agente, com intenção de matar, dispara arma de fogo contra um agente da Polícia Civil que estava investigando seu envolvimento numa série de roubos ocorridos na cidade. A vítima foi socorrida, e permaneceu hospitalizada até 30/07/2015, quando veio a falecer. Tendo em vista que a Lei nº 13.142/2015, que incluiu a qualificadora do homicídio funcional (CP, art. 121, inciso VII), entrou em vigor em 06/07/2015, o agente não responderá pelo crime capitulado no referido inciso, pois embora a consumação do delito tenha ocorrido em 30/07/2015, a ação **(teoria da atividade)** se deu em 30/05/2015, antes da vigência da *novatio legis in pejus.*

2º) A imputabilidade do agente deve ser aferida no momento em que o crime é praticado.

Ex.: três dias antes de seu aniversário, um adolescente, que contava então com 17 anos de idade, desfere golpes de faca contra sua namorada, a fim de tirar-lhe a vida. A jovem é socorrida, mas devido a complicações nos ferimentos, vem a falecer duas semanas depois. Embora o delito tenha se consumado quando o rapaz já era maior de idade, responderá por ato infracional análogo ao crime de homicídio, pois no momento em que praticou a conduta **(teoria da atividade)**, era penalmente inimputável, conforme dispõe o art. 27 do Código Penal.

▸ IMPORTANTE

Os crimes permanentes e continuados são **exceções** à regra.

Lembrando: crime permanente é aquele cujos atos executórios se prolongam no tempo. O crime continuado, por sua vez, ocorre quando o agente, mediante mais de uma ação ou omissão, pratica dois ou mais crimes da mesma espécie e, pelas condições de tempo, lugar, maneira de execução e outras semelhantes, devem os subsequentes ser havidos como continuação do primeiro.

Nos termos da Súmula 711 do STF, "A lei penal mais grave aplica-se ao **crime continuado** ou ao **crime permanente**, se a sua vigência é anterior à cessação da continuidade ou da permanência".

LEI PENAL NO TEMPO		
Vigência da Lei Penal	**Leis Provisórias (intermitentes)**	**Tempo do Crime**
Atividade: período de vigência da norma. **Extratividade (gênero)**: norma que produz efeitos mesmo que já revogada. Pode ser retroativa ou ultrativa. **Retroatividade**: norma que produz efeitos em relação a fatos anteriores. **Ultratividade**: norma que produz efeitos futuros, mesmo revogada.	**Lei penal temporária**: tem vigência em período certo e determinado. **Lei penal excepcional**: dura enquanto perdurar situação prevista em Lei. Ambas se aplicam aos fatos ocorridos durante a vigência e mesmo após revogadas, salvo se disposto de outra forma.	**O CP adota teoria da atividade**: tempo da ação ou omissão. Para a **prescrição**, considera-se a teoria do resultado. No CPP, a regra é a teoria do resultado para fixação de competência.
Lex Tertia	**Retroatividade da Jurisprudência**	
Nelson Hungria, **STF**, **STJ**, **CPM**: não aceitam.	Tem sido admitida pelos Tribunais Superiores para beneficiar o réu.	

QUESTÕES

QUESTÃO 1

MPE-RJ - 2022 - MPE-RJ - Promotor de Justiça Substituto - Concurso XXXVI

No que concerne à Lei Penal no tempo, assinale a alternativa correta.

a) A lei excepcional regula fatos que não se sujeitam ao princípio da retroatividade da lei penal posterior mais benéfica.

b) A retroatividade de lei penal mais benéfica é princípio que não encontra exceção.

c) A irretroatividade de lei penal mais gravosa é princípio que encontra exceção.

d) O princípio tempus regit actum é excepcionado para fatos praticados sob vigência de lei temporária.

e) Os efeitos penais da sentença condenatória se mantêm íntegros em face da abolitio criminis.

QUESTÃO 2

VUNESP - 2023 - PC-SP - Delegado de Polícia

Indivíduo está sendo processado, ainda em fase de instrução em primeiro grau. Nesse momento, nova lei é publicada e entra em vigor, estabelecendo novas regras de progressão de regime para a execução de pena. Essas novas regras, com relação a esse indivíduo específico

a) serão aplicadas independentemente de serem mais benéficas, tendo em vista que ainda não houve trânsito em julgado.
b) serão aplicadas independentemente de serem mais benéficas, tendo em vista que ainda não houve sentença.
c) não serão aplicadas.
d) apenas serão aplicadas se lhe forem mais benéficas.
e) serão aplicadas independentemente de serem mais benéficas, tendo em vista que ainda não houve início da execução de pena.

QUESTÃO 3

CESPE / CEBRASPE 2023 - TJ-ES - Analista Judiciário - Especialidade: Direito

No caso dos crimes continuados, aplica-se a lei mais severa, ainda que posterior à cessação da continuidade, haja vista se tratar de ficção jurídica.

Certo ( ) Errado ( )

QUESTÃO 4

MPE-PR - 2023 - MPE-PR - Promotor Substituto

Sobre a teoria da lei penal, assinale a alternativa incorreta:

a) A lei nova, que prevê exclusão de qualificadora a determinado crime, aplica-se a fatos anteriores à sua vigência, ainda que após o respectivo trânsito em julgado da sentença penal condenatória.
b) Dentre as proibições que derivam da aplicação do princípio da legalidade, pode-se citar a proibição de retroatividade da lei penal, que admite exceções, e a proibição de analogia em matéria penal, que não admite exceções.
c) As normas excepcionais e temporárias, de acordo com sistemática adotada pelo Código Penal brasileiro, possuem ultra-atividade.

d) As normas penais em branco - de que é exemplo o crime previsto no art. 39 da Lei 9.605/98 (cortar árvores em floresta considerada de preservação permanente, sem permissão da autoridade competente) -, dependem de complemento por atos legislativos ou administrativos para perfectibilização de sua tipicidade.

e) A lei nova, que prevê elevação do prazo prescricional para extinção da punibilidade de determinado crime, não se aplica a fatos anteriores à sua vigência, em razão do princípio da irretroatividade da lei penal.

QUESTÃO 5

CESPE / CEBRASPE 2023 - TCE-MS - Procurador de Contas Substituto do Ministério Público de Contas

Em relação à aplicação da lei penal, de acordo com as disposições do Código Penal, assinale a opção correta.

a) Leis penais gravosas aplicam-se retroativamente, quando surgirem durante o processo.

b) Leis penais temporárias e excepcionais são sempre aplicadas de forma retroativa, uma vez que sua própria existência se fundamenta na necessidade de regular situação que demandava atuação imediata do legislador.

c) Leis penais mais brandas não retroagem no caso de crimes permanentes ou continuados.

d) Lei penal posterior que beneficie o réu deve ser aplicada retroativamente, mesmo no caso de condenação definitiva.

e) Lei penal posterior que tenha natureza benéfica para o réu não pode ser aplicada retroativamente se o processo já estiver em fase de execução da pena, sob pena de violação da coisa julgada.

QUESTÃO 6

OBJETIVA 2023 - Prefeitura de Esperança do Sul - RS – Procurador

Fulano, então com 17 anos e 11 meses de idade, desferiu seis tiros em Beltrano. Beltrano foi resgatado com vida por seus familiares, mas veio a falecer, após 4 meses internado no hospital, em decorrência exclusiva dos ferimentos causados por Fulano. Fulano, agora maior de 18 anos, será considerado inimputável, pois o Código Penal adota, quanto ao tempo do crime, a teoria da:

a) Ação ou atividade.

b) Ubiquidade.

c) Extraterritorialidade.

d) Defesa real.

QUESTÃO 7

IBADE 2023 - SEJUS-ES - Inspetor Penitenciário

Na data de 10 de janeiro de 2023, na cidade de Vila Velha/ES, João da Silva foi baleado ao reagir a um assalto praticado por Limar de Castro. A vítima foi encaminhada ao Hospital Universitário situado em Vitória/ES, porém, mesmo após o empenho da equipe médica, faleceu no dia 30 de janeiro de 2023. De acordo com o Código Penal, acerca do tempo e lugar do crime, é correto afirmar que se considera praticado o crime no dia:

a) 10 de janeiro de 2023, ainda que outro seja o momento do resultado;
b) 30 de janeiro de 2023, no lugar em que ocorreu a ação ou omissão;
c) 30 de janeiro de 2023, no lugar onde se produziu ou deveria produzir-se o resultado;
d) 30 de janeiro de 2023, tendo como lugar do crime as cidades de Vila Velha/ES e Vitória/ES;
e) 30 de janeiro de 2023, mesmo que a ação ou omissão tenha ocorrido em data diversa.

QUESTÃO 8

CPCON - 2023 - Prefeitura de Dona Inês - PB - Agente da Guarda Municipal

O Código Penal, em sua parte geral, estabelece vários conceitos e definições que servem de base para o restante da legislação. Um dos artigos prevê o Tempo do Crime, em que se considera praticado o crime no seguinte momento:

a) do resultado.
b) da ação ou omissão.
c) da prisão.
d) da comunicação do fato a polícia.
e) da chegada da polícia ao local da ocorrência.

QUESTÃO 9

FGV - 2023 - TJ-BA Conciliador

Petrônio foi condenado, definitivamente, às penas de quatro anos de reclusão e dez dias-multa, em razão da prática do crime de roubo circunstanciado pelo emprego de arma de fogo. Após o trânsito em julgado da sentença penal condenatória, houve a edição da lei XYZ, que deixou de considerar o emprego de arma de fogo como causa de aumento de pena no delito de roubo.

Nesse cenário, é correto afirmar que a nova legislação:

a) não retroagirá, considerando que a retroatividade da lei penal se restringe às hipóteses de abolitio criminis, quando a lei não mais considera o fato como criminoso;
b) retroagirá, desde que a lei entre em vigor antes do início do cumprimento da pena;
c) não retroagirá, considerando o princípio da irretroatividade da lei penal;
d) retroagirá, considerando que a nova lei é benéfica ao acusado;
e) não retroagirá, considerando que a lei não prejudicará a coisa julgada.

QUESTÃO 10

CONSULPAM - 2023 - TCM-PA - Auditor de Controle Externo - Área Jurídica

Com relação ao Código Penal brasileiro e o tempo e lugar do crime, assinale a alternativa CORRETA.

a) Considera-se praticado o crime no momento da ação ou omissão, concomitantemente ao momento do resultado.
b) Considera-se praticado o crime no lugar em que ocorreu a ação ou omissão no todo, independentemente do local onde ocorreu o resultado.
c) A lei excepcional ou temporária, embora decorrido o período de sua duração ou cessadas as circunstâncias que a determinaram, aplica-se ao fato praticado durante sua vigência.
d) Para os efeitos penais, consideram-se como extensão do território nacional as embarcações e aeronaves brasileiras, de natureza pública no território brasileiro ou em alto-mar, bem como as aeronaves e as embarcações brasileiras, mercantes ou de propriedade privada, que se achem, respectivamente, no espaço aéreo correspondente ou em alto-mar.

QUESTÃO 11

CESPE / CEBRASPE 2023 - Prefeitura de Boa Vista RR - Guarda Municipal

A sucessão de leis penais no tempo pode gerar

a) abolitio criminis.
b) extraterritorialidade.
c) retroatividade em prejuízo do réu.
d) aplicação simultânea da lei anterior e da lei posterior, ainda que em prejuízo do réu.

GABARITO

Questão 1	Letra "A"
Questão 2	Letra "D"
Questão 3	Assertiva "Errada"
Questão 4	Letra "B"
Questão 5	Letra "D"
Questão 6	Letra "A"
Questão 7	Letra "A"
Questão 8	Letra "B"
Questão 9	Letra "D"
Questão 10	Letra "C"
Questão 11	Letra "A"

CAPÍTULO 3

Lei penal no espaço

3.1. Lugar do crime (Art. 6º, CP)

É o local onde se considera praticada a infração penal (locus comissi delicti).

O art. 6º do Código Penal acolheu a **teoria mista, híbrida ou da ubiquidade.**

"Considera-se praticado o crime no lugar em que ocorreu a ação ou omissão, no todo ou em parte, bem como onde se produziu ou deveria produzir-se o resultado".

Trata-se de norma de Direito Penal **Internacional**. A definição do lugar do crime revela-se fundamental para aplicação da lei penal nos chamados **delitos à distância** e nos **delitos em trânsito**.

- **Crime à distância ou de espaço máximo:** a ação ocorre em um país e o resultado se dá em outro. O crime percorre o território de dois países soberanos. Há um conflito internacional de jurisdição que é resolvido pela aplicação da **teoria da ubiquidade**, conforme art. 6º do CP.
- **Crime em trânsito:** o crime percorre mais de dois países. Há um conflito internacional de jurisdição que também é solucionado mediante a aplicação da **teoria da ubiquidade**, prevista no art. 6º do Código Penal.

▸ **CUIDADO!**

Crime plurilocal: a ação ocorre em uma comarca e o resultado se dá em outra. O crime percorre dois ou mais territórios do **mesmo país.** Há um **conflito interno de competência** que, em regra, é resolvido pelo art. 70 do CPP (teoria do resultado).

Dica: Teoria do tempo e do lugar do crime **(LUTA)**

Lugar – ubiquidade (LU);

Tempo – atividade (TA).

Crime à distância ou de espaço máximo	Crime em trânsito	Crime plurilocal
O crime percorre território de 2 países soberanos. Ex.: Brasil e Argentina.	O crime percorre território de mais de 2 países. Ex.: Brasil, Argentina e Chile.	O crime percorre 2 ou mais territórios do mesmo país. Ex.: São Paulo, Minas Gerais e Rio de Janeiro.
Conflito **internacional** de jurisdição (a lei de qual país será aplicada?)	Conflito **internacional** de jurisdição (a lei de qual país será aplicada?)	Conflito **interno** de competência (qual juízo aplicará a lei?)
Resolve-se pelo art. 6º, do CP – Teoria da Ubiquidade	Resolve-se pelo art. 6º, do CP – Teoria da Ubiquidade	Resolve-se pelo art. 70 do CPP (regra) – Teoria do Resultado. "A competência será, de regra, determinada pelo lugar em que se consumar a infração".

▸ **Atenção!**

Hipóteses em que **não se aplica** a teoria da ubiquidade:

a) **Crimes conexos**: os diversos crimes não constituem uma unidade jurídica. Portanto, cada um deve ser processado e julgado no país em que foi cometido.

b) **Crimes plurilocais:** a ação ocorre em uma comarca e o resultado em outra, dentro do mesmo país. Nesse caso, há um conflito interno de competência, que é solucionado pela regra do art. 70 do CPP (local em que se consumar a infração ou, no caso da tentativa, o local onde foi praticado o último ato de execução).

c) **Crime doloso contra a vida quando plurilocal**: de acordo com a jurisprudência, aplica-se a teoria da atividade, diante da maior facilidade para produzir as provas. A doutrina denominou essa hipótese de teoria do esboço do resultado.

d) **Infrações de menor potencial ofensivo**: a Lei dos Juizados Especiais (Lei n. 9.099/1995) adotou expressamente a teoria da **atividade**[1].

e) **Atos infracionais:** o ECA (Lei n. 8.069/1990) também acolheu a teoria da **atividade**, prevendo que os crimes ou contravenções penais praticadas por crianças e adolescentes serão da competência da autoridade do lugar da ação ou da omissão[2].

---

1. Lei nº 9.099/95. Art. 63. A competência do Juizado será determinada pelo lugar em que foi praticada a infração penal.
2. Lei nº 8.069/1990, Art. 147, § 1º. Nos casos de ato infracional, será competente a autoridade do lugar da ação ou omissão, observadas as regras de conexão, continência e prevenção.

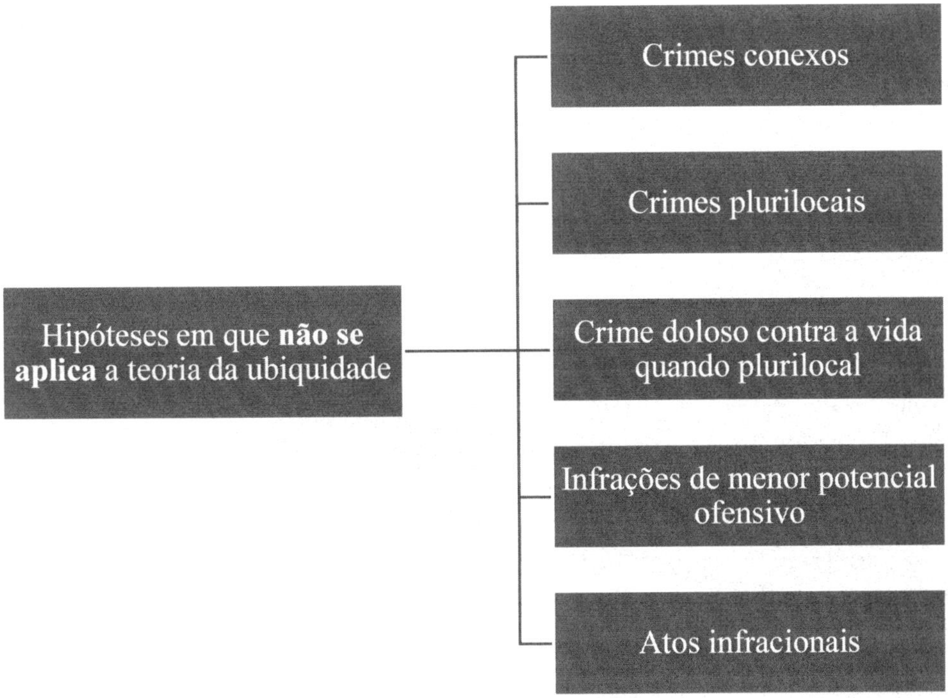

3.2. Territorialidade

Conforme disposto no art. 5º do CP, a legislação penal brasileira incide nas infrações penais praticadas no território nacional.

"Aplica-se a lei brasileira, sem prejuízo de convenções, tratados e regras de direito internacional, ao crime cometido no território nacional."

A regra, portanto, é a aplicação do **princípio da territorialidade,** pois se um crime ocorrer em nosso território será aplicada a lei brasileira. No entanto, o legislador faz uma ressalva, demonstrando que esse **princípio não é absoluto**, sendo excepcionado por convenções, tratados e regras de direito internacional. Diante dessa mitigação, é possível que um fato ocorrido em nosso território não sofra a incidência da lei penal brasileira, mas de lei estrangeira, em virtude de normas previstas em diplomas internacionais (**princípio da intraterritorialidade**). O Brasil cede pontualmente espaço de sua soberania para permitir essa hipótese jurídica. Ex.: Imagine um crime praticado por um embaixador estrangeiro em nosso território. O fato será processado e julgado no tribunal do seu país, observando-se as leis daquele Estado. Daí dizer-se que o Código Penal acolheu o **princípio da territorialidade temperada, relativa ou mitigada.**

Para tornar a compreensão mais fácil, vamos ler o art. 5º da seguinte forma:

CP, Art. 5º – Aplica-se a lei brasileira ao crime cometido no território nacional (**territorialidade**), sem prejuízo de convenções, tratados e regras de direito internacional (**intraterritorialidade**).

Territorialidade	Extraterritorialidade	Intraterritorialidade
Local do crime: Brasil.	**Local do crime**: Estrangeiro.	**Local do crime**: Brasil.
Lei aplicável: Brasileira.	**Lei aplicável**: Brasileira.	**Lei aplicável**: Estrangeira.

Como a regra é a aplicação da lei penal brasileira a fatos ocorridos em nosso território, revela-se fundamental conhecermos o conceito de **território** para fins de aplicação da lei penal pátria.

Território é o espaço em que o Estado exerce sua soberania. Esse conceito compreende a soma do espaço físico com o espaço jurídico. Ambos são reconhecidos pelo Código Penal.

Território físico (geográfico ou propriamente dito): compreende o **espaço terrestre**[3], **marítimo**[4] **e aéreo**[5], sujeito à soberania do Estado.[6]

---

3. Compreende a área continental, que abrange as terras emersas, ou seja, aquelas consideradas acima do nível das águas; as ilhas oceânicas; as ilhas fluviais, que são aquelas cercadas por rios; as ilhas lacustres, que são aquelas cercadas por lagos; as ilhas fluviomarinhas, que são aquelas banhadas por rios de um lado e pelo mar do outro, destacando-se a ilha de Marajó, considerada a maior ilha fluvio-marítima do planeta. Portanto, todas as terras que estejam acima do nível das águas que pertençam ao Brasil correspondem ao nosso território físico.
4. Abrange as águas internas brasileiras (rios e lagos) e o mar territorial brasileiro, que se estende por uma faixa de **12 milhas náuticas** (art. 1º, da Lei n. 8.617/1993). Segundo o art. 4º da Lei nº 8.617/1993 (Lei do Mar), a zona contígua brasileira compreende uma faixa que se estende das doze às vinte e quatro milhas marítimas, contadas a partir das linhas de base que servem para medir a largura do mar territorial. Nessa área, o Brasil poderá tomar as medidas de fiscalização necessárias para: evitar as infrações às leis e aos regulamentos aduaneiros, fiscais, de imigração ou sanitários, no seu território, ou no seu mar territorial, bem como reprimir as infrações às leis e aos regulamentos, no seu território ou no seu mar territorial. O art. 8º, define a zona econômica exclusiva brasileira, por sua vez, compreende uma faixa que se estende das doze às duzentas milhas marítimas, contadas a partir das linhas de base que servem para medir a largura do mar territorial. Na zona econômica exclusiva, o Brasil tem direitos de soberania para fins de exploração e aproveitamento, conservação e gestão dos recursos naturais, vivos ou não-vivos, das águas sobrejacentes ao leito do mar, do leito do mar e seu subsolo, e no que se refere a outras atividades com vistas à exploração e ao aproveitamento da zona para fins econômicos. No exercício de sua jurisdição, o Brasil tem o direito exclusivo de regulamentar a investigação científica marinha, a proteção e preservação do meio marítimo, bem como a construção, operação e uso de todos os tipos de ilhas artificiais, instalações e estruturas. A realização de investigação científica, e a realização de manobras militares nessa área dependem de consentimento prévio do Governo brasileiro. Embora o Brasil possa exercer fiscalização na zona contígua, além de possuir direitos de soberania para fins de exploração, aproveitamento e gestão de recursos na zona econômica exclusiva, tais áreas não integram o conceito de território brasileiro. Todavia, parcela da doutrina sustenta que a zona econômica exclusiva está circunscrita ao conceito de território, posto que nela exerce sua soberania política.
5. O conceito está previsto no art. 11 da Lei nº 7.565/1986, que adota o **princípio da soberania sobre a coluna atmosférica**, ou seja, tudo que estiver acima do nosso território, sejam as terras emersas, sejam as águas internas ou o mar territorial, estará sujeito a legislação penal brasileira.
6. O espaço cósmico não é componente do território brasileiro, pois o Brasil é signatário do Tratado sobre Exploração e Uso do Espaço Cósmico (aprovado pelo Decreto Legislativo nº 41/1968, e ratificado pelo Decreto nº 64.362/1969), o qual dispõe que espaço cósmico não é passível de apropriação, e sua utilização e exploração é livre para todos os Estados.

Foi cobrado na prova oral de Delegado do Estado de São Paulo em 2023:

É considerado território físico os **rios e lagos internacionais sucessivos** (tal como o rio Amazonas), na parte que atravessa o país; os **rios e lagos internacionais simultâneos ou fronteiriços** (tal como o rio Paraguai, que toca território do Brasil, Bolívia e Paraguai e sobre o qual foi firmado o Tratado da Bacia do Prata).

Os rios internacionais ou são contíguos - quando correm entre os territórios de dois estados -, ou são sucessivos - quando atravessam o território de dois ou mais Estados.

E se o rio for comum aos dois países? É indiviso, exercendo cada estado soberania sobre ele. Mas, e se o rio é sucessivo? Equipara-se ao mar territorial, exercendo cada estado jurisdição sobre o trecho de seu território. Alguns dos rios internacionais contíguos e sucessivos que se pode citar são, dentre outros, o Amazonas, o Paraná, o Reno, o Danúbio, o Niger, o Saint Lawrence etc.

Território jurídico (espaço físico por ficção, território por equiparação, território por extensão, ou território flutuante): previsto no art. 5º, § 1º, do Código Penal, alcança as embarcações e as aeronaves brasileiras, de natureza pública ou a serviço do governo brasileiro onde quer que se encontrem, bem como as aeronaves e as embarcações brasileiras, mercantes ou de propriedade privada, que se achem, respectivamente, no espaço aéreo correspondente ou em alto-mar.

Portanto, aeronaves públicas brasileiras ou que estejam a serviço do ente administrativo brasileiro (União, Estado, Distrito Federal ou Municípios) são consideradas, para fins de aplicação da lei penal, extensão do nosso território, onde quer que estejam em voo. Aplica-se a legislação penal brasileira, por exemplo, ao crime cometido a bordo de uma aeronave da Força Aérea Brasileira que esteja sobrevoando o território argentino. Trata-se de aeronave pública, sendo considerada **extensão do nosso território**.

As aeronaves privadas ou mercantes brasileiras correspondem ao nosso território para fins de Direito Penal quando estiverem em voo no espaço aéreo brasileiro ou em espaço aéreo internacional.

Vale destacar que o **espaço aéreo internacional** não se confunde com o **espaço aéreo estrangeiro**. São dois **conceitos absolutamente distintos**. Enquanto aquele não pertence a ninguém, este integra um país que não o Brasil.

Assim, ao crime praticado a bordo de uma aeronave brasileira privada enquanto sobrevoava o Oceano Atlântico será aplicada a lei penal brasileira, por tratar-se de espaço aéreo internacional.

As mesmas regras devem ser aplicadas às embarcações. Dessa maneira, incide a lei penal pátria se, eventualmente, infrações forem cometidas em embarcações públicas brasileiras ou que estejam a serviço do governo, pois são consideradas extensão de nosso território. Em contrapartida, os delitos cometidos a bordo de embarcações privadas ou mercantes submetem-se a nossa lei quando estiverem navegando em mar territorial brasileiro ou em águas internacionais.

▸ CUIDADO!

Segundo o art. 109, IX da CF/88, será da competência da **Justiça Federal** os crimes cometidos a bordo de navios e aeronaves, ressalvada a competência da Justiça Militar.

Frise-se que o STJ[7] tem entendimento de que quando o art. 109, IX, da CF/88 fala em "navio", quer se referir a **embarcações de grande porte**. Assim, se o crime for cometido a bordo de um pequeno barco, lancha, veleiro etc., ainda que em navegação, a competência não será da Justiça Federal. Por "grande porte" entenda se tratar de navio em **situação de deslocamento internacional** ou em **situação de potencial deslocamento**. Em relação a este último, não há necessidade de que de fato o navio esteja viajando internacionalmente, desde que haja um potencial marítimo do navio, ou seja, uma aptidão para a navegação em alto-mar, ainda que ele não saia do Brasil.

Ademais, somente será competência da Justiça Federal se for o crime relacionado a tripulantes ou passageiros dessa embarcação em potencial deslocamento marítimo.[8]

À semelhança do que ocorre com o espaço aéreo, as águas internacionais não pertencem a ninguém, ao passo que águas estrangeiras integram algum país que não o Brasil.

Ainda segundo o art. 5º, § 2º, do Código Penal, a lei brasileira também pode ser aplicada aos crimes praticados a bordo de aeronaves e embarcações estrangeiras de propriedade privada, achando-se aquelas em pouso no território nacional ou em voo no espaço aéreo correspondente, e estas em porto ou mar territorial do Brasil.

▸ ATENÇÃO!

As **embaixadas** não estão abrangidas no conceito de "território por extensão". Assim, todas as embaixadas estrangeiras localizadas no Brasil pertencem ao nosso território e deve incidir a lei brasileira aos crimes ali perpetrados em homenagem ao princípio da territorialidade, insculpido no artigo 5º do Código Penal.

Também não confunda:

Marinha do Brasil: Marinha de Guerra, logo faz parte da administração pública e sempre será considerado território brasileiro.

---

7 STJ, 3ª Seção. Conflito de Competência nº 43.404/SP, Rel. Min. Arnaldo Esteves Lima, julgado em 14/02/2005.

8 LIMA, Renato Brasileiro de. **Manual de processo penal**: volume único. 11. ed. rev., ampl. e atual. São Paulo: Ed. JusPodivm, 2022, p. 480.

Marinha Mercante Brasileira: Privada, não faz parte da Administração Pública, só será território brasileiro se estiver em águas brasileiras, alto mar ou a serviço do Brasil.

Para facilitar o estudo, apresentamos o seguinte quadro:

Considera-se território físico	Considera-se território por extensão	Não se considera território brasileiro
O solo brasileiro (8.514.876 km²) e respectivo subsolo.	Embarcações ou aeronaves públicas ou a serviço do Brasil.	As embaixadas brasileiras no exterior.
Mar territorial e as águas interiores, bem como o respectivo subsolo - até 12 milhas marítimas.[9]	Embarcações ou aeronaves privadas brasileiras quando estiverem no Brasil ou em alto-mar.	Embarcações ou aeronaves públicas estrangeiras.
Coluna de ar, espaço aéreo que está acima da terra e do mar territorial	Embarcações ou aeronaves estrangeiras privadas quando estiverem no Brasil.	Espaço cósmico, pois de acordo com o Tratado sobre Exploração e Uso do Espaço Cósmico da ONU, destina-se à livre utilização por todos os países.

3.2.1. Direito de passagem inocente

Encontra previsão no art. 3º da Lei nº 8.617/1993, e confere ao navio privado, de qualquer nacionalidade, a possibilidade de atravessar o mar territorial brasileiro apenas como **passagem necessária** para alcançar o seu destino final. Havendo a prática de uma infração penal a bordo de tal embarcação, não terá incidência a legislação penal brasileira, mas a da bandeira do navio. É exemplo de intraterritorialidade da lei penal.

Vale lembrar que os **navios de guerra**, assim considerados os pertencentes às forças armadas de um Estado estrangeiro, também possuem o direito de passagem inocente, nos termos da Convenção das Nações Unidas sobre o direito do mar, celebrada em **Montego Bay** em 1982 e promulgada no Brasil pelo Decreto nº 99.165/1990[10].

9. Não estão abrangidas a zona contígua (12 a 24 milhas marítimas) e a zona econômica exclusiva que vai de 12 até 200 milhas marítimas.

10. Artigo 32º Imunidades dos navios de guerra e de outros navios de Estado utilizados para fins não comerciais. Com as excepções previstas na subsecção A e nos artigos 30º e 31º, nenhuma disposição da presente Convenção afetará as imunidades dos navios de guerra e outros navios de Estado utilizados para fins não comerciais.

Esse instituto jurídico do **direito internacional marítimo**, que excepciona o princípio da territorialidade no Direito Penal, tem como requisitos:

- A passagem não pode ser prejudicial à paz, à boa ordem ou à segurança do Brasil;
- A passagem deve ser contínua e rápida; e
- A embarcação só pode atracar em território nacional em caráter excepcional. Ex.: para prestar auxílio a pessoas em perigo ou em grave dificuldade.

Em resumo:

Aplica-se a lei brasileira ao crime cometido numa embarcação privada estrangeira que se encontra no mar territorial brasileiro, salvo se essa embarcação estiver aqui de passagem e esta for considerada inocente.

ATENÇÃO!

Predomina que os **destroços de navios e aeronaves** são considerados extensão do território nos quais são matriculados. Vide art. 7º, II, "c", CP.

O direito de passagem inocente também se aplica às aeronaves estrangeiras que estão de passagem pelo espaço aéreo nacional?

Duas correntes doutrinárias divergem quanto à aplicação desse direito às aeronaves, sobretudo porque o Código Brasileiro de Aeronáutica (Lei nº 7.565/86) não regula o assunto.

De acordo com Rogério Sanches Cunha,

> Apesar do silêncio, que para alguns significa não ser aplicável, entendemos possível a passagem inocente para aeronave, desde que o crime nela praticado não tenha qualquer contato com a sociedade do nosso país ou influência sobre a nossa população[11].

Fernando Capez nos brinda com o seguinte exemplo:

> Um passageiro croata arrebenta uma taça de suco na cabeça de um bebê sérvio, a bordo de um avião americano privado sobrevoando o território brasileiro, de passagem, com destino a outro país. Como nós não temos nada a ver com isso, não se aplica a lei brasileira, muito embora o crime tenha sido cometido no Brasil[12].

Em contrapartida, outros entendem que o espaço aéreo brasileiro não comporta o direito de passagem inocente, tendo em vista que uma aeronave estrangeira depende de consentimento para poder sobrevoar o nosso território. Antes

---

11. CUNHA, Rogério Sanches. **Manual de Direito Penal** – Parte Geral. 3a ed. Bahia: Juspodivm, 2015, p. 39.
12. CAPEZ, Fernando. **Curso de Direito Penal** – Parte geral, v1. 19 ed. São Paulo: Saraiva, 2015, p. 100.

da decolagem, deve ser apresentado um plano de voo devidamente homologado pelas autoridades competentes com a indicação do território de qual nação ela vai sobrevoar. Em face da omissão do Código Brasileiro de Aeronáutica, esse princípio não seria aplicável e os crimes cometidos a bordo de aeronaves estariam sujeitos à nossa lei penal.

Com o devido acatamento, somos adeptos da **primeira corrente**.

3.3. Extraterritorialidade

Como vimos, a lei penal brasileira, em regra, incide nas infrações penais cometidas em nosso território (princípio da territorialidade temperada). Contudo, em determinadas hipóteses, fatos praticados no estrangeiro podem estar sujeitos à lei penal brasileira. Esse fenômeno, de caráter excepcional, encontra amparo no art. 7º do Código Penal.

A doutrina costuma classificar as hipóteses de extraterritorialidade em **incondicionada**, admitindo a aplicação da lei brasileira ao crime cometido no exterior independentemente do preenchimento de qualquer requisito (art. 7º, inc. I), e **condicionada** (art. 7º, inc. II) e **hipercondicionada** (art. 7º, § 3º), hipóteses em que a incidência da nossa lei depende da presença de certas condições.

Alguns princípios balizam a incidência extraterritorial da norma penal brasileira. Essas situações excepcionais estão disciplinadas no art. 7º do Código Penal, e **não se aplicam, de modo algum, às contravenções penais.**[13]

Princípios que regem a extraterritorialidade da lei penal	
Princípio da nacionalidade ou personalidade ativa	Aplica-se a lei do país a que pertence o agente. Não se leva em consideração o local do delito, a nacionalidade da vítima ou do bem jurídico tutelado. Adotado no art. 7º, inciso I, "d" (1ª parte) e art. 7º, inc. II, "b", do CP.
Princípio da nacionalidade ou personalidade passiva	Aplica-se a lei do país da vítima. Não se leva em consideração o local do delito, a nacionalidade do agente ou do bem jurídico tutelado. Adotado no art. 7º, § 3º, do CP (sendo a vítima brasileira, embora o crime tenha ocorrido no exterior, o criminoso poderá ser processado e julgado de acordo com a lei brasileira, desde que preenchidas as condições exigidas pelos demais dispositivos do CP.).

13. Decreto-Lei nº 3.668/1941, Art. 2º A lei brasileira só é aplicável à contravenção praticada no território nacional.

Princípio da defesa, real ou da proteção	Aplica-se a lei brasileira em crimes praticados em detrimento de bens jurídicos brasileiros. Não se leva em consideração o local do delito ou a nacionalidade do agente. Adotado no art. 7º, inc. I, "a", "b" e "c", do CP.
Princípio da justiça penal universal (da justiça cosmopolita, da jurisdição mundial ou da universalidade do direito de punir)	Aplica-se a lei brasileira em determinados crimes, não importando a nacionalidade do autor, do bem jurídico e tampouco o local da infração, pois o Brasil se comprometeu a punir tal delito. Adotado no art. 7º, inc. I, "d" e inc. II, "a", do CP.
Princípio da representação (do pavilhão, da bandeira ou da substituição)	Aplica-se a lei brasileira quando o navio ou aeronave privados brasileiros estiverem em território estrangeiro e aí não sejam julgados. Adotado no art. 7º, inc. II, "c", do CP.

Como se vê, o CP acolheu todos esses princípios.

3.3.1. Extraterritorialidade incondicionada (art. 7º, inciso I e § 1º, CP)

Nas hipóteses de extraterritorialidade incondicionada, aplica-se a lei brasileira ao crime cometido no estrangeiro **independentemente de qualquer condição.** Incide quando se verificar a prática dos seguintes crimes:

- Crime contra a vida ou a liberdade do Presidente da República (**manifestação do princípio da defesa);**
- Crimes contra o patrimônio ou a fé pública da União, do Distrito Federal, de Estado, de Território, de Município, de empresa pública, sociedade de economia mista, autarquia ou fundação instituída pelo Poder Público (**manifestação do princípio da defesa);**
- Crime contra a Administração Pública, por quem está a seu serviço (**manifestação do princípio da defesa);**
- Crime de genocídio, quando o agente for brasileiro ou domiciliado no Brasil (**manifestação do princípio da nacionalidade ativa na primeira parte**[14] **e da justiça universal na parte final).**

14. Temos doutrina lecionando que o art. 7º, inciso I, "d", constitui manifestação do princípio da defesa. FRAGOSO, Heleno Claudio. **Lições de Direito Penal,** Parte Geral. 16ª ed. Rio de Janeiro: Forense: 2003, p. 141.

Nesses casos, não há qualquer condição para a aplicação da legislação penal pátria.

▸ **ATENÇÃO!**

Há uma hipótese de extraterritorialidade incondicionada encontrada nos crimes de tortura praticados contra brasileiros ou estando o agente em local sob jurisdição brasileira (art. 2º da Lei n. 9.455/97).

O agente que praticou um crime no exterior poderá ser punido segundo a lei brasileira, se foi absolvido no estrangeiro?

De acordo com o art. 7º, § 1º, do Código Penal, o agente que praticou um crime no exterior será punido segundo a lei brasileira, **ainda que absolvido** ou condenado no estrangeiro.

Por força desse dispositivo, fatia da doutrina defende que será aplicada a lei brasileira à infração penal ocorrida no estrangeiro, ainda que o agente tenha sido **absolvido** no estrangeiro.

Embora o texto legal contenha em seu bojo tal determinação, filiamo-nos à corrente doutrinária[15], encampada pela jurisprudência da Suprema Corte[16], que rechaça a aplicação desse comando, em virtude do disposto no art. 8.4, da Convenção Americana sobre Direitos Humanos (Pacto de San José da Costa Rica)[17], a qual consagra o **princípio do *ne bis in idem*** e impede que aquele que foi **absolvido** em sentença transitada em julgado seja submetido a novo julgamento pelos mesmos fatos.

O Pacto de San José da Costa Rica foi ratificado no Brasil pelo Decreto nº 678/1992 e de acordo com o posicionamento firmado pela Suprema Corte, incorporou-se ao ordenamento jurídico brasileiro com status de norma supralegal (art. 5º, § 2º, da CF), encontrando-se abaixo da Constituição e acima do Código Penal e das demais espécies normativas. Portanto, a vedação ao *bis in idem* não comporta qualquer exceção, tornando a sentença absolutória transitada em julgado no exterior um **obstáculo intransponível** para aplicação da lei penal brasileira ao crime cometido fora de nosso território.

Esse posicionamento deve ser apresentado pelo candidato nas provas discursivas e em eventual prova oral. Em questões objetivas, que envolvem o

---

15. FISHCER, Douglas; PEREIRA, Frederico Valdez. **As obrigações processuais penais positivas**. 2ª ed. Livraria do Advogado, 2019, p. 117 e ss.
16. STF, HC 171118/SP, 2ª Turma, Rel. Min. Gilmar Mendes, Dj, 12/11/2019
17. Art. 8.4. O acusado absolvido por sentença passada em julgado não poderá ser submetido a novo processo pelos mesmos fatos.

conhecimento da "letra da lei", deve ser adotada a primeira corrente, a qual admite a aplicação da lei penal brasileira ainda que o agente tenha sido absolvido no estrangeiro, nos termos da literalidade do art. 7º, § 1º, do Código Penal.

O agente que praticou um crime no exterior poderá ser punido segundo a lei brasileira, se foi condenado no estrangeiro?

Dispõe o art. 8º do Código Penal que a pena cumprida no estrangeiro atenua a pena imposta no Brasil pelo **mesmo crime**, quando diversas, ou nela é computada, quando idênticas.

O art. 8º do Código Penal, ao prever a comutação da pena cumprida no estrangeiro, revela uma **exceção à vedação ao *bis in idem*, permitindo** que o agente seja processado, condenado e tenha a pena executada no exterior, palco do crime, e também no Brasil. São dois processos, com duas condenações e execuções pelo **mesmo fato**, admitidos em nosso sistema jurídico pela regra da extraterritorialidade da lei penal brasileira, que prevê, em tal hipótese, o direito de compensação das penas impostas.

Como se vê, a pena cumprida no estrangeiro traz reflexos para eventual condenação no Brasil pelo **mesmo crime.**

Penas diversas (diversidade qualitativa)	Multa no exterior e pena privativa de liberdade no Brasil.	Cabe ao juiz brasileiro realizar a redução da pena. Trata-se de uma **atenuante inominada** que incide na segunda fase de aplicação da pena.
Penas idênticas (diversidade quantitativa)	Ex. Pena privativa de liberdade aplicada no exterior e no Brasil.	O juiz sentenciante deve realizar a compensação, debitando a pena cumprida no estrangeiro daquela imposta no Brasil.

Para o STF[18], esse dispositivo deve ser interpretado em conformidade com os preceitos convencionais, a jurisprudência da Corte Interamericana de Direitos Humanos[19] e o disposto na Lei nº 13.445/2017[20] (Lei de Migração), que também veda o *bis in idem*. De acordo com a Suprema Corte, o agente não pode responder

18. STF, 2ª Turma, HC 171118/SP, Rel. Min. Gilmar Mendes, Dj, 12/11/2019.

19. Precedentes da Corte Interamericana de Direitos Humanos no sentido de "proteger os direitos dos cidadãos que tenham sido processados por determinados fatos para que não voltem a ser julgados pelos mesmos fatos" (Casos Loayza Tamayo vs Perú de 1997; Mohamed vs Argentina de 2012; J. vs Perú de 2013).

20. Art. 82. Não se concederá a extradição quando: V - o extraditando estiver respondendo a processo ou já houver sido condenado ou absolvido no Brasil pelo mesmo fato em que se fundar o pedido; Art. 100. Nas hipóteses em que couber solicitação de extradição executória, a autoridade competente poderá solicitar ou autorizar a transferência de execução da pena, desde que observado o princípio do *non bis in idem*.

à ação penal no Brasil se já foi processado criminalmente, pelos mesmos fatos, em um Estado estrangeiro. A Convenção Americana de Direitos Humanos[21] e o Pacto Internacional de Direitos Civis e Políticos[22] proíbem de forma expressa a dupla persecução penal por fatos idênticos. Conforme já mencionamos na parte principiológica desta obra, o entendimento do STF busca evitar a multiplicidade da persecução penal ou o duplo risco (*double jeopardy*).

Para essa corrente, que nos parece a mais acertada, o simples fato de ter sido o agente processado no estrangeiro é motivo idôneo para obstar uma nova persecução penal no Brasil.

▸ ATENÇÃO!

Há, contudo, uma **exceção**. Se restar demonstrado que o Estado que processou o autor do fato violou os deveres de investigação e de persecução efetiva, o julgamento realizado no país estrangeiro pode ser considerado ilegítimo. Portanto, se houver a devida comprovação de que o julgamento em outro país sobre os mesmos fatos não se realizou de **modo justo e legítimo**, desrespeitando obrigações processuais positivas, a vedação de dupla persecução pode ser **eventualmente ponderada** para complementação em persecução interna[23].

Em resumo:

SENTENÇA PROFERIDA NO EXTERIOR	
Absolutória	**Condenatória**
1ª Corrente: aplica-se a lei brasileira e o agente poderá ser novamente julgado no Brasil (art. 7º, § 1º, CP).	**1ª Corrente:** aplica-se o critério da diversidade quantitativa ou da diversidade qualitativa, a depender da pena cumprida no exterior (art. 8º, CP).
2ª Corrente (STF): Para evitar uma dupla punição pelo mesmo fato (*bis in idem*) o Pacto de San José da Costa Rica impede novo julgamento no Brasil.	**2ª Corrente (STF):** O agente não pode responder à ação penal no Brasil se já foi processado criminalmente, pelos mesmos fatos, em um Estado estrangeiro, salvo se o processo tramitado no estrangeiro for considerado injusto ou ilegítimo.

21. Art. 8.4. O acusado absolvido por sentença passada em julgado não poderá ser submetido a novo processo pelos mesmos fatos.
22. Art. 14.7. Ninguém poderá ser processado ou punido por um delito pelo qual já foi absolvido ou condenado por sentença passada em julgado, em conformidade com a lei e os procedimentos penais de cada país.
23. STF, 2ª Turma. HC 171.118/SP, Rel. Min. Gilmar Mendes, Dj, 12/11/2019.

Alertamos que nas provas objetivas, onde geralmente as bancas examinadoras exigem o conhecimento da literalidade dos dispositivos legais, o candidato deve ficar atento ao enunciado. Se o examinador cobrar o posicionamento do STF sobre o tema, marque como correta a assertiva que afirma que o agente não pode responder à ação penal no Brasil se já foi processado criminalmente, pelos mesmos fatos, em um Estado estrangeiro, salvo se o processo tramitado no estrangeiro for considerado injusto ou ilegítimo. Em questões discursivas ou em provas orais, o candidato deve explorar o tema, apresentando a letra da lei, sem olvidar da crítica doutrinária e jurisprudencial.

Como se conta o prazo prescricional se o agente está cumprindo pena no estrangeiro?

Nesse caso, o prazo prescricional permanece suspenso (art. 116, II, CP)[24].

3.3.2. Extraterritorialidade condicionada (art. 7º, inciso II e § 2º, CP)

Aplica-se a lei brasileira, de forma subsidiária, a **crimes** cometidos no estrangeiro, desde que presentes alguns **requisitos** cumulativamente.

São hipóteses de aplicação extraterritorial da lei brasileira:

- Crimes que por tratado ou convenção o Brasil se obrigou a reprimir **(manifestação do princípio da Justiça Universal);**
- Crimes praticados por brasileiro (**manifestação do princípio da nacionalidade ativa);**
- Crimes cometidos em aeronaves ou embarcações brasileiras mercantes ou de propriedade privada, quando em território estrangeiro e aí não sejam julgados **(manifestação do princípio da representação).**

Para aplicação da lei brasileira a esses crimes, é preciso que estejam presentes as seguintes condições cumulativas (art. 7º, § 2º, CP):

- **Entrar o agente no território nacional**: basta o ingresso em nosso território (físico ou jurídico), sendo dispensável a permanência. É o único requisito considerado **condição de procedibilidade**[25], pois deve estar presente para o início da ação penal;
- **Ser o fato punível também no país em que o fato foi praticado:** esse requisito da **dupla tipicidade** é considerado uma condição **objetiva**

24. CP, art. 116. Antes de passar em julgado a sentença final, a prescrição não corre: II - enquanto o agente cumpre pena no exterior.
25. Fala-se em **condição de procedibilidade** quando o requisito é indispensável para o início da ação penal. A **condição objetiva de punibilidade**, por sua vez, é exigida pela lei para que o fato se torne punível concretamente. Ausente essa condição, é possível a instalação regular do processo, mas não se admite a imposição de pena.

de punibilidade. Sua ausência não impede o processo, mas a ação será julgada improcedente;

- **Estar o crime incluído entre aqueles pelos quais a lei brasileira autoriza a extradição:** trata-se de **condição objetiva de punibilidade** e, nos termos do art. 82, inciso IV, da Lei n. 13.445/17 (Lei de Migração), o crime tem que ter pena cominada igual ou superior a 2 anos.
- **Não ter sido o agente absolvido no estrangeiro ou não ter cumprido pena:** se condenado e ainda não cumpriu a pena, total ou parcialmente, aplica-se a regra do art. 8º do CP. Esse requisito também tem natureza de **condição de punibilidade**.
- **Não ter sido o agente perdoado no estrangeiro ou, por outro motivo, não estar extinta a punibilidade, segundo a lei mais favorável:** Esse requisito da **dupla punibilidade** também assume contornos de **condição de punibilidade**.

3.3.3. Extraterritorialidade hipercondicionada (art. 7º, § 3º, CP)

Quando tratar-se de crime praticado por estrangeiro contra brasileiro fora do Brasil (manifestação do princípio da **nacionalidade passiva**), além das condições já enumeradas no art. 7º, § 2º, do CP, a lei impõe mais dois requisitos que devem ser atendidos para que a lei brasileira seja aplicada:

- Não ter sido pedida ou ter sido negada a extradição;
- Existência de requisição do Ministro da Justiça.

Trata-se de requisição não dirigida ao delegado, mas ao membro do Ministério Público. Entretanto, apesar do nome requisição se o membro do MP achar que não se trata de hipótese de ajuizamento da ação penal, não estará obrigado a promovê-la, a requisição é apenas uma "autorização" para ajuizar a ação penal.

Diferentemente da representação, a requisição do Ministro da Justiça é **irretratável e não está sujeita a prazo decadencial**, podendo ser exercitada enquanto o crime ainda não estiver prescrito.

Embora em sentido corrente requisição signifique exigência (por exemplo: requisição de abertura de inquérito pelo Ministério Público – Código de Processo Penal, art. 5º), quando nos referimos à **requisição como condição de procedibilidade** a palavra tem outro sentido: o de permitir a ação penal, o de autorizar a persecução penal.

Para encerrar essa temática, vamos abordar algumas **questões relevantes**:

1. O "navio do aborto", pertencente a uma organização não-governamental da Holanda (Women On Waves), país onde o aborto é permitido, circula por todo o mundo para realizar procedimentos abortivos nas gestantes interessadas. Esses abortos são realizados quando a embarcação está ancorada em alto-mar

(fora das 12 milhas marítimas que integram o território dos países). Diante disso, pergunta-se: Se o aborto for realizado em alguma brasileira, haverá incidência da lei pátria?

Não. Trata-se de embarcação privada estrangeira que se encontra em alto-mar, ou seja, fora do nosso território. Em tese, o fato deve ser processado e julgado no país da bandeira do navio, já que ocorreu em local onde nenhum Estado exerce soberania (alto-mar). No entanto, como a Holanda não considera o fato criminoso, o agente não será responsabilizado.

Aliás, não é sequer hipótese de extraterritorialidade hipercondicionada da lei penal, pois ausente o requisito da dupla tipicidade (art. 7º, § 2º, "b", do CP).

2. Suponha que um cidadão brasileiro, residente nos Estados Unidos, lá pratique um estupro em uma mulher brasileira. O agente foge e retorna ao território brasileiro antes do término das investigações em solo norte-americano. A lei brasileira é aplicável a esse fato?

Sim, porque é hipótese de extraterritorialidade condicionada (crime praticado no exterior por brasileiro – art. 7º, II, "b") e todas as condições exigidas pelo § 2º do art. 7º estão preenchidas, vejamos:

- o agente entrou no território nacional;
- o estupro é crime nos EUA;
- o estupro é um dos crimes em que o Brasil autoriza a extradição;
- o agente não foi absolvido e não cumpriu pena no estrangeiro;
- o agente não foi perdoado e não está extinta a sua punibilidade.

2.1. No caso narrado, o criminoso será processado e julgado no Brasil pela Justiça Estadual ou Federal?

A competência para aplicação da lei brasileira é, em regra, da Justiça Estadual[26], a menos que esteja presente uma das hipóteses constitucionais atrativas da competência da Justiça Federal (art. 109, CF).

3. Quem julga, no Brasil, crime cometido por brasileiro no exterior e cuja extradição tenha sido negada?

Os Tribunais Superiores entendem que compete à **Justiça Federal** o processamento e o julgamento da ação penal que versa sobre crime praticado no exterior que tenha sido transferida para a jurisdição brasileira, por **negativa de extradição.**[27]

---

26. STJ, 3ª Seção, CC 115.375, Rel. Min. Laurita Vaz, DJe 29/02/2012.
27. STF, 1ª Turma. RE 1270585 AgR, Rel. Alexandre de Moraes, julgado em 31/08/2020/ STJ. 3ª Seção. CC 154.656-MG, Rel. Min. Ribeiro Dantas, julgado em 25/04/2018 (Info 625).

4. Qual a comarca competente para o processo e julgamento?

Depende. Nos termos do art. 88 do Código de Processo Penal:

- Se o agente residiu no Brasil, será competente a comarca de sua última residência;
- Se nunca tiver residido no Brasil, a competência será do juízo da Capital da República.

3.4. Eficácia de sentença estrangeira

Uma pena, imposta em outro país, pode ser cumprida no Brasil?

Em regra, não. A sentença judicial representa **ato de soberania estatal**, logo, seus efeitos ficam restritos aos limites territoriais do Estado onde foi prolatada. Em outras palavras, o Estado brasileiro não se sujeita à aplicação compulsória da sentença penal estrangeira, pois ela não serve de título executivo aqui no Brasil.

> A propósito, ninguém será processado ou sentenciado, e nem preso ou mantido preso, senão por ordem fundamentada da autoridade judiciária competente (art. 5º, LIII e LXI, CF/88).

Contudo, essa regra comporta três exceções, nas quais a sentença estrangeira precisa ser **homologada** para produzir efeitos em nosso território:

a) **Para servir de título executivo aqui no Brasil visando obrigar o condenado à reparação do dano, a restituições e outros efeitos civis (art. 9º, CP):** o condenado poderá ser obrigado a reparar o dano, desde que haja requerimento do interessado, e que nossa lei preveja os mesmos efeitos na situação abordada pela sentença estrangeira;

b) **Para sujeitá-lo a uma medida de segurança (art. 9º, CP):** desde que a lei brasileira preveja os mesmos efeitos para a hipótese (exemplo: uma sentença estrangeira aplicou medida de segurança a um inimputável em virtude de doença mental) e que exista tratado de extradição com o país de origem ou requisição do Ministro da Justiça;

c) **Transferência de execução de pena (arts. 100 a 102, Lei 13.445/2017):** de acordo com a Lei de Migração, é possível que alguém seja condenado no exterior e a pena seja executada no Brasil, perante a Justiça Federal (art. 102, p. único, da Lei 13.455/17).[28]

A homologação da sentença estrangeira é realizada pelo **Superior Tribunal de Justiça** (art. 105, I, "i", da CF), como forma de cooperação jurídica internacio-

28. É o caso do jogador Robinho. Condenado na Itália pelo crime de estupro, pode vir a cumprir pena no Brasil (já que o brasileiro nato não pode ser extraditado), desde que satisfeitos os requisitos do art. 100, parágrafo único, da Lei nº 13.445/2017.

nal. A Corte não analisa o mérito, mas apenas os seus requisitos formais (juízo de prelibação previsto no art. 788, CPP).

Essa homologação requer a **prova do trânsito em julgado**, conforme prevê a súmula 420 do Supremo Tribunal Federal: "Não se homologa sentença proferida no estrangeiro sem prova do trânsito em julgado".

Alguns defendem que essa súmula está superada, sendo dispensável o trânsito em julgado da sentença estrangeira para fins de homologação, tendo em vista que o art. 963, III, do CPC/15 exige apenas a **eficácia da sentença** no país em que foi proferida[29].

O STJ tem precedentes proferidos na **área cível** que estão em sintonia com esse entendimento[30].

Ousamos discordar. Na **seara penal**, o princípio constitucional da presunção de inocência ("ninguém pode ser considerado culpado até o trânsito em julgado da sentença penal condenatória" – art. 5º, LVII, CF) não permite que o trânsito em julgado da decisão estrangeira seja ignorado. Além disso, o próprio CPC, art. 515, VI, relaciona como título executivo judicial a "sentença penal condenatória **transitada em julgado**".

No entanto, há casos em que a lei estrangeira produzirá efeitos no Brasil, sem necessidade de qualquer homologação. De um modo geral, a doutrina aponta as seguintes hipóteses:

a) **Gerar reincidência (art. 63, CP):** de acordo com o art. 63 do código penal, haverá reincidência quando o agente pratica novo crime, depois de condenado, com trânsito em julgado, no brasil ou no estrangeiro, por crime anterior. Portanto, esta condenação proferida fora do nosso país não requer qualquer tipo de homologação para gerar reincidência pelos fatos aqui cometidos. No entanto, revela-se indispensável a prova do trânsito em julgado dessa decisão estrangeira, nos termos da súmula 420 do STF;

b) **Gerar maus antecedentes (art. 59, CP)**;

c) **Revogação do "sursis" (CP, art. 81) e do livramento condicional (CP, arts. 86 e 87).** A revogação do "sursis", bem como do livramento condicional podem ter como fundamento a superveniência de uma condenação criminal, **inclusive no estrangeiro**, a qual independe de homologação, bastando prova idônea da decisão e do seu trânsito em julgado.

3.5. Contagem dos prazos

A contagem de prazos no Direito Penal é matéria de suma importância, pois, de modo geral, atinge diretamente o direito de liberdade do indivíduo. Dispõe o art.

29. MASSON, Cleber. **Direito Penal Esquematizado – Parte Geral**, v. 1. São Paulo: Método, 2016, p. 147.
30. Por todos: STJ, HDE 1344/EX, Rel. Min. Napoleão Nunes Maia, Corte Especial, j. 07/10/2020.

10 do Código Penal: "O dia do começo inclui-se no cômputo do prazo. Contam-se os dias, os meses e os anos pelo calendário comum".

O prazo consiste em lapso temporal delimitado pelo termo inicial (termo *a quo*) e termo final (termo *ad quem*). Conforme determina o Código Penal, **o dia do começo inclui-se no cômputo do prazo**. Isso significa que, independentemente da quantidade de horas restantes, o dia será computado por inteiro. Por exemplo, se o agente foi encarcerado às 22h00 para cumprimento de pena privativa de liberdade, o dia deverá ser considerado por inteiro, ainda que faltem apenas duas horas para que se encerre.

No Brasil adotamos o **calendário gregoriano**. Em razão disso, o número de dias de um mês, por exemplo, pode variar entre 28 a 31 dias. Igualmente, o ano pode contar com 365 ou 366 dias.

Desse modo, quando o Código impõe que a contagem dos dias, meses e anos seja feita de acordo com o calendário comum, afasta a aplicação de períodos sucessivos padronizados, por exemplo: considerar que todo mês tem 30 dias, ou que todo ano tem 365 dias.

Na contagem de prazos penais, utilize a seguinte fórmula:

a) O mês deve ser contado do dia de início do prazo até à véspera do mesmo dia do próximo mês, encerrando-se o prazo às 24 horas. Por exemplo: o agente foi condenado a um mês de detenção, e inicia o cumprimento da pena às 17h00 do dia 23 de abril. Segundo a regra estabelecida pelo Código Penal, esse dia deve ser considerado no cômputo do prazo. Portanto, o prazo do cumprimento de sua pena encerrará no dia 22 de maio.

b) De maneira semelhante, o ano deve ser contado do dia de início do prazo até à véspera do mesmo dia do próximo ano, independentemente da ocorrência de ano bissexto. Ex.: o agente inicia cumprimento de uma pena de três anos em 31/01/2015. O prazo encerrará em 30/01/2018, pouco importando que 2016 tenha sido ano bissexto.

Conclusão: Note que para determinar o termo final do prazo, você sempre deve "subtrair" um dia em relação ao termo inicial: prazo de dois meses iniciado em 25/09, terá seu termo final em 24/11; prazo de um ano iniciado em 25/09, será encerrado em 24/09 do ano seguinte.

Os prazos penais, embora se submetam a causas suspensivas e interruptivas, são **absolutamente improrrogáveis**. Isso quer dizer que caso o termo final do prazo recaia em um feriado, não há possibilidade de que seja prorrogado até o próximo dia útil.

O art. 798, § 1º, do Código de Processo Penal contém regra diversa para contagem de prazos: "Não se computará no prazo o dia do começo, incluindo-se, porém, o do vencimento". O mesmo artigo, em seu § 3º, dispõe que: "O prazo que terminar em domingo ou dia feriado considerar-se-á prorrogado até o dia útil imediato".

Nota-se duas distinções entre as disposições do Código Penal e a previsão do Código de Processo Penal. Primeiramente, como já visto, o Código Penal determina que o dia do começo deve ser incluído no cômputo do prazo. O Código de Processo Penal, por sua vez, estabelece que não se computará no prazo o dia do começo. Além disso, o Código de Processo Penal prevê expressamente a possibilidade de prorrogação dos prazos processuais, caso se terminem em domingo ou feriado. Essas diferenças têm a finalidade de beneficiar o agente: enquanto sujeito processual, oferece-lhe tempo e condições mais favoráveis para o exercício do contraditório e da ampla defesa; enquanto sujeito sobre quem será exercido o poder punitivo estatal, é mais favorável na medida em que torna a contagem dos prazos mais célere.

Há prazos que, embora previstos no Código de Processo Penal, estão diretamente relacionados à incidência do poder punitivo estatal, a exemplo do prazo decadencial para o exercício do direito de queixa ou representação (art. 38, CPP). Nessa hipótese, o prazo deverá ser computado na forma imposta pelo Código Penal, mais célere e favorável ao agente, tendo em vista que a decadência constitui causa extintiva da punibilidade.

3.6. Frações não computáveis da pena

Dispõe o art. 11 do Código Penal: "Desprezam-se, nas penas privativas de liberdade e nas restritivas de direitos, as frações de dia, e, na pena de multa, as frações de cruzeiro".

Desse dispositivo são extraídas **três regras**: duas delas explícitas e uma implícita, vejamos:

a) As frações de dia, ou seja, as horas, devem ser desprezadas nas penas privativas de liberdade ou restritivas de direitos - por exemplo, aplicada uma causa de aumento que aumenta de metade a pena de 7 dias, resultará 10 dias, e não 10 dias e 12 horas;

b) As frações de reais, ou seja, os centavos, devem ser desprezadas nas penas de multa;

c) Na fixação da pena pecuniária, deve ser desprezada a fração do dia-multa – por exemplo, a pena de 15 dias-multa acrescida de metade, resultará em 22 dias-multa, e não 22,5 dias-multa[31].

31. JESUS, Damásio de. **Direito Penal – Parte Geral**, v. 1. 36 ed. São Paulo: Saraiva, 2015, p. 185.

3.7. Legislação especial

O Código Penal adota o **princípio da convivência das esferas autônomas** em seu art. 12, o qual enuncia: "As regras gerais deste Código aplicam-se aos fatos incriminados por lei especial, se esta não dispuser de modo diverso".

Entende-se por "regras gerais" o conjunto de normas não incriminadoras previstas no Código, que compreende as normas permissivas, exculpantes, interpretativas, complementares, diretivas e integrativas. Portanto, sempre que as normas não incriminadoras forem compatíveis com a legislação especial, poderão ser aplicadas.

Por exemplo: a norma integrativa que prevê a tentativa (art. 14, II, CP) não pode ser aplicada às contravenções penais, pois o art. 4º da Lei de Contravenções Penais veda expressamente sua incidência.

Por outro lado, não há qualquer óbice à aplicação do perdão judicial, previsto no Código Penal (art. 107, IX), aos crimes de homicídio e lesão corporal culposos, tipificados pelo Código de Trânsito Brasileiro.

Por fim, a segunda parte do art. 12 prescreve a aplicação do **princípio da especialidade**, em que se afasta a lei geral para aplicação da lei especial.

3.8. Lei penal em relação às pessoas

A ideia de República exprime um dogma fundamental: o do primado da **igualdade de todos perante as leis**. Ninguém está acima da autoridade do ordenamento jurídico nacional, que determina a aplicação da lei penal a todos que se encontrem em nosso território, sem qualquer distinção pessoal.

Essa regra decorre do disposto no artigo 5º, *caput*, da CF, que consagra o princípio da igualdade, no sentido de que "todos são iguais perante a lei, sem distinção de qualquer natureza".

Entretanto, a lei defere **imunidade** a algumas pessoas, seja em virtude das funções que exercem, seja em razão de regras internacionais que devem ser respeitadas pela lei penal brasileira.

É o que se extrai da parte final do art. 5º, *caput*, do Código Penal: "sem prejuízo de convenções, tratados e regras de direito internacional".

Convém destacar que essa imunidade não constitui um privilégio pessoal, mas verdadeira **prerrogativa funcional**, necessária para o eficaz desempenho das atribuições inerentes ao cargo ou à função desempenhada pelo seu titular.

Nesse ponto, Rogério Sanches Cunha ilustra com a seguinte tabela a distinção entre privilégio e prerrogativa[32]:

32. CUNHA, Rogério Sanches. **Manual de Direito Penal** – Parte Geral, Bahia: Juspodivm, 2015, 6ª ed. p. 147.

PRIVILÉGIO	PRERROGATIVA
Exceção da lei comum deduzida da situação de superioridade das **pessoas** que a desfrutam.	Conjunto de precauções que rodeiam a **função**.
Subjetivo e anterior à lei.	**Objetiva** e deriva da **lei**.
Tem essência **pessoal**.	Anexo à qualidade do **órgão**.
Poder frente à lei.	Conduto para que a **lei** se cumpra.
Aristocracias das ordens sociais.	Aristocracias das instituições governamentais.

Por se tratar de uma prerrogativa ligada à função e não um privilégio pessoal, a imunidade **não pode ser renunciada** pelo seu titular.

Em nosso ordenamento jurídico encontramos dois tipos de imunidades:

a) imunidade diplomática (espécie de intraterritorialidade); e

b) imunidade parlamentar.

3.8.1. Imunidade diplomática

Quando estudamos o art. 5º, do CP, vimos que o legislador acolheu dois princípios: o da territorialidade e o da intraterritorialidade.

ART. 5º, CP	PRINCÍPIO ADOTADO	
Aplica-se a lei brasileira (...), ao crime cometido no território nacional.	Territorialidade	É a regra.
(...) sem prejuízo de convenções, tratados e regras de direito internacional.	Intraterritoridade.	É exceção.

O princípio da intraterritorialidade consiste na aplicação da **legislação estrangeira** a crimes ocorridos no **território brasileiro.** É o caso do agente diplomático que comete uma infração penal em nosso território. Por desfrutar de imunidade, responderá pela lei do seu país de origem (Estado acreditante). E é justamente esse fenômeno excepcional, admitido por normas estabelecidas em regras internacionais, que **mitiga** o princípio da territorialidade, impedindo que ele seja revestido de caráter absoluto.

Essa **imunidade de jurisdição penal** do Estado acreditado é garantida pela **Convenção de Viena de 1961** e baseada no **princípio da reciprocidade**, ou seja, o Brasil confere imunidade aos diplomatas oriundos de países que estendam a mesma prerrogativa aos agentes brasileiros.

Tal imunidade abrange todo e qualquer delito, e alcança:

a) Chefes de Estado ou governo estrangeiro, sua família e membros de sua comitiva;
b) Embaixador e sua família;
c) Funcionários do corpo diplomático;
d) Funcionários das organizações internacionais, quando em serviço (ex.: ONU, OEA etc.).

Por causa da característica da generalidade da lei penal, os agentes diplomáticos devem obediência ao preceito normativo primário do país em que se encontram. Escapam, no entanto, sua consequência jurídica (preceito normativo secundário), permanecendo sob a eficácia da lei penal do Estado a que pertencem[33] (Estado acreditante).

Ex.: CP, Art. 121, caput: "matar alguém" (todos devem obediência, inclusive o diplomata). Pena: 6 a 20 anos (diplomata é punido de acordo com a lei de seu Estado).

Convém destacar que existe uma hipótese em que o diplomata ficará sujeito à lei do país do Estado acreditado. Embora a imunidade diplomática seja irrenunciável pelo seu titular, **o Estado acreditante poderá abdicar dessa prerrogativa**, conforme previsto no art. 32, I da Convenção de Viena[34].

▸ IMPORTANTE

A imunidade **não alcança os empregados particulares dos diplomatas** (ex.: doméstica, jardineiro etc.)[35].

As **sedes diplomáticas não são consideradas extensão do território do país em que se encontram**. No entanto, são dotadas de inviolabilidade e não podem ser objeto de busca, requisição, embargo ou medida de execução.

Além da imunidade de jurisdição penal, o agente diplomático também desfruta de **inviolabilidade pessoal**, pois não pode ser detido ou preso, e sequer possui obrigação de testemunhar[36].

33. CUNHA, Rogério Sanches. **Manual de Direito Penal** – Parte Geral, Bahia: Juspodivm, 2015, 6ª ed. p. 148.
34. Decreto 56.435/65, Art. 32, 1. O Estado acreditante pode renunciar à imunidade de jurisdição dos seus agentes diplomáticos e das pessoas que gozam de imunidade nos termos do artigo 37.
35. Art. 37 da Convenção de Viena de 1961.
36. Art. 29 e 31, 2, da Convenção de Viena de 1961.

▸ CUIDADO!

A inviolabilidade pessoal não impede o agente diplomático de ser investigado pela polícia judiciária.

Há, ainda, a chamada **inviolabilidade de residência**, na medida em que a residência particular do agente diplomático goza da mesma inviolabilidade e proteção que os locais da missão, bem como seus documentos, sua correspondência e seus bens[37].

Em suma, são três as prerrogativas conferidas pela imunidade diplomática:

AGENTES DIPLOMÁTICOS		
Imunidade de jurisdição penal	Responde pela lei do seu país de origem (Estado acreditante).	Art. 31, 1 e 31, 4, da Convenção de Viena de 1961
Inviolabilidade pessoal	Não pode ser detido, preso ou testemunhar.	Art. 29 e 31, 2, da Convenção de Viena de 1961
Inviolabilidade de residência	A residência particular, seus documentos, sua correspondência e seus bens gozam da mesma proteção que os locais da missão.	Art. 30 da Convenção de Viena de 1961

Qual a diferença entre diplomata, embaixador, cônsul-geral, cônsul honorário e chanceler?

"**Diplomata**" é o servidor público aprovado no concurso do Instituto Rio Branco.

"**Embaixador**" é o título conferido ao Chefe de uma Missão Diplomática – Embaixadas e Representações junto a Organismos Internacionais –, pertença ele ou não à carreira diplomática. É prerrogativa do Presidente da República indicar Embaixadores, e qualquer cidadão pode ser designado.

"**Cônsul-Geral**" é o título conferido ao diplomata que chefia um Consulado-Geral.

"**Chanceler**" é o título conferido ao Ministro das Relações Exteriores, sobretudo na tradição latino-americana.

37. Art. 30 da Convenção de Viena de 1961.

> O Cônsul Honorário não é funcionário do Governo brasileiro. Sua nomeação se faz a título honorífico. Trata-se de um cidadão brasileiro ou estrangeiro, com bom perfil local ou regional, que se mostra disposto e capacitado a agir, na sociedade estrangeira em que está inserido, em favor dos interesses do Estado brasileiro e de seus nacionais. Não recebe qualquer remuneração ou desembolso de despesas, e não dispõe de repartição nos moldes de uma repartição consular brasileira para os auxílios que presta. Trata-se de um serviço voluntário para auxiliar a comunidade brasileira residente e, em casos de emergência, os viajantes brasileiros que ali se encontrem.[38]

Em relação ao **cônsul**, a imunidade de jurisdição é mais **restrita**, limitando-se aos **atos de ofício**, ou seja, àqueles cometidos no exercício das funções consulares.

Trata-se de **imunidade funcional relativa** que encontra previsão a **Convenção de Viena de 1963**[39].

Ex.:1. Cônsul falsificou um passaporte. Gozará da imunidade e será julgado no seu país de origem (Estado acreditante), pois o ato está ligado ao exercício de suas funções consulares.

Ex2. Cônsul praticou um homicídio. Por se tratar de crime comum, responderá de acordo com a lei brasileira (Estado acreditado).

Como a imunidade de jurisdição se limita aos atos de ofício, **não alcança familiares e funcionários pessoais do agente consular**.

Como foi possível entender, é bastante clara a diferença entre consulado e embaixada. Sendo que, para o cidadão, o consulado é mais "importante" (funcional), haja vista que é nele onde se resolve questões como o reconhecimento de uma nova cidadania.

No que toca à chamada **inviolabilidade pessoal**, os funcionários consulares não poderão ser detidos ou presos preventivamente, exceto em caso de crime grave e em decorrência de decisão de autoridade judiciária competente ou em decorrência de sentença judiciária definitiva[40]. Além disso, os membros de uma repartição consular não serão obrigados a depor sobre fatos relacionados com o exercício de suas funções, nem a exibir correspondência e documentos oficiais que a elas se refiram[41].

Diferentemente do agente diplomático, a residência particular do cônsul não goza de inviolabilidade. No entanto, as autoridades do Estado receptor não poderão

38. MRE. **O Itamaraty e as carreiras do Serviço Exterior**. Disponível em: https://www.gov.br/mre/pt-br/acesso-a-informacao/perguntas-frequentes/o-itamaraty-e-as-carreiras-do-servico-exterior#doze. Publicado em: 24 ago. 18. Acesso em: 11 nov. 2022.
39. Arts. 41 e 43 da Convenção de Viena de 1963.
40. Art. 41, 1 e 2, da Convenção de Viena de 1963.
41. Art. 44, 3, da Convenção de Viena de 1963.

ingressar nos locais que a repartição consular utilizar exclusivamente para as necessidades de seu trabalho, a não ser com o consentimento do chefe da repartição[42].

A imunidade consular também é irrenunciável, já que não constitui um benefício pessoal, mas prerrogativa funcional[43].

Em resumo, os agentes consulares gozam das seguintes prerrogativas funcionais:

AGENTES CONSULARES		
Imunidade de jurisdição penal	É relativa, limitando-se aos atos ligados às suas funções.	Arts. 41 e 43 da Convenção de Viena de 1963.
Inviolabilidade pessoal	Podem ser detidos ou presos em caso de crime grave e em decorrência de decisão da autoridade judiciária competente ou de sentença judiciária definitiva.	Art. 44, 3, da Convenção de Viena de 1963.
Inviolabilidade dos locais consulares	A residência particular do cônsul não goza de inviolabilidade, apenas a repartição consular.	Art. 31, 2, da Convenção de Viena de 1963.

3.8.2. Imunidade parlamentar

Visando garantir a necessária liberdade, autonomia e independência ao exercício da atividade parlamentar, o constituinte previu algumas imunidades, que integram o chamado **estatuto dos congressistas,** "conjunto de normas constitucionais que estatui o regime jurídico dos membros do Congresso Nacional, prevendo suas prerrogativas e direitos, seus deveres e incompatibilidades"[44].

Tal qual as diplomáticas, as imunidades parlamentares não configuram privilégios, mas **prerrogativas inerentes ao exercício da atividade parlamentar**, caracterizado pela representatividade dos cidadãos-eleitores. Por isso, não é extensível ao corréu desprovido dessa prerrogativa[45].

A Constituição Federal estabelece duas espécies de imunidades:

- **Absoluta:** art. 53, *caput,* CF;
- **Relativa:** art. 53, §§ 1º a 5º, CF.

---

42. Art. 31, 2, da Convenção de Viena de 1963.
43. Art. 45 da Convenção de Viena de 1963.
44. SILVA, José Afonso da. **Curso de direito constitucional positivo**. 34 ed. rev. e atual. São Paulo: Malheiros, 2011, p. 535.
45. Súmula 245 do STF: A imunidade parlamentar não se estende ao corréu sem essa prerrogativa.

3.8.2.1. *Imunidade parlamentar absoluta*

Também denominada substancial, material, real, inviolabilidade ou indenidade, a imunidade parlamentar absoluta está prevista no art. 53, *caput*, da Constituição Federal: "Os deputados e senadores são invioláveis, civil e penalmente, por quaisquer de suas opiniões, palavras e votos."

Essa imunidade ("freedom of speech") protege o parlamentar em suas opiniões, palavras e votos, no âmbito cível e penal, desde que sejam proferidos em razão do exercício de suas funções. Ou seja, Deputados Federais e Senadores não podem ser responsabilizados por eventual dano moral, e tampouco pela prática de delito contra a honra, quando suas opiniões, palavras e votos **guardarem conexão** com o exercício do mandato de parlamentar **(nexo funcional)**.

Possuem eficácia temporal permanente, pois pressupondo a inexistência de ilícito civil ou de infração penal, mesmo após o fim da legislatura, o parlamentar não poderá ser investigado, incriminado ou responsabilizado pelos fatos anteriores. O objetivo é permitir que o parlamentar possa manifestar suas ideias sem temer represálias.

O Supremo Tribunal Federal já decidiu que essa inviolabilidade alcança, inclusive, ofensas irrogadas **fora do recinto** da respectiva Casa Legislativa. O único requisito é que a manifestação do parlamentar esteja relacionada com o desempenho do mandato[46]. Essa regra também se aplica aos Deputados Estaduais (art. 27, § 1º, CF) e vereadores (art. 29, inc. VIII, CF).

Na hipótese de utilização de meios eletrônicos (*facebook, twitter, whatsapp, e-mails*) para divulgar mensagens ofensivas à honra de alguém, deve haver **vinculação com o exercício parlamentar** para que seja afastada a responsabilidade, ainda que a mensagem tenha sido gerada dentro do gabinete[47]. Entendimento diverso daria margem ao exercício abusivo desta prerrogativa que, como destacado, é da instituição e não do parlamentar[48].

Por outro lado, as palavras e opiniões emitidas no recinto parlamentar não gozam de **presunção absoluta de imunidade**, subsistindo o crime quando evidente a falta de conexão[49].

No que toca à natureza jurídica da imunidade material, embora haja enorme celeuma no âmbito doutrinário, o Supremo Tribunal Federal tem considerado que,

---

46. STF, Plenário. Inq. 3.672/RJ, Rel. Min. Rosa Weber, j. em 14/10/2014.
47. NOVELINO, Marcelo. **Curso de Direito Constitucional**. Salvador: Editora Juspodivm, 2015, p. 671-672.
48. Op. cit., p. 672.
49. STF, 1ª Turma. Inq 3.932 e Pet 5.243, Rel. min. Luiz Fux, j. 21/6/2016, DJe de 9-9-2016; Inq 1.958, Rel. p/ o ac. Min. Ayres Britto, j. 29-10-2003, DJe de 18/2/2005.

nas hipóteses acobertadas pela inviolabilidade, a manifestação do parlamentar constitui fato atípico[50].

3.8.2.2. Imunidade parlamentar relativa

Também conhecida como imunidade formal, processual, adjetiva ou imunidade propriamente dita.

Essa imunidade se divide em:

- Imunidade relativa ao foro;
- Imunidade relativa à prisão;
- Imunidade relativa ao processo;
- Imunidade relativa à condição de testemunha.

a) Imunidade relativa ao foro

Encontra previsão no art. 53, § 1º, da CF, "in verbis": "Os deputados e senadores, desde a expedição do diploma, serão submetidos a julgamento perante o Supremo Tribunal Federal."

O foro especial, também denominado **foro por prerrogativa de função**, estende-se da diplomação (portanto, antes da posse) até o fim do mandato. Só tem cabimento para os **delitos funcionais** (cometidos durante e em razão do mandato)[51], não abrangendo eventuais atos de improbidade administrativa praticados pelo congressista (mesmo que o ato de improbidade corresponda a um crime funcional, já que é um **foro para processo crime**).

Por se tratar de prerrogativa funcional (não pessoal), **não se estende aos suplentes**[52].

É importante lembrar que, em maio de 2018, o STF adotou uma interpretação mais restritiva em relação ao art. 102, I, "b" e "c", da Constituição Federal, que trata do foro por prerrogativa de função previsto para Deputados Federais e Senadores[53].

Adotando a técnica de redução teleológica, que restringe o alcance da norma para torná-la mais adequada às suas finalidades, o STF fixou tese segundo a qual o foro por prerrogativa de função aplica-se apenas aos crimes cometidos durante o exercício do cargo (nexo temporal), e desde que relacionados às funções desempenhadas pelo parlamentar (nexo funcional). Desse modo, os crimes praticados por

50. STF, Plenário. Inq. 2.282/DF, Rel. Min. Marco Aurélio, red. p/ acd. Min. Sepúlveda Pertence, j. em 30/06/2006, p. em 24/11/2006.
51. STF. Plenário. AP 937 QO/RJ, Rel. Min. Roberto Barroso, julgado em 03/05/2018 (Info 900).
52. STF, Plenário. Inq. 2453 AgR/MS, Rel. Min, Ricardo Lewandowski, j. em 17/05/2007, p. em 29/06/2007.
53. STF. Plenário. AP 937 QO/RJ, Rel. Min. Roberto Barroso, julgado em 03/05/2018 (Info 900).

congressista antes da diplomação, ou quando não tiverem qualquer relação com a função, passaram a ser competência do juízo de primeira instância.

Além disso, estabeleceu-se que o final da instrução processual (publicação do despacho de intimação para apresentação de alegações finais), delimitará o marco temporal a fim de fixar a competência do juízo, a qual, dependendo do caso, poderá ser do STF ou de outro órgão jurisdicional. Dessa maneira, as alterações decorrentes de situações tais como a diplomação, renúncia ou perda do cargo ocorridas após o despacho de intimação para apresentação de alegações finais não terão o condão de alterar a competência já perpetuada.

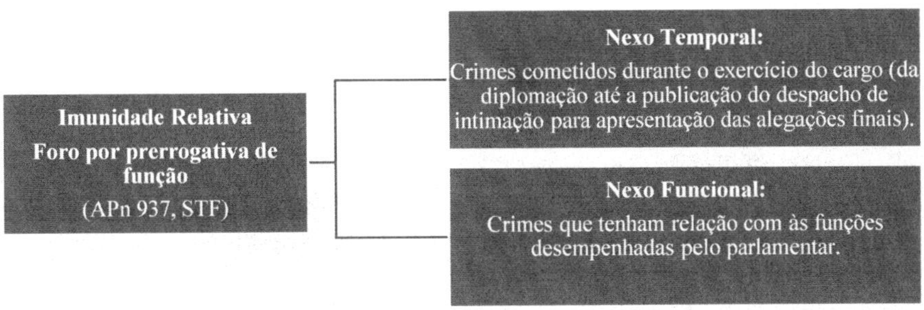

b) Imunidade relativa à prisão

Nos termos do art. 53, § 2º, da CF:

> Desde a expedição do diploma, os membros do Congresso Nacional não poderão ser presos, salvo em flagrante de crime inafiançável. Nesse caso, os autos serão remetidos dentro de vinte e quatro horas à Casa respectiva, para que, pelo voto da maioria de seus membros, resolva sobre a prisão.

REGRA	EXCEÇÃO
NÃO se admite a prisão cautelar do parlamentar (flagrante, temporária e preventiva).	Flagrante de crime **inafiançável**. (Os autos serão remetidos dentro de 24 horas à Casa respectiva, para que, pelo voto aberto da maioria dos seus membros, resolva sobre a prisão).

Essa imunidade recai sobre prisão provisória, excepcionada apenas a prisão em flagrante decorrente de prática de crime inafiançável. Tem início com a diplomação (antes mesmo da posse) e se encerra ao fim do mandato.

Foi denominada pelo STF **incoercibilidade pessoal dos congressistas** (*freedom from arrest*), mas não é revestida de caráter absoluto, devendo ser interpretada de forma sistemática e não literal, pois a sua previsão não visa privilegiar o parlamentar, mas permitir que os princípios do Estado Democrático de Direito sejam cumpridos e não desvirtuados. Afinal, o que se garante é a imunidade relativa, não a impunidade absoluta. Com base nesse entendimento, a Suprema Corte possui precedentes em que admitiu, em caráter excepcional, a prisão cautelar de congressistas[54].

▸ **CUIDADO!**

Não existe imunidade quanto à prisão definitiva (prisão pena).

STF e a Inafiançabilidade no caso concreto

Conforme exposto, nosso ordenamento jurídico somente admite a prisão em flagrante de parlamentar pela prática de crime inafiançável. Contudo, o STF, ao **arrepio da doutrina**, em mais de uma oportunidade (caso do Senador Delcídio do Amaral - Ação Cautelar 4036 - e do Deputado Federal Daniel Silveira) Inquérito 4.781/DF), resolveu pela prisão em flagrante dos parlamentares, **mesmo em crimes afiançáveis**, ao argumento de que por estarem presentes os requisitos da prisão preventiva, o crime se tornaria inafiançável no caso concreto, utilizando-se para tal o que dispõe o art. 324, IV do Código de Processo Penal, que trata da inafiançabilidade relativa: "Não será, igualmente, concedida fiança quando presentes os motivos que autorizam a decretação da prisão preventiva".

É possível impor aos parlamentares medidas cautelares do art. 319 do CPP?

Sim. O STF, conferindo interpretação conforme, decidiu ser possível a aplicação de medidas cautelares (arts. 312 a 319 do CPP) em face dos parlamentares federais. Contudo, fez a seguinte **ressalva**: a medida deve ser submetida à deliberação da respectiva Casa Legislativa em 24h, seguindo a regra relativa à apreciação da prisão em flagrante (art. 53, § 2º, CF/88).[55]

c) Imunidade relativa ao processo

Dispõe o art. 53, § 3º, da Constituição Federal:

> Recebida a denúncia contra o Senador ou Deputado, por crime ocorrido após a diplomação, o Supremo Tribunal Federal dará ciência à Casa respectiva, que, por iniciativa de partido político nela representado e pelo voto da maioria de seus membros, poderá, até a decisão final, sustar o andamento da ação.

Portanto, em se tratando de delito **(funcional ou não)** praticado pelo congressista **após a diplomação**, uma vez oferecida a denúncia contra o parlamentar, o Ministro do Supremo Tribunal Federal poderá recebê-la, sem necessidade de prévia licença da respectiva Casa. No entanto, caberá ao Supremo cientificá-la, a qual, por iniciativa de partido político nela representado e pelo voto da **maioria**

---

54. STF, 1ª Turma. HC 89.417/RO, Rel. Min. Carmen Lúcia, j. 22/08/2006.

55. STF, ADI 5526/DF, Rel. Orig. Min. Edson Fachin, Rel. p/ o ac. Min. Alexandre de Moraes, Pleno, j. 11/10/2017.

absoluta dos seus membros, poderá sustar o andamento da ação penal movida contra o parlamentar. O pedido de sustação deverá ser apreciado pela Casa no prazo improrrogável de **45 dias**, e a sustação do processo acarretará, automaticamente, a **suspensão da prescrição**, enquanto durar o mandato.

O delito praticado em concurso com agente não congressista acarretará o desmembramento do processo, em razão do regime de prescrição diferenciado, que alcança apenas o parlamentar.

d) Imunidade relativa à condição de testemunha

Essa imunidade está prevista no art. 53, § 6º, da CF: "Os Deputados e Senadores não serão obrigados a testemunhar sobre informações recebidas ou prestadas em razão do exercício do mandato, nem sobre as pessoas que lhes confiaram ou deles receberam informações.

Embora a testemunha tenha o dever de comparecer quando intimada pelo juízo para prestar seu depoimento, o art. 221 do Código de Processo Penal[56] estabelece que Deputados e Senadores terão a prerrogativa de ajustar dia, horário e local com essa finalidade. Também poderão optar por prestar depoimento por escrito, caso em que as perguntas, formuladas pelas partes e deferidas pelo juiz, lhes serão transmitidas por ofício[57].

Essa prerrogativa não alcança a condição de investigado ou de réu, sendo aplicável apenas quando o parlamentar for ouvido como testemunha.

3.8.3. Imunidades e estado de sítio

Estampada no art. 53, § 8º, da CF, que anuncia:

> As imunidades de Deputados ou Senadores subsistirão durante o estado de sítio, só podendo ser suspensas mediante o voto de dois terços dos membros da Casa respectiva, nos casos de atos praticados fora do recinto do Congresso Nacional, que sejam incompatíveis com a execução da medida.

Sobre o tema, José Afonso da Silva leciona que, "se os atos forem praticados no recinto do Congresso Nacional a imunidade é absoluta, não comportando a suspensão pela Casa respectiva. É uma garantia importante, porque se harmoniza

56. Art. 221. O Presidente e o Vice-Presidente da República, os senadores e deputados federais, os ministros de Estado, os governadores de Estados e Territórios, os secretários de Estado, os prefeitos do Distrito Federal e dos Municípios, os deputados às Assembléias Legislativas Estaduais, os membros do Poder Judiciário, os ministros e juízes dos Tribunais de Contas da União, dos Estados, do Distrito Federal, bem como os do Tribunal Marítimo serão inquiridos em local, dia e hora previamente ajustados entre eles e o juiz.

57. Art. 221, § 1º. O Presidente e o Vice-Presidente da República, os presidentes do Senado Federal, da Câmara dos Deputados e do Supremo Tribunal Federal poderão optar pela prestação de depoimento por escrito, caso em que as perguntas, formuladas pelas partes e deferidas pelo juiz, lhes serão transmitidas por ofício.

com o disposto no parágrafo único do artigo 139 e porque afasta qualquer pretensão de aplicar a parlamentares as restrições previstas nos incisos deste artigo"[58].

3.8.4. Outras imunidades

a) Deputados estaduais

O STF[59] entendeu, por maioria de votos e com base no **princípio da simetria** previsto no art. 27, § 1º, da CF[60], que as imunidades absoluta e relativa também devem ser aplicadas aos deputados estaduais.

Parlamentares Federais	Parlamentares Estaduais
Imunidade Absoluta	**Imunidade Absoluta**
Imunidade Relativa: Foro (STF); Prisão; Processo; e Condição de Testemunha.	**Imunidade Relativa:** Foro (STF); Prisão; Processo; e Condição de Testemunha.

b) Vereadores

Desfrutam somente de **imunidade absoluta**[61], desde que as suas opiniões, palavras e votos sejam proferidos no exercício do mandato **(nexo material)** e na circunscrição do município **(critério territorial)**[62].

▸ ATENÇÃO!

Não existe critério territorial na inviolabilidade dos parlamentares federais e estaduais. Assim, um Deputado Estadual de São Paulo goza de imunidade por suas opiniões, palavras e votos quando está concedendo uma entrevista para uma emissora de rádio na cidade do Rio de Janeiro. Porém, no caso dos vereadores,

---

58. SILVA, José Afonso da. **Curso de direito constitucional positivo**. 34 ed. rev. e atual. São Paulo: Malheiros, 2011, p. 537.
59. STF, ADIs 5823, 5824 e 5825.
60. Art. 27, § 1º. Será de quatro anos o mandato dos Deputados Estaduais, aplicando- sê-lhes as regras desta Constituição sobre sistema eleitoral, inviolabilidade, **imunidades**, remuneração, perda de mandato, licença, impedimentos e incorporação às Forças Armadas.
61. Art. 29, VIII - inviolabilidade dos Vereadores por suas opiniões, palavras e votos no exercício do mandato e na circunscrição do Município;
62. STF, Plenário. RE 600063, Rel. Min. Marco Aurélio, Relator(a) p/ Acórdão: Min. Roberto Barroso, julgado em 25/02/2015.

a imunidade absoluta está restrita à circunscrição do município onde exerce a vereança.

Pode a Constituição Estadual conferir foro por prerrogativa de função a vereador?

Não. Para o STF, "é inconstitucional dispositivo da Constituição Estadual que confere foro por prerrogativa de função, no Tribunal de Justiça, para Procuradores do Estado, Procuradores da Assembleia Legislativa, Defensores Públicos e Delegados de Polícia. A CF/88, apenas excepcionalmente, conferiu prerrogativa de foro para as autoridades federais, estaduais e municipais. Assim, não se pode permitir que os Estados possam, livremente, criar hipóteses de foro por prerrogativa de função"[63].

c) Presidente da República

A responsabilidade do Presidente da República vem estampada no art. 86, § 4º, da CF: "Presidente da República, na vigência do seu mandato, não poderá ser responsabilizado por atos estranhos ao exercício de suas funções."

Trata-se da chamada imunidade temporária à persecução penal.

Assim:

- Infração penal não funcional praticada no curso do mandato: possui imunidade temporária.
- Infração penal praticada antes do início do mandato: possui imunidade temporária.
- Infração penal praticada no curso do mandato por atos relacionados às funções: não há imunidade. Responde pelo crime.

c1) Imunidade material (absoluta): Ao contrário dos membros do Poder Legislativo, o Presidente da República **não possui imunidade material**, podendo ser responsabilizado por suas opiniões, palavras e votos.

c2) Imunidade relativa ao foro e ao processo: Nas infrações penais comuns, o Presidente da República será processado e julgado perante o Supremo Tribunal Federal, após admitida a acusação por 2/3 da Câmara dos Deputados (art. 51, I, 86, *caput*, e 102, I, "b", da CF).

O STF não fica vinculado à decisão da Câmara dos Deputados, podendo receber ou não a peça acusatória.

O recebimento da denúncia ou queixa ensejará a suspensão das funções por **cento e oitenta dias** (art. 86, § 1º, I, da CF).

Por fim, decorrido o prazo de cento e oitenta dias sem a conclusão do julgamento, cessará o afastamento do Presidente, sem prejuízo do regular prosseguimento do processo (art. 86, § 2º, da CF).

---

63. STF, Plenário. ADI 2553/MA, Rel. Min. Gilmar Mendes, red. p/ o ac. Min. Alexandre de Moraes, julgado em 15/5/2019 (Info 940).

c3) Imunidade relativa à prisão: O Presidente da República possui imunidade formal em relação à prisão, pois não poderá ser preso enquanto não sobrevier sentença condenatória[64].

ATENÇÃO!

Conquanto não haja previsão expressa, entende-se que a prisão só pode ocorrer após o trânsito em julgado da sentença condenatória. Logo, diferentemente dos parlamentares, não se admite a prisão temporária, preventiva ou em flagrante do Presidente da República.

c4) Imunidade relativa à condição de testemunha: Assim como Deputados e Senadores, ao Presidente da República também é conferida a prerrogativa de ajustar dia, horário e local para ser colhido o seu depoimento na condição de testemunha[65], podendo optar por fazê-lo por escrito[66], nos moldes do art. 221 do CPP.

O citado dispositivo legal encontra-se no Capítulo VI do CPP, "Das Testemunhas". A posição topográfica da norma não deixa dúvidas de que essa prerrogativa funcional **não alcança a condição de investigado ou de réu** do Presidente da República, aplicando-se somente aos casos em que ele é ouvido na qualidade de testemunha[67].

---

64. Art. 86, § 3º Enquanto não sobrevier sentença condenatória, nas infrações comuns, o Presidente da República não estará sujeito a prisão.

65. Art. 221. O Presidente e o Vice-Presidente da República, os senadores e deputados federais, os ministros de Estado, os governadores de Estados e Territórios, os secretários de Estado, os prefeitos do Distrito Federal e dos Municípios, os deputados às Assembleias Legislativas Estaduais, os membros do Poder Judiciário, os ministros e juízes dos Tribunais de Contas da União, dos Estados, do Distrito Federal, bem como os do Tribunal Marítimo serão inquiridos em local, dia e hora previamente ajustados entre eles e o juiz.

66. Art. 221, § 1º. O Presidente e o Vice-Presidente da República, os presidentes do Senado Federal, da Câmara dos Deputados e do Supremo Tribunal Federal poderão optar pela prestação de depoimento por escrito, caso em que as perguntas, formuladas pelas partes e deferidas pelo juiz, lhes serão transmitidas por ofício.

67. O STF tem diversos precedentes nesse sentido: Inq 3.006/RN, Rel. Min. Dias Toffoli; Inq 4.243/DF, Rel. Min. Teori Zavascki; Inq 1.504/DF, Rel. Min. Celso de Mello, DJU de 28/06/99; Inq 4.419/DF, Rel. Min. Edson Fachin; Inq 1.504/DF. Inq 1.628/DF; Inq 2.839/SP Inq 2.851/SC; Inq 4.827/DF; Pet. 600/AL. No STJ, v. HC 250.970/SP, Rel. Min. Jorge Mussi.

Presidente da República	**<u>Não</u> possui imunidade**	Absoluta ou material, podendo ser responsabilizado por suas opiniões, palavras e votos.
		Nos casos em que a infração penal praticada no curso do mandato por atos **relacionados** às funções.
	Imunidade temporária à persecução penal. (Infração penal **não funcional** praticada no curso do mandato ou praticada **antes do início do mandato**).	**Imunidade relativa ao foro e ao processo**. Nas infrações penais comuns, será julgado perante o STF, após admitida a acusação por 2/3 dos membros da Câmara dos Deputados. Neste caso, será suspenso por 180 dias de suas funções, ultrapassado esse prazo cessa o afastamento, sem prejuízo do regular prosseguimento do processo.
		Imunidade relativa à prisão. O Presidente da República possui imunidade formal em relação à prisão, pois não poderá ser preso enquanto não sobrevier sentença condenatória
	Imunidade relativa à condição de testemunha	**É conferida a prerrogativa** de ajustar dia, horário e local para ser colhido o seu depoimento na condição de **testemunha**, podendo optar por fazê-lo por escrito. Não alcança a condição de investigado ou de réu.

d) Governadores e prefeitos

A Constituição Federal não prevê qualquer tipo de imunidade aos Governadores dos Estados e do Distrito Federal, tampouco aos Prefeitos.

QUESTÕES

QUESTÃO 1

VUNESP - 2023 - PC-SP - Delegado de Polícia

Determina o art. 12 do CP: "as regras gerais deste Código aplicam-se aos fatos incriminados por lei especial, se esta não dispuser de modo diverso". Trata-se de norma que

a) prescreve a aplicação do princípio da legalidade.

b) privilegia as regras do CP em detrimento da lei especial.

c) prescreve a aplicação das regras do CP em situação de antinomia.

d) admite a interpretação analógica em situação de anomia.

e) prescreve a aplicação do princípio da especialidade.

QUESTÃO 2

FGV - 2024 - PC-SC Delegado

Um pacote legislativo resultou na aprovação de três novas leis penais no Congresso Nacional. A Lei A revogou o crime previsto no art. 28 da Lei de Drogas (Lei nº 11.343/06). Noutro giro, a Lei B alterou o texto do art. 213 do Código Penal, passando a prever para o crime de estupro a pena de 8 a 12 anos de reclusão. Por fim, a Lei C alterou o art. 155 do Código Penal, passando a prever para o crime de furto simples a pena de detenção de 1 a 5 anos. Em relação ao tema, assinale a afirmativa correta.

a) A lei A se refere à hipótese de irretroatividade da lei penal mais severa.
b) As leis A e C constituem hipóteses de novatio legis in mellius.
c) As leis B e C se referem à hipótese de retroatividade da lei penal mais benéfica.
d) A lei B se refere à hipótese de ultratividade da lei anterior mais benéfica.
e) A lei C se refere à hipótese de novatio legis incriminadora.

QUESTÃO 3

IVIN - 2023 - Prefeitura de Santana do Piauí - PI – Procurador

Assinale a alternativa correta, de acordo com as disposições do Código Penal:

a) Se uma servidora pública municipal, em viagem ao exterior a serviço, comete crime contra o patrimônio do Município, ficará sujeita à lei estrangeira aplicável do país em que praticou a ação criminosa.
b) Os brasileiros acusados por crime contra a administração pública praticados no exterior somente ficam sujeitos à lei brasileira se residentes no Brasil.
c) O servidor que cometa crime contra a União no exterior, estando a serviço dela, não fica mais sujeito à lei brasileira, caso seja absolvido no estrangeiro.
d) Não se atenua pena imposta no Brasil por cumprimento de pena no estrangeiro, em nenhuma hipótese.
e) No Brasil, adota-se a teoria da atividade ou da ação, a qual entende praticado o crime no momento em que ocorreu a ação ou omissão, mesmo que outro seja o momento do resultado.

QUESTÃO 4

FGV - 2023 - TJ-PR - Juiz Substituto

São teorias adotadas no Código Penal em relação ao tempo e ao lugar do crime, respectivamente:

a) da atividade e da territorialidade;
b) da anterioridade e da territorialidade;
c) da atividade e da ubiquidade;
d) da temporariedade e da ubiquidade;
e) da alteridade e mista.

QUESTÃO 5

Instituto Access - 2023 - Prefeitura de Ribeirão Preto - SP - Guarda Civil Metropolitano

No caso da extraterritorialidade condicionada, a lei brasileira vai ser aplicada de forma subsidiária. Os casos de crimes estão previstos no inciso II do artigo 7º do Código Penal:

I. que, por tratado ou convenção, o Brasil se obrigou a reprimir; II. praticados por brasileiro; III. praticados em aeronaves ou embarcações brasileiras, mercantes ou de propriedade privada, quando em território estrangeiro e aí não sejam julgados.

Analise os itens acima e assinale

a) se apenas os itens I e II estiverem corretos.
b) se apenas os itens I e III estiverem corretos.
c) se apenas os itens II e III estiverem corretos.
d) se nenhum item estiver correto.
e) se todos os itens estiverem corretos.

QUESTÃO 6

VUNESP - 2023 - TJ-SP - Oficial de Justiça

Imagine que, pelo mesmo fato e crime, acusado fora condenado no Brasil à pena de 4 anos e no estrangeiro à pena de 3 anos, ambas transitadas em julgado. Depois de ter cumprido 2 anos de pena no estrangeiro, o acusado foge e é capturado no Brasil. Aqui, cumprirá mais

a) 4 anos.
b) 1 ano.
c) 2 anos.
d) 1 ano, mas apenas se homologado o cumprimento da sentença estrangeira ao Brasil.
e) 5 anos.

QUESTÃO 7

TJ-AM - 2023 - Titular de Serviços de Notas e de Registros - Ingresso por Remoção

Acerca das disposições da parte geral do Código Penal, assinale a opção correta.

a) A superveniência de causa relativamente independente exclui a imputação quando, por si só, produziu o resultado, deixando os fatos anteriores de serem imputados a quem os praticou.

b) Considera-se praticado o crime no lugar em que ocorreu a ação ou omissão, no todo ou em parte, independentemente de onde se produziu ou deveria produzir-se o resultado.

c) Para os efeitos penais, consideram-se como extensão do território nacional as embarcações e aeronaves brasileiras, de natureza pública ou a serviço do governo brasileiro onde quer que se encontrem, bem como as aeronaves e as embarcações brasileiras, mercantes ou de propriedade privada, que se achem, respectivamente, no espaço aéreo correspondente ou em alto-mar.

d) Não é aplicável a lei brasileira aos crimes praticados a bordo de aeronaves estrangeiras de propriedade privada, quando em pouso no território nacional ou em voo no espaço aéreo correspondente.

QUESTÃO 8

FGV - 2023 - DPE-RJ - Defensor Público

O jogador Vinícius Júnior foi expulso, no dia 21/05/2023, em partida de futebol realizada contra o Valencia pelo campeonato espanhol, após reagir a ofensas racistas perpetradas por torcedores do time rival. Ao longo da partida, foi possível ouvir constantes gritos de "macaco!" advindos da torcida do Valencia e direcionados ao atacante brasileiro. A polícia de Madri recolheu impressões digitais e vestígios genéticos de várias pessoas envolvidas no ato. Afora isso, as autoridades locais rastrearam placas de veículos automotores que transitaram próximo ao estádio. Diante da investigação da polícia madrilenha, chegou-se à autoria em relação a determinados indivíduos.

Considerando a narrativa fática, é correto afirmar que a lei penal brasileira:

a) poderá ser aplicada às infrações penais que ocorrerem fora do território nacional, devendo ser observado o princípio da territorialidade mitigada;

b) poderá ser aplicada às infrações penais que ocorrerem fora do território nacional, devendo ser observado o princípio da nacionalidade ativa, podendo-se afirmar que nesta hipótese a extraterritorialidade é condicionada;

c) poderá ser aplicada às infrações penais que ocorrerem fora do território nacional, devendo ser observado o princípio da representação, podendo-se afirmar que, nessa hipótese, a extraterritorialidade é incondicionada;
d) poderá ser aplicada às infrações penais que ocorrerem fora do território nacional, devendo ser observado o princípio da justiça penal universal, bem como a hipótese legal decorrente do princípio da defesa que é verificada quando o delito é praticado por estrangeiro contra brasileiro, podendo-se afirmar que, em ambos os casos, teremos extraterritorialidade incondicionada;
e) poderá ser aplicada às infrações penais que ocorrerem fora do território nacional, devendo ser observado o princípio da justiça penal universal, bem como a hipótese legal decorrente do princípio da defesa que é verificada quando o delito é praticado por estrangeiro contra brasileiro, podendo-se afirmar que, em ambos os casos, teremos extraterritorialidade condicionada.

QUESTÃO 9

FGV - 2023 - AL-MA Técnico de Gestão Administrativa – Advogado

Caio caminha pelas ruas de um Estado estrangeiro quando é surpreendido por Tício, brasileiro, que lhe desfere diversas ofensas, incluindo uma "cusparada" no rosto. O delito de injúria real é fato típico e ilícito em ambos os países. A respeito do caso relatado, é correto afirmar que

a) se Caio também for brasileiro, caberá a aplicação da lei brasileira aos fatos ocorridos no exterior. A ação penal será pública incondicionada, por se tratar de injúria real.
b) a lei brasileira é aplicável ao caso, desde que Tício retorne ao Brasil, independentemente de ter havido, ou não, persecução penal na origem.
c) ainda que Tício retorne ao Brasil, a lei brasileira não é aplicável ao caso, por se tratar de extraterritorialidade condicionada da lei penal brasileira.
d) se o fato tivesse ocorrido no Brasil, envolvendo estrangeiros, o Brasil não poderia reconhecer a aplicação da lei penal estrangeira ao fato ocorrido em território nacional.
e) a hipótese é de extraterritorialidade condicionada, bastando que Tício retorne ao Brasil e que Caio ajuíze a competente queixa-crime para que haja a aplicação da lei penal brasileira.

QUESTÃO 10

MS Concursos e Consultoria 2023 - Prefeitura de Luís Eduardo Magalhães - BA - Guarda Municipal

De acordo com o Código Penal Brasileiro, é incorreto afirmar:

a) Considera-se praticado o crime no momento da ação ou omissão, ainda que outro seja o momento do resultado.
b) A lei posterior, que de qualquer modo favorecer o agente, aplica-se aos fatos anteriores, ainda que decididos por sentença condenatória transitada em julgado.
c) Considera-se praticado o crime no lugar em que ocorreu a ação ou omissão, no todo ou em parte, bem como onde se produziu ou deveria produzir-se o resultado.
d) A pena cumprida no estrangeiro é computada na pena imposta no Brasil pelo mesmo crime, quando diversas, ou atenua, quando idênticas.
e) O resultado, de que depende a existência do crime, somente é imputável a quem lhe deu causa. Considera-se causa a ação ou omissão sem a qual o resultado não teria ocorrido.

QUESTÃO 11

CONSULPAM - 2023 - TCM-PA - Conselheiro Substituto

Conforme as disposições do Código Penal pátrio (Dec. Lei n.º 2.848/1940) acerca da aplicação da lei penal, assinale a alternativa CORRETA.

a) A lei brasileira aplica-se também ao crime cometido por estrangeiro contra brasileiro fora do Brasil ainda que não tenha sido pedida a extradição.
b) A pena cumprida no estrangeiro atenua a pena imposta no Brasil pelo mesmo crime, quando idênticas.
c) A sentença estrangeira, quando a aplicação da lei brasileira produz na espécie as mesmas consequências, pode ser homologada no Brasil para sujeitar o condenado a medida de segurança.
d) Para os efeitos penais, consideram-se como extensão do território nacional as embarcações e aeronaves brasileiras mercantes ou de propriedade privada, onde quer que se encontrem.

QUESTÃO 12

CESPE / CEBRASPE 2023 - MPE-SC Promotor de Justiça Substituto (fase matutina)

Em caso de crime que, por tratado, o Brasil se obrigue a reprimir, há extraterritorialidade incondicionada.

Certo ( ) Errado ( )

QUESTÃO 13

CESPE / CEBRASPE 2023 - MPE-SC Promotor de Justiça Substituto (fase matutina)

Aplica-se o princípio da extraterritorialidade aos crimes praticados em aeronaves e embarcações brasileiras, mercantes ou de propriedade privada, que se achem, respectivamente, no espaço aéreo correspondente ou em alto-mar.

Certo ( ) Errado ( )

QUESTÃO 14

CESPE / CEBRASPE 2023 - MPE-PA Promotor de Justiça Substituto

Está sujeito à lei brasileira o crime

a) praticado em embarcação estrangeira na zona econômica exclusiva brasileira.

b) praticado em embarcação privada brasileira atracada em país estrangeiro, se o agente tiver sido condenado no referido país.

c) contra a honra do presidente da República praticado no exterior.

d) praticado em embarcação privada de bandeira brasileira em mar territorial de país estrangeiro signatário do MERCOSUL.

e) de genocídio, quando o agente for absolvido no país estrangeiro, mesmo sendo domiciliado no Brasil.

GABARITO

Questão 1	Letra "E"
Questão 2	Letra "D"
Questão 3	Letra "E"
Questão 4	Letra "C"
Questão 5	Letra "E"
Questão 6	Letra "C"
Questão 7	Letra "C"
Questão 8	Letra "E"
Questão 9	Letra "C"
Questão 10	Letra "D"
Questão 11	Letra "C"
Questão 12	Assertiva "Errada"
Questão 13	Assertiva "Errada"
Questão 14	Letra "E"

CAPÍTULO 4

Teoria geral do crime

4.1. Conceito de crime

No âmbito do Direito Penal, o crime costuma ser conceituado sob três aspectos: **formal, material e analítico.** Entretanto, não podemos nos esquecer que a criminologia também estuda o crime, por isso, o conceito criminológico também será abordado. Vamos a eles:

4.1.1. Critério formal ou legal

Como o próprio nome indica, diz respeito ao conceito de crime fornecido pelo legislador, ou seja, é a conduta estabelecida em lei como tal (princípio da reserva legal). Encontra previsão no art. 1º da Lei de Introdução ao Código Penal:

> Art. 1º. Considera-se crime a infração penal a que a lei comina pena de reclusão ou de detenção, quer isoladamente, quer alternativa ou cumulativamente com a pena de multa; contravenção, a infração penal a que a lei comina, isoladamente, pena de prisão simples ou de multa, ou ambas, alternativa ou cumulativamente.

Da leitura do dispositivo, infere-se que **infração penal é gênero** que tem duas espécies: **crime e contravenção penal.** Daí dizer-se que o Brasil acolheu o **sistema dualista, dicotômico ou binário de infração penal**[1].

A partir de uma análise do preceito secundário da infração penal, é possível constatar se a conduta descrita se amolda ao conceito de crime ou de contravenção penal, pois o critério de distinção adotado pelo legislador foi a de **espécie de pena cominada.**

---

1. Países como Alemanha e França, por exemplo, adotaram o sistema tricotômico, onde as infrações mais graves são rotuladas como crime, as intermediárias como delito e as mais leves como contravenção penal.

No Brasil, crime e delito são expressões sinônimas; já a contravenção penal também é chamada por **crime anão, crime vagabundo ou delito liliputiano**[2].

Não há distinção substancial entre crime e contravenção. **A diferença é axiológica (valorativa) e não ontológica**, porque ambas as infrações penais demandam análise do fato típico, da ilicitude e da culpabilidade. A nota distintiva entre crimes e contravenções é o grau de lesividade: quando o legislador elege uma conduta como crime, está sinalizando que a considera mais lesiva; quando tipifica como contravenção, que é menos lesiva.

Principais críticas às contravenções penais:

a) não se coaduna com o princípio da intervenção mínima do Direito Penal. Se uma conduta é grave a ponto de merecer a atenção do Direito Penal, deve ser rotulada como crime e não contravenção;

b) a maior parte das contravenções constitui letra morta, sem qualquer repercussão forense;

c) a maioria dos dispositivos está ultrapassada, é vetusta e antidemocrática (Guilherme Nucci);

d) é uma infração penal de segunda classe, desnecessária e descabida.

e) o melhor seria a revogação das contravenções penais, para contribuir com um sistema penal enxuto, eficaz e em sintonia com o princípio da intervenção mínima.

4.1.1.1. Crime x Contravenção Penal

Conquanto ontologicamente idênticos, pois tanto o crime quanto a contravenção penal demandam a análise dos substratos do crime (fato típico, ilicitude e culpabilidade), é possível encontrar diferenças de cunho axiológico (valorativo) trazidas pelo próprio legislador, conforme se verifica na tabela a seguir:

2. A expressão faz referência a uma ilha fictícia da literatura, habitada por pessoas minúsculas. Lilliput é uma ilha fictícia do romance "As Viagens de Gulliver".

	Crime	Contravenção Penal
Ação penal	Pode ser pública ou privada. (art. 100, CP)	Sempre pública incondicionada. (art. 17, LCP)
Tentativa	É punível a tentativa. (art. 14, II, CP)	Embora de possível ocorrência, não se pune a tentativa. (art. 4º, LCP)
Competência	Julgado pela Justiça Estadual ou Federal.	Julgado somente pela Justiça Estadual (art. 109, IV, CF).
Extraterritorialidade	Admite-se (art. 7º, CP).	A lei brasileira não alcança contravenções penais ocorridas no exterior (art. 2º, LCP).
Penas	Reclusão, detenção ou multa.	Prisão simples ou multa (art. 5º, LCP).
Regime inicial cabível	Fechado, semiaberto ou aberto (art. 33, caput, CP).	Semiaberto ou aberto (art. 5º, LCP). **Atenção!** A prisão jamais será cumprida no regime fechado, nem mesmo em caso de regressão.
Limite de cumprimento de pena	Máximo 40 anos (art. 75, CP).	Máximo 5 anos (art. 10, LCP).
Prazo mínimo da medida de segurança	1 a 3 anos (art. 97, § 1º, CP).	6 meses (art. 16, LCP).
Período de prova do *sursis*	2 a 4 anos (art. 77, "caput", CP) ou 4 a 6 anos (art. 77, § 2º, CP)	1 a 3 anos (art. 11, LCP).
Reincidência	Quando o agente comete novo crime depois de transitar em julgado a sentença que, no país ou no estrangeiro, tenha condenado por crime anterior (art. 63, CP)	Quando o agente pratica uma contravenção depois de passar em julgado a sentença que o tenha condenado, no Brasil ou no estrangeiro, por qualquer crime, ou, no Brasil, por motivo de contravenção. (art. 7º, LCP)

Ignorância ou compreensão errada da lei	O desconhecimento da lei é inescusável, podendo servir como atenuante de pena (art. 20, 21 e 65, II, CP).	No caso de ignorância ou de errada compreensão da lei escusáveis, a pena pode deixar de ser aplicada (art. 8º, LCP).
Prisão preventiva e temporária	Admissível nas hipóteses do art. 313, CPP e art. 1º, III, Lei 7.960/89	Não admite.

Portanto, quando o legislador considera uma conduta como infração penal, deve levar em conta todas essas distinções para estabelecer se o fato será catalogado como delito ou contravenção. Mas é importante perceber que nessa opção legislativa (crime ou contravenção) não há qualquer critério jurídico. O **critério é exclusivamente político.**

Exemplo clássico é a conduta de portar de forma ilegal armas de fogo. Até fevereiro de 1997, esse comportamento era considerado contravenção penal. A partir desse período, passou a ser considerado delito (art. 10, da Lei nº 9.437/97). Em 2003, o legislador tornou esse crime inafiançável[3] (art. 14, parágrafo único, Lei 10.826/03), o que demonstra que a análise do legislador é política, e não jurídica, pois o fato em si é o mesmo (portar ilegalmente arma de fogo).

Questões relevantes

1) Se uma contravenção penal for praticada em detrimento de bens, serviços ou interesse da União, a competência para o processo e julgamento será da Justiça Federal[4]?

Não. O STJ tem entendimento sumulado[5] no sentido de que a competência é da Justiça Estadual Comum, ainda que a contravenção penal praticada atinja bens, serviços ou interesses da União ou de suas entidades.

▸ CUIDADO!

Há uma **exceção.** A Justiça Federal irá julgar contravenção penal quando o autor possuir foro por prerrogativa de função no juízo ou Tribunal Federal. É o caso de uma contravenção penal praticada por um juiz federal. Nessa hipótese, será julgado no respectivo TRF.

3. O STF declarou essa inafiançabilidade inconstitucional (ADI 3.112).
4. CF, art. 109. Aos juízes federais compete processar e julgar: (...)V - os crimes políticos e as infrações penais praticadas em detrimento de bens, serviços ou interesse da União ou de suas entidades autárquicas ou empresas públicas, excluídas as contravenções e ressalvada a competência da Justiça Militar e da Justiça Eleitoral;
5. Súmula 38, STJ: Compete à Justiça Estadual Comum, na vigência da CF/88, o processo por contravenção penal, ainda que praticada em detrimento de bens, serviços ou interesse da União ou de suas entidades.

Desta forma, a Justiça Federal não julgará em razão da matéria, mas sim em razão da pessoa (*ratione personae*).

2) Como visto anteriormente, o art. 1º da Lei de Introdução ao Código Penal adotou as espécies de pena cominadas no preceito secundário como critério para diferenciar crimes e contravenções penais. Contudo, o art. 28 da Lei de Drogas[6], que tipifica a posse ou o porte de drogas para consumo pessoal, não prevê nenhuma das penas elencadas no referido art. 1º LICP (reclusão, detenção, prisão simples ou multa). Ante essa constatação, pergunta-se: a conduta de quem possui ou porta drogas para consumo pessoal configura crime ou contravenção penal?

Há duas correntes discutindo o tema:

1ª Corrente: Considerando que o art. 1º da LICP estabelece que é crime a infração penal apenada com reclusão ou detenção e contravenção penal aquela sancionada com prisão simples ou multa, o art. 28 da Lei de Drogas deve ser considerado uma **infração penal "sui generis"**[7]. Para essa corrente doutrinária, com o advento da Lei de Drogas o Direito Penal pátrio passou a acolher o sistema tricotômico, já que a infração penal seria fracionada em três espécies:

a) crime

b) contravenções penais

c) infração penal "*sui generis*".

2ª Corrente: O art. 28 da Lei de Drogas continua sendo crime, embora não seja cominada pena de prisão. Houve, na realidade, uma **despenalização**. Essa posição é majoritária na doutrina e foi adotada pelo STF[8].

Fundamentos da despenalização (STF):

Embora a lei preveja que esta conduta não seja punida com penas privativa de liberdade ou restritiva de direitos propriamente dita, não deixou de ser criminosa, pois:

- O art. 28 está inserido no capítulo III, que trata expressamente "dos crimes e das penas";

---

6. Lei 11.343/06, art. 28. Quem adquirir, guardar, tiver em depósito, transportar ou trouxer consigo, para consumo pessoal, drogas sem autorização ou em desacordo com determinação legal ou regulamentar será submetido às seguintes penas:
I - advertência sobre os efeitos das drogas;
II - prestação de serviços à comunidade;
III - medida educativa de comparecimento a programa ou curso educativo.
7. GOMES, Luiz Flávio et al. **Lei de Drogas comentada.** 6. Ed. rev., atual. e ampl. – São Paulo: Editora Revista dos Tribunais, 2014, p. 143.
8. STF, 1ª Turma. RE 430.105 QO, Rel. Min. Sepúlveda Pertence, j. em 13/02/2007.

- O art. 28 anuncia institutos específicos de crimes, a exemplo da reincidência (art. 28, § 4º); e
- As penas são aplicadas em procedimento penal, por um juiz criminal.

Dessa maneira, por meio de uma intepretação sistêmica, conclui-se que o art. 28 da Lei de Drogas configura crime, e não contravenção penal.

3) Nosso ordenamento jurídico prevê alguma contravenção penal apenada com reclusão?

Defendo que sim, e isso traz reflexos importantes. Acompanhem meu raciocínio.

O Decreto-Lei nº 6.259/44 possui duas infrações penais (arts. 53 e 54) que cominam pena de reclusão para os comportamentos ali descritos. Note que os dispositivos se encontram na parte destinada às "Contravenções".

Vejamos a redação dos arts. 53 e 54 do referido diploma legal.

> Art. 53. Colocar, distribuir ou lançar em circulação bilhetes de loterias relativos a extrações já feitas.
>
> Penas: as do art. 171 do Código Penal[9].
>
> Art. 54. Falsificar emendar ou adulterar bilhetes de loteria.
>
> Penas: as do art. 298 do Código Penal[10].

Portanto, nosso ordenamento jurídico contempla duas contravenções penais apenadas com reclusão. Esse entendimento traz luz para a questão do limite de cumprimento de pena nas contravenções, que pode chegar a 5 anos, conforme art. 10 da LCP. Do contrário, qual a razão de ser do art. 10? Para quais hipóteses seria ele aplicável?

Como são infrações penais punidas com reclusão, admitiriam, ao menos em tese, o manejo da interceptação telefônica como meio extraordinário de obtenção de provas dessas contravenções[11].

Além disso, vale lembrar que esses dispositivos são considerados **normas penais imperfeitas**, também chamadas de **normas penais em branco ao revés ou invertida.**

4) Qual a ação penal na contravenção penal de vias de fato (art. 21, LCP)?

O tema desperta polêmica.

---

9. Reclusão de 1 a 5 anos.
10. Reclusão de 1 a 5 anos.
11. Lei nº 9.296/96, art. 2º, inciso III.

1ª Corrente: Considerando que a lesão corporal de natureza leve tem a ação penal condicionada à representação do ofendido, parcela da doutrina[12] leciona que por uma questão de coerência e lógica do sistema, a contravenção penal de vias de fato, conduta menos gravosa que a lesão corporal leve, deva ser igualmente perseguida por meio de ação penal pública condicionada, a despeito do que impõe o art. 17 da LCP.

2ª Corrente: A ação penal é mesmo pública incondicionada, nos termos do art. 17 da LCP. A justificativa de que a contravenção penal constitui infração menos grave que a lesão corporal e, por isso, deveria ter a persecução penal modificada (de incondicionada para condicionada) não merece prosperar. Acolher essa tese levaria a conclusão equivocada de que todos os delitos de perigo que pudessem preceder a uma infração penal perseguida mediante ação pública condicionada também teriam a alteração da persecução penal.

A segunda corrente parece ser a preferida do STJ, que vem se manifestando a favor da natureza pública incondicionada da ação penal em caso de delitos de vias de fato praticados mediante violência doméstica e familiar contra a mulher[13].

Existe contravenção penal no Código Penal?

A Lei nº 14.811, de 12 de janeiro de 2024, além de outras medidas, criou a figura criminosa com *nomem iuris* "intimidação sistemática (*bullying*)" no artigo 146-A do Código Penal. A par de várias controvérsias que envolvem o tipo penal, uma chama mais atenção, a pena cominada ao *caput*. O legislador atribuiu a sanção de "multa" isolada para a figura básica do crime. Alguns doutrinadores, por eles Cleber Masson, diz que a nova infração penal, conquanto prevista no Código Penal, teria **natureza de contravenção penal,** embasando seu pensamento no art. 1º da Lei de Introdução ao Código Penal (LICP): "Considera-se crime a infração penal que a lei comina pena de reclusão ou de detenção, quer isoladamente, quer alternativa ou cumulativamente com a pena de multa; contravenção, a infração penal a que a lei comina, isoladamente, pena de prisão simples ou de multa, ou ambas, alternativa ou cumulativamente".

Contudo, Rogério Sanches explica que o art. 1º da LICP se preocupa com os tipos penais previstos fora do Código Penal ou da Lei de Contravenções Penais, sempre que o legislador não etiquetar a infração penal. Nesse caso, socorre-se do citado artigo da Lei de Introdução para concluir por uma ou outra espécie de infração penal. Por isso, a nova figura típica tem o **rótulo de crime. Parece-nos a melhor posição**. De fato, todos os tipos penais incriminadores previstos no CP possuem a etiqueta de crime, ao passo que os previstos na LCP constituem contravenção penal. Pensamento diverso levaria a uma situação inusitada e

12. NUCCI, Guilherme de Souza. **Leis Penais e Processuais Penais Comentadas**. Rio de Janeiro: Forense, 2017, p. 172.
13. STJ, 6ª Turma. AgRg no REsp 1.738.183/AM, Rel. Min, Nefi Cordeiro, j. 27/11/2018.

absolutamente contraditória. Se considerarmos que o "bullying" previsto no art. 146-A, "caput" é uma contravenção penal, qual seria a natureza jurídica do parágrafo único que prevê para o "bullying" virtual uma pena de reclusão de 2 a 4 anos, e multa? Haveria uma contravenção penal qualificada ou teríamos uma contravenção penal no "caput" e um crime em seu parágrafo único?

Outro ponto que merece destaque é o fato de que a Constituição Federal prevê a pena de multa como uma das espécies do gênero sanção penal, portanto, passível de ser cominada aos crimes. Aliás, não existe vedação para que crimes possuam pena de multa isolada, como ocorre com diversos delitos da Lei nº 4.737, de 1965 (Código Eleitoral).

Em resumo, se a infração penal estiver prevista no CP, sempre será classificada como crime. Se estiver prevista na LCP, será considerada uma contravenção penal. Nas leis esparsas, **quando o legislador for omisso,** a natureza da infração penal (crime ou contravenção) é determinada pela análise da pena prevista.

Obs. Independentemente da posição adotada, trata-se de infração de menor potencial ofensivo que cede espaço para outro crime mais grave, diante da subsidiariedade explícita do preceito secundário.

4.1.2. Conceito material de crime

Para esse critério, crime é toda ação ou omissão humana que lesa ou expõe a perigo de lesão bens jurídicos penalmente tutelados.

Trata-se de conceito **voltado para o legislador**, funcionando como verdadeiro vetor na formulação de políticas criminais e está intimamente ligado ao **princípio da fragmentariedade**. Cabe ao legislador identificar as condutas que a sociedade considera atentatórias a interesses ou valores que lhe são relevantes, tipificando aquelas que efetivamente causem dano, ou ao menos coloquem em perigo bens jurídicos penalmente relevantes. Dessa forma, não deve o legislador penal se ocupar de questões políticas, religiosas, econômicas, dentre outras para as quais a repressão penal seja exacerbada ou ineficaz. Sua única missão é proteger os bens jurídicos relevantes e decisivos para o convívio harmônico em sociedade. Em razão disso, atua como fator de legitimação da intervenção penal, não admitindo a criminalização de condutas que não violam qualquer bem jurídico relevante, ainda que sob o manto da legalidade.

Por exemplo: uma lei criou um tipo penal que proíbe as pessoas de dormirem mais do que oito horas por dia. Ainda que o absurdo diploma normativo tenha seguido regularmente todo o trâmite legislativo e esteja formalmente em ordem, não pode subsistir perante o critério substancial, posto que a conduta humana incriminada não lesa nem expõe a perigo qualquer bem jurídico.

O que estamos dizendo é que a sociedade anseia por uma perfeita sincronia entre os aspectos formal e material, como se observa no delito de homicídio, em que a conduta de matar alguém é considerada reprovável por toda a coletividade (aspecto material) e este comportamento humano indesejado, de fato, encontra-se tipificado no art. 121 do CP (aspecto formal).

Infelizmente, não é raro o descompasso entre os dois aspectos. Vejamos dois exemplos:

Ex.1: "furar fila" no dia da eleição (art. 306 do Código Eleitoral);

Ex.2: maltratar planta ornamental (art. 49 da Lei 9.605/98).

São comportamentos considerados criminosos no sentido formal (já que a conduta está tipificada em lei), embora não o sejam numa perspectiva material.

Portanto, sob o prisma formal, crime corresponde à concepção do direito acerca do delito, em uma visão legislativa do fenômeno (fato humano proibido pela lei penal); sob o prisma material, o conceito de crime é pré-jurídico, ou seja, é a concepção da sociedade a respeito do que pode e deve ser proibido.

4.1.3. Conceito analítico de crime

É a conceituação do crime a partir de seus **elementos estruturais**, ou seja, os seus **substratos.** Com a evolução das ciências penais, o crime passou a ser estudado e analisado a partir desses elementos.

Há duas principais correntes que buscam estabelecer quais são os elementos que compõem a estrutura do crime. A depender da vertente doutrinária, o crime pode ser definido como fato típico e ilícito (**corrente bipartite**), ou fato típico, ilícito e culpável (**corrente tripartite**).

▸ CURIOSIDADE

Zaffaroni e Pierangeli querendo, figurativamente, demonstrar o conceito analítico de crime, o comparam a uma rocha. Aduzem que para que a rocha possa melhor ser estudada pelos geólogos é preciso que seja cortada em estratos, sem que com isso fique descaracterizada. Trazendo essa lição para o Direito Penal, surge tomando de empréstimo da geologia, o chamado conceito estratificado de crime, que quer dizer o mesmo que conceito analítico, asseverando que o crime é composto pelos seguintes estratos: ação típica, ilicitude e culpabilidade.[14]

14. GRECO, Rogério. **Curso de Direito Penal**: parte geral. 9º ed. Rio de Janeiro: Impetus, 2007, p. 144.

4.1.3.1. Corrente bipartite ou bipartida

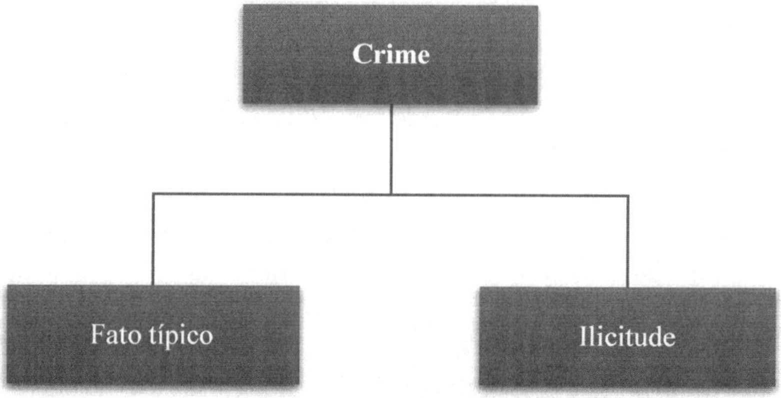

Para essa corrente dicotômica, a culpabilidade não é substrato do crime, mas mero pressuposto para aplicação da pena. Pode ocorrer crime (fato típico e ilícito) e o agente ser isento de pena.

4.1.3.2. Corrente tripartite ou tripartida[15]

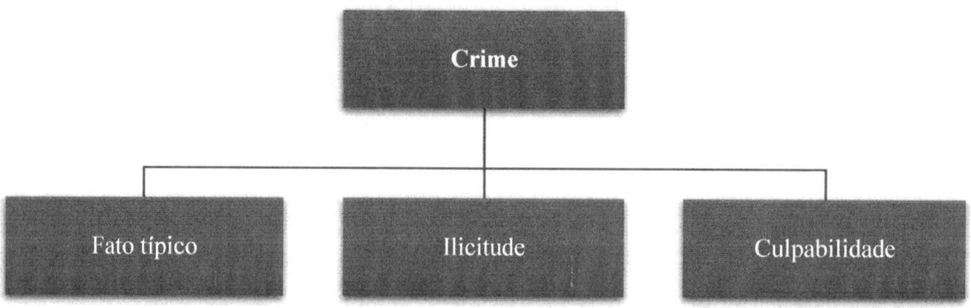

A doutrina, em sua maioria, acolhe a teoria tripartite no conceito analítico de crime, a qual também ganhou a simpatia dos Tribunais Superiores[16].

Por se tratar de tema que gera grande divergência entre penalistas, existem outras correntes que merecem destaque. Há autores que defendem ser o crime:

---

15. Pelo **princípio da congruência (coincidência ou simultaneidade)** todos os elementos do crime (fato típico, ilicitude e culpabilidade) devem estar presentes no momento da conduta (art. 4º, CP).

16. STF, 2ª Turma. HC 126.202/TO, Rel. Min. Teori Zavascki, j. em 30/06/2015; STJ, 5ª Turma. HC 355.732, Rel. Min. Jorge Mussi, j. em 18/08/2016.

a) um fato típico, antijurídico, culpável e punível (Basileu Garcia, Muñoz Conde, Hassemer, Battaglini, Giorgio Marinucci e Emilio Dolcini, entre outros);

b) um fato típico e culpável, estando a antijuridicidade ínsita ao próprio tipo (Miguel Reale Júnior, entre outros adeptos da teoria dos elementos negativos do tipo);

c) fato típico, antijurídico e punível, constituindo a culpabilidade a ponte que liga o crime à pena (Luiz Flávio Gomes);

d) um fato típico e antijurídico, sendo a culpabilidade apenas um pressuposto de aplicação da pena (René Ariel Dotti, Damásio de Jesus, Julio Fabbrini Mirabete, Celso Delmanto, André Estefam, Cleber Masson, entre outros);

e) um fato típico, antijurídico e culpável. Nesta corrente, que é majoritária no Brasil e no exterior, e com a qual concordamos, dividem-se **finalistas** (Assis Toledo, Heleno Fragoso, Juarez Tavares, José Henrique Pierangeli, Eugenio Raúl Zaffaroni, Fernando de Almeida Pedroso, Jair Leonardo Lopes, Cezar Roberto Bitencourt, Luiz Regis Prado, Rodolfo Tigre Maia, Jorge Alberto Romeiro, Luiz Luisi, David Teixeira de Azevedo, Rogério Greco, Reinhart Maurach, Heinz Zipf, Bustos Ramírez, Jiménez Martínez, entre outros) e **causalistas** (Nélson Hungria, Frederico Marques, Aníbal Bruno, Magalhães Noronha, Paulo José da Costa Júnior, Vicente Sabino Júnior, Salgado Martins, Euclides Custódio da Silveira, Manoel Pedro Pimentel, Roque de Brito Alves, Fernando de Almeida Pedroso, Jiménez de Asúa, Baumann, Mezger, entre outros), além daqueles que são adeptos da teoria social da ação, propondo-se a ser uma tentativa de ajuste, num só quadro, dos principais aspectos do causalismo e do finalismo (Jescheck, Wessels, Schmidt, Engisch, Wolff, entre outros).

Embora alguns autores defendam que a punibilidade é um dos substratos do delito, a doutrina majoritária rechaça esse entendimento, ao argumento de que a **punibilidade não constitui um requisito do crime, mas sua consequência jurídica**.

4.1.4. Conceito criminológico de crime

A criminologia moderna não pode ficar limitada ao conceito jurídico-penal do crime, sob pena de suprimir sua independência e autonomia, transformando-a num instrumento de mero auxílio para o Direito Penal.

Para a criminologia, somente se pode falar em delito se a conduta preencher os seguintes elementos constitutivos:[17]

a) **incidência massiva na população**: reiteração na sociedade. Exemplo: incomodar cetáceo não é um comportamento que se repete diuturnamente na

17. FONTES, Eduardo; HOFFMAN, Henrique. Carreiras Policiais: **Criminologia**. 4 ed. rev., atual. e ampl. Salvador: Editora JusPodivm, 2021, p. 16.

sociedade brasileira. Portanto, embora a conduta seja crime para o Direito Penal (art. 1º da Lei 7.643/87), para a criminologia lhe falta esse requisito.

b) **incidência aflitiva**: produção de dor à vítima e à sociedade. Exemplo: utilizar inadequadamente a expressão couro sintético não traz aflição para a comunidade. Logo, em que pese se trate de delito para o Direito Penal (art. 1º da Lei 4.888/65 e art. 195 da Lei 9.279/96), para a criminologia é um irrelevante.

c) **persistência espaço-temporal**: prática ao longo do território por um período de tempo relevante. Exemplo: a conduta de desatarraxar o esguicho do para-brisa do Fusca, comportamento que virou febre na década de 60, não deve receber tratamento criminal especial, por se tratar de algo efêmero.

d) **consenso sobre sua etiologia e técnicas de intervenção**: concordância sobre suas causas e métodos de enfrentamento. Exemplo: o consumo imoderado de bebida alcoólica não tem contra si uma rejeição ampla e pacífica, daí porque não deve ser considerado crime.

Assim, para a criminologia, o crime é um fenômeno social e comunitário, que se mostra como um problema maior, a exigir empatia do pesquisador para se aproximar dele e entendê-lo em suas múltiplas facetas. Fenômeno social, dada sua influência massiva na população, causando latente insegurança e temor aos membros da sociedade. Fenômeno comunitário, por ter suas raízes e soluções na própria comunidade, considerando que todos somos parte dela e, com isso, compete a nós mesmos dirimir ou combater a criminalidade. Também é considerado um fenômeno humano e cultural, pois só existe em nosso meio; na natureza não há a figura do delito.

Enfim, a relatividade do conceito de delito é patente na criminologia, que o observa como um problema social.

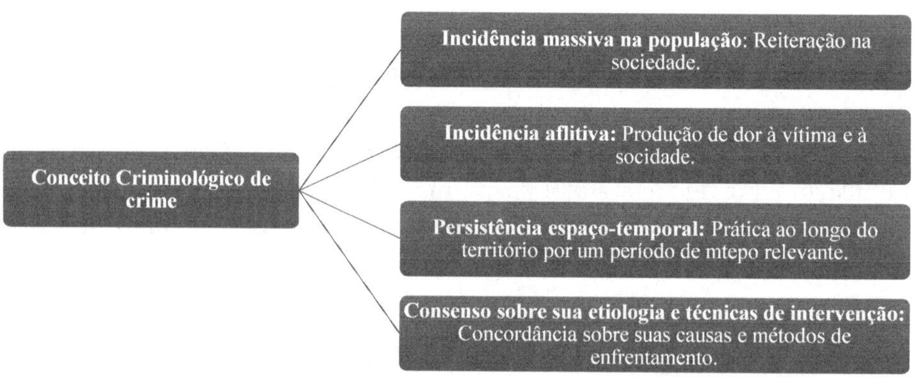

4.2. Sujeitos do crime

4.2.1. Sujeito Ativo

Sujeito ativo é a pessoa que realiza a conduta criminosa, direta ou indiretamente, sozinha ou em concurso com alguém.

Desse breve conceito já é razoável inferir que os animais não podem ser sujeitos ativos de crime, embora possam atuar como instrumentos de uma infração penal.

DENOMINAÇÕES DO SUJEITO ATIVO NO ORDENAMENTO JURÍDICO[18]	
Agente	**Momento**
Indiciado	Fase inquisitorial
Acusado	Fase de oferecimento da denúncia ou queixa
Réu	Após recebimento da inicial acusatória
Sentenciado	Com a prolação da sentença
Condenado	Após trânsito em julgado da decisão condenatória
Reeducando/preso/recluso/detento	Durante a execução penal
Egresso	Após o cumprimento da pena
Criminoso/delinquente	Objeto de estudos nas ciências penais

Quanto à possibilidade de uma **pessoa jurídica** figurar como sujeito ativo de conduta criminosa, duas teorias com posicionamentos opostos surgiram: a teoria da ficção e a teoria da realidade ou organicista.

Segundo a **teoria da ficção, de Savigny**, a personalidade jurídica, ao contrário da personalidade natural, é fruto de uma ficção legal, e sua existência decorre unicamente de determinação legal. Por não ser dotada de elementos anímicos, tais como a vontade ou a consciência, não pode delinquir, nem ser considerada

18. JESUS, Damásio de. **Direito Penal – Parte Geral,** v. 1. 36 ed. São Paulo: Saraiva, 2015, p. 208; MASSON, Cleber. **Direito Penal Esquematizado – Parte Geral, v. 1**. São Paulo: Método, 2016, p. 51.

imputável, de acordo com o brocardo *societas delinquere non potest* (a sociedade não pode delinquir). Só podem desempenhar o papel de sujeito ativo as pessoas naturais que dirigem a pessoa jurídica, como membros ou representantes.

A **teoria da realidade ou organicista, de Otto Gierke**, atribui à pessoa jurídica autonomia e vontade próprias, que não se confunde com a de seus administradores. Desse modo, é perfeitamente possível que figure como sujeito ativo de infrações penais, além de apresentar tendência criminológica especial, pelos poderosos meios e recursos que pode mobilizar.

Atualmente, a pessoa jurídica pode ser responsabilizada no âmbito penal quando tratar-se de **crime contra a ordem econômica e financeira, contra a economia popular e contra o meio ambiente**, por expressa previsão constitucional (art. 173, § 5º[19] e art. 225, § 3º[20]), e desde que regulamentado por lei ordinária, devendo o legislador cominar penas compatíveis com sua natureza jurídica, independentemente da responsabilidade individual dos seus dirigentes.

> Em nosso arcabouço jurídico, **apenas a Lei dos Crimes Ambientais** (Lei nº 9.605/98, art. 3º[21]) prevê a responsabilização penal da pessoa jurídica. Quanto aos demais delitos - crimes contra a economia popular e a ordem econômica e financeira - ainda não sobreveio lei definidora dos delitos por parte do ente coletivo.

Discute-se se a **pessoa jurídica de direito público** (União, Estados, Distrito Federal, Municípios, autarquias e fundações públicas) pode responder criminalmente pela prática de um delito ambiental. A maioria da doutrina defende que a pessoa jurídica de direito privado e de direito público não devem receber o mesmo tratamento, em especial na esfera penal, tendo em vista possuírem natureza e propósito distintos. De fato, a pessoa jurídica de direito público representa a vontade do próprio Estado, que é o interesse público. Se o administrador público agir com desvio de poder, a responsabilidade criminal deve recair sobre a pessoa natural. Não se admite, desta forma, que o Estado assuma a qualidade de delinquente, pois eventual condenação forçá-lo-ia a aplicar uma pena contra si mesmo, o que, ao final, redundaria em ônus para a própria sociedade. Contudo, interessante é trazer a lume a **divergência doutrinária** no que se refere a possibilidade da responsabilização penal da pessoa jurídica de direito público em crimes ambientais:

---

19. CF/88, Art. 173, § 5º A lei, sem prejuízo da responsabilidade individual dos dirigentes da pessoa jurídica, estabelecerá a responsabilidade desta, sujeitando-a às punições compatíveis com sua natureza, nos atos praticados contra a ordem econômica e financeira e contra a economia popular.
20. CF/88, Art. 225, § 3º As condutas e atividades consideradas lesivas ao meio ambiente sujeitarão os infratores, pessoas físicas ou jurídicas, a sanções penais e administrativas, independentemente da obrigação de reparar os danos causados.
21. Lei nº 9.605/98, Art. 3º As pessoas jurídicas serão responsabilizadas administrativa, civil e penalmente conforme o disposto nesta Lei, nos casos em que a infração seja cometida por decisão de seu representante legal ou contratual, ou de seu órgão colegiado, no interesse ou benefício da sua entidade.

> Em outro extremo se encontram aqueles que sustentam positivamente essa possibilidade porque as normas que disciplinam a responsabilidade penal da pessoa jurídica (Constituição Federal e Lei nº 9.605/98) não excepcionam quanto às de direito público, devendo ambas receber tratamento isonômico. Afinal, se a lei não impõe barreiras, é defeso ao intérprete fazê-lo (...) adotada esta segunda orientação, cabe-nos esclarecer que nem todas as penas elencadas nos arts. 21 a 23 da Lei nº 9.605/98 são aplicáveis à pessoa jurídica de direito público (...) diante desse quadro, pode-se estabelecer que, enquanto a multa é sempre aplicada, as penas restritivas de direito não têm incidência indiscriminada.[22]

Ademais, há decisão interessante do STJ em que se responsabilizou penalmente uma sociedade de economia mista, que, embora seja pessoa jurídica de direito privado, é instituída pelo poder público por meio de lei (art. 37, XIX, CF/88):

> No tocante às sociedades de economia mista, o STJ, no RMS 39.173/BA admitiu, ainda que indiretamente, a responsabilidade penal. No julgado, em que o tribunal tratou da possibilidade de punição autônoma da pessoa jurídica – ou seja, independentemente dos dirigentes – a autoria delitiva recaía na PETROBRAS, à qual se imputava crime de poluição (art. 54 da Lei nº 9.605/98) durante a implantação de um gasoduto.[23]

4.2.1.1. Teoria da dupla imputação

Discute-se a possibilidade de responsabilizar penalmente a pessoa jurídica por delitos ambientais independentemente da responsabilização concomitante da pessoa física que atua em seu nome.

Atualmente, há uma uniformidade na jurisprudência dos Tribunais Superiores quanto à **desnecessidade de aplicação da teoria da dupla imputação** para fins de responsabilização penal da pessoa jurídica por crimes ambientais. Em outras palavras, a responsabilização penal da pessoa jurídica independe responsabilização da pessoa física. De acordo com o STJ, a obrigatoriedade da dupla imputação caracterizaria afronta ao art. 225, § 3º, da CF, pois condicionaria a punição da pessoa jurídica à condenação simultânea da pessoa física[24].

> RECURSO EXTRAORDINÁRIO. DIREITO PENAL. CRIME AMBIENTAL. RESPONSABILIDADE PENAL DA PESSOA JURÍDICA. CONDICIONAMENTO DA AÇÃO PENAL À IDENTIFICAÇÃO E À PERSECUÇÃO CONCOMITANTE DA PESSOA FÍSICA QUE NÃO ENCONTRA AMPARO NA CONSTITUIÇÃO DA REPÚBLICA. 1. O art. 225, § 3º, da Constituição Federal não

---

22. CUNHA, Rogério Sanches. **Manual de direito penal**. parte geral (arts. 1º ao 120). 7. ed. rev., ampl. e atual. Salvador: JusPODIVM, 2019, p. 187.
23. Ibidem, p. 188.
24. STJ, 5ª Turma. MS 39.173/BA, Rel. Min. Reynaldo Soares da Fonseca, DJ 06/08/2015; STF, 1ª Turma. RE 548.181/PR, Rel. Min. Rosa Weber, DJe 19/06/2013.

condiciona a responsabilização penal da pessoa jurídica por crimes ambientais à simultânea persecução penal da pessoa física em tese responsável no âmbito da empresa. A norma constitucional não impõe a necessária dupla imputação. 2. As organizações corporativas complexas da atualidade se caracterizam pela descentralização e distribuição de atribuições e responsabilidades, sendo inerentes, a esta realidade, as dificuldades para imputar o fato ilícito a uma pessoa concreta. 3. Condicionar a aplicação do art. 225, §3º, da Carta Política a uma concreta imputação também a pessoa física implica indevida restrição da norma constitucional, expressa a intenção do constituinte originário não apenas de ampliar o alcance das sanções penais, mas também de evitar a impunidade pelos crimes ambientais frente às imensas dificuldades de individualização dos responsáveis internamente às corporações, além de reforçar a tutela do bem jurídico ambiental. 4. A identificação dos setores e agentes internos da empresa determinantes da produção do fato ilícito tem relevância e deve ser buscada no caso concreto como forma de esclarecer se esses indivíduos ou órgãos atuaram ou deliberaram no exercício regular de suas atribuições internas à sociedade, e ainda para verificar se a atuação se deu no interesse ou em benefício da entidade coletiva. Tal esclarecimento, relevante para fins de imputar determinado delito à pessoa jurídica, não se confunde, todavia, com subordinar a responsabilização da pessoa jurídica à responsabilização conjunta e cumulativa das pessoas físicas envolvidas. Em não raras oportunidades, as responsabilidades internas pelo fato estarão diluídas ou parcializadas de tal modo que não permitirão a imputação de responsabilidade penal individual. 5. Recurso Extraordinário parcialmente conhecido e, na parte conhecida, provido.

Em síntese e em conformidade com a jurisprudência recente dos Tribunais Superiores, a imputação penal da pessoa jurídica não exige a simultânea imputação da pessoa física por ela responsável, estando superada a teoria da dupla imputação[25-26].

4.2.2. Classificação do crime quanto ao sujeito ativo

COMUM	PRÓPRIO	MÃO PRÓPRIA
O tipo penal não exige qualidade ou condição especial do agente.	Exige qualidade ou condição especial do agente.	O tipo penal exige qualidade ou condição especial do agente, e sua atuação direta.

25. TRF-4, ACR: 50013165820184047121 RS 5001316-58.2018.4.04.7121, Relator: Giovani Bigolin, Data de Julgamento: 28/02/2019, Quinta Turma Recursal do RS.

26. É possível a responsabilização penal da pessoa jurídica por crimes ambientais independentemente da responsabilização concomitante da pessoa física que a represente. STJ. 5ª Turma. AgRg no REsp n. 1.988.504/RN, Rel. Min. Ribeiro Dantas, julgado em 14/6/2022.

Admite coautoria ou participação.	Admite coautoria ou participação. Ex.: peculato, admite a participação de alguém que não seja funcionário público.	**Não admite coautoria**, só participação. Crime de conduta infungível. Ex.: falso testemunho.[27] É incompatível com a teoria do domínio do fato. **Exceção**: falsa perícia – se dois peritos acordarem e assinarem o laudo falso, com é o caso previsto no § 1º, art. 159 do CPP, será um caso de crime de mão própria com coautoria.

4.2.3. Sujeito Passivo

O sujeito passivo, vítima[28] ou ofendido, é a **pessoa ou ente titular do bem jurídico atingido pela infração penal**. Não apenas a pessoa física pode figurar como sujeito passivo, mas também a pessoa jurídica ou mesmo um ente indeterminado, sem personalidade jurídica, como se dá nos crimes perpetrados contra a coletividade, contra família etc.[29]

O sujeito passivo divide-se em:

- **Sujeito passivo constante, formal, mediato, indireto ou geral:** É o Estado, que figura como sujeito passivo de todos os crimes, pois não lhe

27. Em que pese a doutrina e jurisprudência majoritária não compatibilizem a coautoria em crimes de mão própria, o STF (RHC 81.327/SP) e o STJ (REsp 402.783/SP) possuem decisões admitindo a coautoria do advogado que instrui testemunha. Todavia, entendo que tal exceção jurisprudencial não deva ser a primeira opção a ser marcada em provas objetivas.

28. Rogério Sanches entende que **sujeito passivo e vítima são conceitos distintos**, uma vez que sujeito passivo pressupõe uma pessoa física ou jurídica, que sofra com as consequências da infração penal, ou seja, o termo "sujeito passivo" exige uma infração penal; no entanto, no caso do termo "vítima", pode existir situações em que ela não seja sujeito passivo de uma infração penal, compreendendo uma definição mais abrangente que **engloba tanto situações nas quais existe crime quanto aquelas nas quais não há crime nenhum**. Mas, havendo crime, tem-se que o "sujeito passivo" e "vítima" se reúnem na mesma pessoa. Para ilustrar a diferença, a vitimologia discute o conceito de "**vítima sem crime**", exemplos seriam a pessoa que morre num cenário de legítima defesa (não há crime, pois embora típica a conduta, não é ilícita) e, também, o suicídio. CUNHA, Rogério Sanches. **Manual de direito penal**. parte geral (arts. 1º ao 120). 7. ed. rev., ampl. e atual. Salvador: JusPODIVM, 2019, p. 189-193.

29. Há delitos em que o sujeito passivo é **indeterminado**. São os chamados **crimes vagos**, em que o sujeito passivo é um ente destituído de personalidade jurídica, a exemplo dos crimes contra a fauna, em que tem como vítima a coletividade, ou mesmo os crimes contra a saúde pública (ex. Lei de Drogas). Conforme já exposto na parte principiológica, relembre que os crimes vagos tutelam os bens jurídicos coletivos aparentes ou falsos bens jurídicos coletivos, que são aqueles formados pela soma de vários bens jurídicos individuais, e que são tratados pelo legislador conjuntamente, a fim de fundamentar a antecipação da tutela penal em determinados casos e legitimar incriminações e punições. Ex.: paz pública, saúde pública, incolumidade pública etc. Parcela da doutrina defende que os bens jurídicos coletivos aparentes (ou "falsos coletivos"), acabam por violar os princípios da lesividade, da dignidade da pessoa humana e da fragmentariedade do Direito Penal.

convém que sejam praticadas infrações penais. O Estado é o principal interessado na manutenção da paz pública e da ordem social.

- **Sujeito passivo eventual, material, imediato, direto, particular ou acidental:** é o titular do bem jurídico atingido. Ex.: pessoa cuja integridade física foi ofendida no crime de lesão corporal. O sujeito passivo material pode ser pessoa natural ou pessoa jurídica, neste último caso, a depender da natureza do delito (por exemplo, uma pessoa jurídica pode ser vítima do crime de furto, mas não de homicídio).

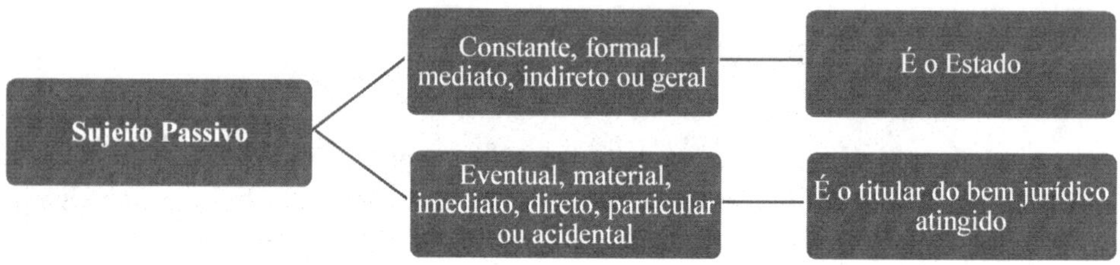

Há casos em que haverá coincidência entre o sujeito passivo constante e eventual. Se observarmos os crimes praticados contra a Administração Pública, em que o Estado será atingido em ambos os aspectos. Como exemplo, temos o crime de concussão (CP, art. 316), na qual o sujeito passivo é o Estado e, mediatamente, a pessoa física ou jurídica lesada pela conduta criminosa.

▶ IMPORTANTE

O **morto** não pode ser sujeito passivo de crime. No caso de calúnia contra os mortos (art. 138, § 2º, CP), o sujeito passivo são os parentes do falecido (família). Nos crimes de destruição, subtração, ocultação e vilipêndio a cadáver (arts. 211 e 212 do CP), o sujeito passivo é a coletividade.

Os **animais** não podem figurar como sujeito passivo, pois não são dotados de personalidade jurídica, embora possam ser **objeto material** do delito. A depender do crime, o sujeito passivo poderá ser o proprietário do animal (Ex.: furto de um cavalo de corrida) ou a coletividade (Ex.: crime de crueldade contra animais, previsto no art. 32 da Lei de Crimes Ambientais).

O **nascituro**, independente da corrente que se adote (natalista ou concepcionista), pode ser sujeito passivo do aborto, já que o Código Penal considera tal conduta como criminosa.

Em face do **princípio da alteridade**, só há crime quando um bem jurídico de terceiro é lesionado ou exposto a perigo de lesão. Portanto, **aquele que comete uma infração penal não pode, ao mesmo tempo, ser sujeito ativo e passivo do delito.**[30] Ex.: a autolesão, em regra, não é crime, salvo se praticada visando o recebimento de seguro (art. 171, § 2º, inc. V, do CP). Em tal hipótese, o sujeito passivo será a seguradora que se pretende iludir. No crime de incêndio, ainda que o sujeito ativo seja proprietário da coisa incendiada, não figurará como sujeito passivo, pois neste caso, foi a coletividade quem sofreu a violação de sua incolumidade.

Os conceitos de sujeito passivo e prejudicado não se confundem.

SUJEITO PASSIVO X PREJUDICADO	
Sujeito passivo	É o titular do bem jurídico ameaçado ou lesionado pela conduta criminosa.
Prejudicado	É aquele que sofreu danos com o crime, seja patrimonial ou não. **Para ilustrar**: "A", casado e pai de dois filhos, foi vítima de um crime de homicídio. Nessa situação, há um sujeito passivo, que é "A", cuja vida foi retirada em virtude do comportamento do agente. Entretanto, pode-se afirmar que há três prejudicados em razão do delito: a esposa de "A" e seus dois filhos.

É possível crime sem vítima?

Não. Considerando que a missão fundamental do Direito Penal é a proteção de bens jurídicos relevantes para a sociedade, toda infração penal deve causar lesão ou ao menos um risco de lesão a um bem jurídico alheio. Logo, se há crime, há vítima.

Por fim, é preciso ressaltar que o conceito de vítima para a Criminologia é mais amplo do que o contemplado pelo Direito Penal. Para a criminologia, o corpo social é vítima de todo e qualquer crime, e não somente a pessoa contra quem o agente faz recair sua conduta.

30. No crime de rixa (CP, art. 137), Rogério Sanches entende que os rixentos, embora pratiquem a ação criminosa e possam sofrer as consequências dela, são sujeitos ativos da conduta que realizam e vítimas dos demais participantes, portanto, não são vítimas e autores do mesmo crime. Contudo, em **posição contrária**, Rogério Greco entende que no crime de rixa, a pessoa pode ser, a um só tempo, sujeito ativo e passivo do crime, pois o agente, que com seu comportamento, procura agredir o outro participante, é considerado sujeito ativo do delito em questão; da mesma forma, aquele que não só agrediu como também foi agredido durante sua participação na rixa, também é considerado sujeito passivo do crime. CUNHA, Rogério Sanches. Op. cit., p. 192-193 e GRECO, Rogério. **Curso de Direito Penal – Parte Geral**. vol. 2, 15ª ed. Rio de Janeiro: Impetus, 2013, p. 395.

4.2.3.1. Classificação do crime quanto ao sujeito passivo

Classificação	Conceito	Exemplo
Crime comum	O tipo penal não exige qualidade ou condição especial da vítima.	Homicídio, pois qualquer pessoa pode ser vítima desse crime.
Crime próprio	O tipo exige condição especial do ofendido.	No estupro de vulnerável, o sujeito passivo só pode ser a pessoa que o legislador considera vulnerável, conforme descrito no art. 217-A, CP.
Crime bipróprio	O tipo exige qualidade ou condição especial dos dois sujeitos, ativo e passivo.	O infanticídio é crime bipróprio (sujeito ativo é a parturiente, o sujeito passivo, o filho). **Atenção!** Antes da Lei 12.015/09, o estupro era classificado como crime bipróprio (o sujeito ativo só podia ser o homem e o ofendido mulher). Agora, com a nova redação dada ao art. 213, CP, é um delito bicomum.
Crime de dupla subjetividade passiva	São crimes que têm obrigatoriamente pluralidade de vítimas.	Na violação de correspondência, as vítimas são o remetente e o destinatário.

4.2.3.2. Outras questões

Pessoa jurídica pode ser vítima de extorsão mediante sequestro?

Sim, pois no crime de extorsão mediante sequestro há dois sujeitos passivos: a pessoa privada da liberdade e aquela que efetua o pagamento do resgate. Assim, não há óbice para que a pessoa jurídica seja coagida a proceder o pagamento. Ex.: sequestram Elon Musk, pessoa física, e quem paga o resgate é a Space X, pessoa jurídica.

A pessoa jurídica pode figurar como sujeito passivo de crimes contra a honra?

O assunto desperta muita polêmica. Vejamos as correntes que discutem o assunto:

1ª Corrente: A pessoa jurídica não pode ser vítima de nenhum crime contra a honra. Analisando a topografia dos delitos, nota-se que estão situados no capítulo dos "crimes contra a pessoa", que protege a pessoa humana e não a pessoa jurídica. Essa interpretação literal é a posição acolhida pela doutrina mais tradicional.

2ª Corrente: A pessoa jurídica não pode ser vítima de calúnia, nem de injúria, apenas difamação. Para os adeptos dessa vertente, mesmo no caso de crime ambiental praticado pela pessoa jurídica, deve-se levar em conta que ela o faz por meio de uma pessoa física. Por isso, o que se tem é uma espécie de ficção, em que o legislador admite que se atribua a uma pessoa jurídica a prática de um delito ambiental, mas no mundo dos fatos quem o faz é a pessoa que a representa. Dessa forma, a pessoa jurídica só poderia figurar como sujeito passivo do crime de difamação.

3ª Corrente: A pessoa jurídica pode ser vítima de calúnia (no caso de crimes ambientais) e difamação, pois é dotada de honra objetiva. No entanto, não figura como sujeito passivo da injúria, tendo em vista que a honra subjetiva é inerente apenas à pessoa física.

Observação. Prevalece a 3ª corrente. Aliás, a jurisprudência civil é pacífica no sentido que a pessoa jurídica possui reputação a zelar. Nesse sentido, a Súmula 227 do STJ: "A pessoa jurídica pode sofrer dano moral".

4.3. Objeto do crime

O objeto do crime divide-se em jurídico e material. Vejamos:

4.3.1. Objeto Jurídico

É o **interesse ou valor protegido pela norma penal**. No homicídio, o objeto jurídico tutelado pelo crime é a vida humana; no crime de furto, o patrimônio etc.

Ao analisarmos a parte especial do Código Penal, percebemos que os delitos estão contidos em títulos e capítulos, os quais indicam o bem jurídico protegido pelas normas incriminadoras. Assim, ela é inaugurada com o crime de homicídio, que está situado nos "crimes contra a vida"; o furto está nos "crimes contra o patrimônio"; o estupro nos "crimes contra a dignidade sexual" etc.

Mas o avanço da sociedade trouxe novos contornos ao conceito de bem jurídico. O legislador deixou de se ocupar apenas da proteção de bens jurídicos predominantemente materiais e individuais, como a vida, o patrimônio, a integridade física etc., pois o direito penal contemporâneo teve que lidar, frequentemente, com questões concernentes a bens jurídicos coletivos e de alta complexidade na sua consideração (meio ambiente, ordem econômica, saúde pública etc.). Essa **espiritualização dos bens jurídicos**, inclusive, tornou-se um dos grandes desafios do estágio atual da dogmática penal.

É possível, ainda, que o legislador vise proteger mais de um bem jurídico em um mesmo tipo penal. São os chamados **crimes pluriofensivos,** o latrocínio (CP, art. 157, § 3º, II), por exemplo, tutela a vida e o patrimônio.

É possível crime sem objeto jurídico?

Não. Todo crime deve necessariamente tutelar um bem jurídico relevante para a sociedade, já que nossa dogmática penal é norteada pelo princípio da **exclusiva**

proteção dos bens jurídicos. Se o legislador, ao lançar mão do Direito Penal, criar uma infração desprovida da salvaguarda de um bem jurídico, será possível questionar a legitimidade dessa norma. Em suma, "a criação de tipos penais deve ser pautada pela proibição de comportamentos que de alguma forma exponha a perigo ou lesionem valores concretos essenciais para o ser humano, estabelecidos na figura do bem jurídico"[31].

4.3.2. Objeto Material

É a pessoa ou coisa sobre a qual recai a conduta criminosa. Ex.: o objeto material do crime de homicídio é o ser humano que teve a vida ceifada pelo agente; no crime de furto o objeto material é a coisa subtraída etc.

É possível crime sem objeto material?

Sim, de acordo com a maioria, existem delitos que não possuem objeto material. Os **crimes de mera conduta**, os **omissivos puros** e os **crimes formais** podem ou não ter objeto material. Um bom exemplo de delito desprovido de objeto material é o falso testemunho[32].

Por outro lado, **todos crimes materiais têm objeto material**, porquanto o resultado necessariamente deve produzir-se sobre pessoa ou coisa. Nessa espécie delitiva, a ausência ou a impossibilidade absoluta do objeto material faz surgir a figura do crime impossível (CP, art. 17). Ex.: sujeito que busca matar seu desafeto fazendo uso de arma de brinquedo.

▸ ATENÇÃO!

É possível crime sem objeto material, **mas não sem objeto jurídico.**

Suponha que Tício furtou a carteira que pertencia a Caio.

Sujeito ativo	Tício
Sujeito Passivo	Caio
Objeto material	Carteira
Objeto jurídico	Patrimônio

31. CUNHA, Rogério Sanches. **Manual de Direito Penal**. Ed. Juspodivm. 2018, 6ª ed. rev., ampl. e atual. Salvador: JusPODIVM, 2019, p. 77.

32. Guilherme de Souza Nucci sustenta que a conduta do agente sempre recai contra alguma pessoa ou coisa, que pode ser corpórea ou incorpórea. Para o autor, o objeto material no crime de falso testemunho é o depoimento prestado.

Agora, considere um homicídio praticado por Tício contra Caio.

Sujeito ativo	Tício
Sujeito Passivo	Caio
Objeto material	Caio
Objeto jurídico	Vida

Observe que nos **crimes contra a pessoa há coincidência entre o sujeito passivo e o objeto material.**

4.4. Classificação dos crimes

Os crimes podem ser classificados sob o critério legal ou doutrinário.

A **classificação legal** é aquela conferida pela própria lei por meio da rubrica marginal (*nomen iuris*), que nada mais é do que a denominação dada pelo legislador para a conduta descrita no tipo penal: homicídio, furto, roubo, estupro etc.

A **classificação doutrinária** é fruto do trabalho de estudiosos do Direito Penal, que agruparam os crimes de acordo com suas características.

a) Quanto ao diploma normativo:

- **Crime comum**: previsto no Código Penal. Homicídio (art. 121, CP), furto (art. 155, CP).
- **Crime especial**: encontra previsão na legislação extravagante. Tráfico ilícito de drogas (art. 33 da Lei no 11.343/06), porte ilegal de arma de fogo (art. 14 da Lei no 10.826/03).[33]

b) Quanto à qualidade especial do sujeito ativo:

- **Crime comum:** Não exige qualquer qualidade especial do sujeito ativo, ou seja, pode ser cometido por qualquer pessoa. Lesão corporal (art. 129, CP), roubo (art. 157, CP).
- **Crime próprio**: Exige uma qualidade ou condição especial do sujeito ativo, portanto, somente as pessoas que reúnem tais qualidades podem cometer o crime. Autoaborto (art. 124, CP), que só pode ser cometido pela gestante; peculato (art. 312, CP), cujo sujeito ativo deve ostentar a qualidade de funcionário público.

33. Não confundir crime "especial" como crime "especial **impróprio**". De acordo com Claus Roxin, nos crimes especiais impróprios, a qualidade especial do autor somente é uma circunstância que agrava a pena, pois não se trata propriamente de um crime especial, como no caso de um funcionário público ser o sujeito ativo do delito de petrechos de falsificação (CP, art. 295) ou do crime de falsificação de documento público (CP, art. 297, § 1º).

- **Crime de mão própria ou atuação pessoal**: Além de exigir uma condição ou qualidade especial do agente, não admite coautoria, somente participação. Falso testemunho (art. 342).
- **Crime bipróprio**: O tipo penal exige uma qualidade especial tanto do sujeito ativo como do sujeito passivo. Infanticídio (art. 123, CP). O sujeito ativo deve ser a mãe, sob a influência do estado puerperal, e a vítima, o próprio filho.

c) Quanto à pluralidade de sujeitos ativos como requisito para configuração da figura típica:

- **Crime unissubjetivo, monossubjetivo ou de concurso eventual**: Pode ser cometido por somente um agente, ou por várias pessoas em concurso. Homicídio (art. 121, CP), roubo (art. 157, CP), estelionato (art. 171, CP).
- **Crime plurissubjetivo, ou de concurso necessário**: A pluralidade de sujeitos ativos é elementar do tipo penal, ou seja, o crime somente se configura quando praticado por mais de uma pessoa. Associação criminosa (art. 288, CP).
- **Crime eventualmente coletivo**: É crime que pode perfeitamente ser praticado por apenas uma pessoa (unissubjetivo), mas se for praticado por vários agentes em concurso, incide qualificadora ou causa de aumento de pena. Roubo circunstanciado (art. 157, § 2º, II, CP).

d) Quanto à atuação dos agentes nos tipos plurissubjetivos:

- **Crime bilaterais ou de encontro**: O tipo exige a participação de dois agentes, cujas condutas tendem a se encontrar. Bigamia (art. 235, CP).
- **Crime de condutas paralelas**: Há pluralidade de agentes que direcionam suas condutas para um objetivo comum. Associação criminosa (art. 288, CP).
- **Crime de condutas contrapostas**: Há pluralidade de agentes que dirigem suas condutas uns contra os outros. Rixa (art. 137, CP).

e) Quanto ao sujeito passivo:

- **Crime vago:** O sujeito passivo do delito é ente sem personalidade jurídica. Crimes contra a fauna, previstos na Lei no 9.605/98.
- **Crime de única subjetividade passiva**: O crime possui um único sujeito passivo. Furto do celular de uma pessoa (art. 155, CP).
- **Crime de dupla subjetiva passiva**: O crime possui dois sujeitos passivos. Aborto sem o consentimento da gestante, cujos sujeitos passivos são a gestante e o feto (art. 125, CP).

f) Quanto ao resultado naturalístico:

- **Crime material, causal ou de resultado**: O tipo penal descreve uma conduta e um resultado material, ou seja, uma transformação no mundo exterior, que decorre do comportamento do agente. Para haver consumação do delito, é necessário que ocorra a conduta e o resultado material. Homicídio (art. 121, CP). Para sua consumação, é necessário que o agente pratique a conduta descrita no tipo ("matar alguém"), e que efetivamente haja a morte da vítima.

- **Crime formal, de intenção, de consumação antecipada ou de resultado cortado**: O tipo penal descreve uma conduta e um resultado naturalístico, mas sua consumação independe deste último. Geralmente, o resultado está ligado a um objetivo específico que o agente visa a alcançar com seu comportamento. Extorsão (art. 158, CP). Segundo a Súmula 96 do STJ: "O crime de extorsão consuma-se independentemente da obtenção da vantagem indevida".
- **Crime de mera conduta ou simples atividade**: O tipo penal se limita à conduta, sem descrever o resultado naturalístico. Desse modo, é impossível verificar sua ocorrência. Violação de domicílio (art. 150, CP).

g) Quanto ao resultado jurídico:

- **Crime de dano ou de lesão**: É aquele em que o agente busca causar um dano ou uma lesão ao bem jurídico. Homicídio (art. 121, CP), lesão corporal (art. 129, CP).
- **Crime de perigo**: É aquele em que o agente busca expor a perigo o bem jurídico (e não danificá-lo ou lesioná-lo). O crime de perigo subdivide-se em:
- **Perigo abstrato, presumido ou de simples desobediência**: Basta comprovar a conduta do agente para o delito estar configurado, pois o perigo gerado ao bem jurídico é presumido de forma absoluta pelo legislador. Tráfico de drogas (art. 33, Lei nº 11.343/06)
- **Crime de perigo concreto**: É necessária a comprovação da conduta e de que houve **perigo efetivo** ao bem jurídico. Explosão (art. 241, CP), perigo de inundação (art. 255, CP).
- **Crime de perigo abstrato-concreto**: É necessária a comprovação da conduta e de que houve **perigo possível** ao bem jurídico. O crime de perigo abstrato-concreto seria um meio termo. Um plus em relação ao crime de perigo abstrato e um minus comparando-o com o de perigo concreto. (Art. 56, *caput*, Lei nº 9.605/98).[34]

h) Quanto à conduta:

- **Crime comissivo**: O verbo nuclear do tipo penal consiste em uma ação. A conduta é praticada através de um comportamento positivo do agente.

34. Para aprofundamento, ver tópico 5.6.

Dano (art. 163, CP – verbos nucleares: destruir, inutilizar, depredar), estupro (art. 213, CP – verbo nuclear: constranger).

- **Crime omissivo próprio ou puro**: O verbo nuclear do tipo descreve uma omissão, um não fazer do agente. A conduta é praticada através de um comportamento negativo. Omissão de socorro (art. 135, CP – verbos nucleares: deixar de prestar assistência, não pedir socorro).
- **Crime omissivo impróprio, espúrio, impuro ou comissivo por omissão**: São crimes comissivos praticados por uma inatividade do agente que tinha o dever jurídico de evitar o resultado. O art. 13, § 2o do CP elenca quem são as pessoas detentoras do dever jurídico de agir. Homicídio (art. 121, CP). Situação hipotética: Imagine que um salva-vidas está à beira da piscina quando vê uma criança se afogando, mas não resgata a vítima porque estava conversando com a namorada pelo celular, e o infante vem a falecer. Nesse caso, embora não tenha praticado a conduta de "matar alguém", responderá pelo resultado morte, pois tinha o dever jurídico de impedir o afogamento da criança.
- **Crime de conduta mista**: O tipo penal é composto de duas fases distintas, uma inicial e positiva, e outra final e omissiva. Apropriação de coisa achada (art. 169, parágrafo único, II, CP). Primeiramente o agente se apropria da coisa achada. Em um segundo momento, deixa de restituí-la ao dono ou ao legítimo possuidor.

i) Quanto ao momento consumativo:

- **Crime instantâneo ou de estado**: Sua consumação ocorre em um só momento; não há continuidade da conduta no tempo. Calúnia (art. 138, CP), furto (art. 155, CP).
- **Crime permanentes**: A consumação do delito tem continuidade no tempo, por vontade do agente. Sequestro ou cárcere privado (art. 148, CP), redução à condição análoga à de escravo (art. 149, CP), violação de domicílio (art. 150, CP).
- **Crime instantâneo de efeito permanente**: Os efeitos do crime subsistem após a sua consumação, independentemente da vontade do agente. Bigamia (art. 235, CP).
- **Crime a prazo**: Para sua consumação, o tipo penal exige a fluência de período determinado. Lesão corporal de natureza grave por incapacidade da vítima para as ocupações habituais por mais de 30 dias (art. 129, § 1º, III, CP).

j) Quanto à autonomia:

- **Crime principal**: Existe por si só, independe da prática de outro crime. Maus tratos (art. 136, CP); ato obsceno (art. 233, CP).

- **Crime acessório, de fusão ou parasitário**: Não possui existência autônoma, depende da prática de um crime anterior. Receptação (art. 180, CP), lavagem de capitais (art. 1º da Lei no 9.613/98).

k) Quanto à estrutura da conduta:

- **Crime simples**: A conduta encontra correspondência em um único tipo penal. Homicídio (art. 121, CP).
- **Crime complexo em sentido estrito**: A conduta é resultado da união de dois ou mais crimes previstos em outros tipos penais. Extorsão mediante sequestro (art. 159, CP), que é fusão do crime de sequestro e cárcere privado (art. 148, CP) com o crime de extorsão (art. 158, CP).
- **Crime complexo em sentido amplo**: A conduta deriva da fusão de um crime com um comportamento por si só penalmente irrelevante. Denunciação caluniosa (art. 339, CP), que é a fusão do crime de calúnia (art. 138, CP) com a conduta lícita de noticiar à autoridade a prática de uma infração penal e sua respectiva autoria.

l) Quanto ao *iter criminis*:

- **Crime consumado ou perfeito**: Segundo o art. 14, inciso I do Código Penal, reputa-se o crime consumado quando nele se reúnem todos os elementos de sua definição legal. Agente que obtém sucesso em sua empreitada criminosa, ao subtrair diversos bens que guarnecem a casa da vítima (art. 155, CP).
- **Crime tentado**: Segundo o art. 14, inciso II do Código Penal, reputa-se o crime tentado quando, iniciada a execução, não se consuma por circunstâncias alheias à vontade do agente. Agente que não obtém sucesso em sua empreitada criminosa, pois, após efetuar disparos de arma de fogo em seu desafeto, este foi socorrido e salvo por equipe médica (art. 121 cc. art. 14, II, CP).
- **Crime exaurido**: Após a consumação do delito, o bem jurídico sofre um novo ataque, ultimando-se suas consequências. Agente obtém sucesso em sua empreitada criminosa ao subtrair celular da vítima, para então vendê-lo a terceiros (art. 155, CP).
- **Quase crime**: É a denominação doutrinária para o crime impossível (art. 17, CP). O agente, com a intenção de matar seu desafeto, pensa ministrar veneno na bebida da vítima, mas, por um engano, coloca açúcar. Há crime impossível por absoluta ineficácia do meio empregado.
- **Crime de atentado ou de empreendimento**: É crime punido pela lei na forma tentada ou consumada com pena idêntica, ou seja, o legislador atribui à tentativa o mesmo grau de reprovação do comportamento consumado. Votar ou tentar votar mais de uma vez (art. 309 do Código Eleitoral).

- **Crime tentado branco ou incruento**: Durante a prática da conduta delitiva, o objeto material não é atingido. Agente, com ânimo de matar, dispara sua arma contra seu desafeto, mas nenhum dos tiros atinge a vítima.
- **Crime tentado vermelho ou cruento**: Durante a prática da conduta delitiva, o objeto material é atingido, mas o crime não se consuma. Agente, com ânimo de matar, dispara sua arma contra um desafeto, atingindo-o na perna. A vítima é socorrida e sobrevive.
- **Crime tentado perfeito, acabado ou crime falho**: Ocorre quando o agente esgota todos os meios que tinha à disposição a fim de consumar o delito, embora não logre êxito por circunstâncias alheias a sua vontade. Agente, com ânimo de matar, dispara sua arma contra um desafeto. Embora tenha utilizado toda a munição que possuía, a vítima consegue escapar ilesa.
- **Crime tentado imperfeito ou inacabado**: Ocorre quando o agente não consegue esgotar todos os meios que tinha à disposição a fim de consumar o delito, por circunstâncias alheias a sua vontade. Agente, com ânimo de matar, dispara sua arma contra um desafeto. É interrompido pela ação de policiais, e não consegue utilizar a munição que tinha à mão.

m) Quanto à possibilidade de fracionamento da conduta típica:

- **Crime unissubsistente**: A conduta delituosa não pode ser fracionada, pois iniciada a execução, o crime já se consuma. Em razão disso, o delito é incompatível com a tentativa. Injúria verbal (art. 140, CP).
- **Crime plurissubsistente**: A conduta delituosa se manifesta por mais de um ato, os quais somados são aptos a produzir a consumação do crime. Como os atos de execução podem ser fracionados, admite-se a tentativa. Lesão corporal de natureza grave (art. 129, § 1º, CP), em virtude de diversos golpes desferidos contra a vítima.

n) Quanto à natureza do comportamento nuclear:

- **Crime de forma livre**: A conduta criminosa pode ser levada a cabo por qualquer meio de execução. Homicídio (art. 121, CP), que pode ser executado através do emprego de veneno, arma de fogo etc.
- **Crime de forma vinculada**: A conduta criminosa deve ser levada a cabo por um meio específico de execução, indicado no tipo penal. Bigamia (art. 235, CP), que somente pode ser praticado com a contração de segundo casamento.
- **Crime de ação simples**: A descrição do crime no tipo penal possui apenas um verbo nuclear. Corrupção de menores (art. 218, CP): induzir alguém menor de 14 (catorze) anos a satisfazer a lascívia de outrem.

o) Quanto à pluralidade de verbos nucleares:

- **Crime de ação múltipla ou crime de conteúdo variado**: A descrição do crime no tipo penal possui vários verbos nucleares. Portanto, o agente cometerá o delito se praticar qualquer uma das condutas ali descritas. Receptação (art. 180, CP): adquirir, receber, transportar, conduzir ou ocultar, em proveito próprio ou alheio, coisa que sabe ser produto de crime, ou influir para que terceiro, de boa-fé, a adquira, receba ou oculte.

p) Quanto à posição topográfica no tipo penal:

- **Simples**: É a modalidade fundamental da conduta delitiva, prevista no caput. Furto simples (art. 155, *caput*, CP).
- **Privilegiado**: Localiza-se nos parágrafos subsequentes do dispositivo. É modalidade delitiva a que se cominam penas inferiores às previstas no caput. Furto privilegiado (art. 155, § 2º, CP).
- **Qualificado**: Localiza-se nos parágrafos subsequentes do dispositivo. É modalidade delitiva a que se cominam penas inferiores às previstas no caput. Furto privilegiado (art. 155, §§ 4º, 4º-A, 4º-B, 5º, 6º e 7º, CP).

q) Quanto aos bens jurídicos atingidos:

- **Crime mono-ofensivo ou uniofensivo**: É aquele que ofende ou expõe a perigo um único bem jurídico. Homicídio (art. 121, CP), crime que atenta contra a vida humana.
- **Crime pluriofensivo**: É aquele que ofende ou expõe a perigo mais de um bem jurídico. Latrocínio (art. 157, § 3º, II, CP), crime que atenta contra o patrimônio e a vida humana.

r) Quanto à necessidade de exame de corpo de delito:

- **Crime transeunte**: A conduta delituosa não deixa vestígios materiais que enseja a realização de exame de corpo de delito. Ameaça (art. 147, CP), quando verbal.
- **Crime não transeunte**: A conduta delituosa deixa vestígios materiais, ensejando a realização de exame de corpo de delito. Lesão corporal (art. 129, CP).

s) Quanto ao local em que se produz o resultado:

- **Crime à distância ou crime de espaço máximo**: Ocorre quando a conduta é praticada em um país, mas o resultado se dá em outro. Para cometer um homicídio, o agente, que está no Uruguai, envia um pacote contendo dispositivo explosivo ao Brasil.
- **Crime plurilocal**: Ocorre quando a conduta é praticada em uma comarca, mas o resultado se dá nos limites territoriais de outra. O agente, com a intenção de matar, efetua disparos contra a vítima na cidade de

São Paulo. A vítima consegue fugir de carro até Campinas, mas ali vem a falecer em razão dos ferimentos sofridos.

- **Crime em trânsito**: Ocorre quando uma parte da conduta delitiva se desenvolve em um país, contudo, não ofende ali nenhum bem jurídico. Para cometer um homicídio, o agente, que está no Uruguai, envia um pacote contendo dispositivo explosivo ao México, e a encomenda passa pelo território brasileiro.

t) Quanto à ofensividade da conduta:

- **Crime de mínimo potencial ofensivo**: Não admite a aplicação de pena privativa de liberdade. Posse de droga para consumo pessoal (art. 28, Lei nº 11.343/06).
- **Crime de menor potencial ofensivo**: É crime cujo teto da pena privativa de liberdade em abstrato é igual ou inferior a dois anos, cumulada ou não com multa. Constrangimento ilegal (art. 146, CP).
- **Crime de médio potencial ofensivo**: É crime cuja pena mínima cominada é igual ou inferior a um ano, independentemente de seu patamar máximo. Violência doméstica (art. 129, § 9º, CP).
- **Crime de elevado potencial ofensivo**: É crime cuja pena mínima cominada ao delito é superior a um ano. Roubo simples (art. 157, *caput*, CP).
- **Crime de máximo potencial ofensivo**: Recebem tratamento mais gravoso por determinação constitucional. São os crimes hediondos e equiparados (tráfico de drogas, tortura e terrorismo), bem como o racismo (art. 5º, XLII, CF) e a ação de grupos armados, civis ou militares, contra a ordem constitucional e o Estado Democrático (art. 5º, XLIV, CF).

u) Outras classificações:

- **Crime multitudinário**: É o praticado por uma multidão em tumulto, espontaneamente organizada no sentido de um comportamento comum contra pessoas ou coisas. O Código Penal não aborda o assunto de maneira expressa, embora haja previsão de uma atenuante genérica prevista no art. 65, III, "e": "cometido o crime sob a influência de multidão em tumulto, se não o provocou".
- **Crime de mera suspeita**: A conduta do agente em si não é relevante para o Direto Penal, mas a punição deriva da suspeita quanto ao seu modo de agir. Posse não justificada de instrumento de emprego usual na prática de furto (art. 25 da Lei de Contravenções Penais[35]).
- **Crime habitual**: É aquele que se configura mediante a prática reiterada da conduta, pois a lei não visa a punir o ato isoladamente considerado,

35. Dispositivo **não recepcionado** pela CF/88 (STF, RE 583.523, Min. Gilmar Mendes, j. em 03/10/2013).

mas o estilo de vida criminoso do agente. Exercício ilegal da medicina (art. 282, CP).

- **Crime de opinião ou de palavra**: É aquele em que se verifica o abuso na liberdade de expressão. Injúria (art. 140, CP).
- **Crime de expressão**: A conduta é tipificada em razão de um processo intelectivo interno do autor. Falso testemunho (art. 342, CP), pois para a configuração do delito, pouco importa a falsidade objetiva do testemunho do agente. O crime se configura em razão da desconformidade entre a informação prestada e a convicção pessoal do autor.
- **Crimes de impressão**: São crimes que provocam determinado estado de ânimo na vítima. Podem ser crimes de inteligência, de vontade, ou de sentimento. Estelionato (art. 171, CP), que atua sobre a inteligência da vítima; sequestro (art. 148, CP), que afeta a vontade e a capacidade de autodeterminação da vítima; injúria (art. 140, CP), que incide sobre as faculdades emocionais do ofendido.
- **Crimes de hermenêutica**: São aqueles que decorrem da interpretação levada a efeito pelos operadores do Direito. Não há crime de hermenêutica em nosso ordenamento jurídico. A propósito, a Lei de Abuso de Autoridade é expressa nesse sentido (art. 1º, § 2º, Lei nº 13.869/19)
- **Crimes parcelares**: São delitos considerados como unidades que compõem o crime continuado, quando presentes os demais requisitos do art. 71 do Código Penal. O funcionário responsável pelas contas a pagar de um estabelecimento passa a desviar, diariamente, uma porcentagem do dinheiro destinado ao pagamento dos boletos, cometendo o crime de apropriação indébita (art. 168, CP) em continuidade delitiva.
- **Crime de acumulação ou crimes de dano cumulativo**: Isoladamente, a conduta é incapaz de ofender o bem jurídico. Mas as reiterações cumulativamente consideradas podem ser consideradas como crime, pois nesse caso o bem jurídico é ofendido ou exposto a perigo. Segundo o art. 54 da Lei de Crimes Ambientais, é crime causar poluição de qualquer natureza em níveis tais que resultem ou possam resultar em danos à saúde humana, ou que provoquem a mortandade de animais ou a destruição significativa da flora. Portanto, a conduta isolada do agente pode não ser apta a provocar os efeitos descritos no tipo penal, mas sua reiteração cumulativamente considerada, sim.
- **Crime de intenção ou de tendência interna transcendente**: É aquele em que o tipo penal contempla uma intenção do agente que vai além do dolo. Em geral, o legislador descreve no tipo expressões como: "com o fim de" ou "com o intuito de", que revelam um resultado desejado pelo agente que transcende a consumação do crime. Note que o agente tem a intenção de alcançar um objetivo específico, mas ele é irrelevante

para a configuração da conduta típica. Os tipos de tendência interna transcendente podem ser: a) crimes de resultado cortado ou separado: o resultado desejado pelo agente depende da conduta de terceiro, mas não é imprescindível para a consumação do crime, que ocorre com a prática da conduta nuclear; b) crimes mutilados de dois atos: o resultado buscado pelo agente depende de uma nova conduta a ser praticada por ele.

- **Crime de resultado cortado ou separado**: extorsão mediante sequestro (art. 159, CP). O crime se consuma com a efetivação do sequestro com o fim de obter qualquer vantagem como condição ou preço de resgate. O efetivo pagamento do resgate, que é o resultado desejado pelo agente, é um ato que depende de terceiro e irrelevante para a consumação, que já ocorreu.
- **Crime mutilado de dois atos**: falsificação de moeda (art. 289, *caput*, CP). Note que a introdução de moeda falsa à circulação é crime autônomo, tipificado no § 1º do mesmo artigo.
- **Crimes de tendência interna peculiar**: Configuram-se com a exigência de uma tendência interna do agente que não se exterioriza de forma completa, isto é, o que se tem chamado "momentos especiais de ânimo". É empregada para reduzir um âmbito de proibição que, de outro modo, acabaria alcançando condutas que a lei não quer proibir ou agravar. Homicídio qualificado pela traição (art. 121, § 2º, IV, CP). Se esta circunstância qualificadora não fosse limitada em função de uma disposição de ânimo interna do autor (o "aproveitar-se"), qualquer homicídio na pessoa de um indefeso (incluindo a eutanásia) seria qualificado.
- **Crime de tendência ou de atitude pessoal**: A tipicidade da conduta depende da tendência interna do agente. Injúria (art. 140, CP), pois o agente, ao proferir as palavras ou termos supostamente injuriosos, pode ter a intenção de apenas brincar.
- **Crime remetido**: A descrição da conduta típica remete a outro tipo penal. Uso de documento falso (art. 304, CP: Fazer uso de qualquer dos papéis falsificados ou alterados, a que se referem os arts. 297 a 302)
- **Crimes de catálogo**: São os crimes em relação aos quais a lei admite a interceptação telefônica, com a finalidade de investigar ou produzir provas. Segundo o art. 2º da Lei nº 9.296/96: Art. 2º Não será admitida a interceptação de comunicações telefônicas quando ocorrer qualquer das seguintes hipóteses: I - não houver indícios razoáveis da autoria ou participação em infração penal; II - a prova puder ser feita por outros meios disponíveis; III - o fato investigado constituir infração penal punida, no máximo, com pena de detenção.

- **Crime de circulação**: É cometido com o emprego de veículo automotor, ensejando a aplicação do Código de Trânsito Brasileiro ou do Código Penal. Homicídio culposo na direção de veículo automotor (art. 302, CTB).
- **Crime obstáculo**: São tipos penais que incriminam atos preparatórios para o cometimento de outros delitos. Associação criminosa (art. 288, CP).
- **Crime natural, crime de plástico e crime vazio**[36]**:**
- **Crime natural**: É o que contraria valores éticos absolutos e universais. São os comportamentos humanos que sempre foram criminalizados. Homicídio, furto, roubo etc.
- **Crime de plástico**: É aquele previsto em nosso ordenamento jurídico, mas não contraria diretamente valores éticos absolutos e universais. Sonegação fiscal.
- **Crime vazio ou sem conteúdo**: é aquele que não protege qualquer bem jurídico. Não reconhecemos a existência desses delitos, pois vai de encontro à missão fundamental do Direito Penal (tutelar bens jurídicos relevantes para a sociedade).
- **Crime cibernético**: é uma atividade criminosa que tem como alvo ou faz uso de um computador, uma rede de computadores ou um dispositivo conectado em rede. Exemplos: Fraude, furto e estelionato praticados com o uso de dispositivos eletrônicos, como celulares, computadores e *tablets*.

QUESTÕES

QUESTÃO 1

VUNESP - 2023 - PC-SP - Delegado de Polícia

Teoria do Delito: especificamente com relação ao elemento subjetivo do tipo penal, o CP prevê a possibilidade de

a) tentativa e consumação.

b) ação e omissão.

c) dolo e culpa.

d) causa independente e causa relativamente independente.

e) punibilidade e culpabilidade.

---

36. Classificação apresentada por: FUHER, Maxilimiliano Roberto Ernesto. **História do Direito Penal**. São Paulo: Malheiros, 2005, p. 112-116.

QUESTÃO 2

FGV - 2023 - TJ-BA Juiz Leigo

João foi capturado, em flagrante, pela suposta prática dos crimes de roubo, extorsão e porte ilegal de arma de fogo de uso permitido.

Nesse cenário, considerando o entendimento doutrinário e jurisprudencial dominantes, o roubo, a extorsão e o porte ilegal de arma de fogo de uso permitido são classificados, respectivamente, como crimes:

a) material, formal e de mera conduta;
b) formal, material e de mera conduta;
c) material, material e formal;
d) material, formal e formal;
e) formal, material e formal.

QUESTÃO 3

SELECON - 2023 - Prefeitura de Lucas do Rio Verde - MT - Guarda Civil Municipal

Step é servidor público e veio a ser acusado de crime que somente pode ser cometido por funcionário público, tendo sido absolvido posteriormente. Na classificação de crimes, quando ele somente ocorre quando realizado por determinada categoria de pessoas em relação ao sujeito ativo, o crime é considerado:

a) comum
b) próprio
c) manual
d) artesanal

QUESTÃO 4

OBJETIVA 2023 - Prefeitura de Lavras do Sul - RS - Auxiliar Legislativo

Fraude, furto e estelionato praticados com o uso de dispositivos eletrônicos, como celulares, computadores e tablets são conhecidos como:

a) Crimes hediondos.
b) Crimes cibernéticos.
c) Homicídios.
d) Sabotagens.

QUESTÃO 5

INSTITUTO AOCP - 2023 - PC-GO - Escrivão de Polícia da 3ª Classe

São exemplos de delitos uniofensivo e pluriofensivo, respectivamente:

a) ameaça e homicídio.
b) roubo e aborto.
c) homicídio e instigação ao suicídio.
d) aborto e ameaça.
e) furto e roubo.

QUESTÃO 6

CESPE / CEBRASPE 2023 - MPE-PA Promotor de Justiça Substituto

Caracteriza-se como crime unissubsistente

a) o homicídio realizado por meio cruel.
b) a ameaça feita por carta.
c) o núcleo "receber" da conduta de corrupção passiva.
d) o crime de infanticídio.
e) a injúria verbal.

QUESTÃO 7

FGV - 2023 - SEFAZ-MG - Auditor Fiscal da Receita Estadual - Auditoria e Fiscalização (Manhã)

Acerca da classificação dos crimes, assinale a afirmativa correta.

a) O crime de falsificação de papéis públicos, se praticado por servidor público prevalecendo-se do cargo, é um crime especial impróprio, ao passo que, se praticado por particular, é um crime comum.
b) O crime de mão própria caracteriza-se por seu caráter personalíssimo, somente o agente pode praticá-lo. Por isso, o crime de auto aborto é um exemplo de crime de mão própria, insuscetível de coautoria ou participação.
c) Os crimes plurissubjetivos são aqueles em que há, além do agente, uma pessoa física ou jurídica no polo passivo, ocupando a posição de vítima direta do ilícito penal, ao passo que os crimes unissubjetivos se identificam pela inexistência de vítima identificável.
d) Os crimes omissivos impróprios são aqueles que, embora previstos como consequência de conduta comissiva, podem, eventualmente, serem praticados por omissão. É o caso do delito de omissão de socorro.

e) Os crimes de perigo abstrato são os delitos que causam efetiva exposição do bem jurídico tutelado a perigo, devendo haver indicação do risco, o qual não pode ser presumido.

QUESTÃO 8

FCC 2022 - SEFAZ-AP - Auditor da Receita Estadual - Conhecimentos Gerais

Os crimes em que o tipo penal descreve a conduta e o resultado naturalístico (necessária modificação do mundo exterior), sendo indispensável a sua ocorrência para haver consumação, são denominados

a) de mera conduta.
b) formais.
c) materiais.
d) permanentes.
e) de perigo.

QUESTÃO 9

FGV - 2022 - Senado Federal - Consultor Legislativo - Direito Penal Processual Penal, Penitenciário e Segurança Pública

Entende-se por crime formal aquele

a) que se consuma mesmo que não se verifiquem algumas possíveis consequências decorrentes da ação típica.
b) que se consuma com a ocorrência do resultado naturalístico da ação típica.
c) cuja execução não deixa vestígios materiais.
d) cujas formas de execução são expressamente descritas no tipo penal.
e) cuja norma visa a proteger bens jurídicos abstratos.

QUESTÃO 10

VUNESP - 2022 - PC-SP - Delegado de Polícia

Assinale a alternativa que apresenta crime próprio quanto ao sujeito ativo.

a) Inserção de dados falsos em sistema de informações.
b) Fraudes em certames de interesse público.
c) Usurpação de função pública.
d) Corrupção ativa.
e) Subtração ou inutilização de livro ou documento.

QUESTÃO 11

FGV - 2022 - PC-AM - Perito Legista

O conceito de tipo penal formulado pelo penalista alemão Hans Welzel consiste numa figura puramente conceitual com pretensões de descrição concreta da conduta proibida. Os tipos penais podem ser classificados de formas diversas pela dogmática jurídico-penal.

Acerca do tema, assinale a afirmativa incorreta.

a) O crime plurissubsistente pressupõe concurso necessário, isto é, exige o concurso de, no mínimo, duas pessoas.

b) O crime omissivo próprio consiste no fato de o agente deixar de realizar determinada conduta, tendo a obrigação jurídica de fazê-lo.

c) O crime habitual é constituído de uma reiteração de atos, penalmente indiferentes de per si, porém, em seu conjunto caracterizam um delito único.

d) O crime permanente é aquele crime cuja consumação se prolonga no tempo.

e) O crime de mão própria é aquele que só pode ser praticado pelo agente pessoalmente, não podendo utilizar-se de interposta pessoa.

GABARITO

Questão 1	Letra "C"
Questão 2	Letra "A"
Questão 3	Letra "B"
Questão 4	Letra "B"
Questão 5	Letra "E"
Questão 6	Letra "E"
Questão 7	Letra "A"
Questão 8	Letra "C"
Questão 9	Letra "A"
Questão 10	Letra "A"
Questão 11	Letra "A"

CAPÍTULO 5

Fato típico

5.1. Introdução

Como visto, a evolução das ciências penais levou à decomposição do crime em elementos ou substratos e no seu conceito analítico, o **fato típico** constitui o **primeiro substrato** do delito.

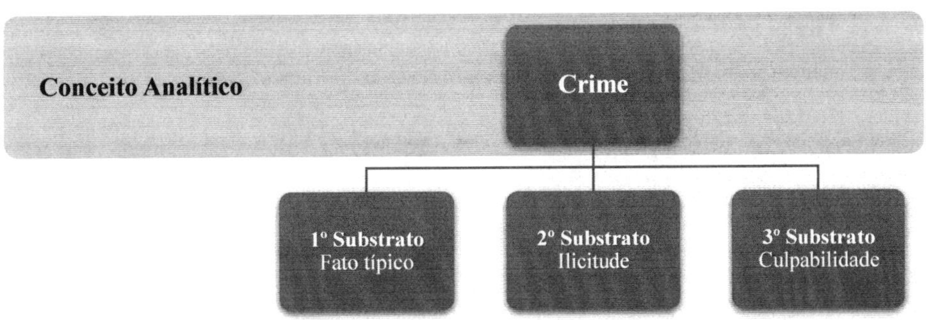

É fundamental compreender que esses substratos do crime (fato típico, ilicitude e culpabilidade) foram evoluindo ao longo da história do Direito Penal e ainda se encontram em evolução, sendo palco de enormes debates doutrinários, assumindo diferentes nuances de acordo com a teoria adotada.

Outro ponto que merece destaque e que o leitor precisa ter ciência quando estuda a "teoria do crime", é que, especialmente nesse assunto, a doutrina brasileira sofre intensa influência alemã, que não raras vezes revela-se excessivamente abstrata, sutil e pouco pragmática[1].

1. QUEIROZ, Paulo. **Direito Penal: Parte Geral**. 4 ed. Rio de Janeiro: Editora Lumen Juris, 2008, p. 161.

5.2. Conceito

Fato típico é a **conduta humana** (e, também, da pessoa jurídica nos crimes ambientais) **que se amolda a um modelo de crime descrito em lei**. Por exemplo, a conduta do indivíduo que constrange alguém, mediante violência ou grave ameaça, a ter conjunção carnal ou a praticar ou permitir que com ele se pratique outro ato libidinoso, amolda-se ao tipo penal que prevê o crime de estupro (art. 213, CP).

Por outro lado, se a conduta praticada pelo agente não encontrar exata correspondência em nenhum tipo penal, o fato será atípico. Não há crime se um réu. Ilustrando: se o réu, durante interrogatório em processo penal, faltar com a verdade (mentir), não haverá crime, pois o ordenamento jurídico brasileiro não tipifica o crime de perjúrio. Além disso, o crime de falso testemunho (art. 342, CP) alcança somente testemunhas, peritos, contadores, tradutores ou intérpretes, nada dispondo sobre o réu ou vítima.

5.3. Elementos

A configuração do fato típico depende, em regra, da presença de quatro elementos:

- Conduta;
- Resultado (naturalístico);
- Relação de causalidade;
- Tipicidade.

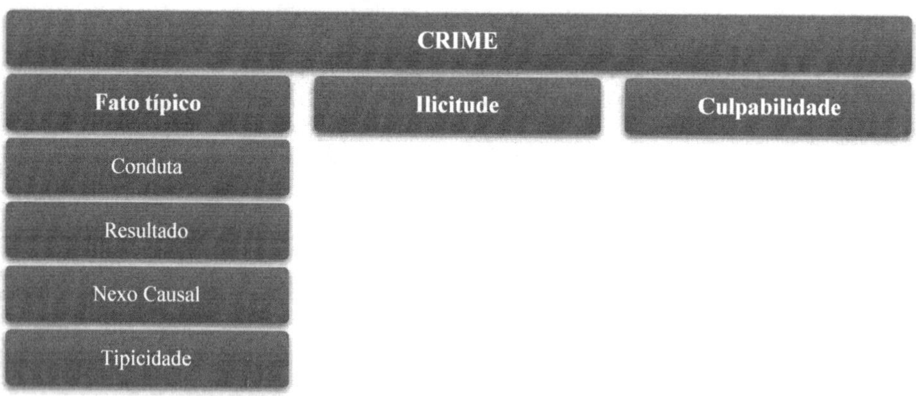

Todos esses elementos do fato típico somente estarão presentes nos **crimes materiais** consumados, pois nessa espécie de crime, o tipo penal traz em seu bojo a descrição da conduta e exige a produção do resultado naturalístico para fins de consumação, o qual está ligado à conduta por meio da relação de casualidade. Exemplo: o delito de homicídio apenas se consuma com a morte da vítima, quando decorrente da ação do agente. Por essa razão, o STF denomina os crimes materiais ou causais de crimes de resultado.

Nos demais, isto é, crimes tentados, formais e de mera conduta, o fato típico dependerá da constatação de apenas dois elementos: conduta e tipicidade. Portanto, a **conduta e a tipicidade são elementos presentes em todos os tipos legais**, entretanto, apenas os delitos materiais possuem como elementos, além destes, o resultado naturalístico e o nexo causal (vínculo entre conduta e o resultado).

▸ NÃO CONFUNDA!

Nem todo crime provoca resultado naturalístico (modificação no mundo exterior), mas **todo crime provoca resultado jurídico** (lesão ou perigo de lesão a um bem jurídico tutelado), Ex.: o mero ingresso em domicílio alheio, embora não produza modificação no mundo exterior (resultado naturalístico), viola o direito à privacidade e à intimidade (resultado jurídico).[2]

No crime tentado não há resultado naturalístico, pois o agente não alcança a consumação do delito por circunstâncias alheias a sua vontade. Desse modo, os elementos resultado naturalístico e relação de causalidade são desconsiderados.

Por sua vez, o crime formal, de consumação antecipada ou de resultado cortado possui previsão de conduta e resultado naturalístico, mas prescinde deste último para fins de consumação. Exemplo: extorsão mediante sequestro (art. 159, CP). Consuma-se no momento da privação da liberdade da vítima. O pagamento do resgate (resultado naturalístico) até pode ocorrer, mas não é indispensável para a consumação do crime.

No crime de mera conduta ou de simples atividade o tipo penal se limita a descrever uma conduta criminosa, mas não dispõe sobre o resultado naturalístico. O crime se esgota na conduta. Portanto, lembre-se: é impossível a constatação do resultado material nos crimes de mera conduta, por ausência de previsão legal. Exemplo: ato obsceno (art. 233, CP).

FATO TÍPICO	
Crimes materiais consumados	**Crimes tentados, crimes formais e de mera conduta**
Conduta	Conduta
Resultado	----------
Nexo Causal	----------
Tipicidade	Tipicidade

2. ALVES, Jamil Chaim. **Manual de Direito Penal**: Parte Geral e Parte Especial. 3. ed. São Paulo: Editora JusPodivm, 2022, p. 232.

▸ IMPORTANTE - NOMENCLATURA UTILIZADA PELO STF

Crimes materiais = crimes **de** resultado.

Crimes formais e de mera conduta = crimes **sem** resultado (naturalístico) ou de consumação antecipada.

CRIME FORMAL X CRIME DE MERA CONDUTA	
Semelhança	**Diferença**
Ambos se consumam com a prática da conduta.	**Crime formal**: Para que se repute consumado, não é necessário o advento do resultado naturalístico, **embora seja possível sua ocorrência**. Havendo o resultado, estamos diante de um crime exaurido. **Crime de mera conduta**: é **impossível a constatação de resultado naturalístico**, por ausência de previsão legal (não há menção de qualquer resultado no tipo penal). O crime é de simples atividade, e se esgota com a prática da conduta.

5.3.1. Conduta

O conceito de conduta é um dos mais relevantes para o Direito Penal. Apesar de sua importância, tal conceito não é estático e ainda se encontra no centro de grandes discussões doutrinárias, assumindo contornos distintos conforme a teoria adotada, como veremos a partir de agora.

5.3.1.1. Teoria causalista, mecanicista, clássica, naturalista, causal ou sistema Liszt-Beling

De acordo com essa teoria, desenvolvida no início do século XIX por **Franz Von Liszt** e **Ernst von Beling**, conduta é o movimento humano voluntário (ação) que produz um resultado no mundo exterior, numa clara adoção da relação de causa e efeito herdada das ciências naturais: "A ação, de acordo com essa teoria, constitui uma mera enervação muscular, um movimento voluntário (e, portanto, não reflexo, cuja finalidade para a qual se dirige é irrelevante)".

A teoria causal defendia que o Direito deveria ser uma ciência sistemática, e, na tentativa de racionalizar a aplicação do ordenamento jurídico, buscou socorro nas **ciências naturais** para a afirmação dos próprios conceitos básicos da teoria do delito, como o emprego de um conceito causal-naturalista de ação herdado da física newtoniana e um conceito psicológico de culpabilidade de clara derivação biologicista.

Desse modo, o conceito de conduta abarca todo movimento humano voluntário, sem qualquer avaliação sobre sua ilicitude ou reprovabilidade, porque não perquire a finalidade a que visava o agente. Para ilustrar, imagine que "A" dirige seu carro em uma rodovia em conformidade com a lei. O ato de dirigir é voluntário: pisa no acelerador de maneira consciente, e não como efeito de um reflexo. No acostamento daquela estrada, um suicida aguardava, esperando que um veículo em alta velocidade passasse por ali para que concretizasse seu intento fatal. O suicida, inadvertidamente, cruza o caminho de "A" enquanto este transitava com seu carro, e vem a falecer em razão do atropelamento. Para a teoria causalista, "A" teria praticado uma conduta homicida, pois o seu ato de dirigir era consciente, independentemente da finalidade que tinha em mente quando o praticou: chegar ao trabalho ou atropelar e matar um transeunte.

Ao desconsiderar o objetivo perseguido pelo agente com seu comportamento, é como se o sistema causal analisasse a existência de conduta homicida com base em uma fotografia, uma análise fria e exterior dos fatos: "A" estava dirigindo conscientemente o carro que atropelou o pedestre, que em razão do acidente, veio a falecer. Logo, pode-se dizer que há conduta homicida.

No exemplo, a condenação de "A" por crime de homicídio configuraria uma flagrante injustiça. Como o sistema causalista resolveria essa situação?

O dolo é considerado puramente psicológico, pois é integrado por consciência e vontade. Segundo alguns autores, somente na teoria neokantista que o dolo se consolida como normativo, ao ser integrado pela atual consciência da ilicitude.

▸ CUIDADO!

Há divergência doutrinária quanto à natureza do dolo no causalismo, pois para parte da doutrina ele é considerado "normativo ou híbrido", inclusive a CESPE/ CEBRASPE já a seguinte assertiva como **correta**:

CESPE / CEBRASPE 2013 - Polícia Federal - Delegado de Polícia - Segundo a teoria causal, o dolo causalista é conhecido como dolo normativo, pelo fato de existir, nesse dolo, juntamente com os elementos volitivos e cognitivos, considerados psicológicos, elemento de natureza normativa (real ou potencial consciência sobre a ilicitude do fato).

Porém, fique atento! Para outra parte da doutrina o dolo no causalismo é "psicológico", uma vez que o elemento normativo "**atual consciência da ilicitude**" só passa a integrá-lo no Neokantismo, próxima teoria que estudaremos.

No sistema causal, o crime é composto por três substratos: **fato típico**, que trazia uma descrição objetiva do delito, sem levar em conta qualquer aspecto axiológico ou valorativo; **ilicitude**, compreendida como mera contradição entre a norma e a conduta do agente; **culpabilidade**, que consistia no elemento psicológico de união entre a conduta e seu autor, já que o dolo e a culpa integravam esse substrato.

Nesse sistema vigorava a **teoria psicológica da culpabilidade**. "Nessa concepção, dolo e a culpa não só pertencem à culpabilidade: são as duas classes ou **espécies de culpabilidade**, que constitui o gênero. Não são formas da culpabilidade, porque são a culpabilidade mesma em uma ou outra de suas possíveis espécies". A imputabilidade, segundo essa teoria, não era elemento da culpabilidade, mas apenas seu pressuposto.

Há uma distinção entre o impulso volitivo e o conteúdo de vontade. O impulso volitivo integra a conduta, e, em virtude disso, é objeto do juízo de ilicitude. Já o conteúdo de vontade, é analisado no substrato da culpabilidade, pois é um processo anímico-subjetivo, e diz respeito aos motivos e propósitos perseguidos pelo agente com a prática de sua conduta.

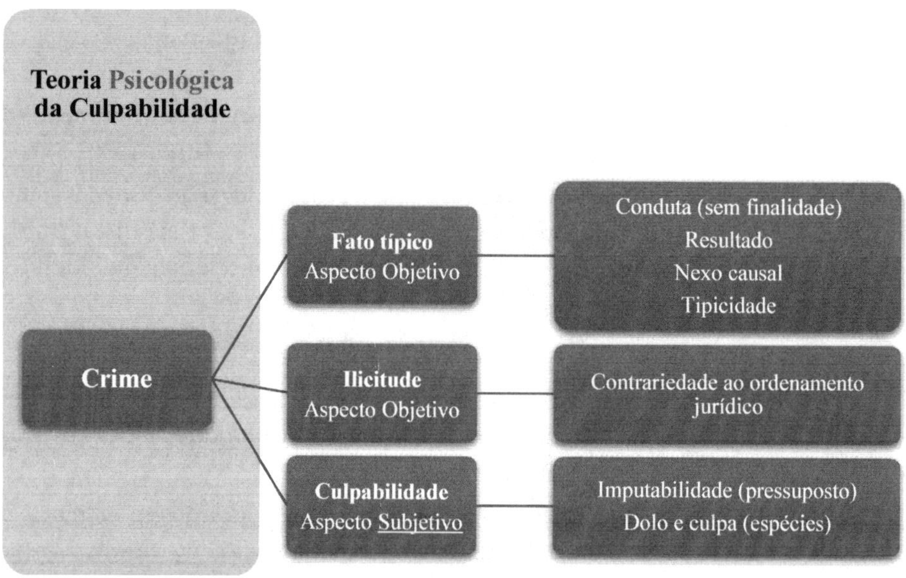

▸ IMPORTANTE

Para quem é partidário da teoria clássica, o conceito analítico de crime é necessariamente tripartido, pois o dolo e a culpa estão na culpabilidade. Se excluirmos o dolo e a culpa, o crime seria composto apenas por fato típico e ilícito e estaria consagrada a responsabilidade penal objetiva. **Por isso, para o conceito causal de conduta, o crime deve, necessariamente, ser tripartite.**

Para facilitar a compreensão dessa temática que reputo a mais complexa da teoria do crime, ao final de cada teoria trarei um breve resumo daquilo que considero essencial para o total domínio do assunto.

Causalismo

Surgimento	Início do século XIX (1906).
Principais Expoentes	Franz Von Liszt e Ernst von Beling.
Expressões sinônimas	Teoria ou sistema clássico, teoria causalista, mecanicista, clássica, naturalista, causal ou sistema Liszt-Beling, concepção clássica e positivista-naturalista.
Fundamentos	Essa teoria é baseada no positivismo e busca explicar os fenômenos do Direito Penal usando o método das ciências naturais.
Noção essencial	O crime era mera relação de causa e efeito. Não se consideravam valores filosóficos, psicológicos e sociológicos.
Elementos do crime	O crime é necessariamente tripartite (fato típico, ilícito e culpabilidade).
Fato típico	Composto por conduta, resultado, nexo causal e tipicidade. A tipicidade é meramente formal (análise do fato/tipo penal). Beling denominava de **teoria do tipo avalorado**, porque não enxergava qualquer relação entre o fato típico e a ilicitude.
Conduta	É o movimento humano voluntário que produz um resultado no mundo exterior. **Detalhe!** Esse conceito nega qualquer aspecto subjetivo à conduta.
Ilicitude	Reprovação jurídica que recai sobre um fato típico. Não havendo nenhuma causa de justificação, que era valorada objetivamente, o fato seria típico e ilícito. Para Beling, a ilicitude era meramente formal e sem qualquer valoração. Von Liszt defendia uma ilicitude material, como lesão ou ameaça de lesão ao bem jurídico.
Culpabilidade	Dolo e culpa são **espécies** da culpabilidade (aspecto **subjetivo**). Em virtude disso, surge a chamada **teoria psicológica** da culpabilidade.

Destaques	O tipo penal era objetivo-descritivo; A conduta é um **movimento** humano voluntário que produz um resultado no mundo exterior; No causalismo surge a figura dos tipos normais e anormais. **Tipos normais** são aqueles que possuem apenas elementos objetivos, perceptíveis pelos sentidos, ao passo que os **tipos anormais** são os que possuem, além dos elementos objetivos, outros de caráter subjetivo ou normativo, não mais perceptíveis pelos sentidos; Para teoria causal, o resultado, como parte integrante da ação causal, deve estar contido necessariamente em todos os delitos, pois o conceito causal não pode reconhecer crimes sem resultado; **A ilicitude era formal para Beling e material para Von Liszt**. A ilicitude era objetivo-normativa; A culpabilidade era subjetivo-descritiva. Composta pela imputabilidade, dolo e culpa **(teoria psicológica).**
Críticas	**Não explica os crimes omissivos**; Ao conceituar conduta como "movimento humano", esta teoria não explica de maneira adequada os crimes omissivos (inação/sem movimento); **Não explica a tentativa**; Ao fazer a análise do dolo e da culpa somente no momento da culpabilidade, não há como distinguir a lesão corporal da tentativa de homicídio, por exemplo; **Não explica os crimes com fins específicos**; Como analisar se a conduta era um sequestro ou extorsão mediante sequestro, se não há finalidade na ação? É inadmissível imaginar a ação humana como um ato de vontade sem finalidade; **Não explica os crimes sem resultado (formais e de mera conduta)**; Esses delitos se consumam sem qualquer modificação no mundo exterior, o que contraria o conceito de conduta na concepção causalista.

5.3.1.2 Teoria neoclássica, causal-valorativa ou neokantista

A teoria neoclássica se desenvolveu com o **movimento positivista jurídico**, em oposição ao positivismo científico que até então vigorava. Seu principal defensor foi **Edmund Mezger**.

O reconhecimento das **ciências sociais**, associadas ao dever ser, trouxe uma nova abordagem à compreensão do Direito, que anteriormente (no sistema clássico) era orientado por conceitos e regras oriundos das ciências naturais, as quais, por sua vez, estavam relacionadas ao ser.

Com introdução de considerações axiológicas e materiais, o neokantismo substituiu o método puramente jurídico-formal do positivismo. O modelo neokantista possui o mérito de ter demonstrado que toda realidade traz em seu bojo um valor preestabelecido, permitindo a constatação de que as normas jurídicas, como um produto cultural, possuem como pressupostos valores prévios, e o próprio intérprete que, por mais que procure adotar certa neutralidade, não estará imune a maior ou menor influência desses valores.

O conceito analítico de crime continua com os mesmos substratos: fato típico, ilícito e culpável (tripartido). Todavia, a teoria neoclássica acarretou algumas mudanças. A conduta permanece sendo elemento do fato típico, porém mais abrangente, aparecendo não como ação, mas **comportamento, englobando a omissão**. Também se deve a esta teoria a admissibilidade de valoração na tipicidade, motivo pelo qual os tipos penais compostos de elementos não objetivos não são mais vistos como "anormais".

A ilicitude deixa o plano meramente formal (ilicitude formal), em que era vista unicamente por Beling como uma contrariedade ao ordenamento jurídico, e assume o plano material (ilicitude material), ao considerar o **potencial de lesividade da conduta (danosidade social)**. A culpabilidade também passa a se revestir de um juízo de reprovabilidade e a contar com um terceiro elemento (normativo), qual seja, a exigibilidade de conduta diversa.

Surge, então, a **teoria psicológico-normativa da culpabilidade**, pois deixa de ter viés unicamente psicológico (dolo e culpa continuam integrando a culpabilidade) para conter também a exigibilidade de conduta diversa, um elemento normativo, ou seja, reclama juízo de valor.

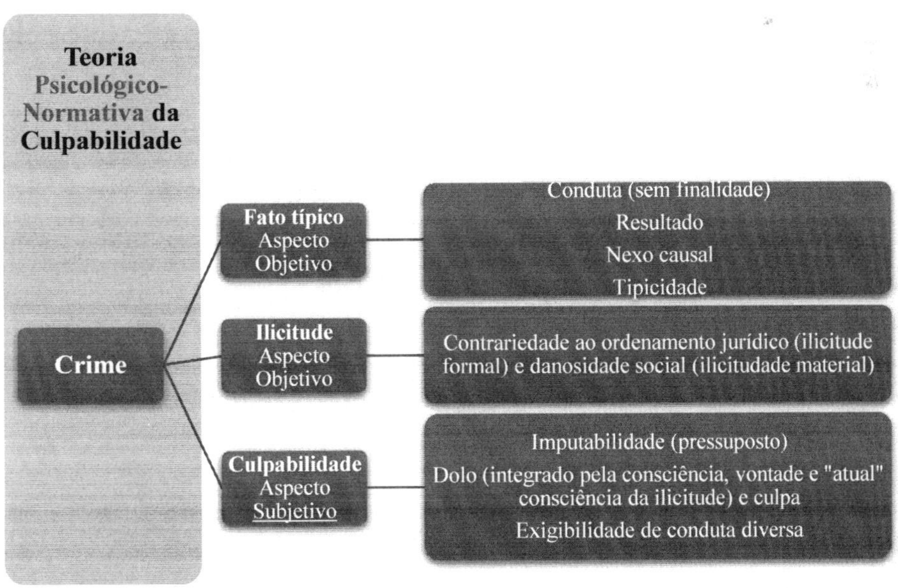

Conforme dito acima, o dolo, por conter em seu bojo a **atual consciência da ilicitude**, é chamado de **dolo normativo ou colorido**. Assim, não basta o agente querer ou aceitar o resultado. O dolo normativo reclama o conhecimento de que o comportamento é contrário ao direito. Ex.: não basta o agente atirar pra matar (elemento volitivo - vontade), tendo a consciência de que está matando (elemento cognitivo - consciência), o agente deve saber naquele momento que matar é crime (atual consciência da ilicitude).

Neokantismo

Surgimento	Início do século XX.
Principais Expoentes	Edmund Mezger, Reinhard Frank, Max Ernst Mayer e James Goldschmidt.
Expressões sinônimas	Sistema neoclássico ou teoria neoclássica; teoria causal-valorativa.
Fundamentos	Essa teoria surge quando se constata que o modelo causal-naturalista (Liszt-Beling) é incapaz de explicar o fenômeno do crime. O direito não deve ser examinado sob o prisma das ciências naturais (ciência do ser), mas como uma ciência cultural (do dever-ser), porque a realidade é imersa em valores. Deixa-se de lado o positivismo e são introduzidos valores no âmbito jurídico (método axiológico).
Noção essencial	Essa teoria rompeu com a pretensão causalista de reduzir a análise do crime a um fenômeno físico, baseado numa relação de causa e efeito, uma realidade neutra, formal, objetiva, própria das ciências naturais. O neokantismo promove uma releitura dos institutos e dos conceitos da teoria do crime, incorporando uma carga valorativa em todos os seus elementos (**substituição do modelo mecanicista pelo axilológico**). Inspirados em uma corrente filosófica desenvolvida na Alemanha no final do século XIX, os neokantistas preconizavam o retorno dos princípios de Immanuel Kant (por isso a denominação Neokantismo). **Atenção**! O destaque desse modelo é o **critério valorativo**, ou seja, o maior enfoque no critério interpretativo hermenêutico do sistema.
Elementos do crime	O crime continua tripartite (fato típico, ilícito e culpabilidade).

<table>
<tr><td>Fato típico</td><td colspan="2">Composto por conduta, resultado, nexo causal e tipicidade.
Tipicidade material: não basta o mero enquadramento do fato à norma (tipicidade formal); é imprescindível um juízo de valor para se aferir se há tipicidade material (análise valorativa do fato).
Surgem os elementos:
a) normativos do tipo (motivo torpe, mulher honesta etc.);
b) subjetivos do tipo – especial fim de agir (com o fim de; para si ou para outrem etc.).
Relação entre fato típico e ilicitude
• Teoria da "ratio essendi"; e
• Teoria dos elementos negativos do tipo.</td></tr>
<tr><td rowspan="4">Conduta</td><td colspan="2">Comportamento humano voluntário causador de um resultado.</td></tr>
<tr><td>Teoria Causalista</td><td>Teoria Neokantista</td></tr>
<tr><td>Conduta = movimento</td><td>Conduta = comportamento</td></tr>
<tr><td>Não explica os crimes omissivos.</td><td>Abrange os crimes omissivos.</td></tr>
<tr><td>Dolo normativo</td><td colspan="2">O dolo era um dolo normativo, porque exigia a consciência atual da ilicitude.
A culpa era vista como um elemento psicológico.
Elementos do dolo normativo
1) vontade;
2) consciência; e
3) consciência atual da ilicitude
Expressões sinônimas: Dolo normativo = dolo colorido, dolo híbrido ou dolo malus.</td></tr>
<tr><td>Ilicitude</td><td colspan="2">Reprovação jurídica que recai sobre um fato típico considerado danoso à sociedade.
A ilicitude deixa de ser estritamente formal (ilicitude formal) e passa a ser material ao receber a carga axiológica da danosidade social (ilicitude material).</td></tr>
<tr><td rowspan="3">Culpabilidade</td><td colspan="2">A culpabilidade deixa de ser puramente psicológica e ganha uma carga normativa.
Dolo e culpa permanecem na culpabilidade (aspecto subjetivo), não como espécies, mas como elementos.
Além disso, acrescenta-se mais um elemento valorativo, a exigibilidade de conduta diversa.
Surge a chamada teoria psicológico-normativa da culpabilidade.</td></tr>
<tr><td>Sistema clássico</td><td>Sistema neokantista</td></tr>
<tr><td>Teoria psicológica</td><td>Teoria psicológico-normativa</td></tr>
</table>

Destaques	1) A conduta compreende ações e **omissões** humanas; 2) O tipo penal passa a conter elementos normativos e subjetivos, superando o causalismo, onde os tipos penais continham apenas elementos objetivos; 3) Não se contenta com uma tipicidade meramente formal, exigindo uma valoração do fato (**tipicidade material**); 4) A ilicitude recebe a carga valorativa da **danosidade social (ilicitude material);** 5) A culpabilidade composta de imputabilidade, **dolo (normativo** - consciência da ilicitude), culpa (elemento psicológico) **e exigibilidade de conduta diversa (teoria psicológico-normativa).**
Críticas	1) Utilização de concepções e conceitos de alto cunho valorativo, genéricos, sem a concretude necessária para o Direito Penal; 2) Não consegue explicar os crimes culposos e a tentativa. Dolo e culpa permanecem na culpabilidade, dissociados da conduta, o que não faz sentido se considerarmos que toda conduta traz ínsita uma finalidade. **Cereja do bolo!** Ainda no sistema neokantista, Mezger passa a defender a existência de um dolo no tipo penal e outro dolo na culpabilidade. É o que se denomina de **dupla posição do dolo**.

5.3.1.3. *Teoria finalista*

Desenvolvida na Alemanha em 1930 por **Hans Welzel**. Segundo essa teoria, a conduta é a ação ou omissão humana, consciente e voluntária, **dirigida a um fim**. Essa teoria não visualiza a conduta como mero processo causal equiparado aos processos da natureza. Para Welzel, "a ação humana é exercício de uma atividade final. A ação é, portanto, um acontecimento final e não puramente causal. A finalidade, o caráter final da ação, baseia-se no fato de que o homem, graças ao seu saber causal, pode prever, dentro de certos limites, as possíveis consequências de sua conduta, designar-lhe fins diversos e dirigir sua atividade, conforme um plano, à consecução desses fins. Graças ao seu saber causal prévio, pode dirigir seus diversos atos de modo que oriente o suceder causal externo a um fim e o domine finalisticamente. A atividade final é uma atividade dirigida conscientemente em razão de um fim, enquanto o acontecer causal não está dirigido em razão de um fim, mas é a resultante causal da constelação de causas existente em cada momento. A finalidade é, por isso – dito de forma gráfica – 'vidente', e a causalidade, 'cega'."

Para Welzel, a direção final de uma ação realiza-se em duas fases:

- **1ª fase (subjetiva):** a) antecipação do fim que o autor quer realizar; b) seleção dos meios necessários para sua realização, em um processo chamado **retrocesso**, porque o fim está determinado, e é partindo dele que o autor seleciona os fatores causais necessários como meios da ação; c) consideração dos efeitos concomitantes, que estão ligados aos fatores causais escolhidos para a consecução do fim (o agente pode escolher, então, outros fatores causais, a fim de evitar os efeitos concomitantes, ou ainda incluir em sua vontade a realização desses efeitos).

- **2ª fase (objetiva):** De acordo com a antecipação mental do fim, a seleção dos meios e a consideração dos efeitos concomitantes, o autor leva a cabo sua ação no mundo real. Põe em movimento, conforme um plano, os meios da ação anteriormente escolhidos (fatores causais), cujo resultado é o fim junto com os efeitos concomitantes que foram incluídos no complexo total a ser realizado. Se não logra o domínio final no mundo real – por exemplo, o resultado não se produz por qualquer motivo –, a ação final correspondente resta apenas tentada.

Portanto, para Welzel, considera-se equivocada a ideia de ser a conduta um mero movimento corporal despido de finalidade, pois o que caracteriza o ser humano, **ontologicamente**, é, justamente, a capacidade de poder prever, dentro de certos limites, as consequências possíveis de sua atividade, e dirigi-la, conforme o planejado, até atingir os seus objetivos.

▶ IMPORTANTE

Embora para o finalismo a conduta seja uma ação ou omissão **humana** dirigida a uma finalidade, a CF/88 prevê algums situações em que uma **pessoa jurídica** pode ser responsabilizada criminalmente por determinado fato:

• Nos **crimes contra a ordem econômica e financeira e contra a economia popular** (art. 173, § 5º). Apesar da previsão constitucional, **não existe lei regulamentadora de tal hipótese.**

• **Crimes contra o meio ambiente** (art. 225, § 3º). Diferentemente da hipótese anterior, foi editada a **Lei nº 9.605/98** regulamentando tal possibilidade.

A grande transformação promovida pelo finalismo é que Welzel retira o dolo e a culpa da culpabilidade, inserindo-os na conduta (fato típico), formando, assim, uma **culpabilidade vazia** no aspecto subjetivo. A consciência da ilicitude permanece na culpabilidade. No entanto, essa consciência da ilicitude, que nas teorias clássica e neoclássica era real (atual), com o finalismo passa a ser meramente **potencial**.

A culpabilidade passa a ter três elementos:

- Imputabilidade;
- Potencial consciência da ilicitude;
- Exigibilidade de conduta diversa.

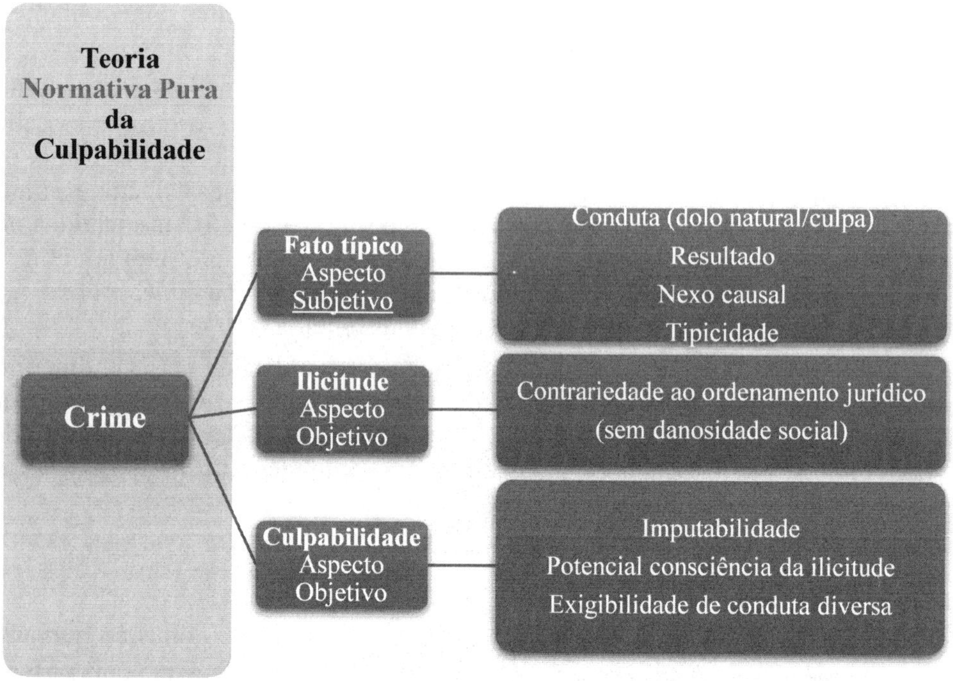

No finalismo, a culpabilidade é **normativa pura**, porque os elementos psicológicos, de cunho subjetivo, que antes existiam na culpabilidade (dolo e culpa) foram transferidos para a conduta. A teoria normativa pura se divide em outras duas:

a) teoria normativa pura extremada;

b) teoria normativa pura limitada.

A diferença entre essas duas vertentes está no tratamento das descriminantes putativas, que será abordada posteriormente em tópico próprio.

Registre-se, ainda, que no finalismo a culpabilidade pode ser entendida como elemento do crime (teoria tripartite) ou, para a minoria, como pressuposto para aplicação da pena (teoria bipartite).

▸ IMPORTANTE

No finalismo, o dolo passa a ser **natural** ou **acromático**, pois independe da consciência da ilicitude.

Elementos do dolo natural

a) vontade; e

b) consciência.

Obs.: A consciência da ilicitude permaneceu na culpabilidade. Essa consciência, que era real, atual, passou a ser meramente potencial.

Como se percebe, independente da teoria adotada, a ausência de dolo ou de culpa acarreta a inexistência de crime.

- **Sistema clássico e neokantista:** ausente dolo/culpa, não há crime por ausência da culpabilidade (3º substrato).
- **Sistema finalista:** ausente dolo/culpa, não há crime por ausência de conduta (fato típico – 1º substrato).

▶ CURIOSIDADE

O finalismo é ancorado no método **ontológico**, pois só se admite juízo de valor na realidade. O conceito **ôntico-ontológico** (estudo do "ser"), parte do princípio de que o direito não cria a conduta, pois ela já existe (**pré-jurídica**). O direito apenas a valora negativamente. A teoria finalista adota essa estrutura, pois para ela a conduta é um comportamento voluntário dirigido finalisticamente, cuja vontade é exteriorizada.

Finalismo

Surgimento	Meados do século XX (1939).
Expoente	Hans Welzel.
Fundamentos	Welzel parte da percepção de Aristóteles de que todas as ações tendem a um fim e coloca o homem como o centro do Direito Penal (a ação humana passa a ser o conceito central da teoria do delito). Todo agir humano é finalisticamente dirigido a um fim. **Em resumo**: • Sistema clássico: modelo naturalístico mecanicista (causa e efeito); • Sistema neoclássico: modelo axiológico (valores); • Sistema finalista: modelo lógico-objetivo (não subjetivo). A ação humana é o ponto central.
Noção essencial	Considerando que o agir humano é dirigido a um fim, Welzel percebe que o dolo e a culpa devem integrar o tipo penal (aspecto subjetivo) e não a culpabilidade, como nos sistemas anteriores.
Elementos do crime	O crime continua tripartite (fato típico, ilícito e culpabilidade)[3].

3. Corrente minoritária adota a **teoria finalista dissidente**, defendendo que o finalismo adotou o modelo bipartido, composto por fato típico e ilicitude. Para os adeptos desse posicionamento que tem à frente René Ariel Dotti, a culpabilidade seria um pressuposto para a aplicação da pena.

<table>
<tr><td rowspan="1">Fato típico</td><td colspan="2">Composto por conduta, resultado, nexo causal e tipicidade.
Dolo e culpa passam a integrar o tipo penal (conduta).
Tipicidade material: não basta o mero enquadramento do fato à tipicidade (formal); é imprescindível lesão ou perigo de lesão ao bem jurídico tutelado.
Relação entre fato típico e ilicitude
Welzel acolhe a teoria da ratio cognoscendi que foi criada por Mayer em 1915. Segundo ela, uma vez típica a conduta, há indício de que também seja ilícita (caráter indiciário da ilicitude).</td></tr>
<tr><td rowspan="3">Conduta</td><td colspan="2">Comportamento humano voluntário dirigido a uma finalidade ilícita e reprovável (toda conduta é orientada por um querer).
Obs. No finalismo, a conduta humana é o conceito central da teoria do delito.</td></tr>
<tr><td>Causalismo e neokantismo</td><td>Finalismo</td></tr>
<tr><td>A conduta é ato de vontade sem conteúdo</td><td>A conduta é ato de vontade com conteúdo.
Obs. Welzel cunhou a seguinte expressão: "A finalidade é vidente; a causalidade é cega".</td></tr>
<tr><td rowspan="5">Dolo natural</td><td colspan="2">Detalhe importantíssimo!
No finalismo, o dolo passa a ser natural ou acromático. É aquele que independe da consciência da ilicitude.
Elementos do dolo natural:
1) Vontade; e
2) Consciência.
Obs. A consciência da ilicitude permaneceu na culpabilidade. Essa consciência, que era real, atual, passou a ser meramente potencial.</td></tr>
<tr><td>Dolo normativo</td><td>Dolo natural</td></tr>
<tr><td>Adotado pela teoria neoclássica.
Atenção! Parcela da doutrina defende que o dolo normativo também estava presente no causalismo.</td><td>Adotado pela teoria finalista.</td></tr>
<tr><td>Integra a culpabilidade.</td><td>Integra o fato típico.</td></tr>
<tr><td>Possui 3 elementos:
a) vontade (querer ou aceitar);
b) consciência (sabe o que faz);
c) consciência atual da ilicitude (sabe que o que faz é ilícito).</td><td>Possui 2 elementos:
a) vontade (querer ou aceitar);
b) consciência (sabe o que faz).
Obs.: A consciência da ilicitude é afeta à culpabilidade.</td></tr>
</table>

Ilicitude	Reprovação jurídica que recai sobre um fato típico. Preserva o caráter material do neokantismo, mas deixa de lado a danosidade social. **Caráter material**: a ilicitude recebe a carga valorativa do desvalor da ação, assumindo um caráter de "**injusto pessoal**".
Culpabilidade	Dolo e culpa deixam a culpabilidade e migram para o fato típico (conduta). Com isso, a culpabilidade perde seu aspecto subjetivo, deixando de ser psicológica. Os elementos da culpabilidade passam a ser: 1) Imputabilidade do agente; 2) Potencial consciência da ilicitude; 3) Exigibilidade de conduta diversa. **Atenção**! Por não possuir mais nenhum elemento psicológico, apenas normativos, a teoria passa a ser **normativa-pura**. **Obs**. No finalismo, a culpabilidade foi esvaziada em seu aspecto psicológico, pois dolo e culpa deixam de ser seus elementos.
Destaques	1) O conteúdo da vontade (dolo ou culpa) integra o tipo penal (conduta); 2) A conduta é **dirigida a um fim**; 3) O conceito de ação na teoria finalista é **ontológico pré-jurídico** (a essência do conceito é a finalidade da conduta, cuja análise é anterior ao próprio direito); 4) Dolo **natural** ou **sem cor/acromático** (sem consciência da ilicitude); 5) Não se contenta com uma tipicidade meramente formal, exigindo tipicidade material (lesão ou perigo de lesão ao bem jurídico); 6) A ilicitude recebe a carga valorativa do **desvalor da ação**; 7) A culpabilidade composta de imputabilidade, potencial consciência da ilicitude e exigibilidade de conduta diversa (**teoria normativa-pura** ou **culpabilidade esvaziada**).

Críticas	1) A culpabilidade é vazia. Por não conter o aspecto subjetivo (dolo/culpa), a culpabilidade tornou-se esvaziada; 2) Não resolve de forma satisfatória os crimes culposos. Se toda conduta tem uma finalidade, como explicar o crime culposo, cujo resultado é involuntário? 3) Não esclarece os crimes omissivos. Se toda conduta tem uma finalidade, o que dizer dos crimes que punem um não fazer? **Considerando que a teoria finalista é a que vem sendo acolhida majoritariamente pela doutrina brasileira, como contrapor essas críticas?** Vamos lá. 1) A culpabilidade não foi esvaziada pelo finalismo, permanecendo como substrato fundamental na estrutura do delito e composta de elementos essenciais (imputabilidade, potencial consciência da ilicitude e exigibilidade de conduta diversa); 2) Para o finalismo, a **conduta é pré-jurídica**, vale dizer, existe antes mesmo do enquadramento típico realizado pelo legislador, que somente a reconhece e valora de forma negativa. Por isso, é possível visualizar uma finalidade na conduta daquele que dirige em excesso de velocidade, vindo a atropelar alguém de forma culposa (ex. chegar a uma escola a tempo de realizar um concurso). O mesmo raciocínio se aplica para a conduta omissiva. Aquele que deixa de socorrer alguém que está ferido também é orientado por alguma finalidade (ex. receio de pegar uma doença; não se atrasar para algum evento etc.).

5.3.1.4. Teoria social da ação

A teoria social da ação foi idealizada por Eberhard Schmidt e desenvolvida por **Wessels e Jescheck.** Situa-se entre as teorias causal e finalista. Para essa teoria, ação é um comportamento humano socialmente relevante, que deve ser entendido como toda resposta do homem a uma exigência situacional reconhecida ou, ao menos, reconhecível, mediante a realização de uma possibilidade de reação da qual dispõe graças à sua liberdade. Em outras palavras, a **conduta é um ato socialmente reprovável**, cuja configuração depende de sua transcendência, de modo que supere a esfera individual do agente para atingir terceiros, o que também se compreende como **lesividade social.**

Em suma, a teoria social da ação não substituiu o finalismo: apenas **acrescentou o fator social ao substrato do fato típico**, como **elemento implícito do tipo penal**, exigindo relevância social e jurídica para configuração da conduta.

Visa a resolver os problemas encontrados até então pela doutrina para explicar os crimes culposos e omissivos, pois sustenta que o comportamento pode consistir no exercício da atividade final (finalidade), mas também pode limitar-se à produção de consequências, contanto que o processo seja dirigível acudindo à finalidade (culpa). Da mesma forma, pode manifestar-se na atividade frente a uma concreta esperança de ação, sempre que também aqui se suponha que, em definitivo, concorra à possibilidade de direção (omissão).

Muitas críticas foram tecidas em relação à teoria social da ação. Em primeiro lugar, por apresentar um conceito dúbio e nebuloso para servir de base para a estrutura do delito. Além disso, a exigência da "relevância social" como lesividade social não pode ser admitida. "Uma conduta é uma conduta, embora não seja socialmente lesiva. Por outra parte, a lesividade social da ação no plano pré-típico não pode ser nada além de um juízo ético, o que, em uma sociedade pluralista, é extremamente difícil e, ademais, excessivamente perigoso. Implica um sociologismo demasiadamente apressado, cujas consequências são imprevisíveis".

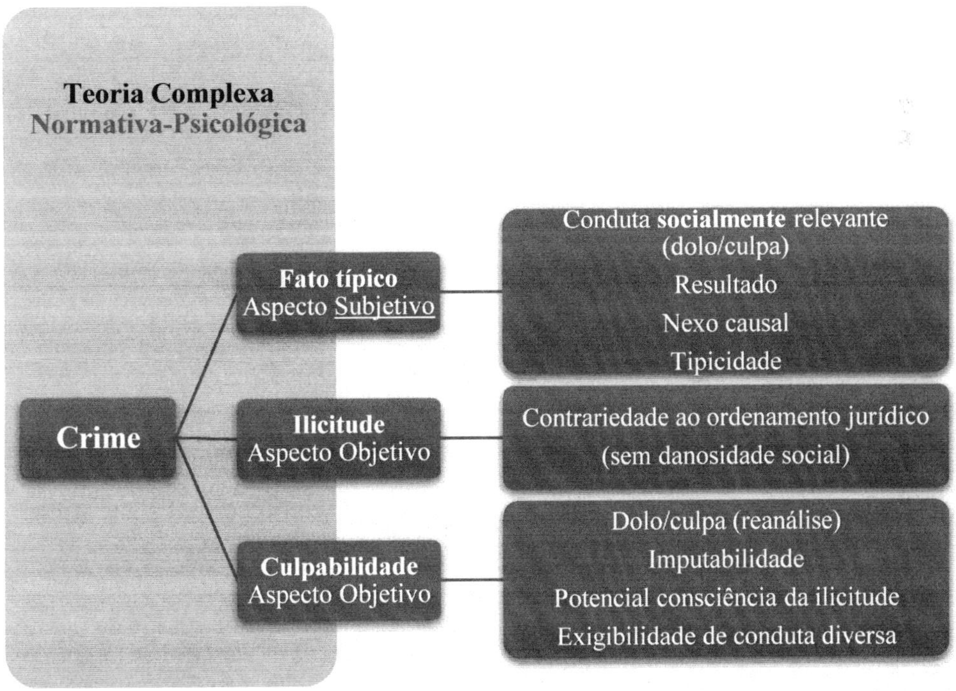

Teoria social da ação

Surgimento	Situa-se entre as teorias causal e finalista da ação. Busca um conceito que se afasta do modelo causal, bem como do subjetivismo e do individualismo próprio do finalismo, ou seja, essa teoria busca uma via intermediária.
Expoente	Desenvolvida por Eberhard Schimidt, tendo como expoentes Jescheck e Wessels.

Noção essencial	Parte do pressuposto que o **crime é um fenômeno social**. A conduta só tem relevância se possuir sentido social, ou seja, se ultrapassar a figura do agente para atingir terceiros.
Elementos do crime	O crime continua tripartite (fato típico, ilícito e culpabilidade).
Fato típico	Composto pela **conduta socialmente relevante**, dolo, culpa, resultado, nexo de causalidade e tipicidade (formal e material).
Ilicitude	Reprovação jurídica que recai sobre um fato típico e danoso para a sociedade.
Culpabilidade	Adota a **teoria complexa normativa-psicológica**. 1) Dolo/culpa (reanálise); 2) Imputabilidade; 3) Potencial consciência da ilicitude; 4) Exigibilidade de conduta diversa; Obs. Destaca-se a **dupla posição do dolo** (no tipo e na culpabilidade).
Destaques	**Cereja do bolo!** Essa teoria, embora não tenha recebido muitos adeptos, teve sua importância: 1) Fez nascer o **princípio da adequação social**; 2) Provocou um debate mais aprofundado em torno do princípio da insignificância.
Críticas	1) Dificuldade para definir o que vem a ser socialmente relevante. A conduta, por se tratar de elemento essencial na teoria do crime, não pode ser definida de modo tão vago e impreciso. Nas palavras de Guilherme Nucci, "seria um conceito deveras fluido e nebuloso, injustificável para a teoria do crime, que busca segurança para a tipificação de uma conduta". 2) Nem todo fato socialmente relevante interessará ao Direito Penal. Tendo em vista o caráter fragmentário e subsidiário do Direito Penal, decorrente de sua intervenção mínima, é possível que outros ramos do Direito apresentem soluções a fatos socialmente relevantes.

5.3.1.5. *Funcionalismo penal*

Trata-se de um movimento posterior ao finalismo, que surge na Alemanha a partir de 1970 para questionar o conceito de conduta apresentado pelos sistemas causal e finalista. De certo modo, superou o paradigma ontológico-positivista que até então permeava as teorias existentes. "A verdade absoluta, a ideia de uma realidade unívoca, própria das teorias ancoradas em pressupostos ontológicos, é substituída pelo reconhecimento da plurivocidade da realidade, da coexistência de distintas formas de interpretação. Isso conduz, naturalmente, ao envio dos problemas jurídico-penais para uma solução no campo axiológico dos valores que subjazem ao próprio sistema penal. [...] O sistema de imputação já não seria considerado um fim em si mesmo [...]. Os elementos componentes do conceito de crime deixam de ser autossuficientes e passam a ser funcionalizados, ou seja, passam a estar a serviço da realização de um escopo geral. Daí que a essa perspectiva se denomine funcionalismo".

A partir de uma **visão funcional do Direito Penal**, que está diretamente ligado à realização de objetivos sociais pretendidos pela sociedade através de pautas político-criminais, apresenta uma nova proposta estrutural de teoria do delito. **Discute-se qual a real função do Direito Penal, qual sua verdadeira missão**. Não repercute na distribuição das categorias do delito, mas sim no conteúdo dessas categorias, que devem servir de maneira funcionalizada à realização do escopo geral.

Procura ajustar algumas injustiças percebidas no finalismo e no sistema causal, como a questão do regresso ao infinito na relação de causalidade. No contexto do funcionalismo é que surge a chamada **teoria da imputação penal objetiva.**

Apresenta duas concepções:

- Funcionalismo moderado de Claus Roxin;
- Funcionalismo radical de Günther Jakobs.

Passemos a uma análise sistematizada das principais características dessas duas vertentes teóricas.

5.3.1.5.1. Funcionalismo moderado de Claus Roxin (também chamado de racional-teleológico)

Parte de uma ideia a respeito do Direito Penal (identificada com a proteção subsidiária de bens jurídicos) e a respeito da pena (caráter preventivo geral e especial) para chegar à composição de um novo modelo de sistema de imputação.

Para Roxin, a **verdadeira missão** do Direito Penal consiste na **proteção dos bens jurídicos relevantes para a sociedade**. O Direito Penal é instrumento de *ultima ratio*, associado à proteção de bens jurídicos fundamentais ao desenvolvimento social do indivíduo. Daí decorre a necessidade de associação da fundamentação das categorias do delito a um fundamento material de ofensa ao bem jurídico.

A pena tem **função preventiva geral**, ou seja, deve gerar o efeito **afirmativo** da permanência de proteção ao bem jurídico através da afirmação da vigência da norma infringida, e de **prevenção especial**, consubstanciada na ideia de ressocialização.

Segundo a concepção funcionalista moderada, para a consecução dos objetivos do Direito Penal, devem ser observados os **princípios de intervenção mínima, legalidade e culpabilidade**.

O tipo assume diversas funções, uma vez que a tipicidade penal já não se contenta com a simples adequação do fato à previsão típica.

A **imputação objetiva** é considerada um dos elementos do fato típico.

A delimitação entre dolo e imprudência já não decorre de análise binária de ausência ou presença de elementos psicológicos, tais como a vontade ou o conhecimento, mas de um questionamento a respeito da **adequação ou necessidade da aplicação da pena** pelo delito doloso.

A ilicitude deixa de ser vista como a mera contrariedade entre o ordenamento jurídico e a ação finalisticamente realizada sem amparo em causas de justificação, pois passa a cumprir o papel de resolução do conflito entre os interesses sociais (pretensão em ver punido o autor do fato) e individuais (resistência ao castigo), já que representa o campo no qual os referidos interesses entram em choque.

A culpabilidade sofre remodelação, e é substituída pela categoria da **responsabilidade**, assim entendida a possibilidade de responsabilização penal segundo critérios funcionais da pena, ou seja, merecimento de pena. **A culpabilidade passa a ser um dos componentes da responsabilidade, ao lado da necessidade da pena.**

Portanto, essa teoria adota um critério bipartido de delito: o injusto penal (fato típico e ilícito) e a responsabilidade, que inclui a culpabilidade.

5.3.1.5.2. Funcionalismo radical de Günther Jakobs (também chamado de sistêmico)

Toma como base a **teoria dos sistemas** de Niklas Luhmann. A teoria dos sistemas tem origem nas ciências naturais. Dois estudiosos, Humberto Maturana e Francisco Varela, ao estudar a organização do vivo, o identificaram como **sistema autopoiético**, ou seja, um **sistema que produz continuamente a si mesmo**, através de interações com o seu meio, procurando a preservação de sua congruência interna, em permanente busca de estabilidade. A partir dessa conclusão, Luhmann passou a defender no âmbito das ciências sociais que toda a sociedade também está organizada em sistemas autopoiéticos, fechados e autorreferentes. No subsistema jurídico encontra-se o subsistema jurídico-penal, e, a partir da perspectiva sistêmica, **não importa se o sistema jurídico produz um resultado justo, mas sim que funcione, preservando sua identidade.**

O Direito Penal tem como **missão principal** a busca do reconhecimento da necessidade de **estabilização normativa**.

O Direito Penal deve **proteger a norma** e não os bens jurídicos. Essa finalidade busca a reafirmação do Direito, que não encontra limites externos, apenas internos (na própria norma). O Direito não é instrumento de afirmação do indivíduo, mas sim da coletividade representada pelo Estado, que é fonte da norma.

O funcionalismo sistêmico, adotado por Günther Jakobs, enxerga, na violação da norma, a expressão simbólica da falta de fidelidade ao Direito, o que ameaça a integridade e a estabilidade sociais, e defende que a lesão a bens jurídicos específicos não é o que justifica a incidência da pena, cuja **função é de prevenção positiva**, representando a reação social ao delito, com reforço da vigência dos valores violados.

O injusto é concebido como ação não tolerada socialmente. A presença dos elementos que tornam intolerável um comportamento, conjugado com a ausência de elementos justificantes conduz ao que Jakobs denomina "tipo de injusto".

A função da culpabilidade na teoria funcionalista sistêmica é caracterizar a motivação do autor como uma daquelas que estão em desconformidade com a norma, gerando o conflito, evidenciando uma tendência totalitária, em que se pretende a determinação do comportamento conforme a norma mais se assemelha a uma regulação moral do que jurídica.

A pena visa, primordialmente, a **prevenção geral positiva**, por meio da punição eficaz daquele que viola a norma.

Somente a **aplicação rígida e constante da lei** pode garantir sua autoridade.

O modelo de autorreferência defendido pelo funcionalismo radical, ou seja, a validação do sistema pela busca da sua própria estabilidade, conduz à conclusão de que os fins justificam os meios. Esta falta de limites permitiu a concepção do **Direito Penal do inimigo**, autorizando a ampla intervenção sem o resguardo de qualquer garantia. No Brasil, podemos citar a Lei de Abate de Aeronaves (Lei nº 9.614/98) e a Lei Antiterrorismo (Lei nº 13.260/16) como normas inspiradas no Direito Penal do inimigo ou no Direito Penal bélico.

Funcionalismo penal

Surgimento	As teorias funcionalistas ganham força e espaço na década de 1970, discutidas com ênfase na Alemanha.
Expoente	Claus Roxin, Gunther Jakobs, Zaffaroni e Hassemer.
Fundamentos	Os funcionalistas defendem que a construção do sistema jurídico penal não deve estar vinculada a dados ontológicos (ação, causalidade e demais institutos), mas preocupar-se exclusivamente com os **fins do Direito Penal**.
Noção essencial	Esse movimento procura adequar a dogmática penal aos fins do Direito Penal. O Direito Penal tem necessariamente uma missão (função) e seus institutos devem ser compreendidos de acordo com ela. Ex. A conduta deve ser compreendida e conceituada de acordo com a missão conferida ao Direito Penal.
Atenção! Duas grandes vertentes do funcionalismo são apresentadas na doutrina porque os idealizadores dessas teorias **divergiram** quanto à missão do Direito Penal.	

Funcionalismo teleológico

<table>
<tr><td>Expoente</td><td>Claus Roxin (Escola de Munique). Publicação da monografia "Política criminal e sistema de direito penal" em 1970.</td></tr>
<tr><td>Expressões sinônimas</td><td>Funcionalismo dualista, moderado, de política criminal.</td></tr>
<tr><td>Noção essencial</td><td>A principal função do Direito Penal consiste na proteção de bens jurídicos.
Roxin busca superar os sistemas causalista e finalista, apresentando um modelo marcado pela política-criminal, promovendo uma releitura dos substratos do crime.</td></tr>
<tr><td>Elementos do crime</td><td>1) Fato típico;
2) Ilicitude;
3) Reprovabilidade.
Obs. Para Roxin, a culpabilidade é limite da pena.</td></tr>
<tr><td colspan="2">Fato típico
Composto pela conduta, dolo, culpa, resultado, imputação objetiva e tipicidade (formal e material).
Tipicidade material: lesão ou perigo de lesão a bem jurídico.
Imputação objetiva: realização de um perigo não permitido dentro do fim de proteção da norma.</td></tr>
<tr><td>Conduta</td><td>Comportamento humano voluntário capaz de evidenciar uma manifestação de personalidade.</td></tr>
<tr><td>Ilicitude</td><td>É examinada a partir das causas de justificação, que possuem uma função político-criminal de solução social dos conflitos.</td></tr>
<tr><td>Responsabilidade</td><td>Roxin afasta-se de culpabilidade dos sistemas anteriores - associadas a ideia do "poder agir de outro modo" - passando a exigir uma responsabilidade calcada na "culpabilidade do autor" e na "necessidade da pena".
Obs. A culpabilidade deixa de ser um dos substratos do crime e passa a ser um elemento da responsabilidade.</td></tr>
<tr><td>Críticas[4]</td><td>1) O conceito normativo de conduta é vago e inaceitável, comprometendo a segurança jurídica;
2) A remodelagem de diversos institutos, embora lhes confira ares de modernidade, não resolve os problemas reais do cotidiano, já satisfatoriamente solucionados pelos modelos anteriores.</td></tr>
</table>

4. NUCCI, Guilherme de Souza. **Manual de Direito Penal**. 10 ed. Rio de Janeiro: Forense, 2014, p. 257.

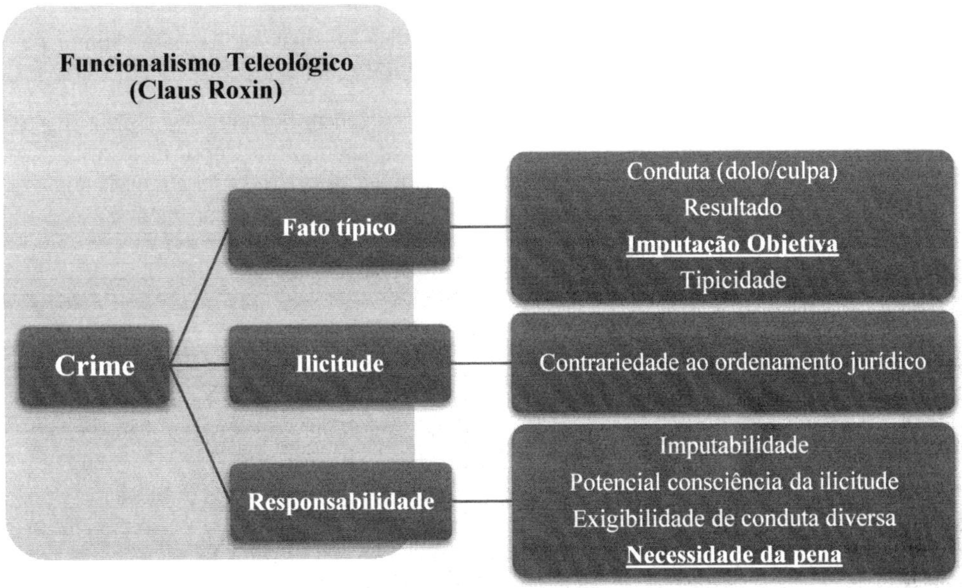

Funcionalismo radical

Expoente	Gunther Jakobs (Escola de Bonn).
Expressões sinônimas	Funcionalismo sistêmico ou monista.
Noção essencial	A principal função do Direito Penal consiste na **proteção do próprio sistema** (a sanção penal deve ser aplicada como forma de reafirmar a vigência do sistema). **Atenção!** A confiança na norma é o ponto central do sistema, por isso, o **princípio da confiança e a teoria dos papeis sociais** formam os pilares da sua teoria.
Elementos do crime	1) Fato típico; 2) Ilicitude; 3) Culpabilidade.
Fato típico	Semelhante ao modelo apresentado por Roxin. No entanto, Jakobs trabalha com a imputação objetiva com algumas peculiaridades em relação à concepção de Roxin.
Conduta	Comportamento humano voluntário causador de um resultado **violador do sistema, frustrando as expectativas normativas**.
Ilicitude	Reprovação jurídica que recai sobre um fato contrário à lei penal.

Culpabilidade	Possui os mesmos elementos do finalismo (imputabilidade, potencial consciência da ilicitude e exigibilidade de conduta diversa).
Críticas	Jakobs defende que a principal função do Direito Penal é a proteção do próprio sistema. Com isso, abandona a própria ideia de justiça, criando campo fértil para o autoritarismo e para teorias nocivas para a sociedade, a exemplo do Direito Penal do Inimigo.

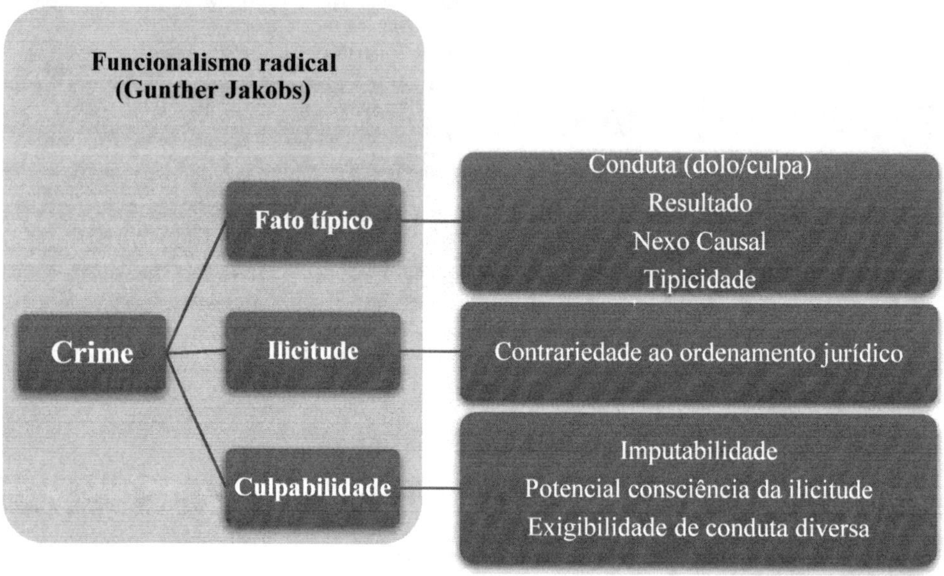

Em apertada síntese:

Teoria funcionalista teleológica	Teoria funcionalista sistêmica
Claus Roxin (Escola de Munique)	**Gunther Jakobs** (Escola de Bonn)
Proteção de bens jurídicos	Proteção do sistema
Conceitua os institutos com base na missão de "proteção dos bens jurídicos"	Conceitua os institutos com base na missão de "proteção do sistema"

5.3.1.6. *Teoria da ação significativa*

Surgimento	Espanha, 1996.
Expoente	Tomás Salvador Vives Anton. No Brasil, é defendida por Paulo César Busato.
Fundamentos	Essa teoria, tal qual outras pós-finalistas, **busca romper a ideia de um conceito ontológico**, de um conceito pré-jurídico de ação proposta por Welzel. Baseia-se em dois paradigmas filosóficos: • Filosofia da linguagem: Wittgenstein; • Teoria da ação comunicativa: Habermas.
Noção essencial	Essa teoria defende que não existe um conceito de ação que explique todas as modalidades de conduta (comissiva e omissiva; dolosa e culposa). Para Vives Anton esse conceito não deve se basear em elementos da natureza, numa relação de causa-efeito, a exemplo da teoria causal-naturalista, ou mesmo em conceitos pré-jurídicos, a exemplo do finalismo. Discordando da visão finalista de Welzel, defende que não é o fim que determina a conduta, mas o **significado social** que ela possui. Em outras palavras, essa teoria não se preocupa com a ação em si, mas sim com o **sentido que aquela ação representa perante a sociedade.** Ex. No homicídio, não se está preocupado com a ação de matar, mas sim com o sentido que aquela ação representa perante a sociedade; no furto, não se está preocupado com a ação de furtar, mas sim com o sentido que aquela ação produz na sociedade. **Atenção!** A teoria substitui a ideia de ação típica pela ideia de **tipo de ação.** **Em resumo:** Não existe um conceito de ação em abstrato. Há um **tipo de ação** de matar, há um **tipo de ação** de furtar, há um **tipo de ação** de roubar, ou seja, há tantos conceitos de ação quanto serão os tipos penais previstos no ordenamento jurídico.
Elementos do crime	1) Pretensão de relevância (tipo de ação); 2) Pretensão de ilicitude; 3) Pretensão de reprovação; 4) Pretensão de necessidade da pena.
Conduta	A ação não é entendida como "o que a pessoa faz", mas como "o **significado do que faz**". O fator determinante não é a finalidade da ação (visão de Welzel), mas o seu **significado**. Portanto, não se fala em ação típica, mas em **tipo de ação** (o destaque é dado à norma). Como não há um conceito abstrato de ação, somente se pode afirmar que a ação existe, no aspecto jurídico, no dado momento em que ocorre o caso concreto, quando teremos a **pretensão de relevância que aquilo representa perante a sociedade**.

5.3.1.7. Teoria adotada pelo Código Penal

Superada a análise das principais teorias que discutem os substratos do crime, a questão que se coloca é: qual foi a acolhida pelo Código Penal?

Para a maioria[5], o **Código Penal acolheu a teoria finalista**, na vertente **tripartite** (fato típico, ilícito e culpável)[6].

De fato, o finalismo de Welzel vem sendo adotado majoritariamente por sistemas penais nacionais e estrangeiros, e tem resolvido de maneira satisfatória as situações que lhe são apresentadas. Ao construir esse sistema, Welzel deu grande atenção ao estudo da conduta, no qual inseriu os elementos subjetivos do crime (dolo e culpa), no entanto, não tratou com a mesma diligência o estudo do nexo causal, que foi mantido tal qual encontramos nos sistemas clássico e neoclássico. Dessa maneira, o sistema finalista também não conseguiu evitar alguns problemas atinentes ao nexo causal, em especial quanto aos limites para **evitar o regresso ao infinito.** Por essa razão, o funcionalismo, que é muito aceito na Europa, vem ganhando corpo na América, Latina, embora também não esteja imune a críticas.

Nesse tanto, concordamos com Paulo Queiroz, segundo o qual a melhor teoria do crime não é a que oferece a melhor sistematização, mas a que **conduz a uma solução justa do caso concreto**, razão pela qual uma boa teoria é aquela capaz de reduzir e solucionar problemas adequadamente, e não a que se perde em sutilezas e as multiplica[7].

Curiosidade! O Código Penal Militar é expressamente causalista, inserindo o dolo e a culpa como elementos da culpabilidade. Vejamos o dispositivo legal que nos leva a essa conclusão.

> CPM, Art. 33. Diz-se o crime:
>
> Culpabilidade:
>
> I - doloso, quando o agente quis o resultado ou assumiu o risco de produzi-lo.
>
> II - culposo, quando o agente, deixando de empregar a cautela, atenção, ou diligência ordinária, ou especial, a que estava obrigado em face das circunstâncias, não prevê o resultado que podia prever ou, prevendo-o supõe levianamente que não se realizaria ou que poderia evitá-lo.

---

5. Cezar Roberto Bitencourt, Rogério Sanches Cunha, Edgar Magalhães Noronha, Frederico Marques, Guilherme de Souza Nucci, entre outros.
6. Aparentemente, após a reforma de 1984, o Código Penal filiou-se à teoria finalista. A doutrina aponta que o art. 20, *caput*, evidencia essa tendência, ao dispor que: "O erro sobre o elemento constitutivo do tipo legal de crime exclui o dolo, mas permite a punição por crime culposo, se previsto em lei". Conclui-se que, se a ausência de dolo acarreta a exclusão do fato típico, é porque o dolo está na conduta do agente, que deixa de ser dolosa para ser culposa.
7. QUEIROZ, Paulo. **Direito Penal: Parte Geral**. 4 ed. Rio de Janeiro: Editora Lumen Juris, 2008, p. 162.

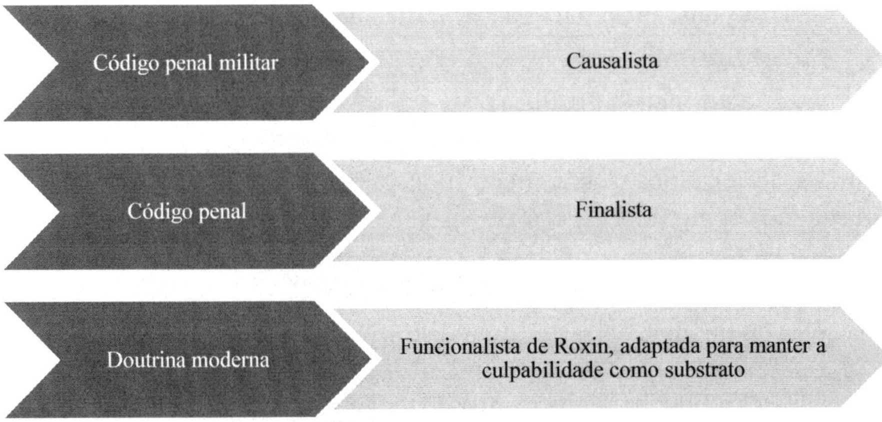

5.3.2. Formas de Conduta

5.3.2.1. *Crimes comissivos (por ação)*

Os crimes comissivos são aqueles que se realizam por uma **ação** descrita no tipo penal (um fazer). A **conduta positiva** proibida vem descrita no tipo penal. Portanto, os crimes comissivos violam **tipos penais proibitivos** (o agente faz o que o tipo implicitamente proíbe). Ilustrando: a conduta no crime de homicídio envolve uma ação: matar alguém (art. 121 do CP); no furto, temos a ação de subtrair, para si ou para outrem, coisa alheia móvel (art. 155 do CP).

5.3.2.2. *Crimes omissivos (por omissão)*

Os crimes omissivos são aqueles que decorrem de uma **conduta negativa**, uma **omissão** (um não fazer). É a não realização de um comportamento exigido quando o sujeito tinha possibilidade de fazê-lo. Nos crimes omissivos há violação de um **tipo mandamental, de uma norma preceptiva** (o agente não faz o que a norma implicitamente manda). A título de exemplo, no crime de omissão de socorro, o agente "deixa de prestar assistência, quando possível fazê-lo...".

Crime Comissivo	Crime Omissivo
O tipo penal descreve uma **ação** proibida. Ex. No homicídio, a norma proibitiva é "não matarás".	O tipo penal descreve uma **omissão**, impondo um comportamento positivo do agente. Ex. No crime de omissão de socorro, a norma mandamental implícita é "prestarás socorro".
Esse **tipo penal proibitivo** é violado por meio de uma **ação** do agente, que realiza o que a lei proíbe (obrigação de não fazer).	Esse **tipo penal preceptivo** é violado por **omissão**, pois o agente não realiza o que a lei manda (obrigação de fazer).
Há violação de normas proibitivas.	Há violação de normas preceptivas ou mandamentais.

Duas teorias buscam explicar a **relevância da omissão** para o Direito Penal:

- Teoria naturalística; e
- Teoria normativa (jurídica).

Segundo a **teoria naturalística**, o comportamento do omitente provoca efeitos no mundo exterior. Consequentemente, por ser fenômeno causal, a omissão deve ser considerada como uma espécie de ação.

A **teoria normativa ou jurídica**, por sua vez, sustenta que a omissão não tem existência concreta, afinal, omitir é sempre normativo, no sentido de não fazer alguma coisa que se devia fazer. A nota distintiva entre os crimes omissivos e os indiferentes penais é a existência de uma **norma preceptiva**, exigindo uma ação do agente. Desse modo, para que a omissão tenha relevância causal é necessária a existência de uma norma impondo, nos casos concretos, o dever jurídico de agir.

Nos crimes omissivos, o legislador adotou a **teoria normativa ou jurídica**, conforme se extrai do art. 13, § 2º do CP, que anuncia as hipóteses em que há esse dever jurídico de agir.

5.3.2.2.1. Espécies de omissão

A doutrina nacional adota uma classificação bipartite de crimes omissivos, classificando-os em **omissivo próprio** e **omissivo impróprio**.

5.3.2.2.1.1. Crime omissivo próprio

O crime omissivo próprio é tipificado em **norma preceptiva**. Em outras palavras: a norma não proíbe uma conduta; ao revés, exige um comportamento do sujeito (obrigação de fazer). Nessa espécie de crime omissivo, a conduta negativa do agente está descrita em tipo penal próprio. Deriva de um **dever genérico de agir**, imposto a **todas as pessoas** indistintamente. Por exemplo, o art. 135 do Código Penal, que prevê o crime de omissão de socorro, dispõe:

> Art. 135 - Deixar de prestar assistência, quando possível fazê-lo sem risco pessoal, à criança abandonada ou extraviada, ou à pessoa inválida ou ferida, ao desamparo ou em grave e iminente perigo; ou não pedir, nesses casos, o socorro da autoridade pública:

Pena detenção, de um a seis meses, ou multa.

> Parágrafo único - A pena é aumentada de metade, se da omissão resulta lesão corporal de natureza grave, e triplicada, se resulta a morte.

Note que em relação ao sujeito ativo o crime é classificado como **comum**, já que qualquer pessoa pode cometê-lo. Além disso, a conduta negativa não implica necessariamente em inércia corporal. Para sua configuração, basta que o agente se abstenha de seguir o comando legal. Ilustrativamente: o crime de omissão de socorro estará configurado se o agente, sem nada fazer, observar a vítima perecer, ou ainda, se fugir do local para não prestar auxílio.

Desse modo, **não é necessário que o resultado naturalístico aconteça**, uma vez que se considera praticado o crime com a mera abstenção do agente. Se o indivíduo obrigado a prestar assistência ou pedir socorro da autoridade pública por força do art. 135 do Código Penal não seguir o comando legal, responderá pelo crime, ainda que outra pessoa tenha oferecido assistência. A morte da vítima ou eventual lesão corporal de natureza grave que ela venha a suportar implicarão numa causa de aumento de pena, de modo que a ausência de quaisquer desses elementos em nada interfere na configuração da figura típica.

Características dos crimes omissivos próprios

- Possuem tipificação expressa na lei
- Violam normas mandamentais, cujo dever de agir é imposto a todos (dever geral)
- Em regra, são crimes de mera conduta. Consumam-se com a simples omissão
- São crimes unissubsistentes, ou seja, a conduta é praticada mediante um único ato. Em consequência, não são compatíveis com a tentativa
- Em regra, os crimes omissivos próprios são dolosos, embora existam casos em que a modalidade culposa também é punida, a exemplo do art. 13, caput, da Lei nº 10.826/2003 (Deixar de observar as cautelas necessárias para impedir que menor de 18 (dezoito) anos ou pessoa portadora de deficiência mental se apodere de arma de fogo que esteja sob sua posse ou que seja de sua propriedade: Pena – detenção, de 1 (um) a 2 (dois) anos, e multa).

5.3.2.2.1.2. Crimes omissivos impróprios, espúrios ou comissivos por omissão

Nessa espécie de crime omissivo, o tipo penal descreve uma **ação**, mas a inércia do agente que descumpre seu dever de agir leva à produção do **resultado naturalístico**. Ou seja, o tipo descreve uma ação, mas o crime é praticado por omissão. Consistem no não impedimento da produção de um resultado em face da **posição de garante** do agente.

É preciso destacar que não existe um tipo penal específico descrevendo essa espécie de crime omissivo impróprio. Ele é fruto de construção doutrinária que utiliza um tipo legal comissivo e se socorre do art. 13, § 2º do Código Penal, o qual anuncia as hipóteses do **dever especial de agir**.

> Art. 13, § 2º A omissão é penalmente relevante quando o omitente devia e podia agir para evitar o resultado. O dever de agir incumbe a quem:

a) tenha por lei obrigação de cuidado, proteção ou vigilância;

b) de outra forma, assumiu a responsabilidade de impedir o resultado;

c) com seu comportamento anterior, criou o risco da ocorrência do resultado.

Fácil perceber que os crimes omissivos impróprios são delitos **próprios** quanto ao sujeito ativo, na medida em que só podem ser perpetrados pelos detentores do **dever específico de agir** descrito no art. 13, § 2º do Código Penal.

Ademais, o legislador evidencia que a omissão somente será considerada penalmente relevante, leia-se, criminosa, quando o omitente **devia** (hipóteses descritas nas letras *a*, *b* e *c*) e **podia** (possibilidade física) agir para evitar o resultado. Os requisitos são cumulativos (dever agir + poder agir).

Vamos analisar as hipóteses legais desse **dever jurídico especial** de agir (art. 13, § 2º, CP).

a) O dever de agir incumbe a quem: "**tenha por lei, obrigação de cuidado, proteção ou vigilância**": Trata-se de **dever legal**, de ordem jurídica, não abrangendo obrigações de ordem moral ou religiosa. O Código Penal utilizou a palavra "lei" em sentido amplo, abrangendo portarias, decretos, provimentos judiciais etc. Por exemplo: os pais possuem obrigação de alimentar os filhos menores (arts. 1566, IV e 1634, I, ambos do CC). Se a mãe deixa de cumprir com esse dever, acarretando a morte do menor, sua omissão será considerada criminosa. Nesse caso, será responsabilizada por homicídio doloso (art. 121, cc art. 13, § 2º, "a", CP) ou culposo (art. 121, § 3º, cc. art. 13, § 2º, "a", CP), a depender da situação concreta. Esse dever legal de agir também alcança pessoas que desempenham determinadas funções, como o diretor de presídio em relação aos presos; os policiais frente o cidadão, bombeiros etc.

b) O dever de agir incumbe a quem: "**de outra forma, assumiu a responsabilidade de impedir o resultado**": A **posição de garantidor** pode decorrer de relações contratuais (exemplo: professor que realiza excursão com alunos; salva-vidas contratado por um clube etc.), como de relações da vida cotidiana, onde há uma assunção voluntária de custódia, ainda que não remunerada (exemplo: amigo da família que se disponha a cuidar de um bebê enquanto os pais se divertem; o cidadão que ajuda um cego a atravessar uma rua).

c) O dever de agir incumbe a quem: "**com seu comportamento anterior, criou o risco da ocorrência do resultado**": Essa hipótese também é conhecida como **ingerência ou situação precedente**. Aquele que criou uma situação de perigo tem o dever de agir para afastar a ocorrência do resultado. Ilustrando: alpinista que leva um grupo para explorar uma montanha sem os devidos preparos e equipamentos de segurança.

Esse comportamento anterior do agente pode ser:

- **Comissivo ou omissivo.** O fato prévio consistirá, em regra numa ação, mas pode também analisar-se uma omissão violadora do dever.

Se alguém é atingido pela queda de um telhado em mau estado que o proprietário deixou de conservar, o proprietário é obrigado a socorrê-lo, por encontrar-se na posição de garante[8];

- **Doloso ou culposo;**
- **Lícito** (Ex.: é o caso do empresário que, sem notar, tranca um ladrão em seu estabelecimento comercial. Ao ser avisado do ocorrido terá a obrigação de libertá-lo, sob pena de responder por cárcere privado – art. 148, CP);
- **Involuntário** (Ex. Sujeito, em estado de sonambulismo, se choca com uma gestante. Com a trombada involuntária, acorda assustado e percebe que a gestante precisa de atendimento médico, mas deixa de agir, assumindo o risco de ocorrer um aborto, o que de fato acontece. Nesse caso, o comportamento anterior foi involuntário e o posterior (omissão) doloso. Responderá por aborto - art. 125 c/c art. 13, § 2º, "c"[9]).

O princípio dominante é: quem criou o perigo de um resultado tem a obrigação de impedir que ele se realize. Aquele que inconscientemente provocar um incêndio, por exemplo, tem o dever de impedir que se propague[10].

Acrescenta Pierpaolo Bottini:

> Aquele que cria um risco (dirige um veículo, fabrica um produto) tem: 1) o dever de controlá-lo, respeitando as normas de cuidado e evitando ultrapassar os limites do risco permitido (controlar velocidade do carro, respeitar as regras sanitárias de fabricação do produto); ou 2) o dever de salvamento, revogando os cursos causais desprendidos do risco original (resgatar a vítima do atropelamento, fazer recall de produtos defeituosos).

A doutrina ensina que o **início da execução nos crimes omissivos impróprios dolosos** perpassa por alguns critérios, os quais são cruciais para se cogitar de eventual tentativa. Vejamos:

1) Natureza do perigo (perigo próximo ou remoto):

a) Perigo próximo: para que haja início da execução nos crimes omissivos impróprios dolosos (e ao menos tentativa) é necessário que o perigo de lesão ao bem jurídico seja próximo, no sentido de que o garantidor podia agir sem risco pessoal, mas intencionalmente deixa de fazê-lo.

b) Perigo remoto: por outro lado, se a conduta omissiva do agente garantidor provocar uma situação de perigo de lesão remotamente ao bem jurídico tutelado,

---

8. DIAS, Jorge de Figueiredo. **Direito Penal: parte geral**. São Paulo: Revista dos Tribunais; Coimbra: Editora Coimbra, 2007. t. I., p. 916.
9. AZEVEDO, Marcelo André de; SALIM, Alexandre. **Direito Penal: parte geral**. Editora JusPodivm, 8ª edição, 2018, p. 203.
10. NORONHA, Magalhães. **Direito Penal: parte geral.** 21 ed. São Paulo: Saraiva, 1982, p. 118

longe de provocar uma situação de exposição de perigo, não restará caracterizada a fase executória do crime de comissivo por omissão, mas sim meramente atos preparatórios. Contudo, ainda é possível a punição se adicionado o critério da inviabilização causada pelo garantidor (conforme detalhado abaixo).

b1) Inviabilização causada pelo garantidor: refere-se à situação em que a intervenção salvadora do garantidor se torna impossível, isto é, quando o agente garantidor, ora omitente, muito embora distante ou remota a possibilidade de causação de perigo de dano ao bem jurídico tutelado, praticar uma conduta que anule por completo a possibilidade de impedir a causação do resultado por ela mesma.

Exemplo: suponha-se que uma mãe viaje para outro país, deixando seu filho em uma residência com a intenção de provocar sua morte por inanição. No entanto, a morte não se concretiza. Nesse caso, apesar de o perigo ser remoto, a inviabilidade de uma ação salvadora da mãe, dado seu paradeiro em um avião, caracteriza o início da execução e, portanto, a tentativa de homicídio. Agora, considere a situação em que a mãe permanece na esquina, esperando passivamente que o filho morra de inanição, podendo ser detida pela polícia imediatamente. Nesse segundo cenário, não ocorre o início da execução do crime omissivo impróprio, permitindo a consideração de outro delito. É crucial ressaltar que, nos dois casos, a análise desses critérios visa não apenas esclarecer a aplicabilidade do crime omissivo impróprio, mas também identificar a natureza específica do ilícito cometido, oferecendo clareza e precisão ao entendimento jurídico.[11]

> Nesse último caso — dever de salvamento — somente haverá imputação pela omissão imprópria se o risco criado originalmente for não permitido. Aquele que causa um resultado por meio de um risco permitido (exemplo: motorista que dirige na velocidade adequada e atropela alguém) não responde criminalmente pela lesão e nem tem um dever de salvamento diferente de qualquer outra pessoa. Sua negligência em ajudar a vítima ferida, nesse caso, seria mera omissão de socorro, mas não responderá por homicídio em caso de morte decorrente da falta de auxílio. O motorista não é garante do resultado porque não criou um risco não permitido de sua ocorrência.
>
> Por outro lado, se o risco inicial era não permitido, a omissão de salvamento permite a imputação do resultado a título de omissão imprópria. O omitente responderá por homicídio por omissão caso dirija em alta velocidade ou embriagado, atropele uma pessoa e não a resgate tendo possibilidade de fazê-lo.[12]

---

11. ENTRINGE, Ronaldo. **Prova discursiva – Ministério Público/RJ – XXXIV Concurso – Prova Preliminar 2016.** Disponível em: https://www.coachronaldoentringe.com.br/tag/concurso-para-o-ministerio-publico-do-rio--de-janeiro/?print=print-search. Acesso em: 07 jan. 2024.
12. BOTTINI, Pierpaolo. **O estranho e fascinante crime omissivo próprio – Parte 3.** Disponível em: https://www.conjur.com.br/2020-dez-21/estranho-fascinante-crime-omissivo-improprio-parte-2/. Acesso em: 28 dez. 2023.

Atenção!

São pressupostos dos crimes omissivos impróprios:

a) **dever jurídico específico** de agir para evitar o resultado (art. 13, § 2º, CP);

b) o **resultado** deve ser **evitável** pela ação do agente;

c) **ocorrência do resultado** que devia ter evitado; e

d) **possibilidade de agir** para evitar o resultado;

Em relação ao último pressuposto, esse "poder agir" se refere à possibilidade **real, concreta, efetiva e física** de alguém evitar a produção do resultado lesivo ao bem jurídico que devia proteger. Assim, a **impossibilidade física** afasta a responsabilidade penal do agente que não atuou no caso concreto quando, em tese, tinha o dever de agir. É o caso do paciente que demanda ajuda da enfermeira justamente no dia em que ela, injustificadamente, não compareceu ao serviço. Suponha que o paciente venha a falecer pela ausência de atendimento. Como não estava presente no local, a enfermeira não será responsabilizada criminalmente, por faltar um dos pressupostos dos crimes omissivos impróprios – a possibilidade de agir - ora, se a enfermeira não estava lá, não tinha como agir para evitar o resultado.

Um policial que está legalmente afastado de suas funções, seja em razão de férias, folga ou qualquer tipo de licença, ao se deparar com uma situação flagrancial, pode omitir-se sem que sobre sua conduta omissiva recaia qualquer consequência jurídico-penal ou está ele obrigado a efetuar a prisão do(s) criminoso(s)?

Existem duas correntes sobre o assunto:

> **1ª Corrente.** A obrigatoriedade de agir perdura enquanto o policial estiver em serviço. Durante férias, licenças ou folgas os policiais atuam como qualquer cidadão, e a obrigatoriedade cede espaço à mera faculdade. Desse modo, a omissão do policial constitui um indiferente penal. É a posição defendida por Nestor Távora.
>
> **2ª Corrente.** O policial desempenha função de permanente vigilância e combate à criminalidade, tendo, nos termos do art. 301 do Código de Processo Penal, o dever de efetuar a prisão a qualquer momento do dia ou noite, de quem quer que seja encontrado em flagrante delito (flagrante compulsório), ainda que não estando de serviço. Esse é o entendimento de Fernando Capez.

Sem dúvida a segunda corrente é a melhor posição. Não se pode cogitar que um policial, que está autorizado a andar armado e carregar sua funcional 24h por dia, 7 dias por semana e 365 dias do ano, possa optar por não efetuar a prisão em flagrante sob a alegação de que está no período de folga no momento em que se deparou com o crime. Não é isso que a sociedade almeja de quem é pago para protegê-la. O policial tem a missão de preservar a ordem pública, combater o crime e proteger o corpo social a todo instante, esteja ou não afastado de suas funções. O dever de agir sempre existirá. A omissão do policial somente será admitida quando não puder agir, seja porque está em situação de inferioridade numérica, seja porque há nítida inferioridade de armas. Ninguém precisa bancar o herói. O policial que está a paisana em uma casa lotérica, sozinho, portando um revólver calibre 38 debaixo das vestes, não precisa dar voz de prisão em flagrante para um grupo de criminosos que portam armas longas (fuzil e metralhadoras) e anunciam um assalto no local. Apesar de ter o dever de agir, não pode fazê-lo.

Diferente do que ocorre com os crimes omissivos puros, os crimes omissivos impuros **demandam a produção do resultado naturalístico** para sua configuração. Portanto, são classificados como **crimes materiais**. A **relação de causalidade** que une o resultado à conduta omissiva é **normativa**, pois a responsabilização do agente decorre de imposição legal do dever de agir.

Além disso, são crimes **compatíveis com a tentativa**. Por exemplo: imagine que, durante sua aula, um professor do Ensino Fundamental observa dois alunos iniciarem uma discussão, e, após ofensas verbais, passam a agredir-se mutuamente, com socos e chutes. Sentindo-se cansado após um longo dia de trabalho, resolve não tomar qualquer providência para interromper a briga, pensando consigo: "não sou pago para isso, esses dois que se matem". De repente, um dos garotos saca um estilete que guardava na mochila, desfere diversos golpes contra seu colega, e só não o mata porque um inspetor ouviu os gritos da turma, e entrou na classe a tempo de evitar o resultado fatal.

Por fim, os crimes omissivos impróprios podem ser praticados a título de **dolo**, como no exemplo do professor, ou a título de **culpa**, quando o agente deixa de observar a cautela necessária na execução de sua atividade, em razão do perigo de produção do resultado. Por exemplo: enfermeira que se esquece de ministrar os medicamentos prescritos a um paciente internado, o qual vem a falecer em virtude de uma parada cardíaca decorrente da falta de medicação.

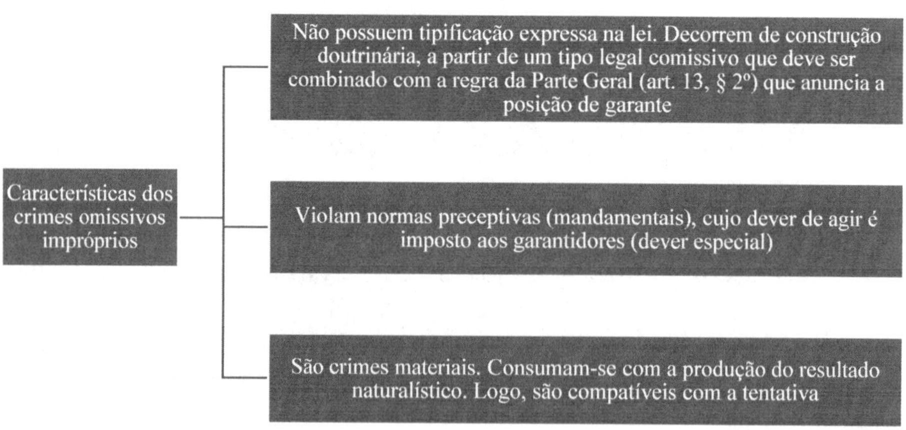

5.3.2.2.2. *Nexo causal nos crimes omissivos*

O **crime omissivo próprio** é de mera conduta, **desprovido de resultado naturalístico**. Logo, **não há que se falar em nexo causal físico**. Isso significa que o omitente responde pelo delito não porque causou o resultado, mas porque deixou de realizar a conduta que estava obrigado (**nexo de não impedimento ou de evitabilidade**). A omissão será penalmente relevante com o mero descumprimento do dever de agir[13].

Já o crime **omissivo impróprio** é **material**, consumando-se com a produção de resultado naturalístico. O nexo causal entre a omissão e o resultado é **normativo**, porque o omitente não causa fisicamente o resultado, o qual lhe é imputado pela lei. Daí falar-se em **nexo causal normativo**, sendo necessária a norma de complementação (art. 13, § 2º, CP) para que se possa imputar ao agente o não impedimento do resultado.

A tabela a seguir sintetiza as diferenças entre os crimes omissivos próprios e impróprios, de acordo com o entendimento doutrinário dominante.

Critério distintivo	Crime omissivo próprio	Crime omissivo impróprio ou comissivos por omissão
Critério nomológico (natureza da norma violada)	Viola normas **mandamentais** (preceptivas)	Viola normas **proibitivas**
Critério tipológico	Tem tipificação legal expressa (adequação típica direta) Ex. art. 135, CP (omissão de socorro)	Não tem tipificação legal expressa, sendo indispensável o recurso à norma geral do art. 13, § 2º, CP (adequação típica indireta). Ex. Art. 121 cc. art. 13, § 2º, "a", CP. Homicídio praticado por omissão por alguém que tenha o dever legal de agir
Critério teórico-normativo	Há violação de um dever de atuar (dever geral)	Há violação de um dever de evitar o resultado (dever especial)
Posição de garante do sujeito ativo	Não exige a posição de garante (crime comum)	Exige a posição de garante (crime próprio)
Exigência do resultado no tipo	Consuma-se com a simples omissão (crime de mera conduta)	Consuma-se com a produção do resultado naturalístico (crime material)

13. Entretanto, não se pode descartar a possibilidade de se verificar algum resultado previsto como qualificadora ou majorante no crime omissivo próprio, o que faz surgir a relação de causalidade, que, nessa hipótese, deve ser avaliada tal qual nos crimes omissivos impróprios, que demandam a produção do resultado naturalístico para sua configuração.

Critério do nexo causal	Não há nexo causal, pois a omissão não produz resultado naturalístico	A relação de causalidade é **normativa** (nexo normativo)
Possibilidade de tentativa	Não, pois o crime é unissubsistente (regra)	Sim, pois o crime é plurissubsistente

A fim de facilitar a compreensão dos crimes omissivos, analise a seguinte situação hipotética.

Tício e Mévio observam uma criança se afogar, e mesmo podendo agir sem qualquer risco pessoal, não o fazem. Considerando que Tício é pai da criança e Mévio apenas um amigo, como serão responsabilizados diante do afogamento da criança?

Tício possui **dever jurídico específico** de agir (dever legal), logo, responderá por homicídio doloso (art. 121 c/c art. 13, § 2º, "a"). Nesse caso, o crime se classifica como **omissivo impróprio.**

Diferentemente será a responsabilidade de Mévio, que tem o **dever jurídico genérico** de agir, a quem será imputado o delito de omissão de socorro (art. 135, CP), classificado como **omissivo próprio**.

▸ CURIOSIDADE

Crime Omissivo por Comissão

Seria a hipótese inversa, onde o autor do crime tem uma conduta ativa (comissão) com o objetivo de evitar que outra pessoa realize uma ação que poderia preservar um bem jurídico. O autor do crime, por meio de sua conduta, impede que um terceiro intervenha para salvar o bem jurídico, gerando assim uma omissão por parte desse terceiro. Um exemplo ilustrativo proveniente do concurso para a Defensoria Pública do Estado do Rio de Janeiro no ano de 2014 é o seguinte: " Um marido, desejoso de casar-se com terceira mulher, impede a intervenção de médico que viera salvar de perigo iminente sua verdadeira esposa. Que crime cometeu o marido?

A resposta fornecida pela banca do concurso foi "homicídio caracterizado como crime omissivo por comissão".

▸ Crítica:

A solução proposta pela comissão julgadora foi objeto de inúmeras críticas, sobretudo por apontar uma categoria de delitos que nunca recebeu aceitação doutrinária. Críticos dessa categoria de crime argumentam que ela é absolutamente inconsistente, pois, na realidade, poderia ser classificada como um crime comissivo ou até mesmo omissivo. Dentre esses doutrinadores estão nomes como Petrocelli, Jimenez de Asúa, Von Hippel, Welzel, Armin Kaufmann e Claus Roxin os quais defendem que essas situações deveriam ser tratadas como crimes comissivos, uma vez que a causa da morte, por exemplo, é a ação do indivíduo que impede que outra pessoa salve o bem jurídico.

5.3.2.3. *Crimes de conduta mista*

São aqueles que têm uma fase inicial praticada por ação e uma fase final praticada por omissão. O melhor exemplo é o crime de apropriação de coisa achada (art. 169, parágrafo único, inc. II do Código Penal).

> Apropriação de coisa achada
>
> Art. 169, parágrafo único, II, CP - quem acha coisa alheia perdida e dela se apropria, total ou parcialmente, deixando de restituí-la ao dono ou legítimo possuidor ou de entregá-la à autoridade competente, dentro no prazo de quinze dias.

Nesse delito, o agente acha a coisa perdida e se apropria (fase da ação). Depois, deixa de restituí-la à autoridade ou ao legítimo proprietário (fase da omissão). Daí dizer-se que o crime possui uma conduta mista (uma ação seguida de uma omissão).

5.3.3. Principais características da conduta

No âmbito do Direito Penal, a conduta é um comportamento humano significativo no mundo exterior, dominada ou ao menos dominável pela vontade. Por essa razão, as atividades unicamente psíquicas do agente, circunscritas à fase da cogitação, são irrelevantes (*cogitationis poenam nemo partitur*).

A conduta é composta de dois elementos:

a) comportamento voluntário dirigido a um fim;

b) exteriorização da vontade.

5.3.3.1. *Causas de exclusão da conduta*

São hipóteses que fogem do domínio da vontade do agente. Por excluírem a conduta, consequentemente, o fato se torna **atípico**.

Causas de exclusão da conduta

a. Caso fortuito ou força maior;

b. Atos ou movimentos reflexos;

c. Coação física irresistível (*vis absoluta*);

d. Estado de inconsciência incompleta.

a) Caso fortuito ou força maior: a característica básica da força maior – em que pese ser decorrente, em regra, de um fato natural – é a sua absoluta **inevitabi-**

lidade, ao passo que o caso fortuito tem como nota essencial a **imprevisibilidade** para os parâmetros do homem médio.

b) Atos ou movimento reflexos: desprovidos de vontade por parte do agente, são atos motivados por impulsos nervosos relacionados a um estímulo externo.

Não confunda atos reflexos com atos automáticos, habituais ou mecânicos. Os atos reflexos são resultado de impulsos nervosos, e não podem ser controlados pelo agente. Por outro lado, os atos automáticos são aqueles que o agente pratica com habitualidade, e, embora automático, é dominado pela vontade. Exemplo: conduzir veículo automotor com apenas uma das mãos, enquanto apoia a outra na janela. Caso o agente atropele e mate um pedestre, poderá responder pelo crime tipificado no art. 302 do Código de Trânsito Brasileiro, pois seu hábito era dominado pela vontade.

Da mesma forma, atos reflexos são diferentes das ações em curto-circuito. Nas ações em curto-circuito há um movimento relâmpago, provocado pela excitação de diversos órgãos, acompanhado de um elemento psíquico, isto é, de uma vontade obcecada, de modo que o agente não chega a perder a consciência, podendo, inclusive, evitar o seu agir pelo exercício do autocontrole.

c) Coação física irresistível (*vis absoluta*): consiste no emprego de força física externa sobre o agente, de modo a compeli-lo a praticar o comportamento. Os atos praticados sob coação física irresistível não são considerados conduta, por ausência de um de seus elementos primordiais, qual seja, a vontade. Em razão disso, impede a configuração do fato típico. Exemplo: carona puxa o braço do motorista, fazendo com que o veículo desvie e atropele um pedestre. O motorista não responde pelo crime de trânsito, porque não houve conduta[14].

A coação física irresistível não se confunde com a coação moral irresistível (*vis compulsiva*), que será analisada no plano da culpabilidade. Neste caso há emprego de grave ameaça, e não de força física. Embora viciada, existe vontade por parte do agente que que sofre coação moral irresistível, pois ele poderia escolher entre praticar a conduta exigida pelo coator ou sofrer as consequências de sua recusa, o que não ocorre na coação física irresistível, tendo em vista que esta última suprime o poder de escolha do coagido.

▸ IMPORTANTE

Coação **moral** irresistível (*vis compulsiva*): existe vontade do agente, embora viciada. Não exclui a tipicidade, mas a **culpabilidade**, em face da **inexigibilidade de conduta diversa.**

14. ALVES, Jamil Chaim. **Manual de direito penal: parte geral e especial**. Editora: JusPODIVM, 2020, p. 255.

Coação física irresistível	Coação moral irresistível
A coação se dá com o uso de **força física**	A coação se dá mediante **grave ameaça**
O coagido não tem poder de escolha	O coagido **pode escolher** entre praticar a conduta ou sofrer as consequências de sua recusa.
Não há conduta, pois a vontade do agente é inexistente	Há conduta, pois houve vontade (embora viciada).
Afasta o fato típico, por ausência de conduta.	**Afasta a culpabilidade**, porque era inexigível conduta diversa por parte do coagido.

d) Estados de inconsciência completa: não há conduta por ausência de vontade, a exemplo do que ocorre nas hipóteses de sonambulismo ou hipnose.

5.4. Crime doloso

Dolo é a **consciência** e a **vontade** de praticar os elementos objetivos do tipo. Trata-se de **elemento subjetivo implícito** em todos os tipos penais, já que todas as condutas tipificadas em lei possuem modalidade dolosa, ao contrário da culpa, que requer previsão expressa em cada tipo penal (excepcionalidade do crime culposo).

O dolo é composto de dois elementos: um **volitivo** e outro **cognitivo.**

Dolo → **Vontade** (elemento volitivo)
Dolo → **Consciência** (elemento cognitivo)

1. Elemento volitivo: é a **vontade** de praticar a conduta típica, realizando os elementos objetivos do tipo.

2. Elemento cognitivo ou intelectual: é o conhecimento dos elementos objetivos do tipo, ou seja, as circunstâncias objetivas que permeiam o fato. No crime de homicídio, por exemplo, o agente deve saber que mata alguém.

Em síntese, pode-se afirmar que aquele que comete um crime doloso tem **consciência** daquilo que faz e a **vontade** de levar sua conduta adiante.

A doutrina costuma apontar algumas teorias ligadas a esses elementos do dolo, as quais podem ser divididas em dois grandes grupos: teorias volitivas e cognitivas.

- **Teorias volitivas**: a vontade prevalece sobre o conhecimento.
- **Teorias cognitivas**: o conhecimento prevalece sobre a vontade.

5.4.1. Teorias relacionadas ao elemento volitivo (vontade)

Em relação ao elemento volitivo, faremos uma síntese das principais teorias, que analisam o dolo como fenômeno estritamente **psicológico:**

1) **Teoria da vontade:** para essa teoria, o dolo é a vontade dirigida à realização de um resultado. Manifesta-se o dolo quando o agente prevê mentalmente o resultado, em um processo denominado representação, e efetivamente deseja sua ocorrência. Há, portanto, a conjugação de elementos cognitivos (representação) e volitivos. Como se vê, a análise do dolo é puramente **psicológica**, desprovida de aspectos normativos.
2) **Teoria do consentimento ou do assentimento:** de acordo com essa teoria, há dolo quando o agente assente ou aceita a possibilidade de ocorrência do resultado com indiferença. Desse modo, não é necessário que o autor deseje e persiga o resultado (teoria da vontade), bastando que assuma o risco de produzi-lo com sua conduta. O agente considera a possível ocorrência do resultado e aceita (tolera) sua produção. Em síntese, a vontade do agente abrange não somente o querer, mas também o consentir.
3) **Teoria da indiferença ou do sentimento:** para os adeptos dessa teoria, se o agente se mostra indiferente ao resultado haveria dolo direto. Se efetivamente não o deseja, haveria culpa.
4) **Teoria da vontade de evitar o resultado**: haverá dolo quando o agente não visa evitar o resultado. Por outro lado, havendo vontade de evitá-lo, pode responder o agente a título de culpa.
5) **Teoria dos indicadores externos**[15]**:** o dolo é uma situação interna do agente, não passível de ser observada de forma direta. Sua análise deve basear-se em elementos externos, objetivos, como o perigo para o bem jurídico, a representação do agente sobre o perigo e sua decisão de realizá-lo.
6) **Teoria da decisão contrária aos bens jurídicos:** para Claus Roxin, o agente que, no seu interior, inclui em seus cálculos a possibilidade de realização de um tipo penal, sem que a pena cominada ao delito seja suficiente para dissuadi-lo, decide contra o bem jurídico tutelado, agindo com dolo.
7) **Teoria de tomar a sério o perigo:** age com dolo aquele que leva a sério a possibilidade de lesão ao bem jurídico, anuindo com sua ocorrência. Por outro lado, se o agente não tomar a sério o perigo, comporta-se de forma temerária, podendo ser responsabilizado por agir com culpa consciente.

---

15. HASSEMER, Winfried. **Los elementos característicos del dolo**. Anuário de derecho penal y ciências penales. Tomo 43, Fasc/Mes 3, 1990, p. 909-932.

5.4.2. Teorias relacionadas ao elemento cognitivo (consciência)

Abordaremos brevemente as teorias cognitivas do dolo, que cada vez mais ganham espaço no debate jurídico-penal, sobretudo em virtude das dificuldades práticas de se comprovar a vontade do agente (elemento volitivo do dolo).

1) **Teoria da probabilidade:** de acordo com Ingeborg Puppe[16], para se aferir se houve ou não dolo na conduta deve-se trabalhar com o **conceito de alta probabilidade**, deixando-se de lado a análise da vontade do agente (elemento volitivo). Para essa teoria, dolo é o **conhecimento** de que o resultado é algo provável de acontecer. O conceito do que é ou não altamente provável de ocorrer deve ser obtido a partir da observação da realidade e do senso comum, segundo o entendimento dominante. Em síntese, se o resultado for provável, haverá dolo na conduta do agente; se meramente possível, haverá culpa.
2) **Teoria do perigo a descoberto:** o agente deve ter consciência de que expõe o bem jurídico a um perigo desprotegido, na qual a ocorrência do resultado lesivo subordina-se exclusivamente à sorte e ao acaso. É o clássico exemplo da roleta russa. Como o agente sabe que o resultado depende unicamente de sorte-azar, responderá a título de dolo eventual. Caso o perigo seja protegido, ou seja, possível em tese de o resultado ser evitado, haverá culpa.
3) **Teoria da possibilidade ou da representação:** essa teoria, defendida por Franz Von Liszt, acaba confundindo o dolo com a culpa consciente. Sustenta que a previsão do resultado já seria suficiente para a configuração do dolo. Ausente essa previsão, haveria culpa. Para essa teoria, a culpa é sempre consciente.
4) **Teoria do risco:** é uma variante da anterior. Se o agente tem consciência de que sua conduta coloca em risco o bem jurídico, haverá dolo; caso contrário, haverá culpa.
5) **Teoria do dolo sem vontade:** Para que se possa falar em dolo, o autor deve agir com conhecimento tal que lhe confira o domínio sobre aquilo que está realizando. Ao menos em parte, o dolo acaba se tornando uma questão de tipo objetivo. O autor tem de conscientemente criar um risco de tal dimensão que a produção do resultado possa ser considerada algo que ele, autor, domina. A imputação a título de dolo não tem relação com a vontade. A essencial diferença entre dolo e culpa, portanto, equivale fundamentalmente à distinção entre conhecimento e desconhecimento do perigo com qualidade dolosa. Se todo dolo é conhecimento, e a vontade não tem relevância alguma, não há mais qualquer razão para diferencia

16. PUPPE, Ingeborg. **A Distinção entre Dolo e Culpa**. São Paulo: Manole, 2004.

dolo direto (de primeiro ou de segundo grau) e dolo eventual. Afinal, há apenas uma forma de dolo[17]. Ex. Um fazendeiro aposta todo o seu patrimônio na promessa de que conseguirá acertar um tiro somente no chapéu da mulher à sua frente, sem feri-la, mas acaba a matando. Conquanto evidente que o sujeito não queria, em sentido psicológico-descritivo, a morte da vítima, trata-se de um caso em que ninguém hesitará em afirmar o dolo. Para ele, seria uma hipótese clara de dolo sem vontade.

5.4.3. Teorias adotadas pelo Código Penal

Segundo o art. 18, inciso I, do Código Penal, "diz-se o crime doloso, quando o agente *quis* o resultado ou *assumiu o risco* de produzi-lo".

Em razão disso, a doutrina (majoritária) e a jurisprudência adotam a **teoria volitiva**, sustentando que o legislador acolheu a teoria da vontade em relação ao dolo direto ("quis o resultado"), e a teoria do assentimento para o dolo eventual ("assumiu o risco de produzi-lo").

Como se vê, as espécies de dolo e a distinção para a culpa são elaboradas a partir do conceito de vontade.

5.4.4. Críticas ao elemento volitivo do dolo

As tradicionais teorias volitivas do dolo vêm sendo alvo de críticas por parte da moderna doutrina, para a qual o dolo se aproxima cada vez mais da imputação objetiva, considerando a criação do risco e sua realização na **consciência** do agente e **não na sua vontade** (conceito psicológico-descritivo).

Para que se possa falar em dolo, o agente deve agir com conhecimento tal que lhe confira domínio sobre aquilo que está realizando. Ao menos em parte, o dolo acaba se tornando uma questão de tipo objetivo, pois o autor tem de conscientemente criar um risco de tal dimensão que a produção do resultado possa ser considerada algo que ele domina[18].

O dolo seria composto de 2 requisitos[19]:

a) **a criação consciente de um risco eficiente** (juízo de probabilidade de ocorrência do resultado com base no risco juridicamente desaprovado);

---

17. Tema cobrado na prova objetiva do Ministério Público de Goiás.
18. GRECO, Luís. **Dolo sem vontade**, *In*: Silva Dias et ali (coords.), Liber Amicorum de José de Sousa e Brito, Coimbra: Almedina, 2009, p. 885-905. p 902.
19. SANTOS, Humberto Souza. **Elementos fundamentais de um conceito de dolo político-criminalmente orientado**. v. 20, n. 97, p. 87–118, jul./ago., 2012, p. 110.

b) **exclusão de mecanismos específicos de proteção** (quando o agente decide criar um risco ao bem jurídico, existem mecanismos prévios de proteção, como a própria diligência da vítima).

Importante notar que as críticas às teorias volitivas do dolo não são tão recentes. No direito comparado, cada vez mais autores estrangeiros dispensam o elemento volitivo psicológico e centram-se no conhecimento, seja ele meramente fático, potencialmente lesivo ao bem jurídico ou pautado no risco de produção do resultado[20]. Enéias Gomes, por exemplo, sintetiza as ideias de Jakobs, Herzberg, Puppe e Ragues i Vallès. A título de exemplo, Gunther Jakobs defende um critério pautado no conhecimento da evitação do resultado a partir da apreensão global da situação. Deve-se verificar se o agente, no momento da conduta, poderia ou não evitar o resultado, controlando, dirigindo a situação. E prossegue o autor lecionando que somente um conceito extremamente normativista, a partir da ideia de fidelidade ao direito, que objetiva o elemento subjetivo, seria possível definir com mais clareza o dolo[21].

Na doutrina brasileira destacam-se os ensinamentos de Luís Greco, Humberto Souza Santos e Eduardo Viana, os quais também retiram a vontade da análise do dolo. Segundo o escólio de Eduardo Viana, a diferença entre o dolo e a culpa se daria unicamente no âmbito do conhecimento, prescindindo-se da vontade. Para ele, dolo é o compromisso cognitivo do autor com a realização do perigo representado (teoria inferencialista do dolo). O compromisso cognitivo está presente quando o autor utilizar um método que aos olhos do homem racional somente seria utilizado por aquele que queria realizar o tipo representado. O mais importante para reconhecer o dolo é a intensidade objetiva do perigo criado pelo agente e da vulnerabilidade da vítima: quando for alta a intensidade do perigo representado, aliado à consciência da vulnerabilidade da vítima, não restam dúvidas de que haverá dolo[22].

Zaffaroni e Nilo Batista discordam desses posicionamentos. Para eles, o dolo é o núcleo redutor subjetivo da tipicidade, constituindo-se de dois filtros: o **conhecimento e a vontade.** Ao se retirar o filtro da vontade, permitindo que condutas não queridas possam ser punidas como dolosas, tem-se um claro alargamento do poder de punir no âmbito da imputação subjetiva: mais condutas passam a ser punidas com o rigor do dolo. Esse aumento repressivo, por sua vez, mostra-se irracional, uma vez que o dolo deve estar vinculado a um domínio por parte do autor, domínio esse que não se resume ao seu conhecimento, mas se refere à sua vontade consciente. Segundo os autores, a adoção da teoria cognitiva do dolo,

---

20. GOMES, Enéias Xavier. **Dolo sem vontade psicológica: perspectivas de aplicação no Brasil.** Belo Horizonte: Editora D'Plácido, 2017, p. 55.
21. Ibidem, p. 56-57.
22. VIANA, Eduardo. **Dolo como compromisso cognitivo.** São Paulo: Marcial Pons, 2017, p. 274.

portanto, importa em uma incontornável e indevida ampliação do poder de punir no âmbito da imputação subjetiva[23].

Fácil notar que as discussões sobre o dolo estão longe de serem esgotadas, seja na literatura penal nacional, seja na estrangeira.

5.4.5. Espécies de dolo

a) Dolo direto, determinado, imediato, intencional ou incondicionado

O dolo direito, conforme prevê o Código Penal em seu art. 18, inciso I, 1ª parte, caracteriza-se pela vontade do agente, direcionada à produção do resultado (teoria da vontade). Exemplo: visando matar o desafeto, o agente efetua um disparo de arma de fogo contra a sua cabeça.

Eventualmente, o agente pode alcançar com sua conduta um resultado secundário, que não era seu objetivo principal, embora sua provocação também seja consciente e voluntária. Essa distinção, apesar de não ter sido levada em consideração pelo Código Penal, implica no reconhecimento doutrinário do dolo direto de primeiro grau e segundo grau.

b) O dolo de primeiro grau

Engloba o resultado primário, o objetivo almejado pelo agente com a prática delitiva, bem como todos os meios utilizados para alcançá-lo (exemplo: visando matar o desafeto, o agente efetua um disparo de arma de fogo contra a sua cabeça).

c) O dolo de segundo grau ou de consequências necessárias

Subespécie de dolo direto, caracteriza-se quando o agente, para alcançar o resultado primário, utiliza meios que necessariamente provocarão efeitos colaterais caso seu intento se concretize. O agente não persegue imediatamente os efeitos colaterais, mas tem por certa sua ocorrência, caso ocorra o resultado imediatamente pretendido

Para ilustrar, podemos lembrar de um episódio ocorrido em 27 de novembro de 1989, envolvendo a explosão de uma aeronave que sobrevoava a Colômbia. Cinco minutos após a decolagem, o explosivo foi detonado provocando a morte das 107 pessoas que estavam a bordo. Na ocasião, Pablo Escobar assumiu a responsabilidade pelo atentado, confessando que o alvo era o então candidato a presidente, César Gaviria Trujillo, o qual não chegou a embarcar no voo. Nesse caso concreto, a morte César Gaviria Trujillo era o resultado primário diretamente perseguido, e, em razão disso, resta configurado o dolo de primeiro grau; a morte dos demais passageiros foi um resultado secundário, efeito acessório do resultado principal (consequência necessária), assim caracterizando o dolo de segundo grau.

---

23. IBCCIM. **A teoria cognitiva do dolo e o alargamento do poder de punir**. Disponível em: https://www.ibccrim.org.br/noticias/exibir/8921. Acesso em: 29 out. 2019.

d) Dolo indireto ou indeterminado

No dolo indireto, o agente não direciona a sua conduta à produção de determinado resultado. Pode ser subclassificadas como alternativo ou eventual.

O dolo é alternativo quando o agente deseja, indistintamente, qualquer um dos vários resultados possíveis decorrentes de sua conduta. Por exemplo: imagine que Mévio, irado com um motociclista que deu uma "fechada" em seu veículo, começa a persegui-lo pelas vias em alta velocidade, a fim de provocar uma forte colisão e derrubá-lo de sua motocicleta. Pensa consigo mesmo: "Vou pegar esse cara, e tanto faz no que vai dar. O sujeito pode morrer, quebrar uma perna, ou ficar para sempre sem poder andar... não me importa. Esse folgado vai aprender, de um jeito ou de outro, a nunca mais se meter comigo".

Caso Mévio conseguisse provocar a colisão, e a vítima sofresse lesões corporais de natureza grave, responderia por tentativa de homicídio doloso, que é o delito mais grave. Tal solução está fundada na teoria da vontade: se o agente teve vontade de provocar qualquer um dos resultados possíveis, deverá responder pelo mais grave deles.

O dolo eventual, previsto no Código Penal em seu art. 18, inciso I, 2ª parte, caracteriza quando o agente empreende a conduta assumindo o risco de produzir o resultado. Deriva da teoria do assentimento, segundo a qual, há dolo quando o agente assente ou aceita a possibilidade de ocorrência do resultado com indiferença.

A teoria positiva do conhecimento, formulada por Reinhart Frank, é o critério prática para constatação do dolo eventual. Segundo essa teoria, há dolo eventual quando o agente pensa consigo mesmo: "*sendo deste ou daquele jeito, ainda assim atuarei*", numa clara demonstração de indiferença à possibilidade de ocorrência do resultado.

Por exemplo: Tício e Mévio pretendem furtar os caixas eletrônicos do único banco de uma pequena cidade do interior. Após observar o movimento, decidem prosseguir com a empreitada criminosa no período noturno, quando apenas um vigia fica responsável pela segurança, fazendo a ronda no local a cada 15 minutos. Um pouco antes da meia noite, aproveitando que o vigia estava nos fundos, prepararam os explosivos e foram ao outro lado da rua, onde os estilhaços da explosão não os alcançaria. Tício e Mévio sabem que o vigia pode retornar a qualquer momento, e corre o risco de ser pego na explosão dos caixas, mas dizem um ao outro: "O que importa é o dinheiro. Se morrer, morreu". Detonam os explosivos, e o guarda, que naquele instante voltava da ronda, é atingido por vários estilhaços e falece no local, em virtude dos ferimentos sofridos. Nesse caso, os agentes responderão pelo crime de furto qualificado em concurso com homicídio doloso, tendo em vista que, não obstante seu principal objetivo fosse furtar o banco, assumiram o risco de matar o segurança na explosão.

e) Dolo geral ou por erro sucessivo.

O dolo geral caracteriza-se quando o agente incide em erro quanto à forma de execução do delito, acreditando ter alcançado o resultado com determinada conduta, quando, na verdade, só o atingiu com a prática de atos posteriores. Por exemplo: o agente, com intenção de matar, dispara sua arma de fogo contra a vítima. Quando a vê desfalecida, o agente erroneamente pensa que ela já está morta, e, para esconder o que fez, resolve enterrá-la. No exame necroscópico, constata-se que a morte foi causada por asfixia, e não pelos ferimentos decorrentes dos disparos, como o autor havia inicialmente planejado.

Há quem defenda que nesses casos o agente deveria responder por dois delitos: homicídio doloso tentado (em virtude dos disparos, já que não alcançou o resultado almejado com essa conduta) e homicídio culposo (em razão do enterramento da vítima). Entretanto, Welzel rechaçava esse entendimento, sustentando que o agente deve responder por homicídio doloso consumado, pois atua com dolo geral, o qual engloba todos os atos praticados até a obtenção do resultado.

▸ IMPORTANTE

Eventualmente, uma das condutas abrangidas pelo dolo eventual pode configurar uma qualificadora. Sendo assim, por qual crime o agente deve responder? Leva-se em consideração a forma pela qual pretendia alcançar o resultado (disparos de arma de fogo) ou os atos que efetivamente o produziram (asfixia por enterramento)?

Para a corrente majoritária, de índole objetiva, o agente deve responder tendo em conta os atos que culminaram no resultado, independentemente de seus planos de como levar a cabo o delito. No exemplo, ao agente seria imputado o crime de homicídio qualificado por meio cruel, tendo em vista que a morte da vítima foi causada por asfixia.

Segundo a corrente minoritária, como não há previsão legal para tratamento do dolo geral, o juiz deve, na dúvida, "considerar o nexo mais favorável ao réu, aquilatando o caso concreto. O agente vai ser punido pelo crime praticado, mas considerando o nexo desejado ou realizado, sempre o mais benéfico"[24].

f) Dolo subsequente ou consecutivo

O dolo subsequente pode ser constatado quando o agente produz um resultado que, inicialmente, é fruto de uma conduta lícita ou culposa. Contudo, ainda que não produzido dolosamente, o agente se agrada com o resultado ou aceita sua ocorrência. O dolo subsequente não pode transformar uma conduta atípica ou culposa em dolosa, pois o dolo deve ser atual, ou seja, motivar o agente no momento

24. CUNHA, Rogério Sanches. **Manual de Direito Penal – Parte Geral**. Salvador: Juspodivm, 2016, p. 216.

da prática da conduta. "Somente se pode falar de realização do plano quando o plano existia antes de acontecer a ação executiva. Se antes da morte da vítima a quem o agente feriu imprudentemente o sujeito concebe o plano de não chamar um médico e deixá-la morrer, então o dolo subsequente pode fundamentar um novo homicídio por omissão, mas não converter a ação imprudente em um fato doloso. Nos delitos de dois atos o dolo deve concorrer em ambas as ações executivas e não pode formar-se *a posteriori* em somente uma delas"[25].

▸ IMPORTANTE

Em regra, o dolo subsequente não tem o condão de transmudar uma conduta lícita ou culposa em dolosa. Contudo, há uma exceção. No crime de apropriação indébita, o agente recebe o bem licitamente. Posteriormente, quando já está na posse ou detenção do bem, passa a agir dolosamente como dono da coisa, deixando de restitui-la. Nessa hipótese, o dolo subsequente converte uma conduta lícita em dolosa.

g) Dolo genérico e dolo específico

A distinção entre dolo genérico e dolo específico tinha relevância para a teoria causalista.

De acordo com essa teoria, o dolo genérico é a vontade de praticar a conduta típica, desprovida de qualquer finalidade especial. O dolo específico, por sua vez, é caracterizado pela vontade de praticar a conduta típica, mas visando a uma finalidade específica (por exemplo: o crime de abandono ou exposição de recém-nascido deve ser praticado **com a finalidade de** ocultar desonra própria).

Tal distinção encontra-se superada em virtude da adoção da teoria finalista, para a qual o dolo genérico é simplesmente dolo, e o dolo específico corresponde aos elementos subjetivos do tipo.

h) Dolo natural e dolo normativo

Tal distinção também é calcada na contraposição entre as correntes causalista e finalista. Como vimos anteriormente, para a corrente causalista, o dolo era elemento da culpabilidade, e trazia em seu bojo a consciência da ilicitude. Por pressupor o conhecimento da norma, passou a ser denominado **dolo normativo, valorado ou colorido.**

No sistema finalista, o dolo deixou de integrar a culpabilidade, passando a ser elemento da conduta, e não pressupõe o conhecimento da norma, visto que a consciência da ilicitude, que deixou de ser atual para tornar-se potencial, remanesceu no plano da culpabilidade. O dolo desprovido da consciência da ilicitude foi denominado dolo **natural, avalorado ou incolor**.

---

25. ROXIN, Claus *apud* GRECO, Rogério. **Curso de Direito Penal – Parte Geral**, v. 1. 17 ed. Rio de Janeiro: Impetus, 2015, p. 249.

5.5. Crime culposo

A natureza jurídica da culpa é de **elemento normativo da conduta**, pois sua constatação no caso concreto depende de um juízo de valor.

Segundo o parágrafo único do art. 18 do Código Penal, "salvo os casos expressos em lei, ninguém pode ser punido por fato previsto como crime, senão quando o pratica dolosamente". Desse modo, em respeito ao princípio da legalidade, só pode haver incriminação por fato culposo se houver expressa previsão legal.

Tendo em vista que a conduta culposa pode manifestar-se de infinitas maneiras, o legislador optou por prever os crimes culposos em tipos penais abertos (com algumas poucas exceções, a exemplo do delito de receptação culposa, previsto em tipo fechado no art. 180, § 3º do Código Penal), competindo ao operador analisar os fatos para proceder à adequação típica. Normalmente, o tipo legal descreve a forma dolosa da conduta, seguida da fórmula: "se o crime é culposo", indicando a pena aplicável.

É importante observar que, em razão do menor desvalor da conduta, os crimes culposos são apenados com reprimendas sensivelmente mais brandas do que a dos crimes dolosos, homenageando, assim, o princípio da proporcionalidade. Tomemos como exemplo o artigo 121 do Código Penal: enquanto a pena para o homicídio doloso simples é de seis a vinte anos de reclusão, a pena do homicídio culposo é de um a três anos de detenção.

5.5.1. Conceito de crime culposo

O crime culposo deriva de uma conduta praticada voluntariamente pelo agente com violação do dever objetivo de cuidado, por imprudência, negligência ou imperícia, produzindo um resultado naturalístico evitável, que, embora objetivamente previsível, não foi desejado e nem previsto pelo agente, e, em situações excepcionais, desejado e previsto.

Desse conceito, podemos destacar sete elementos, que serão analisados detidamente nos próximos tópicos:

1. Conduta voluntária;
2. Violação do dever objetivo de cuidado;
3. Resultado naturalístico involuntário;
4. Previsibilidade objetiva e ausência de previsão;
5. Nexo causal;
6. Tipicidade.

1. Conduta voluntária

A conduta culposa é voluntária, ou seja, o agente atua com consciência do que está fazendo. Quando pratica a conduta, geralmente visa a um fim lícito, e mesmo que persiga uma finalidade ilícita, o resultado efetivamente produzido não está contemplado pela vontade do agente.

Por exemplo: O condutor de um veículo, que precisa chegar rápido ao destino, pois está atrasado para uma reunião, imprime maior velocidade na direção automóvel, realizando ultrapassagem em local proibido. No momento da manobra, colide com um motociclista que trafegava no sentido contrário da pista, causando sua morte. Note que a vontade do agente, realizada de modo consciente e voluntária, dirigia-se unicamente a realizar a ultrapassagem para chegar mais rapidamente à reunião, não a causar um acidente e matar alguém.

A conduta culposa pode ser praticada de modo comissivo, como no exemplo apresentado anteriormente, ou omissivo. Ilustrando: no final de seu turno, a enfermeira responsável pela ala de cuidados intensivos do hospital recebe uma ligação de sua amiga, informando que ambas ganharam convites para uma festa badalada e concorrida que ocorrerá naquela noite. Empolgada com a notícia, a enfermeira começa a pensar nos preparativos para a festa, e se esquece de ministrar os medicamentos de um dos pacientes antes de ir embora, o que causa sua morte.

2. Violação do dever objetivo de cuidado

O dever objetivo de cuidado é o conjunto de regras impostas aos indivíduos para convívio em sociedade, de modo a evitar eventuais lesões a bens jurídicos de terceiros. "Esse dever de cuidado objetivo, dirigido a todos nós, faz com que atentemos para determinadas regras de comportamento, mesmo que não escritas ou expressas, a fim de convivermos harmoniosamente em sociedade"[26].

A culpa, caracterizada pela violação do dever objetivo de cuidado, pode se manifestar em três modalidades: imprudência, negligência e imperícia. Passemos à análise de cada uma delas.

- **Imprudência.** Configura-se a imprudência quando o agente pratica uma conduta que não deveria. É o excesso no agir, a faceta positiva da culpa. O agente imprudente atua de modo precipitado e incauto, ignorando as regras de conduta sedimentadas pela experiência. **Exemplo:** conduzir veículo em excesso de velocidade próximo a estabelecimentos escolares.
- A imprudência tem como característica a simultaneidade à ação, pois subsiste paralelamente durante todo o período em que o agente desenvolve a conduta temerária.
- **Negligência.** A negligência é a faceta negativa da culpa, caracterizada pela desídia e pelo desinteresse. Configura-se quando o agente deixa de

26. GRECO, Rogério. **Curso de Direito Penal – Parte Geral**, v. 1. 17 ed. Rio de Janeiro: Impetus, 2015, p. 253.

tomar uma precaução recomendada. A negligência pode ser verificada anteriormente ao início da conduta. Por exemplo: agente desleixado que, apesar do péssimo estado dos itens de segurança de seu veículo, deixa de realizar as revisões periódicas recomendadas.

- **Imperícia.** É a inaptidão, a falta de habilidade técnica para o exercício de arte, ofício ou profissão. O agente, embora autorizado a desempenhar determinada função, não dispõe dos conhecimentos necessários para tanto, e, em razão disso, causa prejuízo a outrem.

▸ IMPORTANTE

A imperícia não se confunde com o erro profissional. O erro profissional decorre da "falibilidade das regras científicas. O agente conhece e observa as regras de sua atividade, as quais, todavia, por estarem em constate evolução, mostram-se imperfeitas e defasadas para a solução do caso concreto. [...] Destarte, o erro profissional exclui a culpa, uma vez que o resultado ocorre não em razão da conduta do agente, e sim pelas deficiências da própria ciência"[27].

3. Resultado naturalístico involuntário

Os crimes culposos são **crimes materiais** por excelência. Portanto, necessariamente devem manifestar-se no mundo exterior, pois sua existência depende da verificação de resultado naturalístico. Portanto, se o resultado é produzido, pode-se falar em crime culposo. Caso contrário, a conduta imprudente, negligente ou imperita do agente será um indiferente penal.

O resultado desempenha uma importante função nos tipos culposos. "O resultado é, efetivamente, um 'componente de azar', que responde à própria **função garantidora** — função política— que deve cumprir o tipo, num sistema de tipos legais. O resultado não pode ser considerado fora do tipo culposo, nem se pode pretender que seja uma "condição objetiva de punibilidade", e sim uma **limitação à tipicidade objetiva**, mas que se encontra *dentro* do tipo objetivo. Se considerássemos o resultado fora do tipo, os elementos do tipo objetivo culposo ficariam muito reduzidos, e o tipo culposo ficaria quase limitado a um conjunto de elementos normativos e subjetivos, o que afetaria seriamente a segurança jurídica"[28].

Como já dito anteriormente, no crime culposo, embora a conduta seja voluntária, o resultado naturalístico não o é (com exceção da culpa imprópria, que será abordada separadamente). Por conseguinte, os crimes culposos são **incompatíveis com a tentativa**, pois se o próprio resultado é indesejado, não há lógica em dizer

---

27. MASSON, Cleber. **Direito Penal Esquematizado – Parte Geral, v. 1**. São Paulo: Método, 2016, p. 321.

28. ZAFFARONI, Eugenio Raúl; PIERANGELI, José Henrique. **Manual de Direito Penal Brasileiro.** vol I, parte geral. 9 ed. rev., atual. São Paulo: Editora Revista dos Tribunais, 2011, p. 444.

que a consumação não ocorreu por circunstâncias alheias à vontade do agente. Afinal, não é possível tentar algo que não se deseja.

4. Previsibilidade objetiva e ausência de previsão

A previsibilidade objetiva é a capacidade que uma pessoa dotada de inteligência comum teria de antever a produção do resultado naturalístico nas condições em que se deram os fatos.

Na apreciação do caso concreto, o operador deve proceder ao juízo hipotético de previsibilidade, colocando o homem médio no lugar e nas condições em que se encontrava o agente. Caso constate que o resultado era previsível ao homem médio, está configurada a previsibilidade objetiva.

O juízo de previsibilidade é objetivo, pois, como elemento imprescindível para a configuração do fato típico culposo, toma como parâmetro uma figura padrão, independentemente das características pessoais do agente. O perfil subjetivo do autor não é de todo ignorado: sua apreciação ocorre em momento posterior, na análise da potencial consciência da ilicitude, no juízo de culpabilidade.

Não obstante haja quem defenda a realização do juízo de previsibilidade a partir de parâmetros subjetivos, a doutrina majoritária refuta tal procedimento, pois "o Direito Penal não pode ficar submisso aos interesses de pessoas incautas e despreparadas para o convívio social. Ademais, a previsibilidade subjetiva fomentaria a impunidade, pois, por se cuidar de questão que habita o aspecto interno do homem, jamais poderia ser fielmente provada a compreensão do agente acerta do resultado que sua conduta era capaz de produzir"[29].

Nos crimes culposos, de maneira geral, o autor não conseguiu antever o resultado que sua conduta poderia acarretar. Entretanto, há situações excepcionais em que o agente é capaz de prever o resultado, ensejando a denominada culpa consciente, que será objeto de estudo em tópico próprio.

5. Nexo causal

Considerando que o resultado naturalístico é um dos elementos do crime culposo, é imprescindível a existência de nexo de causalidade entre a conduta culposa do agente e o resultado involuntariamente produzido.

A relação de causalidade deve ter lastro empírico, demonstrando, com alto grau de probabilidade, que o resultado poderia ser evitado caso o agente tivesse agido em conformidade com o dever objetivo de cuidado.

6. Tipicidade

A configuração do crime culposo depende do juízo de tipicidade, assim como ocorre com os delitos dolosos. Embora sejam tipos penais abertos, a exigência de valoração judicial do caso concreto para complementação do tipo culposo

29. MASSON, Cleber. **Direito Penal Esquematizado – Parte Geral, v. 1**. São Paulo: Método, 2016, p. 323.

não viola a dimensão de certeza do princípio de legalidade, porque os deveres de cuidado estão em permanente mutação, de acordo com a evolução da sociedade, e essa evolução pode ser melhor compreendida pelos destinatários da norma pela via da *práxis* judicial do que pelo enunciado fechado das leis[30].

5.5.2. Espécies de culpa

a) Culpa inconsciente e culpa consciente

A culpa inconsciente ou *ex ignorantia* ocorre quando o agente não antevê o resultado que era objetivamente previsível.

A culpa consciente ou *ex lascívia*, por sua vez, configura-se quando o agente prevê a possibilidade de ocorrência do resultado, mas pratica a conduta confiando que poderá evitá-lo.

Um controverso no plano prático é a aproximação entre culpa consciente e dolo eventual. Fazendo uma análise superficial, ambos os conceitos parecem semelhantes, pois trazem como requisito a previsão objetiva do resultado. Contudo, há entre eles uma diferença decisiva de índole volitiva: na culpa consciente, o agente acredita sinceramente que poderá evitar o resultado, o que somente não ocorre em virtude de algum erro de cálculo ou de execução. Já no dolo eventual, o autor aceita com indiferença o resultado, vislumbrando-o como uma consequência possível de sua conduta, nada fazendo para impedir sua ocorrência.

Tendo em vista que o elemento de distinção entre culpa consciente e dolo eventual possui natureza psíquica, é necessário fazer uma análise minuciosa das circunstâncias do caso concreto, a fim de determinar se o fato é culposo ou doloso.

O Código Penal não apresenta qualquer diferenciação no tratamento de culpa consciente e inconsciente. Parcela da doutrina sustenta que a previsão do resultado não importa em maior grau de reprovabilidade da conduta. Por outro lado, há quem defenda a imposição de sanção mais gravosa para aquele que age com culpa consciente, através da exasperação da reprimenda pelo magistrado no procedimento de dosimetria da pena.

b) Culpa própria e culpa imprópria, por extensão, assimilação ou equiparação

A principal diferença entre a culpa própria e a culpa imprópria está na intenção de produção do resultado.

Na culpa própria, o agente não deseja o resultado, nem assume o risco de produzi-lo.

Na culpa imprópria, por outro lado, o resultado é desejado pelo agente, que age em erro inescusável quanto à ilicitude do fato, sob as chamadas descriminantes

30. BUSATO, Paulo César. **Direito Penal – Parte Geral**. São Paulo: Atlas, 2013, p. 432.

putativas. Seu tratamento é previsto no art. 20, § 1º do Código Penal, segundo o qual "é isento de pena quem por erro plenamente justificado pelas circunstâncias, supõe situação de fato que, se existisse, tornaria a ação legítima. Não há isenção de pena quando o erro deriva de culpa e o fato é punível como crime culposo".

Sendo assim, o agente erroneamente "supõe uma situação fática que, se existisse, tornaria a sua ação legítima. Como, entretanto, esse erro poderia ter sido evitado pelo emprego da prudência inerente ao homem médio, responde a título de culpa"[31]. Trata-se, na verdade, de delito doloso equiparado a delito culposo por razões de política criminal. Em razão dessas peculiaridades, **o delito culposo impróprio admite tentativa**, posto que, em sua essência, é um delito doloso.

Para ilustrar: Tício está em sua casa de campo, lendo um livro na sala de estar, defronte à janela. Já é noite, e mal se vê os arredores da casa, pois sua varanda tem pouca iluminação. De repente, Tício nota um movimento, próximo à cerca viva que delimita sua propriedade. Aguarda que o vulto se aproxime, mas nada ocorre. Receoso de que seja um ladrão escondido na cerca, toma sua arma e efetua alguns disparos em direção a ele. O movimento na cerca cessa, e Tício sai para ver quem é. Descobre, então, que o suposto ladrão é o filho do vizinho, que queria apenas recuperar a bola de futebol que havia ficado presa na cerca viva durante a tarde.

Observe que Tício agiu com dolo direto, pois tinha a intenção de disparar contra o "invasor" que estava na cerca. Todavia, se fosse mais prudente, não teria tomado tal medida, considerando que divide a cerca viva com a propriedade de seu vizinho, o qual tem filhos pequenos, que poderiam estar pelo quintal naquela hora. Como agiu em erro inescusável quanto à ilicitude do fato, deve ser responsabilizado por homicídio culposo (culpa imprópria).

c) Culpa mediata ou indireta

Há culpa indireta quando o sujeito dá causa a um resultado indiretamente, a título de culpa. Só é possível a responsabilização por culpa mediata se a conduta do agente efetivamente estiver relacionada ao resultado. Nesse sentido, o STJ[32] já decidiu:

Não ocorre crime de latrocínio na hipótese em que os agentes, utilizando-se de grave ameaça, após roubarem bens e o veículo da vítima, obrigaram-na a permanecer no banco traseiro do automóvel e acabaram por se envolver em acidente automobilístico causando-lhe a morte, tendo em vista que, no caso, não houve emprego de violência física, não tendo o resultado morte decorrido de violência real empregada durante o assalto e em razão deste, mas sim da imprudência no trânsito, bem como há uma cisão entre as condutas de roubar e de dirigir com imprudência, devendo o crime ser tipificado como roubo circunstanciado e homicídio culposo no trânsito.

---

31. MASSON, Cleber. **Direito Penal Esquematizado – Parte Geral, v. 1**. São Paulo: Método, 2016, p. 326.
32. STJ, 6ª Turma, REsp 1.085.129/MG, Rel. Min. Maria Thereza de Assis Moura, 10/04/2012.

d) Culpa presumida ou in re ipsa

Caracterizada pela simples inobservância de disposição regulamentar, é modalidade de culpa inadmissível no Direito Penal brasileiro, porque configura hipótese de responsabilidade penal objetiva. De acordo com o entendimento do Superior Tribunal de Justiça[33]:

A responsabilidade penal é de caráter subjetivo, impedindo o brocardo *nullum crimen sine culpa* que se atribua prática de crime a presidente de clube social e esportivo pela morte, por afogamento, de menor que participava de festa privada de associada e mergulhou em piscina funda com outros colegas e pessoas adultas por perto. Inobservância de eventual disposição regulamentar que não se traduz em causa, mas ocasião do evento lesivo.

Em resumo, a culpa sempre precisa ser comprovada, não admitindo o Direito Penal a chamada culpa presumida.

e) Compensação e concorrência de culpas

Em virtude de seu caráter público, o Direito Penal não admite a compensação de culpas, diferente do que ocorre com o Direito Civil, que aceita tal solução. Imagine que dois motoristas imprudentes, cada qual com seu veículo, envolvem-se em um acidente automobilístico, causando lesões em ambos. Nessa hipótese, cada um responderá por sua própria conduta, figurando ao mesmo tempo como réu e vítima, independentemente da contribuição do outro para a ocorrência do resultado. Em suma: a culpa de um agente não exclui a do outro.

É importante ressaltar que a compensação de culpas não se confunde com a concorrência de culpas. No exemplo citado, há concorrência de culpas, pois os dois agentes contribuíram com suas condutas para a ocorrência do resultado lesivo, e, portanto, responderão pelo crime de lesão corporal culposa.

O magistrado poderá levar em consideração a concorrência de culpas na fase de dosimetria da pena, por ocasião da análise do comportamento da vítima, que é uma das circunstâncias judiciais elencadas no art. 59 do Código Penal.

▸ IMPORTANTE

Somente a culpa exclusiva da vítima exclui a culpa do agente. Se a culpa foi exclusiva da vítima, consequentemente o agente agiu de maneira correta, não incorrendo em imprudência, negligência ou imperícia.

5.5.3. Causas de exclusão da culpa

A culpa pode ser excluída nas seguintes hipóteses:

a) Caso fortuito ou força maior: a força maior decorre, em regra, de um fato natural, e é absolutamente inevitável. O caso fortuito, por sua vez, caracteriza-se

33. STJ, 5ª Turma, RHC 11397-SP 2001/0060947-4, Rel. Min. José Arnaldo da Fonseca, 11/09/2001.

pela imprevisibilidade, se tomarmos uma pessoa de inteligência mediana como referência. Sendo o fato inevitável ou imprevisível, não subsiste a culpa.

b) Erro profissional: embora o agente observe diligentemente todas as recomendações de sua profissão, arte ou ofício, não consegue evitar o resultado, pois a ciência ainda não está apta a resolver certas situações. Desse modo, não há culpa na atuação do agente.

c) Princípio da confiança: O princípio da confiança é elementar para o desenvolvimento de qualquer sociedade, pois é o que permite a divisão do trabalho entre os cidadãos. Se cada indivíduo fosse obrigado a controlar não só suas próprias tarefas, mas também a dos demais, tornaria inviável a realização de qualquer atividade. Portanto, não há culpa quando o agente age em conformidade com as normas do Direito e do convívio social, confiando que os demais se comportarão da mesma maneira. Por exemplo: o médico que realiza uma cirurgia confia que todo o equipamento foi corretamente esterilizado. Caso o paciente contraia uma infecção em decorrência da não esterilização dos instrumentos cirúrgicos, não há que se falar em culpa do médico, pois este atuou com base no princípio da confiança.

d) Riscos tolerados: Segundo Karl Binding, há riscos que devem ser tolerados pela sociedade quando os benefícios dele advindos forem imprescindíveis. Ilustrando: imagine que um médico seja obrigado a realizar o parto de risco em circunstâncias precárias, enquanto aguarda a chegada do socorro. Caso a parturiente ou o recém-nascido sofram complicações em virtude da precariedade do procedimento, não há culpa do médico, pois sua conduta era absolutamente indispensável para tentar salvar a vida da mulher e do bebê.

5.5.4. Crime preterdoloso ou preterintencional

Dispõe o art. 19 do Código Penal: "Pelo resultado que agrava especialmente a pena, só responde o agente que o houver causado ao menos culposamente".

O crime preterdoloso é uma modalidade de **crime qualificado pelo resultado**, configurando-se quando o autor age com dolo na conduta inicial ou fato-base *(minus delictum)* e acaba produzindo, a título de culpa, um resultado mais grave do que o desejado *(majus delictum)*. No Código Penal há uma série de delitos qualificados pelo resultado, punidos a título de preterintenção, tais como os arts. 127; 129, § 3º; 133, §§ 1º e 2º, dentre outros.

Considerando que o crime preterdoloso **conjuga dolo na conduta antecedente e culpa no consequente** (resultado), é classificado pela doutrina como uma **figura híbrida.**

A natureza jurídica do dolo é de elemento subjetivo da conduta, pois segundo o art. 18, inciso I, do Código Penal, "diz-se o crime doloso, quando o agente *quis* o resultado ou *assumiu o risco* de produzi-lo". Por outro lado, a natureza jurídica da culpa é de elemento normativo da conduta, pois sua constatação no caso concreto depende de um juízo de valor.

Daí dizer-se que a natureza jurídica do crime preterdoloso, que aglutina o dolo e a culpa, é de **elemento subjetivo-normativo do tipo penal**.

É importante destacar que o reconhecimento da culpa depende da previsibilidade objetiva, que é a capacidade que uma pessoa dotada de inteligência comum teria de antever a produção do resultado naturalístico nas condições em que se deram os fatos. Portanto, o *majus delictum* só pode ser atribuído ao agente caso seja objetivamente previsível.

A culpa no resultado agravador deve ser provada, não se admitindo a presunção apenas porque o agente agiu dolosamente no fato-base, sob pena de configuração da *versari in re illicita* (derivada do brocardo "*qui in re illicita versatur tenetur etiam pro casu*", ou seja, aquele que se envolve em coisa ilícita também é responsável pelo resultado fortuito) e da responsabilidade penal objetiva.

Para melhor ilustrar tais conceitos, analisemos dois exemplos.

1º Exemplo: Tício e Caio vão pescar no rio. Encontram um ponto tranquilo na mata, próximo a um grande barranco, e ali montam seus equipamentos. Após algumas horas, irritados porque não estavam obtendo sucesso na pescaria, começam a discutir. Tício, já impaciente, desfere um potente soco em Caio, o qual perde o equilíbrio, cai barranco abaixo, e bate a cabeça nas pedras, vindo a falecer em decorrência de traumatismo craniano.

Qualquer pessoa de inteligência mediana seria capaz de prever a possibilidade de ocorrência do resultado, pois o senso comum indica que embates físicos à beira de barrancos podem não acabar bem. Desse modo, é possível constatar dolo na conduta antecedente de Tício (lesão corporal, ao desferir o soco), e culpa no resultado (a morte de Caio em decorrência da queda no barranco), o qual deverá responder pelo crime de lesão corporal seguida de morte, nos termos do art. 129, § 3º do Código Penal.

2º Exemplo: "Nas dunas de Cabo Frio, um exímio lutador de capoeira, após discutir com seu desafeto, agindo com *animus laedendi* (dolo de lesão), nele desfere uma 'rasteira', atingindo-o na perna, fazendo a vítima cair e bater a cabeça numa pedra que se encontrava escondida debaixo daquela fina areia, vindo a falecer"[34].

Na segunda situação hipotética, não é possível antever a possibilidade de ocorrência do resultado. Uma pessoa de inteligência comum não poderia prever a existência de uma pedra sob as areias das dunas. Tal desdobramento foge ao campo normal da previsibilidade objetiva. Sendo assim, o capoeirista responderá pelo crime de lesão corporal simples (art. 129, *caput*, CP), pois embora haja dolo em sua conduta antecedente, o resultado morte não foi provocado a título de dolo nem de culpa.

---

34. GRECO, Rogério. **Curso de Direito Penal – Parte Geral**, v. 1. 17 ed. Rio de Janeiro: Impetus, 2015, p. 353.

IMPORTANTE

Nem todo crime qualificado pelo resultado é preterdoloso. O crime preterdoloso é uma das espécies de crime qualificado pelo resultado.

Há outras espécies de crimes qualificados pelo resultado:

• Dolo na conduta antecedente e dolo no resultado agravador, a exemplo do crime de latrocínio (art. 157, § 3º, *in fine*, do CP).

• Culpa na conduta antecedente e culpa no resultado agravador, tais como os crimes de perigo comum quando resultam em lesão corporal grave ou morte (art. 258, *in fine*, do CP).

• Culpa na conduta antecedente e dolo no resultado agravador, a exemplo do motorista que, dirigindo veículo automotor em velocidade excessiva, culposamente atropela um transeunte (art. 303, parágrafo único do CTB), e, dolosamente, deixa de prestar socorro à vítima, quando era possível fazê-lo.

• É importante fazer uma observação quanto à última hipótese: há uma corrente doutrinária a qual rechaça a existência de crime qualificado pelo resultado com culpa no antecedente e dolo no subsequente. Sustentam que há impropriedade lógica no reconhecimento de tal categoria, pois é "impossível agir sem desejar o resultado quanto ao fato-base e almejar o resultado qualificador"[35].

5.6. Resultado

5.6.1. Conceito

É o efeito ou consequência da conduta.

5.6.2. Espécies

Há duas espécies de resultado:

Resultado naturalístico ou material: consiste na modificação do mundo exterior provocada pela conduta criminosa. É algo que se pode perceber no mundo real. **Ex.:** no crime de homicídio, atinge-se o resultado naturalístico quando ocorre a morte da vítima.

Resultado jurídico ou normativo: consiste na violação da lei penal com ataque ao bem jurídico protegido. **Ex.:** no crime de homicídio, a violação ao art. 121 do CP em razão do ataque à vida humana é o resultado jurídico.

Assim, o homicídio é um delito que produz ambos os resultados: naturalístico e jurídico. Mas isso nem sempre ocorre. No tópico que trata sobre a classificação

35. NUCCI, Guilherme de Souza. **Manual de Direito Penal**. 10 ed. Rio de Janeiro: Forense, 2014, p. 138-198.

dos crimes, abordamos a divisão dos delitos quanto ao critério do resultado. Vamos relembrar e aprofundar esse assunto.

Quanto ao resultado naturalístico, o crime pode ser classificado como:

a) Crime material, causal ou de resultado: O tipo penal descreve uma conduta e um resultado naturalístico, ou seja, uma transformação no mundo exterior, que decorre do comportamento do agente. Para haver consumação do delito, é necessário que ocorra a conduta e o resultado material. É o caso do homicídio (art. 121, CP).

b) Crime formal, de intenção, de consumação antecipada ou de resultado cortado: O tipo penal descreve uma conduta e um resultado naturalístico, mas sua consumação independe deste último. Geralmente, o resultado está ligado a um objetivo específico que o agente visa a alcançar com seu comportamento. Exemplo: extorsão (art. 158, CP).

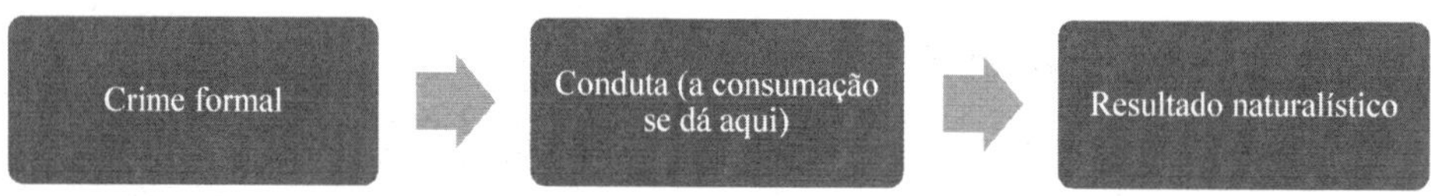

c) Crime de mera conduta ou de simples atividade: O tipo penal se limita à conduta, sem descrever qualquer resultado naturalístico. Exemplo: violação de domicílio (art. 150, CP).

Constata-se que apenas nos crimes materiais a consumação depende da ocorrência de resultado naturalístico, pois, caso este não ocorra, o crime remanescerá na sua forma tentada.

Para a consumação dos crimes formais, por sua vez, basta o resultado normativo, ou seja, a prática da conduta em contrariedade com o ordenamento jurídico. Entretanto, o resultado material também pode ocorrer, uma vez que a lei prevê essa possibilidade.

A consumação dos crimes de mera conduta depende unicamente do resultado jurídico, pois, em virtude da ausência de previsão legal, é impossível a verificação de resultado naturalístico.

Duas questões merecem destaque nesse tópico.

1. Existe crime sem resultado?

Essa é uma indagação típica de prova oral e a resposta correta é: depende. Sob o prisma de um resultado jurídico a resposta é negativa, pois todo o crime possui um resultado normativo. Não há falar-se em crime sem que haja lesão ou perigo de lesão ao bem jurídico protegido pelo Direito Penal (princípio da ofensividade). Entretanto, sob a ótica do resultado naturalístico, a resposta é positiva, sendo perfeitamente possível a ocorrência de crime sem resultado, como se verifica nos delitos formais e de mera conduta, afinal, somente os crimes materiais consumados têm resultado material.

2. A primeira parte do art. 13 do Código Penal dispõe: "O resultado, de que depende a existência do crime, somente é imputável a quem lhe deu causa". O Código Penal faz referência ao resultado naturalístico ou ao resultado jurídico?

Há dois posicionamentos doutrinários quanto à questão.

1ª Corrente: O art. 13 do Código Penal faz referência ao **resultado naturalístico**, aplicando-se, somente aos crimes materiais, tendo em vista que os formais e de mera conduta não precisam causar mudanças exteriores para que se reputem consumados. Desse modo, somente os crimes materiais circunscrevem os quatro elementos do fato típico: conduta, tipicidade, resultado e nexo causal. Nesse sentido, o dispositivo necessita de uma interpretação restritiva, a fim de considerar que apenas os crimes materiais necessitam de resultado para sua existência. É a posição majoritária e que reputamos a mais adequada.

2ª Corrente: O resultado a que se refere o art. 13 do Código Penal é o **resultado jurídico**. Para os partidários desse entendimento, o postulado *nullum crimen sine injuria* veda que o ordenamento jurídico faça a previsão de crimes que não geram nenhum tipo de resultado, ou seja, que não ofendam algum bem jurídico.

Superada essas questões que envolvem o resultado naturalístico, é preciso aprofundar o estudo da classificação do delito quando ao **resultado jurídico.**

Sob o prisma do resultado jurídico, o crime pode ser classificado como de dano e de perigo. A diferença entre eles reside no **dolo do agente**. Se ele busca destruir ou danificar o bem jurídico, estamos diante de um crime de dano. Por outro lado, se o agente almeja apenas colocar o bem tutelado em perigo de lesão, o crime será classificado como de perigo. O crime de perigo, por sua vez, possui a seguinte classificação:

d) Crime de perigo abstrato: É aquele em que o perigo não precisa ser comprovado, sendo presumido pela lei de forma absoluta, não admitindo prova em contrário. Em outras palavras, **basta a demonstração da conduta** para a configuração do delito. É o que ocorre com o delito de embriaguez ao volante (art. 306, CTB). Se o sujeito for surpreendido conduzindo o veículo embriagado, não é preciso provar que seu comportamento causou perigo para a segurança viária. Ainda que esteja conduzindo na correta mão de direção e em velocidade compatível com o local, o crime está configurado. O perigo é presumido pelo legislador e não se discute.

e) Crime de perigo concreto: Exige-se a **comprovação da conduta e do perigo**. O legislador não se contenta com a mera demonstração do comportamento do agente, sendo indispensável a prova do **efetivo perigo** ao bem jurídico. Um bom exemplo a ser citado é o crime de dirigir sem habilitação (art. 309, CTB). Para a configuração do crime, não basta comprovar que o agente estava conduzindo um veículo sem estar devidamente habilitado. É preciso demonstrar que sua conduta efetivamente colocou em perigo o bem jurídico tutelado, seja porque transitava na contramão de direção, seja porque imprima velocidade incompatível com o local etc. Atente-se que o legislador faz uso de algumas expressões no tipo penal indicativas de que o delito é de perigo concreto, tais como: "gerando perigo de dano", "expondo a dano potencial"; "expondo a dano potencial a incolumidade de outrem" etc.

f) Crime de perigo abstrato-concreto: Também chamado de **delito de perigo hipotético**. Trata-se de uma subclassificação do delito de perigo abstrato. Nesses crimes, não basta a prova da conduta do agente para caracterizar o delito (perigo abstrato), mas também não se faz necessária a comprovação de um efetivo perigo (perigo concreto). O que importa é que a conduta seja capaz de gerar um **perigo possível** de lesão ao bem jurídico. Dito de outro modo, enquanto nos crimes de perigo abstrato basta provar a prática da conduta para o delito restar configurado, uma vez que o perigo gerado ao bem jurídico é presumido de forma absoluta pela lei, nos delitos de perigo abstrato-concreto o legislador não se contenta com a mera demonstração da conduta do agente. O crime exige um plus para a sua configuração, qual seja, a geração de uma situação de perigo possível ao bem jurídico tutelado. Note-se que o que se precisa provar é a **possibilidade de perigo**, diferentemente dos crimes de perigo concreto em que se faz necessária a prova do **efetivo perigo** gerado ao bem jurídico, sob pena de atipicidade da conduta. Dessa forma, o crime de perigo abstrato-concreto seria um meio termo, um plus em relação ao crime de perigo abstrato e um minus comparando-o com o de perigo concreto. O STJ já reconheceu o crime do art. 56 da Lei 9605/98 como de perigo abstrato-concreto[36].

---

36. STJ, 6ª Turma. REsp 1.439.150/RS, Rel. Rogério Schietti Cruz julgado em 05/10/2017, DJe 16/10/2017 (Info 613).

Perigo abstrato	Perigo concreto	Perigo abstrato-concreto
Basta a prova da conduta.	Exige-se a prova da conduta + prova do perigo efetivo	Exige-se a prova da conduta + prova do perigo possível
Ex. Dirigir embriagado	Ex. Dirigir sem habilitação	Ex. Art. 56 da Lei 9.605/98

É sobremodo importante ressaltar que os Tribunais Superiores, embora não digam expressamente, reconhecem os delitos previstos nos arts. 12, 14 e 16 do Estatuto do Desarmamento (Lei 10.826/03) como de **perigo abstrato-concreto**. Vejamos:

Sobre o tema, o STJ tem a seguinte tese:

> O simples fato de possuir ou portar munição caracteriza os delitos previstos nos arts. 12, 14 e 16 da Lei n. 10.826/2003, por se tratar de crime de **perigo abstrato** e de mera conduta, sendo prescindível a demonstração de lesão ou de perigo concreto ao bem jurídico tutelado, que é a incolumidade pública (grifamos)[37].

Pelo enunciado, fica evidente que os citados delitos do Estatuto do Desarmamento são classificados como de **perigo abstrato**, configurando-se com a mera prática da conduta. Observe que há uma presunção legal de que o bem jurídico tutelado (incolumidade pública) foi exposto a perigo. Isso significa que se alguém for surpreendido portando ilegalmente uma arma de fogo, não é preciso demonstrar que esse comportamento ilícito configura uma conduta perigosa para a sociedade. Há uma presunção (absoluta) de que aquele que anda armado sem estar autorizado a tanto coloca em perigo o bem jurídico protegido pela norma. O mesmo raciocínio se aplica àquele que é surpreendido portando ilegalmente munição. O legislador presume, sem admitir prova em contrário, que tal conduta é perigosa para a incolumidade pública.

Todavia, o STJ possui outra tese, no seguinte sentido:

> A apreensão de **ínfima** quantidade de munição desacompanhada de arma de fogo, **excepcionalmente**, a depender da análise do caso concreto, pode levar ao reconhecimento de **atipicidade da conduta**, diante da **ausência de exposição de risco** ao bem jurídico tutelado pela norma (sem grifos no original) [38].

Essa aparente contradição do STJ tem uma explicação plausível. O que a Corte está dizendo é que, em regra, aquele que é surpreendido portando munição de forma ilegal pratica crime previsto no Estatuto do Desarmamento, sendo desnecessário

37. Edição 108, de 24 de agosto de 2018.
38. Idem.

comprovar que a conduta gera algum tipo de perigo, já que esse é presumido pelo legislador (crime de perigo abstrato). No entanto, essa regra comporta exceções. Em se tratando de pequena quantidade de munição e em não havendo arma de fogo à disposição do agente, o STJ reconhece que o fato deve ser atípico, pois sequer há probabilidade de causar um perigo à incolumidade pública. Note que o STJ está exigindo, para a configuração do delito, um **perigo possível**, plausível de ocorrer, amoldando-se à classificação de crime de **perigo abstrato-concreto**.

Conduta	Regra	O que precisa ser provado?
Portar munição sem autorização legal	Crime de perigo abstrato	Apenas a conduta (ou seja, o porte de munição)
Portar pequena quantidade de munição desacompanhada de arma de fogo	Crime de perigo abstrato-concreto	Conduta + possibilidade de perigo ao bem jurídico

Importante registrar que parcela minoritária da doutrina sustenta que os crimes de perigo abstrato puro seriam inconstitucionais, por violarem os princípios da lesividade e da ampla defesa. De acordo com esses doutrinadores, os crimes de perigo receberiam outra classificação:

Crimes de perigo concreto: O perigo advindo da conduta deve ser comprovado. Além disso, deve ser demonstrado o risco para pessoa certa e determinada.

Crimes de perigo abstrato de perigosidade real: O perigo advindo da conduta também deve ser comprovado, dispensando risco para pessoa certa e determinada.

Crime de Perigo Concreto	Crime de Perigo Abstrato de Perigosidade Real
O **perigo** advindo da conduta deve ser **comprovado.** **Atenção**: deve ser demonstrado o risco para a pessoa certa e determinada.	O **perigo** advindo da conduta deve ser **comprovado** (se aproxima do crime de perigo concreto). **Dispensa risco** para pessoa certa e determinada (se aproxima do crime de perigo abstrato).

A doutrina amplamente dominante, aliada à jurisprudência, admitem os crimes de perigo abstrato (puro). Trata-se de técnica utilizada pelo legislador visando a **proteção eficiente** de bens jurídicos, sobretudo os metaindividuais. Aliás, essa expansão do Direito Penal, decorrente da previsão de crimes de perigo abstrato para a proteção de bens jurídicos difusos ou coletivos, é denominada por Claus Roxin de **espiritualização, desmaterialização ou liquefação de bens jurídicos no Direito Penal.**

5.7. Nexo causal ou relação de causalidade

É o elemento que conecta a conduta praticada pelo agente ao resultado lesivo ao bem jurídico. Portanto, por meio do nexo causal é possível concluir se o resultado naturalístico foi ou não provocado pela conduta. Ilustrando: aquele que efetua um disparo de arma de fogo contra seu desafeto, provocando sua morte, deve responder pelo homicídio, pois a conduta (disparo) deu causa ao resultado (morte). Evidente, nesse episódio, a presença do nexo causal (vínculo entre a conduta e o resultado).

A relação de causalidade é decorrência lógica do princípio da culpabilidade, visto que ninguém pode responder por um resultado sem que o tenha causado (art. 19, CP).

O estudo do nexo causal só guarda pertinência nos **crimes materiais**, pois somente essa categoria de delitos exige a produção do resultado naturalístico para a sua configuração.

▸ IMPORTANTE!

O nexo causal não tem relevância:

a) nos **crimes formais** (a consumação independe da produção do resultado naturalístico);

b) nos **crimes de mera conduta** (o crime não possui resultado naturalístico); e

c) nos **crimes omissivos próprios** (a consumação se dá com a prática da conduta, independentemente de resultado naturalístico).

5.7.1. Teorias

Diversas teorias surgiram buscando definir o nexo causal. Isso não significa que elas se excluem, pelo contrário, quase sempre se complementam. Vamos destacar as três principais:

- **Teoria da equivalência dos antecedentes (causalidade simples): criada por Julius Glaser com base nos estudos filosóficos de Stuart Mill e Maximilian Von Buri,** é a regra prevista no art. 13, *caput*, do CP.
- **Teoria da causalidade adequada: idealizada por Johannes Von Kries,** é exceção contemplada no art. 13, § 1º, do CP.
- **Teoria da imputação objetiva:** trata-se de proposta doutrinária, sem previsão legal, que vem sendo admitida em alguns julgados do Superior Tribunal de Justiça[39].

a) Teoria da equivalência dos antecedentes

39. STJ, 6ª Turma. HC 68.871/PR, Rel. Min. Maria Thereza de Assis Moura, Rel. para o acórdão Og Ferandes, j. 06/08/2009.

Também chamada de teoria da equivalência das condições, de *conditio sine qua non; de teoria da condição generalizadora e* de causalidade simples.

É a teoria adotada expressamente pelo Código Penal, conforme se extrai do art. 13, *caput, in fine:* "O resultado, de que depende a existência do crime, somente é imputável a quem lhe deu causa. Considera-se causa a ação ou omissão sem a qual o resultado não teria ocorrido."

Para essa teoria, considera-se **causa** todo e qualquer acontecimento sem o qual o resultado não teria ocorrido **como ocorreu e quando ocorreu**. Não há distinção entre causas e concausas, pois todos os fatores determinantes para a produção do resultado se equivalem. Daí o nome da teoria "equivalência dos antecedentes causais", ou seja, todos têm o mesmo valor. Portanto, toda ação ou omissão que de alguma forma contribui para o resultado é considerado causa.

Para desvendar qual o evento pode ser considerado causa do resultado, utiliza-se o **processo de eliminação hipotética, concebido por Thyrén em 1894.** De acordo com esse método, deve-se suprimir mentalmente determinado fato que se insere na cadeia delituosa e depois verificar se o resultado teria ocorrido da mesma maneira como se deu. Duas hipóteses podem ocorrer:

- Se eliminarmos hipoteticamente o fato e o resultado deixar de ocorrer, será considerado causa.
- Se eliminarmos hipoteticamente o fato e o resultado permanecer, não será considerado causa.

Essas teorias possuem o seu mérito, pois não conferem margem a subjetivismos. No entanto, recebem inúmeras críticas, em especial porque podem redundar no **regresso ao infinito** *(ad infinitum)* e gerar soluções exageradas e aberrantes, caracterizadoras de **responsabilidade penal objetiva,** em total descompasso com o sistema finalista perfilhado pelo Código Penal.

Sem um limitador que obste o regresso ao infinito, o fabricante de uma arma de fogo poderia ser responsabilizado em virtude de homicídio praticado por terceiro que fez uso de tal artefato, já que o crime não teria ocorrido se a arma não tivesse sido produzida. Seria possível, ainda, conceber a absurda solução de punir os pais do homicida, pois sem a concepção do filho, a vítima não teria morrido. Dentro dessa lógica, os avós, bisavós e todos os ascendentes do agente seriam considerados "**causas**" do delito.

Em respeito à máxima *nullum crimen sine* culpa, o Direito Penal se vale da **causalidade psíquica (imputação subjetiva)** para limitar o regresso ao infinito mediante a análise do dolo e da culpa na conduta do agente.

De fato, o **finalismo**, que conferiu uma feição subjetiva ao tipo penal, exige a **causalidade psíquica**, sendo indispensável perquirir se o agente agiu com **dolo ou culpa** para a produção do resultado. Ausente o elemento subjetivo do tipo penal não há que se falar em conduta e, por consequência, em nexo causal.

Dessa forma, no exemplo do fabricante da arma de fogo, embora seu comportamento pudesse ser considerado causa do homicídio, não haveria como responsabilizá-lo pelo delito, pois inexiste dolo ou culpa em sua conduta.

Para limitar esse regresso ao infinito, revelador de uma responsabilidade penal objetiva, a doutrina afirma que o Direito Penal deve fazer uso de alguns filtros.

1º filtro: imputação subjetiva (causalidade psíquica).

Para alguns doutrinadores, as situações envolvendo o regresso ao infinito apenas seriam evitadas com a análise do dolo e da culpa **(causalidade psíquica)**, pois a **causalidade objetiva** (mera relação de causa e efeito entre conduta e resultado) não se revela suficiente para determinar a **imputação do crime**. Ausente o elemento subjetivo (dolo e culpa) do tipo penal, não há que se falar em conduta e, por corolário lógico, em nexo causal.

Esse primeiro filtro baseia-se na máxima ***"nullum crimen sine culpa"***.

Dessa forma, no exemplo do fabricante da arma de fogo, embora seu comportamento pudesse ser considerado **causa** do homicídio sob o prisma objetivo, não haveria como responsabilizá-lo pelo delito, pois ausente o dolo ou a culpa na sua conduta.

2º filtro: concausas

O resultado, não raras vezes, pode advir de uma pluralidade de comportamentos (um conjunto de fatores), dentre os quais a conduta do agente é o principal, mas não o único elemento desencadeante. A relação entre essas causas (causa efetiva e causa concorrente) pode ser de **absoluta ou relativa independência**.

A concausa absolutamente independente sempre rompe o nexo causal e o agente só responde pelos atos até então praticados. Nesses casos, aplica-se o art. 13, *caput*, do Código Penal (teoria da equivalência dos antecedentes causais). Exemplo: Tício ministra veneno no alimento de Caio, o qual vem a falecer em um acidente de avião, antes que a substância ingerida pudesse fazer efeito. Tício responderá por tentativa de homicídio, porque a **causa** da morte não foi o veneno ministrado, mas o desastre aéreo. Nesse caso hipotético, o veneno e o acidente aéreo são considerados **concausas** (causas que atuam conjuntamente). Contudo, são **absolutamente independentes**, pois não guardam qualquer relação entre si, e, como tal, **excluem-se mutuamente**. O agente responde pelos atos até então praticados, ou seja, por homicídio na modalidade tentada.

A concausa relativamente independente exige uma conduta anterior do agente para provocar o resultado. É relativa, já que o resultado não existiria sem a atuação criminosa. Como é independente, tem idoneidade para produzir, por si só, o resultado, pois não se situa no normal trâmite do desenvolvimento causal. Exemplo: Tício, com intenção de matar, efetua uma série de disparos contra Caio, o qual é socorrido e levado ao hospital, mas vem a falecer durante a cirurgia em decorrência de falha médica. Percebe-se que o resultado morte surgiu de uma associação de fatores (disparo de arma de fogo e erro médico). Nesse cenário, a causa principal foi o erro médico, mas não o único, pois sem o disparo a vítima não teria sido levada ao hospital.

As consequências jurídicas dependerão de ser a causa **preexistente, concomitante ou superveniente**. Tanto as concausas **absolutamente independentes** quanto às **relativamente independentes** podem ser:

- **Preexistentes**: a causa efetiva antecede o comportamento concorrente;
- **Concomitantes**: a causa efetiva é simultânea ao comportamento concorrente; ou
- **Supervenientes**: a causa efetiva é posterior ao comportamento concorrente.

Se a relação de independência entre as causas for **absoluta**, a solução será dada pela regra prevista no art. 13, *caput*, do Código Penal. Por outro lado, se as causas guardarem uma **relativa** relação de dependência e forem supervenientes, a solução será dada pelo **§ 1º do mesmo dispositivo.**

Em síntese:

Causa absolutamente independente	Causa relativamente independente
A causa efetiva do resultado **não** se origina do comportamento concorrente	A causa efetiva do resultado se origina (ainda que indiretamente) do comportamento concorrente
Aplica-se o art. 13, *caput*, do Código Penal (causalidade simples)	Aplica-se o art. 13, § 1º, do Código Penal (causalidade adequada)

Passemos a analisar cada espécie de concausa e suas consequências jurídicas.

a) Concausas <u>absolutamente</u> independentes:

a.1) Preexistente: É aquela que já existe **antes** da ação criminosa. Exemplo: Tício ministra veneno no alimento ingerido por Mévio. Alguns minutos **depois,** Caio adentra ao recinto e efetua um disparo contra Mévio, o qual vem a falecer em razão do **veneno**. Neste caso, Tício responderá pelo homicídio **consumado** e Caio pelo homicídio **tentado**. A título de clareza, ilustremos com um exemplo extraído de nossa jurisprudência: O Superior Tribunal de Justiça julgou recurso contra decisão do Tribunal de Justiça do Rio Grande do Sul, que condenou o réu por lesão corporal qualificada pelo resultado morte (art. 129, § 3º, CP). O agente agrediu a vítima com chutes e joelhadas na região abdominal, ocasionando sua queda contra o meio-fio da calçada, onde bateu a cabeça, vindo a óbito. Ocorre que, segundo o laudo pericial, a causa da morte foi hemorragia encefálica decorrente da ruptura de um aneurisma cerebral congênito, situação clínica desconhecida pela vítima e seus familiares. Segundo argumentos do STJ, no crime de lesão corporal qualificada pelo resultado morte, a conduta precedente e o resultado mais grave devem guardar entre si uma relação de causalidade, de modo que o resultado mais grave decorra sempre da ação precedente, e não de outras circunstâncias. Tendo em vista que o resultado morte ocorreu em virtude de circunstâncias absolutamente independentes da conduta delitiva, o agente deveria responder somente pelos atos efetivamente praticados. Desse modo, a 6ª Turma do STJ decidiu que, no caso julgado, houve lesão corporal simples e não lesão corporal qualificada pelo resultado morte[40].

a.2) Concomitante: É aquela que é **simultânea** à ação criminosa. Exemplo: Tício, com intenção de matar, resolve adicionar uma substância letal ao soro que Mévio está recebendo por via intravenosa. Enquanto injeta o veneno, Caio adentra ao recinto e dispara sua arma de fogo contra Mévio, o qual vem a falecer em razão do **envenenamento.** Neste caso, Tício responderá pelo homicídio **consumado** e Caio pelo homicídio **tentado**;

a.3) Superveniente: É aquela que é **posterior** à conduta. Exemplo: Tício envenena Mévio. Todavia, antes que a substância fizesse efeito, o teto da casa de Mévio desaba, matando-o. Neste caso, Tício responderá por tentativa de homicídio, pois o desabamento foi o que efetivamente causou a morte de Mévio.

Conclui-se que nos três casos (preexistente, concomitante e superveniente) as concausas são absolutamente independentes, e não mantêm qualquer relação entre si. Em outras palavras, **não se encontram na linha de desdobramento natural** umas das outras.

Nessas hipóteses, o agente responderá pelo crime consumado desde que sua conduta tenha, de fato, gerado o resultado. Caso contrário, será punido apenas pelos atos praticados, restando configurado o crime em sua modalidade tentada.

b) Concausas relativamente independentes:

b.1) Preexistente: É aquela que preexiste à ação criminosa. Exemplo: Tício, com ânimo de matar, dá uma facada em Mévio, mas erra o golpe, e acerta o braço da vítima. Em circunstâncias normais, tal lesão não seria fatal. Entretanto, Mévio é hemofílico, e em virtude do ferimento que lhe foi infligido, falece por hemorragia. Tício responderá pelo crime de homicídio consumado. É importante fazer uma

40. CAVALCANTE, Márcio André Lopes. **Lesão corporal qualificada pelo resultado morte e nexo de causalidade**. Buscador Dizer o Direito, Manaus. Disponível em: <https://www.buscadordizerodireito.com.br/jurisprudencia/detalhes/8e2cfdc275761edc592f73a076197c33>. Acesso em: 30/06/2018.

observação: a doutrina defende que o autor responderá pelo crime consumado se houver praticado a conduta **tendo conhecimento** da condição de saúde da vítima. Caso contrário, responderá por **tentativa de homicídio.** A imputação do crime consumado ao agente que desconhecia a doença da vítima caracterizaria **responsabilidade penal objetiva**[41]**.**

b.2) Concomitante: É simultânea à ação criminosa. Exemplo: Tício saca uma faca e desfere um golpe em Mévio, o qual, em razão do susto e do caráter repentino do ataque, vem a sofrer um enfarte fulminante e acaba falecendo. Tício responde pelo crime **consumado**;

b.3) Superveniente: É aqui o ponto mais delicado deste estudo. As concausas relativamente independentes supervenientes podem ser aquelas que:

- **por si sós produziram o resultado**, caso em que haverá concausas que estão **fora da linha de desdobramento natural** da conduta anterior, razão pela qual o § 1º, do art. 13, do Código Penal, determina a **exclusão do nexo causal**. Exemplo: Tício dispara arma de fogo contra Mévio, que é socorrido e levado ao hospital. Entretanto, Mévio vem a falecer, não por causa dos ferimentos, mas em virtude de um grande incêndio que ocorreu no hospital em que estava internado. Note que esta concausa superveniente é **relativamente independente,** pois Mévio não estaria no hospital caso não houvesse sofrido o ataque de Tício. Contudo, o incêndio, causa superveniente e efetiva da morte de Mévio, embora relativamente independente, **por si só causou o resultado** (basta pensar que o incêndio igualmente poderia ter causado a morte de outras pessoas que não foram atingidas pelos tiros, a exemplo de médicos, enfermeiros e demais pacientes). Por essa razão, Tício responderá por **homicídio tentado**, uma vez que será levado em consideração o seu dolo e não o resultado. Aplica-se ao caso o art. 13, § 1º, do Código Penal, que adota a teoria da **causalidade adequada**. Para essa teoria, só se considera como causa a conduta que isolada, tenha probabilidade mínima de provocar o resultado, ou aquela condição que, segundo as relações comuns da vida social, possua idoneidade genérica para produzir tais lesões. Não são levados em consideração os acontecimentos extraordinários, fortuitos e excepcionais. A teoria da causalidade adequada foi elaborada por Von Kries após a reforma do Código Penal Alemão de 1953 para evitar algumas injustiças na aplicação irrestrita da teoria da equivalência dos antecedentes (causalidade simples).
- **não causaram, por si sós, o resultado**, caso em que as concausas **não** estão **fora da linha de desdobramento natural** da conduta antecedente. São acontecimentos previsíveis, portanto. Por exemplo: Tício dispara

41. CUNHA, Rogério Sanches. **Manual de Direito Penal – Parte Geral**. Salvador: Juspodivm, 2016, p. 236.

arma de fogo contra Mévio, que é socorrido e levado ao hospital. Passados alguns dias, Mévio falece em virtude de infecção hospitalar contraída no período de sua internação. Nessa hipótese, prevalece a teoria da *conditio sine qua non*, e o agente respondera pelo crime **consumado**. Nesse sentido, já decidiu o Superior Tribunal de Justiça:

> O fato de a vítima ter falecido no hospital em decorrência das lesões sofridas, ainda que se alegue eventual omissão no atendimento médico, encontra-se inserido no desdobramento físico do ato de atentar contra a vida da vítima, não caracterizando constrangimento ilegal a responsabilização criminal por homicídio consumado, em respeito à teoria da equivalência dos antecedentes causais adotada no Código Penal e diante da comprovação do animus necandi do agente[42].

▸ EM SÍNTESE

Se o resultado é uma evolução natural do quadro, um desdobramento previsível, a exemplo de uma infecção hospitalar, uma complicação cirúrgica, o agente deve responder pelo crime consumado. Aplica-se o art. 13, "caput", do CP (causalidade simples).

Se o resultado não é uma evolução natural do quadro, mas algo totalmente imprevisível, anormal, a exemplo do incêndio do hospital ou do clássico caso envolvendo o capotamento da ambulância, temos a quebra do nexo causal e o agente deve ser responsabilizado pelo crime tentado. Aplica-se o art. 13, § 1º, do CP (causalidade adequada).

Portanto, as concausas que rompem o nexo causal são:

- as causas absolutamente independentes; e
- as causas supervenientes relativamente independentes que, por si só, produziram o resultado.

Nessas duas hipóteses o agente não responderá pelo crime consumado.

Vimos que a causalidade simples (art. 13, *caput*, CP) se vale do processo de eliminação hipotética, mas e a causalidade adequada (art. 13, § 1º, CP)? Qual critério utilizado para verificar se o evento se mostra adequado à produção do resultado?

Na causalidade adequada devemos fazer uso do processo da **prognose objetiva póstuma**. Vamos destrinchar esse conceito.

- **Prognose**: está relacionada à percentagem, proporção.
- **Objetiva**: não leva em conta a situação que ocorreu, mas a normalidade para casos análogos.
- **Póstuma (ou posterior):** toda essa análise é realizada depois do fato.

42. STJ, 5ª Turma HC 42.559/PE, Rel. Min. Arnaldo Esteves Lima, 24/04/2006.

Assim, para saber se o incêndio no hospital é uma causa adequada da morte daquele que lá se encontrava em razão de ter sido vítima de disparo de arma de fogo, devemos responder a seguinte indagação: é esperado, em termos percentuais, que uma pessoa que levou um tiro venha a falecer em virtude de um incêndio ocorrido no hospital em que se encontrava?

E a resposta só pode ser negativa, porque é algo absolutamente incomum que pessoas morram nessas circunstâncias. Por meio de um método prognóstico (análise de percentuais), vamos concluir que não é normal pessoas feridas por disparo de arma de fogo morrerem devido a um incêndio ocorrido no local em que estava hospitalizada. A prognose objetiva póstuma deve considerar que o disparo, neste caso, não foi a causa adequada da morte. Logo, o agente que apertou o gatilho não pode ser responsabilizado pelo homicídio consumado, mas por tentativa de homicídio.

Causalidade simples (art. 13, *caput*, CP) → Processo de eliminação hipotética

Causalidade adequada (art. 13, § 1º, CP) → Prognose póstuma objetiva

3º filtro: Imputação Objetiva

Claus Roxin foi o responsável pela difusão da teoria da imputação objetiva, tema sobre o qual discorreu em diversos artigos a partir de 1970. A teoria tem raízes nos estudos desenvolvidos por **Karl Larenz** e **Richard Honig** décadas antes. Posteriormente, Günther Jakobs desenvolveu uma vertente desta teoria.

Acompanhe o seguinte exemplo que ilustra a relevância do tema: em uma cidade da Alemanha há um bosque cuja composição mineral do solo faz com que ocorra uma grande incidência de descargas elétricas durante o período de tempestades. Imagine que Mévio, assistindo à previsão do tempo, toma conhecimento da possibilidade de que ocorra uma forte tempestade à tarde. Sabendo sobre o bosque e suas peculiaridades, Mévio organiza um piquenique no local para a esposa e a sogra, na esperança de que ambas sejam atingidas por um raio e morram, e assim, possa herdar todo o dinheiro da mulher. Caso o plano mirabolante de Mévio se concretize, qual a relevância de sua conduta para o Direito Penal?

Segundo a teoria da equivalência das condições (art. 13, *caput*, CP), Mévio responderia por homicídio doloso, pois seu comportamento anterior deu causa ao resultado. Entretanto, tal conclusão desconsidera que as mortes ocorreram em razões de riscos permitidos, ou seja, situações que as pessoas enfrentam cotidianamente. No exemplo, embora o resultado almejado tenha se realizado, o agente não teve nenhum controle sobre as forças naturais que culminaram no fato. Da mesma maneira, não é possível afirmar que aquele que induz alguém a visitar um bosque está praticando atos executórios de homicídio.

A teoria da imputação objetiva buscou solucionar o problema do regresso ao infinito, causado pela teoria da equivalência dos antecedentes causais, para além dos já citados filtros (causalidade psíquica e concausas). Essa teoria não substitui a teoria da equivalência, mas impõe um **limite ao nexo de causalidade objetiva**, abordando problemas que o causalismo e o finalismo não conseguiram equacionar de maneira satisfatória.

Há divergência na doutrina quanto à imputação objetiva, pois autores debatem se consiste em uma teoria de imputação da conduta ou imputação do resultado. A primeira visa a imputar ao agente a conduta causadora do risco proibido, a segunda tem por busca a atribuição de um resultado ao agente que praticou a ação, o que restringe seu alcance somente aos crimes materiais. Por fim, há uma terceira corrente, que sustenta a imputação objetiva da conduta e do resultado: "por um lado, trata-se de determinar se as características da conduta realizada pelo autor se correspondem com a previsão do delito. Por outro lado, os delitos de resultado, trata-se de comprovar – uma vez verificado o caráter típico da conduta – se o resultado conectado causalmente a essa conduta pode conduzir-se normativamente a esta, é dizer, se também o resultado é típico"[43].

Imputação objetiva significa atribuir a alguém a realização de uma conduta criadora de um risco relevante e juridicamente proibido e a produção de um resultado jurídico. Como o Direito Penal é teleológico, a teoria da imputação objetiva pretende dar-lhe fundamentos, ligando a finalidade do agente ao resultado, segundo a descrição típica. É uma **teoria autônoma**, independente da doutrina de causalidade objetiva ou material. Não se encontra no campo dos fatos, mas dos valores que o Direito Penal pretende proteger. O âmago da questão está no plano jurídico e não na área das ciências físicas, pois reside em estabelecer o critério de imputação do resultado em face de uma conduta no campo normativo, valorativo. Não põe em destaque o resultado naturalístico, próprio da doutrina causal clássica e do fato típico, e sim o resultado jurídico, que corresponde à afetação jurídica: lesão ou perigo de lesão do bem penalmente tutelado[44].

Por isso, a teoria da imputação objetiva não se contenta com a análise do nexo físico, limitado pelas concausas. A solução para evitar o regresso ao infinito da

43. CALLEGARI, André Luís. **Teoria Geral do Delito e da Imputação Objetiva**. 3 ed. São Paulo: Atlas, 2014. p. 67.

44. JESUS, Damásio de. **Direito Penal – Parte Geral**, v. 1. 36 ed. São Paulo: Saraiva, 2015, p. 320.

causalidade simples foi acrescentar ao estudo da causalidade o **nexo normativo**. A imputação, portanto, não é apenas física, mas também jurídica.

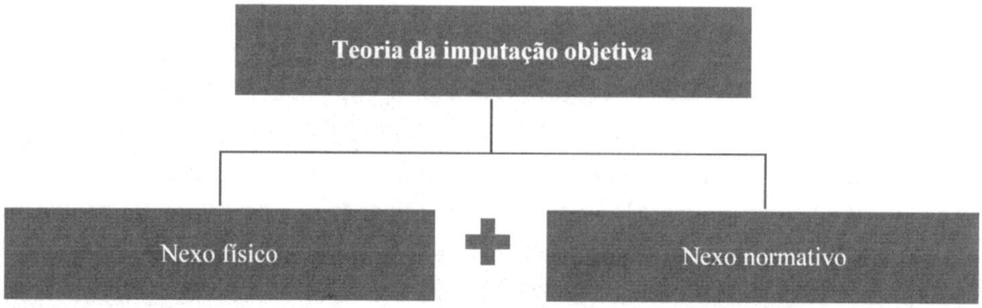

Num primeiro passo, verifica-se a presença do nexo de causalidade físico (mera relação de causa e efeito entre conduta e resultado), por meio da teoria da equivalência dos antecedentes causais e do método de eliminação hipotética. Trata-se da chamada causalidade objetiva. Presente o nexo físico, passa-se a analisar o nexo normativo, cujos requisitos podem ser diversos, a depender da vertente adotada:

REQUISITOS DE APLICAÇÃO DA IMPUTAÇÃO OBJETIVA	
Claus Roxin (Escola de Munique)	**Günther Jakobs (Escola de Bonn)**
1. Criação de risco juridicamente relevante e proibido	1. Risco permitido
2. Aumento do risco permitido	2. Princípio da confiança
3. Realização do risco no resultado	3. Proibição de regresso
4. Esfera de proteção da norma como critério de imputação	4. Imputação ao âmbito de responsabilidade da vítima
5. Alcance do tipo como critério de imputação	

Somente se estiver presente o nexo físico e também o normativo, é possível prosseguir para a análise do dolo e da culpa.

▸ DICA

A teoria da imputação objetiva incorporou ao Direito Penal o conceito de **causalidade normativa**, afastando-se da mera constatação da causalidade física para imputação da conduta ou do resultado ao agente. Por exigir mais do que a simples relação de causa e efeito, a teoria da imputação objetiva tem sido associada ao Direito Penal Quântico, o qual admite certa imprecisão no direito, privilegiando institutos de política criminal em detrimento da dogmática penal.

A **natureza jurídica** da imputação objetiva é de **elemento normativo do tipo**, pois demanda um processo de valoração judicial. Diferente de outros elementos normativos, que geralmente constam do tipo penal de maneira expressa, a imputação objetiva constitui **elemento implícito**. Por conseguinte, a ausência de nexo normativo repercute diretamente no primeiro substrato do crime, pois obsta a verificação do nexo de causalidade, culminando na **atipicidade** do fato.

5.7.2. Dos elementos da causalidade normativa segundo Roxin

1. Criação de risco juridicamente relevante e proibido: O risco, no âmbito desta análise, deve ser proibido, não tolerado pelo Direito. Além de contrário à ordem jurídica, deve ser um risco relevante. Não haverá risco juridicamente relevante se o resultado almejado pelo autor não estiver inteiramente sob seu controle, ou seja, se depender do acaso. Ilustrando: o sujeito que, pretendendo matar o tio para receber uma herança, presenteia-o com uma passagem aérea para os Estados Unidos da América, na expectativa de que ocorra um acidente fatal com a aeronave. O avião, por problemas técnicos, sofre uma queda e todos os passageiros e tripulantes vêm a falecer. Note que o resultado não é obra do agente (sobrinho). A compra da passagem aérea não é uma conduta que representa risco ao bem jurídico tutelado, no caso, a vida humana. Trata-se de um risco natural da sociedade, pois, no desfecho do evento, ocorrido ao acaso, não houve domínio do resultado através da vontade humana. Sendo assim, o sobrinho não responde pelo resultado morte do seu tio.

▶ IMPORTANTE

São consideradas como risco aquelas ações que efetivamente criem possibilidade de dano ao bem jurídico tutelado, e que pode ser aferido mediante um **juízo prognóstico póstumo objetivo**. A ação será arriscada se, no momento de sua prática, um observador objetivo, que detenha os conhecimentos especiais do agente, puder concluir que tal ação cria possibilidade de lesão ao bem.

2. Aumento do risco permitido: Tal elemento da causalidade normativa decorre do **princípio do incremento do risco**, desenvolvido por Claus Roxin. De acordo com esse princípio, o resultado não pode ser imputado ao agente que não houver, de qualquer modo, aumentado o risco de produção do resultado. O exemplo mais citado pela doutrina, conhecido como "o caso dos pelos de cabra", foi apresentado por Roxin: um fabricante importou pelos de cabra para serem utilizados na manufatura de pincéis, tendo recebido a recomendação do fornecedor de que tais produtos deveriam passar por um rigoroso processo de desinfecção antes do manuseio. O fabricante ignorou a prescrição e permitiu que os trabalhadores manuseassem os pelos de cabra não esterilizados. Devido ao contato com o material, quatro operários contraíram uma infecção por bacilos de carbúnculo, razão eficiente de suas mortes. Posteriormente, constatou-se que, ainda que o fabricante houvesse efetuado a desinfecção da matéria prima, os trabalhadores teriam contraído a infecção, pois os bacilos de carbúnculo já estavam resistentes e não seriam eliminados no procedimento. Portanto, o resultado morte não pode ser atribuído ao fabricante, posto que a inobservância de seu dever de cuidado não culminou no aumento do risco.

ATENÇÃO!

DIMINUIÇÃO DO RISCO

Para Roxin, não pode ser considerada típica uma **conduta que reduza a probabilidade de uma lesão** a que estaria exposto um bem jurídico. Por exemplo: Tício está em um ponto de ônibus quando percebe um ladrão se aproximar da mulher sentada a seu lado. O agente exige que a senhora lhe entregue a bolsa e o celular. Tício intervém e, com muita calma, convence o ladrão a levar somente o celular e o dinheiro, evitando que a vítima perca seus documentos e cartões de crédito. Nesse caso, Tício não pode ser considerado partícipe do crime de roubo, pois embora os bens da vítima tenham sido subtraídos, com sua ação conseguiu diminuir a extensão da lesão.

3. Realização do risco no resultado: Além de criar ou aumentar o risco, é necessário que o resultado esteja na linha de desdobramento natural da conduta do agente. Se o agente não tinha controle sobre o desenrolar dos acontecimentos, o resultado não deve ser a ele imputado. Para a teoria da causalidade adequada (art. 13, § 1º, CP), a concausa superveniente relativamente independente que não tenha, por si só, provocado o resultado, implica na imputação do resultado ao agente. Entretanto, segundo a teoria da imputação objetiva, duas situações distintas podem se apresentar:

- **O resultado é produto exclusivo do risco posterior:** imagine que Mévio desferiu uma facada contra Caio. O socorro chega a tempo, e encaminha a vítima até o hospital, onde passa por uma cirurgia. Já na fase de recuperação, o médico responsável comete um erro na dosagem dos medicamentos, e, em virtude disso, Caio vem a falecer. Nessa hipótese, o resultado morte é produto exclusivo do erro médico, e, portanto, Mévio deverá responder somente pelos atos praticados (tentativa de homicídio doloso), enquanto o médico responderá pelo resultado (homicídio consumado culposo).

- **O resultado é produto combinado de ambos os riscos:** imagine que Mévio disparou sua arma contra Caio, atingindo-o na região abdominal. O socorro chega a tempo, e encaminha a vítima até o hospital, onde passa por uma cirurgia. No curso do procedimento, o médico comete um erro ao tentar estancar a hemorragia, e, em consequência desse fato, Caio vem a falecer. Como o resultado morte decorreu da combinação de ambos os riscos, Mévio e o médico responderão por homicídio consumado, doloso e culposo, respectivamente.

4. Esfera de proteção da norma como critério de imputação: A imputação do resultado ao agente só pode ocorrer caso a conduta tenha afrontado o sentido protetivo da norma. Ilustramos com um exemplo clássico da doutrina: dois ciclistas andam com farol apagado por uma estrada deserta, durante uma noite escura. Em razão da mínima visibilidade, o ciclista que vai à frente é atingido por um veículo, e vem a falecer. O resultado não pode ser imputado ao segundo ciclista, muito embora se comprove que se ele tivesse acionado o farol, evitaria a morte do companheiro. De acordo com as normas de proteção, os ciclistas devem fazer uso do farol durante à noite com a finalidade de impedir acidentes pessoais, e não evitar acidentes de terceiros.

5. Alcance do tipo como critério de imputação: A esfera de proteção da norma e o alcance do tipo não são sinônimos. O primeiro critério diz respeito à criação de um risco juridicamente relevante, já o segundo está relacionado à realização do risco. Roxin se utiliza da expressão alcance do tipo para esclarecer que, muitas vezes, a imputação pode fracassar porque o tipo não alcança os resultados característicos indicados no resultado produzido, uma vez que o tipo não se destina a evitar tais acontecimentos. Na maioria dos casos em que estão presentes a criação do risco não permitido e sua realização no resultado, tem-se que o fato é objetivamente típico. Contudo, quando o tipo penal não visava evitar o dano provocado pelo autor, também pode haver a exclusão da tipicidade[45]. Geralmente, este critério tem incidência para afastar a tipicidade em delitos culposos, mas também pode ser aplicado aos delitos dolosos em três situações:

- **Autocolocação dolosa em perigo:** sujeito mantém relação sexual com uma pessoa que sabe ser portadora de HIV sem fazer uso de qualquer proteção. Nesse caso, o parceiro que possui HIV não pode ter qualquer responsabilidade em caso de contágio pela doença. A autocolocação dolosa em perigo exclui o nexo normativo, tornando o fato atípico.
- **Heterocolocação consentida em perigo:** indivíduo pede carona a um motorista visivelmente embriagado, e acaba se ferindo em razão de um

---

45. JUS.COM.BR. Aspectos dogmáticos da(s) teoria(s) da imputação objetiva. **Revista Jus Navigandi**, ISSN 1518-4862, Teresina, ano 11, n. 973, 1 mar. 2006. Disponível em: <https://jus.com.br/artigos/8021>. Acesso em: 8 jul. 2018.

acidente automobilístico. A heterocolocação consentida em perigo (o ofendido autoriza que alguém o coloque em situação perigosa) exclui o nexo normativo e o fato se torna atípico.

- **Âmbito de responsabilidade de terceiros:** essa hipótese trata de situações em que a responsabilidade de evitar determinado resultado deixa a esfera de atuação do agente e é atribuída a um terceiro. A doutrina propõe o seguinte exemplo: um motorista dirige seu caminhão em uma noite escura, com as lanternas de iluminação traseira queimadas. Percebendo isso, policiais rodoviários pedem que o caminhão encoste. A fim de prevenir colisões com carros que transitam pela via, os policiais decidem colocar uma sinalização de advertência na pista, logo atrás do caminhão. Instruem o motorista a dirigir-se ao posto de gasolina mais próximo, informando que a viatura irá acompanhar caminhão até seu destino, para evitar acidentes. Ao retirar a sinalização da via para que partissem, um veículo que trafegava naquela pista colide com o caminhão, provocando a morte do passageiro que ali estava. Nesse caso, a morte do passageiro do veículo não poderia ser imputada ao motorista do caminhão, pois os policiais assumiram o controle da situação, incumbindo-lhes, portanto, a responsabilidade por evitar o resultado.

5.7.3. Dos elementos da causalidade normativa segundo Jakobs

1. Risco permitido:

> A sociedade não é um mecanismo cujo único fim seja oferecer a máxima proteção aos bens jurídicos, mas que está destinada a possibilitar as interações, e a proibição de qualquer colocação em perigo, de qualquer índole que seja, tornaria impossível a realização de qualquer comportamento social, incluindo também os comportamentos de salvação. Não obstante, em determinados âmbitos, a necessidade de um risco permitido de modo algum é contraditória com a proteção de bens jurídicos: para poder fazer uso dos bens é necessário pôr em perigo estes ou outros bens[46].

Quanto ao risco permitido, há duas espécies distintas de situações:

- casos em que a atividade geradora de riscos é **permitida em determinadas circunstâncias**, existindo regulamentação expressa. Por exemplo: tráfego viário, realização de competições esportivas etc.;
- casos nos quais o elemento preponderante é a n**ormalidade social da conduta geradora do risco**, sem que exista uma regulamentação em termos quantitativos de "níveis de risco". Vide como exemplo o caso do bosque alemão, citado no começo deste tópico.

46. JAKOBS, Günther. **A imputação objetiva no Direito Penal**. 5 ed. São Paulo: Revista dos Tribunais, 2014, p. 25.

2. Princípio da confiança: O princípio da confiança é elementar para o desenvolvimento de qualquer sociedade, pois é o que permite a divisão do trabalho entre os cidadãos. Se cada indivíduo fosse obrigado a controlar não só suas próprias tarefas, mas também a dos demais, tornaria inviável a realização de qualquer atividade.

> O princípio da confiança pode apresentar-se sob duas modalidades. Em primeiro lugar, na hipótese em que alguém, atuando como terceiro, gera uma situação que é inofensiva sempre e quando o autor, que age em continuação, cumpra com seus deveres. Neste caso, a confiança se dirige à verificação de que o autor realizará seu comportamento de modo correto. Um exemplo trivial: alguém entrega a outra pessoa um relógio alheio de grande valor, e isto somente não causará um dano se quem recebe o relógio pega-o com cuidado. Normalmente, pode-se confiar em que assim se suceda. Em segundo lugar, a confiança se dirige a que uma determinada situação existente tenha sido preparada de modo correto por parte de um terceiro, de maneira que aquele que fizer uso dela, o potencial autor, se cumprir com os seus deveres, não ocasionará dano algum. Novamente um exemplo: o cirurgião confia em que o material que utiliza na operação tenha sido convenientemente esterilizado[47].

3. Proibição de regresso: A proibição de regresso visa a obstar a imputação àquele que pratica um comportamento que, em si, é inócuo, mas que, de algum modo, serve de contribuição para o comportamento delitivo de outrem. O caráter conjunto de um comportamento não pode impor-se de modo unilateral arbitrário. Portanto, quem assume com outro um vínculo que de modo invariavelmente considerado é inofensivo, não viola seu papel como cidadão, ainda que o outro incorpore esse vínculo numa atividade não permitida[48].

Jakobs cita como exemplo o padeiro que vende uma peça de pão a outrem, que irá utilizá-la para cometer um homicídio por envenenamento.

> Esses elementos tão cotidianos como um alimento [...] sempre estão disponíveis, de modo que a proibição desse tipo de contribuição não é suscetível de evitar, de fato, o comportamento do autor. [...] é certo que pode suceder que no caso concreto fosse possível evitar o comportamento do autor. Mas, inclusive se isto ocorresse, e aqui o ponto decisivo, a contribuição do terceiro não só é algo comum, mas seu significado é de modo invariavelmente considerado inofensivo. O autor não pode, de sua parte, modificar esta definição do significado do comportamento, já que de qualquer modo o terceiro assume perante o autor um comportamento comum limitado e circunscrito por seu próprio papel; comportamento comum e do qual não pode considerar seja parte de um delito. [...] A proibição de regresso vigora inclusive quando a planificação delitiva da outra pessoa é evidente, e isso porque se trata de caos em que um comporta-

47. Ibidem, p. 26-27.
48. Ibidem, p. 27.

mento invariavelmente considerado carece de significado delitivo. Portanto, está permitido emprestar a um vizinho uma ferramenta comum, ainda quando se saiba que este planeja utilizá-la para destruir coisa alheia[49].

4. Imputação ao âmbito de responsabilidade da vítima: Jakobs aponta que a imputação ao âmbito de responsabilidade da vítima pode se manifestar de diferentes formas. Indubitavelmente, a responsabilidade da vítima pode ser reconhecida no consentimento ou vontade e também na infração do dever de autoproteção (compreendida como uma violação culposa de seu papel). Essas situações se agrupam em uma categoria que recebe o rótulo de ações a próprio risco. Por exemplo: indivíduo que entrega as chaves do carro a pessoa claramente embriagada e pede que a leve para casa. Igualmente, o infortúnio da vítima pode produzir os mesmos efeitos. Por exemplo: o médico que suspende os cuidados intensivos que conservavam a vida do paciente, quando tais prestações já não sejam mais indicadas. Embora a desconexão dos aparelhos tenha como efeito causal a morte do paciente, "o médico se mantém dentro de seu papel e não se atribui uma atividade alheia; pelo contrário, constitui uma fatalidade do paciente o fato de estar posicionado de uma maneira propensa a sofrer o dano[50].

Em resumo, o finalismo de Welzel é adotado majoritariamente por sistemas penais nacionais e estrangeiros e tem resolvido de maneira satisfatória as situações que lhe são apresentadas. No entanto, ao construir esse sistema, Welzel deu grande atenção ao estudo da conduta, no qual inseriu os elementos subjetivos do crime (dolo e culpa). Welzel, contudo, não se preocupou com o estudo do nexo causal, mantendo-o tal qual encontramos nos sistemas clássico e neoclássico. Com isso, o sistema finalista também não conseguiu evitar alguns problemas do nexo causal, em especial quanto aos limites para evitar o regresso ao infinito. Nesse contexto, surge a teoria da imputação objetiva que considera caracterizada a relação de causalidade quando ultrapassada 3 etapas.

1ª etapa: Teoria da equivalência dos antecedentes (causalidade objetiva);

2ª etapa: Imputação objetiva (causalidade normativa); e

3ª etapa: dolo ou culpa (causalidade subjetiva).

5.7.4. Nexo causal nos crimes omissivos próprio e impróprios

Crimes omissivos próprios ou puros

O crime omissivo próprio é tipificado em norma preceptiva. Em outras palavras: a norma não proíbe uma conduta; na verdade, exige um comportamento do sujeito. O comportamento omissivo está descrito em tipo penal próprio. Deriva de

49. Ibidem, p. 27-28.
50. Ibidem, p. 30.

um **dever genérico de agir**, imposto a todas as pessoas indistintamente. Por exemplo, o art. 135 do Código Penal, que prevê o crime de omissão de socorro, dispõe:

> *Art. 135 – Deixar de prestar assistência, quando possível fazê-lo sem risco pessoal, à criança abandonada ou extraviada, ou à pessoa inválida ou ferida, ao desamparo ou em grave e iminente perigo; ou não pedir, nesses casos, o socorro da autoridade pública:*
>
> *Pena – detenção, de um a seis meses, ou multa.*
>
> *Parágrafo único – A pena é aumentada de metade, se da omissão resulta lesão corporal de natureza grave, e triplicada, se resulta a morte.*

A conduta negativa não implica necessariamente em inércia corporal. Para sua configuração, basta que o agente se abstenha de seguir o comando legal. Ilustrativamente: o crime de omissão de socorro estará configurado se o agente, sem nada fazer, observar a vítima perecer, ou ainda, se fugir do local para não prestar auxílio.

Desse modo, **não é necessário que o resultado naturalístico aconteça**, uma vez que se considera o crime praticado com a mera transgressão da norma. Se o indivíduo obrigado a prestar assistência ou pedir socorro da autoridade pública por força do art. 135 do Código Penal não seguir o comando legal, responderá pelo crime, ainda que outra pessoa tenha oferecido assistência. Note que a morte da vítima ou eventual lesão corporal de natureza grave que ela venha a suportar implicarão numa causa de aumento de pena, portanto, a ausência de quaisquer desses elementos em nada interfere na configuração do fato típico.

Algumas considerações ainda devem ser feitas a respeito dos crimes omissivos próprios:

I. Em regra, são crimes de **mera conduta**.

II. São crimes **unissubsistentes**, ou seja, a conduta é praticada mediante um único ato. Em consequência, **não são compatíveis com a tentativa**.

III. Em regra, os crimes omissivos próprios são **dolosos**, embora existam casos em que a **modalidade culposa também é punida**, a exemplo do art. 13, *caput*, da Lei nº 10.826/2003, o qual dispõe:

> *Deixar de observar as cautelas necessárias para impedir que menor de 18 (dezoito) anos ou pessoa portadora de deficiência mental se apodere de arma de fogo que esteja sob sua posse ou que seja de sua propriedade:*
>
> *Pena – detenção, de 1 (um) a 2 (dois) anos, e multa.*

Crimes omissivos impróprios, espúrios ou comissivos por omissão

Consistem no não impedimento da produção de um resultado em face da posição de garante do agente. O tipo penal descreve uma ação, mas a inércia do agente que descumpre seu dever de agir leva à produção do resultado naturalístico. Sendo assim, os crimes comissivos por omissão são delitos próprios, pois só podem ser cometidos pelos detentores do dever de agir, conforme dispõe o art. 13, § 2º do Código Penal:

> *§ 2º A omissão é penalmente relevante quando o omitente devia e podia agir para evitar o resultado. O dever de agir incumbe a quem:*
>
> *a) tenha por lei obrigação de cuidado, proteção ou vigilância;*
>
> *b) de outra forma, assumiu a responsabilidade de impedir o resultado;*
>
> *c) com seu comportamento anterior, criou o risco da ocorrência do resultado.*

a) Tenha por lei, obrigação de cuidado, proteção ou vigilância: Trata-se de dever legal, de ordem jurídica, não abrangendo obrigações de ordem moral ou religiosa. O Código Penal utilizou a palavra "lei" em sentido amplo, abrangendo portarias, decretos, provimentos judiciais etc. Por exemplo: pais em relação aos filhos menores; diretor de presídio em relação aos presos etc.

b) De outra forma, assumiu a responsabilidade de impedir o resultado: A posição de garantidor pode decorrer de relações contratuais (exemplo: professor que realiza excursão com alunos), como de relações da vida cotidiana (exemplo: convidado assume a responsabilidade de levar outro, bêbado, para casa, após uma festa)[51].

c) Com seu comportamento anterior, criou o risco da ocorrência do resultado: Essa hipótese também é conhecida como ingerência ou situação precedente. Aquele que criou uma situação de perigo tem o dever de agir para afastar a ocorrência do resultado. Ilustrando: alpinista que leva um grupo para explorar uma montanha sem os devidos preparos e equipamentos de segurança.

Importante destacar que o poder de agir abrange a possibilidade **real, concreta e efetiva** de alguém evitar a produção do resultado lesivo ao bem jurídico que devia proteger.

Diferente do que ocorre com os crimes omissivos puros, os crimes omissivos impuros **demandam a produção do resultado naturalístico** para sua configuração. Portanto, são classificados como **crimes materiais**. A **relação de causalidade** que une o resultado à conduta omissiva é **normativa**, pois a responsabilização do agente decorre de imposição legal do dever de agir.

Além disso, são crimes **compatíveis com a tentativa**. Por exemplo: imagine que, durante sua aula, um professor do Ensino Fundamental observa dois alunos iniciarem uma discussão, e, após ofensas verbais, passam a agredir-se mutuamente, com socos e chutes. Sentindo-se cansado após um longo dia de

51. CUNHA, Rogério Sanches. **Manual de Direito Penal – Parte Geral.** 3ª ed. Bahia: Juspodivm, 2015, p. 221.

trabalho, resolve não tomar qualquer providência para interromper a briga, pensando consigo: "não sou pago para isso, esses dois que se matem". De repente, um dos garotos saca um estilete que guardava na mochila, desfere diversos golpes contra seu colega, e só não o mata porque um inspetor ouviu os gritos da turma, e entrou na classe a tempo de evitar o resultado fatal.

Por fim, os crimes omissivos impróprios podem ser praticados a título de **dolo**, como no exemplo do professor, ou a título de **culpa**, quando o agente deixa de observar a cautela necessária na execução de sua atividade, em razão do perigo de produção do resultado. Por exemplo: enfermeira que se esquece de ministrar os medicamentos prescritos a um paciente internado, o qual vem a falecer em virtude de uma parada cardíaca decorrente da falta de medicação.

Crimes omissivos puros	Crimes omissivos impuros
O tipo penal descreve uma omissão.	O tipo penal descreve uma ação.
Podem ser praticados por qualquer pessoa (crime comum).	Só podem ser praticados por quem tinha o dever jurídico de agir (crime próprio).
Em regra, são crimes de mera conduta.	São crimes materiais (a consumação depende do resultado naturalístico).
Não admite tentativa, pois são unissubsistentes.	Admite a tentativa, pois são plurissubsistentes.

Crimes de conduta mista

São aqueles que têm uma fase inicial praticada por ação e uma fase final praticada por omissão. **Exemplo:** Crime de apropriação de coisa achada (art. 169, parágrafo único, inc. II). O agente acha a coisa perdida e se apropria (fase da ação). Depois, deixa de restituir à autoridade ou ao legítimo proprietário (fase da omissão).

5.7.5. Teoria da Condição INUS

Também conhecida como **teoria da condição mínima**, foi desenvolvida pelo filósofo australiano **John Leslie Mackie,** na obra *The Cemente of the Universe*.

Ao invés de afirmar que causa é condição necessária, isto é, condição sem a qual o resultado não teria ocorrido (como faz a teoria da equivalência aliada ao processo de eliminação hipotética), a teoria da condição INUS busca descrever, com mais exatidão, a causalidade em sua **dimensão fenomênica**, não se restringindo ao plano abstrato.

Considera-se causa tudo aquilo que, dentro daquelas circunstâncias, fez diferença para que aquele resultado específico ocorresse.

A causa pode ser dividida em **suficiente** e **necessária**. Vejamos:

- **Causa suficiente** – é aquela que garante que o efeito ocorrerá (dentro de específicas circunstâncias). Pode ser traduzida na expressão: "X será suficiente nas circunstâncias para Y" ou "dadas as circunstâncias, se X ocorrer, Y também ocorrerá."
- **Causa necessária** – é aquela indispensável para que o efeito ocorra, ou seja, sem ela o efeito não teria ocorrido. Porém, embora necessária pode não ser suficiente para se chegar no resultado.

Portanto, causa deve ser compreendida como a **componente mínima necessária de uma condição suficiente para dar causa ao resultado.**

Causa → Suficiente
Causa → Necessária

Significado da expressão "INUS"

O termo está em inglês e a tradução seria mais ou menos assim: "parte necessária, mas não suficiente de uma condição suficiente, mas não necessária".

- **Parte necessária** – a parte isoladamente considerada é importante, porque de certa forma é necessária para o resultado, quando em conjunto com condições suficientes.
- **Mas não suficiente** – essa causa isolada do evento não é suficiente, por si só, para o resultado.
- **De uma condição suficiente** – a parte necessária juntamente nas circunstâncias de uma condição suficiente pode dar causa ao resultado.
- **Mas não necessária** – essa condição suficiente não é necessária para a produção do resultado, pois o resultado pode advir de outras condições possíveis no mundo fenomênico.

Para melhor compreensão do tema vamos a alguns exemplos:

Exemplo 1: Se A atira contra o coração da vítima V e, concomitantemente, B dispara contra o cérebro de V, ambos comportamentos constituem **componentes necessários de uma condição mínima suficiente** para a morte de V. Portanto, estamos diante de duas causas.

Note que a teoria da equivalência dos antecedentes causais, aliado ao procedimento hipotético de eliminação, não consegue chegar a esse mesmo resultado, na medida em que, eliminada mentalmente a conduta de A, subsiste a conduta de B que é capaz de provocar o resultado morte. Assim, a conduta de A não seria considerada causa, à luz dessa teoria.

Por isso, é preciso lançar mão do método da **eliminação global do resultado**, de difícil harmonização com os postulados da teoria da equivalência.

Exemplo 2: Acender um cigarro dentro de um apartamento é normal, mas não é normal ocorrer um vazamento de gás. Se ocorre uma explosão, ela se deu antes pelo vazamento do que pelo cigarro. Dito de outro modo, o cigarro e o vazamento são causas insuficientes (isoladamente consideradas), mas, naquele contexto, necessárias em conjunto para a produção do resultado (a explosão). O incêndio (resultado) foi causado por um vazamento de gás (causa). Mas o vazamento, por si só, não era causa suficiente, pois sem o acendimento do cigarro o incêndio não ocorreria.

O vazamento de gás foi uma condição necessária para que causas suficientes (cigarro) garantissem o resultado (incêndio). Diz-se, desse modo, que, sempre que o vazamento de gás for uma condição necessária para um conjunto minimamente suficiente (cigarro, acender um fósforo etc.), então o vazamento é uma condição INUS, e deverá ser considerada causa para a produção do resultado.

Exemplo 3: No caso de decisões colegiadas de uma empresa, em que há votação unânime (exemplo 5 dirigentes), dando causa a um resultado que configura algum tipo de crime, a condição INUS serve como fundamento para poder atribuir responsabilidade aos dirigentes, pois cada decisão isolada é uma parte necessária de uma condição suficiente (votos unânimes) que dão causa ao resultado. Caso seja adotada a eliminação hipotética de Thyrén, não se poderá atribuir responsabilidade a qualquer dirigente, uma vez que analisado o voto de um dirigente isoladamente, ele não poderia ser considerado causa, pois ao se retirar hipoteticamente sua conduta, o resultado teria ocorrido da mesma forma, uma vez que a votação foi unânime.

Exemplo 4: João deposita 6mg de veneno na bebida do senhor X (condição 1), Antônio outros 3mg (condição 2) e Francisco 6mg (condição 3). Sabe-se que a dose mínima necessária do veneno para matar alguém é de 10mg (evento 1).

Diante desse cenário, temos as seguintes conclusões:

a) as doses individualmente consideradas não seriam capazes de produzir o resultado;

b) somente a somatória das quantidades depositadas por João (6mg) e Francisco (6mg) seriam capazes de produzir o resultado, vez que a somatória, 12mg, supera o mínimo necessário, 10mg;

c) a contribuição de Antônio, 3mg, independentemente do cenário, é incapaz de contribuir para o resultado morte.

Assim, temos que as condições 1 e 3, condutas de João e Francisco, são partes insuficientes mas necessárias para a formação de um conjunto de condições (1 e 3) que, por sua vez, é causa suficiente para a morte do senhor X, apesar de desnecessário, pois a morte poderia ocorrer por outras circunstâncias. A conduta de

Antônio, por conseguinte, é uma condição meramente redundante do processo causal, pois no conjunto de condições verificado, sua contribuição seria irrelevante.

Dessa forma, segundo a lógica da condição INUS, João e Francisco responderiam pelo homicídio consumado, ao passo que Antônio por tentativa de homicídio[52].

A seguir, segue uma questão de concurso público para nos auxiliar na compreensão desse tema:

CESPE / CEBRASPE 2022 - DPE-PI - Defensor Público

Michel, após embriagar-se, dirigiu seu veículo na via pública de uma zona rural, por cerca de 300 metros, no percurso entre o bar e sua casa. No meio do caminho, a Polícia Militar o parou e constatou que ele dirigia o veículo sob o efeito de álcool. Michel apresentou a CNH aos policiais e foi preso em flagrante delito de embriaguez ao volante. O trecho percorrido era esmo e, por isso, não houve perigo a nenhum bem jurídico.

Considerando essa situação hipotética e as teorias do nexo causal, independentemente da teoria adotada pelo ordenamento jurídico brasileiro, assinale a opção correta.

a) É correto afirmar que, segundo a teoria da imputação objetiva do resultado, na acepção funcional-sistêmica, Michael deve ser penalmente responsabilizado, pois sua conduta violou as expectativas sociais para a causação do resultado jurídico, sendo desnecessário o resultado naturalístico.

b) A teoria da causalidade adequada, de Johannes Von Kries, ao adotar o conceito de causalidade natural, distinta da causalidade jurídica, dispensa as causas imprevisíveis ou anômalas, de modo a fazer com que a conduta de Michael se amolde ao tipo penal incriminador, por ter sido previsível e evitável, independentemente da existência do resultado material.

c) É correto afirmar que, segundo a teoria da condição INUS, de John L. Mackie, Michael realizou, nas circunstâncias, uma conduta tipicamente punível, pois a subsunção do fato é realizada com base na causa mais suficiente e necessária, dentre as demais, sendo prescindível a procura de outras causas e do resultado para a ligação da tipicidade e autoria.

d) É correto afirmar que, segundo a teoria da imputação objetiva, na perspectiva funcional-teleológica, que abandona a conditio sine qua non, a conduta de Michael deveria ser um indiferente penal, pois, diante da prognose póstuma objetiva, não houve efetivo incremento do risco proibido, pois tolerado pela sociedade.

52. ABREU, Fernando. **Direito Penal Para Concursos** – Parte Geral. 2 ed. São Paulo: Editora Juspodivm, 2022, p. 366-367.

e) A teoria da conditio sine qua non, reformulada por Maximiliam Von Buri, por exigir a investigação da cadeia causal antecedente ao resultado, mas apta para a sua ocorrência, incluindo-se a análise da causa juridicamente relevante, não incide para explicar a conduta de Michael, diante da inexistência de resultado naturalístico.

Correta é a Letra A.

Letra C, Errada – Explicação:

A teoria da condição INUS leva em conta as outras condições suficientes que em conjunto com a parte minimamente necessária dão causa ao resultado, portanto, a assertiva está errada ao dizer que a subsunção do fato é realizada com base na causa mais suficiente e necessária (pois ela isolada não é suficiente e necessária), e a parte final está errada ao dizer que é "prescindível a procura de outras causas e do resultado para a ligação da tipicidade e autoria".

Cada evento é uma parte necessária, mas não suficiente (isoladamente considerada) de uma condição suficiente, mas não necessária para o resultado (pois, o resultado pode advir de outras condições suficientes).

5.8. Tipicidade

5.8.1. Conceito

Trata-se de um elemento do fato típico presente em todo e qualquer crime.

Modernamente, a tipicidade deve ser analisada sob dois aspectos:

5.8.1.1. Tipicidade formal (doutrina tradicional)

É a relação de subsunção entre um fato concreto e um tipo penal. Ou, de forma mais simples: é o juízo de adequação entre o fato e a norma. Por exemplo: a conduta de matar alguém pode ser subsumida ao art. 121 do Código Penal. Está presente a tipicidade para a doutrina clássica.

5.8.1.2. Tipicidade material (doutrina moderna)

Não basta que o fato praticado no mundo fenomênico se ajuste ao modelo de crime previsto na norma penal (tipicidade formal). É preciso que esse fato seja capaz de lesar ou colocar em perigo de lesão o bem jurídico penalmente protegido (tipicidade material). Na conduta de matar alguém, há tipicidade formal, pois o fato se ajusta perfeitamente ao art. 121 do Código Penal e também está presente a tipicidade material, tendo em vista que o bem jurídico tutelado (vida humana) foi efetivamente atingido.

Em resumo:

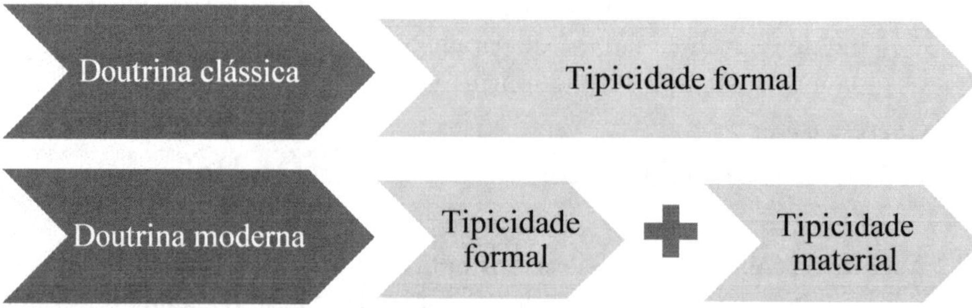

Importante!

A tipicidade material relaciona-se com os princípios da lesividade, da insignificância e da adequação social.

- **Princípio da lesividade/ofensividade:** o crime, para ser legitimo, tem de lesar ou pelo menos colocar um bem jurídico em perigo de lesão.
- **Princípio da insignificância:** ausente efetiva lesão ou efetivo perigo de lesão ao bem jurídico tutelado, exclui-se a **tipicidade material.**
- **Princípio da adequação social:** não pode ser considerado criminoso o comportamento humano que, embora tipificado em lei (tipicidade formal), não afrontar o sentimento social de Justiça. Assim como o princípio da insignificância, a adequação social possui natureza jurídica de causa supralegal de exclusão da tipicidade material.

5.8.1.3. Tipicidade conglobante

A teoria da tipicidade conglobante foi idealizada pelo penalista argentino **Eugenio Raúl Zaffaroni,** que não se contenta com a análise de uma tipicidade formal e material. Para ele, o juízo de tipicidade deve levar em consideração o sistema normativo como um todo.

Nesse sentido, Zaffaroni sustenta que todo fato típico tem **caráter antinormativo.** A antinormatividade consiste na contrariedade do fato com o ordenamento jurídico como um todo (normas penais e também normas extrapenais). Assim, não pode o Direito Penal incriminar condutas que são determinadas ou fomentadas por outro ramo (outra norma).

Segundo essa teoria, a tipicidade abrangeria a tipicidade formal e a tipicidade conglobante, que seria composta de tipicidade material e pela antinormatividade.

Tipicidade = tipicidade formal[53] + tipicidade conglobante (tipicidade material[54] + antinormatividade[55]).

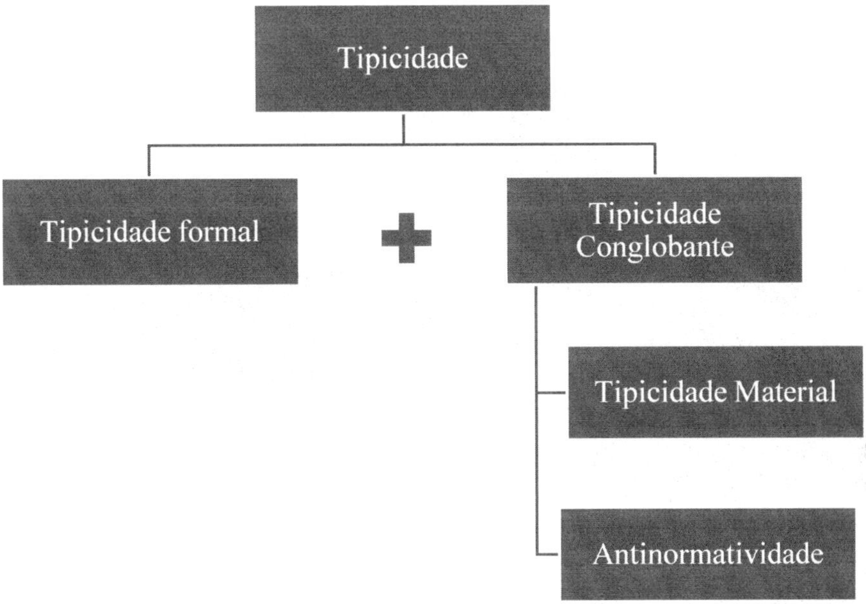

Imagine que um oficial de justiça tenha se deslocado até a casa de um devedor com um mandado judicial de busca e apreensão, e ali efetive a medida judicial de apreensão do bem descrito no mandado (por exemplo, um carro), levando-o ao fórum, onde o entrega ao depositário. Após uma análise perfunctória, pode-se afirmar que esse oficial de justiça praticou a conduta de subtrair para si ou para outrem coisa alheia móvel.

O Oficial de Justiça teria praticado o fato típico de furto?

Para a teoria tradicional, sim, pois o fato se ajusta perfeitamente ao tipo penal previsto no art. 155 do Código Penal. Está presente a tipicidade formal e material. No entanto, o Oficial de Justiça não será responsabilizado criminalmente, porque embora tenha praticado um fato típico (art. 155, CP – tipicidade formal), agiu amparado pelo estrito cumprimento do dever legal, causa excludente da ilicitude (art. 23, inciso III, do Código Penal). O fato é típico, mas há incidência de uma excludente da ilicitude, tendo em vista que o Oficial de Justiça apenas cumpriu a lei ao executar uma decisão judicial. Embora seja típico, o fato é lícito.

53. Tipicidade formal = subsunção fato/norma.

54. Tipicidade material = lesão ou efetiva lesão ao bem jurídico tutelado.

55. Antinormatividade: conduta não determinada ou incentivada pelo ordenamento jurídico.

Contudo, na visão de Zaffaroni, isso soa como uma tremenda injustiça, pois o funcionário público apenas cumpriu uma ordem judicial manifestamente legítima. O fato sequer deve ser considerado típico, na medida em que não contrariou o ordenamento jurídico, ao revés, foi determinado por ele. Vale lembrar que o Código de Processo Civil determina essa conduta ao Oficial de Justiça.

Como é possível que uma lei determine a prática de fatos que são considerados típicos pelo Direito Penal? Não haveria uma ordem jurídica, mas uma verdadeira desordem jurídica.

Acompanhe mais um exemplo. Policial que prende em flagrante e algema um perigoso criminoso, não pode ser responsabilizado por eventual lesão corporal leve causada em seus punhos. O art. 301 do CPP **determina** que o policial efetue a prisão de quem quer que se encontre em situação flagrancial. Logo, o CP não pode criminalizar comportamentos que são determinados pelo CPP. A conduta do policial que agiu no **estrito cumprimento do dever legal** seria atípica sob a ótica da tipicidade conglobante.

Assim, Zaffaroni ensina que deve haver uma antecipação da análise da ilicitude. O **estrito cumprimento do dever legal** e o **exercício regular do direito** deixam de excluir a ilicitude e passam a excluir a própria tipicidade, porque são condutas **determinadas** ou **incentivadas** pela lei.

Em síntese:

Fatos praticados sob o manto do estrito cumprimento do dever legal ou do exercício regular do direito:

- **Teoria tradicional:** o fato é típico, porém lícito. São causas excludentes da **ilicitude**.
- **Teoria da tipicidade conglobante:** o fato é atípico. São causas de exclusão da própria **tipicidade**.

	Doutrina clássica	**Tipicidade conglobante**
Exercício regular do direito e estrito cumprimento do dever legal	Causas excludentes da **ilicitude**	Causas excludentes da **tipicidade (condutas incentivadas ou determinadas pela lei)**
Estado de necessidade e legítima defesa	Causas excludentes da **ilicitude**	Causas excludentes da **ilicitude (condutas toleradas ou suportadas pela lei)**

5.8.2. Evolução doutrinária da tipicidade

Este estudo leva em conta as fases cronológicas de evolução da doutrina no que tange à tipicidade.

a. Direito romano ("corpus delicti"): Nesta fase, bastante precária e inicial do Direito Penal, somente se analisava ilicitude e culpabilidade como elementos do crime. Ainda não se falava em tipicidade. **Exemplo:** Tício mata Mévio. O corpo de Mévio está ao chão, morto. Esse é o crime, o corpo de delito, o vestígio do crime.

b. Fase da independência do tipo: Em 1906, **Ernst Von Beling**, penalista alemão, analisou a tipicidade de forma autônoma em relação à ilicitude e à culpabilidade. Nessa fase, o tipo é **objetivo e livre-de-valor**: "objetivo, porque todos os elementos subjetivos integram a culpabilidade; livre-de-valor, porque a tipicidade é neutra, e toda valoração legal pertence à antijuridicidade"[56]. Em razão dessas características, nessa fase o tipo também era denominado como **neutro, avalorado ou acromático**. Concluiu que a tipicidade é meramente descritiva, sem relação com a ilicitude. Não havia, na tipicidade, qualquer conteúdo valorativo. A teoria de Beling está ligada à teoria clássica da conduta, para a qual o tipo penal era meramente objetivo. Com o advento do finalismo e a descoberta de elementos subjetivos no tipo, restou inviabilizada a tese sustentada por Beling. O Código Penal não acolheu essa teoria.

c. Fase do caráter indiciário da ilicitude: Em 1915, outro penalista alemão e discípulo de Beling, **Max Ernst Mayer** desenvolveu a teoria do caráter indiciário da ilicitude, também chamada de **teoria da *ratio cognosecendi***. Para ele, a tipicidade é um indício de ilicitude. Em outras palavras: havendo tipicidade, presume-se haver ilicitude. Welzel, ao desenvolver o sistema finalista, acolheu essa teoria, que é que possui mais adeptos no Brasil, pois implica num importante efeito prático: a inversão do ônus da prova. Assim, se a acusação demonstra a ocorrência de um fato típico, há presunção *iuris tantum* de que também é ilícito, cabendo à defesa o ônus de demonstrar uma causa de exclusão de ilicitude. Por exemplo: O réu que alega legítima defesa deve apresentar provas de que atuou sob o manto dessa causa de justificação. Nessa fase, a tipicidade não é meramente descritiva, tornando-se possível o reconhecimento de elementos normativos e subjetivos no tipo penal.

d. Fase da tipicidade como essência da ilicitude: Em 1931, **Edmund Mezger**, arquitetou a tipicidade como uma **ilicitude qualificada**, sendo a essência da ilicitude. Essa teoria está ligada ao período neokantista do conceito analítico de crime. Para Mezger, se o fato é típico será também ilícito, ou seja, não há tipicidade sem ilicitude. Essa vertente doutrinária, conhecida como teoria da identidade ou **teoria da *ratio essendi***, defende que as causas excludentes da ilicitude são intrínsecas a todos os tipos penais. "O tipo penal é transformado em tipo de injusto, ou seja, o

---

56. SANTOS, Juarez Cirino dos. **Direito Penal – Parte Geral.** 3 ed. Curitiba: ICPC; Lumen Juris, 2008, p. 106.

tipo passa a ser conceituado como a ilicitude tipificada. Destarte, tipo e ilicitude fundiram-se de modo indissociável, embora seus conceitos não se confundam". É exatamente neste ponto que reside a grande crítica ao pensamento de Mezger: a teoria da identidade não desassocia o juízo de tipicidade do juízo de ilicitude.

e. Teoria dos elementos negativos do tipo: Idealizada por **Hellmuth von Weber**, sustenta que as causas excludentes de ilicitude integram o tipo penal como elementos negativos, formando o **tipo total de injusto**. Não faz qualquer diferenciação entre o juízo de tipicidade e o juízo de ilicitude, ensejando a concepção de um sistema bipartido, segundo o qual o crime é composto de dois substratos: primeiramente, o tipo total (em que se inserem tipicidade e ilicitude) e culpabilidade. Caso fosse adotada a teoria dos elementos negativos do tipo, o art. 121, *caput*, do Código Penal, teria a seguinte redação: "Matar alguém, *salvo em legítima defesa, estado de necessidade, exercício regular do direito ou estrito cumprimento de dever legal*".

Obviamente, o Brasil não se filiou a teoria dos elementos negativo do tipo, uma vez que as excludentes de ilicitude constam da parte geral do nosso Código Penal.

Fases	Tipicidade	Idealizador
Direito Romano	Não se falava em tipicidade. O Direito Penal era bastante incipiente.	
Independência do tipo	A tipicidade era analisada separadamente da ilicitude e da culpabilidade. Como a tipicidade não possuía qualquer relação com a ilicitude, Beling a chamada de teoria do tipo avalorado. A tipicidade possuía função meramente descritiva.	**Ernst Von Beling, 1906**
Indício de ilicitude (teoria da *ratio cognoscendi*)	A tipicidade passa a ser vista como indício de ilicitude. É a teoria adotada majoritariamente no Brasil. A tipicidade não é meramente descritiva, tornando-se possível o reconhecimento de elementos normativos e subjetivos no tipo penal.	Max Ernst Mayer, 1915
Essência da ilicitude (teoria da *ratio essendi*)	Não há tipicidade sem ilicitude. Tipicidade e ilicitude se fundem de modo indissociável (tipo penal do injusto).	Edmund Mezger, 1931
Elementos negativos do tipo	As causas que excluem a ilicitude integram o tipo penal (são os elementos negativos do tipo). Surge o tipo total do injusto.	Hellmuth von Weber

5.8.3. Adequação típica

Adequação típica é o processo através do qual se opera o juízo de subsunção do fato ocorrido à norma penal incriminadora. Está intimamente relacionada ao conceito de tipicidade formal. Sendo assim, se o fato, individual e concreto, se encaixar no modelo descrito pela norma penal, que é abstrato e genérico, ocorrerá a adequação típica.

Há duas espécies de adequação típica:

- **Adequação típica de subordinação direta/imediata:** ocorre quando há encaixe perfeito do fato à norma pena incriminadora, sem que seja necessária a utilização de outro dispositivo legal a fim de que se opere a adequação típica. Ex.: O fato de Tício matar Mévio se encaixa perfeitamente ao tipo penal incriminador descrito no artigo 121, do CP.
- **Adequação típica de subordinação indireta/mediata:** quando a conduta do agente não possui perfeita correspondência ao tipo penal faz-se necessária a aplicação de uma outra norma (prevista na parte geral do Código Penal) para que haja a adequação típica. É o que acontece nos casos de tentativa, de concurso de agentes e de crimes omissivos impróprios. Os dispositivos em que tais hipóteses estão previstas são chamados de **normas de extensão, integrativas ou norma complementar de tipicidade.**

Por exemplo: a conduta de tentar matar alguém.

Tipo penal: art. 121 – "Matar alguém".

Conduta do agente: tentar matar alguém.

Não é possível realizar a tipicidade direta ou imediata, pois a conduta não se ajusta perfeitamente ao tipo penal que estabelece "matar alguém" e não "tentar matar alguém". Por essa razão, faz-se necessária a aplicação de outra norma. Nesse exemplo, devemos nos socorrer do art. 14, inc. II do Código Penal, que prevê a figura da tentativa. A adequação típica ficaria assim: art. 121 c/c art. 14, inc. II, ambos do Código Penal.

Como vimos, são três as normas de extensão previstas no Código Penal:

a) **Tentativa (art. 14, inciso II, CP):** Trata-se de norma de extensão **temporal** da conduta, porque permite a aplicação da lei penal a um momento anterior à consumação.

b) **Participação (art. 29, *caput*, do CP):** Trata-se de norma de extensão **pessoal** da conduta, pois permite a aplicação da lei penal a pessoas diversas dos autores. Exemplo: Tício contrata Caio para matar Mévio, consumando-se o crime. Ora, quem executou a conduta foi Caio e não Tício. Graças a essa norma de extensão é que Tício responde por homicídio na condição de partícipe (art. 121, c/c art. 29, ambos do Código Penal).

c) **Omissão penalmente relevante (art. 13, § 2º, do CP):** Trata-se de norma de extensão da **conduta ou causal**. Decorre do dever jurídico de agir, previsto na cláusula geral do art. 13, § 2º, do Código Penal, que estabelece as hipóteses em que alguém está juridicamente obrigado a impedir a ocorrência do resultado. Diferentemente da norma descrita no tipo omissivo próprio, no omissivo impróprio a norma descreve uma conduta comissiva, razão pela qual a subsunção se dá de maneira indireta, com a aplicação conjunta do tipo penal referente ao resultado ocorrido e a norma de extensão do art. 13, § 2º. Ex.: salva-vidas que deixa de socorrer o banhista que vem a falecer por afogamento, responde pelo crime de homicídio (art. 121 – norma decorrente do resultado), praticado por omissão (art. 13, § 2º – norma de extensão). Portanto, o crime omissivo impróprio alcança as infrações penais que são cometidas, de maneira geral, por meio de uma ação, mas que também admitem a forma omissiva (inação), quando presentes a possibilidade de agir e o dever de agir do agente (art. 13, § 2º). Por isso, são crimes materiais, perfeitamente compatíveis com a tentativa. Daí dizer-se que o art. 13, § 2º, do CP é uma **norma de extensão da própria conduta.**

NORMAS DE EXTENSÃO NO CÓDIGO PENAL			
Temporal	Tentativa	Art. 14, II, CP	Aplicação da lei penal a um momento anterior à consumação.
Pessoal	Participação	Art. 29, *caput*, CP	Permite a aplicação da lei penal a pessoas diversas dos autores.
Causal	Omissão penalmente relevante	Art. 13, § 2º, CP	Decorre do dever jurídico de agir, previsto na cláusula geral do art. 13, § 2º, do Código Penal, que estabelece as hipóteses em que alguém está juridicamente obrigado a impedir a ocorrência do resultado.

QUESTÕES

QUESTÃO 1

FGV - 2024 - PC-SC Delegado

Vander planejava fazer uma viagem de férias no final do ano pelo litoral do Nordeste. Assim, juntou suas economias e comprou um carro usado para dirigir na viagem. O automóvel foi vendido dentro dos valores praticados no mercado. Em razão do tempo exíguo, Vander, todavia, não investigou a procedência do veículo, tendo acreditado na indicação de seu amigo Tobias, como se verifica em mensagens trocadas via aplicativo por meio de seu telefone celular.

No dia 31 de dezembro de 2022 Vander, em viagem, foi parado em uma blitz. Na ocasião, um agente da Polícia Rodoviária Federal constatou que o carro que Vander acabara de adquirir era proveniente de roubo. Vander foi preso em flagrante pelo crime de receptação.

Diante do cenário ora descrito, assinale a opção que indica a tese defensiva que pode ser invocada em favor de Vander.

a) Exclusão da culpabilidade por obediência hierárquica.
b) Exclusão da culpabilidade por coação moral irresistível.
c) Atipicidade da conduta por incidência do princípio da insignificância.
d) Atipicidade da conduta por ausência de dolo.
e) Exclusão da ilicitude pelo exercício regular do direito.

QUESTÃO 2

FGV - 2024 - MPE-GO - Promotor de Justiça Substituto

Sobre a classificação das infrações penais, analise as afirmativas a seguir.

I. No crime omissivo espúrio, a omissão é descrita no próprio tipo penal e não admite a tentativa nem a modalidade culposa.

II. Ricardo desferiu uma facada no pescoço de Carlos, com objetivo de matá-lo. Na sequência, para assegurar o resultado, ele desferiu um disparo de arma de fogo contra a cabeça de Carlos. Carlos veio a falecer em virtude dos ferimentos causados pelo disparo da arma de fogo. Este homicídio é exemplo de crime de passagem.

III. A omissão é penalmente relevante quando o omitente devia e podia agir para evitar o resultado, originando-se o dever de agir somente de dever de cuidado, proteção ou vigilância oriundos da lei e de assunção de responsabilidade para impedir o resultado.

Está correto o que se afirma em

a) II e III, apenas.
b) I e III, apenas.
c) I e II, apenas.
d) II, apenas.
e) II, II e III.

QUESTÃO 3

FGV - 2024 - PC-SC Psicólogo Policial Civil

Com relação ao crime doloso e ao crime culposo, avalie se as afirmativas a seguir são verdadeiras (V) ou falsas (F).

( ) O agente que deu causa ao resultado por negligência, responderá por culpa, ainda que não haja previsão de crime culposo.

( ) A lei brasileira considera crime doloso quando o agente quis o resultado ou assumiu o risco de produzi-lo.

( ) A imprudência caracteriza o agir culposo, mas a imperícia implica o agir doloso.

As afirmativas são, respectivamente,

a) F – V – F.

b) V – V – F.

c) F – V – V.

d) V – F – F.

e) F – F – F.

QUESTÃO 3

NTCS - 2024 - Prefeitura de São João da Baliza-RR - Guarda Municipal

Nos termos do Código Penal Brasileiro, especificamente sobre a diferenciação entre o crime doloso e culposo, impera importantes aspectos de distinção. Considerando a afirmativa, assinale a alternativa correta.

a) O crime culposo é aquele em que, pelo agente, há nítida intenção de produzir o resultado, ou este assumiu o risco de produzi-lo, uma vez que presente o elemento de culpa.

b) Se diz crime culposo quando o agente deu causa ao resultado por imprudência, negligência ou imperícia.

c) Se diz crime doloso quando o agente deu causa ao resultado por imprudência, negligência ou imperícia.

d) A definição de crime doloso não está prevista no ordenamento brasileiro, sendo considerada mera ficção jurídica onde se constata, pela conduta do agente, que não há intenção de produzir o resultado, e este não assumiu o risco de produzi-lo.

e) É possível afirmar que a culpa e o dolo são, na verdade, elementos que produzem ao agente o mesmo nível de aplicação de pena, sem distinção, uma vez que, em ambas as situações, existe a presença da consumação do crime.

QUESTÃO 4

MPE-PR - 2023 - MPE-PR - Promotor Substituto

Sobre o tipo dos crimes culposos, assinale a alternativa correta:

a) Os tipos de omissão de ação própria e imprópria admitem modalidades culposas.
b) As habilidades especiais de um expert em manuseio e disparos de armas de fogo, como diferenças de capacidade individual do autor, devem ser consideradas na culpabilidade, de acordo com o critério da individualização.
c) Na culpa inconsciente, o autor não prevê a possibilidade de realização do tipo objetivo, por ausência de representação da lesão do dever de cuidado ou do risco permitido, o que afasta a sua responsabilidade penal.
d) De acordo com a sistemática adotada pelo Código Penal brasileiro, na legítima defesa putativa, a evitabilidade do erro não permite hipóteses de atribuição de responsabilização penal a título de culpa, mas permite hipóteses de redução da culpabilidade do agente, na terceira fase de aplicação da pena.
e) A exposição consentida a perigo criado por outrem e os perigos situados em área de responsabilidade alheia configuram hipóteses de resultados situados fora da área de proteção do tipo, que podem excluir a imputação do resultado de lesão do bem jurídico ao autor.

QUESTÃO 5

IMPARH - 2023 - AMC de Fortaleza-CE - Agente de Operação e Fiscalização de Trânsito

Conforme normatizado pelo Código Penal, a omissão é penalmente relevante quando o omitente devia e podia agir para evitar o resultado. O dever de agir NÃO incumbe a quem:

a) para o agente que cria um embaraço para a prática do ato delitivo.
b) com seu comportamento anterior, criou o risco da ocorrência do resultado.
c) de outra forma, assumiu a responsabilidade de impedir o resultado.
d) tenha por lei obrigação de cuidado, proteção ou vigilância.

QUESTÃO 6

VUNESP - 2023 - PC-SP - Investigador de Polícia

Quando o agente assume o risco de produzir o resultado, é correto dizer que houve

a) imperícia.
b) negligência.
c) culpa consciente.

d) culpa inconsciente.

e) dolo.

QUESTÃO 7

Túlio, um conhecido chefe de organização criminosa, plantou uma bomba no automóvel que transportava o presidente da empresa Beta (alvo da ação delituosa) bem como um motorista e um segurança. Túlio detonou o artefato a distância, durante o deslocamento do veículo em via pública, o que resultou na morte de todos os seus ocupantes.

Nessa situação hipotética, em relação à morte do segurança, Túlio agiu com

a) preterdolo.

b) dolo direto de primeiro grau.

c) dolo direto de segundo grau.

d) culpa consciente.

e) dolo eventual.

QUESTÃO 8

IDECAN - 2023 - Prefeitura de Fortaleza CE Guarda Municipal

Acerca da causalidade, à luz do Código Penal, é correto afirmar que:

a) Considera-se causa a ação ou omissão sem a qual o resultado atípico teria ocorrido.

b) Foi adotada, como regra, a teoria da causalidade adequada sintética.

c) A causa relativamente independente superveniente não exclui a imputação quando, por si só, deu origem ao resultado temperado.

d) O resultado de que depende da existência do crime somente é imputável a quem lhe der causa.

QUESTÃO 9

FGV - 2023 - TJ-MS - Juiz Substituto

Agostinho, experiente surfista, está surfando na companhia de Hegel, quando começa a se afogar em razão de uma cãibra muito forte. Hegel, após ver o colega se afogando, decide, ainda assim, surfar uma onda que estava muito favorável. Contudo, ao regressar já não é possível ajudar Agostinho, que só é encontrado, sem vida, horas depois. Diante dessa situação, é correto afirmar que Hegel:

a) não deve responder por qualquer crime, uma vez que não há tipicidade em sua conduta;

b) não deve responder por qualquer crime, uma vez que inexigível conduta diversa, afastando a culpabilidade;

c) deverá responder pelo crime de homicídio doloso, uma vez que estava na posição de garantidor e sua omissão é penalmente relevante;

d) deverá responder pelo crime de homicídio culposo, uma vez que estava na posição de garantidor e sua omissão é penalmente relevante

e) deverá responder pelo crime de omissão de socorro, com pena triplicada, tendo em vista que a vítima se achava em grave e iminente perigo e, da omissão, resultou sua morte.

QUESTÃO 10

CESPE / CEBRASPE 2023 - MPE-SC Promotor de Justiça Substituto (fase matutina)

Com referência à teoria do crime, julgue o próximo item.

Nos crimes omissivos impróprios, a tipicidade é aberta, mediante subsunção indireta.

Certo ( ) Errado ( )

GABARITO

Questão 1	Letra "D"
Questão 2	Letra "D"
Questão 3	Letra "B"
Questão 4	Letra "E"
Questão 5	Letra "A"
Questão 6	Letra "E"
Questão 7	Letra "C"
Questão 8	Letra "D"
Questão 9	Letra "E"
Questão 10	Assertiva "Correta"

CAPÍTULO 6

Ilicitude

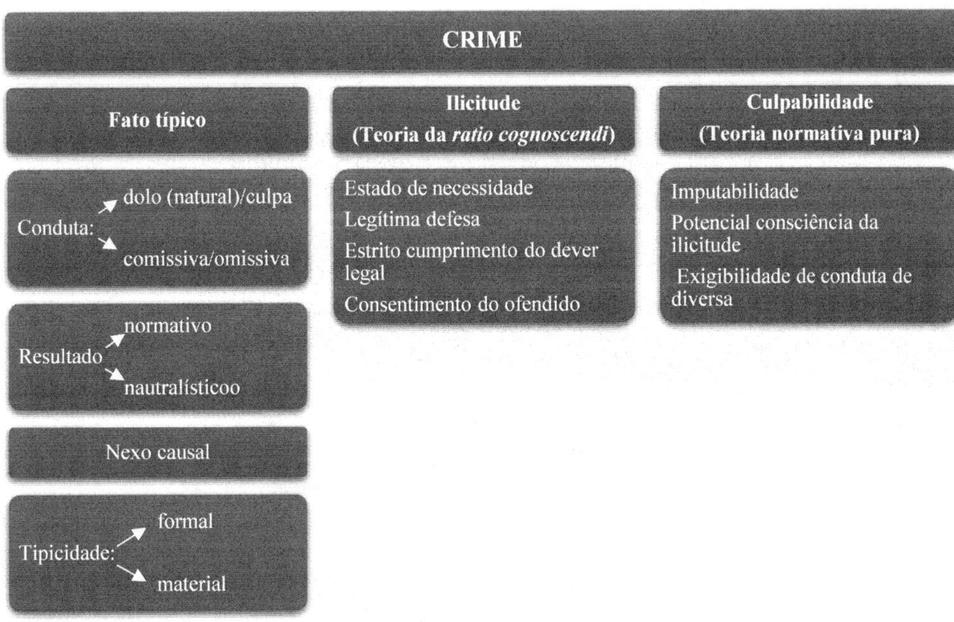

Pode-se definir a ilicitude como a relação de contrariedade entre o fato típico e o ordenamento jurídico. Ela se dá quando o fato típico não encontra norma permitindo, tolerando, incentivando ou determinando o comportamento. Aliás, adotada a teoria da tipicidade conglobante, se houver em nossa ordem jurídica norma incentivando ou determinando o comportamento, o fato não chega a ser típico.

Parcela da doutrina, à qual me filio, sustenta que a palavra "antijuridicidade" não deve ser empregada como sinônimo de ilicitude. Se o crime é um "fato jurídico", o uso da expressão "antijuridicidade" geraria indisfarçável contradição, pois o crime seria, a um só tempo, um "fato jurídico e antijurídico".

No conceito analítico de crime, a ilicitude representa o seu **segundo substrato**. Isso significa que o juízo de ilicitude é posterior e dependente do juízo de tipicidade, de forma que todo fato penalmente ilícito também é, necessariamente, típico[1]. E de acordo com a **teoria da** ***ratio cognoscendi***, idealizada por Max Ernst Mayer, todo fato típico presume-se ilícito. Trata-se de presunção relativa *(juris tantum), cujo efeito prático consiste* na inversão do ônus da prova. Assim, cabe ao órgão acusador demonstrar a tipicidade do fato, pois a ilicitude é presumida. Por outro lado, a defesa precisa comprovar que a conduta, embora típica, está amparada em uma causa excludente da ilicitude.

Em resumo, nem todo fato típico é ilícito, a exemplo de um homicídio praticado em legítima defesa, mas todo fato ilícito é necessariamente típico.

▸ IMPORTANTE

Ilicitude e injusto penal são conceitos relacionados, mas que **não se confundem**. A **ilicitude** consiste num juízo de valor, o qual avalia a contrariedade da conduta em relação ao ordenamento jurídico, determinando qual deve prevalecer: a norma proibitiva, que impõe a prática de determinado comportamento ou sua abstenção, ou a norma permissiva, que excepciona a norma, autorizando o agente a praticar a conduta proibida em situações especiais. O **injusto** é a ação qualificada como ilícita, porém, sob um ponto de vista mais amplo, que leva em consideração não somente a contrariedade em relação à norma, mas também os efeitos materiais do comportamento. Assim, "o injusto se reveste de graus, vinculados à intensidade de reprovação social causada pelo comportamento penalmente ilícito"[2].

De acordo com Franz Von Liszt, a ilicitude subdivide-se em **ilicitude formal e ilicitude material.**

A **ilicitude formal** é a mera contradição entre uma conduta e o ordenamento jurídico. Nessa hipótese, "o fato é considerado ilícito porque não estão presentes as causas de justificação, pouco importando se a coletividade reputa-o reprovável"[3].

A **ilicitude material**, por sua vez, reclama a ofensividade do comportamento, a contrariedade aos valores e ideais tutelados pela norma jurídica. "O comportamento afronta o que o homem médio tem por justo, correto. Há uma lesividade social ínsita na conduta, a qual não se limita a afrontar o texto legal, provocando um efetivo dano à coletividade"[4].

---

1. MASSON, Cleber. **Direito Penal Esquematizado – Parte Geral, v. 1**. São Paulo: Método, 2016, p. 419.
2. MASSON, Cleber. **Direito Penal Esquematizado – Parte Geral, v. 1.** São Paulo: Método, 2016, p. 422.
3. CAPEZ, Fernando. **Curso de Direito Penal** – Parte Geral, v. 1. 16 ed. São Paulo: Saraiva, 2012, p. 249.
4. Ibidem, p. 250.

Ilicitude formal	É a contrariedade entre o fato e o ordenamento jurídico.
Ilicitude material	É a contrariedade entre o fato e o interesse social tutelado pela própria norma.

A doutrina mais moderna tem se filiado à teoria unitária, **não reconhecendo a distinção entre a dimensão formal e material da ilicitude**. Seus adeptos sustentam que o avanço do estudo da tipicidade escanteou a ilicitude, pois a análise da lesão ou não ao bem jurídico tutelado é realizada na tipicidade em sua perspectiva material.

6.1. Causas de exclusão da ilicitude

O Código Penal, em seu art. 23, prevê as seguintes descriminantes, também chamadas eximentes ou causas de justificação: estado de necessidade; legítima defesa; estrito cumprimento do dever legal e exercício regular de um direito.

> **Exclusão de ilicitude**
>
> Art. 23 – Não há crime quando o agente pratica o fato:
>
> I – em estado de necessidade;
>
> II – em legítima defesa;
>
> III – em estrito cumprimento de dever legal ou no exercício regular de direito.
>
> **Excesso punível**
>
> Parágrafo único – O agente, em qualquer das hipóteses deste artigo, responderá pelo excesso doloso ou culposo.

Trata-se de **rol meramente exemplificativo**, uma vez que há descriminantes na Parte Especial do próprio Código Penal (aborto legal ou permitido), na legislação extravagante (art. 37, da Lei nº 9.605/98), e até mesmo causa **supralegal** de exclusão de ilicitude, tal como o consentimento do ofendido em alguns casos específicos.

Embora o art. 23 estabeleça hipóteses de exclusão da ilicitude, o seu parágrafo único deixa claro que o **excesso** é punível, seja ele **doloso ou culposo**.

▸ IMPORTANTE

Cada causa de exclusão da ilicitude possui seus requisitos específicos intrínsecos ao próprio fato. Além desses requisitos, a doutrina debate se a efetiva configuração das eximentes depende do conhecimento do agente ao praticar a conduta sob o manto da justificativa. Em outras palavras, a discussão gira em torno da suficiência dos requisitos objetivos para a configuração de situações como a legítima defesa. Pergunta-se se é meramente suficiente o atendimento aos critérios objetivos, ou se é absolutamente imprescindível que o autor tenha plena consciência de estar agindo em legítima defesa. Ilustrando: Mévio, após uma acalorada discussão com Tício durante uma festa, resolve vingar-se. Vai até o seu carro e toma uma faca que ali guardava. Fica à espreita próximo ao veículo de Tício, e percebe quando seu desafeto vem até o carro, pega algum objeto, e retorna para a festa. Antes que Tício chegue ao seu destino, é confrontado por Mévio, que, agilmente, desfere diversas facadas contra ele, causa eficiente de sua morte. Depois dos fatos, a investigação constatou que Tício, também desejoso de vingança, portava um revólver, com a intenção de tirar a vida de Mévio assim que o encontrasse, e só não obteve êxito porque este o atacou antes que pudesse efetuar os disparos. Para os partidários da **concepção objetiva**, basta que estejam presentes os requisitos de fato para a incidência da causa de exclusão da ilicitude, pouco importando se o agente tinha conhecimento dela ou não. De acordo com essa teoria, Mévio estaria acobertado pela legítima defesa. Já a **teoria subjetiva,** que decorre do **sistema finalista**, postula que não é suficiente a presença dos requisitos fáticos, demandando também um elemento subjetivo, que é o conhecimento do agente acerca da incidência da eximente a justificar sua atuação. Dessa maneira, no exemplo apresentado, não se verifica a legítima defesa, por ausência do elemento subjetivo, pois Mévio não tinha ciência dos planos homicidas de Tício.

6.1.1. Estado de necessidade

A noção de estado de necessidade remete à ideia de sopesamento de bens diante de uma situação adversa (ponderação de bens jurídicos). Se há dois bens em perigo, permite-se que seja sacrificado um deles, pois a tutela penal não consegue proteger ambos.

Possui previsão legal no artigo 23, inciso I, do CP, mas está detalhada no artigo 24, do mesmo diploma normativo.

> Art. 24 – Considera-se em estado de necessidade quem pratica o fato para salvar de perigo atual, que não provocou por sua vontade, nem podia de outro modo evitar, direito próprio ou alheio, cujo sacrifício, nas circunstâncias, não era razoável exigir-se.
>
> § 1º Não pode alegar estado de necessidade quem tinha o dever legal de enfrentar o perigo.
>
> § 2º Embora seja razoável exigir-se o sacrifício do direito ameaçado, a pena poderá ser reduzida de um a dois terços.

Da leitura do dispositivo, extraem-se os **requisitos objetivos** desta causa de justificação:

a) Perigo atual;

b) Não causado voluntariamente pelo agente;

c) Defesa de direito próprio ou alheio;

d) Inexistência de dever legal de enfrentar o perigo;

e) Inevitabilidade do comportamento lesivo;

f) Inexigibilidade do sacrifício do bem ameaçado.

Tais requisitos, de ordem objetiva, são **cumulativos.** A par deles, a doutrina atual aponta a necessidade da presença de um requisito de natureza **subjetiva** que não encontra previsão na lei, mas decorre do sistema finalista: o **conhecimento da situação justificante** por parte do agente.

De acordo com a doutrina, há um fundamento humanitário no estado de necessidade, pois acomoda o instinto humano de preservação, na medida em que afasta a configuração do crime quando a conduta praticada pelo agente tinha como única finalidade salvar algum bem jurídico de sofrer lesão. "Existe, nessa hipótese, uma verdadeira colisão de interesses juridicamente protegidos que não podem ser preservados simultaneamente. Na verdade, regra jurídica cede perante tal situação de emergência, criando uma norma permissiva, até mesmo em face de sua incapacidade coercitiva".

6.1.1.1. Requisitos do Estado de Necessidade

a) Perigo Atual: O estado de necessidade exige um perigo **atual,** conforme dicção do art. 24 do Código Penal. Difere da redação do art. 25 (legítima defesa), que reclama um perigo **atual ou iminente**.

A doutrina diverge quanto à possibilidade de o perigo iminente também autorizar o estado de necessidade.

1ª Corrente: O perigo iminente seria o "perigo do perigo", uma situação muito abstrata que não teria concretude suficiente a permitir o sacrifício de direito alheio.

2ª Corrente: Tem prevalecido o entendimento de que o perigo atual e também o iminente podem amparar a alegação de estado de necessidade, em especial pelo fato de que as situações sobre as quais essa descriminante incide são aflituosas, o que dificulta o reconhecimento preciso do momento em que o perigo deixa de ser iminente para se tornar atual.

O risco de dano do bem jurídico pode decorrer de:

- **Conduta humana**. Ex.: carro desgovernado;
- **Fato da natureza**. Ex.: inundação ou desmoronamento;
- **Comportamento animal**. Ex.: ataque de um cachorro.

▸ ATENÇÃO

Caso o animal seja empregado como instrumento para a prática de um crime, haverá legítima defesa e não estado de necessidade. Ilustrando: Mévio, com *intenção de matar*, solta o pitbull que estava preso em canil, dando-lhe voz de comando, a fim de que ataque seu desafeto. A vítima, nesse caso, poderá matar o cachorro diante dessa agressão injusta e atual, sob o manto da legítima defesa.

Em relação ao perigo, a doutrina costuma classificar o estado de necessidade em:

- **Estado de necessidade real:** A situação de perigo efetivamente existe. O reconhecimento desta justificante permite a **exclusão da ilicitude.**
- **Estado de necessidade putativo:** A situação de perigo é fruto da imaginação do agente, pois não existe no mundo real. O reconhecimento da putatividade, da inexistência da situação imaginada pelo agente, **não exclui a ilicitude (segundo substrato do crime).** No entanto, essa descriminante putativa pode tornar o fato atípico (primeiro substrato) ou excluir a culpabilidade (terceiro substrato), a depender da teoria adotada, o que será melhor analisado por ocasião do estudo da culpabilidade.

b) Situação de perigo não causada voluntariamente pelo agente: Se o agente voluntariamente causou a situação de perigo, não poderá alegar o estado de necessidade em sua defesa. Nesse caso, para grande parte da doutrina, a voluntariedade é sinônimo de dolo. Portanto, se o perigo foi gerado por um comportamento culposo do agente não haverá óbice para alegação de tal eximente. Aqueles que discordam desse posicionamento, sustentam que o Direito não pode ser piedoso com os incautos e imprudentes, autorizando o sacrifício de bens jurídicos alheios, em regra de terceiros inocentes, para acobertar com o manto da impunidade fatos típicos praticados por quem deu causa a uma situação de perigo.

c) Defesa de direito próprio ou alheio: O direito ameaçado pela situação perigosa pode ser do próprio agente ou de terceiros. Não é preciso que haja relação de parentesco ou afinidade entre o autor do fato típico e o titular do bem jurídico.

Em se tratando de direito alheio, discute-se se há **necessidade de autorização** do titular do direito ameaçado para que o agente possa agir visando à sua proteção. Parcela majoritária da doutrina entende desnecessária a autorização do titular do direito ameaçado, podendo o agente praticar o fato típico para salvaguardá-lo sem maiores consequências. Outros, no entanto, apontam ser necessário uma análise acerca da **disponibilidade ou indisponibilidade do bem jurídico.** Tratando-se de direito disponível, a exemplo do patrimônio, a autorização é **imprescindível**, pois o próprio titular poderia ter dispensado aquele direito. Não haveria necessidade de autorização, no entanto, quando **indisponível** o bem jurídico.

d) Inexistência do dever legal de enfrentar o perigo: Se o agente possui o dever legal de enfrentar o perigo não poderá alegar estado de necessidade, **enquanto o perigo comportar enfrentamento.** Assim, se um bombeiro militar se deparar com um incêndio, deverá enfrentar o perigo, combatendo-o. Porém, se as chamas se alastrarem a ponto de ameaçar a sua própria vida, poderá deixar o local e alegar estado de necessidade. Prevalece o entendimento de que o **dever legal** (art. 24, § 1º, CP) corresponde ao **dever jurídico de agir** estampado nas alíneas do art. 13, § 2º, CP. O próprio Código Penal, em sua exposição de motivos, adota esse posicionamento. Desse modo, o dever de agir pode ser oriundo de uma disposição legal ou contratual. Exemplificando: um segurança particular tem o dever de agir quando o empresário que o contrata é vítima de um roubo. Ressalte-se que tal posicionamento não é pacífico, existindo corrente dissidente sustentando que o texto do Código não permite extensão ao dever resultante de contrato.

e) Inevitabilidade do comportamento lesivo: Esse requisito revela o caráter **subsidiário** do estado de necessidade, pois se o agente puder **fugir** para evitar o sacrifício de direito alheio, deverá optar por fazê-lo. Dito de outro modo, o sacrifício do direito de terceiro **não poderá ser o meio mais cômodo para o agente, mas o único possível** para salvaguardar o seu direito ou de outrem. A fuga do local é doutrinariamente conhecida como *commodus discessus*. Em resumo, se o agente puder escolher entre fugir ou sacrificar o direito de terceiro, deverá optar pela fuga, caso contrário não poderá invocar o estado de necessidade.

Por exemplo: Mévio andava tranquilamente pela rua da casa de seus pais, quando, repentinamente, um cão raivoso começa a correr em sua direção, disposto a atacá-lo. Enquanto foge do animal, vê que o portão de uma casa está semiaberto, mas decide não se abrigar ali, pois é onde mora sua ex-namorada. Mais à frente, divisa um caminhão estacionado na rua. Para evitar o ataque, quebra a janela do veículo, e se esconde dentro da cabine. O cão desiste da perseguição, e Mévio escapa ileso. Nesse exemplo, a conduta de Mévio não está acobertada pelo estado de necessidade, pois facilmente poderia ter evitado o ataque do cão abrigando-se na casa cujo portão estava entreaberto, ao invés de danificar o veículo estacionado.

A doutrina classifica o estado de necessidade quanto ao terceiro que sofre a ofensa:

- **Estado de necessidade defensivo:** Sacrifica-se bem jurídico do próprio causador do perigo. Nesse caso não haverá obrigação de reparação de danos na esfera cível;
- **Estado de necessidade agressivo:** Sacrifica-se bem jurídico de pessoa alheia ao perigo. Nessa hipótese, permanece a obrigação cível de reparação do dano. De acordo com a jurisprudência do STJ:

> O ato praticado em estado de necessidade é lícito, conforme previsto no art. 188, II do CC. No entanto, mesmo sendo lícito, não afasta o dever do autor do dano de indenizar a vítima quando esta não tiver sido responsável pela criação da situação de perigo (art. 929). Desse modo, o causador do dano, mesmo tendo agido em estado de necessidade, deverá indenizar a vítima e, depois, se quiser, poderá cobrar do autor do perigo aquilo que pagou (art. 930). Vale ressaltar, no entanto, que o valor desta indenização deverá ser fixado com proporcionalidade,

evitando-se a imposição de valores abusivos (desproporcionais) para alguém que estava agindo de forma lícita[5].

f) Inexigibilidade do sacrifício do bem ameaçado: Trata-se de requisito balizado pelos princípios da **proporcionalidade** e da **razoabilidade**. Deve haver relação de proporcionalidade entre o bem ou direito sacrificado e o bem ou direito que salvaguardado.

Neste ponto, há duas teorias comumente cobradas em concursos públicos:

Teoria diferenciadora: Derivada do direito alemão, propugna a classificação do estado de necessidade em:

- **Justificante**: o bem jurídico tutelado possui **maior valor** que o bem jurídico **sacrificado**, ensejando a exclusão da ilicitude. Exemplo: destruição do patrimônio para salvar uma vida.
- **Exculpante**: o bem jurídico tutelado possui **menor ou igual valor** que o bem jurídico sacrificado. Por exemplo: tirar a vida de alguém para proteger o patrimônio. Nesse caso, a ilicitude subsiste, mas o fato pode ensejar a **exclusão da culpabilidade**, a depender da circunstância. Ilustremos com um exemplo extraído da doutrina[6]: imagine que uma mãe perdeu seu único filho, ainda jovem, e guarda em sua casa apenas uma fotografia como recordação do garoto. Suponha que essa mãe, ao retornar do trabalho, encontre seu imóvel em chamas e mesmo assim procure ingressar na casa para apanhar a citada foto, sendo impedida por um bombeiro que luta para apagar o incêndio. A mãe, em total desespero, resolve matar o bombeiro para apanhar a foto do seu filho. Repare que a atitude desesperada e desproporcional da mãe impediu uma análise ponderada e adequada dos bens em conflito. Embora tenha praticado um fato típico e ilícito, poderá ter sua culpabilidade excluída, diante da inexigibilidade de conduta diversa.[7]

Teoria unitária: O estado de necessidade sempre exclui a ilicitude, **desde que haja relativa proporcionalidade** entre o bem tutelado e o bem sacrificado. Em não havendo, ocorrerá uma **diminuição de pena**.

Considerando a redação do art. 24, caput, e § 2º, pode-se inferir que o **Código Penal brasileiro acolheu a teoria unitária**, tendo em vista que o critério apresentado pelo dispositivo diz respeito somente à razoabilidade da conduta do autor.

---

5. STJ, REsp 1292141/SP 2011/0265264-3, Rel. Min. Nancy Andrighi, DJ 04/12/2012.
6. MASSON, Cleber. **Direito Penal Esquematizado – Parte Geral, v. 1**. São Paulo: Método, 2016, p. 440.
7. A doutrina defende que o Código Penal Militar teria adotado a teoria diferenciadora no artigo 39: "Não é igualmente culpado quem, para proteger direito próprio ou de pessoa a quem está ligado por estreitas relações de parentesco ou afeição, contra perigo certo e atual, que não provocou, nem podia de outro modo evitar, sacrifica direito alheio, **ainda quando superior ao direito protegido, desde que não lhe era razoavelmente exigível conduta diversa**." (grifo nosso)

g) Conhecimento da situação de fato justificante: Decorrente do finalismo penal, trata-se do único requisito de natureza subjetiva, o qual é exigido em toda causa excludente da ilicitude. Há duas implicações decorrentes desse requisito: o autor precisa ter consciência de que age acobertado pelo estado de necessidade, e deve efetivamente ter a intenção de salvaguardar um bem jurídico próprio ou de terceiro de perigo atual, impedindo, assim, que se utilize da justificante como "pretexto" para a prática de um fato típico por outros motivos que não a tutela do bem jurídico.

Obs1. Discute-se se o furto famélico pode caracterizar estado de necessidade. Para tanto, deve-se sempre analisar o caso concreto. Assim, se o agente podia laborar honestamente, ou, então, quando se apodera de bens supérfluos ou em quantidade exagerada, afasta-se o estado de necessidade, devendo ser responsabilizado pelo crime[8]. Portanto, a dificuldade econômica ou a miserabilidade do agente não constituem parâmetros que automaticamente ensejarão o estado de necessidade. **Excepcionalmente,** admite-se a prática do furto famélico para a satisfação de uma necessidade **estritamente vital** para o agente (alimentos básicos para saciar a sua fome ou de algum parente) que, não obstante seu empenho, não conseguiu obter de forma lícita.

Obs2. É perfeitamente possível a ocorrência do estado de necessidade recíproco. Caracteriza-se quando dois ou mais indivíduos encontram-se em estado de necessidade, situação em que direcionam suas condutas uns contra os outros. Por exemplo: passageiros de uma lancha que está prestes a afundar em alto mar que lutam uns contra os outros para ter acesso ao único colete salva-vidas da embarcação.

6.1.2. Legítima defesa

Considerando que o Estado não pode se fazer presente em todos os lugares e momentos, o ordenamento jurídico concede ao cidadão autorização para se defender de agressões injustas, respeitados os requisitos e limites estabelecidos. É exemplo de situação em que se permite a autotutela na resolução de conflitos na sociedade.

O instituto da legítima defesa é sustentado por dois fundamentos: a necessidade de conservação da ordem jurídica, de dimensão social, e a garantia do exercício de direitos, de dimensão individual. É concebida como um direito natural, e assim como o estado de necessidade, remonta aos povos antigos, que admitiam tal causa justificante, ainda quando não positivada.

Possui previsão legal no artigo 23, inciso II, do CP, mas está detalhada no artigo 25, do mesmo diploma normativo.

---

8. MASSON, Cleber. **Código penal comentado**. 4. ed. ver., atual. e ampl. Rio de Janeiro; Forense; São Paulo: Método, 2016, p. 241.

> Art. 25 – Entende-se em legítima defesa quem, usando moderadamente dos meios necessários, repele injusta agressão, atual ou iminente, a direito seu ou de outrem.
>
> Parágrafo único. Observados os requisitos previstos no caput deste artigo, considera-se também em legítima defesa o agente de segurança pública que repele agressão ou risco de agressão a vítima mantida refém durante a prática de crimes. (Incluído pela Lei nº 13.964, de 2019)

O Pacote Anticrime inseriu o parágrafo único no dispositivo para considerar também em legitima defesa o agente de segurança pública que repele injusta agressão ou risco de agressão a vítima mantida refém durante a prática de crimes.

A vontade do legislador, portanto, foi a de alcançar as ações perpetradas por agente de segurança pública durante eventos de preservação da vida, notadamente a dos atiradores estratégicos das polícias, conhecidos como *snipers*.

A nosso sentir, andou mal o legislador ao promover essa alteração legislativa. Primeiro porque se resume a evidenciar uma possível situação de legítima defesa de terceiros que já encontrava amparo legal. Note que o parágrafo único exige a observância dos requisitos do *caput*, o que denota a redundância da norma. Segundo, porque o novo dispositivo parece limitar a incidência de tal instituto a um agente de segurança pública, ignorando o caráter de generalidade e de impessoalidade da norma penal. Na realidade, também age amparado pela excludente de ilicitude o terceiro que não ostenta a condição de policial e que, da mesma forma, repele injusta agressão para salvar a vida de outrem[9].

A partir da leitura do texto legal, é possível inferir que a caracterização da legítima defesa depende dos seguintes requisitos **cumulativos**:

a. Agressão humana injusta (contrária ao direito);

b. Agressão **atual** ou **iminente**;

c. Uso **moderado** dos **meios necessários**;

d. Proteção do direito próprio ou de outrem;

e. Conhecimento da situação justificante.

A legítima defesa depende de requisitos **objetivos** (art. 25, CP) e um **subjetivo**, decorrente do finalismo, que é o conhecimento da situação justificante.

6.1.2.1. Requisitos da Legítima Defesa

a) Agressão humana e injusta: Agressão é toda ação ou omissão humana, consciente e voluntária, tendente a lesionar ou expor a perigo de lesão um bem juridicamente tutelado.

---

9. COSTA, Adriano Sousa; FONTES, Eduardo; HOFFMANN, Henrique; SILVA, Márcio Alberto Gomes da. **Pacote Anticrime.** Salvador: Juspodivm, 2020, p. 18.

Prevalece o entendimento de que a legítima defesa é admissível ainda que a agressão humana seja **culposa. Entretanto, é preciso destacar, há quem defenda que "a agressão seja intencional, não sendo admissível a agressão 'culposa', pois, em tal caso, seria um absurdo pretender que aquele que se vê ameaçado tenha direito a causar um dano sem proporção alguma com a magnitude do mal".**

A injusta agressão não precisa corresponder a um fato típico. O furto de uso, por exemplo, admite a legítima defesa, embora seja considerado um irrelevante penal.

Considerando que a agressão injusta deve necessariamente ser humana, é impossível exercer legítima defesa contra coisas e animais (salvo, neste último caso, quando o animal for instrumento do crime, a exemplo do cão feroz que recebe ordem de seu dono para atacar a vítima).

Além disso, é possível o exercício de legítima defesa contra o inimputável que pratica a agressão consciente e voluntariamente, pois embora careça dos elementos de índole subjetiva que compõem a culpabilidade, a agressão deve ser considerada em seu aspecto objetivo. Há doutrinadores que não compartilham desse entendimento, e aduzem que a agressão de inimputável autoriza a excludente do estado de necessidade. De qualquer forma, a conduta para repelir a agressão praticada por inimputável está condicionada à limites éticos e morais, devendo o agente causar o menor dano possível, pois atua contra incapaz, que não reúne em condições de compreender a ilicitude de seus atos.

Nesta excludente de ilicitude **não se exige o *commodus discessus***, tal como se verifica no estado de necessidade. Se o caso é de injusta agressão, poderá o agente repeli-la, ainda que possível a fuga do local.

A agressão quanto à existência possui a seguinte classificação:

a1) Legítima defesa real: o ataque ao bem jurídico efetivamente existe**. Como consequência, essa legítima defesa exclui a ilicitude**.

a2) Legítima defesa putativa: o ataque não existe no mundo dos fatos, pois foi imaginado pelo agente**. A agressão injusta só existe na mente da suposta vítima, que age em erro.** Ex.: o sujeito encontra seu inimigo na rua altas horas da noite. Com a visão limitada, enxerga o desafeto tirando um volume do bolso. Pensando que objeto era uma arma de fogo, supõe que será o alvo de uma agressão injusta. Antecipa-se e mata o seu desafeto. Depois descobre que o objeto que o inimigo tinha nas mãos era uma carteira. Nesse exemplo, o agente imaginou uma situação de fato que, se fosse realidade, tornaria sua ação legítima. A situação de putatividade não exclui a ilicitude (segundo substrato do crime). Poderá tornar o fato atípico (primeiro substrato) ou excluir a culpabilidade (terceiro substrato), a depender da teoria adotada, o que será melhor analisado por ocasião do estudo da culpabilidade.

b) Agressão atual ou iminente: ***Agressão atual é aquela que está ocorrendo, ou seja, é a agressão que já se iniciou e ainda não deu por encerrada a lesão ao bem jurídico. A iminente é a que está prestes a iniciar, em um futuro muito próximo.***

Nesse tema, discute-se se a agressão passada e a futura autorizariam o uso da legítima defesa.

Aquele que repele agressão **passada** pratica verdadeira **vingança** e não age sob o manto da legítima defesa, pois ausente um de seus requisitos. Nesse sentido, se a vítima conseguiu impedir a injusta agressão de qualquer outro modo (por exemplo: esquivando-se, fugindo ou recorrendo a meios menos gravosos), cessa o caráter atual ou iminente da agressão. Qualquer ato subsequente na intenção de lesionar o agressor inicial será criminoso, não estando abrigado sob o manto da legítima defesa.

Em relação àquele que se defende de uma **agressão futura**, a análise do caso deve ser mais acurada. Em se tratando de agressão futura **e incerta**, caracteriza-se **mera suposição.** Portanto, o crime restará configurado, sendo inviável o afastamento da ilicitude nessa hipótese.

Sendo agressão futura, porém **certa,** haverá uma **antecipação** da reação à agressão, em virtude da qual se verifica a **inexigibilidade de conduta diversa** (causa excludente de **culpabilidade**).

Ex.: Tício, traficante de drogas, liga para seu desafeto Mévio e diz que irá matá-lo assim que o encontrar. Considerando que Tício é altamente perigoso e que costuma cumprir suas promessas, Mévio resolve se antecipar à conduta de Tício e o mata, a fim de que cesse a ameaça certa de sua morte.

Note que, nesse caso, há verdadeira **legítima defesa antecipada**, também chamada de **preordenada, preventiva** ou **prévia.** Não é considerada verdadeira hipótese de legítima defesa, já que o requisito relativo à **iminência da injusta agressão não se faz presente. Entretanto, tal comportamento autoriza a exclusão da culpabilidade diante da inexigibilidade de conduta diversa por parte do agressor.**

▸ LEGÍTIMA DEFESA POSTERGADA

Segundo a doutrina, essa excludente amplia (alarga) o entendimento do termo "agressão atual". Se a agressão enseja reação imediata da vítima, é justo que se reconheça a legítima defesa ainda que tenha havido consumação do crime. É o caso da vítima que tem sua carteira subtraída (*amotio*) e logo após o ocorrido utiliza-se de violência para recuperar a "res furtiva".[10]

---

10. SANCHES, Rogério Cunha. **Manual de direito penal**: parte geral (arts. 1º ao 120). 7. ed. rev., ampl. e atual. Salvador: JusPODIVM, 2019, p. 311-312.

c) Uso moderado dos meios necessários: Meio necessário é aquele **menos lesivo** à disposição do agredido no momento dos fatos, porém, **capaz** de repelir o ataque com **eficiência**.

Se há mais de um meio a sua disposição e ambos são eficazes, a escolha deve recair sobre o menos lesivo.

Ex.: O agente dispõe de uma arma de fogo e uma faca, sendo que ambas podem repelir de forma eficaz a injusta agressão. Logo, a faca deve ser o meio escolhido pelo agente.

Encontrado o meio necessário para repelir a agressão, o seu uso deve ser de forma **moderada.**

Caso o agente utilize forma ou meio desproporcionalmente mais lesivo do que a situação requer, ou extrapole o limite da moderação, persistindo na conduta depois de notoriamente já ter neutralizado a agressão, configura-se o **excesso.**

O excesso pode ser intensivo ou extensivo.

c1) Excesso intensivo: ocorre quando o agente faz uso de forma ou meio desproporcionalmente mais lesivo do que o necessário para afastar a injusta agressão. Exemplo: um lutador de boxe sai de um restaurante acompanhado por sua esposa, quando a mulher é abordada por um usuário de drogas, de débil compleição física, o qual dá voz de assalto, demandando-lhe que entregue a bolsa. Sem saber se o sujeito portava alguma arma, o pugilista toma um pesado bastão de ferro que encontra no local, e desfere um golpe com força descomunal na cabeça do assaltante, causando sua morte imediata.

c2) Excesso extensivo: dá-se quando o agente pratica o ato em legítima defesa, mas persiste na conduta após ter neutralizado a agressão. Ilustrando: o agente, vítima de um roubo, utiliza sua arma para cessar a agressão, disparando certeiramente contra o ombro direito do assaltante, que fica prostrado ao chão, totalmente incapacitado. Não satisfeito, resolve continuar atirando, até descarregar toda a munição disponível em seu revólver, matando o assaltante.

Determinadas situações podem ensejar, ainda, o chamado **excesso exculpante**. Nessa hipótese, ao sofrer a agressão injusta, o agente é tomado por intenso sentimento de medo, pavor ou nervosismo. Em função dessa alteração em seu estado de espírito, não consegue realizar uma correta avaliação dos fatos, e acaba por se exceder ao repelir a agressão. Segundo a doutrina, a natureza jurídica do excesso exculpante é de **causa supralegal excludente da culpabilidade**, posto que o Código Penal não tratou expressamente do tema.

Excesso intensivo	O agente faz uso de forma ou meio desproporcionalmente mais lesivo do que o necessário para afastar a injusta agressão.
Excesso extensivo	O agente pratica o ato em legítima defesa, mas persiste na conduta após ter neutralizado a agressão.

Excesso exculpante[11]	O agente é tomado por intenso sentimento de medo, pavor ou nervosismo. Em função dessa alteração em seu estado de espírito, não consegue realizar uma correta avaliação dos fatos, e acaba por se exceder ao repelir a agressão. Obs.: Segundo a doutrina, cuida-se de causa supralegal de excludente da culpabilidade.

▸ CRÍTICA AO "EXCESSO INTENSIVO"

A doutrina critica a distinção entre excesso "intensivo" e "extensivo" e aduz que **o único excesso que existe é o "extensivo"**, que é aquele em que o sujeito, na sua conduta, continua a atuar mesmo quando cessada a situação de justificação ou de atipicidade. Já o **excesso "intensivo"** que seria aquele em que o sujeito realiza uma ação que não completa os respectivos requisitos em cada uma das correspondentes eximentes (forma ou meio desproporcionalmente mais lesivo que o necessário para afastar a injusta agressão) **não é uma forma de excesso propriamente dita, seria, no caso, uma "eximente incompleta"**. Complementa Rogério Sanches: "Este conceito de 'excesso intensivo' não é propriamente um excesso, porque, quando não ocorrem os requisitos da eximente, em momento algum ela ocorreu, e, portanto, não se pode 'exceder'. Em definitivo, esta confusa classificação do 'excesso' amplia indevidamente o conceito e leva à introdução, pela via do suposto 'excesso intensivo' (que é uma *contradictio in adjecto*), um sistema de atenuantes que a lei não admite, e ao qual nos referimos: o das chamadas 'eximentes incompletas'".[12]

O excesso, cuja ocorrência é prevista em qualquer das hipóteses excludentes da ilicitude, pode ser **doloso** ou **culposo.** Se o agente agir com excesso, incorrerá em conduta antijurídica, e **agressor inicial** estará autorizado a fazer uso da legítima defesa. É o que se denomina **legítima defesa sucessiva**. Em resumo, a denominada legítima defesa sucessiva consiste na reação contra o excesso do agredido.

Salvar direito próprio ou alheio: O direito a ser protegido da agressão pode ser próprio (***in persona***) ou alheio (***ex persona***).

Entretanto, como ressalva a doutrina, a legítima defesa de terceiro dependerá de autorização do titular do direito se o bem agredido for **disponível**. Ilustremos com um exemplo extraído da doutrina: Mévio percebe que Caio está furtando laranjas do pomar de Tício, plenamente capaz, o qual presenciou o fato e permaneceu inerte. Mévio, indignado com a situação, atira uma pedra em Caio, que cai da

11. A doutrina denomina o excesso exculpante também de **legítima defesa "subjetiva"**.
12. MEU SITE JURÍDICO. **A doutrina classifica o excesso nas justificantes em extensivo e intensivo.** Disponível em: https://meusitejuridico.editorajuspodivm.com.br/2021/02/28/doutrina-classifica-o-excesso-nas-justificantes-em-extensivo-e-intensivo/. Acesso em: 08 jan. 2024.

árvore e foge. Nesse caso, não há legítima defesa de terceiro, pois o bem agredido tinha natureza patrimonial e disponível, e a subtração foi consentida pelo titular.

Por outro lado, se o bem jurídico for **indisponível**, prescinde-se da autorização do seu titular.

É importante destacar que o bem jurídico agredido deve guardar uma relação de proporcionalidade com o bem sacrificado em decorrência da legítima defesa. Obviamente, não cabe uma análise com precisão matemática a respeito do valor dos bens: o juízo de proporcionalidade é feito mediante ponderação dos elementos do caso concreto.

Segundo preleciona a doutrina, "na legítima defesa, a ponderação dos males só pode funcionar como 'corretivo', isto é, como limite. A legítima defesa não pode contrariar o objetivo geral da ordem jurídica — a viabilização da coexistência —, de maneira que, quando existe uma desproporção muito grande entre o mal que evita quem se defende e o que lhe quer causar quem o agride, porque o primeiro é ínfimo comparado com o segundo, a defesa deixa de ser legítima. Desta forma, o uso de uma espingarda para evitar que uma criança se apodere de uma maçã, por mais necessário que seja, como aconteceria no caso em que o proprietário da maçã fosse um paralítico e a espingarda fosse o único meio que tivesse ao alcance de sua mão (exemplo de MEZGER), não pode ser tolerado pelo direito. E assim é, não porque o bem jurídico 'vida' tenha hierarquia superior ao bem jurídico propriedade, mas porque a ordem jurídica não pode tolerar que uma lesão à propriedade, de tão pequena magnitude, justifique o emprego de um meio que, ainda que necessário, seja tão grandemente lesivo, como o é um disparo mortal".

▸ LEGÍTIMA DEFESA SUCESSIVA

Nada impede legítima defesa "sucessiva", que é a reação contra o excesso extensivo (reação imoderada) do agredido.

d) Conhecimento da situação justificante: É o único **requisito subjetivo** para configuração da legítima defesa. O agente deve conhecer as circunstâncias da situação de fato justificante, e tem de agir com dolo de proteger direito próprio ou alheio (*animus defendendi*).

Ilustrando: Mévio é inimigo de Tício, e anseia por uma oportunidade para causar grave mal a seu desafeto. Mévio sabe que Tício, cujo porte físico é avantajado, costuma bancar o valentão quando joga truco e bebe umas cervejas e, não raras vezes, envolve-se em altercações físicas nos bares da cidade. Pacientemente, Mévio passa a andar pelos arredores do bar frequentado por Tício, esperando que o desafeto inicie uma briga com algum desavisado. Depois de semanas, o plano finalmente se concretiza: em razão de um desentendimento durante a partida de truco, Tício começa a agredir violentamente um homem franzino. Mévio, que já estava preparado para a ocasião, saca sua arma, entra no bar, e dispara um tiro certeiro em Tício, que vem a falecer no local em razão do ferimento.

Embora a conduta de Mévio pareça estar acobertada pela excludente da legítima defesa, não há incidência da justificante nesse caso, pois o seu dolo era, na realidade, de matar, e não de defender a vítima que sofria as agressões injustas de Tício.

Vale ressaltar que esse requisito subjetivo deve estar presente em todas as causas de justificação.

6.1.2.2. Hipóteses de cabimento da legítima defesa

Em algumas situações, o cabimento da legítima defesa pode parecer controverso. Vejamos algumas hipóteses que merecem uma análise mais detida:

Cabimento da legítima defesa real contra legítima defesa putativa: É perfeitamente admissível. Note que a justificante putativa não deixa de ser um **erro**, razão pela qual a agressão de quem imagina estar agindo em legítima defesa putativa é **injusta**, autorizando o primeiro agredido a atuar para revidá-la.

Cabimento da legítima defesa putativa contra legítima defesa putativa: É admitida, configurando o que a doutrina denomina como **legítima defesa putativa "recíproca"**. Ocorre quando dois agentes acreditam, erroneamente, que um irá praticar contra o outro uma agressão injusta, quando na verdade o ataque ilícito não existe.

Cabimento da legítima defesa real contra legítima defesa real: Não é admitida, por incompatibilidade lógica. "A legítima defesa pressupõe uma agressão injusta. Se ambos se agredirem mutuamente, não existe uma agressão prévia e injusta, que legitimaria o outro a repelir a agressão inicial. Como as agressões são mútuas e simultâneas, ambas são injustas"[13]. Esta hipótese é também conhecida como **legítima defesa "simultânea".**

▸ DICA

Se duas pessoas provocarem lesões corporais uma na outra e for impossível constatar quem deu início às agressões, também não há legítima defesa recíproca. A questão tem relevância apenas no campo probatório para apontar quem tomou a iniciativa em relação às agressões e quem agiu em legítima defesa. Se porventura ambos forem denunciados, a única solução será a absolvição por falta de prova suficiente, em respeito ao princípio da presunção de inocência (*in dubio pro reo*)[14].

13. FONTES, Eduardo; MORAES, Geovane. **Temas Controversos de Direito Penal**. 1 ed. Recife: Armador. 2016, p. 141.
14. Idem.

Compatibilidade entre legítima defesa e *aberratio ictus*: Imagine que Tício, querendo agredir injustamente Mévio, atravesse a rua em sua direção. Mévio, percebendo que será vítima de injusta agressão, reage e atira contra Tício, mas termina por atingir Caio, um terceiro que nada tem a ver com a situação entre os desafetos. Note que Mévio pratica ato com erro na execução (*aberratio ictus*), pois procurou atingir Tício, mas acertou Caio. Nesta circunstância, pergunta-se: é possível Mévio alegar legítima defesa? **Sim**, pois o artigo 73, do Código Penal pode ser aplicado ao presente caso. Segundo o dispositivo legal, deve ser levada em consideração a vítima que o agente almejava atingir, e não aquela que foi efetivamente atingida. Por essa razão, Mévio poderá invocar a legítima defesa em seu favor.

Cabimento da legítima defesa contra estado de necessidade: Não se admite. A legitima defesa pressupõe agressão injusta e contrária ao direito. Aquele que age em estado de necessidade, atua sob o manto de uma permissão legal, portanto, sua conduta não se enquadra na definição de agressão injusta. Assim, o agente que pratica um fato típico contra quem age em estado de necessidade, também atua em estado de necessidade.

Estado de necessidade	Legítima defesa
Conflito entre vários bens jurídicos diante da mesma **situação de perigo.**	**Ameaça** ou **ataque** a bem jurídico próprio ou alheio
Pressupõe: Perigo + **atual** + destinatário **INCERTO**	**Pressupõe**: Agressão **humana** + **atual/iminente** + **INJUSTA**+ com destinatário **CERTO**
Os interesses em conflito são legítimos. **Conclusão**: Cabe estado de necessidade x estado de necessidade	Os interesses do agressor são ilegítimos. **Conclusão**: **NÃO** cabe legítima defesa real x legítima defesa real[1]

6.2. Estrito cumprimento do dever legal

Embora esteja arrolada no art. 23, inciso III, do Código Penal, esta descriminante **não possui definição legal**. Tal encargo coube à doutrina.

O estrito cumprimento do dever legal alcança as hipóteses em que o agente público, no desempenho de suas atividades, é obrigado por lei (em sentido amplo, abrangendo decretos, portarias, e todas as espécies normativas do art. 59 da CF), a violar um bem jurídico, praticando, assim, um fato típico.

1. Não cabe legítima defesa da legítima defesa (denominada de "**simultânea**"), pois os **interesses do agressor são ilegítimos**, ao contrário do estado de necessidade, pois neste último os interesses do agressor são legítimos.

Essa intervenção lesiva, dentro de limites aceitáveis, é justificada pelo estrito cumprimento do dever legal, e exclui a ilicitude do fato.

Cuida-se de **descriminante penal "em branco"**, já que depende de complementação da norma que anuncia o **dever legal**. Por exemplo: Policial que prendeu um perigoso criminoso em flagrante, algemando-o e conduzindo-o até a Delegacia. Esse policial não será responsabilizado pelo delito de constrangimento ilegal, pois o art. 301, do Código de Processo Penal[2] determina que assim o faça (flagrante compulsório). Logo, está agindo no estrito cumprimento do dever legal.

Vale lembrar que para os adeptos da **teoria da tipicidade conglobante** o estrito cumprimento do dever legal não funciona como **excludente da ilicitude, mas da própria tipicidade penal.**

Em relação à possibilidade de um particular alegar o estrito cumprimento do dever legal, duas correntes disputam o tema.

Uma delas sustenta que apenas os agentes públicos (em sentido amplo) podem invocá-la. No entanto, apresenta uma exceção: o particular, quando no exercício de alguma **função pública (como é o caso de mesários, peritos etc.), também poderá alegar o estrito cumprimento do dever legal.**

Para outra corrente, que é **majoritária, o particular poderá invocar essa justificante ainda que não esteja no exercício de função pública**. É o caso do advogado que deixa de depor sobre fato que deva guardar sigilo em razão de sua profissão. Para a primeira corrente, esse advogado atua no exercício regular de um direito e não estrito no cumprimento do dever legal.

Eventualmente, a conduta praticada pelo agente que cumpre um dever legal, pode estar acobertada por outra excludente de ilicitude. **Ilustrando**: um policial, durante cumprimento de mandado de busca e apreensão, é surpreendido com uma intensa troca tiros, e, para se defender, acaba matando um dos integrantes da organização criminosa. Nessa hipótese, o policial não será responsabilizado pela morte que causou, pois agiu em **legítima defesa.** Não há dúvida de que agiu com a finalidade de repelir uma agressão injusta. Não se trata, portanto, do **estrito cumprimento do dever legal**, tendo em vista que **não há norma que determina ao policial matar alguém.**

▸ ATENÇÃO!

As **condutas culposas** não são compatíveis com a excludente do estrito cumprimento do dever legal, tendo em vista que a lei não determina a ninguém que atue com imprudência, negligência ou imperícia. Na ocorrência de um resultado culposo, e desde que presentes os demais requisitos, pode haver incidência do estado de necessidade.

2. Art. 301. Qualquer do povo poderá e as autoridades policiais e seus agentes deverão prender quem quer que seja encontrado em flagrante delito.

Estrito Cumprimento de um Dever Legal	Exercício Regular de um Direito
Agentes Públicos no exercício da função	**Cidadão comum** no exercício de um direito
Autoridade policial e seus agentes - **DEVER legal**	Qualquer do Povo – **DIREITO**
Norma **determina** aquele comportamento.	Norma **autoriza** aquele comportamento.

6.3. Exercício regular de direito

Há muitos aspectos em comum entre essa justificante e o estrito cumprimento do dever legal.

Um deles é o fato de que esta descriminante **também não possui conceito definido pelo Código Penal**, e tampouco há dispositivo estabelecendo seus requisitos objetivos. Apenas é citada no artigo 23, inciso III, em sua parte final.

O encargo de conceituar a descriminante e elencar seus requisitos objetivos ficou a cargo da doutrina. De acordo com a definição doutrinária, o exercício regular de direito compreende condutas do cidadão comum autorizadas pela existência de um direito definido em lei e condicionadas à regularidade do exercício desse direito.

Seu fundamento reside no fato de que uma conduta não pode ser autorizada por uma norma, e, ao mesmo tempo, considerada criminosa por outra, o que caracterizaria verdadeira desordem jurídica.

Também é considerada como **descriminante penal em branco**, já que sua complementação depende da norma que anuncia o direito. O art. 301 do Código de Processo Penal, que prevê a prisão em flagrante, também pode ser utilizado como exemplo nesse caso. Nos termos do citado dispositivo, qualquer do povo **pode** prender em flagrante quem se encontrar em tal situação (flagrante facultativo). Ora, se há lei conferindo esse **direito** ao cidadão, obviamente não será possível responsabilizar o indivíduo que efetuou uma prisão em flagrante regular pelo crime de constrangimento ilegal.

▸ DICA

O art. 301 do CPP serve de complemento do estrito cumprimento do dever legal e do exercício regular do direito.

Embora guardem relação de semelhança, estrito cumprimento do dever legal e exercício regular de direito não se confundem. O primeiro é fruto de uma norma cogente, que resulta numa obrigação. Em outras palavras: a lei determina que o agente atue. Já o exercício regular de direito é oriundo de uma norma permissiva, que confere uma faculdade ao cidadão, para que, caso queira, proceda de determinado modo.

<table>
<tr><th>Art. 301, CPP</th><th>Flagrante facultativo</th><th>Flagrante obrigatório</th></tr>
<tr><td rowspan="3">Qualquer do povo poderá e as autoridades policiais e seus agentes deverão prender quem quer que seja encontrado em flagrante delito.</td><td>Direito de prender (norma permissiva)</td><td>Dever de prender (norma obrigatória)</td></tr>
<tr><td>Qualquer do povo</td><td>Autoridades policiais e seus agentes</td></tr>
<tr><td>Exercício regular do direito</td><td>Estrito cumprimento do dever legal</td></tr>
</table>

Os **requisitos** desta descriminante são:

a. Proporcionalidade;

b. Indispensabilidade;

c. Conhecimento por parte do agente que atua concretizando um direito previsto em lei[3].

Lembre-se que os adeptos da **teoria da tipicidade conglobante** entendem que o exercício regular de direito não funciona como **excludente da ilicitude, mas da própria tipicidade penal.**

IMPORTANTE

A **violência no âmbito esportivo** é exemplo de situação em que pode incidir a excludente do exercício regular de direito. Os praticantes dessas atividades não responderão por crime se observarem as regras e o zelo inerentes à disputa, se o ofendido consentir validamente com a sua prática, **e se a atividade não contrariar a ordem pública e nem a ética inerente ao senso comum**.

O mesmo ocorre nos casos de intervenções médicas e cirúrgicas. As lesões derivadas de tratamentos e intervenções médicas não constituem ilícito penal, pois possuem a finalidade de curar, de promover um bem social. Todavia, é necessário o consentimento válido do paciente ou de seu representante. A depender do caso concreto, o médico ou leigo que efetua procedimento em um paciente, sem o seu consentimento, com a finalidade de salvar-lhe a vida, não responderá por crime algum, caso incida a excludente do estado de necessidade.

6.3.1. Ofendículos

Trata-se de aparato **visível** preordenado usado de maneira **proporcional** em residências ou estabelecimentos para defesa do patrimônio. São exemplos de ofendículos: cercas elétricas, cães de guarda, cacos de vidro colocados nos muros, lanças nos portões etc.

---

3. Requisito de **caráter subjetivo** que decorre do finalismo e deve estar presente em todas as causas de justificação.

Em relação ao tema (ofendículos) a doutrina possui algumas correntes para definir sua **natureza jurídica**, desde que possua os requisitos acima mencionados ("aparato visível" e "proporcionalidade"):

1ª Corrente: cuida-se de exercício regular de um direito;

2ª Corrente: cuida-se de legítima defesa preordenada;

3ª Corrente (teoria mista): no momento em que os ofendículos são instalados, ocorre um exercício regular de direito; porém, uma vez acionado, temos a legítima defesa.

A doutrina majoritária adota a terceira corrente em que os ofendículos possuem natureza jurídica de **exercício regular de direito enquanto não acionado e legítima defesa quando acionados.**

▸ ATENÇÃO – "DEFESA MECÂNICAS"

Os ofendículos não se confundem com as chamadas **defesas mecânicas**, que são aparelhos ocultos, de difícil percepção, e também desempenham a função de defender determinado bem jurídico. Por exemplo: um sensor invisível de movimento, que, ao detectar a presença de um estranho, aciona uma potente arma de fogo, que efetua disparos na direção do invasor. **Por serem instalados de modo oculto, configuram excesso no exercício de direito, afastando a incidência da justificante.**

6.3.2. Consentimento do ofendido

O consentimento do ofendido consiste na anuência do titular do bem jurídico em relação ao fato típico praticado por outrem.

Quando o ofendido **consente** com a conduta criminosa, **obedecidos os demais requisitos**, as consequências jurídico-penais podem configurar:

a) **Causa supralegal de exclusão da ilicitude**. Nesse caso, o dissenso da vítima não é elementar do crime. É o que se dá no crime de dano (art. 163, CP), pois o tipo penal não faz qualquer referência ao consentimento do proprietário (o consentimento é uma circunstância exterior ao tipo).

b) **Causa supralegal que exclui a tipicidade, hipótese em que o dissenso da vítima é elementar do crime.** Quando a descrição legal do tipo penal contém o dissenso, expresso ou implícito, como elemento específico, o consentimento do ofendido funciona como causa de exclusão da tipicidade, já que ausente uma elementar. Tomemos como exemplo o crime de estupro: se alguém mantiver um ato sexual qualquer, mediante violência ou grave ameaça com outra pessoa, haverá estupro. Por outro lado, se a vítima consentir com a prática do ato, o fato será atípico.

6.3.2.1. Requisitos do consentimento do ofendido:

a) Vítima capaz de consentir. Há importante posicionamento do STF quanto ao consentimento do ofendido em crimes de estupro de vulnerável. Entende a Corte Suprema que, no estupro de vulnerável, o consentimento da vítima não produz qualquer efeito, pois a vítima não possui capacidade para consentir.

No STJ, tal entendimento encontra-se cristalizado em súmula: "Súmula 593 do STJ: O crime de estupro de vulnerável configura-se com a conjunção carnal ou prática de ato libidinoso com menor de 14 anos, sendo **irrelevante o eventual consentimento da vítima** para a prática do ato, experiência sexual anterior ou existência de relacionamento amoroso com o agente."

b) Consentimento válido e expresso, embora haja posições doutrinárias que aceitam o consentimento tácito;

c) Bem disponível e próprio.

▸ IMPORTANTE

O consentimento do ofendido não produz efeitos quando há ofensa a bens jurídicos **metaindividuais**, tendo em vista que o objeto jurídico não é de titularidade exclusiva do ofendido.

d) Consentimento prévio ou simultâneo à lesão ao bem jurídico.

▸ IMPORTANTE

O consentimento **posterior** à lesão **não exclui a ilicitude**, mas **pode refletir na punibilidade.** Em crimes de ação privada, pode configurar renúncia ou perdão.

e) O agente deve ter ciência do fato que autoriza a justificante. É o **requisito subjetivo.**

O consentimento do ofendido **também é admitido nos crimes culposos**, uma vez que a lei não impõe qualquer restrição. No entanto, assim como ocorre em casos de crimes dolosos, o bem jurídico deve ser disponível e o consentimento deve se referir à conduta do agente e não ao resultado naturalístico.

Em arremate, anote-se que a **integridade física** poderá ser **disponível** a ponto de admitir o consentimento do ofendido como causa excludente de ilicitude, desde que seja leve e não ofenda a moral e tampouco os bons costumes. Tal conclusão fundamenta-se na Lei nº 9099/95, a qual estabeleceu que **a ação penal no crime de lesão corporal leve é pública condicionada à representação.** Diante disso, a doutrina entende que a **incolumidade física é um bem relativamente disponível.**

QUESTÕES

QUESTÃO 1

FUNDATEC - 2023 - Prefeitura de Uruguaiana -RS - Guarda Civil Municipal

Durante o atendimento em uma situação de discórdia entre vizinhos, o Guarda Municipal de Uruguaiana (GMU), ao ser solicitado para intervir e dissolver o conflito, presenciou uma tentativa de um deles de agredir o outro com uma faca. Para evitar essa agressão, o GMU utilizou uma arma de uso não letal do tipo Taser, que resultou em lesões corporais no agressor. Como se define essa ação do GMU à luz do Código Penal?

a) Estado de necessidade.
b) Excesso punível.
c) Crime culposo.
d) Relevância da omissão.
e) Legítima defesa.

QUESTÃO 2

CESPE / CEBRASPE 2023 - TJ-ES - Analista Judiciário - Área Judiciária - Especialidade: Direito

Admite-se a excludente de antijuridicidade do estrito cumprimento de dever legal nos crimes culposos.

Certo ( ) Errado ( )

QUESTÃO 3

IMPARH - 2023 - Prefeitura de Pedra Branca CE Advogado

A respeito das excludentes de ilicitude, assinale a alternativa CORRETA conforme expresso pelo Código Penal.

a) Não há crime quando o agente pratica o fato em estrito cumprimento de dever legal ou no exercício regular de direito.
b) São penalmente inimputáveis os menores de dezoito anos.
c) É isento de pena o agente que, por doença mental ou desenvolvimento mental incompleto ou retardado, era, ao tempo da ação ou da omissão, inteiramente incapaz de entender o caráter ilícito do fato ou de determinar-se de acordo com esse entendimento.

d) É isento de pena o agente que, por embriaguez completa, proveniente de caso fortuito ou força maior, era, ao tempo da ação ou da omissão, inteiramente incapaz de entender o caráter ilícito do fato ou de determinar-se de acordo com esse entendimento.

QUESTÃO 4

MPE-PR - 2023 - MPE-PR - Promotor Substituto

Sobre causas de justificação, assinale a alternativa incorreta:

a) De acordo com a teoria da culpabilidade adotada pelo Código Penal brasileiro, a ação do policial A que, incorrendo em erro evitável sobre os pressupostos fáticos da causa de justificação do estrito cumprimento do dever legal, realiza o tipo objetivo do crime de abuso de autoridade contra B, não resulta em qualquer responsabilidade penal a A.

b) Na iminência de sofrer injusta agressão contra sua integridade física, A, utilizado-se moderadamente dos meios necessários, desfere golpe de faca contra o agressor B, portador de doença mental: a ação de A não pode ser justificada pela legítima defesa própria, mas pode ser justificada pelo estado de necessidade.

c) Para o exercício da legítima defesa real, a agressão injusta, atual ou iminente, a direito próprio ou de terceiro, pode derivar de ação dolosa, de omissão de ação dolosa, ou mesmo de culpa, consciente ou inconsciente.

d) Na legítima defesa, a ação justificada é integrada por elementos objetivos, por elementos subjetivos e, eventualmente, por elementos normativos, representados por limitações ético-sociais que condicionam a permissibilidade da defesa.

e) A encontra seu desafeto B em via pública e, em situação de legítima defesa putativa, pratica excesso contra B, por uso imoderado dos meios necessários, o que legitima o exercício de legítima defesa real por parte de B.

QUESTÃO 5

FUNDEP (Gestão de Concursos) - 2023 - DPE-MG - Defensor Público de Classe Inicial

Com relação à antijuridicidade, assinale a alternativa incorreta.

a) Em determinas hipóteses, o consentimento do ofendido é aceito como causa supralegal excludente da ilicitude.

b) O estado de necessidade defensivo ocorre quando o agente sacrifica bem jurídico do próprio causador do perigo e o estado de necessidade agressivo se verifica quando aquele que deve suportar a agressão não tem relação com o perigo.

c) Legítima defesa sucessiva ocorre quando o agressor originário age para repelir o excesso de defesa da vítima original.

d) A divulgação de cena de estupro em publicação acadêmica com a adoção de recurso que impossibilite a identificação da vítima não ostenta ilicitude penal.

e) É admissível a legítima defesa contra a legítima defesa nos casos de crimes omissivos.

QUESTÃO 6

CESPE / CEBRASPE 2023 - TCE-MS - Procurador de Contas Substituto do Ministério Público de Contas

João, valendo-se de uma faca do tipo peixeira, agrediu fisicamente Carlos, que reagiu imediatamente e acabou matando João. O Ministério Público ofereceu denúncia contra Carlos, pela prática do crime de homicídio.

Considerando a situação hipotética apresentada, assinale a opção correta.

a) Não está caracterizada a legítima defesa, pois a repulsa à agressão inicial causou resultado mais grave, o que a afasta a incidência da excludente de ilicitude.

b) Estará caracterizada a legítima defesa caso se comprove que Carlos repeliu a agressão inicial, ainda que justa, valendo-se dos meios necessários.

c) Não está caracterizada a legítima defesa, salvo se Carlos provar que João estava armado ou agira com intenção de matá-lo.

d) Estará caracterizada a legítima defesa ainda que a reação à agressão injusta seja postergada para momento posterior.

e) Estará caracterizada a legítima defesa caso Carlos demonstre que repeliu a agressão inicial, desde que injusta, valendo-se moderadamente dos meios necessários.

QUESTÃO 7

CESPE / CEBRASPE 2023 - PGE-SE - Procurador do Estado

O policial Ermano e sua filha de dois anos caminhavam em uma rua quando se depararam com um cão Rottweiler que era guiado por seu tutor, Ronaldo. O cão atacou Ermano e a filha, ainda que Ronaldo tentasse controlar o animal. Ermano, que portava uma arma de fogo, disparou-a para proteger a filha e, embora o alvo fosse o cão, o projétil ricocheteou e atingiu Ronaldo, que faleceu em decorrência do ferimento, tendo ficado constatado que Ermano não tinha outra alternativa para evitar o ataque do cão contra sua filha.

Nessa situação hipotética, Ermano agiu

a) em legítima defesa putativa, devendo responder, contudo, pela morte de Ronaldo.
b) em aberratio ictus, amparado por uma causa excludente de culpabilidade.
c) em estado de necessidade exculpante, devendo responder, contudo, pela morte de Ronaldo.
d) em estado de necessidade e não deve responder, na esfera penal, pela morte de Ronaldo.
e) em legítima defesa preordenada e não deve responder pela morte de Ronaldo.

QUESTÃO 8

VUNESP - 2023 - TJ-RJ - Juiz Substituto

Age em estado de necessidade quem pratica o fato para salvar de perigo atual, que não provocou por sua vontade, nem podia de outro modo evitar, direito próprio ou alheio, cujo sacrifício, nas circunstâncias, não era razoável exigir-se. Nos casos em que é razoável exigir-se o sacrifício do direito ameaçado:

a) desnatura-se o estado de necessidade, responsabilizando-se o agente.
b) não há isenção de pena quando a ação deriva de culpa e o fato é punível como crime culposo.
c) configura-se estado de necessidade putativo.
d) a pena poderá ser reduzida de um a dois terços.
e) o agente será responsabilizado por dolo, mas não por culpa.

QUESTÃO 9

FUNDEP (Gestão de Concursos) - 2023 - MPE-MG - Promotor de Justiça Substituto

Sobre as causas de justificação, assinale a alternativa CORRETA:

a) O excesso doloso ou culposo se aplica a quaisquer das causas de justificação previstas no artigo 23 do CP, salvo ao estado de necessidade, em face da adoção da teoria unitária.
b) É admissível o reconhecimento de legítima defesa contra agressão de agente em erro de tipo permissivo evitável.

c) No estado de necessidade, embora seja razoável exigir-se o sacrifício do direito ameaçado, a pena poderá ser reduzida de 1/6 (um sexto) à metade.

d) De acordo com a nova redação promovida pela Lei 13.964/2019, considera-se em estrito cumprimento do dever legal o agente de segurança pública que repele agressão ou risco de agressão a vítima mantida refém durante a prática de crimes.

QUESTÃO 10

FGV - 2023 - TRF - 1ª REGIÃO - Juiz Federal Substituto

Guilherme, com a intenção de socorrer seu filho, Rodrigo, utiliza, sem consentimento, o carro de seu vizinho, Douglas, para levar Rodrigo ao hospital.

A ação de Guilherme é considerada:

a) criminosa em qualquer hipótese;

b) lícita, acobertada pelo exercício regular de um direito;

c) lícita, acobertada pela excludente do estado de necessidade agressivo;

d) criminosa, se não houver a devolução dos valores equivalentes ao consumo do combustível do veículo;

e) lícita, acobertada pela excludente da legítima defesa de terceiros.

QUESTÃO 11

CESPE / CEBRASPE 2023 - PC-AL - Delegado de Polícia Civil

Pedro ingressou na residência de sua avó Teresa e subtraiu o pequeno cofre do quarto, levando-o para um beco. Sem saber o segredo do cofre, abriu-o com um maçarico e subtraiu as joias de seu interior. Em seguida, levou as peças a uma tradicional joalheria da cidade e vendeu-as a João, comerciante de 20 anos, que comprou os objetos sem se importar em apurar a origem.

Considerando essa situação hipotética, julgue o item que se segue.

Em se tratando do crime cometido por Pedro, é prevista a exclusão ilicitude em razão de Pedro ser neto da vítima, bastando, para tanto, que não haja a representação.

Certo ( ) Errado ( )

QUESTÃO 12

FGV - 2023 - TST - Juiz do Trabalho Substituto

Quanto às excludentes de antijuridicidade, analise as afirmativas a seguir.

I. Aquele que pratica o fato para salvar de perigo iminente, que não provocou por sua vontade, direito próprio, é considerado em estado de necessidade.

II. Aquele que tem o dever legal de enfrentar o perigo não pode alegar estado de necessidade, salvo quando for razoável exigir-se o sacrifício do direito ameaçado.

III. A tese da legítima defesa da honra é inconstitucional, por contrariar os princípios constitucionais da dignidade da pessoa humana, da proteção à vida e da igualdade de gênero.

IV. Age em legítima defesa o agente de segurança pública que, usando moderadamente dos meios necessários, repele agressão atual e injusta à vítima mantida refém durante a prática de crime.

Está correto o que se afirma em:

a) somente I e II;

b) somente III e IV;

c) somente I, II e IV;

d) somente II, III e IV;

e) I, II, III e IV.

GABARITO

Questão 1	Letra "E"
Questão 2	Assertiva "Errada"
Questão 3	Letra "A"
Questão 4	Letra "B"
Questão 5	Letra "E"
Questão 6	Letra "E"
Questão 7	Letra "D"
Questão 8	Letra "D"
Questão 9	Letra "B"
Questão 10	Letra "C"
Questão 11	Assertiva "Errada"
Questão 12	Letra "B"

CAPÍTULO 7

Teoria geral da culpabilidade

7.1. Conceito

No Direito Penal, a culpabilidade pode ser analisada sob três aspectos:

a) Culpabilidade como princípio

O princípio da culpabilidade **impede a responsabilidade penal objetiva**, ao estabelecer que a culpa é limite quantitativo da reprovação jurídica. Exige, desse modo, a concorrência de dolo ou de culpa na configuração do delito, para que o fato possa ser atribuído objetivamente e subjetivamente ao autor.

b) Culpabilidade como limite da pena

Relaciona-se ao grau de reprovabilidade da conduta do autor. É uma medida de intensidade, da qual decorre a ideia de proporcionalidade. Limitando a pena segundo a culpabilidade do autor, a sanção deve ser cominada **proporcionalmente ao grau de reprovação** que sua conduta efetivamente mereceu.

c) Culpabilidade como elemento do crime ou pressuposto de aplicação da pena

Nesse caso, a culpabilidade consiste na **reprovabilidade que recai sobre a conduta típica e ilícita** praticada pelo agente. É a verificação da possibilidade de se aplicar pena ao agente que praticou um fato típico e ilícito.

Devemos ter em mente que, em relação ao conceito analítico de crime, há teorias bipartites (crime seria fato típico e lícito), tripartites (crime seria fato típico, lícito e culpável) e quadripartites (crime seria fato típico, lícito, culpável e punível). Assim, considerar a culpabilidade como **elemento** integrante do crime, significa aceitar a teoria tripartite ou quadripartite. Por outro lado, reconhecer a culpabilidade apenas como um pressuposto de aplicação da pena, implica na adoção teoria bipartite.

Filiamo-nos à **teoria tripartite**, a qual é amplamente **majoritária**, na doutrina e na jurisprudência.

▶ **ATENÇÃO!**

Ausente a culpabilidade, o agente ficará **"isento" de pena**. Aliás, este é o argumento utilizado pelos defensores da teoria bipartite (crime como fato típico e ilícito), para concluírem que a culpabilidade é apenas um pressuposto de aplicação da pena.

7.2. Teorias acerca da culpabilidade

Parte dos conceitos referentes às teorias acerca da culpabilidade já foram abordados por ocasião do estudo da conduta como elemento do fato típico (vide tópico 5.3.1).

Não obstante, dada a importância do tema e sua alta cobrança em concursos públicos, faremos uma síntese dos principais aspectos de cada teoria.

7.2.1. Teoria psicológica da culpabilidade

A teoria psicológica da culpabilidade foi idealizada por **Franz von Liszt** e **Ernst von Beling**. Desenvolveu-se no século XIX, sob a influência do positivismo e dos métodos utilizados nas ciências naturais. Em razão dessas características, somente é compatível com **teoria clássica da conduta**.

Segundo tal concepção, **a imputabilidade é o pressuposto da culpabilidade. Dolo e culpa** são considerados como **espécies** da culpabilidade, a qual é considerada gênero. "Se o direito era submetido à análise metodológica das ciências naturais, claramente, o dolo deveria ser considerado desde um ponto de vista natural. Assim, concebeu-se a culpabilidade como o vínculo psicológico que unia o sujeito à sua realização delitiva, qual seja, ao resultado produzido por sua ação. Essa relação era de uma 'causalidade psíquica' expressada nas formas de dolo e culpa, sendo o dolo a causação voluntária do resultado e a culpa (imprudência) a causação involuntária do resultado". Por fim, é importante repisar que, de acordo com a teoria psicológica, **o dolo guarda em seu bojo a consciência da ilicitude** e por isso é denominado **dolo normativo.**

As principais críticas à teoria psicológica da culpabilidade estão na impossibilidade de solucionar os casos de **inexigibilidade de conduta diversa**, em que há dolo na conduta do agente, embora não seja possível imputar-lhe o crime, e de **culpa inconsciente**, situação em que, em razão da imprevisibilidade, não é possível constatar a conexão psíquica entre o autor e o resultado causado.

7.2.2. Teoria psicológico-normativa da culpabilidade

A teoria psicológico-normativa, de base neokantista, foi idealizada por **Reinhard Frank,** em 1907, e posteriormente aperfeiçoada por **Edmund Mezger** e **James Goldschmidt.** Recebeu esse nome porque passou a admitir a inserção de elementos normativos no âmbito da culpabilidade, que antes eram apenas considerados do ponto de vista psicológico.

"A metodologia normativa originada no neokantismo deu origem a uma concepção de culpabilidade que admitia em seu bojo elementos normativos, posto que se trata de uma filosofia que prega a supervalorização do dever ser, o que, transportado para a ciência jurídica de então, cristaliza-se na inserção de elementos axiológicos. Com isso, o conceito deixou de ser admitido apenas como uma realidade psíquica que deve ser constatada e passou a ser considerado um juízo jurídico, deixando de estar focado na mente do autor e passando a figurar como um juízo pessoal de censura pela prática de um ato ilícito".

De acordo com tal concepção, a normalidade das circunstâncias concomitantes passaria a figurar como elemento normativo da culpabilidade, a fim de solucionar o problema que resultava da excepcionalidade de determinadas situações, em que o sujeito se encontrava incapacitado de agir de modo diverso, em conformidade com o direito. Esse elemento é o que conhecemos hoje como **exigibilidade de conduta diversa.** Outra alteração provocada pela teoria psicológico-normativa diz respeito à compreensão acerca do **dolo e da culpa**, que deixaram de ser espécies de culpabilidade para se tornarem um de seus **elementos.**

Assim como na teoria psicológica, a consciência da ilicitude continua sendo intrínseca ao dolo. Por esse motivo, a concepção psicológico-normativa está restrita ao sistema causalista. Além disso, houve mudança na imputabilidade, que passou a ser considerada elemento da culpabilidade, e não mais um pressuposto. Essa proposta é fruto de uma crítica de Frank, no sentido de que não seria possível que a imputabilidade fosse um mero pressuposto do dolo, pois até mesmo os inimputáveis podem querer a ação.

Desse modo, os elementos da culpabilidade segundo a teoria psicológico-normativa são: **dolo ou culpa, imputabilidade e exigibilidade de conduta diversa.**

7.2.3. Teoria normativa pura da culpabilidade

Essa teoria ganhou força com o surgimento do **finalismo penal** de Hans Welzel, na década de 1930.

Recebe esse nome, pois removeu todo o conteúdo psicológico que permeava a culpabilidade, permitindo que nela remanescessem apenas os elementos normativos. Assim, o dolo - que era composto de conhecimento, vontade e consciência da ilicitude migra para a ação típica levando consigo apenas o conhecimento e a vontade, abandonando na culpabilidade a consciência da ilicitude.

Em virtude disso, no sistema normativo o dolo passa a ser **natural**, já que despido da consciência da ilicitude, compreendendo tão somente o conhecimento e a vontade.

Houve também uma importante mudança na abordagem da consciência da ilicitude Constatou-se que a atribuição de caráter real e atual à consciência da ilicitude inviabilizaria qualquer valoração sobre ela, uma vez que é inacessível. Assim, sua demonstração só poderia ser operada mediante presunção, de modo que de atual foi convertida a **potencial**.

Dessa maneira, segundo a teoria normativa pura, os elementos da culpabilidade foram estabelecidos da seguinte forma: **imputabilidade, potencial consciência da ilicitude e exigibilidade de conduta diversa**. Sua disposição observa uma ordem hierárquica, de modo que a constatação de um deles depende dos elementos que lhes são anteriores.

A teoria normativa pura se subdivide em duas vertentes: **teoria extremada da culpabilidade e teoria limitada da culpabilidade.**

Essas teorias irão impactar no tratamento dispensado às chamadas **descriminantes putativas**, aplicáveis às situações que são imaginadas erroneamente pelo agente. A depender da teoria adotada, o erro poderá excluir a tipicidade (descriminante putativa por erro de tipo) ou a culpabilidade (descriminante putativa por erro de proibição). Esse assunto será abordado mais à frente, em tópico próprio, quando estudarmos as teorias do erro.

Portanto, para o sistema finalista a culpabilidade possui três elementos:

a) Imputabilidade;

b) Potencial consciência da ilicitude;

c) Exigibilidade de conduta diversa.

Teorias da culpabilidade			
Teoria psicológica da culpabilidade	**Teoria psicológica normativa**	**Teoria extremada da culpabilidade**	**Teoria limitada da culpabilidade**
Base **causalista**	Base **neokantista**	Base **finalista**	Base **finalista**
Pressuposto: Imputabilidade **Espécies**: Dolo; e Culpa	**Elementos**: Imputabilidade Exigibilidade de conduta diversa Culpa Dolo **normativo** (composto de: consciência, vontade e consciência atual da ilicitude)	**Elementos:** Imputabilidade Exigibilidade de conduta diversa Consciência (potencial) da ilicitude **Obs1:** dolo e culpa migram para o fato típico **Obs2:** o dolo passou a ser **natural**, composto de: consciência e vontade) **Obs3:** o elemento normativo do dolo passa a ser elemento da própria culpabilidade, porém não mais atual, mas sim potencial	**Elementos:** Imputabilidade Exigibilidade de conduta diversa Consciência potencial da ilicitude **Obs.**: a teoria limitada diferencia-se da extremada em razão do entendimento acerca da natureza jurídica do art. 20, 1º do CP. **Teoria extremada:** erro de proibição. **Teoria limitada:** erro de tipo.

7.2.4. Teoria funcional

Günther Jakobs e Claus Roxin defendem uma concepção funcionalista para a culpabilidade, que não deve se basear no juízo de reprovabilidade e no livre arbítrio. Os autores sustentam que a culpabilidade deve estar vinculada às **finalidades preventivas da pena e à política criminal do Estado**.

7.2.4.1. Culpabilidade na visão de Claus Roxin

Roxin promoveu uma restruturação na teoria do delito, pois para ele o crime era formado de: tipicidade, ilicitude e a **responsabilidade**. Este último elemento abrange o **juízo de culpabilidade**, que é capacidade de se comportar conforme a norma e a **necessidade (preventiva) da pena**. Portanto, a culpabilidade deixa de ser um substrato do crime e passar a ser uma categoria da responsabilidade.

O indivíduo atua culpavelmente quando realiza um injusto jurídico-penal (conduta típica e antijurídica). Com efeito, a responsabilidade é atribuível àquele que não adota nenhuma das alternativas de conduta que eram, em princípio, psiquicamente acessíveis.

Ademais, Roxin considera a culpabilidade empírico-normativa, pois afere-se empiricamente, com apoio na biologia, psicologia, psiquiatria, entre outras ciências, a capacidade geral de autocontrole e acessibilidade de conhecimento da ilicitude, atribui-se, normativamente, a possiblidade da conduta conforme ao direito.[1]

Por fim, as exculpantes, como é o caso da exigibilidade de conduta diversa, para Roxin, excluem a responsabilidade por falta de necessidade preventiva da punição, pois há uma exigência de que de que a pena seja preventivamente imprescindível.

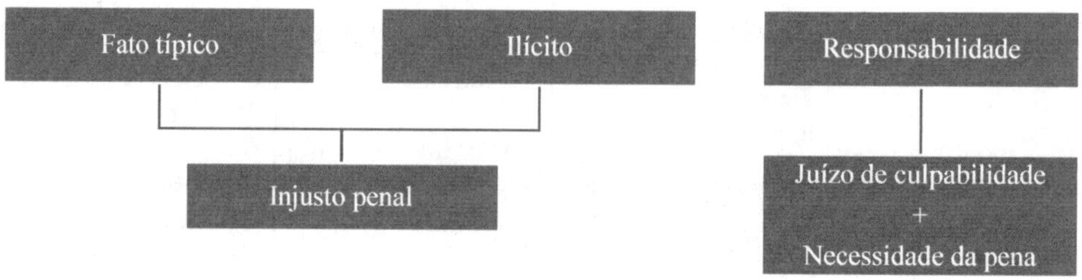

7.2.4.2. Culpabilidade na visão de Gunther Jakobs

Jakobs, por sua vez, propôs a funcionalização da culpabilidade para atender **exigências preventivo-gerais (positivas) da pena** (manutenção de vigência da norma). A finalidade da pena é do tipo preventivo geral, em que há a manutenção do reconhecimento geral da norma, com efeito a pena adequada à culpabilidade é a pena necessária para a estabilização da norma.[2]

Ademais, o autor trabalha com a ideia de **tipo total de culpabilidade** que se divide em:

Tipo positivo de culpabilidade que é aquele que estabelece que o autor do injusto (fato típico e ilícito) somente pode ser responsabilizado pelo *déficit* de motivação jurídica, se, ao tempo do fato, tinha condições de negar a vigência da norma (era imputável).

Tipo negativo de culpabilidade que diz respeito à atuação do agente com ânimo exculpante ou um contexto exculpante (inexigibilidade de conduta diversa). Segundo Jakobs, o fato típico e ilícito só não será culpável se o agente, apesar de imputável, estava em uma situação de desgraça, que lhe retirou a motivação para se comportar de acordo com a norma.

Por fim, frise-se que Jakobs, diferente de Roxin, **manteve os mesmos elementos da culpabilidade** hoje tratados pela doutrina moderna (imputabilidade, potencial consciência da ilicitude e exigibilidade de conduta diversa).

1. ALVES, Jamil Chaim. **Manual de direito penal:** parte geral e especial. Editora: JusPodivm, 2022, p. 331.
2. Ibidem, p. 332.

7.3. Elementos da culpabilidade

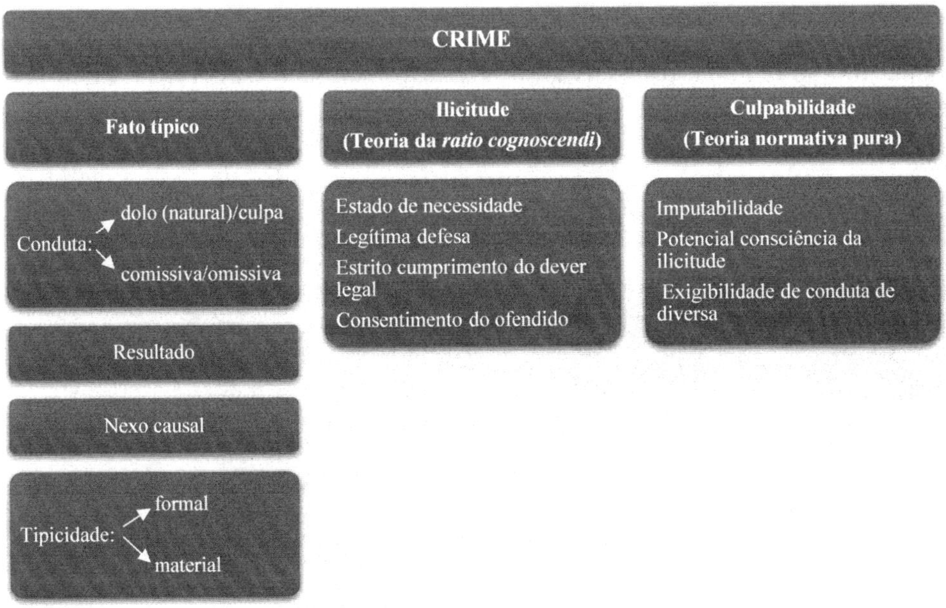

Como vimos, com o advento do sistema finalista, os elementos subjetivos do crime dolo e culpa foram reposicionados para a conduta, permanecendo a culpabilidade com elementos puramente normativos, a saber: imputabilidade do agente, potencial consciência da ilicitude e exigibilidade de conduta diversa. Passemos à análise de cada um deles.

7.3.1. Imputabilidade

Trata-se do **primeiro elemento** da culpabilidade e consiste na plena capacidade de entender e de querer.

O Código Penal apresenta o **conceito de imputabilidade por exclusão**, pois enumera apenas as hipóteses de **inimputabilidade** (arts. 26 a 28 do Código Penal). Portanto, presumem-se imputáveis todos os agentes não compreendidos nesse rol.

Diante dessa omissão legislativa, coube à doutrina definir a imputabilidade. Segundo o conceito doutrinário, imputabilidade é a **capacidade de entender** o caráter ilícito do fato e de **determinar sua conduta** conforme esse entendimento.

Essa capacidade de ser responsável no âmbito penal, ou seja, a capacidade entender e de querer o resultado que é vedado pelo legislador, abrange dois aspectos: o **cognitivo** e o **volitivo**, ambos considerados no art. 26 do Código Penal.

Art. 26, CP. "É isento de pena o agente que, por doença mental ou desenvolvimento mental incompleto ou retardado, era, ao tempo da ação ou da omissão, inteiramente incapaz de **entender** o caráter ilícito do fato ou de **determinar-se** de acordo com esse entendimento. (...)".

A aferição da imputabilidade depende de duas etapas. Primeiramente, de uma análise da **capacidade intelectiva**, ou seja, a aptidão de compreender a natureza ilícita da conduta. Em um segundo momento, constata-se o **controle volitivo**, que consiste na capacidade que o agente tem de dominar sua vontade, a fim de que se comporte conforme tal entendimento. Para o reconhecimento da inimputabilidade, basta que o agente não seja dotado de um desses elementos.

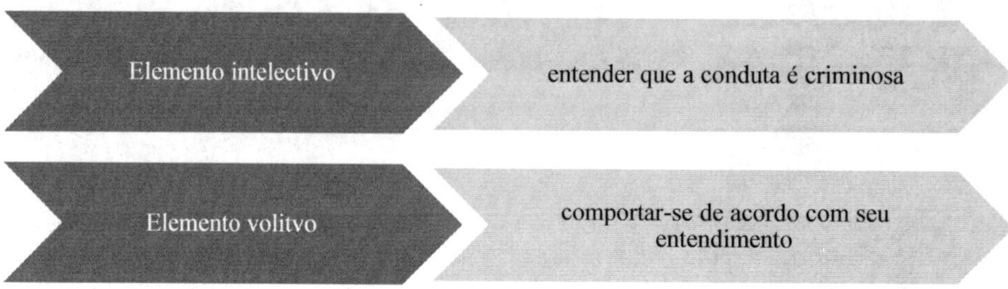

Em regra, são imputáveis os maiores de 18 anos e os mentalmente sãos.

7.3.1.1. Sistemas de aferição da imputabilidade

Há três sistemas que orientam a **aferição da imputabilidade**:

a) Sistema biológico: para o reconhecimento da inimputabilidade, esse sistema leva em consideração a existência de anomalias psíquicas, alterações mentais patológicas ou desenvolvimento mental incompleto ou retardado. Por presumir a inimputabilidade de forma absoluta nesses casos (presunção *iuris et de iure*), permitiria a impunidade do agente que possui discernimento suficiente no caso concreto, apesar de apresentar algum desses problemas mentais.

b) Sistema psicológico: de acordo com esse sistema, a verificação da inimputabilidade levaria em consideração a capacidade intelectiva e o controle volitivo do agente somente no momento dos fatos, pouco importando a existência de problemas mentais anteriores a esse período. Há fortes críticas a esse sistema, que se revela extremamente arbitrário e de difícil constatação.

c) Sistema biopsicológico, híbrido ou misto: é a conjugação dos dois sistemas anteriores, de modo que é considerado inimputável aquele que possui doença mental, anomalia psíquica ou desenvolvimento mental incompleto ou retardado, desde que, *no momento do fato*, essa incapacidade o inabilite a compreender o caráter ilícito do fato e a portar-se de acordo com esse entendimento. **Este é o sistema adotado pelo Código Penal (art. 26).**

7.3.1.2. Inimputáveis

Veja o que diz o Código Penal: Art. 26 "É isento de pena o agente que, por doença mental ou desenvolvimento mental incompleto ou retardado, era, ao tempo da ação ou da omissão, inteiramente incapaz de entender o caráter ilícito do fato ou de determinar-se de acordo com esse entendimento."

O Brasil adotou, como regra, a **teoria biopsicológica**, e como exceção, a **teoria biológica**.

Causa de inimputabilidade	Sistema adotado
Anomalia psíquica (art. 26 do CP)	Biopsicológico
Menoridade (art. 27 do CP)	Biológico
Embriaguez (art. 28, § 1º, do CP)	Biopsicológico

7.3.1.3. Excludentes de imputabilidade

O Código Penal elenca cinco causas de inimputabilidade:

- menoridade (art. 27);
- doença mental (art. 26, *caput*);
- desenvolvimento mental incompleto (art. 26, *caput*, e 27);
- desenvolvimento mental retardado (art. 26, *caput*); e
- embriaguez completa proveniente de caso fortuito ou força maior (art. 28, § 1º).

a) Menoridade

O Código Penal adotou o **critério biológico, cronológico ou etário**, pois há uma **presunção** de que os menores de idade não têm capacidade biológica de entender o caráter ilícito do fato. Trata-se de **presunção absoluta** (*iuris et de iure*), decorrente de previsão constitucional (art. 228, CF), não sendo, portanto, admitidas provas em contrário.

Em virtude disso, a emancipação não repercute na esfera penal, pois confere capacidade civil ao menor, mas não interfere na imputabilidade.

É importante ressaltar que a presunção da inimputabilidade cessa no dia em que o agente completa 18 anos, sendo irrelevante o horário do nascimento.

De acordo com a Súmula nº 74, do STF: "Para efeitos penais, o reconhecimento da menoridade do réu requer prova por documento hábil".

Conquanto não responda por seus atos no âmbito penal, o menor de 18 anos será responsabilizado na esfera infracional, sendo processado perante o Juízo da

Infância e da Juventude, submetendo-se ao Estatuto da Criança e do Adolescente (Lei n. 8.069/90).

Note que o menor que pratica um ato infracional não recebe "pena" ou "medida de segurança", mas "medidas socioeducativas", o que revela uma preocupação do legislador em educar esse menor infrator, e não de castigá-lo.

Discute-se se a menoridade penal pode ser reduzida em nosso ordenamento jurídico. Uma primeira corrente sustenta ser impossível a redução da menoridade penal, considerando o art. 228 da CF cláusula pétrea. Diante do princípio do não retrocesso, somente seria admitida uma alteração no dispositivo constitucional para ampliar direitos fundamentais, não para reduzi-los ou extingui-los. É a corrente majoritária e que era defendida por Luiz Flávio Gomes. A corrente contrária defende que o art. 228 da CF pode sim ser alterado, inclusive para a reduzir a menoridade penal, por não enxergar contornos de imutabilidade no dispositivo. Essa posição é defendida por Eugenio Pacelli e Fernando Capez.

b) Doença mental, desenvolvimento mental incompleto ou retardado

A compreensão acerca do que seja **doença mental** para fins de inimputabilidade deve ser mais ampla do que tradicionalmente define a medicina[3]. Podem ser inseridos no conceito de doença mental a psicose maníaco-depressiva, a esquizofrenia, a alienação mental, a paranoia, os distúrbios obsessivos-compulsivos, as formas de demência, bem como processos tóxicos crônicos que afetam o sistema nervoso central, associados à dependência química, tais como o alcoolismo ou a toxicomania[4].

Segundo o critério **biopsicológico** adotado pelo Código Penal, a mera existência de doença mental não é suficiente para conduzir à presunção de inimputabilidade. É necessário que *no momento do fato* essa incapacidade tenha retirado do agente a aptidão para compreender o caráter ilícito do fato e a portar-se de acordo com esse entendimento. Desse modo, se o fato foi praticado em um momento de lucidez, haverá imputabilidade.

O conceito de **desenvolvimento mental incompleto** compreende todos aqueles que, por alguma circunstância, não possuem condições de participar normalmente da vida em sociedade, o que afeta sua capacidade de discernimento e determinação. É o caso de surdos-mudos, nas hipóteses em que, por causa de sua deficiência, são privados dos processos de interação social comuns aos demais indivíduos. Serão considerados inimputáveis ou semi-imputáveis na medida em que se demonstre sua incapacidade absoluta ou relativa, respectivamente, de seu entendimento acerca da natureza ilícita de seu comportamento ou sua autodeterminação, pois, em regra, os maiores de 18 anos presumem-se imputáveis.

---

3. BITENCOURT, Cezar Roberto. **Tratado de Direito Penal**, v. 1, Parte Geral. 13 ed. São Paulo: Saraiva, 2008, p. 358.
4. BUSATO, Paulo César. **Direito Penal – Parte Geral**. São Paulo: Atlas, 2013, p. 562.

Critério biopsicológico	Critério biológico	Doença mental, desenvolvimento mental incompleto ou retardado
	Critério psicológico	Inteira incapacidade de entender o caráter ilícito do fato e de se determinar de acordo com esse entendimento

Também é preciso atentar para a situação dos silvícolas. Deve-se levar em conta o seu grau de integração com o restante da sociedade e da cultura nacionais. O entendimento é no sentido de que um laudo pericial deverá atestar se o silvícola é:

- **não integrado:** Inimputável, por desconhecer por completo as regras sociais;
- **semi-integrado:** Semi-imputável, por não desconhecer completamente as regras da sociedade, razão pela qual não será inteiramente capaz de entender o caráter ilícito da sua conduta, determinando-se de acordo com esse entendimento;
- **integrado:** Plenamente imputável, gozando de total conhecimento sobre as regras da sociedade, dotado de capacidade de discernir o lícito do ilícito.

Nas hipóteses de **desenvolvimento mental retardado**, há um descompasso entre a idade cronológica e a idade mental do agente. Normalmente, aqui estão inseridos os casos de oligofrenia.

▶ IMPORTANTE

A comprovação da doença mental ou do desenvolvimento mental incompleto ou retardado depende de **laudo médico pericial**. Tal meio de prova é fundamental por dois motivos. Primeiramente, porque há presunção legal relativa de que os maiores de 18 anos são imputáveis, e tal presunção somente pode ser afastada mediante prova em contrário. Além disso, o magistrado precisa ser assistido por um perito, a fim de que este proceda a uma avaliação biológica do agente. Vale lembrar que o juiz não fica adstrito ao laudo pericial, nos termos do art. 182 do Código de Processo Penal. Entretanto, o magistrado não pode desempenhar o papel do perito. Caso rejeite a conclusão técnica, deve ordenar a realização de um novo exame pericial. Não lhe é facultado atuar como médico, pois ao magistrado, a lei impõe a valoração da parte psicológica, assegurando a biológica às pessoas com formação técnica específica[5].

c) Embriaguez completa decorrente de caso fortuito ou força maior

A embriaguez é a intoxicação aguda e transitória, causada pelo álcool ou outra substância de efeitos análogos, cujos efeitos podem ocasionar desde uma ligeira

5. MASSON, Cleber. **Direito Penal Esquematizado – Parte Geral, v. 1**. São Paulo: Método, 2016, p. 516.

euforia inicial até o estado comatoso, e que pode privar o sujeito de seu normal discernimento ou capacidade de autodeterminação.

O tratamento conferido pelo Código Penal à embriaguez pode variar conforme sua espécie:

c1) Embriaguez não acidental (voluntária ou culposa): a embriaguez não acidental é aquela em que não há incidência de caso fortuito ou força maior. Significa dizer que, em algum momento, o agente decidiu embriagar-se: propositadamente, quando voluntária, ou por exceder seu limite de tolerância sem a intenção de fazê-lo, quando culposa. Tais hipóteses não têm o condão de afastar a imputabilidade (art. 28, II, CP).

▸ IMPORTANTE

A imputabilidade sempre deve ser constatada no caso concreto, de modo que seja possível verificar se o agente atuou consciente da natureza ilícita de seu comportamento, e se tinha condições autodeterminar-se. Na verdade, aquele que está alcoolizado, em decorrência de embriaguez voluntária ou culposa, não reúne tais requisitos. Para solucionar esse problema, adota-se a **teoria da *actio libera in causa*** (teoria da ação livre em sua causa), uma ficção jurídica de origem italiana, fundada no princípio romano do ***versari in re illicita***, [...] que propõe uma espécie de responsabilidade objetiva, pois relaciona como obra do sujeito, atribuível a ele, tudo o que ele realiza a partir de uma conduta prévia ilícita: *Qui in re illicita versatur tenetur etiam pro casu*, ou seja, quem se envolve com coisa ilícita é responsável pelo resultado fortuito posterior"[6]. Desse modo, os fatos são desdobrados em duas fases: o momento em que o agente, quando imputável, colocou-se em estado de embriaguez, e o momento em que o agente, inimputável ou semi-imputável em razão do álcool, praticou o crime. A teoria da *actio libera in causa* antecipa a análise da imputabilidade penal para o momento anterior ao da ocorrência do resultado. Considerando que no momento do crime não havia autodeterminação em razão da embriaguez (estado de inconsciência transitória), a teoria analisa se no momento da ingestão da substância o agente possuía imputabilidade e voluntariedade. É neste exato momento que a teoria retrocede para analisar a imputabilidade penal[7].

c2) Embriaguez acidental: resulta de caso fortuito ou força maior. O estado alcoolizado não resulta da vontade ou da culpa do agente. Por exemplo: sujeito que é forçado a ingerir grandes quantidades de álcool durante um trote universitário.

---

6. BUSATO, Paulo César. **Direito Penal – Parte Geral**. São Paulo: Atlas, 2013, p. 567.
7. Parcela minoritária da doutrina critica a teoria da *actio libera in causa*. Os adeptos dessa corrente entendem que o legislador, por motivos de política criminal, fez uso de uma ficção jurídica oriunda do direito italiano, criando terreno fértil para uma responsabilidade penal objetiva, pois considera imputável aquele que em realidade não o era.

Nesse caso, se embriaguez for completa, minando completamente o discernimento e a capacidade de autodeterminação do agente, afasta-se sua imputabilidade. Caso a embriaguez não seja completa, comprometendo apenas parte da aptidão do indivíduo de discernir e se autodeterminar, autoriza a diminuição da pena de um a dois terços, em virtude do reconhecimento da sua semi-imputabilidade.

c3) Embriaguez patológica: é também conhecida como alcoolismo crônico. Considerando os efeitos que acarreta, o alcoolismo crônico é compreendido dentre as doenças mentais (art. 26, *caput* e parágrafo único, CP). A depender da intensidade do grau dessa embriaguez, o agente será considerado imputável ou inimputável.

▶ IMPORTANTE

Segundo o art. 45 da Lei nº 11.343/06, é isento de pena o agente que, em razão da dependência, ou sob o efeito, proveniente de caso fortuito ou força maior de **droga**, era, ao tempo da ação ou da omissão, qualquer que tenha sido a infração penal praticada, inteiramente incapaz de entender o caráter ilícito do fato ou de determinar-se de acordo com esse entendimento.

c4) Embriaguez dolosa ou preordenada: neste caso, o agente, propositadamente, ingere bebida para sentir-se encorajado a praticar o crime. Além de não afastar a pena, autoriza a incidência de uma agravante (art. 61, II, "l", do CP).

Quanto à origem da embriaguez	Quanto ao grau de embriaguez
Acidental: Divide-se em: **Proveniente de caso fortuito**: Quando o agente desconhece o efeito inebriante da substância que ingere. **Proveniente de força maior**: Quando o agente é obrigado a ingerir a substância. Há um caso concreto em que uma pessoa foi sequestrada e mantida bêbada em cativeiro. A vítima, mesmo embriagada, conseguiu fugir, pegou um carro e atropelou um pedestre. Exclui a imputabilidade, **quando completa** (§ 1º). Quando incompleta, apenas **reduz** a pena (§ 2º).	**Completa**: quando retira a capacidade de entendimento e autodeterminação no momento da conduta. Exclui a culpabilidade. **Incompleta**: quando apenas diminui a capacidade de entendimento e autodeterminação no momento da conduta. Diminui a culpabilidade, sendo causa de diminuição de pena.
Não acidental: **Voluntária**: quando o agente quer se embriagar **Culposa**: decorre de negligência; não queria se embriagar, mas aconteceu **Não exclui imputabilidade**	Também pode ser completa ou incompleta

Doentia: é a embriaguez patológica. É equiparada a uma doença mental. **Só exclui a imputabilidade se completa (art. 26, *caput*, do CP)**	Também pode ser completa (equipara-se ao art. 26, *caput*, do CP) ou incompleta (equipara-se ao art. 26, parágrafo único, do CP)
Preordenada: a embriaguez é meio para a prática do crime. **Não exclui a imputabilidade** É agravante genérica	Também pode ser completa ou incompleta

7.3.1.4. Consequência da inimputabilidade

Como já visto, há duas situações em que a inimputabilidade pode ser reconhecida: quando se tratar de menor de 18 anos, ou quando o agente não tem condições de compreender o caráter ilícito do fato e de comportar-se de acordo com esse entendimento.

Os menores de 18 anos submetem-se ao Estatuto da Criança e do Adolescente.

Nos casos regidos pelo Código Penal, aferindo-se a inimputabilidade, ocorre a **absolvição imprópria** do agente. Perceba que o inimputável será processado e julgado, mas por não possuir os elementos necessários para que se sujeite ao juízo de culpabilidade, o magistrado deve proceder um **juízo de periculosidade**. Nos termos do art. 97, *caput*, do Código Penal, há presunção absoluta de periculosidade em relação aos inimputáveis. Diz-se que a absolvição é "imprópria" porque, embora o réu seja absolvido, há imposição de medida de segurança.

Nesse caso não há que se falar em efeitos da condenação, já que o agente é absolvido.

▸ ATENÇÃO

Nos casos em que a inimputabilidade é reconhecida em virtude de embriaguez acidental completa, é incabível falar em imposição de medida de segurança, pois seu estado de inconsciência é transitório.

7.3.1.5. Semi-imputabilidade

A semi-imputabilidade, também conhecida como **semiculpabilidade, imputabilidade diminuída ou culpabilidade diminuída**, encontra-se prevista no art. 26, parágrafo único do Código Penal, o qual dispõe: "A pena pode ser reduzida de um a dois terços, se o agente, em virtude de perturbação de saúde mental ou por desenvolvimento mental incompleto ou retardado não era inteiramente capaz de entender o caráter lícito do fato ou de determinar-se de acordo com esse entendimento".

A semi-imputabilidade deve ser aferida segundo o **critério biopsicológico.** A doutrina convencionou denominar os agentes que estão nessa posição de **indivíduos fronteiriços ou *boderline***, pois estão no limite entre a inimputabilidade e a imputabilidade.

Trata-se de uma **causa obrigatória de redução da pena**, fundada na **menor reprovabilidade da conduta** daqueles que, em virtude perturbação de saúde mental ou desenvolvimento mental incompleto ou retardado **não era inteiramente capaz** de entender o caráter lícito do fato ou de determinar-se de acordo com esse entendimento. Isso significa que o agente semi-imputável não tem a mesma capacidade de discernimento e autodeterminação do imputável, mas, ainda assim, possui alguma capacidade, não podendo, portanto, ser considerado um inimputável. Logo, o agente pratica um fato típico, ilícito e culpável, mas sua culpabilidade é reduzida. Nesse caso, será condenado, e não absolvido impropriamente, como se dá com os inimputáveis.

O critério adotado pelos Tribunais Superiores para determinar a fração de diminuição da pena é a maior ou menor capacidade do agente de compreender o caráter ilícito do fato e de determinar-se de acordo com esse entendimento. Quanto mais capacidade tiver, menor será a redução da pena, posto que sua conduta é mais reprovável. *A contrario sensu*, quando menos capacidade tiver, maior será a redução da pena.

O juiz poderá substituir a pena privativa de liberdade por internação em hospital psiquiátrico (**medida detentiva**) ou tratamento ambulatorial (**medida restritiva**), conforme art. 97 do CP.

Se a pessoa for submetida ao Júri, deverá haver quesito específico sobre a sua semi-imputabilidade a ser votado pelo Conselho de Sentença.

7.3.1.6. Consequência da semi-imputabilidade

Nos casos de semi-imputabilidade não há absolvição imprópria. Nosso ordenamento jurídico adotou o **sistema unitário ou vicariante** (art. 98, CP), pois o juiz deverá, em um primeiro momento, aplicar a pena para depois definir se deve condenar o réu à pena reduzida pela semi-imputabilidade, ou se determinará o cumprimento de medida de segurança, caso o agente necessite de tratamento curativo em razão de sua periculosidade.

Substituição da pena por medida de segurança para o semi-imputável

> Art. 98, CP - Na hipótese do parágrafo único do art. 26 deste Código e necessitando o condenado de especial tratamento curativo, a pena privativa de liberdade pode ser substituída pela internação, ou tratamento ambulatorial, pelo prazo mínimo de 1 (um) a 3 (três) anos, nos termos do artigo anterior e respectivos §§ 1º a 4º

Ao contrário do que ocorre com o inimputável, em que a medida de segurança é aplicada em uma sentença absolutória, para o semi-imputável ela vem como substitutiva da pena, em uma sentença condenatória. Por isso, o semi-imputável **submete-se a todos os efeitos da condenação**, sejam eles penais ou extrapenais.

▶ IMPORTANTE

A medida de segurança é espécie de sanção penal aplicável ao inimputável. Tem finalidade essencialmente preventiva. Não leva em consideração a culpabilidade do agente, mas a sua periculosidade. Há duas espécies de medida de segurança:

a) medida de segurança detentiva (internação): o juiz pode determinar a internação em manicômio judiciário;

b) medida de segurança restritiva (tratamento ambulatorial): o juiz pode determinar o tratamento em hospital apropriado.

▶ FIQUE ATENTO

"JUÍZO DE PERICULOSIDADE"

Veja o que o STJ decidiu sobre o tema:

"À luz dos princípios da adequação, da razoabilidade e da proporcionalidade, na fixação da espécie de medida de segurança a ser aplicada não deve ser considerada a natureza da pena privativa de liberdade aplicável, mas sim a periculosidade do agente, cabendo ao julgador a faculdade de optar pelo tratamento que melhor se adapte ao inimputável. Desse modo, mesmo em se tratando de delito punível com reclusão, é facultado ao magistrado a escolha do tratamento mais adequado ao inimputável."

STJ. 3ª Seção. EREsp 998.128-MG, Rel. Min. Ribeiro Dantas, julgado em 27/11/2019 (Info 662).

Em relação à medida de segurança, o Código Penal só prevê o tempo mínimo de sua duração (1 a 3 anos). Considerando que não há sanção penal de caráter perpétuo, os Tribunais Superiores estipularam um prazo máximo para o cumprimento da medida de segurança. De acordo com o STF, o prazo máximo é de 40 anos. Para o STJ, no entanto, "o tempo de duração da medida de segurança não deve ultrapassar o limite máximo da pena abstratamente cominada ao delito praticado". (Súmula 527).

O reconhecimento da inimputabilidade ou da semi-imputabilidade do réu depende da prévia instauração de **incidente de insanidade mental** e do respectivo exame médico-legal nele previsto, conforme entendimento do STJ[8].

8. "O art. 149 do CPP, ao exigir que o acusado seja submetido a exame médico-legal, não contempla hipótese de prova legal ou tarifada. A despeito disso, a partir de uma interpretação sistemática das normais

Entretanto, o réu tem direito subjetivo de não ser submetido compulsoriamente ao exame de sanidade mental, pois o incidente é instituto jurídico que foi pensado em favor da defesa. Outro não é o entendimento do STF. Vejamos:

> Habeas corpus. Constitucional. Processual penal. Alegação de constrangimento ilegal decorrente da determinação de exame de insanidade mental. Liberdade de locomoção. Ordem concedida.
>
> 1. No Código Penal Militar, assim como no Código Penal, adotou-se o critério biopsicológico para a análise da inimputabilidade do acusado.
>
> 2. A circunstância de o agente ter doença mental provisória ou definitiva, ou desenvolvimento mental incompleto ou retardado (critério biológico), não é suficiente para ser considerado penalmente inimputável sem análise específica dessa condição para aplicação da legislação penal.
>
> 3. Havendo dúvida sobre a imputabilidade, é indispensável verificar-se, por procedimento médico realizado no incidente de insanidade mental, se, ao tempo da ação ou da omissão, o agente era totalmente incapaz de entender o caráter ilícito do fato ou de determinar-se de acordo com esse entendimento (critério psicológico).
>
> **4. O incidente de insanidade mental, que subsidiará o juiz na decisão sobre a culpabilidade ou não do réu, é prova pericial constituída em favor da defesa, não sendo possível determiná-la compulsoriamente quando a defesa se opõe.**
>
> **5. Ordem concedida.**
>
> (HC 133078, Relator(a): Min. Cármen Lúcia, Segunda Turma, julgado em 06/09/2016, processo eletrônico DJe-202 DIVULG 21-09-2016 PUBLIC 22-09-2016)

7.3.1.7. Emoção e paixão (art. 28, inc. I)

A doutrina ensina que a **emoção é passageira/transitória**, isto é, uma perturbação passageira do equilíbrio psíquico, como por exemplo a ansiedade e vergonha; lado outro, a **paixão é duradoura**, ou seja, é uma perturbação que se arrasta no tempo por um tempo, a exemplo do amor, ambição e fanatismo.

A emoção e a paixão não excluem a imputabilidade penal, no entanto, tais estados anímicos podem influenciar na fixação da pena, como se observa dos arts. 65, III, "c", *in fine* (atenuante genérica), 121, § 1º (homicídio privilegiado) e 129, § 4º (lesão corporal privilegiada).

---

processuais penais que regem a matéria, deve-se concluir que o reconhecimento da inimputabilidade ou semi-imputabilidade do réu (art. 26, caput e parágrafo único do CP) depende da prévia instauração de incidente de insanidade mental e do respectivo exame médico-legal nele previsto. Vale ressaltar, por fim, que o magistrado poderá discordar das conclusões do laudo, desde que o faça por meio de decisão devidamente fundamentada." STJ. 6ª Turma. REsp 1802845-RS, Rel. Min. Sebastião Reis Júnior, julgado em 23/06/2020 (Info 675).

7.3.2. Potencial consciência da ilicitude

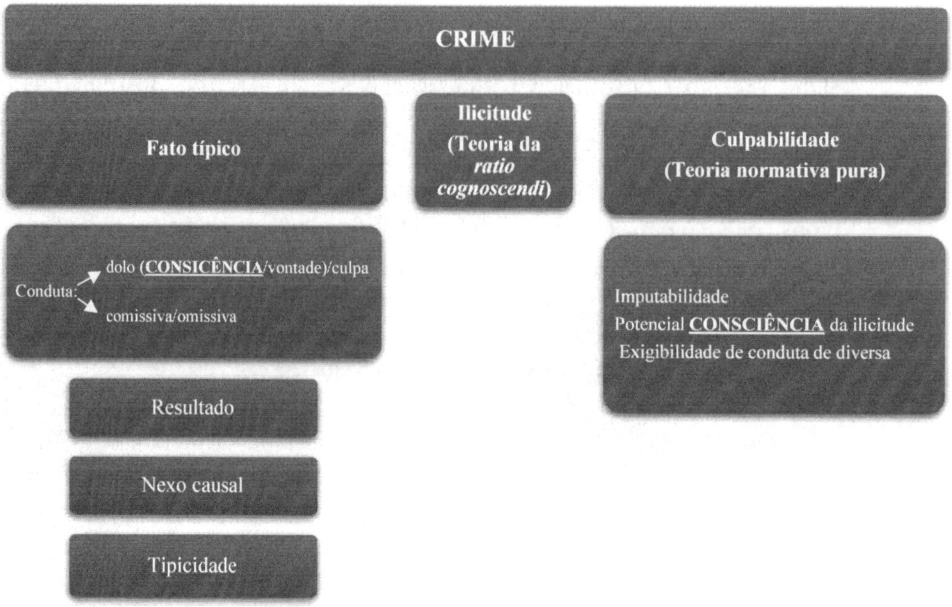

A potencial consciência da ilicitude, **segundo elemento da culpabilidade**, é a possibilidade que tem o agente imputável de compreender que sua conduta é contrária ao direito. Não se exige que ele conheça realmente a ilicitude da sua ação, basta a **possibilidade de conhecer.**

Há três perspectivas que debatem o que se compreende por consciência da ilicitude.

Segundo a **concepção formal**, só haveria tal consciência quando o agente pudesse conhecer formalmente a ilicitude do fato, o que implica em saber da existência da norma proibitiva. Há críticas a essa concepção por dois motivos. Uma vez adotado o critério formal, a presunção legal de que todos conhecem a lei a partir do início de sua vigência poderia ensejar toda sorte de abusos e injustiças. Além disso, se a caracterização do crime dependesse de tal conceito do que seja potencial consciência da ilicitude, só haveria responsabilização penal de juristas e estudiosos do direito.

Para a **concepção material**, a potencial consciência da ilicitude é consubstanciada na capacidade de entender a natureza antissocial da conduta, a partir de um senso comum ou ideia geral sobre a proibição do comportamento. Esse critério também sofre severas críticas, pois há comportamentos que, embora proibidos por lei, não possuem caráter antissocial sob a ótica do senso comum, a exemplo dos crimes contra a propriedade intelectual.

Para o **critério intermediário**, "o conhecimento da ilicitude não importa em conhecimento da punibilidade da conduta, nem em conhecimento do dispositivo legal que contém a proibição do seu comportamento. O sujeito, embora não seja obrigado a proceder uma valoração de ordem técnico-jurídica, deve conhecer, ou poder conhecer, com o esforço devido de sua consciência, com um juízo geral de sua própria esfera de pensamentos, o caráter ilícito do seu modo de agir".

O **critério intermediário é o mais aceito na atualidade**. Sendo assim, não é necessário que o indivíduo tenha conhecimentos técnicos ou jurídicos acerca do evento. Basta que possua uma percepção leiga de que seu comportamento, no caso concreto, não é admitido pelo direito (não precisa saber que o homicídio tem uma pena de 6 a 20 anos de reclusão e se for qualificado recebe o rótulo de crime hediondo. É suficiente ter conhecimento de que matar alguém é vedado pelo ordenamento jurídico. Saber que isso é errado já basta). Não fosse assim, somente as pessoas versadas em Direito, ou pelo menos com algum conhecimento especializado ou jurídico, seriam responsabilizadas pela maioria dos crimes. Neste ponto, reconhece a doutrina a denominada **valoração paralela na esfera do profano**, idealizada por Edmund Mezger[9] e difundida pelo penalista português Jorge Figueiredo Dias.

A valoração paralela da esfera do profano é um critério utilizado para determinação da consciência da ilicitude por parte do sujeito ativo. Cabe ao juiz examinar (valorar) em cada caso concreto, se o agente tinha possibilidade de ter consciência da ilicitude, ainda que seja nos limites de sua capacidade de compreensão. Para tanto, leva-se em consideração as **circunstâncias pessoais do indivíduo** (sua cultura, sua experiência de vida, suas questões éticas, morais, religiosas etc.), e não do homem médio. O que importa é o perfil subjetivo, pois a culpabilidade não é do fato, mas sim do agente[10].

Para o finalismo, a potencial consciência da ilicitude pode ser excluída pelo **erro de proibição** (art. 21, CP).

---

9. Segundo Mezger, chega-se ao conceito de consciência de antijuridicidade através de uma valoração paralela na esfera do profano. Para o penalista alemão, o profano é o extrajurídico, dessarte se o agente conseguir, v.g., através de normas sociais, morais, religiosas, apreender o desvalor de sua conduta, ele terá a consciência da antijuricidade (BRANDÃO, Cláudio. **Introdução ao direito penal: análise do sistema penal à luz do princípio da legalidade**, 2005, p. 147-149)

10. Conforme leciona Zaffaroni "não se pode exigir de o mesmo grau de compreensão da antijuridicidade. Há casos em que a exigência é maior do que em outros. Isto depende do esforço que o sujeito devesse fazer para compreender – internalizar – a norma. Circunstâncias pessoais e sociais, ou mesmo uma combinação de ambas, nos revelarão o grau de esforço do sujeito, que estará sempre em relação inversa com a reprovabilidade: quanto maior for o esforço que o sujeito deva fazer para internalizar a norma, menor será a reprovabilidade da conduta"... E continua o referido doutrinador: "A doutrina é unânime na afirmação de que não se requer um conhecimento ou possibilidade de conhecimento da lei em si, o que não ocorre de forma efetiva nem mesmo entre os juristas. O que se requer é a possibilidade do conhecimento, denominada *valoração paralela na esfera do profano, que é a possibilidade de conhecimento análogo ao efetivamente requerido a respeito dos elementos normativos do tipo.*" ZAFFARONI, Eugenio Raúl; PIERANGELI, José Henrique. **Manual de Direito Penal Brasileiro**. vol I, parte geral. 4 ed. rev., atual. São Paulo: Editora Revista dos Tribunais, 2011, p. 620-622.

7.3.2.1. Erro de proibição

O erro de proibição é aquele que recai sobre a **ilicitude do fato**. Encontra sua previsão legal no art. 21 do Código Penal, o qual dispõe:

> Art. 21 - O desconhecimento da lei é inescusável. O erro sobre a ilicitude do fato, se inevitável, isenta de pena; se evitável, poderá diminuí-la de um sexto a um terço. Parágrafo único - Considera-se evitável o erro se o agente atua ou se omite sem a consciência da ilicitude do fato, quando lhe era possível, nas circunstâncias, ter ou atingir essa consciência.

O desconhecimento da lei é inescusável (art. 21, CP e art. 3º da LINDB). Trata-se de regra de aplicação da lei, em virtude da qual há uma **presunção legal absoluta** de que os diplomas normativos passam a ser conhecidos por todos a partir de sua publicação. É, sem sombra de dúvidas, uma ficção jurídica.

No erro de proibição, por sua vez, o agente tem conhecimento da existência da lei - que decorre de presunção legal absoluta -, mas não conhece ou interpreta de forma equivocada seu conteúdo.

O erro de proibição (desconhecimento da ilicitude) e desconhecimento da lei *(ignorantia legis)* são coisas distintas. Como vimos, a culpabilidade depende do potencial conhecimento da ilicitude por parte do agente e não do efetivo conhecimento da lei penal que define o caráter ilícito da sua conduta. Não por outra razão o legislador afirma que o fato de o sujeito desconhecer a lei, mas conhecer, ainda que de forma potencial, a ilicitude da sua conduta, faz com que seja responsabilizado pelo crime. O máximo que se pode extrair de tal situação é uma diminuição da pena, porque o desconhecimento da lei é uma circunstância atenuante (art. 65, CP). Repare como as consequências são bem diferentes: a ausência da potencial consciência da ilicitude (erro de proibição) pode isentar de pena o agente e gerar sua absolvição. Já o desconhecimento da lei, por si só, dará ensejo à sua condenação, porém, com pena atenuada.

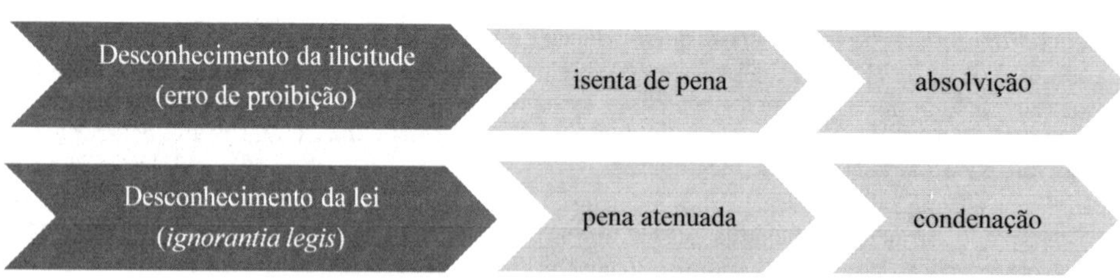

7.3.2.1.1. Classificações do erro de proibição

O erro de proibição é matéria atinente à culpabilidade, podendo excluí-la, a depender da natureza do erro. Vejamos como se classificam:

a) Erro de proibição escusável e inescusável

a1) Erro de proibição escusável (inevitável ou invencível): No caso concreto, mesmo empregando todas as diligências necessárias, o agente não tinha como conhecer o caráter ilícito do fato. Não havia potencial consciência da ilicitude. Logo, exclui a culpabilidade, pois o agente fica isento de pena (art. 21, *caput*, do CP).

a2) Erro de proibição inescusável (evitável ou vencível): Conquanto o agente desconhecesse o caráter ilícito do fato, tinha condições, nas circunstâncias do caso concreto, de saber que sua conduta era contrária ao ordenamento jurídico. A culpabilidade subsiste, pois ele tinha potencial consciência da ilicitude. A consequência será a redução da sua pena de um sexto a um terço, dada a menor censurabilidade da conduta.

▸ ATENÇÃO

O critério para aferir se o erro de proibição é escusável ou inescusável deve levar em consideração o **perfil subjetivo do agente**, e não a figura do homem médio. Lembre-se de que a tipicidade e a ilicitude se referem ao fato, mas a culpabilidade diz respeito ao agente.

b) Erro de proibição direto, indireto e mandamental

b1) Erro de proibição direto: o agente tem absoluta certeza de que age licitamente, embora, na realidade, trate-se de uma conduta ilícita. Neste caso, o agente desconhece ou interpreta erroneamente o conteúdo de uma **norma proibitiva**. Por exemplo: um estrangeiro, oriundo de país em que o consumo de maconha é permitido, faz uso da droga no Brasil, acreditando tratar-se de conduta permitida pelo ordenamento jurídico brasileiro.

b2) Erro de proibição indireto: também é denominado como **descriminante putativa por erro de proibição.** Nesta hipótese, o erro recai sobre uma **norma permissiva**, pois o agente supõe estar agindo sob o manto de uma excludente de ilicitude. O erro recai sobre a **existência** ou os **limites** de uma causa de justificação. Ilustrando: Tícia, atendendo às súplicas do seu idoso pai, que já estava farto de viver acamado e debilitado, aplica-lhe uma dose letal de morfina, acreditando que sua conduta não seria ilícita em razão do consentimento do ofendido, já que agiu apenas para concretizar a vontade do pai. Outro exemplo clássico na doutrina: Mévio, ao chegar em casa, encontra sua esposa com outro homem na cama. Indignado com a situação, saca sua arma e mata a ambos, crendo que age em legítima defesa de sua honra.

b3) Erro de proibição mandamental: está relacionado aos crimes omissivos, próprios ou impróprios. O erro recai sobre uma **norma mandamental**, ou seja, aquela que determina uma atuação positiva do agente (um fazer). Por exemplo: em uma turma do ensino fundamental, um aluno começa a agredir violentamente o outro, até causar lesões corporais de natureza grave na vítima. O professor, que presencia a cena, permanece impassível e nada faz para evitar o resultado, porque pensa que sua função é apenas transmitir o conteúdo previsto na grade curricular, e não zelar pela integridade física dos estudantes.

Em síntese:

Erro de proibição	**Incide sobre normas**
Direto	Incriminadoras
Indireto	Permissivas
Mandamental	Mandamentais

Não se deve confundir o erro de tipo com o erro de proibição.

Erro de tipo	**Erro de proibição**
Pode excluir a tipicidade	**Pode excluir a culpabilidade**
Se escusável: exclui o **dolo** e a **culpa** (fato é atípico). **Se inescusável:** exclui o dolo, mas o agente pode responder por crime culposo, se houver previsão no tipo legal.	**Se escusável**: exclui a **potencial consciência da ilicitude** (o réu fica isento de pena – é absolvido). **Se inescusável**: é **causa de diminuição de pena** (o réu é condenado).

Como visto, o finalismo acolhe a **teoria normativa pura da culpabilidade.** Essa teoria se subdivide em duas vertentes: **teoria extremada da culpabilidade** e **teoria limitada da culpabilidade.**

Essas vertentes irão impactar no tratamento dispensado às chamadas **descriminantes putativas,** pois a depender da teoria adotada, o erro poderá excluir a tipicidade (descriminante putativa por erro de tipo) ou a culpabilidade (descriminante putativa por erro de proibição).

Por meio de exemplos, vamos analisar como as teorias trabalham o tema.

Erro sobre os pressupostos de fato de uma causa excludente da ilicitude

Ex.: Inimigo encontra o desafeto num beco, o qual o jurou de morte inúmeras vezes. Ao se aproximarem, percebe que seu desafeto pretende tirar algo do paletó. Imaginando que será uma arma de fogo, antecipa-se a essa agressão injusta e iminente e atira, matando-o. Percebe-se, porém, que a vítima não portava arma de fogo. Nesse exemplo, o agente imaginou estar agindo em legítima defesa, mas errou ao examinar os **pressupostos fáticos**, pois não estava na iminência de sofrer qualquer agressão (seu desafeto estava desarmado).

Teoria extremada: Trata-se de **erro de proibição**, previsto no art. 21, do CP. A depender do caso concreto, pode excluir a culpabilidade (se o erro for escusável) ou reduzir a pena do agente (se o erro for inescusável);

Teoria limitada: Trata-se de **erro de tipo,** com previsão no art. 20, § 1º, do CP. Igualmente, a depender do caso concreto, pode haver a exclusão do fato típico (erro escusável) ou a responsabilização do agente por crime culposo (erro inescusável).

As teorias extremada e limitada da culpabilidade divergem apenas no erro sobre os **pressupostos de fato** de uma causa de justificação. Nas demais hipóteses, ambas admitem tratar-se de erro de proibição.

Erro sobre a existência de uma causa de exclusão de ilicitude

Ex.: Sujeito surpreende a mulher em flagrante adultério. Mata a esposa e o amante, crendo que age em legítima defesa de sua honra. Embora o adultério seja real (note que aqui o fato existe), o agente está em erro quando pensa que sua ação está acobertada por uma causa excludente de ilicitude, pois a lei não autoriza a legítima defesa em tal hipótese. A ninguém é dado lavar a honra com sangue alheio.

Teoria extremada: erro de proibição;

Teoria limitada: erro de proibição.

Como visto, as teorias concordam que o fato caracteriza erro de proibição (descriminante putativa por erro de proibição), aplicando-se a regra do art. 21, do CP.

Erro sobre os limites de uma causa excludente da ilicitude (excesso)

Ex.: Tício, tendo levado um soco de Mévio, num evento social, crê que podia desferir tiros contra ele, em legítima defesa. O erro recai sobre os **limites** da excludente, visto que claramente houve excesso na atuação do agente.

Tício não tem conhecimento de que esse excesso é criminoso. Compreende a situação fática (foi agredido com um soco, o que configura agressão injusta e atual), sabe que pode defender-se legitimamente, mas não conhece a ilicitude da desproporção de sua reação (desconhece os limites que devem estar presentes para configurar a legítima defesa).

Teoria extremada: erro de proibição;

Teoria limitada: erro de proibição.

Novamente as teorias concordam que o fato caracteriza erro de proibição (descriminante putativa por erro de proibição).

Em síntese:

<table>
<tr><th colspan="2">Descriminantes putativas</th><th colspan="2">Consequências</th></tr>
<tr><td rowspan="2">Erro de Tipo Permissivo</td><td rowspan="2">Erro sobre os pressupostos de fato ou situação fática de uma descriminante</td><td>Pela Teoria Extremada da culpabilidade (não adotada), cuida se de erro de proibição indireto (CP, art. 21, caput):</td><td>Recai sobre a culpabilidade, se inevitável isenta de pena, se evitável tem causa de diminuição de pena de 1/6 a 1/3.</td></tr>
<tr><td>Pela Teoria Limitada da culpabilidade (adotada pela exposição de motivos do CP, itens 17 e 20), cuida-se de erro de tipo (CP, art. 20, § 1º):</td><td>Se inevitável, isenta de pena o agente (exclui o dolo e a culpa); lado outro, se evitável responde por culpa (culpa imprópria, por equiparação, assimilação ou extensão).</td></tr>
<tr><td rowspan="2">Erro de Permissão</td><td>Erro sobre a existência de uma descriminante putativa</td><td rowspan="2">Para ambas as teorias (extremada e limitada) é hipótese de erro de proibição indireto (CP, art. 21, caput):</td><td rowspan="2">Recai sobre a culpabilidade, se inevitável isenta de pena, se evitável tem causa de diminuição de pena de 1/6 a 1/3.</td></tr>
<tr><td>Erro sobre os limites de uma descriminante putativa</td></tr>
</table>

▸ ATENÇÃO

O erro que incide sobre a existência ou limites de uma descriminante é denominado pela doutrina como **erro de permissão**. Já o erro que recai sobre os pressupostos de fato de uma descriminante recebe o nome de **erro de tipo permissivo**.

Prevalece o entendimento de que o Código Penal adotou a **teoria normativa pura limitada da culpabilidade**, de modo que **o** erro sobre os **pressupostos de fato** de uma descriminante putativa configura erro de tipo e não erro de proibição. Essa posição doutrinária se baseia no art. 17 da Exposição de Motivos do Código Penal[11].

Parte da doutrina, ainda minoritária e **na qual me incluo**, sustenta que o Código Penal acolheu a **teoria extremada "*sui generis*"**, enxergando na redação

11. É, todavia, no tratamento do erro que o princípio nullum crimen sene culpa vai aflorar com todo o vigor no direito legislativo brasileiro. Com efeito, acolhe o Projeto, nos artigos 20 e 21, as duas formas básicas de erro construídas pela dogmática alemã: erro sobre elementos do tipo (Tatbestandsirrtum) e erro sobre a ilicitude do fato (Verbotsirrtum). Definiu-se a evitabilidade do erro em função da consciência potencial da ilicitude (parágrafo único do artigo 21), mantendo-se no tocante às descriminantes putativas a tradição brasileira, que admite a forma culposa, em sintonia com a denominada "teoria limitada da culpabilidade." TOLEDO, Francisco de Assis. **Culpabilidade e a Problemática do Erro Jurídico Penal**. São Paulo: Revista dos Tribunais, p. 517-521.

do art. 20, § 1º, do CP, uma figura híbrida, nascida da fusão das duas teorias anteriores. Vejamos.

> **Descriminantes putativas**
>
> Art. 20, §1º - É isento de pena quem, por erro plenamente justificado pelas circunstâncias, supõe situação de fato que, se existisse, tornaria a ação legítima. Não há isenção de pena quando o erro deriva de culpa e o fato é punível como crime culposo.

Ora, pela redação do dispositivo observa-se que se o erro for:

- **Inevitável:** O CP segue a teoria **extremada**, isentando de pena o agente (não excluindo dolo ou culpa, como determina a teoria limitada);
- **Evitável o erro:** O CP segue a teoria **limitada**, punindo o fato a título de culpa (não atenuando a pena, como quer a extremada).

Diante disso, essa corrente entende existir três espécies de erro:

1) Erro de tipo;

2) Erro de proibição;

3) Erro misto, híbrido, eclético ou *sui generis*.

c) Erro sobre os elementos normativos do tipo

O erro sobre os elementos normativos do tipo é um tema controverso na doutrina. Como visto, os elementos normativos são aqueles contidos no tipo penal que dependem de juízo de valor para a perfeita compreensão de seu significado, a exemplo de termos como "justa causa", "indevidamente" etc.

Há doutrinadores que diferenciam os **elementos normativos do tipo** e **elementos jurídicos normativos da ilicitude**.

c1) Elementos normativos do tipo: constituem o tipo penal;

c2) Elementos normativos da ilicitude: integram a descrição do crime, mas se referem à ilicitude e, por essa razão, são considerados elementos *sui generis* do fato típico. Citam-se, como exemplos, expressões como "indevidamente", "injustamente", "sem justa causa", "sem licença da autoridade" etc.

Parcela da doutrina defende que, por pertencerem à descrição do tipo, o erro sobre tais elementos deve ser considerado como **erro de tipo**. Para outra corrente, estes elementos estão relacionados à ilicitude da conduta, ensejando o reconhecimento do **erro de proibição.**

Roxin ensina que o erro sobre os elementos normativos do tipo pode caracterizar erro de tipo ou erro de proibição, "segundo se refira a circunstâncias determinantes do injusto ou somente à antijuricidade da ação". A doutrina toma como exemplo o art. 154 do Código Penal, que tipifica o crime de violação de segredo profissional ("revelar alguém, sem justa causa, segredo, de que tem ciência em razão de função, ministério, ofício ou profissão, e cuja revelação possa produzir dano a outrem"), e ilustra a sistemática adotada pelo penalista alemão: Se em um congresso de medicina, um médico revela segredo do paciente, acreditando que não lhe causará nenhum dano, pelo contrário, até lhe trará algum benefício, mas, de algum modo, por alguma circunstância que ele desconhece, acarreta prejuízo ao paciente, nesse caso, esse erro se refere a uma condição do tipo. Se, ao contrário, imaginar que a divulgação que faz realiza com justa causa, então o erro será sobre a ilicitude, descaracterizadora da culpabilidade. Por exemplo, o médico está pleiteando o pagamento de honorários, que o paciente está lhe recusando, e imagina que para fundamentar esse pedido tem de explicitar o tipo de tratamento que realizou e qual a enfermidade do paciente. Agindo dessa forma, nem cogita que está quebrando o sigilo com justa causa. Nessa hipótese, não seria um erro sobre a constituição do tipo - sem justa causa -, mas sobre a ilicitude da conduta".

d) Erro de punibilidade

Caracteriza-se quando o agente acredita erroneamente que sua conduta está acobertada por uma **causa de isenção da pena**, a exemplo do art. 181 do Código Penal, que isenta de pena quem comete crimes contra o patrimônio em prejuízo das pessoas ali elencadas (cônjuge, ascendente ou descendente).

O fundamento de tal imunidade consiste na preservação da intimidade e dos laços familiares, pois o legislador entendeu que a repercussão da persecução penal no seio da família poderia ser mais lesiva do que o próprio prejuízo patrimonial causado pelo crime.

Tendo esses conceitos em mente, imagine a seguinte situação: Mévio, maior de idade e imputável, precisa de dinheiro para ir a uma festa com seus amigos naquela noite. Sabe que de nada adiantará pedir aos pais, já que eles cancelaram a mesada, como forma de motivá-lo a procurar um emprego. Ao chegar em casa, percebe que sua mãe deixou a bolsa sobre o sofá, enquanto está na cozinha com uma amiga do trabalho. Aproveitando aquele momento de distração da mãe, subtrai cerca de quinhentos reais que estavam dentro da bolsa, e, sem falar nada, vai encontrar seus amigos. Na manhã seguinte, quando chega em casa, descobre que a bolsa de onde subtraiu o dinheiro não pertencia à mãe, e sim à sua colega de trabalho.

Nesse caso, é cabível a aplicação da imunidade prevista no art. 181 do Código Penal em favor de Mévio?

Para a **primeira corrente**, o erro de punibilidade deveria ser tratado de maneira semelhante ao erro de proibição, eventualmente afastando a culpabilidade. Entretanto, a **corrente que prevalece** sustenta que o **erro de punibilidade é irrelevante**, pois a causa de isenção de pena fundamenta-se apenas em política criminal. Em outras palavras, o crime está perfeitamente caracterizado: é fato típico e ilícito, praticado por agente culpável, pois não existem fundamentos para a incidência das imunidades penais absolutas (não está em jogo a proteção do vínculo matrimonial ou as relações de parentesco).

Essa modalidade de erro somente tem aplicação para as normas proibitivas e constitui sempre hipótese de erro inescusável que autoriza a aplicação da pena reduzida.

Situação inversa também pode ocorrer. Por exemplo: agente que furtou um celular, acreditando que o proprietário era um estranho, quando, na realidade, pertencia a seu pai. Nesse caso, deve-se repisar que a causa de isenção de pena tem natureza objetiva, e a errônea suposição que motivou a atuação do agente em nada influencia no resultado concreto dos fatos. Segundo a doutrina, o ilícito penal está concretizado, deixando de ser punido por razões de política criminal, que desaparecem totalmente quando o ofendido é estranho.

e) Erro de vigência e erro de eficácia

e1) Erro de vigência: ocorre quando o agente desconhece que uma determinada norma já está em vigor em nosso ordenamento jurídico e, por isso, não tem conhecimento da ilicitude de seu comportamento (sabe que a norma existe, mas desconhece que já está vigendo). Trata-se de **espécie de erro de proibição** que incide sobre **normas permissivas, proibitivas ou mandamentais.**

Há hipóteses em que o erro de vigência é irrelevante, como no caso em que o fato já era considerado ilícito, mas a nova norma, desconhecida pelo agente de que já está em vigor, apenas agrava a pena. Evidentemente que ele responderá levando-se em conta a norma vigente à época do fato, se mais benéfica.

f) Erro de eficácia: dá-se quando o autor do fato acredita que determinada norma jurídica não está mais produzindo efeitos, seja porque já foi revogada, seja porque foi declarada inconstitucional. Também é **espécie de erro de proibição**, pois recai sobre a existência de normas proibitivas.

7.3.3. Exigibilidade de conduta diversa

É o **terceiro elemento da culpabilidade** e foi desenvolvido pelo penalista **Reinhard Frank**.

Também chamado de "exigibilidade de conduta conforme a lei" ou "poder de atuar de outro modo", **é o elemento material da culpabilidade.**

Na análise desse elemento deve-se avaliar se o agente tinha a possibilidade de se comportar de acordo com o ordenamento jurídico quando optou por violar a lei penal. De maneira mais simples, é preciso desvendar se o agente poderia, sem qualquer sacrifício, ter cumprido a lei, mas optou por desobedecê-la.

A conduta de alguém que pratica um injusto penal (fato típico e ilícito) só pode ser reprovada pela ordem jurídica, quando for possível demonstrar que o agente poderia ter respeitado a lei **sem sacrifícios exagerados.**

Portanto, para ser reprovado por sua conduta, é necessário demonstrar que o agente possuía a alternativa de respeitar o ordenamento jurídico, a qual era possível de ser seguida diante das circunstâncias do caso concreto, mas escolheu outro caminho, qual seja, o do desrespeito à lei penal. Em outros termos, podendo trilhar o caminho do bem ou do mal, elegeu este último. Assim agindo, surge a possibilidade de reprovação e, consequentemente, de imposição da pena.

Porém, não há como exigir do autor de um fato típico e ilícito que se abstenha de praticá-lo, quando presentes situações fáticas e excepcionais que demandariam dele um comportamento heroico e descomunal. Nessas hipóteses, deixa-se de reprová-lo justamente por não ser exigível dele uma conduta diversa. A inexigibilidade de conduta diversa, portanto, é causa que exclui a culpabilidade do agente, isentando-o de pena.

O estudo desse elemento da culpabilidade originou-se na jurisprudência do Tribunal do Império Alemão, no caso Leinenfänger, julgado em 1897, denominado pela doutrina brasileira como "**o caso do cavalo bravio**". O dono de uma empresa de coches determinou que seu empregado atrelasse ao coche um cavalo que costuma enroscar-se nas rédeas, dificultando a condução. Obedecendo à ordem, o empregado assim o fez. Ao transitar pela via com o coche, o animal arrancou as rédeas das mãos do condutor e disparou descontroladamente, provocando o atropelamento de um ferreiro que passava pela rua. Nesse caso do **cavalo bravio** o Tribunal entendeu que era necessária a **absolvição do cocheiro, pois não era razoável exigir que ele agisse de modo diferente**, já que a desobediência às ordens do patrão poderia ensejar a perda de seu emprego.

7.3.3.1. Causas de inexigibilidade de conduta diversa

O Código Penal Brasileiro prevê, **em rol exemplificativo**, duas situações que excluem a exigibilidade de conduta diversa e, por conseguinte, a culpabilidade: a **coação moral irresistível e a obediência hierárquica**.

"Art. 22, CP. "Se o fato é cometido sob coação irresistível ou em estrita obediência a ordem, não manifestamente ilegal, de superior hierárquico, só é punível o autor da coação ou da ordem."

7.3.3.1.1. Coação moral irresistível (vis compulsiva)

A coação moral irresistível consiste no emprego de grave ameaça contra determinada pessoa, a fim de impeli-la a realizar ou deixar de realizar uma conduta.

A grave ameaça, que deve ter caráter irresistível e inevitável, pode ser dirigida ao próprio agente ou a terceiro. Por exemplo: o agente sequestra o filho de um gerente bancário, e ameaça matar o menino se o pai não o acompanhar até o estabelecimento para efetuar a abertura do cofre. A conduta do gerente, em tese, poderia configurar participação no crime de furto. Entretanto, em razão da coação moral empregada, afasta-se a exigibilidade de conduta diversa, pois não seria razoável exigir que o pai arriscasse a vida do filho para evitar a ação dos criminosos.

As consequências variam conforme a coação seja:

- **Irresistível:** nesse caso, o coator responde como autor do crime praticado pelo coagido, em concurso com o delito de tortura (art. 1º, inc. I, "b", da Lei nº 9.455/97). O coagido, nessa hipótese, é isento de pena em face da inexigibilidade de conduta diversa.
- **Resistível:** o coator responde pelo crime praticado pelo coagido, incidindo a agravante do art. 62, inc. II, do CP. O coagido, nessa hipótese, responde pelo crime praticado, com a incidência da atenuante do art. 65, inc. III, "c", do CP.

Sobre a coação moral irresistível, entendeu o STJ recentemente:

> Recurso Especial. Penal. Art. 14, caput, da Lei 10.826/2003. Vigia. Porte ilegal de arma de fogo de uso permitido em via pública. Determinação pelo empregador. Inexigibilidade de conduta diversa por coação moral irresistível. Excludente de culpabilidade não caracterizada. Relação de subordinação restrita ao local e horário de trabalho.
>
> 1. A jurisprudência desta Corte Superior é pacífica em classificar o crime do art. 14 da Lei 10.826/2003 como de mera conduta e de perigo abstrato. Para realizá-lo, então, basta incorrer dolosamente na ação proibida, ou melhor, praticar os verbos que constituem o núcleo do tipo somados ao respectivo elemento normativo. Precedentes.
>
> 2. O recorrido foi preso em flagrante enquanto portava ilegalmente arma de fogo de **uso permitido, municiada, em via pública, no percurso entre o trabalho de "vigia" e sua residência, após o término do expediente laboral.**
>
> **3. No caso, não parece aceitável admitir que o recorrido estivesse sob influência de coação moral irresistível, até porque, quando praticou a conduta proibida, estava fora do horário e de seu ambiente de trabalho, livre, portanto, da relação de subordinação que o obrigava a portar arma de fogo de modo ilegal, conforme conclusão do Tribunal a quo. Sob esse prisma, não há por que supor a indução do comportamento delitivo por força externa determinante, infligida pelo empregador do recorrido. A verdade é que não há espaço para aplicação da regra disposta no art. 22 do CP.**
>
> **4. A relação de subordinação, como elemento do contrato de trabalho, não justifica comportamento contrário ao Direito fora dos limites do contexto laboral.**
>
> **5. A inexigibilidade de conduta diversa somente funciona como causa de exclusão da culpabilidade quando proceder de forma contrária à lei se mostrar como única alternativa possível diante de determinada situação.**
>
> 6. Ademais, não é possível confundir "a atividade exercida pelo réu (vigia) com a de um vigilante (profissional contratado por estabelecimentos financeiros ou

por empresa especializada em prestação de serviços de vigilância e transporte de valores), cuja categoria é regulamentada pela Lei nº 7.102/83, ao qual é assegurado o direito de portar armas de fogo, quando em efetivo exercício da profissão" (REsp 1221960/SP, Rel. Ministro Og Fernandes, Sexta Turma, julgado em 22/02/2011, DJe 09/03/2011).

7. Recurso especial provido para restabelecer a sentença penal condenatória."

(REsp 1456633/RS, Rel. Ministro Reynaldo Soares Da Fonseca, Quinta Turma, julgado em 05/04/2016, DJe 13/04/2016)

▸ ATENÇÃO

Não confunda coação **moral** irresistível *(vis compulsiva)* com coação **física** irresistível *(vis absoltua)*. A primeira é causa excludente de culpabilidade em razão da inexigibilidade de conduta diversa. A segunda afasta a tipicidade, por ausência de vontade, elemento necessário para configuração da conduta.

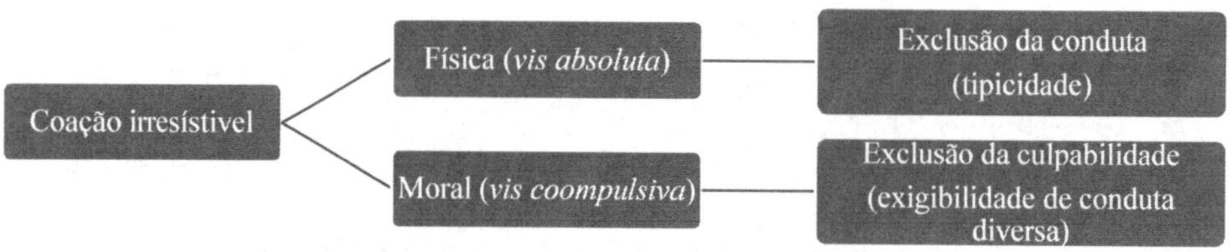

7.3.3.1.2. Estrita obediência hierárquica a ordem não manifestamente ilegal

A obediência hierárquica é a **causa de exclusão da culpabilidade** que incide quando um **funcionário público** pratica uma conduta típica e ilícita em cumprimento a ordem não manifestamente ilegal de seu superior hierárquico[12].

As consequências também podem variar:

- Se a ordem **não** for manifestamente ilegal, o superior hierárquico responderá pelo crime praticado pelo subordinado (autor mediato). O **subordinado ficará isento de pena** em virtude da inexigibilidade de conduta diversa.
- Se a ordem for **manifestamente ilegal**, ambos respondem pelo crime praticado, mas o subordinado terá a **pena atenuada** (art. 65, inc. III, "c", do CP).
- Se a ordem for **legítima**, não há crime diante do **estrito cumprimento do dever legal.**

12. **Não abrange a superioridade hierárquica familiar, privada ou eclesiástica**, as quais, a depender da análise do caso concreto, poderão funcionar como causas de exclusão da culpabilidade se caracterizada a coação moral irresistível.

De maneira sucinta, para o reconhecimento do **estrito cumprimento de dever legal** exige-se:

- que a ordem não seja manifestamente ilegal, isto é, que não seja claramente contrária ao direito;
- que a ordem seja dada por superior hierárquico em exercício de função pública, civil ou militar; e
- que o cumpridor da ordem se atenha aos limites da ordem.

7.3.3.2. Existência de causas supralegais de exclusão da culpabilidade

Primeiramente, é preciso compreender que não é dado ao juiz considerar outros casos de **inimputabilidade** fora das hipóteses previstas em lei. Cabe apenas ao legislador dispor sobre a imputabilidade penal, dentro do exercício da sua legítima vontade política.

Da mesma forma, não pode o juiz reconhecer a falta da **potencial consciência da ilicitude (erro de proibição)** fora das hipóteses legais.

Portanto, não há causa supralegal de exclusão da culpabilidade que se estabeleça sobre a imputabilidade do agente e tampouco sobre a potencial consciência da ilicitude. No entanto, a **exigibilidade de conduta diversa** é o único elemento da culpabilidade que admite a sua **exclusão fora das hipóteses estabelecidas em lei.**

<table>
<tr><th>Elementos da culpabilidade</th><th colspan="2">Dirimentes/causas de exclusão</th></tr>
<tr><td>Imputabilidade</td><td>Menoridade
Embriaguez
Doença mental</td><td rowspan="2">Rol taxativo</td></tr>
<tr><td>Potencial consciência da ilicitude</td><td>Erro de proibição</td></tr>
<tr><td>Exigibilidade de conduta diversa</td><td>Coação moral irresistível
Obediência hierárquica</td><td>Rol Exemplificativo</td></tr>
</table>

Note que no caso da exigibilidade de conduta diversa **o rol é meramente exemplificativo.** Isso porque não é possível ao legislador prever abstratamente todas as circunstâncias nas quais não será viável exigir do agente uma conduta diversa.

Os primeiros casos em que a inexigibilidade de conduta diversa foi reconhecida como dirimente da culpabilidade ocorreram na Alemanha, no início do século XX. Os exemplos são citados por Cleber Masson:

a) Cavalo bravio: o proprietário de um cavalo indócil ordenou ao cocheiro que o montasse e saísse a serviço. O cocheiro, prevendo a possibilidade de um acidente se o animal disparasse, quis resistir à ordem. O dono ameaçou de dispensa caso não cumprisse o mandado. O cocheiro, então, obedeceu e, uma vez na rua, o animal tomou-lhe as rédeas e causou lesões em um transeunte. O tribunal alemão absolveu o cocheiro sob o fundamento de que, se houve previsibilidade do evento, não seria justo, todavia, exigir-se outro procedimento do agente. Sua recusa em sair com o animal importaria a perda do emprego, logo a prática da ação perigosa não foi culposa, mercê da inexigibilidade de outro comportamento.

b) Parteira dos filhos de mineradores: a empresa exploradora de uma mina acordou com seus empregados que, no dia do parto da esposa de um operário, este ficaria dispensado do serviço, sem prejuízo de seus salários. Os operários solicitaram da parteira encarregada dos partos, no caso de nascimento verificado em domingo, declarasse no Registro Civil que o parto se verificara em dia de serviço, ameaçando-se de não procurar seu mister se não os atendesse. Temerosa de ficar sem trabalho, a parteira acabou em situação difícil, por atender à exigência, e tornou-se autora de uma série de declarações falsas no Registro de Nascimento. Foi absolvida, por inexigibilidade de conduta diversa.

Em ambos os casos os autores cometeram fatos típicos e ilícitos, porém, dadas as circunstâncias, os atos não podiam ser censurados, pois não se exigia dos autores que agissem conforme o Direito.

Portanto, doutrina e jurisprudência admitem as chamadas **causas supralegais de exclusão da culpabilidade**, argumentando que a exigibilidade de conduta diversa reflete um verdadeiro **princípio geral** da culpabilidade, como se observa do julgado a seguir versando sobre crimes financeiros:

> Penal e processual penal. Habeas corpus. Apropriação indébita previdenciária (art. 168, § 1º, I, do CP). Elemento subjetivo do tipo. Dolo específico. Não exigência. Precária condição financeira da empresa. Não comprovação. Excludente de culpabilidade. Inexigibilidade de conduta diversa. Inaplicabilidade. Ordem denegada.
>
> 1. O crime de apropriação indébita previdenciária exige apenas "a demonstração do dolo genérico, sendo dispensável um especial fim de agir, conhecido como animus rem sibi habendi (a intenção de ter a coisa para si). Assim como ocorre quanto ao delito de apropriação indébita previdenciária, o elemento subjetivo animador da conduta típica do crime de sonegação de contribuição previdenciária é o dolo genérico, consistente na intenção de concretizar a evasão tributária" (AP 516, Plenário, Relator o Ministro Ayres Britto, DJe de 20.09.11).
>
> **2. A inexigibilidade de conduta diversa consistente na precária condição financeira da empresa, quando extrema ao ponto de não restar alternativa socialmente menos danosa do que o não recolhimento das contribuições previdenciárias, pode ser admitida como causa supralegal de exclusão da culpabilidade do agente. Precedente: AP 516, Plenário, Relator o Ministro Ayres Britto, DJe de 20.09.11.**
>
> 3. Deveras, a análise da precariedade, ou não, da condição econômica da empresa demanda o revolvimento do conjunto fático probatório, inviável na via do habeas corpus. Destarte a ausência de comprovação nas instâncias ordinárias

das dificuldades econômicas enfrentadas pela empresa impede a exclusão da culpabilidade do agente em razão da aplicação do instituto da inexigibilidade de conduta diversa. Precedentes: HC 98.272, Segunda Turma, Relatora a Ministra Ellen Gracie, DJe de 16.10.09; RHC 86.072, Primeira Turma, Relator o Ministro Eros Grau, DJ de 28.10.05)

4. In casu, o paciente deixou de repassar à Previdência Social as contribuições descontadas de seus empregados no período compreendido entre março de 1999 e janeiro de 2000. Destarte, foi condenado a 2 (dois) anos e 6 (seis) meses de reclusão, em regime aberto, e ao pagamento de 16 (dezesseis) dias-multa, pela prática do crime previsto no artigo 168-A, § 1º, inciso I, do Código Penal (apropriação indébita previdenciária) e a pena privativa de liberdade foi substituída por duas reprimendas restritivas de direito.

5. A defesa, ao não comprovar que empresa administrada pelo paciente passava por dificuldades financeiras que a impossibilitavam de cumprir a obrigação de repassar à Previdência Social os valores referentes às contribuições descontadas de seus empregados, não se desincumbiu de conjugar do quadro fático-jurídico o dolo específico. 6. Ordem denegada.

(HC 113418, Relator(a): Min. Luiz Fux, Primeira Turma, julgado em 24/09/2013, processo eletrônico DJe-206 DIVULG 16-10-2013 PUBLIC 17-10-2013)

"Direito penal. Ação penal originária. Peculato-desvio. Assunção de obrigação no último ano de mandato. 1. Se o acusado, consciente e voluntariamente, se apropria de verbas cuja detenção se dá em razão do cargo que ocupa e se as emprega em finalidade diversa daquelas a que se destinam, pratica o delito de peculato-desvio, desimportante não tenha o desvio se dado em proveito próprio. 2. No caso sob exame, o Município é mero depositário das contribuições, descontadas dos contracheques de seus servidores para pagamento de empréstimos consignados, as quais pertencem ao Banco. 3. Por outro lado, ao impedir a quitação das obrigações, o gestor ordena ou autoriza assunção de obrigação. No caso dos autos, sem adimpli-la no mesmo exercício financeiro, nem deixar receita para quitação no ano seguinte, nos termos do artigo 359-C, do Código Penal. 4. **Nada obstante a crise financeira por que passava o Município, a contratação de pessoal e os repasses voluntários a instituições não governamentais, impedem a configuração da dirimente de inexigibilidade de conduta diversa, a afastar o juízo de reprovação penal da conduta**. 4. Pretensão punitiva julgada procedente para condenar o acusado pela prática dos crimes previstos nos arts. 312, caput, e 359-C, na forma dos arts. 29, 71 e 70, todos do Código Penal."

(STF, AP 916, Relator(a): Min. Roberto Barroso, Primeira Turma, julgado em 17/05/2016, DJe-207 DIVULG 27-09-2016 PUBLIC 28-09-2016)

Portanto, toda vez que o respeito à lei penal se revelar uma opção inviável ao agente, poderá o juiz reconhecer a ausência de sua culpabilidade, ainda que não exista excludente específica prevista em nosso ordenamento jurídico.

7.3.3.2.1. Hipóteses específicas de inexigibilidade de conduta diversa

a) Cláusula de consciência

Corolário da liberdade de crença e da liberdade de consciência, asseguradas constitucionalmente (art. 5º, VI), manifesta-se em razão da prática de um ato ou omissão penalmente relevante, que não seria reprovável em razão do preceito constitucional.

Estará isento de pena aquele que, por motivo de consciência ou crença, praticar algum fato rotulado como infração penal, desde que não viole direitos fundamentais individuais.

Luiz Flávio Gomes e Antonio Molina ensinam que a questão deve ser analisada sob dois pontos de vista:

a1) se não há nenhuma lesão ao bem jurídico colocado em risco, em razão da intervenção de uma terceira pessoa. Ex. O pai não permite a transfusão de sangue no filho menor, mas o médico atua por conta própria e salva a criança.

Consequência: ninguém responde penalmente nesse cenário.

a2) quando há lesão a bem jurídico de maior valor que a liberdade de crença e de consciência, como a vida humana. Ex. O pai não permite a transfusão de sangue no filho menor e a criança morre, apesar de o médico ter agido para salvá-la.

Consequência:

- **o pai:** responde penalmente, porque entre a liberdade de crença e a lesão à vida ou integridade física, estes bens jurídicos possuem maior valor.
- **o médico:** se restar comprovado que tentou de toda a maneira salvar a vida da criança e não conseguiu, não será responsabilizado criminalmente.

b) Desobediência civil

Trata-se do direito de qualquer cidadão de protestar, de forma pública e não violenta, movido por ideais ético-políticos, contra graves injustiças. É o caso das invasões de terra por parte do MST, de ocupações da FUNAI por parte de indígenas, bloqueios de rodovias, greve dos caminhoneiros etc.

Para aqueles que admitem que a desobediência civil seja reconhecida como causa supralegal de exclusão da inexigibilidade de conduta diversa, **dois requisitos** precisam se fazer presentes:

b1) a desobediência deve estar fundada na **proteção de direitos fundamentais**; e

b2) o **dano causado não pode ser relevante**.

c) Conflito de deveres

Tem por fundamento a chamada **escolha do mal menor.**

Essa causa supralegal de inexigibilidade de conduta diversa é muito comum nos delitos contra a ordem tributária, onde o empresário, diante de graves dificuldades econômicas enfrentadas por sua empresa, não vê outra alternativa a não ser deixar de recolher as contribuições previdenciárias (mal menor) para preservar a empresa e os seus funcionários (mal maior)[13].

Mas também pode ocorrer em outros cenários, como na hipótese em que dois pacientes que precisam de idêntico tratamento médico, a ser realizado por um determinado aparelho, chegam simultaneamente ao hospital, que dispõe de um único instrumento capaz de salvar a vida de apenas um deles. Diante desse contexto, em que um dos pacientes irá sucumbir, o médico que precisou escolher qual sobreviveria terá realizado um comportamento típico, ilícito, mas não culpável, diante da causa supralegal de exclusão da culpabilidade.

d) Estado de necessidade exculpante

Ocorre quando o bem jurídico preservado possui menor valor ou igual àquele que foi sacrificado. É o clássico exemplo dos dois náufragos que disputam uma tábua que suporta apenas uma pessoa e um mata o outro para se salvar. Há um sacrifício de valores iguais (vida humana), diante de um perigo atual, não causado pelos agentes.

Diante das teorias que explicam o tema, duas situações podem ocorrer:

d1) punir o agente pelo crime praticado, reduzindo-se sua pena na forma do art. 24, § 2º, do CP **(teoria unitária do estado de necessidade);**

d2) excluir a culpabilidade do autor, com base em causa supralegal de exculpação **(teoria diferenciadora do estado de necessidade).**

e) Excesso (exculpante) na legítima defesa exculpante

Diante de uma injusta agressão, o agente não consegue controlar seus atos, seja por fatores emocionais ou psicológicos. Em função dessa alteração em seu estado de espírito, não avalia os fatos corretamente e acaba por se exceder ao repelir a agressão. Parcela da doutrina ensina que nessa hipótese em que o agente é tomado por intenso sentimento de medo, pavor ou nervosismo na reação defensiva, não se pode exigir dele conduta diversa, figurando o excesso como causa supralegal excludente da culpabilidade.

f) Legítima defesa antecipada

No estudo da legítima defesa, vimos que a reação à agressão futura, porém certa, que vai acontecer, não configura verdadeira hipótese de legítima defesa, causa excludente da ilicitude, pois ausente um dos seus requisitos, qual seja, a iminência da injusta agressão. No entanto, a chamada legítima defesa antecipada pode dar ensejo ao reconhecimento da inexigibilidade de conduta diversa, causa supralegal que excluiria a culpabilidade. Na ocasião, ilustramos com o exemplo do traficante

13. STF, 1ª Turma. HC 113.418/PB, Rel. Min. Luiz Fux, j. em 24/09/2013.

de drogas que liga para seu desafeto e diz que irá matá-lo assim que o encontrar. Considerando que o traficante é altamente perigoso e que costuma cumprir com suas promessas, a vítima decide antecipar-se e mata o traficante, a fim de cessar a ameaça certa de sua morte. Nessa hipótese, estaríamos diante de um fato típico, ilícito, porém, não culpável diante da inexigibilidade de conduta diversa.

7.3.4. Coculpabilidade

Segundo a teoria da coculpabilidade, desenvolvida por **Eugenio Raúl Zaffaroni** a partir dos pensamentos de **Jean Paul Marat**, o Estado e a sociedade devem assumir uma parcela de responsabilidade pelos crimes cometidos por cidadãos que se encontram em **situação de miserabilidade,** em razão da inadimplência do Estado e da sociedade no cumprimento de suas obrigações de promover o bem comum e reduzir suas desigualdades sociais. Vista de outro modo, essa teoria estabelece que a culpabilidade deve ser compartilhada entre o agente delinquente, a sociedade e o Estado, o qual, no exercício do seu direito de punir, deve colocar na balança sua própria falha por não ter patrocinado aos seus indivíduos alternativas e perspectivas de modo igualitário a todos os cidadãos, evitando, assim, que alguns fossem impelidos a optar pelo caminho da criminalidade.

Conquanto essa teoria não encontre previsão expressa na legislação penal brasileira, em julgado isolado, o STJ admitiu que **a atenuante genérica do art. 66 do Código Penal pode ser embasada na teoria da coculpabilidade**, embora não tenha aplicado o benefício ao caso concreto, pois demandaria aprofundado exame dos fatos e provas, procedimento incompatível com os estreitos limites do habeas corpus.

A atenuante genérica prevista no art. 66 do Código Penal pode se valer da teoria da coculpabilidade como embasamento, pois trata-se de previsão genérica, que permite ao magistrado considerar qualquer fato relevante anterior ou posterior à prática da conduta delitiva mesmo que não expressamente previsto em lei, para reduzir a sanção imposta ao réu; No caso destes autos não há elementos pré-constituídos que permitam afirmar que a conduta criminosa decorreu, ao menos em parte, de negligência estatal, de modo que a aplicação do benefício pleiteado depende de aprofundado exame dos fatos e provas coligidos ao longo da instrução para que se modifique o entendimento da Corte de origem acerca da inaplicabilidade da atenuante. Tal providência, porém, não se coaduna com os estreitos limites do habeas corpus[14].

A coculpabilidade é um princípio implícito em nosso ordenamento jurídico, mas se encontra positivado em diversos países que, à semelhança do Brasil, apresentam grande desigualdade social, como Argentina, Equador, Paraguai, Bolívia, México e Peru.

14. STJ, 5ª Turma. HC 411.243/PE, Rel. Min. Jorge Mussi, julgado em 07/12/2017.

7.3.5. Coculpabilidade às avessas

No tocante à distinção entre as camadas mais abastadas da sociedade e as menos favorecidas, merece destaque a chamada teoria da **coculpabilidade às avessas**. Vimos que a coculpabilidade, em tese, pode ser admitida como atenuante genérica (art. 66 do CP), e se aplicaria às hipóteses em que o delito é praticado por pessoa marginalizada da sociedade em decorrência da omissão do Estado. Nesse caso, o agente, por estar mais propenso ao cometimento de delitos, receberia uma pena mais branda, na medida em que sua responsabilidade seria partilhada com o Estado e a sociedade, também culpados pela ocorrência do crime.

Por outro lado, na coculpabilidade às avessas, o Estado, ao invés de suavizar a pena aplicada aos menos favorecidos, acaba por tipificar infrações penais que somente podem ser cometidas por pessoas marginalizadas. À guisa de exemplo temos as contravenções penais da vadiagem (art. 59, LCP) e da mendicância (art. 60, LCP), esta última já revogada pela Lei nº 11.983/09.

Essa teoria também pode ser analisada sob outro enfoque, mais precisamente no que diz respeito ao **abrandamento à sanção** de crimes perpetrados por pessoas detentoras do poder econômico, político e social, v.g. parlamentares, grandes empresários, banqueiros etc., como ocorre nos **delitos de colarinho branco** (crimes contra o sistema financeiro, a ordem econômica e tributária). A extinção da punibilidade pelo pagamento da dívida nos crimes contra a ordem tributária seria um exemplo de aplicação dessa teoria.

Não obstante o acima exposto, a teoria da coculpabilidade às avessas também pode ser observada sob outro viés. Parte da doutrina sustenta que o magistrado, por ocasião da **dosimetria da pena**, mais precisamente na fixação da pena base do réu, deve levar em consideração o fato dele ser detentor de poder político, econômico e social, a fim de **elevar a sua reprimenda**. Assim, em homenagem ao princípio constitucional da isonomia, seria possível considerar a personalidade (desajustada) do réu como circunstância judicial desfavorável. Afinal de contas, reprovar com a mesma intensidade pessoas que ocupam posição de destaque na sociedade e outras que se encontram em circunstâncias de miserabilidade constitui evidente afronta ao **princípio da igualdade.**

- Enfoques da culpabilidade às avessas
- Tipificando condutas criminosas que somente são praticadas por pessoas marginalizadas;
- Suavizando a sanção penal de delitos praticados por detentores do poder político, econômico e social;
- Aplicando sanção mais gravosa quando o delito for praticado por pessoas mais abastadas – circunstância judicial desfavorável (art. 59, CP) – em homenagem ao princípio da igualdade.

7.3.6. Culpabilidade pela vulnerabilidade

Trata-se de mais uma teoria desenvolvida por **Zaffaroni**, que recomenda observar o estado de **vulnerabilidade** do agente na aferição da sua culpabilidade.

Baseia-se na disfunção do nosso sistema criminal, que é dotado de seletividade, pois o poder punitivo, de um modo geral, acaba recaindo de forma mais veemente sobre pessoas previamente escolhidas em face de suas fraquezas, a exemplo dos moradores de rua, prostitutas e usuários de drogas[15].

Para o penalista argentino, o criminoso de alta vulnerabilidade deverá ter sua culpabilidade reduzida, ao passo que a culpabilidade será mais intensa, caso ele desfrute de baixa vulnerabilidade. Ilustrando: se o agente for pobre, socialmente excluído e desempregado, a reprovabilidade de sua conduta será menor.

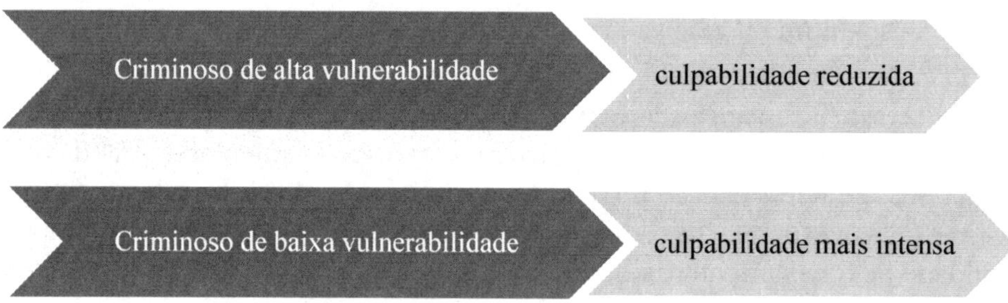

Embora a coculpabilidade e a culpabilidade pela vulnerabilidade defendam que o homem é produto do meio em que vive, são teorias que não se confundem. A coculpabilidade considera apenas o aspecto econômico como influenciador da potencialidade delitiva do indivíduo, mas a culpabilidade por vulnerabilidade é mais ampla, levando em conta vários outros fatores.

QUESTÕES

QUESTÃO 1

FGV - 2024 - PC-SC – Delegado

Adonis, 71 anos, reside sozinho em um bairro violento. Certo dia, percebeu que um homem desconhecido, portando uma arma de fogo na cintura, ingressou em seu terreno na calada da noite. Ao perceber que o indivíduo caminhava desorientado em seu quintal, Adonis, temendo por sua integridade física e sua vida, desferiu um disparo de arma de fogo na perna da vítima. Quando se aproximou

15. Este fenômeno é observado pela criminologia na teoria do etiquetamento (*labelling approach*).

da vítima, caída ao chão, constatou que se tratava de seu vizinho Heitor, que havia entrado no seu imóvel por engano, em razão de estar alcoolizado. Heitor foi hospitalizado, porém recebeu alta no mesmo dia. Diante do cenário descrito, é correto afirmar que

a) Adonis deve responder pelo crime de lesão corporal, tendo em vista o excesso de legítima defesa.
b) deve ser reconhecida a exclusão da ilicitude pela legítima defesa.
c) deve ser afastada a culpabilidade, em razão da ausência de potencial conhecimento da ilicitude do fato.
d) deve ser afastada a culpabilidade, em razão de inexigibilidade de conduta diversa.
e) Adonis está isento de pena, em razão da descriminante putativa por erro de tipo inevitável.

QUESTÃO 2

Instituto Consulplan - 2024 - DPE-PR - Analista da Defensoria Pública - Direito

"A" vivia pelas ruas da capital, sem moradia. Usuário de crack, já havia sido preso, processado e condenado várias vezes por crimes contra o patrimônio – furtos e roubos perpetrados mediante grave ameaça, segundo consta das respectivas denúncias e sentenças. Em alguns dos processos ainda não há trânsito em julgado e a Defensoria Pública tenta, no Superior Tribunal de Justiça, o reconhecimento da atipicidade material pela incidência do princípio da insignificância; noutros, a desclassificação de roubo para furto, em virtude da descaracterização da "gravidade" da ameaça. Em favor de "A" milita, ainda, a constatação de que nunca praticou crime com emprego de violência. Agora, "A" está sendo processado por novo furto, em liberdade após sua prisão provisória ter sido mantida por tempo excessivo durante a investigação. Consta do auto do flagrante que, no momento da prisão, a polícia chegou e praticamente resgatou "A" da ação de populares, que, revoltados com a alegada subtração do celular de uma adolescente, espancaram-no com socos e chutes aplicados por todo o corpo (o que de fato ficou constatado por laudo pericial requisitado pelo juízo da custódia), amarraram-no num poste e tatuaram em sua testa, de forma improvisada: "perdeu, mané". Consta, também, seu relato de que, não fosse a chegada dos policiais, talvez tivesse morrido, tamanha era a fúria das pessoas que o castigaram pelo furto. Com a chegada da polícia, os responsáveis pelas agressões correram e ninguém foi identificado. Sobre a autoria do crime ou sobre a ocorrência da subtração, "A" se limita a dizer que "não se lembra de nada, porque apanhou muito, mas que está arrependido". O celular supostamente subtraído, afinal, em meio à confusão, não foi localizado. O processo se encontra na fase das alegações finais e o Promotor de Justiça requereu a condenação de "A" por furto, aplicando-se a pena mínima, reduzida de 1/3 pela não consumação do crime. Em relação ao caso descrito, considerando a evolução teórica da "culpabilidade" no sistema funcional-teleológico de compreensão do delito, as regras legais expressas do Código Penal brasileiro, não obstante a resistência do Superior Tribunal de Justiça em admiti-la para a hipótese, seria viável desenvolver, em benefício de "A", a tese defensiva de incidência do seguinte instituto:

a) Atipicidade material pela coculpabilidade.
b) Medida de segurança pela *actio libera in causa.*
c) Isenção de pena por arrependimento posterior.
d) Circunstância atenuante supralegal ("inominada").

QUESTÃO 3

MPE-RS - 2023 - MPE-RS - Promotor de Justiça

Considere as seguintes afirmações sobre erro de tipo e erro de proibição.

I - O erro de tipo essencial exclui sempre o dolo, independente de ser evitável, ou não, exsurgindo a modalidade culposa, se prevista em lei.

II - A invasão de um escritório de trabalho, fora dos casos autorizados, supondo o agente equivocadamente que as dependências do local de atividade profissional não estão abrangidas pela expressão "casa", se estiver realmente em erro comete um "erro de proibição", pois supôs não estar proibido de adentrar no local.

III - Para a teoria extremada da culpabilidade, todo e qualquer erro que recaia sobre uma causa de justificação é erro de proibição, e, sendo escusável, exclui a culpabilidade. Já para a teoria limitada da culpabilidade, os erros sobre os pressupostos fáticos de uma causa de justificação são tratados como um erro de tipo permissivo.

IV - No erro de proibição direto, o agente realiza uma conduta proibida, seja por desconhecer a norma proibitiva, seja por conhecê-la mal, seja por não compreender o seu verdadeiro âmbito de incidência.

Quais afirmações estão corretas?

a) Apenas II.
b) Apenas I e III.
c) Apenas II e IV.
d) Apenas I, III e IV.
e) I, II, III e IV.

QUESTÃO 4

MPE-PR - 2023 - MPE-PR - Promotor Substituto

Sobre a culpabilidade, assinale a alternativa correta:

a) O erro de proibição direto, evitável ou inevitável, incidente sobre a existência, a validade e o significado da normal penal, e o erro de tipo permissivo, evitável ou inevitável, incidente sobre a existência de uma causa de justificação inexistente ou sobre os limites de uma causa de justificação existente, recebem o mesmo tratamento jurídico, de acordo com a sistemática adotada pelo Código Penal brasileiro.

b) A capacidade relativa de culpabilidade, por desenvolvimento mental incompleto, e a coação moral resistível, constituem fatores obrigatórios de redução de pena, com incidência na 3ª fase de aplicação da pena.

c) Em situação de obediência hierárquica a ordem manifestamente ilegal do oficial superior B, o soldado A realiza disparo de arma de fogo contra o manifestante C, produzindo-lhe a morte: a ação de A não configura hipótese legal de exculpação, mas pode lhe proporcionar causa legal de diminuição de pena, na 3ª fase de aplicação da pena.

d) Ao se aproximar de sua residência, A percebe o desconhecido B saindo do interior do imóvel, subtraindo vários pertences de valor e fugindo em disparada, com o próprio veículo de A: se A, acreditando estar amparado legalmente por justificante, realiza disparo fatal de arma de fogo contra B, para resgatar os objetos de furto, incorre em erro de proibição indireto que, de acordo com a teoria adotada pelo Código Penal brasileiro, se evitável, reduz a culpabilidade, e se inevitável, exclui a culpabilidade.

e) O excesso de legítima defesa, real ou putativa, por defeito emocional, determinado por afetos estênicos/fortes, como o ódio ou a ira, pode fundamentar hipótese de exculpação, que exclui a dirigibilidade normativa.

QUESTÃO 5

FUNDEP (Gestão de Concursos) - 2023 - DPE-MG - Defensor Público de Classe Inicial

Conforme Cláudio Brandão (2019):

A culpabilidade é o único elemento que versa sobre a pessoa humana. Por isso já se disse, desde o século XIX, a partir da obra de Von Liszt, que o progresso do Direito Penal é medido pelo aperfeiçoamento da culpabilidade.

BRANDÃO, Cláudio. Teoria Jurídica do Crime. Coleção Ciência Criminal Contemporânea. Coord. Cláudio Brandão. Belo Horizonte: Editora D'Plácido, 2019, p. 216.

Sobre esse elemento do crime, analise as afirmativas a seguir.

I. Para a teoria finalista, a culpabilidade é um juízo normativo que reprova o autor de um fato típico e antijurídico, quando se verificam concomitantemente a potencial consciência de antijuridicidade, a imputabilidade e a exigibilidade de outra conduta.

II. Cometer o fato sob coação moral irresistível ou em estrita obediência à ordem de superior hierárquico não manifestamente ilegal são hipóteses previstas no Código Penal de excludente de culpabilidade por inexigibilidade de conduta conforme o direito.

III. A exclusão da culpabilidade por inexigibilidade de comportamento conforme o direito é admitida por significativa parcela da doutrina e jurisprudência, mesmo em hipóteses não previstas na legislação.

IV. A culpabilidade pela vulnerabilidade, proposta por Zaffaroni, expressa a busca pela limitação da violência punitiva a partir da constatação de que o âmbito de autodeterminação dos agentes é diferente em razão das reais desigualdades.

Estão corretas as afirmativas

a) I, II, III e IV.
b) I e III, apenas.
c) I e II, apenas.
d) III e IV, apenas.
e) II e IV, apenas.

QUESTÃO 6

IADES - 2023 - POLÍCIA CIENTÍFICA - GO - Perito Criminal de 3ª Classe

O princípio da culpabilidade tem relevância no contexto do direito penal atual, não somente por estabelecer que a culpabilidade não é um fenômeno individual, mas um fenômeno social, pois é vista em relação aos demais membros da sociedade, como também por estabelecer que não há crime sem culpabilidade. Com base nas ideias que decorrem especificamente do princípio da culpabilidade, bem como do estrito estudo técnico-jurídico, assinale a alternativa correta.

a) A culpabilidade é a medida da antijuridicidade.
b) A responsabilidade subjetiva é afastada no direito penal.
c) Há responsabilidade objetiva pelo simples resultado.
d) A responsabilidade penal se dá pelo fato, e não pelo autor.
e) A responsabilidade é a medida da perna.

QUESTÃO 7

CESPE / CEBRASPE 2023 - TJ-ES - Analista Judiciário - Especialidade: Oficial de Justiça Avaliador

É isento de pena o agente que, por embriaguez completa culposa, era, ao tempo da ação, inteiramente incapaz de entender o caráter ilícito do fato.

Certo ( ) Errado ( )

QUESTÃO 8

CESPE / CEBRASPE 2023 - MPE-SC Promotor de Justiça Substituto (fase matutina)

A respeito dos erros no direito penal, julgue o item a seguir. Considere, a propósito, que a sigla CP, quando empregada, refere-se ao Código Penal.

O CP adota a teoria limitada da culpabilidade, a qual distingue entre o erro incidente sobre os pressupostos fáticos de uma causa de justificação do erro incidente sobre os limites da norma permissiva.

Certo ( ) Errado ( )

QUESTÃO 9

Instituto Consulplan - 2023 - Câmara de Tremembé - SP - Oficial Legislativo - Jurídico

Assinale a afirmativa correta.

a) O desenvolvimento mental incompleto ou retardado induz, por si só, a isenção de pena do autor do fato-crime.

b) A embriaguez, voluntária ou culposa, pelo álcool ou substância de efeitos análogos, exclui a imputabilidade penal.

c) Estados de ânimo como a emoção ou a paixão não excluem a imputabilidade penal, ou seja, não afastam a culpabilidade do agente.

d) É isento de pena o agente que, por embriaguez proveniente de caso fortuito, não possuía, ao tempo da ação ou da omissão, a plena capacidade de entender o caráter ilícito do fato ou de determinar-se de acordo com esse entendimento.

QUESTÃO 10

INSTITUTO AOCP - 2023 - PC-GO - Escrivão de Polícia da 3ª Classe

Alcebíades é servidor lotado na Delegacia de Polícia de Valparaíso de Goiás e, sabendo que houve uma apreensão de celulares em uma operação policial e que tais objetos estão guardados no cofre da repartição pública, decide subtrair um deles, o de maior valor, para posteriormente vendê-lo. Porém, acovardado para agir ilicitamente, decide fumar seguidamente vários cigarros de Cannabis sativa (maconha) para relaxar antes de praticar o peculato. Caso Alcebíades seja flagrado praticando o delito, é correto afirmar que

a) a embriaguez de Alcebíades é típico caso fortuito de recreação não consentida pelo agente e, portanto, isenta o praticante de pena.
b) a embriaguez de Alcebíades é culposa e exclui a culpabilidade do agente.
c) somente a embriaguez por força maior poderia tornar Alcebíades inimputável, tal como se ele fosse coagido a usufruir do entorpecente.
d) a embriaguez de Alcebíades, embora dolosa, pode excluir sua culpabilidade se restar comprovada a extrapolação dos efeitos não planejados pelo agente.
e) Alcebíades não poderá alegar inimputabilidade por fumo de entorpecente, pois a embriaguez, voluntária ou culposa, pelo álcool ou substância de efeitos análogos, não exclui a imputabilidade.

QUESTÃO 11

CESPE / CEBRASPE 2023 - PO-AL - Perito Criminal

Em relação a aspectos do direito penal, julgue o item que se segue.

No Código Penal, adota-se o critério biopsicológico no tocante aos menores de 18 anos de idade.

Certo ( ) Errado ( )

QUESTÃO 12

CESPE / CEBRASPE 2022 - PC-RO - Delegado de Polícia

Francisco, rapaz maior de idade que sempre viveu isolado na roça, adquiriu uma carteira nacional de habilitação ao comprar um veículo usado, acreditando não ser necessário realizar exames para dirigir. Após ser parado em uma blitz, foi processado por falsidade documental e uso de documento falso.

Nessa situação hipotética, deve ser reconhecido o

a) crime putativo por erro de proibição.
b) erro sobre o elemento constitutivo do tipo penal, que exclui o dolo.
c) erro sobre a ilicitude do fato, excluindo-se a culpabilidade pela falta de consciência dessa condição.
d) erro sobre a ilicitude do fato, excluindo-se a culpabilidade pela exigibilidade de conduta diversa.
e) erro sobre o elemento constitutivo do tipo penal que, sendo vencível, passa a ser punível por culpa.

GABARITO

Questão 1	Letra "E"
Questão 2	Letra "D"
Questão 3	Letra "D"
Questão 4	Letra "D"
Questão 5	Letra "A"
Questão 6	Letra "D"
Questão 7	Assertiva "Errada"
Questão 8	Assertiva "Correta"
Questão 9	Letra "C"
Questão 10	Letra "E"
Questão 11	Assertiva "Errada"
Questão 12	Letra "C"

CAPÍTULO 8

Teoria do erro

O erro representa a **antítese da consciência**. Quando uma ação é realizada de maneira equivocada, isso indica plena ausência de consciência. Em contrapartida, se a ação é conduzida conscientemente, torna-se impraticável alegar que ela está incorreta. Portanto, erro e consciência são incompatíveis, nunca trilharão o mesmo caminho.

A questão que se coloca é: na teoria do conceito analítico de crime, onde se estuda o erro? O erro deve ser estudado nas **"consciências do delito"**.

Com o advento do sistema finalista proposto por Welzel, as consciências do delito passaram a ser encontradas no fato típico e na culpabilidade, conforme se observa no quadro a seguir:

Consciência da conduta

1) Está presente no fato típico, pois a consciência é elemento do dolo (conduta).

2) Essa consciência é **plena, total, real.** Refere-se à **conduta** que está sendo praticada.

3) A falta de consciência da conduta acarreta o **erro de tipo**. Ex. um estudante que, ao sair apressadamente de uma biblioteca, inadvertidamente pega o notebook de sua colega, que é muito semelhante ao seu próprio, mas, na pressa, não percebe a troca até chegar em casa.

Consciência da ilicitude

1) Está presente na culpabilidade.

2) Não é uma consciência real, mas **potencial** e recai sobre a **ilicitude**

3) A falta de consciência da ilicitude acarreta o erro de **proibição.** É o clássico exemplo do cidadão holandês que, familiarizado com o consumo de maconha em

seu país de origem, supõe erroneamente que pode usar a mesma substância no Brasil, desconhecendo a ilegalidade de sua conduta de acordo com as leis locais.

Superada essa introdução, passemos à análise do erro de tipo e de proibição.

8.1. Erro de tipo

A previsão legal do erro de tipo encontra-se no art. 20 do Código Penal. De acordo com o *caput* do referido dispositivo, "O erro sobre elemento constitutivo do tipo legal de crime exclui o dolo, mas permite a punição por crime culposo, se previsto em lei".

O erro de tipo é a **ignorância ou falsa percepção da realidade** sobre os elementos que constituem o tipo penal. Por exemplo: uma gestante toma determinado medicamento abortivo, pensando tratar-se de um analgésico inofensivo, e, em razão disso, sofre um aborto. Nesse caso, a errônea percepção da realidade acarretou a prática da conduta descrita no art. 124 do Código Penal (aborto provocado pela gestante), quando, em verdade, a gestante queria apenas aliviar uma dor de cabeça.

A doutrina distingue os conceitos de **erro e ignorância**. No erro há um estado positivo, pois o agente possui algum conhecimento da realidade, ainda que incorreto. Ilustrando: indivíduo confunde uma joia cravejada por diamantes com outra de zircônia, cujo valor é sensivelmente menor. A ignorância, por sua vez, é o completo desconhecimento da realidade, sendo, por isso, um estado negativo. Por exemplo: nunca ter visto uma pedra preciosa e supor que um diamante não passa de uma pedra como outra qualquer encontrada pela rua. No âmbito do erro de tipo, a diferença entre erro e ignorância não tem relevância, pois o Código Penal confere a ambos o mesmo tratamento.

Passemos agora à análise das espécies de erro de tipo e seus efeitos.

8.1.1. Espécies de erro de tipo

8.1.1.1. Erro de tipo essencial

O erro de tipo essencial é aquele que recai sobre os **dados principais** do tipo penal, ou seja, sobre elementos sem os quais o crime não existiria, nem mesmo na sua forma básica.

> **ATENÇÃO!**
>
> Se avisado do erro, o agente para de agir criminosamente.

O erro de tipo essencial pode ser:

- **Escusável (inevitável)** – não deriva de culpa do agente, pois mesmo que agisse com a cautela esperada do homem médio, não seria possível afastar o erro no caso concreto. Esse erro exclui o dolo e a culpa.

- **Inescusável (evitável)** – há culpa do agente, pois, se houvesse empregado a cautela do homem médio, não laboraria em erro. Exclui o dolo, mas autoriza a responsabilização pelo crime culposo se existir previsão legal.

▸ IMPORTANTE

Como já visto, o crime só se configura se o dolo do agente alcança **todas as elementares do tipo legal**. Consequentemente, se o sujeito ignora alguma delas, não há dolo. "A característica do dolo, seja direto ou eventual, é a previsão. Não é possível falar em dolo sem previsão e a previsão inclui o conhecimento. Se não for possível afirmar concretamente o conhecimento – em função do erro –, não é possível a previsão, logo, tampouco é possível afirmação do dolo". Quando isso ocorre, a doutrina afirma que existe tipicidade objetiva, pois todos os elementos descritos no tipo legal estão reunidos, mas não há tipicidade subjetiva pela ausência de dolo. Por esse motivo, Eugenio Raúl Zaffaroni refere-se ao erro de tipo como a **cara negativa do dolo**. Em decorrência disso, o erro de tipo, seja evitável ou inevitável, sempre afasta o dolo.

8.1.1.2. Erro de tipo determinado por terceiro

O erro determinado por terceiro está previsto no art. 20, § 2º do Código Penal, segundo o qual: "Responde pelo crime o terceiro que determina o erro".

Nesse caso, o agente ignora ou tem uma falsa percepção acerca da realidade em virtude da **atuação de um terceiro**, o agente provocador.

As consequências do erro determinado por terceiro variam de acordo com o elemento subjetivo do agente provocador, e da natureza do erro em que incorre o provocado, que pode ser escusável ou inescusável.

Agente provocador	Autor da conduta	Consequências	Exemplo
Dolo	**Erro escusável**	Se o agente provocador age com dolo, deverá ser responsabilizado pelo crime na forma dolosa. Sendo o erro inescusável, o autor da conduta não responderá por crime algum.	O farmacêutico de um hospital, com a intenção de matar seu desafeto que ali estava internado, manipula um veneno, para que fique semelhante aos comprimidos receitados ao paciente. No horário da medicação, entrega o veneno em formato de comprimido à enfermeira, a qual ministra a substância letal ao paciente, o qual falece minutos depois. O farmacêutico responde por homicídio doloso, ao passo que a enfermeira não será responsabilizada por crime algum, pois não lhe era possível saber que os comprimidos eram, na realidade, veneno.
	Erro inescusável	O agente provocador responde pelo crime na forma dolosa. O autor da conduta responde pelo crime culposo, se previsto em lei, posto que seu erro é inescusável.	O farmacêutico de um hospital, com a intenção de matar seu desafeto que ali estava internado, entrega propositalmente comprimidos errados à enfermeira, sabendo que a ingestão daquele medicamento certamente levaria seu inimigo à morte. A enfermeira estranha aqueles comprimidos diferentes, mas resolve não falar nada, assumindo que talvez sejam de outro fornecedor, e ministra-os ao paciente. Passadas algumas horas, o paciente falece em virtude de uma reação adversa provocada pelos comprimidos. O farmacêutico responde por homicídio doloso, ao passo que a enfermeira será responsabilizada a título de culpa, pois seu erro poderia ser evitado.
	Dolo	Há concurso de pessoas nessa hipótese. Ambos respondem pelo crime doloso. O autor da conduta é, para todos os efeitos, o autor. O agente provocador responde como partícipe.	O farmacêutico de um hospital, com a intenção de matar seu desafeto que ali estava internado, entrega propositalmente comprimidos errados à enfermeira, sabendo que a ingestão daquele medicamento certamente levaria seu inimigo à morte. A enfermeira percebe que aqueles são os comprimidos errados, e que serão fatais se ingeridos pelo paciente. Entretanto, como o doente havia sido mal-educado com ela momentos antes, resolveu vingar-se, ministrando-lhe os comprimidos. Passadas algumas horas, o paciente falece em virtude de uma reação adversa provocada pelo medicamento. O farmacêutico e a enfermeira respondem por homicídio doloso em concurso de pessoas. A enfermeira como autora e o farmacêutico como partícipe.

Culpa	**Erro escusável**	Agente provocador responde pelo crime a título de culpa. O autor da conduta não responde por crime algum, pois seu erro é escusável.	Durante a manipulação de um medicamento, um farmacêutico desatento errou na dosagem de determinada substância, a qual, se ingerida em excesso, poderia ser fatal. Sem perceber o ocorrido, o farmacêutico entrega os comprimidos a uma enfermeira. Esta, por sua vez, ignorando o potencial lesivo dos medicamentos, ministra-os a um dos enfermos. Horas depois, o paciente falece intoxicado. Nesse caso, o farmacêutico responderá por homicídio culposo, em razão de sua negligência. A enfermeira, por sua vez, não responderá por crime algum, tendo em vista que seu erro foi escusável.
	Erro inescusável	O agente provocador responde pelo crime a título de culpa, bem como o autor da conduta, pois seu erro é inescusável.	Uma enfermeira vai buscar os medicamentos de um paciente na farmácia do hospital. Chegando lá, encontra o farmacêutico discutindo pelo celular com sua namorada. Nervoso com a discussão, o farmacêutico não percebe que entregou os comprimidos errados à enfermeira. Esta, por sua vez, nota que o medicamento está diferente, mas, sem fazer perguntas, assume que deve ser de outro fornecedor, e ministra-o ao doente. Horas depois, o paciente falece em virtude de uma reação adversa causada pelos comprimidos. Nessa hipótese, o farmacêutico será responsabilizado por homicídio culposo em razão de sua negligência, bem como a enfermeira, posto que seu erro é inescusável.
	Dolo	Como não há participação culposa em crime doloso, o agente provocador responde a título de culpa e o autor da conduta, dolo.	Uma enfermeira vai buscar os medicamentos de um paciente na farmácia do hospital. Chegando lá, encontra o farmacêutico discutindo pelo celular com sua namorada. Nervoso com a discussão, o farmacêutico não percebe que entregou os comprimidos errados à enfermeira. Esta, por sua vez, percebe que se tratam de um medicamento diferente, que se ministrado ao enfermo, poderá causar sua morte. Como o paciente havia sido mal-educado com ela momentos antes, aproveita a oportunidade para vingar-se, ministrando-lhe os comprimidos. Momentos depois, o paciente falece em virtude de uma reação adversa. Nessa hipótese, não é possível vislumbrar concurso de pessoas, pois não existe participação culposa em crime doloso. Assim, o farmacêutico responderá pelo crime na modalidade culposa, e a enfermeira, dolosa.

8.1.1.3. Erro de tipo psiquicamente condicionado

O erro de tipo psiquicamente condicionado é abordado por Zaffaroni e Pirangeli. Segundo os autores "o sujeito, que é capaz de conduta e que realiza uma conduta que preenche os requisitos de um tipo objetivo, pode, sem embargo, carecer de capacidade psíquica para conhecer os elementos exigidos pelo tipo objetivo, isto é, não ter capacidade psíquica de dolo, ou, o que é o mesmo, encontrar-se num estado de erro de tipo psiquicamente condicionado. Supondo que um lenhador sofra uma ilusão ótica que lhe faça perceber uma árvore em lugar de um homem, e que decida cortá-la, causará lesões ou morte, isto é, realizará uma conduta objetivamente típica de lesões corporais ou de homicídio, mas não se poderá falar de dolo de lesões e nem de homicídio, já que não se trata de uma conduta final de lesionar ou de matar, e sim de cortar uma árvore.

Neste caso estaremos diante de uma incapacidade de conhecer os elementos requeridos pelo tipo objetivo, proveniente de uma causa psicopatológica, que não deve ser confundida com a incapacidade de culpabilidade"[1].

8.1.1.4. Erro de tipo acidental

O erro de tipo acidental é aquele que recai sobre **dados periféricos do crime**, ou seja, sobre elementos que não constituem o tipo legal, tais como circunstâncias, agravantes, causas de aumento de pena etc.

▸ ATENÇÃO!

Quando avisado do erro, o agente corrige os caminhos ou sentido da conduta para continuar a agir de forma ilícita.

O **erro acidental não exclui o dolo**, pois não impede o agente de compreender a ilicitude de sua conduta. Portanto, ainda que não agisse em erro, existiria crime.

a) Erro sobre o objeto *(error in objeto)*: O erro sobre o objeto não foi previsto expressamente pelo Código Penal. Ocorre quando o agente se engana a respeito do objeto sobre o qual recai sua conduta. Pratica o crime visando determinada coisa, mas seu comportamento atinge outra. Logo, responde pelo delito.

Ilustrando: o agente que ingressa em uma galeria de arte para furtar a obra de um pintor famoso, todavia, por um engano, subtrai uma réplica sem valor. Não exclui o dolo ou culpa, e também não isenta o agente de pena, devendo ser responsabilizado pela conduta criminosa.

---

1. ZAFFARONI, Eugenio Raúl; PIERANGELI, José Henrique. **Manual de Direito Penal Brasileiro.** vol I, parte geral. 9 ed. rev., atual. São Paulo: Editora Revista dos Tribunais, 2011, p. 433.

b) Erro sobre a pessoa (*error in persona*): O erro sobre a pessoa encontra previsão no art. 20, § 3º, do Código Penal. Nesse caso, o agente dirige sua conduta contra uma pessoa, pensando tratar-se da vítima visada, mas, na realidade, atinge outra.

Ilustrando: Mévio, desejando ter para si todo o dinheiro da família, resolve matar seu rico avô. Para tanto, fica à espreita na garagem, com a intenção de atacá-lo de surpresa quando retornasse para casa. Já durante à noite, percebe o carro do avô se aproximando, e, assim que o viu descer do veículo, Mévio efetua diversos disparos com sua arma de fogo contra ele. Quando chega mais perto, a fim de verificar se realmente concretizou seu intento, nota que o homem atingido é Tício, mordomo de seu avô. Na ocorrência de erro sobre a pessoa, é preciso identificar as duas vítimas: aquela que se pretendia atingir (virtual) e a que realmente foi atingida (real). De acordo com a previsão legal, "não se consideram, neste caso, as condições ou qualidades da vítima, senão as da pessoa contra quem o agente queria praticar o crime". Portanto, a responsabilização do agente levará em consideração as qualidades ou condições pessoais da vítima virtual. No exemplo citado, apesar de Mévio ter matado o mordomo, haverá incidência da agravante prevista no art. 61, II, "e", do Código Penal (crime praticado contra ascendente), pois a vítima virtual era seu avô.

c) Erro na execução (*aberratio ictus*): Segundo o art. 73 do Código Penal, "quando, por acidente ou erro no uso dos meios de execução, o agente, ao invés de atingir a pessoa que pretendia ofender, atinge pessoa diversa, responde como se tivesse praticado o crime contra aquela, atendendo-se ao disposto no § 3º do art. 20 deste Código. No caso de ser também atingida pessoa que o agente pretendia ofender, aplica-se a regra do art. 70 deste Código". O *aberratio ictus* caracteriza-se, portanto, quando há um desvio ou erro no ataque, fazendo com que o agente atinja pessoa diversa da pretendida.

Por exemplo: Durante uma briga no bar, Mévio toma sua arma de fogo, e efetua disparos contra Tício, seu desafeto. Entretanto, devido à sua má pontaria, Tício acaba por atingir Caio, que nada tinha a ver com a briga, e só estava ali para realizar uma entrega de salgados. De acordo com o dispositivo legal, o erro na execução não exclui o dolo, tampouco a culpa e não isenta o agente de pena. Pode ensejar duas situações, a depender do caso concreto. Se o agente atingiu apenas pessoa diversa da que desejava, responde pelo crime levando-se em consideração as qualidades e as condições da vítima virtual (aberratio ictus com resultado simples), à semelhança do que ocorre com o erro sobre a pessoa. Se atinge dolosamente a vítima visada, e culposamente pessoa **diversa (*aberratio ictus* com resultado duplo ou unidade complexa)**, será punido pelos dois crimes em concurso formal próprio.

▸ ATENÇÃO

Se o resultado diverso foi produzido a título de dolo eventual, não há erro na execução, e aplica-se o concurso formal impróprio.

▸ FIQUE ATENTO!

Pode ocorrer que determinado agente, almejando **repelir agressão injusta**, agindo com *animus defendendi*, acabe ferindo outra pessoa que não o seu agressor, ou mesmo a ambos (agressor e terceira pessoa). Nesse caso, embora tenha sido ferida ou mesmo morta outra pessoa que não o seu agressor, o resultado advindo da aberração no ataque (*aberratio ictus*) **estará também amparado pela causa de justificação da legítima defesa**, não podendo, outrossim, por ele responder criminalmente.

Observação: Muito embora haja exclusão da ilicitude do agente no caso de legítima defesa, a doutrina entende que **ele poderá responder civilmente** pelos seus atos, em vista da não aplicação do art. 65 do CPP ao terceiro inocente. A doutrina denomina de **legítima defesa agressiva (permissão fraca)**. Veja o que diz o CPP: "art. 65. Faz coisa julgada no cível a sentença penal que reconhecer ter sido o ato praticado em estado de necessidade, em legítima defesa, em estrito cumprimento de dever legal ou no exercício regular de direito." Essa é a posição de Nestor Távora e Rosmar Rodrigues de Alencar: (...) se o erro na execução, em legítima defesa real, atinge terceira pessoa inocente, não há óbice ao dever de indenizar do acusado em relação à pessoa efetivamente lesionada.[2]

▸ JULGADO SOBRE O TEMA

Se alguém comete um homicídio com arma de fogo e, além do resultado intencional, atinge outra pessoa por erro de pontaria, o segundo crime (vítima real) – mesmo não sendo uma consequência pretendida – **também deve ser tratado como doloso**. "Nesses casos, o elemento subjetivo (dolo) da primeira conduta, **o dolo, projeta-se também à segunda, não intencional**, ainda que o erro de pontaria decorra de negligência, imprudência ou imperícia do agente", afirmou.[3]

Cuidado! "Em análogo erro na execução com duplicidade de resultado, esta Corte Superior já decidiu apenas ser culposa a segunda conduta se a primeira assim for considerada", esclareceu o relator. Portanto, fique atento, pois, em regra é imputado crime culposo à vítima real (segunda vítima), contudo o STJ possui este entendimento peculiar em que o dolo "se projeta" para a segunda vítima.

2. TAVORA, Nestor; ALENCAR, Rosmar Rodrigues Alencar. **Curso de Direito Processual Penal**. 14. ed. rev. e atual. Salvador: Ed. JusPodivm, 2019, p. 352.

3. STJ, 6ª Turma, REsp 1.853.219, Rel. Min. Nefi Cordeiro, j. em 02/06/2020.

▸ IMPORTANTE

O erro na execução não se confunde com o erro quanto à pessoa. No erro quanto à pessoa, o agente engana-se quanto à identidade da vítima. A vítima virtual sequer corre perigo, pois, em função do erro, o agente direciona a conduta contra terceiro. Quando há erro na execução, o autor sabe perfeitamente quem é sua vítima, mas por um erro no ataque, acaba atingindo pessoa diversa. Portanto, não há engano a respeito da identidade da vítima.

d) Resultado diverso do pretendido *(aberratio criminis ou aberratio delicti)*: O *aberratio criminis* é previsto em nosso ordenamento jurídico no art. 74 do Código Penal. Ocorre quando, por acidente ou erro nos meios de execução, o agente acaba atingindo bem jurídico diferente do que pretendia, praticando, assim, um crime diverso daquele que inicialmente desejava cometer. Ilustrando: Mévio, com a intenção de cometer o crime de dano (art. 163, CP), lança uma pedra em direção à vidraça de seu vizinho, mas por um acidente, acaba acertando a criança que brincava no quintal (art. 129, CP). De acordo com o dispositivo legal: "quando, por acidente ou erro na execução do crime, sobrevém resultado diverso do pretendido, o agente responde por culpa, se o fato é previsto como crime culposo; se ocorre também o resultado pretendido, aplica-se a regra do art. 70 deste Código". Portanto, se Mévio apenas lesionou culposamente a criança em virtude da pedrada, responderá pelo crime de lesão corporal culposa. Caso tenha danificado dolosamente o vidro, e lesionado culposamente a criança, responderá por ambos os crimes, em concurso formal.

▸ CUIDADO!

Se o resultado que efetivamente ocorreu for **menos grave** do que o desejado pelo agente, ou se **não houver previsão de modalidade culposa**, a regra do art. 74 não deve ser aplicada. Por exemplo: Mévio, desejando causar lesões corporais no vizinho, lança uma pedra em sua direção. Por um erro de pontaria, a pedra acaba atingindo a vidraça da casa. Nesse caso, como não existe a previsão do crime de dano culposo, Mévio deverá responder por **tentativa** de lesão corporal dolosa.

▸ IMPORTANTE

Erro na execução (*aberratio ictus*) e resultado diverso do pretendido (*aberratio criminis*) não se confundem. Quando ocorre o erro na execução, a conduta era direcionada a uma pessoa, mas por um desvio, recai em outra. No resultado diverso do pretendido, o comportamento do agente visa a produzir determinado resultado, todavia, em virtude de um erro, atinge bem jurídico diverso, ensejando a prática de crime diferente daquele inicialmente desejado pelo agente.

e) Erro sobre o nexo causal: Não possui previsão legal. O agente alcança o resultado almejado, porém, mediante nexo de causalidade distinto daquele que idealizou. Segundo a doutrina, divide-se em:

e1) Erro sobre o nexo causal em sentido estrito: o agente pratica o delito com **um único ato**, que provoca o resultado desejado, mas de maneira diferente da planejada.

Por exemplo: Mévio joga o seu desafeto de um penhasco para que morra afogado, mas a vítima vem a falecer de traumatismo craniano por ter batido fortemente a cabeça em uma rocha antes de cair no mar.

e2) Dolo geral ou *aberratio causae*: o dolo geral caracteriza-se quando o agente incide em erro quanto à forma de execução do delito, acreditando ter alcançado o resultado com determinada conduta, quando, na verdade, só o atingiu com a prática de atos posteriores, isto é, o agente pratica **dois atos ou mais**.

Por exemplo: o agente, com intenção de matar, dispara sua arma de fogo contra a vítima. Quando a vê desfalecida, o agente erroneamente pensa que ela já está morta, e, para esconder o que fez, resolve enterrá-la. No exame necroscópico, constata-se que a morte foi causada por asfixia, e não por pelos ferimentos decorrentes dos disparos, como o autor havia inicialmente planejado.

▸ IMPORTANTE

De acordo com a **posição majoritária** da doutrina, o agente deve responder pelo crime na modalidade consumada, levando em consideração o nexo causal que efetivamente ensejou o resultado, e não o pretendido.

▸ ATENÇÃO

Os institutos do erro de tipo e do erro de proibição não se confundem. No erro de tipo, o agente não sabe o que faz. Por exemplo: o agente pega por engano um celular pensando ser o seu. Não há crime de furto, tendo em vista que o agente laborou em erro quanto à elementar "alheia", do art. 155 do CP. No erro de proibição, por sua vez, o agente sabe o que faz, mas não ignora que sua conduta é proibida. Ilustrando: o agente encontra um celular no chão e se apropria dele, desconhecendo a obrigação de devolvê-lo às autoridades competentes ou ao legítimo proprietário. Na sua mentalidade, "achado não é roubado".

Erro de tipo	Erro de proibição
Ausência de consciência da **conduta**	Ausência de consciência da **ilicitude**
Pode excluir a tipicidade	Pode excluir a culpabilidade
Se escusável: exclui o dolo e a culpa (fato é atípico). **Se inescusável:** exclui o dolo, mas o agente pode responder por crime culposo, se houver previsão no tipo legal.	**Se escusável**: exclui a **potencial consciência da ilicitude** (o réu fica isento de pena – é absolvido). **Se inescusável**: é **causa de diminuição de pena** (o réu é condenado).

Para revisitar o erro de proibição, recomendamos a leitura do item 7.3.2.1.

QUESTÕES

QUESTÃO 1

CESPE / CEBRASPE 2023 - PC-AL - Delegado de Polícia Civil

No que diz respeito ao direito penal, julgue o item a seguir.

Caracteriza erro de proibição direto o fato de o agente supor ser lícita uma conduta que é proibida no ordenamento jurídico; diferentemente do delito putativo, que é caracterizado pelo fato de o agente praticar uma conduta que acredita ser proibida, mas que, na verdade, é um indiferente penal.

Certo ( ) Errado ( )

QUESTÃO 2

CS-UFG - 2023 - TJ-GO - Residência Jurídica

Leia o caso a seguir.

S. R. encontrou um objeto velho, parecendo ser sucata, e, pensando ser uma coisa abandonada, pegou-a e levou-a para casa. No entanto, o dono do objeto noticiou o crime à autoridade policial, que encaminhou o seu relatório tipificando o fato como furto. Ao tomar conhecimento do relatório, o membro do Ministério Público ofereceu denúncia contra S. R., pelo cometimento do estabelecido no art. 155 do Código Penal.

Entendendo ser verdadeira a informação fornecida por S. R., o juiz poderá considerar que ele agiu

a) em erro de tipo, estando equivocado quanto à característica "alheia", da coisa móvel, descrita no tipo penal.
b) em excludente de culpabilidade, pois não tinha potencial consciência da ilicitude do fato no momento do ato.
c) em erro de proibição, pois assumiu o risco de que a coisa poderia ter dono, mas imaginava que por ser sucata, sem valor, poderia ser apropriada.
d) em erro sobre o objeto, pois achava que a coisa não tinha dono antes de ser procurado pela autoridade policial.
e) em *aberratio ictus*, uma vez que não queria se apropriar de coisa alheia móvel, mas apenas dar destinação útil a uma sucata.

QUESTÃO 3

FGV - 2023 - TJ-RN - Oficial de Justiça - Judiciária – Direito

João, pessoa humilde e analfabeta, com 70 anos de idade, residente em zona rural, acabou por danificar, no exercício de suas atividades diuturnas pessoais, floresta considerada de preservação permanente. Ao ser ouvido, em juízo, o réu narrou que não sabia que a sua conduta era penalmente ilícita, considerando que sempre morou no campo e que o seu sustento sempre esteve ligado à fauna e à flora locais.

Nesse cenário, considerando as disposições do Código Penal, é correto afirmar que NÃO há crime, em razão do:

a) erro de proibição direto, excluindo-se a culpabilidade;
b) erro de proibição indireto, excluindo-se a ilicitude;
c) erro de tipo permissivo, excluindo-se a tipicidade;
d) erro de permissão, excluindo-se a tipicidade;
e) erro mandamental, excluindo-se a ilicitude.

QUESTÃO 4

FGV - 2023 - TCE-ES - Conselheiro Substituto

João, gestor público, autoriza a colocação de títulos da dívida pública no mercado financeiro, sem que estes estivessem previamente registrados em sistema centralizado de liquidação e de custódia. Durante a investigação pré-processual comprova-se que João, atuando de forma culposa, acreditava que os títulos da dívida pública estavam registrados no sistema adequado.

Nesse cenário, é correto afirmar que restou caracterizado:

a) erro de tipo inescusável, excluindo o dolo. Como há a modalidade culposa do tipo penal, João responderá pelo crime culposo de colocação de títulos no mercado;
b) erro de tipo inescusável, excluindo o dolo. Como não há a modalidade culposa do tipo penal, João não responderá por qualquer crime;
c) erro de tipo permissivo, isentando-se João de pena;
d) erro de proibição direto, isentando-se João de pena;
e) erro de proibição indireto, isentando-se João de pena.

QUESTÃO 5

CESPE / CEBRASPE 2023 - TJ-DFT - Juiz de Direito Substituto

A respeito do excludente de ilicitude, assinale a opção correta.

a) Não é passível de punição a pessoa que agir por erro sobre elemento constitutivo de crime.
b) O erro quanto à pessoa contra quem o crime foi praticado não isenta de pena o agente da conduta criminosa, embora se desconsiderem, nesse caso, as qualidades da vítima.

c) Se o fato delituoso for cometido em obediência a ordem de superior hierárquico, só será punível o autor da ordem.
d) O erro derivado de culpa não permite punição, uma vez que as circunstâncias tornam legítima a ação.
e) O erro sobre a ilicitude do fato, se inevitável, diminuirá a pena a ser aplicada.

QUESTÃO 6

VUNESP - 2023 - MPE-SP - Promotor de Justiça Substituto

Considere as seguintes situações:

I. um aluno, ao final da aula, inadvertidamente, coloca em sua pasta um livro de um colega, pensando sinceramente ser o seu;

II. uma pessoa pretende matar seu desafeto e, quando sai à sua procura, encontra-se com um sósia de seu inimigo e, por confundi-lo com a vítima visada, acaba matando a pessoa errada, ou seja, o sósia;

III. um policial à paisana finge-se embriagado e, para chamar a atenção de um ladrão, com quem conversa em um bar, diz que está com muito dinheiro na carteira. O ladrão decide roubá-lo na saída do bar; ao fazê-lo, contudo, é preso em flagrante, por outros policiais à paisana que acompanhavam os fatos;

IV. José se depara com um sósia de seu inimigo que leva a mão à cintura, como se fosse sacar algum objeto; José, ao ver essa atitude, pensa estar prestes a ser atingido por um revólver e, por esse motivo, saca sua arma, atirando contra a vítima, que nada possuía nas mãos ou na cintura. Tais ocorrências configuram, respectivamente:

a) erro de proibição; erro de tipo acidental; delito putativo por obra de agente provocador; descriminante putativa.
b) erro de tipo essencial; erro de tipo acidental; crime impossível; erro de tipo permissivo.
c) erro de tipo acidental; erro de tipo essencial; descriminante putativa; erro de proibição.
d) erro de tipo essencial; erro de proibição; delito de experiência; descriminante putativa.
e) erro de tipo acidental; aberratio ictus; crime impossível; erro de tipo permissivo.

QUESTÃO 7

CESPE / CEBRASPE 2023 - MPE-SC Promotor de Justiça Substituto (fase matutina)

A respeito dos erros no direito penal, julgue o item a seguir. Considere, a propósito, que a sigla CP, quando empregada, refere-se ao Código Penal.

No caso de *aberratio causae*, há erro de tipo acidental e o CP determina para tal caso a responsabilização do agente pelo resultado efetivamente produzido, em adoção da teoria da concretização.

Certo ( ) Errado ( )

QUESTÃO 8

FUMARC - 2023 - AL-MG – Procurador

De acordo com o Código Penal, é INCORRETO afirmar:

a) Considera-se em estrito cumprimento de dever legal o agente de segurança pública que repele agressão ou risco de agressão a vítima mantida refém durante a prática de crimes.
b) O erro quanto à pessoa contra a qual o crime é praticado não isenta de pena.
c) O erro sobre a ilicitude do fato, se inevitável, isenta de pena.
d) O erro sobre elemento constitutivo do tipo legal de crime exclui o dolo.

QUESTÃO 9

FGV - 2022 - TCE-TO - Analista Técnico – Direito

No tocante ao erro na teoria do crime, é correto afirmar que:

a) o erro quanto à pessoa contra a qual o crime é praticado não isenta de pena, considerando-se, neste caso, as condições ou qualidades da vítima;
b) o erro sobre a ilicitude do fato, se evitável, não isenta de pena, mas poderá diminuí-la de 1/3 a 2/3;
c) o erro sobre elemento constitutivo do tipo legal de crime exclui o dolo, mas permite a punição por crime culposo, se previsto em lei;
d) o erro determinado por terceiro, se evitável, implica isenção de pena para o terceiro que determinou o erro;
e) o erro de tipo implica exclusão da culpabilidade na hipótese de estrito cumprimento de dever legal.

QUESTÃO 10

FGV - 2022 - TJ-PE - Juiz Substituto

Paulo, policial militar, supondo ter encontrado Cláudio, traficante conhecido na região e com mandado de prisão em aberto, efetua a prisão de desconhecido irmão gêmeo univitelino de Cláudio, com restrição de liberdade do irmão gêmeo por tempo considerável.

Diante da situação narrada, a responsabilidade penal de Paulo é afastada por:

a) ausência de tipicidade, ante a inexistência de elemento objetivo do tipo;

b) ausência de tipicidade, ante a inexistência de elemento subjetivo do tipo;

c) ausência de ilicitude, pelo estrito cumprimento do dever legal putativo;

d) ausência de culpabilidade, pela inexigibilidade de conduta diversa;

e) ausência de culpabilidade, por erro de proibição.

QUESTÃO 11

IBFC - 2022 - PC-BA - Delegado de Polícia - (Reaplicação)

No que diz respeito a aspectos relacionados à Teoria do Crime, assinale a alternativa **incorreta**.

a) Responde pelo crime o terceiro que determina o erro

b) O erro sobre elemento constitutivo do tipo legal de crime exclui o dolo, mas permite a punição por crime culposo, se previsto em lei

c) O erro quanto à pessoa contra a qual o crime é praticado não isenta de pena. Não se consideram, neste caso, as condições ou qualidades da vítima, senão as da pessoa contra quem o agente queria praticar o crime

d) Considera-se evitável o erro se o agente atua ou se omite sem a consciência da ilicitude do fato, quando lhe era possível, nas circunstâncias, ter ou atingir essa consciência

e) É isento de pena quem, por erro plenamente justificado pelas circunstâncias, supõe situação de fato que, se existisse, tornaria a ação legítima. Há igualmente isenção de pena quando o erro deriva de culpa, ainda que o fato seja punível como crime culposo

GABARITO

Questão 1	Assertiva "Correta"
Questão 2	Letra "A"
Questão 3	Letra "A"
Questão 4	Letra "B"

Questão 5	Letra "B"
Questão 6	Letra "B"
Questão 7	Assertiva "Errada"
Questão 8	Letra "A"
Questão 9	Letra "C"
Questão 10	Letra "B"
Questão 11	Letra "E"

CAPÍTULO 9

Iter criminis, tentativa, desistência voluntária, arrependimento eficaz, arrependimento posterior e crime impossível

9.1. *Iter criminis* ou caminho do crime

O *iter criminis* é o conjunto de etapas percorrido pelo agente para o cometimento de um delito doloso. Compreende uma fase de natureza interna e outra de natureza externa.

- **Fase interna:** cogitação;
- **Fase externa:** preparação, execução e consumação.

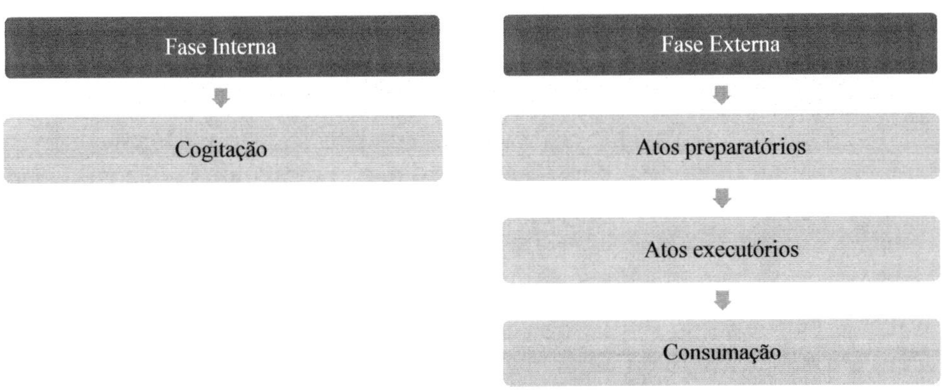

FASE INTERNA	**FASE EXTERNA**		
Cogitação	Atos preparatórios	Atos executórios	Consumação

9.1.1. Cogitação

Consiste na etapa em que o agente **pensa em praticar o crime**. É restrita ao plano interno, pois o intento criminoso está apenas na mente do indivíduo, e ainda não se manifestou no mundo exterior. Compreende **três subfases:**

- **Idealização:** quando surge na mente do autor a ideia de cometer o delito;
- **Deliberação:** momento em que o agente avalia aspectos negativos e positivos que prática da conduta criminosa pode acarretar;
- **Resolução**, quando o autor finalmente decide cometer a infração penal.

Em face do **princípio da alteridade**, desenvolvido por Claus Roxin, não se admite a incriminação de conduta meramente interna do agente, incapaz de atingir um bem jurídico de terceiro. Assim, o pensamento, por mais imoral, vil e antiético que seja, não é crime **(direito à perversão).** Trata-se do brocardo *cogitationis poenam nemo patitur* (ninguém sofre punição pelo pensamento).

▸ OBSERVAÇÕES

1. A fase da cogitação é **impunível** (desdobramento lógico do princípio da materialização do fato).

2. Querer punir a cogitação caracteriza **direito penal do autor**.

3. De acordo com o **princípio da alteridade** (Claus Roxin), a conduta meramente interna (psíquica) jamais será punida, porque não atinge um bem jurídico de terceiro.

4. Cogitação **não significa premeditação**.

9.1.2. Preparação

É a fase em que o agente **realiza atos indispensáveis à prática criminosa**. É uma etapa intermediária, pois quando a atinge, o indivíduo já deixou o plano interno, mas não iniciou o crime propriamente dito.

Por exemplo: agente com intento homicida compra um veneno para ministrar à pessoa que pretende matar. **Em regra, os atos preparatórios não são puníveis, nem mesmo na forma tentada**, pois o art. 14, inciso II, do Código Penal vinculou a tentativa ao cometimento de atos executórios. Excepcionalmente, contudo, a lei prevê casos de punição autônoma dos atos preparatórios, a exemplo do crime de associação criminosa (art. 288, CP), do crime de petrechos para a falsificação de moeda (art. 291, CP), do crime de tráfico de maquinários (art. 34 da Lei nº 11.343/06), dos atos preparatórios de terrorismo (art. 5º da Lei nº 13.260/2016)[1] etc.

▸ **IMPORTANTE**

A doutrina denomina de **crimes obstáculos** os atos preparatórios que são punidos como delitos autônomos. Utiliza-se a palavra "obstáculo", porque a criminalização dos atos preparatórios serve para "obstaculizar" a prática do crime fim.

9.1.3. Execução

Na fase executória, o agente **começa a realizar o núcleo do tipo legal** (verbo), iniciando uma agressão ao bem jurídico tutelado pela norma. Obrigatoriamente, os atos de execução devem ser **idôneos**, ou seja, capazes de lesar o bem jurídico, e **inequívocos**, indicando com certeza a vontade ilícita do agente. Uma vez iniciada a execução, pode haver incidência de alguns institutos do Direito Penal, tais como a tentativa, a desistência voluntária, o arrependimento eficaz e a participação punível.

A definição do momento exato em que se dá a passagem da segunda para a terceira etapa do *iter criminis* é de extrema relevância, pois o início da fase executória é um marco temporal que enseja toda ordem de repercussões:

- Legitima o **início da persecução penal** por parte do Estado para exercício de seu poder punitivo contra o agente;
- **Autoriza a prisão em flagrante** do criminoso, pois há uma infração penal em andamento;
- Podem incidir alguns institutos do Direito Penal, tais como a **tentativa, a desistência voluntária e o arrependimento eficaz**;
- Delineiam-se a **coautoria ou a participação.**[2]

▸ Passagem da segunda etapa (atos preparatórios) para terceira etapa (atos executórios) do *iter criminis*

Legitima o **início da persecução penal;**

Autoriza a prisão em flagrante do criminoso;

Pode incidir a **tentativa, a desistência voluntária e o arrependimento eficaz;**

Delineia a **coautoria ou a participação.**

---

1. "A tipificação da conduta descrita no art. 5º da Lei Antiterrorismo (atos preparatórios de terrorismo) exige a motivação por razões de xenofobia, discriminação ou preconceito de raça, cor, etnia e religião, expostas no art. 2º do mesmo diploma legal." STJ. 6ª Turma. HC 537.118-RJ, Rel. Min. Sebastião Reis Júnior, julgado em 05/12/2019 (Info 663).
2. Com a entrada na fase de execução é que, em regra, pode-se cogitar coautoria e participação, pois o Código Penal adotou em seu artigo 31 a teoria objetiva-formal no concurso de pessoas (v. Capítulo 10).

9.1.3.1. Teorias de transição entre atos preparatórios e atos executórios

Diversas são as teorias que buscam apontar em que **momento ocorre essa transição**. Analisemos brevemente as principais teorias:

Teoria subjetiva: Segundo essa teoria, deve ser levada em consideração a **intenção do agente**. Portanto, havendo intento criminoso, pouco importa em qual etapa do *iter criminis* o autor se encontra. O agente deve ser punido pelo seu "querer interno". Há críticas à teoria subjetiva fundadas na indistinção entre atos preparatórios e executórios, pois em ambas o agente demonstra sua intenção de praticar o crime. Essa teoria se mostra de **difícil aplicação**, pois é impossível ao operador do Direito imiscuir-se na mente do criminoso para revelar seu intento. Além disso, "a vontade está em todas as etapas do planejamento do delito, desde a *cogitatio*, e não se altera até o exaurimento. Ou seja, se a pretensão é de apreensão da vontade enquanto guia da conduta, é muito difícil, para não dizer impossível, com base nela, afirmar o que é ato de execução e o que é ato preparatório"[3]. Tal teoria encontra-se completamente superada e **não foi adotada pelo Código Penal**.

Teoria objetiva: O agente não pode ser punido com base em critérios subjetivos, calcados em seu "querer interno". Os atos executórios dependem do início da realização do tipo penal. Seu intento criminoso deve ser exteriorizado por meio de **atos idôneos e inequívocos direcionados à produção do resultado lesivo**. A teoria objetiva subdivide-se em:

- **Teoria objetivo-formal:** a execução tem início com a **realização do núcleo do tipo**. O autor deve efetivamente realizar uma parte da conduta típica, penetrando no verbo descrito no tipo;
- **Teoria objetivo-material:** também conhecida como **critério do terceiro observador**. A passagem para a fase executória poderia ser identificada "em toda atividade que em virtude de seu necessário pertencimento à ação típica, apareça, para a concepção natural, como sua parte integrante"[4]. Considera, portanto, o início da execução a **realização do verbo nuclear do tipo e também dos atos imediatamente anteriores a ele, conforme observação de um terceiro**. Por exemplo: na visão de um terceiro observador, aquele que está no alto de uma escada, portando um pé de cabra, pronto para pular um muro e ingressar em uma residência, já iniciou a execução de um crime de furto;
- **Teoria da hostilidade ao bem jurídico:** Idealizada por Max Ernst Mayer, delimita como atos executórios as condutas que efetivamente atacam bem jurídico. Portanto, todos os atos anteriores ao início do ataque

3. BUSATO, Paulo César. **Direito Penal – Parte Geral**. São Paulo: Atlas, 2013, p. 662.
4. FRANK, Reinhard *apud* BUSATO, Paulo César. **Direito Penal – Parte Geral**. São Paulo: Atlas, 2013, p. 664.

estão circunscritos ao plano da preparação. Essa teoria também não foi acolhida pelo Código Penal;

- **Teoria objetivo-individual ou objetivo-subjetiva:** os atos executórios são os relacionados ao **início da conduta típica e também aos imediatamente anteriores**, em conformidade com o **plano concreto do autor**. Essa teoria, preconizada pelo penalista argentino Eugênio Raul Zaffaroni, não se preocupa com a visão de um terceiro, como na teoria anterior, mas sim com a **prova do plano individual do autor**.

Teoria negativa de distinção: propõe, em linhas gerais, a negação da possibilidade da limitação, em uma regra geral, entre o que seria atos preparatórios e atos de execução, devendo tal **definição ficar a cargo do julgador** no momento da análise de cada caso. Inicialmente surgiu a teoria negativa de distinção. Baseada na ideia de que não impossível estabelecer critérios seguros de separação entre as fases, negava a existência de instrumentos hábeis a tal desiderato, cabendo ao juiz a tarefa de analisar, topicamente, cada caso concreto.

Analisemos um caso concreto à luz de cada uma das teorias objetivas para fins de assimilação: imagine que Tício, com uma faca em punho, aguarda atrás de uma moita a passagem de Caio, seu desafeto, para matá-lo, desejo já anunciado a diversas pessoas. Quando Caio se encontra a 200 metros de distância, Tício fica em pé, segura firme a faca e aguarda o seu adversário em posição de ataque. Antes que pudesse prosseguir com o plano, Tício é abordado por policiais que viram a cena durante uma patrulha pelo local.

Segundo as teorias objetivas:

- **Teoria da hostilidade do bem jurídico:** não há crime, pois o bem jurídico ainda não foi atacado;
- **Teoria objetivo-formal:** não há crime, pois não houve início da realização do verbo "matar";
- **Teoria objetivo-material:** há tentativa de homicídio, pois se trata de um ato imediatamente anterior à realização do núcleo do tipo, na visão de um terceiro observador;
- **Teoria objetivo-individual, objetivo-subjetiva, subjetiva limitada ou plano do autor:** há tentativa de homicídio, pois se trata de um ato imediatamente anterior à realização do núcleo do tipo, de acordo com o plano concreto do autor.

A doutrina clássica adota a **teoria objetivo-formal** (os atos executórios se iniciam com a realização do núcleo do tipo). Recentemente, o STJ também partilhou desse entendimento, conforme excerto abaixo:

Adotando-se a teoria objetivo-formal, o rompimento de cadeado e destruição de fechadura da porta da casa da vítima, com o intuito de, mediante uso de arma de fogo, efetuar subtração patrimonial da residência, configuram meros atos preparatórios que impedem a condenação por tentativa de roubo circunstanciado[5].

No entanto, a **doutrina mais moderna** (Paulo César Busato, Guilherme de Souza Nucci e outros) vem, de maneira gradual e contínua, abandonando a teoria objetivo-formal (mais restrita), dando preferência à teoria **objetivo-individual,** seguindo-se da **objetivo-material**. Há, inclusive, precedente do STF nesse sentido. Considerando sua clareza e didatismo, transcrevemos trechos do voto-vista do Ministro Luiz Fux, no julgamento do HC 122.791/MS[6]:

> O fundamento da punição de todos os atos de execução do delito responde ao fim político-criminal e preventivo que preside todo o direito penal. Daí que a tentativa seja punível, em atenção à necessidade político-criminal de estender a ameaça ou cominação penal, prevista para os tipos delitivos para o caso de sua consumação, também às condutas que, embora não consumem o delito, estão muito próximas da consumação e se realizam com a vontade de obter essa consumação. Portanto, a punição da tentativa tem o mesmo fundamento do castigo do fato doloso consumado: a colocação objetiva do bem jurídico em perigo e a vontade de conseguir sua lesão típica (BITENCOURT, Cezar Roberto; MUÑOZ CONDE, Francisco. Teoria Geral do delito. São Paulo: Editora Saraiva, 2000, p. 449, tradução nossa do original em espanhol). A práxis jurídico-penal depara-se com casos em que uma teoria puramente formal não pode precisar, com segurança, onde termina a fase simplesmente preparatória (impune) e onde começa a fase executiva do delito (punível). Ante as insuficiências de uma teoria puramente formal, surgiram variantes da mesma ou outras de natureza objetiva (que atendem à colocação em perigo), ou subjetivas (que atendem ao plano do autor). Atualmente, é dominante uma teoria intermediária ou mista que, partindo da descrição legal da ação típica, atende, em primeiro lugar, à 'imagem' que o próprio autor do delito tem do curso dos acontecimentos (plano do autor) e logo, de acordo com essa imagem, o comportamento realizado está tão estreitamente ligado à ação típica que praticamente não há etapas intermediárias essenciais para por em atividade imediata sua realização (teoria objetiva-individual). A expressão "diretamente por fatos exteriores" evidencia que o plano do autor é decisivo na medida em que se manifeste no exterior e seus atos estejam em conexão direta com a execução do delito. É dizer: uma vez mais se aceita como ponto de referência e partida o plano do autor, mas na medida em que se manifesta em fatos exteriores que diretamente se possam qualificar como atos executivos do correspondente tipo delitivo (BITENCOURT, MUÑOZ CONDE, 2000, p. 452/453). O âmbito do fato punível, consoante a dogmática penal, começa quando o sujeito dá início à execução do delito diretamente por fatos exteriores, ainda que não seja necessária o efetivo início

5. STJ, 5ª Turma. AREsp 974.254-TO, Rel. Min. Ribeiro Dantas, julgado em 21/09/2021 (Info 711).
6. STF, 1ª Turma. HC 122.791/MS, Relator Min. Dias Toffoli, 17/11/2015.

da ação tipificada no verbo nuclear do tipo penal. 4. É necessário distinguir a fase simplesmente preparatória (impune) e o termo a quo da fase executiva do delito (punível). É que, por imperativo do princípio da legalidade, somente será punível o que, conforme aos critérios de interpretação normalmente aplicáveis à lei penal (gramatical, histórico, sistemático e teleológico) possa considerar-se como 'execução do delito'. [...] *In casu*, o agente praticou ações que caracterizam a execução do delito, havendo provas suficientes da finalidade de consumar a ação típica, a saber: A) estava no interior de ônibus de transporte interestadual com bilhete tendo por destino final outro Estado da Federação, como é o caso dos autos; B) A fase da intenção e a fase dos atos preparatórios foram evidentemente ultrapassadas no momento em que o agente ingressou no ônibus portando a droga, adentrando a fase de execução do crime. O transporte da droga, uma vez iniciado, protrai-se no tempo, revelando crime de consumação permanente – a permitir o flagrante durante a execução desse transporte. *Ex positis*, por ter sido executada, pelo Paciente, ação caracterizadora do tráfico interestadual de drogas (transporte da droga em ônibus interestadual, com passagem tendo por destino cidade localizada em outra unidade da Federação), a causa de aumento do art. 40, V, da Lei 11.343/2006 foi validamente aplicada, inexistindo violação ao *cogitationis poenam nemo patitur*, por isso que julgo ausente ilegalidade ou abuso de poder contra a liberdade de ir e vir do paciente.

<table>
<tr><th colspan="3">TEORIAS DE TRANSIÇÃO ENTRE ATOS PREPARATÓRIOS E ATOS EXECUTÓRIOS</th></tr>
<tr><td colspan="2">Teoria Subjetiva</td><td>Deve ser levada em consideração a intenção do agente.</td></tr>
<tr><td colspan="2">Teoria negativa de distinção</td><td>Negação da possibilidade da limitação, em uma regra geral, entre o que seria atos preparatórios e atos de execução, devendo tal definição ficar a cargo do julgador</td></tr>
<tr><td rowspan="4">Teorias Objetivas</td><td>Objetivo-formal</td><td>A execução tem início com a realização do núcleo do tipo.</td></tr>
<tr><td>Objetivo-material</td><td>O início da execução ocorre com a realização do verbo nuclear do tipo e também dos atos imediatamente anteriores a ele, conforme observação de um terceiro</td></tr>
<tr><td>Hostilidade ao bem</td><td>Os atos executórios se iniciam quando o bem jurídico é hostilizado.</td></tr>
<tr><td>Objetivo-individual</td><td>Os atos executórios são os relacionados ao início da conduta típica e também aos imediatamente anteriores, em conformidade com o plano concreto do autor.</td></tr>
</table>

9.1.4. Consumação

O crime está consumado quando **nele se reúnem todos os elementos de sua definição legal** (art. 14, inc. I, do CP). Portanto, é possível notar que "a noção de consumação expressa a total conformidade do fato praticado pelo agente com a hipótese abstrata descrita pela norma penal incriminadora"[7]. O momento consumativo pode variar de acordo com a natureza da infração penal, conforme demonstra o quadro esquemático a seguir:

Natureza da infração penal	Consumação
Crime material	Momento de efetiva produção do resultado naturalístico.
Crime formal	Momento da simples atividade, independentemente da produção do resultado naturalístico descrito no tipo legal.
Crime de mera conduta	Momento da simples atividade, pois o tipo legal sequer prevê resultado.
Crime permanente	A consumação se prolonga no tempo, enquanto o agente estiver praticando a conduta descrita no tipo legal.
Crime habitual	Consuma-se com a reiteração do comportamento, revelando o estilo de vida criminoso do agente.
Crime omissivo próprio	Consuma-se com o comportamento negativo do agente, independentemente da produção de resultado posterior.
Crime omissivo impróprio	Consuma-se com a produção do resultado naturalístico decorrente do comportamento negativo do agente.
Crime de perigo concreto	Consuma-se com a exposição do bem jurídico a uma probabilidade de dano.
Crime de perigo abstrato	Consuma-se com a simples prática da conduta considerada perigosa pelo tipo legal.
Crime qualificado pelo resultado	Consuma-se quando ocorre o resultado qualificador.

9.1.4.1. Consumação nos crimes de furto e roubo[8]

Existem quatro teorias que visam explicar em que momento se consuma o crime de furto ou de roubo, vejamos:

1ª) Contrectacio: segundo esta teoria, a consumação se dá pelo simples contato entre o agente e a coisa alheia. Se tocou, já consumou;

2ª) Apprehensio (amotio): a consumação ocorre no momento em que a coisa subtraída passa para o poder do agente, ainda que por breve espaço de tempo, mesmo que o sujeito seja logo perseguido pela polícia ou pela vítima. Quando se diz que a coisa passou para o poder do agente, isso significa que houve a inversão

7. JESUS, Damásio de. **Direito Penal – Parte Geral**, v. 1. 36 ed. São Paulo: Saraiva, 2015, p. 369.
8. Tema retirado de: CAVALCANTE, Márcio André Lopes. **Súmula 582-STJ**. Buscador Dizer o Direito, Manaus. Disponível em: <https://www.buscadordizerodireito.com.br/jurisprudencia/detalhes/ed46558a56a4a26b96a-68738a0d28273>. Acesso em: 24 fev. 2024.

da posse. Por isso, ela é também conhecida como Teoria da Inversão Da Posse. Vale ressaltar que, para esta corrente, o crime se consuma mesmo que o agente não fique com a posse mansa e pacífica. A coisa é retirada da esfera de disponibilidade da vítima (inversão da posse), mas não é necessário que saia da esfera de vigilância da vítima (não se exige que o agente tenha posse desvigiada do bem);

3ª) Ablatio: a consumação ocorre quando a coisa, além de apreendida, é transportada de um lugar para outro;

4ª) Ilatio: a consumação só ocorre quando a coisa é levada ao local desejado pelo ladrão para tê-la a salvo.

Resumo. Para cada uma das quatros teorias, quando se consuma?

Contrectacio	Apprehensio (amotio)	Ablatio	Ilatio
Tocar	**Inversão da posse**	**Transportar**	**Lugar seguro**

Qual foi a teoria adotada pelo STF e STJ?

A teoria da apprehensio (amotio). Nos países cujos Códigos Penais utilizam expressões como "subtrair" ou "tomar" para caracterizar o furto e o roubo (Alemanha e Espanha, por exemplo), predomina, na doutrina e na jurisprudência, a utilização da teoria da apprehensio (ou amotio). Foi a corrente também adotada no Brasil. SJT - Súmula 582: "Consuma-se o crime de roubo com a inversão da posse do bem mediante emprego de violência ou grave ameaça, ainda que por breve tempo e em seguida à perseguição imediata ao agente e recuperação da coisa roubada, sendo prescindível a posse mansa e pacífica ou desvigiada."

Exemplo concreto: João apontou a arma de fogo para a vítima e disse: "perdeu, passa a bolsa". A vítima entregou seus pertences e o assaltante subiu em cima de uma moto e fugiu. Duas ruas depois, João foi parado em uma blitz da polícia e, como não conseguiu explicar o motivo de estar com uma bolsa feminina e uma arma de fogo, acabou confessando a prática do delito. Assim, por ter havido a inversão, ainda que breve, da posse do bem subtraído, o fato em tela configura roubo consumado.

Este é também o entendimento do STF: "Para a consumação do crime de roubo, basta a inversão da posse da coisa subtraída, sendo desnecessária que ela se dê de forma mansa e pacífica, como argumenta a impetrante."[9]

9. STF, 2ª Turma. HC 100.189/SP, Rel. Min. Ellen Gracie, DJe 16/4/2010.

9.1.5. Exaurimento

Esta fase ocorre **após a consumação do delito**, a exemplo do recebimento do resgate no crime de extorsão mediante sequestro. **Não integra o** *iter criminis* **e não influencia na tipicidade**, mas pode trazer as seguintes consequências:

a) servir como **circunstância judicial desfavorável** por ocasião da dosimetria da pena-base (art. 59, CP – consequências do crime);

b) atuar como **qualificadora** (exemplo: crime de resistência – art. 329, § 1º, CP);

c) atuar como **causa de aumento de pena** (exemplo: corrupção passiva – art. 317, § 1º, CP);

d) configurar **crime autônomo** (agente que sequestra a vítima para fins libidinosos e após consumar o sequestro pratica conjunção carnal mediante o emprego de violência, configurando crime de estupro).

▸ CURIOSIDADE

Professor Eugênio Raúl Zaffaroni diz que a consumação que integra o *iter criminis* é a **consumação formal** e que a **consumação material** seria o "exaurimento", que é a intensificação do ataque ao bem jurídico posterior à consumação, denominado de crime exaurido. Fácil visualização dos crimes formais.

9.2. Tentativa

O Código Penal, em seu art. 14, inciso II, dispõe sobre a tentativa:

> *Art. 14 – Diz-se o crime:*
>
> *[...]*
>
> *II – tentado, quando, iniciada a execução, não se consuma por circunstâncias alheias à vontade do agente.*
>
> *Parágrafo único – Salvo disposição em contrário, pune-se a tentativa com a pena correspondente ao crime consumado, diminuída de um a dois terços.*

9.2.1. Conceito

Há tentativa quando agente, adentrando a fase de execução, apenas **não consuma o crime por circunstâncias alheias a sua vontade**. O parágrafo único do art. 14 prevê uma causa obrigatória de redução de pena para os crimes tentados.

Expressões sinônimas: São expressões sinônimas de tentativa: crime imperfeito, *conatus*, tipo penal manco (Alberto Silva Franco) e crime incompleto (Zaffaroni).

9.2.2. Elementos

a) início da execução de um crime (terceira etapa do "*iter criminis*"): Conforme já visto, no Brasil predomina a **teoria objetivo-formal**, a qual postula que a fase executória de um delito é marcada pela prática de atos típicos de execução.

Exemplificando: no crime de homicídio, a compra do veneno é um ato preparatório; o agente adentra a fase executória ao ministrar a substância letal ao café da vítima e entregar a bebida para consumo.

b) Ausência de consumação por circunstâncias estranhas à vontade do agente: O agente pode não consumar o crime por circunstâncias alheias à sua vontade, hipótese que configurará a tentativa **ou por circunstâncias conforme a sua vontade**, caracterizando a desistência voluntária ou o arrependimento eficaz, a depender do caso.

Imagine a seguinte situação: o agente adentra em uma residência para furtar os bens que a guarnecem, colocando-os em trouxas que fez com os lençóis da cama. Um vizinho nota a movimentação no local e aciona a polícia. Quando o agente tenta sair da casa por um pequeno portão nos fundos, é surpreendido por policiais, que o prendem em flagrante. Nesse caso, estamos diante de uma tentativa do crime de furto. Embora o autor tivesse a intenção de subtrair os bens, consumando o delito, sua ação delitiva foi interrompida em função dos policiais, circunstância alheia à sua vontade.

A desistência voluntária e o arrependimento eficaz, que serão objeto de estudo mais adiante (subitem 8.3), estão previstos no art. 15 do Código Penal, e não se confundem com a tentativa, pois em ambos os institutos o delito não se consuma por deliberação do agente e não por circunstâncias estranhas ao seu querer. Em razão disso, são rotulados como **tentativa abandonada ou qualificada.**

c) Dolo de consumação: O dolo do crime tentado é o mesmo dolo do crime consumado. Na tentativa, o agente inicia a prática da conduta visando ao delito completo, através do qual poderá obter o resultado, contudo, só não o consuma por circunstâncias externas à sua vontade.

O crime tentado é, portanto, "**perfeito na esfera subjetiva do agente**, embora imperfeito no campo objetivo, relacionado ao resultado que deveria ser produzido com a conduta criminosa". A esta assimetria entre o subjetivismo (completo) do agente e objetivismo (incompleto) da ação se dá o nome de **"crime manco"**, imagina-se que uma pena (subjetivo) é diferente da outra perna (objetivo).

> **ATENÇÃO!**
>
> **A tentativa é compatível com o dolo eventual?**
>
> **1ª Corrente**: Sim. No dolo eventual, o autor aceita com indiferença o resultado, vislumbrando-o como uma consequência possível de sua conduta, nada

fazendo para impedir sua ocorrência. Logo, se, por circunstâncias fortuitas, tal resultado não ocorre, é inegável que o agente deve responder por tentativa (Nelson Hungria). **Prevalece essa primeira corrente.**

2ª Corrente: Não. Se o legislador definiu o crime tentado como aquele em que, "iniciada a execução, não se consuma por circunstâncias alheias à vontade do agente", limitou o instituto ao dolo direto, sendo, portanto, incompatível (Rogério Greco).

d) Resultado possível: Há tentativa quando é possível que o agente obtenha o resultado almejado, embora não consume o delito por circunstâncias alheias à sua vontade. Caso a consumação seja impossível em virtude da ineficácia absoluta do meio empregado ou por impropriedade absoluta do objeto, há **crime impossível**, também denominado pela doutrina como **tentativa inidônea** (no caso está se falar da inidoneidade absoluta, pois, conforme veremos, se a inidoneidade for relativa haverá tentativa).

Exemplificando: Tícia, com desejo de matar seu esposo, prepara um bolo confeitado, misturando à cobertura de baunilha uma grande quantidade de veneno. Após o jantar, serve o bolo envenenado ao marido. O filho do casal, que havia encontrado o frasco de veneno sobre a pia da cozinha, desconfia das intenções de sua mãe, e impede que o pai consuma o bolo. Nesse caso, Tícia responderá pelo crime de homicídio tentado, pois apesar de ter possibilidade de consumar o delito, só não o fez por conta da interferência do filho.

Imaginemos agora que Tícia se confundiu durante o preparo do bolo, e, em vez de empregar veneno, trocou os frascos e colocou confeitos de açúcar. O filho vai à cozinha, vê a embalagem de veneno sobre a pia, e, desconfiando das intenções da mãe, impede o pai de consumir o bolo. Nessa segunda hipótese, Tícia não responderá por crime algum, pois o meio empregado (confeitos de açúcar) é **absolutamente ineficaz**, sendo incapaz de produzir o resultado. Desse modo, ainda que não houvesse a intervenção do filho, o crime nunca se consumaria.

9.2.3. Natureza Jurídica

Norma de extensão **temporal** (recebe esse nome por permitir a aplicação da lei penal a um momento anterior à consumação) ou **de ampliação da conduta**, tendo em vista que o art. 14, II, do CP não dispõe de autonomia, ou seja, reclama sempre a presença de um tipo penal incriminador. Portanto, é necessária a realização de uma **adequação típica por subordinação mediata (tipicidade indireta)**, empregando o art. 14, II, CP para que haja a perfeita subsunção dos fatos com o dispositivo legal.

Assim, a tentativa de homicídio simples resta tipificada da seguinte forma: art. 121, *caput*, cc. art. 14, II, ambos do CP.

9.2.4. Classificação

Quanto ao *iter criminis* percorrido:

a) Tentativa perfeita (ou crime falho): ocorre quando o agente, embora **tenha se valido de todos os meios executórios** que estavam à sua disposição, não consegue consumar o crime por circunstâncias estranhas à sua vontade. Ex.: Fulano, com ânimo de matar, dispara os seis projéteis contidos no seu revólver em direção a seu desafeto, o qual só não veio a óbito por ter sido prontamente socorrido por populares. É compatível apenas com os crimes materiais, pois nos crimes formais e de mera conduta o fim da execução já consuma o delito.

b) Tentativa imperfeita (ou inacabada): o agente, embora tenha dado início à execução do crime, é **impedido de prosseguir no seu intento**, deixando de fazer uso de todos os meios que tinha ao seu alcance. Nesse caso, a consumação só não sobrevém em razão de circunstâncias alheias à vontade do agente, que não conseguiu lançar mão de todos os atos que pretendia. Ex.: Fulano, após alvejar duas vezes Ciclano, é preso em flagrante por policiais militares, que o impedem de dar sequência nos disparos. A vítima é socorrida pelos milicianos e sobrevive ao ataque.

Quanto ao resultado produzido:

a) Tentativa branca (ou incruenta): o agente **não atinge o objeto material** contra o qual direcionou sua conduta. Ex.: haverá tentativa branca de homicídio se o agente, com intenção de matar, dispara em direção do seu desafeto que não é atingido e sequer vem a sofrer qualquer tipo de ferimento.

b) Tentativa vermelha (ou cruenta): o **objeto material é atingido** pela atuação do criminoso. Ex.: o agente, com ânimo homicida, dispara em relação ao seu desafeto, que é alvejado pelos disparos, mas socorrido e salvo por populares.

Quanto à possibilidade de alcançar o resultado:

a) Tentativa idônea: o **resultado era possível** der ser alcançado.

b) Tentativa inidônea: o **resultado é absolutamente impossível** de ser alcançado. Trata-se de crime impossível (art. 17, do CP).

Há a chamada **tentativa supersticiosa/irreal** quando o agente acredita estar praticando um delito, mas, em verdade, sua conduta é atípica, pois sequer chega a colocar o bem jurídico a perigo de lesão. Exemplo: Tício, com *animus necandi*, fita intensamente seu desafeto, e utiliza a força de seu pensamento com a intenção de matá-lo, confiando piamente que obterá o resultado dessa maneira. Não é possível vislumbrar o instituto da tentativa nessa hipótese, pois inexiste qualquer possibilidade de que o agente logre êxito com sua conduta. É importante ressaltar que a **tentativa supersticiosa não se confunde com o crime impossível**. No crime impossível, verifica-se a inidoneidade do objeto ou a ineficácia do meio no caso concreto, após a prática da conduta. Na tentativa irreal, tais circunstâncias podem ser prontamente constatadas, pois a conduta do agente é manifestamente incapaz de produzir o resultado almejado.

Quanto *ao iter criminis* percorrido	•**Tentativa perfeita (ou crime falho):** o agente, embora tenha se valido de todos os meios executórios que estavam à sua disposição, não consegue consumar o crime por circunstâncias estranhas à sua vontade. •**Tentativa imperfeita (ou inacabada):** o agente, embora tenha dado início à execução do crime, é impedido de prosseguir no seu intento, deixando de fazer uso de todos os meios que tinha ao seu alcance.
Quanto ao resultado produzido	•**Tentativa branca (ou incruenta):** o agente não atinge o objeto material contra o qual direcionou sua conduta. •**Tentativa vermelha (ou cruenta):** O objeto material é atingido pela atuação do criminoso.
Quanto à possibilidade de alcançar o resultado	•**Tentativa idônea:** o resultado era possível der ser alcançado. •**Tentativa inidônea:** o resultado é absolutamente impossível de ser alcançado.

9.2.5. Crimes que não admitem a tentativa

A tentativa, via de regra, compatibiliza-se com todos os crimes dolosos. A análise não leva em conta a possibilidade de produção do resultado naturalístico, mas sim o **caráter plurissubsistente do delito**. Dessa forma, se a conduta do agente for composta por vários atos executórios, ensejando, consequentemente, o fracionamento do *iter criminis*, será possível falar-se em tentativa.

Sendo assim, alguns delitos revelam-se incompatíveis com o crime tentado. Vejamos:

a) Crime unissubsistente: o ato executório não pode ser fracionado. Nesse delito, a consumação ocorre com a prática de um **único ato**. Exemplo: crimes contra a honra praticados verbalmente, falso testemunho, desacato etc.

b) Crime omissivo próprio ou puro: caracteriza **crime unissubsistente**, logo, não admite a tentativa, a exemplo da omissão de socorro. Ou o agente se omite e o crime está configurado, ou ele pratica o comportamento descrito na norma e o fato é atípico.

c) Crime de perigo abstrato: também é classificado como **delito unissubsistente**. O crime se consuma com a mera prática da conduta, independentemente da demonstração de perigo de lesão ao bem jurídico tutelado. No entanto, parcela da doutrina admite a tentativa nesses delitos, a exemplo do que ocorre com o tráfico de drogas (art. 33, da Lei nº 11.343/06).

d) Contravenção penal: ainda que no plano fático a tentativa seja possível, não é punida por expressa disposição legal (art. 4º, LCP).

e) Crime culposo: a tentativa em crime culposo é impossível, pois constituiria uma evidente contradição, haja vista que o resultado naturalístico dessa espécie delitiva é **involuntário**, ou seja, não é almejado pelo agente.

▶ ATENÇÃO

É importante ressaltar que os **crimes culposos impróprios** admitem tentativa, pois, o resultado é desejado pelo agente, que age em erro inescusável quanto à ilicitude do fato, sob as chamadas **descriminantes putativas.** Trata-se, na verdade, de delito doloso equiparado a delito culposo por razões de política criminal.

f) Crime preterdoloso ou preterintencional: constitui uma figura híbrida, em que há dolo no antecedente e culpa no consequente. Exemplo: lesão corporal seguida de morte (art. 129, § 3º, CP). Nessa hipótese o agente tem a intenção de lesionar a vítima, mas a morte ocorre de maneira culposa. Como visto, a **culpa é incompatível com a tentativa**. Parcela da doutrina, no entanto, defende a possibilidade de ocorrer a tentativa no crime preterdoloso, quando o resultado agravador é produto de culpa, embora frustrada a conduta antecedente (dolosa). No cenário de uma tentativa de estupro qualificado pela morte, conforme previsto no artigo 213, § 1º, do Código Penal, consideremos o seguinte exemplo: Fulano, com a intenção de realizar conjunção carnal forçada com a vítima, utiliza tanta violência que resulta na morte antes mesmo da consumação do ato sexual. Nesse contexto, estaríamos diante de uma tentativa de estupro qualificado pela morte culposa da vítima.

g) Crime de atentado ou de empreendimento: é aquele em que a tentativa é punida com a mesma pena do crime consumado, a exemplo do que ocorre com os crimes previstos no art. 352 do Código Penal ("evadir-se ou tentar evadir-se"), ou no art. 309 do Código Eleitoral ("votar ou tentar votar mais de uma vez").

h) Crime habitual: o crime habitual apenas se caracteriza quando presente **a reiteração da conduta do agente**, reveladora de que aquela atuação é costumeira. Ausente a habitualidade, o ato isoladamente considerado configura um indiferente penal.

i) Crime obstáculo: nome dado aos atos preparatórios, quando puníveis. Em regra, o ato preparatório, compreendido na segunda fase do *iter criminis*, não é tipificado como crime. Todavia, em alguns casos, o legislador tipifica um ato preparatório como crime autônomo, a exemplo do que se dá com a associação criminosa (art. 288, CP). Por configurar ato preparatório de outros delitos, é absolutamente incompatível com a tentativa.

j) Crime com tipo penal composto de condutas amplamente abrangentes: é aquele em que não é possível, diante do caso concreto, dissociar a tentativa da consumação. Exemplo típico dessa espécie delitiva é o crime de parcelamento ou desmembramento irregular do solo para fins urbanos, previsto no art. 50, inc. I, da Lei nº 6.766/79[10].

k) Crime subordinado a condição objetiva de punibilidade: Apenas haverá o crime se implementada uma condição. Ou a condição se realiza e o crime está consumado, ou não se realiza e o fato é impunível. É o que ocorre com os crimes falimentares, nos termos do art. 180 da Lei nº 11.101/2005, os quais, em regra, dependem da sentença de falência para serem puníveis.

9.2.6. Teorias sobre a punibilidade da tentativa

Tendo em vista que a figura da tentativa consiste numa antecipação da barreira da punibilidade, a doutrina apresenta algumas teorias que justificam sua admissão no ordenamento jurídico:

a) Teoria objetiva, realística ou dualista: fundamenta a punibilidade da tentativa **no perigo que a conduta representa para o bem jurídico penalmente tutelada**. Observa o aspecto objetivo do delito (sob a perspectiva dos atos praticados pelo agente). Implica na diferenciação entre as penas previstas para o crime consumado e tentado, em respeito à graduação existente entre dano e perigo.

b) Teoria subjetiva, voluntarística ou monista: o fundamento da punibilidade da tentativa reside na **vontade do agente em praticar o crime**, em contrariedade ao direito. Essa teoria recebeu muitas críticas, e é inaplicável no Brasil.

> O problema dessa tese é que se o fundamento de punibilidade da tentativa é a simples vontade do sujeito, essa vontade resulta idêntica nos casos de consumação. Assim, seria perfeitamente possível, com base nesse fundamento, igualar a pena dos crimes tentados e dos crimes consumados, bem assim a punibilidade da tentativa inidônea, que é vedada pelo Código Penal brasileiro, no seu art. 17[11].

c) Teoria sintomática: a punibilidade da tentativa está fundamentada na **manifestação de periculosidade do agente**. Apesar da não ocorrência do resultado, o agente demonstra "sintomas" de periculosidade. Tal teoria recebe críticas semelhantes à teoria subjetiva pelos seguintes motivos: autoriza a punição de atos

---

10. Segundo o art. 50 do referido diploma legislativo: "Constitui crime contra a Administração Pública: I – dar início, *de qualquer modo*, ou efetuar loteamento ou desmembramento do solo para fins urbanos, sem autorização do órgão público competente, ou em desacordo com as disposições desta Lei ou das normas pertinentes do Distrito Federal, Estados e Municípios; II – dar início, *de qualquer modo*, ou efetuar loteamento ou desmembramento do solo para fins urbanos sem observância das determinações constantes do ato administrativo de licença; [...]" A expressão "de qualquer modo", contida no tipo penal, é de expressiva amplitude. Portanto, qualquer conduta do agente tendente a efetuar loteamento ou desmembramento em desconformidade com as disposições legais configurará a consumação.

11. BUSATO, Paulo César. **Direito Penal – Parte Geral**. São Paulo: Atlas, 2013, p. 677.

meramente preparatórios, pois manifestam a periculosidade do agente; equipara crimes tentados e consumados sob o critério da periculosidade; ensejam a punição do autor de crime impossível, posto que este também dá sinais de periculosidade com sua conduta.

d) Teoria da impressão ou subjetivo-objetiva: sustenta que o fundamento para punibilidade da tentativa reside na **quebra de confiança no ordenamento jurídico que o crime tentado é capaz de provocar na coletividade**. Desse modo, postula que "toda a conduta que produz na comunidade a impressão de uma agressão ao direito, prejudicando sua validade na consciência comunitária, é perigosa e, como tal, merecedora de castigo"[12].

▸ IMPORTANTE

O art. 14, parágrafo único, do Código Penal, adotou como regra a **teoria objetiva**, ao impor que a pena do delito tentado seja correspondente à do consumado, diminuída de um a dois terços. Excepcionalmente, adotou também a **teoria subjetiva**, ao admitir "disposição em contrário". Dessa maneira, é possível que a pena da tentativa seja igual ao do crime consumado (situações que a doutrina convencionou denominar **delitos de atentado ou de empreendimento**), a exemplo do crime de evasão mediante violência contra a pessoa (art. 352, CP), ou do crime previsto no art. 309 do Código Eleitoral. É por este motivo que doutrina diz que adotamos a **teoria objetiva temperada, moderada ou matizada**, isto é, "a regra é que a pena correspondente ao crime tentado sofra uma redução. Contudo, tal regra sofre exceções, conforme previsto pelo próprio artigo. Assim, embora adotando-se uma teoria objetiva, ela não é pura, mas sim, como dissemos, temperada, moderada ou matizada".[13]

TEORIAS QUE EXPLICAM A PUNIBILIDADE DA TENTATIVA	
Teoria objetiva, realística ou dualista	Observa o aspecto objetivo do delito (sob a perspectiva dos atos praticados pelo agente).
Teoria subjetiva, voluntarística ou monista	Observa o aspecto subjetivo do delito (sob a perspectiva do dolo). Leva em consideração a intenção do agente, sua finalidade.
Teoria sintomática	O fundamento de punição da tentativa concentra-se na análise da periculosidade do agente.
Teoria da impressão ou subjetivo-objetiva	O fundamento para punibilidade da tentativa reside na quebra de confiança no ordenamento jurídico que o crime tentado é capaz de provocar na coletividade.

12. BUSATO, Paulo César. **Direito Penal – Parte Geral**. São Paulo: Atlas, 2013, p. 678.
13. GRECO, Rogério. **Código Penal: comentado**. 4ª ed. Niterói, RJ: Ímpetus, 2010, p. 43-44.

9.2.7. Critério de diminuição e impactos na dosimetria da pena

A tentativa é **causa obrigatória de diminuição da pena**, aplicada na terceira fase da dosimetria. Para definir o *quantum* de redução da pena, que pode variar de um terço a dois terços, a jurisprudência pacificou o entendimento de que o magistrado deve observar tão somente a **distância percorrida no *iter criminis***, de modo que quanto mais próximo o agente chegou da consumação, menor será a diminuição da sua pena e vice-versa.

Conforme já decidiu o Superior Tribunal de Justiça:

> Como regra, o Código Penal, em seu art. 14, II, adotou a teoria objetiva quanto à punibilidade da tentativa, pois, malgrado semelhança subjetiva com o crime consumado, diferencia a pena aplicável ao agente doloso de acordo com o perigo de lesão ao bem jurídico tutelado. Nessa perspectiva, jurisprudência do STJ adota critério de diminuição do crime tentado de forma inversamente proporcional à aproximação do resultado representado: quanto maior o iter criminis percorrido pelo agente, menor será a fração da causa de diminuição[14].

No mesmo sentido, o Supremo Tribunal Federal:

> A quantificação da causa de diminuição de pena relativa à tentativa (art. 14, II, CP) há de ser realizada conforme o *iter criminis* percorrido pelo agente: a redução será inver**samente proporcional à maior proximidade do resultado almejado**. (grifo nosso)[15]

▸ CURIOSIDADE

Fundamentação Significativa da Tentativa do Delito – Vivés Antón

Se baseia e tem como fundamento a **filosofia da linguagem**, a ideia de transmissão de sentido que deriva da realização do intento.

Tem como ponto de partida o significado externo transmitido socialmente pela conduta, a qual deve demonstrar um "tipo de ação dolosa", cuja determinação de relevância está condicionada ao alcance de **Três Aspectos:**

• **Objetivo** – sentido de perigo, efetiva lesão é dispensável. Exemplo tentativa branca ou incruenta.

• **Subjetivo** – sentido de intenção de realizar o tipo. Exemplo uma conduta que realmente indica a vontade de realizar o tipo, como disparos de arma de fogo em direção à vítima.

• **Social** – razoabilidade, verificar, no caso concreto, se a reprovação social que se pretende aplicar é razoável dentro das circunstâncias dadas.

---

14. STJ, 5ª Turma. HC 226359/DF, Rel. Min. Ribeiro Dantas, julgado em 02/08/2016.
15. STF, 2ª Turma. HC 118.203/MT, Rel. Min. Gilmar Mendes, j. 15.10.2013.

Conclui-se que os **sentidos de perigo, de intenção e de relevância social** compõe um processo de comunicação da conduta realizada pelo sujeito, o que pode ser identificada a partir de uma análise global das circunstâncias em que se desenvolve o fato (Paulo César Busato).

9.3. Desistência voluntária e arrependimento eficaz

A desistência voluntária e o arrependimento eficaz estão previstos no art. 15 do Código Penal, segundo o qual: "O agente que, voluntariamente, desiste de prosseguir na execução ou impede que o resultado se produza, só responde pelos atos já praticados".

Não se confundem com a tentativa, pois em ambos os institutos o delito não se consuma por vontade do agente e não por circunstâncias estranhas ao seu querer. Por isso, são rotulados como **tentativa abandonada ou qualificada**

Prevalece na doutrina e na jurisprudência a tese de que a **natureza jurídica** de tais institutos é de **causa de exclusão da tipicidade ou causa de exclusão da adequação típica**, pois afasta a tipicidade do crime inicialmente almejado pelo agente, subsistindo somente tipicidade dos atos já praticados. Para os que sustentam esse entendimento, "a tentativa constitui um dos casos de adequação típica de subordinação indireta. Através da norma de extensão que a descreve, iniciada a execução do crime, e não se consumando por circunstâncias alheias à vontade do agente, os atos por ele cometidos tornam-se típicos. Assim, quando o crime não atinge o momento consumativo por força da vontade do agente, não incide a norma de extensão e, em consequência, os atos praticados não são típicos em face do delito que pretendia cometer".

Para outra corrente, os institutos funcionariam como causa pessoal extintiva da punibilidade. O Estado perde o direito de punir em relação ao crime inicialmente visado pelo agente (Nelson Hungria, Eugênio Raul Zaffaroni, Rogério Sanches, dentre outros); e, para uma terceira corrente, seria causa de exclusão da culpabilidade. Claus Roxin defende que não há reprovabilidade na conduta inicialmente praticada pelo agente que, voluntariamente, impediu a produção do resultado. Tais correntes, entretanto, não prevalecem.

A doutrina se divide quanto ao fundamento de tais institutos. Para a **primeira corrente**, partidária da teoria político-criminal, a desistência voluntária e o arrependimento eficaz consistiriam na **ponte de ouro do Direito Penal**, posto que a promessa de impunidade proporciona ao autor um estímulo para abandonar a tentativa antes da consumação e, em seu caso, evitar o resultado. A **segunda corrente**, filiada ao sistema premial, "quem desiste voluntariamente e evita a consumação ou se esforça seriamente para isso, sem que, em todo o caso, a consumação se produza, apaga a impressão juridicamente perturbadora que seu fato causou na comunidade e merece por isso a benevolência".

▸ CURIOSIDADE

Ponte de Ouro – Franz von Liszt

Para Liszt, no momento em que o agente transpõe a linha divisória entre os atos preparatórios impunes (regra) e o começo da execução punível, incorre na pena cominada para tentativa. Semelhante fato não pode mais ser alterado, suprimido ou anulado retroativamente. Pode, porém, a lei, por considerações de **política criminal**, construir uma **ponte de ouro** para a retirada do agente que já se tornara passível de pena.

Outras nomenclaturas trazidas pela doutrina:

Instituto	Substrato Legal	Natureza Jurídica
Ponte de Ouro	Arrependimento eficaz e desistência voluntária (art. 15 do CP).	Excludente de Tipicidade
Ponte de Prata	Arrependimento Posterior (art. 16 do CP)	Causa de Diminuição de Pena
Ponde de Bronze	É o caso da confissão espontânea do art. 65, III, b, CP	Atenuante
Ponte de Diamante (ponte de prata qualificada)	Situação que ocorre depois do crime consumado e que pode ocasionar da diminuição da pena e até mesmo isentar a responsabilidade penal do agente. É o caso da colaboração premiada na Lei de Organizações Criminosas (art. 4º da Lei 12.850/13)	Causa de diminuição da pena, perdão judicial, regime prisional mais favorável etc.

9.3.1. Requisitos

A desistência voluntária e o arrependimento eficaz têm como requisitos:

a) início da execução do crime (terceira etapa do *iter criminis*)[16];

b) interrupção dos atos executórios por **vontade do próprio agente**;

c) eficácia (não consumação do delito);

d) voluntariedade.

O requisito da **eficácia** demanda que a conduta do agente seja capaz de impedir a produção do resultado. Caso o agente tenha buscado, sem êxito, impedir o

---

16. Existe uma exceção prevista no art. 10 da Lei Antiterror, onde se admite a ponte de ouro **antecipada** em atos preparatórios, pois excepcionalmente, no crime de terrorismo, se o agente prepara (atos preparatórios) atos de terrorismo, mas desiste de iniciar a execução do crime de terrorismo, haverá a incidência antecipada do art. 15 do CP (ponte de ouro). Justamente por esse peculiar momento de sua ocorrência, diferentemente das outras situações, é que esse novo dispositivo da Lei Antiterrorismo é considerado como ponte de ouro antecipada.

evento naturalístico, responderá pelo crime consumado, podendo, eventualmente, ser beneficiado pela **atenuante genérica** prevista no art. 65, III, alínea "b", do Código Penal.

O requisito da **voluntariedade**, por sua vez, exige que a atuação do agente que desistiu de prosseguir com a execução do delito ou buscou impedir o resultado seja fruto de sua livre vontade, ou seja, sem qualquer tipo de coação. A voluntariedade supõe a possibilidade de prosseguir na prática delitiva, portanto, se essa possibilidade não existe por razões técnicas, físicas ou psíquicas, não há voluntariedade. Por exemplo: não há desistência voluntária se o agente, que pretendia estuprar a vítima já subjugada, não prossegue com o crime porque não conseguiu obter uma ereção.

▸ CUIDADO!

A conduta do agente deve ser voluntária, **mas não precisa ser espontânea**. A ideia de abandonar a prática delitiva ou evitar o resultado pode partir do próprio autor, de terceiros ou de circunstâncias externas. Basta que o agente esteja no controle da situação, desistindo de perseguir o resultado quando sua obtenção era plenamente possível e viável.

Pouco importa as razões que levaram o autor a abandonar seu intento criminoso ou a impedir a produção do resultado. Os motivos de seu proceder podem ser os mais diversos: motivos éticos, religiosos, remorso, interesses pessoais, conselho de terceiros ou de advogado, dentre outros.

Em certos casos, admite-se a desistência voluntária quando o agente decide praticar o crime em outro momento, situação denominada pela doutrina como **adiamento da empreitada criminosa.** Por exemplo: Mévio adentra uma loja no horário noturno, com a intenção de furtar o cofre do escritório. Quando abre o cofre, pensa melhor e desiste de furtar os valores naquela ocasião. Resolve deixar tudo intocado para voltar na noite seguinte, pois será véspera da data de pagamento dos funcionários do estabelecimento, e a quantidade de dinheiro guardada no cofre será expressivamente maior.

9.3.2. Desistência voluntária (art. 15 do CP, 1ª parte)

O agente, **após dar início aos atos executórios**, deixa de prosseguir em seu desiderato criminoso, evitando a consumação do delito. O resultado inicialmente por ele pretendido não é alcançado por sua própria vontade.

Não se confunde com a tentativa imperfeita ou inacabada, situação em que o agente, embora tenha dado início à execução do crime, é impedido de prosseguir no seu intento, deixando de fazer uso de todos os meios que tinha ao seu alcance. A **fórmula de Frank** indica o critério para diferenciar a tentativa imperfeita da desistência voluntária. Se o agente pensa consigo mesmo: "posso prosseguir, mas não quero", há desistência voluntária. Caso pense: "quero prosseguir, mas não posso", caracteriza-se a tentativa imperfeita.

	TENTATIVA SIMPLES (CP, art. 14, I)	**DESISTÊNCIA VOLUNTÁRIA (CP, art. 15, 1ª parte)**
Elementos	Início da execução; Não consumação por circunstâncias **alheias** à vontade do agente; Resulto possível.	Início da execução; Não consumação por circunstâncias **inerentes** à vontade do agente; Resulto possível.
Dolo	Dolo de **consumação**	Dolo **abandonado**
Fórmula de Frank	O agente quer prosseguir, mas não pode	O agente pode prosseguir, mas não quer
Consequências	Diminuição de pena de 1/3 a 2/3 (regra), conforme avanço do *iter criminis*	O agente responde pelos atos já praticados (se típicos)

ATENÇÃO!

A desistência voluntária é incompatível com os crimes:

a) unissubsistentes: lembre-se de que na desistência voluntária o agente abandona seu intento criminoso, e em razão disso, não conclui a fase executória. Como os atos de execução dos crimes unissubsistentes não podem ser fracionados, afigura-se impossível que o agente inicie a prática do delito e desista no meio de sua execução;

b) culposos: como no crime culposo o resultado é involuntário, mostra-se inviável a desistência voluntária.

IMPORTANTE!

A desistência voluntária e o arrependimento eficaz são **incompatíveis com crimes culposos**, salvo no caso de culpa imprópria. Para a configuração de tais institutos, é necessário que o autor tenha adentrado à fase executória, e, por vontade própria, desista de perseguir o resultado, interrompendo a prática delitiva ou evitando sua consumação. Tendo em vista que a produção do evento naturalístico nos crimes culposos é involuntária, torna-se impossível que o agente deixe de buscar um resultado que, na verdade, nunca pretendeu alcançar.

Citemos como exemplo uma famosa passagem da literatura brasileira: Bentinho, atormentado pela ideia de ter sido traído por sua esposa, Capitu, e de não ser o pai do filho que tiveram, Ezequiel, resolve tirar sua própria vida, misturando veneno ao café que iria tomar. Antes que pudesse ingerir a substância letal, foi interrompido Ezequiel, que veio despedir-se antes de ir à missa com a mãe. Bentinho teve então o impulso de matar o garoto. Perguntou-lhe se já havia tomado café, insistindo para que ele bebesse mais um pouco. Toma então a xícara com o café envenenado, que havia preparado para si mesmo, aproximando-a dos lábios do menino, a fim de entornar o conteúdo em sua garganta. Antes que Ezequiel bebesse o café, Bentinho teve um sentimento que o fez recuar, desistindo, assim, de matar o filho.

9.3.3. Arrependimento eficaz ou resipiscência (art. 15 do CP, 2ª parte)

No arrependimento eficaz, o agente **pratica todos os atos executórios** e apenas não alcança o resultado inicialmente almejado porque se arrepende e impede a sua ocorrência. Imaginemos a mesma situação do exemplo anterior, porém com um desfecho diferente: Bentinho dá a bebida envenenada a Ezequiel. Quando vê o menino desfalecido, arrepende-se de suas ações, e ministra-lhe um antídoto, evitando a morte do garoto.

DESISTÊNCIA VOLUNTÁRIA	ARREPENDIMENTO EFICAZ
CP, art. 15, 1ª parte	CP, art. 15, 2ª parte
Espécie de tentativa abandonada	Espécie de tentativa abandonada
Exige voluntariedade	Exige voluntariedade e **eficácia**
Ocorre **durante** a execução	Ocorre **após** a execução
O agente abandona seu dolo **antes de esgotar** os atos executórios	O agente **esgota os atos executórios**, mas consegue impedir o resultado
O crime não se consuma por circunstâncias inerentes à vontade do agente	O crime não se consuma por circunstâncias inerentes à vontade do agente
Pune-se pelos atos já praticados	Pune-se pelos atos já praticados

▸ ATENÇÃO

O arrependimento eficaz só é compatível com os **crimes materiais**, pois o impedimento do resultado naturalístico é um requisito para sua configuração. Assim sendo, não se aplica aos crimes:

a) formais, em que a prática da conduta consuma o delito, independentemente da ocorrência do resultado;

b) de mera conduta, que se aperfeiçoam com a simples atividade do agente, sendo, neste último caso, impossível a ocorrência de evento naturalístico, por ausência de previsão legal;

c) culposos, pois sendo involuntário o resultado, revela-se inconcebível o arrependimento;

d) unissubsistentes, aplicando-se o mesmo raciocínio da desistência voluntária.

9.3.4. Efeitos

Como na desistência voluntária e no arrependimento eficaz o crime não se consuma por vontade do agente, **afasta-se a figura da tentativa**. O art. 15 do Código Penal evidencia que a responsabilidade recairá apenas sobre os atos até então praticados, desaparecendo o crime inicialmente desejado pelo agente. No primeiro exemplo, a conduta de Bentinho, em razão da desistência voluntária, seria totalmente atípica. Já no segundo caso, Bentinho responderia pelo crime de lesão corporal, considerando as perturbações físicas experimentadas por Ezequiel causadas pela ingestão do veneno.

Em algumas situações, esses institutos darão ensejo à **tentativa qualificada**, que se caracteriza quando parte da execução de um crime mais grave acarreta na consumação de um delito de menor gravidade. Na desistência voluntária e no arrependimento eficaz, o autor não responde pelo crime inicialmente almejado, mas somente pelos atos que praticou. Portanto, se os atos efetivamente praticados pelo agente puderem ser enquadrados como crime autônomo consumado, haverá a tentativa qualificada.

Ilustrando: Tício entra em uma casa com a intenção de furtar o que ali pudesse encontrar. Coloca todos os bens em sua mochila, e, quando estava prestes a ir embora, pensa consigo mesmo: "Não encontrei nada de valor nesta casa. Acho que não vale a pena correr o risco de ser preso por essa ninharia". Devolve tudo em seu lugar, e parte sem subtrair coisa alguma. Embora não responda pelo crime de furto (art. 155, CP), Tício será responsabilizado pelo crime de violação de domicílio (art. 150, CP).

▶ IMPORTANTE

Tanto a desistência voluntária quanto o arrependimento eficaz reclamam **início de execução** do crime. Assim, o agente deve ter adentrado a fase executória para que possa desistir ou se arrepender. Por isso são também chamados de **tentativa abandonada.** Ocorre que o legislador, ao elaborar a recente Lei Antiterrorismo, não observou essa regra e estabeleceu, no art. 10 da Lei nº 13.260/2016, a aplicação dos institutos da desistência voluntária e do arrependimento eficaz aos **atos preparatórios de terrorismo** (segunda etapa do *iter criminis*). Trata-se de norma especial que prevalece sobre a geral, nos termos do art. 12 do Código Penal.

9.3.5. Outras questões

Questão: A configuração de desistência voluntária ocorrerá quando o agente decide não prosseguir com a prática de um furto devido ao acionamento de um alarme no estabelecimento ou ao som de uma sirene policial?

Como no caso o crime não se consumou em virtude de uma **interferência objetiva externa**, haverá crime **tentado** de furto.

A desistência foi motivada por uma circunstância externa, uma influência objetiva externa que forçou o agente a abandonar sua intenção criminosa. O obstáculo que impediu a consumação revela-se como uma condição alheia à vontade do agente.

INTERFERÊNCIA EXTERNA OBJETIVA E SUBJETIVA			
Interferência	**Exemplo**	**Instituto**	**Consequência**
Externa subjetiva	Pedido de terceiro	Desistência voluntária	Responde pelos atos praticados, se típicos
Externa objetiva	Disparo de alarme, sirene da viatura etc.	Tentativa	Responde pelo crime na forma tentada

ATENÇÃO!

Teoria da Racionalidade de Claus Roxin e a Desistência Voluntária

A **Teoria da Racionalidade** visa delimitar, no caso concreto, o que seria considerado crime tentado e o que configuraria desistência voluntária. Isso ocorre porque, segundo o professor Roxin, a "fórmula de Frank" nem sempre é suficiente para realizar essa distinção.

Conforme essa abordagem teórica, se o agente age de **maneira racional** ao interromper a ação criminosa, estaríamos diante de uma tentativa. Um exemplo seria sua decisão de fugir ao ouvir uma sirene, uma escolha que vai além de seu desejo inicial. Em contrapartida, se a interrupção da ação **não decorre de uma escolha racional, aplicar-se-ia a regra da desistência voluntária**.

Dica: O elemento crucial é a racionalidade da escolha do agente diante de fatores externos.

Questão: E se a desistência voluntária e o arrependimento eficaz não forem benéficos ao réu?

Considerando que o propósito dos institutos é favorecer o réu, estes **não devem ser utilizados em seu desfavor**. Portanto, o juiz deve abster-se de aplicar a desistência voluntária ou o arrependimento eficaz quando isso resultar em desvantagem para o réu, optando pela solução mais benéfica a ele. Neste contexto, o reconhecimento da tentativa do crime inicialmente planejado emerge como a alternativa mais favorável ao réu, prevalecendo sobre a tentativa qualificada.

Para ilustrar, suponhamos o caso em que Tício utiliza grave ameaça, empregando uma arma de fogo de uso proibido, exigindo que Caio entregue seu celular. Diante das súplicas de Caio, Tício decide partir sem levar o aparelho. Se seguirmos a regra da desistência voluntária (art. 15 do CP), Tício seria responsável apenas pelos atos já praticados, ou seja, ameaça (art. 147) e porte de arma de fogo de uso proibido (art. 16, § 2º, da Lei 10.826/2003), não sendo imputada a tentativa de roubo majorado (art. 157, § 2º-B, cc. art. 14, inciso II, CP).

Vamos analisar como ficaria a pena, nesse caso, levando-se em conta a **desistência voluntária**.

- **Ameaça** (art. 147, CP): detenção, de 1 a 6 meses;
- **Porte de arma de fogo de uso proibido** (art. 16, §º, Lei 10.826/03): reclusão, 4 a 12 anos.

Aplicando a regra da desistência voluntária, teríamos a pena final de 4 anos e 1 mês, diante do concurso formal impróprio.

Por outro lado, se considerarmos a **tentativa** do crime inicialmente desejado, a situação ficaria muito mais favorável. Vejamos:

- **Roubo majorado pelo emprego de arma de fogo de uso proibido**: reclusão, 4 a 10 anos (pena em dobro por conta da majorante);
- **Tentativa**: aplicada a redução máxima (2/3), a pena seria de 2 anos e 8 meses;

Diante desse cenário, o juiz deve reconhecer o crime de tentativa de roubo majorado, uma vez que esta **opção é mais benéfica ao réu**.

Questão: A desistência voluntária e o arrependimento eficaz comunicam-se aos demais agentes? Ex. Tício entrega dinheiro a Caio para que este mate Mévio. Caio vai ao encontro Mévio e desfere um golpe de faca contra ele. Porém, desiste de efetuar novos golpes, deixando Mévio sobreviver. Caio (autor-executor) responde somente pelos atos praticados (lesão corporal e não tentativa de homicídio). E Tício (partícipe-mandante), que não desistiu?

1ª Corrente: A desistência voluntária e o arrependimento eficaz têm caráter subjetivo, não se comunicando a terceiros. Logo, Tício responderá por tentativa de homicídio (Heleno Cláudio Fragoso).

2ª Corrente: Os institutos têm caráter misto, subjetivo e objetivo, **comunicando-se a terceiros**. Portanto, Tício será beneficiado e responderá apenas pela lesão corporal (Nelson Hungria e **majoritária**). **Fundamento:** A conduta do partícipe é acessória, ou seja, sua punição depende da prática de um crime (consumado ou tentado) pelo autor, responsável pela conduta principal. E se este não comete nenhum crime, impossível a punição do partícipe (Cléber Masson e minha posição).

Questão: A desistência voluntária e o arrependimento eficaz afetam os demais agentes envolvidos? Tomemos como exemplo a situação em que Tício entrega dinheiro a Caio com a instrução de que este mate Mévio. Caio segue as instruções, indo ao encontro de Mévio e desferindo um golpe de faca. No entanto, ele desiste de prosseguir com o ataque, permitindo que Mévio sobreviva. Caio, o autor-executor, responde apenas pelos atos praticados, ou seja, por lesão corporal e não por tentativa de homicídio. Mas, e quanto a Tício, o partícipe-mandante, que não desistiu?

1ª Corrente: A desistência voluntária e o arrependimento eficaz são de natureza subjetiva, sem comunicação a terceiros. Assim, Tício seria responsável por tentativa de homicídio, conforme a perspectiva de Heleno Cláudio Fragoso.

2ª Corrente: Tais institutos possuem uma natureza mista, abarcando aspectos subjetivos e objetivos, **com comunicação a terceiros**. Nesse contexto, Tício seria beneficiado, respondendo apenas por lesão corporal, de acordo com a visão de Nelson Hungria e da maioria dos estudiosos. **Fundamento**: A conduta do partícipe é considerada acessória, dependendo da prática de um crime (consumado ou tentado) pelo autor, responsável pela conduta principal. Se este último não comete nenhum crime, torna-se impossível a punição do partícipe, conforme os ensinamentos de Cléber Masson e minha própria posição.

9.3.6. Arrependimento posterior (art. 16, CP)

O instituto do arrependimento posterior está previsto no art. 16 do Código Penal, o qual dispõe: "Nos crimes cometidos sem violência ou grave ameaça à pessoa, reparado o dano ou restituída a coisa, até o recebimento da denúncia ou da queixa, por ato voluntário do agente, a pena será reduzida de um a dois terços".

Tal instituto integra o chamado Direito Penal Premial e se caracteriza como uma das formas de manifestação da **terceira via do Direito Penal**, nas palavras de Roxin, corrente que trilha o caminho da reparação do dano. Logo seus fundamentos de política criminal são o incentivo ao arrependimento do agente e a proteção patrimonial da vítima com a reparação do dano.

A natureza jurídica do arrependimento posterior é **causa obrigatória de redução de pena**. Por ser um benefício concedido ao réu com a finalidade de suavizar a pena aplicada, é conhecido também como **ponte de prata** do Direito Penal.

Segundo o item 15 da Exposição de Motivos da Nova Parte Geral do Código Penal, o instituto "constitui providência de **Política Criminal** e é instituída menos em favor do agente do crime do que da vítima. Objetiva-se, com ela, instituir um estímulo à reparação do dano, nos crimes cometidos sem violência ou grave ameaça à pessoa.

9.3.6.1. Requisitos

A incidência do arrependimento posterior depende da verificação dos seguintes requisitos:

9.3.6.1.1. Crime praticado sem violência ou grave ameaça

O arrependimento posterior é incompatível com crimes praticados com violência ou grave ameaça **contra a pessoa**. Portanto, pode ser concedido em caso de violência contra a coisa.

Conforme a doutrina, o arrependimento posterior pode ser aplicado em casos de violência culposa, visto que a violência não está na conduta em si, mas sim no resultado. No entanto, o Superior Tribunal de Justiça já manifestou posição contrária, considerando a incompatibilidade do arrependimento posterior no contexto do crime de homicídio culposo na direção de veículo automotor, como evidenciado no trecho da ementa a seguir:

> Não se aplica o instituto do arrependimento posterior (art. 16 do CP) para o homicídio culposo na direção de veículo automotor (art. 302 do CTB) mesmo que tenha sido realizada composição civil entre o autor do crime a família da vítima.
>
> Para que seja possível aplicar a causa de diminuição de pena prevista no art. 16 do CP é indispensável que o crime praticado seja patrimonial ou possua efeitos patrimoniais.
>
> O arrependimento posterior exige a reparação do dano e isso é impossível no caso do homicídio.[17]

9.3.6.1.2. Reparação do dano ou restituição da coisa

A reparação do dano deve ser fruto de **ato voluntário do agente**, livre de coação física ou moral, mas não precisa ser espontânea: a ideia pode partir do próprio autor, de terceiros ou de circunstâncias externas.

Caso a coisa seja restituída à vítima em decorrência de ação policial, que apreende o bem no curso das investigações, não incide o instituto do arrependimento posterior, pois não há voluntariedade do agente.

De qualquer modo, o agente deve efetuar a reparação **pessoalmente**. Não se admite que terceiro o faça em seu lugar, salvo em caso de comprovada necessidade.

Por fim, é necessário que a reparação seja **integral**. Na visão do Superior Tribunal de Justiça:

> A causa de diminuição de pena relativa ao artigo 16 do Código Penal (arrependimento posterior) somente tem aplicação se houver a integral reparação do dano ou a restituição da coisa antes do recebimento da denúncia, variando o índice de redução da pena em função da maior ou menor celeridade no ressarcimento do prejuízo à vítima. Na espécie, não foi preenchido o requisito relativo à repa-

17. STJ. 6ª Turma. REsp 1561276-BA, Rel. Min. Sebastião Reis Júnior, julgado em 28/6/2016 (Info 590). STJ. 6ª Turma. AgRg-HC 510.052-RJ, Rel. Min. Nefi Cordeiro, julgado em 17/12/2019, DJE 04/02/2020.

ração integral do dano, eis que as instâncias de origem consignaram que houve apenas devolução parcial. Maiores considerações acerca do preenchimento dos requisitos legais para o reconhecimento da minorante implicariam no reexame do acervo fático e probatório dos autos, inviável em sede de habeas corpus[18].

Há, contudo, um entendimento contrário do Supremo Tribunal Federal em que a 1ª Turma do STF decidiu que a incidência do arrependimento posterior, contido no art. 16 do CP, prescinde da reparação total do dano. Em outras palavras, entendeu-se que a reparação poderia ser parcial.[19]

9.3.6.1.3. Até o recebimento da denúncia ou queixa

O recebimento da denúncia ou queixa é o marco temporal que delimita a incidência do arrependimento posterior caso haja reparação do dano pelo agente[20]. Caso o faça **após o oferecimento** da denúncia, mas antes do julgamento, aplica-se a **atenuante genérica** prevista no art. 65, III, alínea "b", do Código Penal.

▸ IMPORTANTE

A recusa da vítima em receber a reparação ou restituição da coisa **não obsta o benefício do arrependimento posterior**, pois a lei não elencou como requisito a aceitação da vítima. Diante da recusa deverá o autor restituir o objeto material à autoridade competente ou depositá-lo em juízo, se for o caso.

9.3.6.1.4. Critérios para redução da pena

O arrependimento posterior, como causa **obrigatória** de redução da reprimenda, é considerado pelo magistrado na terceira fase da dosimetria da pena, e pode diminui-la de um terço a dois terços.

Para efetuar o cálculo, o juiz levará em consideração a **celeridade** e a **voluntariedade** na reparação do dano ou restituição da coisa.

Para ilustrar: Mévio entra em um estabelecimento comercial e nota que uma senhora deixou a bolsa aberta sobre o balcão. Aproveitando a distração da dona da bolsa, furta a carteira que ali está. Gasta parte do dinheiro que estava na carteira, e

18. STJ, 5ª Turma. AgRg no AREsp 1399240/MG, Rel. Min. Reynaldo Soares da Fonseca, julgado em 05/02/2019; STJ, HC 338.840/SC, 6ª Turma, Relatora Min. Maria Thereza de Assis Moura, 04/02/2016; STJ, REsp 765.588/RS, 5ª Turma, Relator Min. Felix Fischer, 07/02/2006.

19. STF, 1ª Turma. HC 98658/PR, red. p/ o acórdão Min. Marco Aurélio, julgado em 9/11/2010.

20. É possível o reconhecimento da causa de diminuição de pena prevista no art. 16 do Código Penal (arrependimento posterior) para o caso em que o agente fez o ressarcimento da dívida principal (efetuou a reparação da parte principal do dano) antes do recebimento da denúncia, mas somente pagou os valores referentes aos juros e correção monetária durante a tramitação da ação penal. Nas exatas palavras do STF: "É suficiente que ocorra arrependimento, uma vez reparada parte principal do dano, até o recebimento da inicial acusatória, sendo inviável potencializar a amplitude da restituição." STF. 1ª Turma. HC 165.312/SP, Rel. Min. Marco Aurélio, julgado em 14/4/2020.

leva o restante dos bens para sua casa. Inspecionando os pertences da vítima com calma, encontra documentos, o restante do dinheiro e uma série de boletos que venciam naquele dia. Sentindo remorso por ter furtado a senhora justo no dia em que ela ia pagar suas contas, na mesma hora restitui o dinheiro que havia gastado, e, em seguida, vai até a casa da vítima, e deixando a carteira na caixa de correio. Note que o procedimento de Mévio foi voluntário e célere, pois seu arrependimento foi sincero e devolveu os bens da vítima no mesmo dia, a fim de evitar que a senhora sofresse maiores prejuízos por causa de sua ação criminosa. Desse modo, quando o magistrado considerar o arrependimento posterior na terceira fase da dosimetria, Mévio fará jus ao patamar máximo de redução da pena.

Agora, imagine um desfecho diferente: Mévio leva os bens da vítima para casa. Tempos depois gasta o restante do dinheiro, mas mantém os documentos e cartões que estavam na carteira consigo, pensando em utilizá-los em seu proveito posteriormente. Após algumas semanas, o jornal local veicula uma notícia a respeito do furto, com imagens gravadas pelo sistema de segurança do estabelecimento no momento dos fatos, e informa que a polícia está tentando identificar o autor do furto. Com medo de ser descoberto, Mévio restitui todo o dinheiro que havia gastado, e devolve anonimamente a carteira à vítima. No segundo caso, é evidente que o agente não poderá contar com o mesmo patamar de redução da pena conferido ao primeiro caso, pois levou semanas para restituir os pertences da vítima, e seu arrependimento não foi tão sincero.

9.3.6.1.5. Dispositivos especiais acerca do arrependimento posterior e efeitos da reparação do dano

Peculato culposo (art. 312, § 3º, CP): a reparação do dano, se **anterior à sentença irrecorrível**, extingue a punibilidade do agente, e, se lhe for posterior, reduz da metade a pena imposta.

Juizados Especiais Criminais: na ação penal privada ou pública condicionada à representação, a composição dos danos civis acarreta a extinção da punibilidade (renúncia ao direito de queixa ou representação, conforme prevê o art. 74, Lei nº 9.099/95).

Apropriação indébita previdenciária: extingue-se a punibilidade do agente que declara, confessa ou efetua espontaneamente o pagamento das contribuições, importâncias ou valores e presta as informações devidas à Previdência Social **antes do início da ação fiscal** (art. 168, § 2º, CP).

Súmula 554 do STF: "O pagamento de cheque emitido sem provisão de fundos, após o recebimento da denúncia, não obsta o prosseguimento da ação penal". *A contrario sensu*, o pagamento de cheque sem provisão de fundos, até o recebimento da denúncia, impede o prosseguimento da ação penal.

▶ JURISPRUDÊNCIA

Não se aplica o instituto do arrependimento posterior ao crime de moeda falsa

No crime de moeda falsa — cuja consumação se dá com a falsificação da moeda, sendo irrelevante eventual dano patrimonial imposto a terceiros —, a **vítima é a coletividade como um todo**, e o bem jurídico tutelado é a fé pública, que não é passível de reparação. Desse modo, os crimes contra a fé pública, semelhantes aos demais crimes não patrimoniais em geral, são incompatíveis com o instituto do arrependimento posterior, dada a Impossibilidade Material de haver reparação do dano causado ou a restituição da coisa subtraída.[21]

9.3.6.1.6. Comunicação dos efeitos da reparação do dano no concurso de pessoas

Há duas correntes que disputam a questão da comunicação dos efeitos da reparação do dano ao corréu:

1ª Corrente: A reparação do dano é circunstância **objetiva** que se **comunica** aos corréus do delito;

2ª Corrente: Se houver **voluntariedade** do agente, tratar-se-á de circunstância **subjetiva incomunicável**, nos termos do art. 30 do Código Penal. Portanto, somente pode reduzir pena do corréu que voluntariamente se arrependeu, reparando o dano ou restituindo a coisa.

Prevalece a primeira corrente, que considera o arrependimento posterior uma **circunstância objetiva**. Nesse sentido posiciona-se a jurisprudência:

> Pela aplicação do art. 30 do Código Penal, uma vez reparado o dano integralmente por um dos autores do delito, a causa de diminuição prevista no art. 16 do mesmo Estatuto estende-se aos demais coautores, por constituir circunstância de natureza objetiva, cabendo ao julgador avaliar a fração de redução que deve ser aplicada, dentro dos parâmetros mínimo e máximo previstos no dispositivo, conforme a atuação de cada agente em relação à reparação efetivada[22].

9.3.6.1.7. Diferenças entre arrependimento eficaz e arrependimento posterior

Os institutos não se confundem. Para maior clareza, organizamos os principais pontos distintivos na seguinte tabela:

---

21. STJ, 6ª Turma. REsp 1242294-PR, Rel. originário Min. Sebastião Reis Júnior, Rel. para acórdão Min. Rogerio Schietti Cruz, julgado em 18/11/2014 (Info 554).
22. STJ, 6ª Turma. REsp 1.187.976/SP, Rel. Min. Sebastião Reis Júnior, 07/11/2013.

ARREPENDIMENTO EFICAZ	ARREPENDIMENTO POSTERIOR
Fundamento Legal: art. 15 do CP	Fundamento Legal: art. 16 do CP
O agente **impede a ocorrência do resultado**, de modo que o crime não se consuma	O **crime já se encontra consumado** e o agente se resume a ressarcir o dano ou restituir a coisa
Pode ocorrer em **qualquer delito** que admita a fragmentação do *iter criminis* (crime plurissubsistente)	Somente se admite nos crimes cometidos **sem violência ou grave ameaça à pessoa**
Sua consequência é o fato de que o agente apenas responde **pelas condutas até então praticadas**, se é que elas configuram crime	Traz como consequência a **redução de pena**, desde que o ressarcimento tenha ocorrido até o **recebimento** da denúncia ou queixa
É conhecido na doutrina como "**Ponte de Ouro**"	É conhecido na doutrina como "**Ponte de Prata**"

9.4. Crime Impossível

O Código Penal disciplina o crime impossível, também denominado **crime oco, quase-crime, tentativa inidônea ou tentativa inadequada**, em seu art. 17, segundo o qual: "Não se pune a tentativa quando, por ineficácia absoluta do meio ou por absoluta impropriedade do objeto, é impossível consumar-se o crime".

Define-se crime impossível como aquele em que o agente pratica uma conduta dirigida à consumação de um crime, que, no entanto, jamais ocorrerá, seja em razão dos meios por ele empregados, seja por ausência do objeto material.

Trata-se de **causa de exclusão da tipicidade**, que à luz do art. 17 do Código Penal, pode ocorrer de duas maneiras:

- **Por ineficácia absoluta do meio:** O instrumento utilizado para o crime é absolutamente incapaz de produzir o resultado. Exemplo: tentar matar um adulto com um palito de dente;
- **Por impropriedade absoluta do objeto:** Diz respeito à pessoa ou coisa sobre a qual recai a conduta criminosa (objeto material). A inidoneidade do objeto material pode estar ligada à sua inexistência (praticar aborto em mulher que não está grávida) ou às circunstâncias em que se encontra (matar um "cadáver").[23]

23. Exemplo interessante é do punguista que tenta subtrair a carteira de uma pessoa na rua que não estava com nada no bolso, será crime impossível por absoluta impropriedade do objeto material. Entretanto, se a carteira estivesse em outro bolso, aí será tentativa de furto.

9.4.1. Teorias acerca da punibilidade do crime impossível

No tocante à punibilidade do crime impossível, destacam-se três teorias:

a) Teoria sintomática: fundamenta-se no Direito Penal do autor, na medida em que leva em consideração a **periculosidade do agente**. Portanto, mesmo na prática de crime impossível, o agente demonstra sintomas de seu desajuste social e incapacidade de observância ao ordenamento jurídico, razões que justificam a sua punição.

b) Teoria subjetiva: como o agente tinha **vontade de delinquir**, deve responder na modalidade tentada, não obstante a impossibilidade de consumar seu intento. O que interessa é o desvalor da ação (intenção criminosa) e não o desvalor do resultado.

c) Teoria objetiva: o agente não deve ser punido porque, objetivamente, sua conduta não trouxe perigo para a coletividade. Essa teoria subdivide-se em:

- **Teoria objetiva pura:** o agente não responde por crime algum, nem mesmo na modalidade tentada, **ainda que a inidoneidade do meio ou do objetivo seja relativa**. Em outras palavras, o crime sempre será impossível, sejam a ineficácia e a impropriedade absolutas ou relativas. Exemplo: o sujeito pega uma arma real, mas com munição muito velha que não deflagra, será crime impossível.
- **Teoria objetiva temperada:** somente haverá crime impossível se a ineficácia do meio ou se a impropriedade do objeto **for absoluta**, a ponto de não permitir a produção do resultado idealizado pelo agente. **Se a idoneidade for relativa, haverá tentativa**. Exemplo: o sujeito pega uma arma real, mas com munição muito velha que pode ou não deflagrar, o sujeito responde por tentativa, pois a inidoneidade do meio empregado é relativa.[24]

Conforme se depreende do art. 17, nosso Código Penal adotou a **teoria objetiva temperada**, considerando haver crime impossível apenas quando houver **absoluta** inidoneidade do meio ou do objeto.

▶ IMPORTANTE

Há **ineficácia relativa** do meio quando este, por alguma circunstância acidental, não foi capaz de produzir o resultado. Por exemplo: Mévio, com *animus necandi*, aponta um revólver contra seu desafeto, contudo, ao tentar efetuar os

24. "(...) Na hipótese, contudo, em que demonstrada por laudo pericial a total ineficácia da arma de fogo (inapta a disparar) e das munições apreendidas (deflagradas e percutidas), deve ser reconhecida a atipicidade da conduta perpetrada, diante da ausência de afetação do bem jurídico incolumidade pública, tratando-se de crime impossível pela ineficácia absoluta do meio. (...)" STJ, 6ª Turma. REsp 1451397/MG, Rel. Min. Maria Thereza de Assis Moura, julgado em 15/09/2015.

disparos, a arma nega fogo. Neste caso haverá tentativa de homicídio, pois adotamos a teoria objetiva temperada em que a ineficácia relativa gera tentativa e não crime impossível. Por outro lado, há impropriedade relativa do objeto quando ele é capaz de neutralizar a conduta delitiva, por uma condição também acidental.

Ilustrando: Tício, com a intenção de matar, sorrateiramente vai até o quarto de seu inimigo durante a noite, e efetua disparos contra a cama, sem obter êxito, pois seu desafeto havia levantado momentos antes para tomar um copo d'água. Desse modo, é possível concluir que para a caracterização da ineficácia absoluta do meio ou da impropriedade absoluta do objeto, estes não podem ser capazes de ensejar a produção do resultado naturalístico em nenhuma hipótese.

<table>
<tr><th colspan="3">TEORIAS DO CRIME IMPOSSÍVEL</th></tr>
<tr><td>Teoria sintomática</td><td colspan="2">Leva em consideração a periculosidade do agente para se dizer se é crime impossível ou não.</td></tr>
<tr><td>Teoria subjetiva</td><td colspan="2">Leva em consideração a vontade de delinquir do agente para se dizer se é crime impossível ou não.</td></tr>
<tr><td rowspan="2">Teoria objetiva</td><td>Objetiva pura</td><td>O agente não responde por crime algum, nem mesmo na modalidade tentada, ainda que a inidoneidade do meio ou do objetivo seja relativa.</td></tr>
<tr><td>Objetiva temperada</td><td>Somente haverá crime impossível se a ineficácia do meio ou se a impropriedade do objeto forem absolutas, a ponto de não permitir a produção do resultado idealizado pelo agente. Se a idoneidade for relativa, haverá tentativa.</td></tr>
</table>

9.4.2. Momento para aferição da inidoneidade ou impropriedade absoluta

A inidoneidade do meio ou a impropriedade do objeto não podem ser aferidos *a priori*.

Sua constatação deve sempre ocorrer **em face do caso concreto**, considerando os elementos objetivamente presentes na situação.

Ilustremos com um exemplo adaptado da jurisprudência: Tício vê um automóvel estacionado na rua, e resolve furtá-lo. Entra no veículo, tenta fazê-lo funcionar, mas como a bateria estava muito fraca, não consegue dar a partida. Antes que pudesse tomar outra providência para consumar o furto, é interrompido por policiais, que o prendem em flagrante.

Numa análise abstrata e superficial, aquele que tenta furtar um veículo inoperante incorre em crime impossível. Porém, considerando os dados do caso concreto, percebemos que se tratava apenas de um problema na bateria do veículo. Com um pouco mais de tempo e um "empurrão", seria perfeitamente possível consumar o furto. Por conseguinte, no exemplo citado há **impropriedade relativa do objeto**, pois o êxito da empreitada criminosa não era de todo inviável.

Situação semelhante ocorre nos casos de furto em estabelecimentos comerciais dotados de sistema de monitoramento e segurança. A mera existência de tais recursos não impede de todo a prática delitiva. Nessa senda, é importante destacar a edição da **Súmula nº 567 pelo Superior Tribunal de Justiça**, de grande incidência em concursos públicos, a qual dispõe: "Sistema de vigilância realizado por monitoramento eletrônico ou por existência de segurança no interior de estabelecimento comercial, por si só, não torna impossível a configuração do crime de furto".

▸ ATENÇÃO!

A diferenciação entre tentativa e crime impossível somente poderá ser aferida, **no caso concreto, após a realização da conduta**. A ineficácia absoluta do meio e a impropriedade absoluta do objeto devem ser analisados **depois da prática da conduta pelo agente**, por meio da qual desejava consumar o crime.

9.4.3. Diferenças entre crime impossível e delito putativo

O **delito putativo, imaginário ou erroneamente suposto** caracteriza-se quando o agente, ignorando a realidade, pensa praticar uma conduta típica, que, na realidade, não encontra previsão legal. Pode ser decorrente de **erro de tipo** (quando seu engano recai sobre algum dos elementos da conduta típica) ou **erro de proibição** (hipótese em que supõe estar descumprindo um preceito penal que, na verdade, não existe).

O crime putativo também pode resultar de flagrante provocado, situação denominada **crime putativo por obra do agente provocador**. Nesse caso, um terceiro induz o agente a praticar uma conduta descrita como criminosa pela lei penal, mas, ao mesmo tempo, toma todas as providências para que o fato não se consume. Ilustrando: duas irmãs, hóspedes de um hotel, percebendo o sumiço de alguns valores, passam a desconfiar da camareira. Para dar uma lição na moça, combinam um plano: fingem que desceram para a piscina do hotel, desocupando o quarto, e deixam suas joias espalhadas displicentemente pelo aposento. Uma irmã fica escondida sob a cama, com uma câmera de vídeo, filmando a ação, enquanto a outra aguarda do lado de fora, pronta para acionar a polícia. Quando a camareira vem ao quarto para efetuar a limpeza, vê um belo colar de diamante caído no chão, toma-o para si, guardando-o no bolso do avental, e continua com seu trabalho. Passados alguns minutos, policiais entram no local para efetuar a prisão da moça. A camareira é presa em flagrante, após ser confrontada pelas irmãs com a gravação de todo o evento, que recuperam a joia guardada no bolso do avental. O crime putativo por obra do agente provocador reclama que as providências tomadas visando impedir a prática delitiva tornem absolutamente inviável a sua consumação.

ATENÇÃO

Flagrante preparado não é o mesmo que flagrante esperado

No flagrante esperado, a polícia, alertada sobre a iminência da prática delitiva, dirige-se até o local para **aguardar a execução do crime**. Iniciada a prática delitiva, os milicianos intervêm, efetuando a prisão em flagrante dos autores. É importante destacar que no flagrante esperado, a iniciativa no cometimento da infração penal parte do próprio agente, sem que haja qualquer induzimento por parte de terceiro.

DELITO PUTATIVO, IMAGINÁRIO OU ERRONEAMENTE SUPOSTO		
Erro de tipo invertido ou delito putativo por erro de tipo	**Erro de proibição invertido ou delito de alucinação**	**Delito putativo por obra do agente provocador, crime de ensaio ou de experiência**
Erro de fato em que o agente imagina, erroneamente, que está realizando uma ação típica.	Trata-se da situação em que o sujeito acredita, equivocadamente, que a conduta que ele prática é vedada.	Ocorre no caso de flagrante preparado, em que alguém instiga o agente a delinquir.
Exemplo: mulher torna medicamento abortativo, mas descobre, posteriormente, que não estava grávida.	Exemplo: uma mãe prática ato sexual consentido com o filho, acreditando que a conduta a típica.	Exemplo: policial disfarçado exibe um Iphone XI em via pública e aguarda que alguém o subtraia (a fim de pegá-lo em flagrante).

Feitas essas considerações, cumpre apontar as principais distinções entre crime impossível e crime putativo.

O crime impossível é aquele que, embora tipificado em nosso ordenamento jurídico, não se consuma por absoluta ineficácia do meio ou absoluta impropriedade do objeto. O **autor se engana quanto à idoneidade do meio ou do objeto** para a prática delitiva.

O crime putativo ocorre quando o agente **pensa praticar uma conduta elencada como típica**, que, na realidade, é um indiferente penal, em razão da ausência de previsão legal ou de elementos da figura típica, ou, ainda, em virtude da obra do agente provocador, que induziu a prática da infração e, simultaneamente, providenciou meios para impedir sua consumação.

Crime impossível

O autor se engana quanto à idoneidade do meio ou do objeto para a prática delitiva

▸ Crime putativo

O agente **pensa praticar uma conduta elencada como típica**, que, na realidade, é um indiferente penal, em razão da ausência de previsão legal ou de elementos da figura típica, ou, ainda, em virtude da obra do agente provocador

9.4.4. Crime impossível e crime complexo

Questão:[25] Três criminosos interceptaram um carro forte e dominaram os seguranças, reduzindo-lhes por completo qualquer possibilidade de resistência, mediante grave ameaça e emprego de armamento de elevado calibre. O grupo, entretanto, encontrou vazio o cofre do veículo, pois, por erro de estratégia, efetuara a abordagem depois que os valores e documentos já haviam sido deixados na agência bancária. Por fim, os criminosos acabaram fugindo sem nada subtrair. Nessa situação, ante a inexistência de valores no veículo e ante a ausência de subtração de bens, elementos constitutivos dos delitos patrimoniais, ficou descaracterizado o delito de roubo, subsistindo apenas o crime de constrangimento ilegal qualificado pelo concurso de pessoas e emprego de armas.

Duas correntes disputam a resolução dessa questão:

1ª Corrente: Não há crime impossível. O sujeito, no exemplo mencionado, deve responder por tentativa de roubo, porque a ausência do objeto material em poder da vítima não descaracteriza a figura típica prevista no art. 157 do Código Penal, porquanto o roubo é modalidade de crime complexo, cuja primeira ação – a violência ou grave ameaça – constitui início de execução. É a posição de Cezar Roberto Bitencourt. **É o que prevalece na jurisprudência**.

▸ JURISPRUDÊNCIA

Superior Tribunal de Justiça

Nos termos da jurisprudência desta Corte, ainda que não exista nenhum bem com a vítima, o crime de roubo, por ser delito complexo, tem iniciada sua execução quando o agente, visando a subtração da coisa alheia móvel, realiza o núcleo da conduta meio (constrangimento ilegal, lesão corporal ou vias de fato), ainda que não consiga atingir o crime fim (subtração da coisa almejada).[26]

Supremo Tribunal Federal

A inexistência de bens ou dinheiro em poder da vítima de roubo não caracteriza a hipótese de crime impossível, uma vez que o delito de roubo é complexo, cuja execução inicia-se com a violência ou grave ameaça à vítima.[27]

---

25. Questão cobrada na prova dissertativa para Delegado Federal de 2013.
26. STJ, 6ª Turma. REsp 134.0747/RJ, Rel. Min. Maria Thereza de Assis Moura, DJe 21/05/2014.
27. STF, 1ª Turma. HC 78.700/SP, Rel. Min. Ilmar Galvão, 16/03/1999.

2ª Corrente: O roubo está previsto entre os crimes contra o patrimônio. E, se não há patrimônio, em face da impropriedade absoluta do objeto material, não se pode falar em roubo. O crime impossível exclui a tipicidade do fato, e o agente deve responder pelos atos efetivamente praticados. No exemplo citado, há de ser a ele imputado somente o crime de ameaça (CP, art. 147). É o que defende Cleber Masson e é **nossa posição.**

QUESTÕES

QUESTÃO 1

TJSP – Vunesp – 2023 – Juiz

O crime de furto é considerado consumado quando

a) a transferência da posse do bem furtado se dá por tempo suficiente a não caracterizar o flagrante.
b) o agente pode dispor do bem furtado sem risco de flagrância.
c) existe a transferência da posse do bem furtado, da vítima para o agente.
d) existe a transferência da posse do bem furtado, e essa posse é mansa e pacífica por tempo suficiente a permitir que seja significativo.

QUESTÃO 2

CESPE – Delegado de Polícia Federal (2021)

O dolo eventual é incompatível com a tentativa.

Certo ( ) Errado ( )

QUESTÃO 3

CESPE – Delegado de Polícia Federal (2018)

Cristiano, maior e capaz, roubou, mediante emprego de arma de fogo, a bicicleta de um adolescente, tendo-o ameaçado gravemente. Perseguido, Cristiano foi preso, confessou o crime e voluntariamente restituiu a coisa roubada. Nessa situação, a restituição do bem não assegura a Cristiano a redução de um a dois terços da pena, pois o crime foi cometido com grave ameaça à pessoa.

Certo ( ) Errado ( )

QUESTÃO 4

FCC - **Promotor de Justiça – MPE/MT (2019)**

Assim como nos demais crimes não patrimoniais em geral, os delitos contra a fé pública são incompatíveis com o instituto do arrependimento posterior, dada a impossibilidade material de haver reparação do dano causado ou a restituição da coisa subtraída.

Certo ( ) Errado ( )

QUESTÃO 5

VUNESP - 2023 - PC-SP - Delegado de Polícia

No que concerne ao crime impossível, nossos tribunais, em matéria sumulada, interpretam que

a) o fato de a polícia preparar situação de flagrante, mesmo em hipótese que impeça sua consumação, não caracteriza, obrigatoriamente, crime impossível.

b) sistema de vigilância realizado por monitoramento eletrônico ou existência de segurança no interior de estabelecimento comercial, por si só, não tornam impossível a configuração do crime de furto.

c) mesmo a falsificação grosseira, constatável a olho nu, pode configurar os crimes de moeda falsa e estelionato.

d) a maioridade da vítima no crime de estupro impede a possibilidade de reconhecimento do estupro de vulnerável.

e) o pagamento de cheque inicialmente emitido sem provisão de fundos, até a prolação da sentença, obsta o reconhecimento de crime patrimonial.

QUESTÃO 6

CESPE / CEBRASPE 2023 - PC-AL - Delegado de Polícia Civil

Caracteriza erro de proibição direto o fato de o agente supor ser lícita uma conduta que é proibida no ordenamento jurídico; diferentemente do delito putativo, que é caracterizado pelo fato de o agente praticar uma conduta que acredita ser proibida, mas que, na verdade, é um indiferente penal.

Certo ( ) Errado ( )

QUESTÃO 7

CESPE / CEBRASPE 2023 - PC-AL - Delegado de Polícia Civil

Nos casos de desistência voluntária e arrependimento eficaz, o agente não responde por crime tentado, mas apenas pelos atos delitivos já praticados.

Certo ( ) Errado ( )

QUESTÃO 8

IDECAN - 2022 - TJ-PI - Oficial de Justiça e Avaliador

O crime tentado é aquele que, iniciada a execução do delito, não se consuma por circunstâncias alheias à vontade do agente. A doutrina clássica do Direito Penal enumera que alguns tipos de crime não admitem a figura da tentativa. Dentre os abaixo listados, assinale aquele que **não** se enquadra nesse conceito.

a) crimes culposos
b) crimes preterdolosos
c) crimes plurissubsistentes
d) crimes unissubsistentes
e) crimes omissivos próprios

QUESTÃO 9

VUNESP - 2022 - PC-SP - Delegado de Polícia

Considere a seguinte hipótese: Caio, com intuito de obter vantagem econômica indevida, faz-se passar por Júlio, filho de Aurélia e, nesse papel, realiza ligação telefônica para ela, pedindo depósito de determinada quantia de dinheiro em conta de terceiro – seu cúmplice. Aurélia, inicialmente, se convence e promete fazer o depósito, mas, depois de desligar o telefone, resolve procurar seu filho, descobre o engodo e não deposita o dinheiro.

Nesse caso, houve

a) tentativa imperfeita.
b) tentativa perfeita.
c) tentativa vermelha.
d) tentativa cruenta.
e) crime impossível.

QUESTÃO 10

INSTITUTO AOCP - 2022 - PC-GO - Delegado de Polícia Substituto

Acerca das circunstâncias que envolvem a prática delituosa, assinale a alternativa correta conforme jurisprudência dos tribunais superiores.

a) A observância do arrependimento posterior exige que o dano seja integralmente reparado antes do oferecimento da denúncia, independentemente se a vítima se satisfez com a reparação parcial.
b) A configuração da desistência voluntária afasta, inevitavelmente, o delito na sua forma tentada, posto que o fim inicialmente pretendido pelo agente não se realiza, ou seja, ao alterar o dolo inicialmente quisto,

enseja a ocorrência da atipicidade, respondendo, entretanto, pelos atos já praticados.

c) Na tentativa de determinado delito, comprovado que o agente só não consumou o delito por circunstâncias alheias à sua vontade, há lógica em se reconhecer a hipótese de sua desistência voluntária.

d) O instituto do arrependimento eficaz e da desistência voluntária somente são aplicáveis a delito que tenha sido consumado.

e) A fração de diminuição da sanção pelo crime tentado é estanque e não decorre da maior ou da menor proximidade da conduta ao resultado almejado.

QUESTÃO 11

FGV - 2022 - TJ-PE - Juiz Substituto

Relativamente aos institutos da reparação do dano, da desistência voluntária, do arrependimento eficaz, do arrependimento posterior e do crime impossível, segundo a doutrina e a jurisprudência dominantes, é correto afirmar que:

a) responderá pelo resultado pretendido inicialmente, nos crimes de mera conduta, o agente que, após iniciar os atos de execução, impedir que o resultado se produza;

b) terá a pena reduzida de 1/3 a 2/3 o agente que, por ato voluntário, reparar o dano causado em crime praticado sem violência à pessoa, após a sentença recorrível;

c) responderá apenas pelos atos até então praticados o agente que, voluntariamente, desistir de prosseguir na execução do crime;

d) responderá pela tentativa o agente quando, em razão da ineficácia absoluta do meio, for impossível consumar-se o crime;

e) terá a pena reduzida de 2/3 o agente que reparar o dano no crime de peculato culposo após a sentença irrecorrível.

GABARITO

Questão 1	Letra "C"
Questão 2	Assertiva "Errada"
Questão 3	Assertiva "Correta"
Questão 4	Assertiva "Correta"
Questão 5	Letra "B"
Questão 6	Assertiva "Correta"
Questão 7	Assertiva "Correta"
Questão 8	Letra "C"
Questão 9	Letra "B"
Questão 10	Letra "B"
Questão 11	Letra "C"

CAPÍTULO 10

Concurso de pessoas

10.1. Conceito

Também chamado **concurso de agentes** ou **codelinquência**, consiste no engajamento ciente e voluntário de dois ou mais indivíduos na prática de uma infração penal. Em outras palavras, haverá concurso de agentes quando duas ou mais pessoas se unem para praticar um crime ou uma contravenção penal.

10.2. Requisitos

A configuração do concurso de pessoas depende de cinco requisitos cumulativos, a saber:

a) Pluralidade de agentes culpáveis;
b) Relevância causal da conduta;
c) Vínculo subjetivo (concurso de vontades);
d) Existência de fato punível; e
e) Unidade de infração penal para todos os agentes.

Passemos à análise de cada um deles.

10.2.1. Pluralidade de agentes culpáveis

Para a configuração do concurso de pessoas, todos os agentes devem ser dotados de **culpabilidade**, isto é, devem ser capazes de entender o caráter ilícito do fato e de determinar-se de acordo com esse entendimento.

Nos **crimes unissubjetivos ou de concurso eventual**, a culpabilidade dos agentes é requisito primordial, pois sua ausência pode implicar no reconhecimento de autoria mediata. Por exemplo: Mévio, maior de idade e culpável, com a intenção de matar seu inimigo, entrega um frasco de veneno a seu filho de treze anos, e pede que o garoto ministre a substância na bebida de um desafeto. Não há que se falar em concurso de pessoas em tal hipótese, ante a ausência de culpabilidade do menor. Trata-se de típico caso de autoria mediata.

Esse **concurso de pessoas impróprio, ou pseudoconcurso**, difere do genuíno concurso de pessoas. Caracteriza-se quando agentes culpáveis e não culpáveis concorrem para o crime. Segundo a doutrina, "só em sentido absolutamente impróprio se poderá falar em participação quando, concorrendo para a prática do ato duas ou mais pessoas, apenas uma possa se apresentar como criminosa ante a lei penal. Assim, não há concurso de agentes propriamente dito quando de dois participantes, um é inimputável. Ou quando um dos agentes faz incidir em erro de fato o companheiro, coage-o irresistivelmente, por violência física ou grave ameaça; dá-lhe, no caso de ser seu superior hierárquico, ordem não manifestamente ilegal. Pois em todos esses casos apenas um indivíduo responde pelo crime praticado: o que se serve do inimputável, o que determina o erro, ou o autor da coação ou da ordem". O concurso impróprio é admitido em duas hipóteses:

- **Crimes plurissubjetivos ou de concurso necessário:** apesar de manter a exigência de pluralidade de agentes como elemento essencial, esses crimes dispensam a culpabilidade. Assim, não há impedimento para a caracterização do delito de associação criminosa (previsto no art. 288 do Código Penal), mesmo que alguns dos participantes não sejam culpáveis, sendo suficiente que pelo menos um dos associados possua culpabilidade.
- **Crimes eventualmente coletivos:** são crimes que podem ser praticados por apenas uma pessoa (unissubjetivo), mas em sendo cometidos por vários agentes em concurso, incide uma qualificadora ou uma causa de aumento de pena. Exemplo: furto qualificado pelo concurso de pessoas (art. 155, § 4º, IV, CP).

10.2.2. Relevância causal das condutas

Para a verificação do concurso de pessoas é necessário que as condutas dos agentes tenham, de qualquer modo, contribuído para a concretização do resultado.

É possível que o agente concorra de maneira direta ou indireta, por meio de uma ação ou omissão. Entretanto, é imprescindível que tenha estimulado, provocado, facilitado ou realizado a conduta principal.

No entanto, somente é possível concorrer com a prática criminosa enquanto o delito não tenha sido consumado. Uma vez superada a última etapa do *iter criminis*, já não se admite a participação, sendo possível cogitar o enquadramento da conduta em alguma das hipóteses típicas de favorecimento (arts. 348 e 349 do CP), ou de receptação (art. 180 do CP). Em certos casos (tais como crimes permanentes, continuados ou plurissubsistentes), admite-se a participação enquanto não houver exaurimento. Ilustrando: Mévio, dolosamente, causa um incêndio num prédio abandonado, consumando o delito previsto no art. 250 do Código Penal. Tício, ao ver a construção em chamas, despeja um galão de combustível para aumentar o poder de destruição do fogo, concorrendo, dessa forma, com a conduta de Mévio.

▸ **IMPORTANTE**

Regra: O concurso de pessoas demanda adesão de vontade do concorrente **até a consumação do delito**. Superada esta etapa, não há concurso de pessoas, podendo ocorrer crime autônomo por parte do agente.

Exceção: Após a consumação do delito, a contribuição somente pode ser considerada concurso de pessoas se ocorreu um **ajuste anterior**. Exemplo: Tício informa Caio que pretende matar Mévio. Caio se compromete a fornecer um esconderijo após o homicídio. Em tal hipótese, há concurso de pessoas porque Caio instigou Tício a praticar o crime.

10.2.3. Vínculo subjetivo

O vínculo subjetivo consiste no concurso de vontades, isto é, os agentes devem estar cientes de que estão contribuindo para a conduta de outrem, a fim de produzir um resultado naturalístico. É o que a doutrina convencionou denominar **princípio da convergência**.

A verificação do vínculo subjetivo independe do prévio ajuste entre os agentes (*pactum sceleris*), bastando que haja adesão consciente de vontades (*scientia sceleris*). Por exemplo: Mévio entra armado em uma loja de conveniência, com a intenção de praticar um crime de roubo. Dá voz de assalto, e ordena que todos os clientes se deitem no chão, enquanto se dirige para esvaziar o caixa. Contudo, dentre os clientes, está um policial à paisana. No momento em que o policial saca seu revólver a fim de impedir o roubo, recebe um violento golpe na cabeça, desferido por Tício, que também se encontrava na conveniência, e que havia sido comparsa de Mévio em outros crimes anos atrás. Mévio consegue, então, subtrair o dinheiro do caixa, e para recompensar o amigo por sua "inesperada intervenção", entrega a Tício uma parte do produto do roubo.

A ausência de liame subjetivo entre os agentes obsta a caracterização do concurso de pessoas. Caso dois ou mais agentes pratiquem a conduta ao mesmo tempo, buscando o mesmo resultado, sem que um tenha conhecimento da conduta do outro, configura-se a **autoria colateral**, também conhecida como **coautoria imprópria** ou **autoria parelha.** Por exemplo: Caio é homem de negócios, e, em virtude de um mau investimento que fez, vários de seus clientes tiveram prejuízos milionários. Após aquela semana difícil, Caio decide ir para o campo, realizar saltos de paraquedas, seu hobby predileto. Sabendo desses planos, Tício, um dos investidores enfurecidos, resolve vingar-se, e sabota o paraquedas de Caio. Todavia, não sabe que Mévio, outro cliente descontente, está munido de um fuzil, aguardando o salto de Caio, a fim de atirar contra ele momentos antes do pouso. Cada agente dá seguimento a suas condutas sem saber da existência do outro. Após a morte de Caio, constata-se por meio da perícia, que apesar da sabotagem criminosa do paraquedas, a morte de Caio se deu em razão do disparo efetuado por Mévio. Nessa hipótese, Tício responde pelo crime de homicídio tentado e Mévio por homicídio consumado. Não há concurso de pessoas, pois ausente o vínculo subjetivo entre os agentes.

No âmbito da autoria colateral, fala-se em **autoria incerta** quando não é possível determinar qual dos autores causou o resultado. Para resolver esses casos, é fundamental lembrar que, em situações de dúvida, o princípio "in dubio pro reo" prevalece, favorecendo sempre os acusados.

Considerando a **unidade de vínculo subjetivo** que deve haver entre os agentes envolvidos em uma infração penal, a participação culposa em crime doloso ou a participação dolosa em crime culposo não são admissíveis para a configuração do concurso de pessoas.

▸ IMPORTANTE

Não é possível a **participação culposa em crime doloso** ou a **participação dolosa em crime culposo**, diante da ausência de vínculo subjetivo entre os agentes.

10.2.4. Existência de fato punível

O art. 31 do Código Penal dispõe que "O ajuste, a determinação ou instigação e o auxílio, salvo disposição expressa em contrário, não são puníveis, se o crime não chega, pelo menos, a ser tentado". Sendo assim, se o *iter criminis* não alcança a terceira fase, não há responsabilidade por crime algum, e, por conseguinte, não se configura o concurso de pessoas. Por exemplo: Mévio pagou cinquenta mil reais a Tício para que este desse fim à vida de um desafeto. Após receber o dinheiro, Tício fugiu uma cidade litorânea e não cumpriu o acordo feito com Mévio. Nesse caso, como Tício não praticou nenhum ato de execução de homicídio, a conduta de Mévio não é punível.

Eventualmente, a lei autoriza a punição de ajuste, determinação ou instigação como crime autônomo. Exemplo: associação criminosa (art. 288, CP), incitação ao crime (art. 286, CP), dentre outros.

10.2.5. Unidade de infração penal para todos os agentes

Se um crime é praticado em concurso de pessoas, todos os agentes - executores e partícipes - devem responder pelo mesmo tipo penal?

Há três teorias que debatem o tema. Para a **teoria monista, unitária ou igualitária,** todos os agentes que concorreram para determinado fato delituoso devem responder pelo mesmo tipo penal. É a teoria adotada como **regra** pelo Código Penal, o qual dispõe em seu art. 29, *caput* "Quem, de qualquer modo, concorre para o crime incide nas penas a este cominadas, na medida de sua culpabilidade".

A **teoria pluralista, da cumplicidade do motivo distinto ou autonomia da cumplicidade, é excepcionalmente adotada pelo Código Penal.** Ela permite que os agentes que concorreram para a prática de um mesmo evento respondam por tipos penais diversos, ainda que um único resultado seja produzido. Por exemplo, no caso de aborto provocado por terceiro com o consentimento da gestante, o terceiro responde pelo crime do art. 126, ao passo que a gestante responde pelo delito do art. 124, *in fine*. Outro exemplo seria a corrupção passiva e ativa, em que o funcionário público responde pelo art. 317, enquanto o particular responde pelo art. 333, ambos do Código Penal.

A sua frase está bastante clara, mas podemos fazer pequenos ajustes para melhorar a fluidez. Aqui está uma versão revisada:

Por fim, a **teoria dualista, também adotada em caráter excepcional pelo Código Penal** (art. 29, §§ 1º e 2º, do CP), reconhece a existência de um único delito para os autores, que realizam a conduta descrita no tipo penal, e outro distinto para os partícipes, que desempenham um papel secundário e não praticam a conduta núcleo do tipo. Como exemplo, temos a conduta do 'fogueteiro', aquele que colabora prestando informações a um grupo dedicado ao tráfico de drogas ilícitas. Enquanto os traficantes são autores do delito previsto no art. 33 da Lei 11.343/06, o 'fogueteiro', que na verdade é partícipe do tráfico, responde como autor do crime insculpido no art. 37 da Lei de Drogas (colaborar como informante).

Teoria monista (unitária ou igualitária)	Teoria pluralista	Teoria dualista
Todos aqueles que concorrem para o crime (autores, coautores ou partícipes) respondem pelo mesmo tipo penal, na medida de sua culpabilidade. É a **regra** adotada pelo CP.	Adotada **excepcionalmente**, ocorre quando cada agente responde por um crime diferente. **Exemplos:** **a.** Aborto provocado por terceiro com o consentimento da gestante: o terceiro responde pelo crime do art. 126, ao passo que a gestante pelo crime do art. 124, *in fine*. **b.** Corrupção passiva e ativa: o funcionário público responde pelo art. 317 do CP, enquanto o particular pelo art. 333.	Em situações excepcionais, tem-se um crime para os executores e outros para os partícipes (essa teoria divide a responsabilidade dos autores e partícipes). Exemplo: art. 33, caput, da Lei 11.343/06 para o autor de art. 37 da Lei de Drogas para o partícipe.

Regra interessante é prevista no art. 29, § 2º, do Código Penal, *in verbis*: "Se algum dos concorrentes quis participar de crime menos grave, ser-lhe-á aplicada a pena deste; essa pena será aumentada até metade, na hipótese de ter sido previsível o resultado mais grave".

Trata-se da chamada **cooperação dolosamente distinta**, que configura exceção à teoria monista. De acordo com essa regra, os comparsas respondem apenas pelos crimes em que efetivamente pretendiam participar, e não pelo resultado causado em virtude do **desvio subjetivo** de um dos concorrentes. No entanto, se o crime mais grave era previsível àquele que concorreu exclusivamente ao crime de menor gravidade, sua pena poderá ser aumentada até a metade (art. 29, § 2º).

Tomemos um exemplo apresentado pela doutrina para melhor compreensão do tema: "José, Carlos e Antônio planejam a prática de um furto em uma residência, cuja família José descobriu que está viajando. Ao saírem para praticar o referido crime, Carlos viu que Antônio levava consigo um revólver, e conhece o temperamento explosivo de Antônio, porém nada comenta com José, pois este já havia dito que escolheria uma casa vazia porque não queria saber de violência. Os três ingressam na residência e iniciam a seleção do material a ser furtado quando são surpreendidos por um morador que, repentinamente, sai do quarto onde dormia. A informação de José estava errada. Antônio, inopinadamente parte para cima do morador, disparando contra este visando garantir a conclusão da subtração. Nesse caso, Antônio responde por roubo, pois foi isso que ele praticou. José responde por furto, que é o que ele pretendia praticar. O mesmo ocorre com Carlos, que também queria praticar apenas furto. Porém, como Carlos conhecia Antônio e viu que este levava consigo um revólver, para Carlos era previsível um resultado mais grave. Assim, ele responderá pelo furto, mas com a causa geral de aumento de pena do art. 29, § 2º"[1].

Para a doutrina, o desvio subjetivo pode ser de duas espécies: qualitativo ou quantitativo.

Há **excesso qualitativo** quando o resultado obtido por meio do crime mais grave não se insere na mesma linha de desejo do outro agente. Por exemplo: Tícia, que trabalha como empregada doméstica, deixa os portões de seu local de trabalho abertos e desativa o alarme, para que Mévio, seu parceiro, entre na casa, e subtraia a caixa de joias de sua patroa. Entretanto, Mévio não somente furtou as joias, como também estuprou a patroa de Tícia. Nesse caso, Tícia responderá apenas por furto, pois o crime de estupro não se insere na linha de desdobramento causal da ação que inicialmente desejou. Por sua vez, Mévio responderá pelos crimes de furto e estupro, em concurso material.

O **excesso quantitativo** configura-se quando o executor age na linha da conduta desejada, intensificando, contudo, a execução, assim produzindo um

1. BUSATO, Paulo César. **Direito Penal – Parte Geral**. São Paulo: Atlas, 2013, p. 698.

resultado mais grave do que inicialmente planejado[2]. É o caso do furto ou do roubo que termina em latrocínio, tal como no exemplo que narrou o caso de Carlos, Antônio e José.

Ocorrendo o excesso qualitativo, o agente que desejava tomar parte em crime menos grave responderá de acordo com sua pretensão inicial, pois não há nexo de causalidade entre o resultado produzido e a ação que desejava praticar. Verificando-se o excesso quantitativo, deve-se, antes de tudo, afastar a tese do dolo eventual, pois, se de alguma forma o agente assumiu o risco de produzir o resultado, deve responder por ele. Não havendo dolo eventual, responderá na medida e grau de seu dolo, agravando-se a pena caso o resultado mais gravoso fosse previsível.

▸ ATENÇÃO!

Cooperação dolosamente distinta no crime de latrocínio

O STF e o STJ têm entendido que o coautor envolvido em roubo armado é responsável pelo latrocínio, mesmo que o disparo seja efetuado exclusivamente pelo cúmplice. Além disso, não é necessário determinar quem efetuou o tiro, pois todos são responsáveis pelo latrocínio (HC 74861/SP; HC 74949-SP; RHC 133.575/PR).

Apresento um trecho do TJMG que considero interessante:

"É considerado autor ou coautor aquele que, mesmo não realizando integralmente a conduta típica, contribui de forma significativa para a ocorrência do crime, de acordo com a teoria do domínio funcional do fato, sendo inadmissível o reconhecimento de uma participação de menor importância" (TJMG, 1.0702.05.241465-4/001).

Exemplo: Se A e B iniciam a execução do ato com a intenção apenas de roubar, mas durante a ação ocorre a morte da vítima, mesmo que causada apenas por um deles, todos inciden nas penas do latrocínio.

Exceção:

Não pode, porém, ser imputado o resultado morte ao coautor quando há rompimento do nexo causal entre a conduta dele e a de seu comparsa, como quando o coautor é preso pela Polícia antes da realização do disparo do tiro fatal pelo comparsa e ainda em local diverso da prática do roubo (STF, HC 109151).

A cooperação dolosamente distinta não se confunde com a regra do § 1º do art. 29, que prevê a chamada **participação de menor importância**, *in verbis*: "Se a participação for de menor importância, a pena pode ser diminuída de um sexto a um terço".

---

2. NORONHA, Edgard Magalhães. **Direito Penal.** v. 1. 36 ed. São Paulo: Saraiva, 2001, p. 219.

Há, portanto, duas espécies de partícipe:

a) Partícipe em sentido estrito: é aquele cuja participação no crime tem relevância, a exemplo do autor intelectual. Nesse caso, não há diminuição de pena, porque se ele arquitetou o crime, é evidente que sua participação não é de menor importância;

b) Partícipe de menor importância: é aquele cuja participação desempenha papel secundário, praticamente dispensável, visto que sua ausência não impediria a realização do crime. Diferentemente da hipótese anterior, há causa obrigatória de diminuição de pena. Exemplo: aquele que exerce vigilância sobre determinado local, enquanto seus comparsas praticam o roubo e, em seguida, dá apoio à fuga.

▸ IMPORTANTE

O § 1º do art. 29, do CP, não se aplica às hipóteses de coautoria, mas apenas à participação. Não existe coautoria de menor importância, pois o coautor sempre tem papel decisivo no delito.

10.3. Formas engajamento em uma infração penal

O engajamento em uma ação delituosa pode ocorrer por meio das seguintes formas:

- Autoria;
- Coautoria;
- Participação.

Várias teorias debatem acerca do melhor critério para distinguir o papel de autores e partícipes. Portanto, os conceitos de **autoria** e **participação** assumem diferentes matizes a depender da corrente teórica adotada. Vejamos quais são as principais delas:

10.3.1. Teoria subjetiva

Para a teoria subjetiva, o traço distintivo entre autores e partícipes reside no ânimo do indivíduo. O autor deseja a realização do crime como fato próprio (*animus auctoris*). O partícipe, por sua vez, não deseja o fato como próprio, mas alheio. Sua vontade restringe-se unicamente a contribuir para o crime de outrem (*animus socii*).

Segundo esse critério, se o primeiro agente subtrai o veículo, enquanto o outro vigia para que não sejam surpreendidos pelo proprietário do carro, pode-se afirmar que ambos são autores do crime de furto, pois desejam o crime como fato próprio, pouco importando de que forma contribuíram para a ação.

Por outro lado, com base na teoria subjetiva, a jurisprudência alemã considerou como participação a atuação de um terrorista que, seguindo estritamente as instruções de governo estrangeiro, matou duas pessoas com gases tóxicos (caso Staschynskij). Reconheceu que, nesse caso, o terrorista não desejava a ação criminosa como própria, ou seja, não tinha interesse no resultado, pois apenas submetia-se ao dolo de autor alheio.

Tal teoria deriva dos estudos de Von Buri, no século XIX. A doutrina aponta que "o impulso para buscar em aspectos subjetivos uma diferenciação entre autor e partícipe deriva evidentemente da prevalência, nessa época, da teoria da equivalência dos antecedentes causais. Se tudo o que contribui para o resultado é causa e o resultado causado é obra de quem o provocou, evidentemente, todos os que contribuírem objetivamente para o resultado terão esse resultado igualmente imputado para si. A diferenciação em graus de importância – entre autor e partícipe – não poderia ser obtida, segundo se pensava, pela exploração do aspecto objetivo do delito, remetendo-se a doutrina, então para a pretensão de identificação pela via subjetiva".

Nesse sentido, para a teoria subjetiva, pouco importa se o agente realizou o núcleo do tipo ou se se apenas contribuiu de alguma forma com o delito, pois o fator determinante tem natureza subjetiva. Para identificar o autor do crime, é preciso inquirir quem possui interesse nos desdobramentos da ação criminosa, desejando o fato como seu.

10.3.2. Teoria extensiva

A teoria extensiva, também embasada na teoria da equivalência dos antecedentes, parte do seguinte pressuposto: autor é aquele que dá causa ao resultado. Por compreender sob o conceito de autoria todo aquele que com o seu comportamento produz o resultado, não contempla a participação, e, portanto, não distingue o papel do autor e do partícipe.

Embora não reconheça a participação, admite diferentes graus de autoria, prevendo as figuras da autoria principal e autoria acessória.

10.3.3. Teoria objetiva ou dualista

É a teoria que delimitou os critérios distintivos entre autoria e participação. Subdivide-se em outras duas:

- **Teoria objetivo-formal:** a teoria objetivo-formal reconhece que autor é **aquele que realiza o núcleo do tipo**; partícipe é aquele que concorre com o crime sem realizar a conduta nuclear, independentemente da importância de sua contribuição para a ocorrência do fato criminoso. Por exemplo: aquele que contrata um assassino para livrar-se de seu desafeto, obviamente desempenha papel fundamental na produção do resultado. Entretanto, como não pratica o verbo núcleo do tipo penal que prevê o crime de homicídio, deve ser considerado partícipe.

- **Teoria objetivo-material:** autor e partícipe apenas diferenciam-se quanto à contribuição efetiva no delito. Autor é aquele cuja contribuição é um fator decisivo na prática do crime, enquanto partícipe é aquele que presta colaboração de menor efetividade. "Busca-se uma restrição distinguida na importância objetiva da contribuição, sobre a base de diferenciar entre condição e causa. Trata-se de indagar a maior perigosidade objetiva da contribuição".

10.3.4. Teoria do domínio do fato

A teoria do domínio do fato teve sua primeira manifestação em 1933, nos estudos de Lobe. No entanto, ganhou destaque somente quando **Hans Welzel** (fundador do finalismo) a incorporou de maneira significativa em um estudo renomado realizado em 1939, destacando o domínio final do fato como critério determinante da autoria. No entanto, foi somente em 1963, com o estudo monográfico de **Claus Roxin,** que a teoria adquiriu contornos concretos, possibilitando, de maneira gradual, a adesão de praticamente toda a doutrina.

Seja na ótica de Welzel ou de Roxin, a teoria não busca imputar um delito a alguém, mas verificar se um indivíduo tomou parte na ação como autor ou partícipe.

10.3.4.1. Domínio do fato na concepção de Hans Welzel

Welzel pretende diferenciar, com clareza, a figura do autor do crime daquele que o executa, conciliando as teorias objetiva e subjetiva e ampliando o conceito de autor.

Com predicados finalistas, conceitua autor como aquele que possui o controle final do fato, ou seja, quem decide a sua forma de execução, seu início, sua cessação e demais condições.

Pode-se afirmar que tem o controle final do fato:

a) Aquele que, por sua vontade, executa o núcleo do tipo;

b) Aquele que planeja o crime para ser executado por outras pessoas;

c) Aquele que se vale de um não culpável ou de pessoa que age sem dolo ou culpa para executar o tipo.

Partícipe, por sua vez, é aquele que, embora colabore dolosamente para o alcance do resultado, não exerce domínio sobre a ação.

Já o coautor é aquele que tem domínio pleno somente sobre o fato que constitui sua própria atividade, mas todos os coautores têm suficientemente domínio sobre o fato integral.

A contribuição de cada coautor se complementaria com a dos demais, de forma a atribuir a responsabilidade total a cada um (a essência da coautoria seria a divisão do trabalho) - daí o conceito de domínio conjunto.

Crítica: Luis Greco, inclusive, expressa uma importante crítica: Não se deve mencionar o **domínio final do fato**, já que praticamente toda a doutrina moderna adota a teoria do domínio do fato, mas poucos aceitam integralmente a teoria finalista da ação.

10.3.4.2. Domínio do fato na concepção de Claus Roxin

Com predicados funcionalistas, Roxin sustenta que autor é a figura central do acontecer típico e partícipe é aquele que contribui para um fato típico em caráter meramente secundário.

A autoria pode manifestar-se de 3 formas distintas:

- Domínio da ação;
- Domínio da vontade de um terceiro;
- Domínio funcional do fato.

a) Domínio da ação

Autor é aquele que tem o domínio sobre sua própria ação, ou seja, realiza por si próprio todos os elementos do tipo penal (**autoria imediata**). Em outras palavras, autor é aquele que realiza o núcleo do tipo. Ex.: Aquele que efetua o disparo da arma de fogo para matar alguém.

b) Domínio da vontade de um terceiro

Autor é aquele que domina a vontade de um terceiro **(autoria mediata)**, que é utilizado como instrumento para a prática delitiva. O domínio da vontade de um terceiro pode ocorrer em virtude de:

- **coação ou erro;**
- **inimputabilidade;**
- **aparatos organizados de poder:** considera aquele que é chefe de uma organização criminosa (homem de trás) como autor mediato, pois detém poder sobre os demais que executam a ação (homem da frente). Ex. O líder de uma facção criminosa que ordena a prática de crimes a serem executados por quaisquer de seus membros.

▸ ATENÇÃO!

De acordo com Roxin, essa estrutura organizada de poder deve ser **dissociada do direito**, não alcançando as grandes empresas, já que estas não se encontram apartadas da ordem jurídica.

No contexto do domínio da vontade de um terceiro pelo **aparato organizado de poder**, três **requisitos** são necessários para o reconhecimento da autoria mediata:

- A existência de uma **organização verticalmente estruturada**;
- **Organização clandestina** (apartada do direito – não abrange, portanto, as sociedades empresárias)
- **Fungibilidade dos executores** (para aquele que está no comando, não interessa quem vai cumprir a ordem. O que importa é que ela seja cumprida).

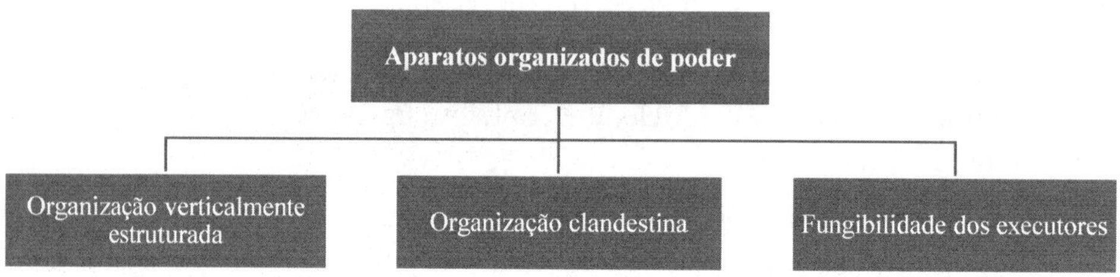

c) Domínio funcional do fato

Consiste na **divisão de tarefas** com pelo menos mais uma pessoa. É o que se denomina de **imputação recíproca.**

Por exemplo, "A" aponta a arma para a vítima e faz uma grave ameaça, enquanto "B" subtrai o carro dela. Não seria justo que "A" respondesse apenas pelo crime de ameaça e "B" apenas pelo crime de furto. Como ambos têm o domínio funcional do fato, evidenciando uma clara divisão de tarefas, é correto que respondam pelo crime de roubo, em coautoria.

Em síntese:

Para Roxin, autor é quem possui:

a) O **domínio da ação (autoria imediata)**: realiza pessoalmente os elementos do tipo;

b) O **domínio da vontade (autoria mediata)**: um terceiro é utilizado como instrumento (erro, inimputabilidade, coação ou aparato organizado de poder);

c) O **domínio funcional do fato (coautoria)**: imputação recíproca.

Teoria adotada pelo Código Penal

O Código Penal adotou a **teoria restritiva (objetivo-formal)**, considerando **autor aquele que executa a conduta descrita no núcleo do tipo penal**. Todos os demais que, de alguma maneira, colaboram, mesmo sem realizar a conduta nuclear, serão considerados partícipes. No entanto, tanto a jurisprudência quanto a doutrina mais contemporânea aplicam a teoria do domínio do fato em situações de autoria mediata e autoria intelectual.

Importante destacar que o Supremo Tribunal Federal (STF), em diversas ocasiões, reiterou que a responsabilidade penal é pessoal, não permitindo a imputação ao réu por atos de terceiros, a menos que o dolo de sua conduta seja comprovado. Portanto, a teoria do domínio do fato não aceita que a simples posição de superior hierárquico seja suficiente para evidenciar ou fortalecer o dolo de sua conduta.[3]

Em suma:

Teoria objetivo-formal	Autor é somente quem executa o núcleo do tipo. Restringe o conceito de autor, pois não explica de maneira satisfatória a figura do autor mediato (seria partícipe para essa teoria).
Teoria do domínio do fato	Amplia o conceito de autor, corrigindo as falhas da teoria objetivo-formal.
Hans Welzel	Autor é aquele que tem o controle final do fato.
Claus Roxin	Autor é a figura central da realização do tipo. É aquele que possui: (i) o domínio da ação (autoria imediata), realizando pessoalmente os elementos do tipo; (ii) o domínio da vontade (autoria mediata), em que um terceiro é utilizado como instrumento (erro, coação ou aparato organizado de poder); (iii) o domínio funcional do fato (coautoria), denominada imputação recíproca.

▸ CONCLUSÃO

• **Teoria adotada pelo Código Penal: teoria objetivo-formal ou restritiva** (v. item 25 da Exposição de Motivos do CP).

• **Doutrina moderna e jurisprudência**: aplicam a **teoria do domínio do fato.** Essa teoria amplia o conceito de autor e corrige algumas falhas da teoria restritiva.

Em outras palavras, **a teoria do domínio do fato complementa a teoria restritiva (objetivo-formal).**

Hipóteses em que não se aplicam a teoria do domínio do fato

a) aos delitos de mão própria, pois são aqueles que somente podem ser praticados pela pessoa expressamente indicada no tipo penal. Ex.: Falso testemunho.

b) aos delitos de dever (crimes funcionais), que exigem uma qualidade especial do sujeito ativo, no caso, o fato de ser funcionário público. Ex.: concussão, corrupção passiva, prevaricação etc.

3. STF, 2ª Turma. APn 975/AL, Rel. Min. Edson Fachin, j. em 03/10/2017.

Se o tipo penal exige uma qualidade especial do agente, consequentemente, somente uma pessoa que possui essa qualidade pode exercer o papel de autor.

c) aos delitos omissivos impróprios (art. 13, § 2º, CP), em que há o dever jurídico de agir. Só pode ser autor aquele a quem a lei atribui esse dever de agir.

d) aos delitos culposos: a teoria do domínio do fato somente se aplica a crimes dolosos.

Como se vê, o cerne da teoria do domínio do fato é diferenciar autor e partícipe a partir de critérios que tomam como base o controle da situação delitiva. Aquele que, mesmo não executando a conduta descrita no núcleo do tipo, possui o controle da situação, inclusive com a possibilidade de intervir a qualquer momento para fazer cessar a conduta, deve ser considerado autor e não partícipe, a exemplo do autor intelectual, o qual, para a teoria restritiva seria partícipe e não autor.

10.4. Participação

Segundo a teoria objetivo-formal, adotada pelo nosso ordenamento jurídico, **partícipe é aquele que, embora não execute o verbo núcleo do tipo penal, concorre de qualquer forma para o crime.** Por exemplo: motorista do caminhão que concorre para o furto da carga, ao estacionar o veículo em local previamente combinado, deixando-o dolosamente aberto, de modo a facilitar a subtração dos bens.

A configuração da participação demanda a presença de **dois requisitos**:

- **Vontade de cooperar com a conduta:** no exemplo citado anteriormente, não haveria participação se o motorista do caminhão houvesse deixado o veículo aberto por mero esquecimento, pois nesse caso, não seria possível constatar a vontade de cooperar.
- **Efetiva cooperação:** a participação deve, de algum modo, contribuir para a realização da conduta principal. Por exemplo: Mévio empresta sua arma à Tício, sabendo que este pretendia utilizá-la para matar Caio. Caso Tício pratique o crime usando a arma emprestada, Mévio será partícipe do homicídio. Se por alguma circunstância Tício resolve matar Caio mediante o emprego de veneno, por exemplo, não haverá participação, posto que a contribuição de Mévio, nessa hipótese, não influiu na prática delituosa.

10.4.1. Formas de participação

Admite-se a participação moral e material.

A **participação moral** consiste no **induzimento** ou **instigação** para a prática de um crime, "interfere no psiquismo do agente, auxiliando ou moldando sua vontade". Não há, portanto, auxílio de ordem material.

- No **induzimento**, o partícipe sugere o cometimento de uma infração penal, ou seja, ele "planta" a ideia na mente de alguém. Ilustrando: Mévio, que trabalha como caixa em um mercado, está passando por problemas financeiros. Certo dia, conversa com Tício, um colega de trabalho sobre suas dificuldades, a fim de discutir quais seriam as melhores taxas de juros para realizar empréstimo. Tício então sugere que Mévio comece a subtrair um pequeno valor do caixa todos os dias, até que complete a quantia necessária para saldar suas dívidas.
- Na **instigação**, por sua vez, o partícipe reforça uma ideia criminosa preexistente na mente do executor. Haveria instigação se Mévio, pensando em furtar o caixa do mercado onde trabalha, conversasse com Tício acerca de seu intento criminoso, e dele recebesse estímulo.

A **participação material** ou **cumplicidade** caracteriza-se pela prestação de auxílio direto no crime. Assim, enquadra-se no conceito de participação toda a conduta que, efetiva e voluntariamente, facilite ou viabilize a prática do crime. Por exemplo: emprestar a arma ao homicida, vigiar o local onde se consuma um delito a fim de alertar sobre a chegada da polícia etc.

Participação moral	**Induzimento**: o partícipe cria a ideia na mente do agente.
	Instigação: o partícipe reforça uma ideia já existente.
Participação material	prestação de auxílio direto no crime.

O Código Penal autoriza a punição da **participação em cadeia**, ou **participação da participação**. Por exemplo: Mévio e Tícia são casados. Tícia é amiga de Semprônia, que trabalha como empregada doméstica de uma senhora muito rica. Desejando tirar vantagem dessa amizade, Mévio induz Tícia a induzir Semprônia, para que esta furte as joias de sua patroa. Ocorrendo o furto, Mévio e Tícia serão considerados partícipes da conduta de Semprônia, autora do delito.

10.4.2. Teorias acerca da punição do partícipe

- Teoria da acessoriedade mínima;
- Teoria da acessoriedade média;
- Teoria da acessoriedade máxima;
- Teoria da hiperacessoriedade.

a) Teoria da Acessoriedade mínima

Para a responsabilização do partícipe, basta que a conduta principal praticada pelo autor seja típica, independentemente de que seja ilícita. Essa teoria recebe críticas da doutrina, pois enseja situações que beiram o absurdo. Por exemplo: se alguém induzir outrem a matar em legítima defesa, este não responderá por crime (o fato é típico, porém lícito), mas aquele que o induziu responderá como partícipe de homicídio.

b)Teoria da Acessoriedade média ou limitada

A punição da participação depende da **tipicidade e ilicitude do fato principal**, não havendo necessidade de que o executor seja culpável. Em outras palavras, basta a realização do injusto pelo autor. Por exemplo: Mévio contrata Tício, menor de idade, para matar Caio. Nessa hipótese, Mévio será considerado partícipe, não obstante a inimputabilidade de Tício afaste sua culpabilidade.

Apesar de **amplamente aceita pela doutrina brasileira**, esta teoria recebe críticas pois se mostra incompatível com o reconhecimento da autoria mediata.

c) Teoria da Acessoriedade máxima

A punição da participação decorrerá da verificação da prática de uma conduta típica, ilícita **e culpável**. A teoria da acessoriedade máxima recebe algumas críticas pois pode ensejar a impunidade em determinadas situações. Por exemplo: num roubo praticado por um menor com a participação de um maior, o menor, por ser inimputável, não responderá pelo crime. Segundo a teoria da acessoriedade máxima, ao partícipe também não poderá ser imputado o delito, pois o agente que praticou o fato principal não é culpável.

d) Teoria da Hiperacessoriedade

Para ocorrer a responsabilização do partícipe a conduta principal praticada pelo autor deverá ser típica, ilícita, culpável **e, ainda, punível**. Portanto, o autor deve ser efetivamente punido para que haja punição do partícipe. De acordo com as críticas da doutrina, "esta teoria também deve ser afastada, pois contém exigência desarrazoada, permitindo a impunidade do partícipe mesmo nos casos em que o autor praticou o crime e se verificou o vínculo subjetivo entre ambos os sujeitos"[4].

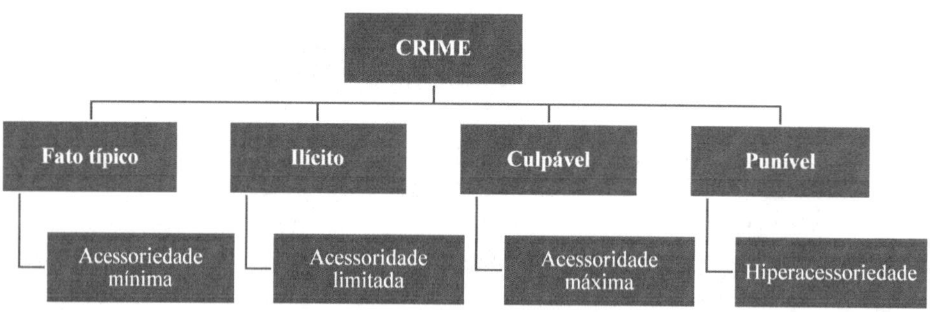

4. CUNHA, Rogério Sanches. **Manual de Direito Penal – Parte Geral**. Salvador: Juspodivm, 2016, p. 384.

▸ TEORIA ADOTADA

Prevalece que o nosso Código Penal adotou a teoria da **acessoriedade limitada**. Essa teoria também sofre críticas, pois **não resolve os problemas da autoria mediata**. Ainda assim, é a preferida da doutrina.

10.4.3. Outras questões relevantes

1) É possível autoria mediata em crime de mão própria?

R - Crime de mão própria, de atuação especial ou conduta infungível ocorre quando somente o próprio agente indicado no tipo penal pode praticá-lo diretamente. A visão predominante é que crimes desse tipo são incompatíveis com a autoria mediata imediata. Contudo, parcela doutrinária, à qual me filio, sustenta que em certos casos a autoria mediata é possível. Um exemplo seria quando Tício coage Caio a mentir em juízo como testemunha. Embora Caio seja quem realiza a conduta prevista no artigo 342 do Código Penal, Tício é responsável tanto pelo crime de falso testemunho e também pelo crime de tortura (art. 1º, I, "b", da Lei 9.455/97). Nesse contexto, Caio não é considerado culpado devido à presença da coação moral irresistível.

2) O que é a autoria por determinação?

R - Conforme ensinamentos de Zaffaroni e Pierangeli, os crimes próprios e de mão própria são considerados incompatíveis com a autoria mediata, uma vez que o autor mediato não possui a qualidade especial exigida do sujeito ativo e não executa pessoalmente a conduta criminosa. Segundo eles, a punição daquele que se utiliza de uma pessoa não culpável ou que age sem dolo ou culpa para cometer um crime próprio ou de mão própria é justificada pela **autoria de determinação**. Essa forma específica de contribuição para o crime difere tanto da autoria quanto da participação convencional.

A autoria de determinação caracteriza-se como uma modalidade especial de colaboração que possibilita a punição do autor pela própria determinação, não pelo ato praticado pela pessoa utilizada como instrumento. Como exemplo, um agente que utiliza um funcionário público inculpável para cometer o crime de corrupção passiva não será penalizado como autor da corrupção passiva, mas sim como autor da determinação à corrupção passiva[5].

3) O que se entende por autor de reserva?

R - É aquele que acompanha a execução do crime, mantendo-se pronto para intervir se necessário. Como ilustração, imagine Tício abordando a vítima e anunciando o roubo, enquanto Caio, o executor de reserva, permanece do outro lado da rua armado, observando para determinar se precisa intervir ou não. A

5. ZAFFARONI, Eugenio Raúl; PIERANGELI, José Henrique. **Manual de Direito Penal Brasileiro – Parte Geral**. vol I, 9 ed. rev., atual. São Paulo: Editora Revista dos Tribunais, 2011, p. 583-585.

responsabilidade de Caio quanto ao crime dependerá de sua atuação específica, podendo ser considerado autor ou partícipe, conforme o papel desempenhado.

4) O que vem a ser a chamada autoria por convicção?

R - Na autoria por convicção o agente está ciente da ilicitude da sua conduta, mas opta por não obedecer à norma devido a suas convicções políticas, religiosas, filosóficas ou sociais. Obviamente que tal comportamento não o isenta da responsabilidade penal. A título de exemplo, consideremos o caso em que, por convicção religiosa, uma mãe se recusa a autorizar a realização de uma transfusão de sangue vital para salvar a vida de seu filho.

10.5. Comunicabilidade das circunstâncias, condições e elementares (Art. 30, CP)

Segundo o art. 30 do Código Penal, não se comunicam as circunstâncias e as condições de caráter pessoal, salvo quando elementares do crime. Retomemos, portanto, as diferenças entre elementares, circunstâncias e condições:

Elementares: são elementos do tipo penal, e representam o **aspecto fundamental da figura típica**. A ausência de uma das elementares do tipo pode conduzir à atipicidade do fato, ou sua desclassificação para outra infração penal. As elementares podem ser classificadas como **objetivas** (a exemplo da "coisa alheia" no crime de furto) ou **subjetivas** (como a condição de funcionário público no crime de peculato).

Circunstâncias: dizem respeito a **outros aspectos que, agregados ao crime**, podem aumentar ou diminuir sua pena (por exemplo: o emprego de arma de fogo no crime de roubo).

Condições: são **fatores inerentes ao próprio agente**, tal como a idade, reincidência, grau de parentesco com a vítima etc.

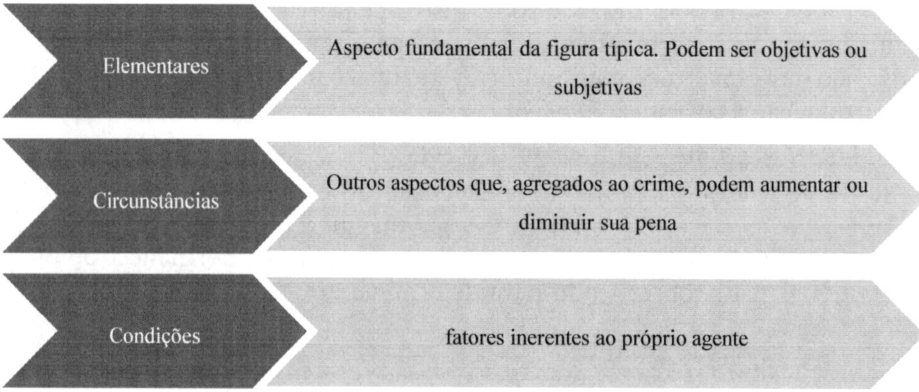

▸ IMPORTANTE

Utiliza-se o **critério da exclusão ou da eliminação** para identificar se determinado aspecto relativo ao crime é elementar ou circunstância. Como já mencionado anteriormente, a **exclusão de uma elementar enseja a atipicidade do fato ou a desclassificação para outra infração penal**. Ilustrando: aquele que contrai novo casamento após ter se divorciado não comete o crime de bigamia, pois o fato do agente ser casado no momento em que contrai novas núpcias é elementar do tipo previsto no art. 235 do Código Penal. Por sua vez, a **eliminação de uma circunstância não afeta a configuração da figura delitiva**, pois mantém íntegro o tipo penal, apenas influenciando na quantidade de pena aplicável ao caso. Por exemplo: caso o agente mate alguém por motivo fútil, responderá pelo crime de homicídio qualificado, na forma do art. 121, § 2º, II do Código Penal. Entretanto, ausente tal circunstância, subsiste o crime de homicídio na forma simples, de acordo com a previsão do Código, em seu art. 121, *caput*.

A partir desses conceitos, podemos observar que o art. 30 do Código Penal apresenta **três regras importantes**:

a) As circunstâncias e condições de caráter subjetivo (pessoal) não se comunicam: Por exemplo: Mévio contrata um pistoleiro para matar o estuprador da sua filha. Mévio responde por homicídio privilegiado, em razão do relevante valor moral que motiva sua conduta, e o pistoleiro por homicídio qualificado por motivo torpe. O relevante valor moral constitui uma circunstância de caráter pessoal que não se comunica.

b) Comunicam-se as circunstâncias de caráter objetivo (real), desde que tenham ingressado na esfera de conhecimento dos demais agentes: Exemplo: Mévio contrata um pistoleiro profissional para matar seu desafeto. O pistoleiro comunica a Mévio que usará requintes de crueldade, o qual consente com essa circunstância. Ambos responderão pelo homicídio qualificado.

c) Comunicam-se as elementares, desde que tenham ingressado na esfera de conhecimento dos demais agentes. É a regra mais importante. Ilustrando: Tício, funcionário público, aproveitando-se das facilidades proporcionadas pelo seu cargo, convida Caio, um particular, para ingressarem na repartição pública e subtraírem determinado bem móvel. Tício, funcionário público, e Caio, o terceiro que tinha conhecimento da condição de Tício, responderão pelo crime de peculato-furto (art. 312, CP). Nessa hipótese, a condição funcional, que é uma elementar do tipo, pode ser comunicada aos demais agentes.

▸ CUIDADO – "DIVERGÊNCIA"

A qualificadora da "paga ou promessa de recompensa" prevista no inciso I do § 2º do art. 121 do CP é aplicada, sem dúvidas, ao executor do crime. No entanto, indaga-se: **essa qualificadora também se comunica ao MANDANTE do crime?**

1ª corrente: NÃO.

A qualificadora da paga (art. 121, 2º, I, do CP) não é aplicável aos mandantes do homicídio, porque o pagamento é, para eles, a conduta que os integra no concurso de pessoas, mas não o motivo do crime.

STJ. 5ª Turma. REsp 1973397-MG, Rel. Min. Ribeiro Dantas, julgado em 06/09/2022 (Info 748).

2ª corrente: SIM.

No homicídio mercenário, a qualificadora da paga ou promessa de recompensa é elementar do tipo qualificado, comunicando-se ao mandante do delito.

STJ. 6ª Turma. AgInt no REsp 1681816/GO, Rel. Min. Nefi Cordeiro, julgado em 03/05/2018.

QUESTÕES

QUESTÃO 1

VUNESP - 2023 - PC-SP - Delegado de Polícia

Em matéria de concurso de pessoas, como regra geral, a participação de menor importância

a) não tem relevância, uma vez que o CP adota a teoria dualista para esse tema.

b) autoriza que se comuniquem as circunstâncias de caráter pessoal, salvo as elementares.

c) não tem relevância, uma vez que o CP adota a teoria monista para esse tema.

d) possibilita ao Juiz diminuir a pena do acusado.

e) possibilita ao Juiz diminuir a pena do acusado, mas apenas se ele tiver querido participar de crime menos grave.

QUESTÃO 2

FGV - 2024 - PC-SC – Delegado

Caio, 18 anos, Tício, 20 anos e Mévio, 22 anos, integram uma torcida organizada de uma agremiação futebolística. No dia de uma partida de seu clube, encontram um torcedor do time rival sozinho, saindo do trem a uma curta distância. Mévio então olhou para Caio e Tício e fez gestos com as mãos denotando que os três perseguissem e agredissem o torcedor rival. Ao efetivamente alcançarem a vítima, o lesionaram com socos e pontapés.

Pelo exposto, é correto afirmar que Caio, Tício e Mévio devem responder por crime de

a) lesão corporal, cada qual isoladamente, eis que não houve concurso de pessoas e sim autoria colateral.
b) lesão corporal em concurso de pessoas.
c) associação criminosa e crime de lesão corporal.
d) constrangimento ilegal e crime de lesão corporal.
e) organização criminosa e crime de lesão corporal.

QUESTÃO 3

MPE-PR - 2023 - MPE-PR - Promotor Substituto

Sobre autoria e participação, assinale a alternativa incorreta:

a) A teoria do domínio do fato integra o critério objetivo do conceito restritivo de autor e o critério subjetivo da teoria subjetiva de autor, assim considerando a ação em sua estrutura objetiva e subjetiva, para distinção entre autor e partícipe do fato punível.
b) A autoria mediata relaciona-se com as hipóteses de coação moral irresistível e de obediência hierárquica, mas também admite outras hipóteses, como por exemplo, a utilização, pelo autor mediato, de inimputável como instrumento para a prática de crime.
c) De acordo com a sistemática adotada pelo Código Penal brasileiro, na aplicação da pena, aspectos relacionados ao concurso de agentes podem, em tese, constituir objeto de consideração: ou na 1ª fase, na análise de circunstância judicial, ou na 2ª fase, como circunstância agravante ou atenuante, ou na 3ª fase, como causa de aumento ou de diminuição de pena, ou ainda, como circunstância qualificadora de crime.
d) Durante a madrugada, A e B, mediante prévio acordo, resolvem praticar o crime de furto em loja comercial fechada ao público, quando são surpreendidos no interior do imóvel pela chegada do proprietário C: o resultado de morte de C, decorrente do excesso doloso exclusivo de A por utilização de violência contra C, se previsível por B, pode gerar a este último responsabilidade penal pelo crime de latrocínio praticado por A.
e) Motivado de forma exclusiva pela torpeza, A pratica o crime de constrangimento ilegal contra seu irmão B, mediante contribuição do partícipe C, antigo amigo da família: o autor A responde pelo crime de constrangimento ilegal (CP, art. 146, caput), com as agravantes do motivo torpe e de ter cometido o crime contra irmão (CP, art. 61, inciso II, alíneas

"a" e "e") e o partícipe C responde pelo crime de constrangimento ilegal (CP, art. 146, caput), sem a incidência de quaisquer agravantes.

QUESTÃO 4

IBADE 2023 - SEJUS-ES - Inspetor Penitenciário

Nos termos do Código Penal, acerca do concurso de pessoas, é possível estabelecer que:

a) não se comunicam as circunstâncias e as condições de caráter pessoal, mesmo quando elementares do crime;
b) será aplicada a pena do crime mais grave, ainda que algum dos concorrentes quis participar de crime menos grave;
c) quem, de qualquer modo, concorre para o crime incide nas penas a este cominadas, na medida de sua culpabilidade;
d) as circunstâncias e as condições de caráter pessoal sempre se comunicam no concurso de pessoas;
e) a pluralidade de agentes não figura como elemento dos crimes de concurso necessário.

QUESTÃO 5

VUNESP - 2023 - TJ-AL - Titular de Serviços de Notas e de Registros – Provimento

Funcionário público municipal, juntamente com um amigo (que não é funcionário público), em coautoria, apropriam-se de determinado bem público de que o primeiro tinha a posse em razão do cargo público por ele ocupado. Nesse caso, pode-se afirmar, corretamente, que

a) as circunstâncias de caráter pessoal se comunicam quando elementares do crime.
b) as circunstâncias de caráter pessoal sempre se comunicam.
c) as circunstâncias de caráter pessoal nunca se comunicam.
d) cada agente responde pelo crime próprio, conforme a sua condição pessoal.

QUESTÃO 6

IADES - 2023 - POLÍCIA CIENTÍFICA - GO - Perito Criminal de 3ª Classe

Suponha que João e José, com vontade livre e consciente, um sem saber da vontade do outro, viajaram para participar de um baile famoso e matar um antigo desafeto que se apresentaria no local. No dia do evento, ambos atiraram ao mesmo tempo, e a vítima foi a óbito no palco. Após a perícia, constatou-se que o tiro de João matou a vítima. Nesse caso, João responderá por homicídio consumado qualificado, e José, por sua vez, responderá por homicídio tentado qualificado. No que tange ao tema concurso de pessoas, a hipótese configura

a) autoria incerta.
b) coautoria.
c) cooperação dolosamente distinta.
d) participação impunível.
e) autoria colateral.

QUESTÃO 7

FUNDEP (Gestão de Concursos) - 2023 - MPE-MG - Promotor de Justiça Substituto

A respeito da teoria do domínio do fato, assinale a alternativa INCORRETA:

a) Na coautoria verifica-se o denominado "domínio funcional", em que há a divisão de tarefas entre os agentes, sem que haja necessidade de que todos executem diretamente todas as elementares do tipo.
b) A realização pessoal e responsável de todos os elementos do tipo fundamenta a autoria imediata, por "domínio da ação".
c) O "domínio da vontade", pelo erro, configura uma das hipóteses de autoria mediata.
d) A teoria do domínio do fato se aplica aos crimes dolosos e culposos, indistintamente, o que decorre do "conceito unitário" de autor, ao qual a teoria se vincula.

QUESTÃO 8

CESPE / CEBRASPE 2023 - MPE-BA - Promotor de Justiça Substituto

Acerca do concurso de agentes no direito penal, assinale a opção correta.

a) Para a configuração do concurso de agentes, é necessária a pluralidade de participantes e de condutas, a relevância causal de cada conduta e a unidade de tipificação penal, sendo dispensável liame subjetivo.
b) Para a caracterização do delito de associação criminosa inserido em contexto societário, é desnecessário que a denúncia contenha a descrição da predisposição comum de meios para a prática de uma série indeterminada de delitos e uma contínua vinculação entre os associados com essa finalidade.
c) A autoria mediata é incompatível com o crime culposo.
d) A autoria mediata é incompatível com o crime próprio.
e) A teoria do domínio do fato funciona como uma ratio para aferir a existência do nexo de causalidade entre o crime e o agente e serve de

fundamento para considerar que houve participação no crime em razão da posição de gestor, diretor ou sócio administrador de empresa ou organização.

QUESTÃO 9

CONSULPAM - 2023 - TCM-PA - Conselheiro Substituto

Dentre as alternativas a seguir abaixo, assinale a única CORRETA quanto ao disposto em nosso vigente Código Penal (Dec. Lei nº. 2.848/1940) sobre o concurso de pessoas.

a) Se a participação for de menor importância, a pena pode ser diminuída de um sexto a dois terços.

b) A instigação e o auxílio, salvo disposição expressa em contrário, não são puníveis, se o crime não chega, pelo menos, a ser tentado.

c) Não se comunicam as circunstâncias e as condições de caráter pessoal, mesmo quando elementares do crime.

d) Se algum dos concorrentes quis participar de crime menos grave, ser-lhe-á aplicada a pena deste; essa pena será aumentada até dois terços, na hipótese de ter sido previsível o resultado mais grave.

QUESTÃO 10

CESPE / CEBRASPE 2023 - TJ-ES - Analista Judiciário - Especialidade: Oficial de Justiça Avaliador

Quanto ao concurso de pessoas, o Código Penal adota, como regra, a teoria unitária ou monista e, excepcionalmente, a teoria pluralista.

Certo ( ) Errado ( )

QUESTÃO 11

FGV - 2023 - CGE-SC - Auditor do Estado - Direito - Tarde (Conhecimentos Específicos)

João é servidor público do Estado de Santa Catarina. Vendo que sua repartição conta com computadores modernos, muito valiosos no mercado, acerta com José, seu amigo, que usualmente pratica roubos e furtos (o qual se sabe já ter sido condenado, com pena extinta há um ano pelo seu cumprimento), a subtração dos referidos computadores para posterior revenda.

No dia combinado, João, valendo-se do acesso facilitado à repartição pública, ingressa no local, permite a entrada de José, e ambos subtraem, para si, cerca de

10 computadores portáteis. Considerando a situação narrada, sobre o concurso de pessoas, assinale a afirmativa correta.

a) João e José deverão responder por peculato, ainda que apenas João seja servidor público, pois esta circunstância é elementar do tipo.
b) A circunstância de João ser servidor público é personalíssima, não podendo atingir José, que responderá por crime patrimonial comum.
c) De acordo com a teoria do domínio do fato, apenas João poderia ser considerado autor, pois é o único com acesso à repartição pública.
d) A reincidência de José, por repercutir na reprovação do ilícito, é uma circunstância objetiva, que se comunica aos demais coautores.
e) De acordo com a teoria monista, ainda que José não soubesse do fato de João ser servidor público, deveria responder por peculato.

GABARITO

Questão 1	Letra "D"
Questão 2	Letra "B"
Questão 3	Letra "D"
Questão 4	Letra "C"
Questão 5	Letra "A"
Questão 6	Letra "E"
Questão 7	Letra "D"
Questão 8	Letra "C"
Questão 9	Letra "B"
Questão 10	Assertiva "Correta"
Questão 11	Letra "A"

CAPÍTULO 11

Teoria da pena

A teoria da pena compreende os estudos acerca da pena e os efeitos penais e extrapenais da condenação. Parte da doutrina critica essa nomenclatura, preferindo a expressão "teoria das consequências jurídicas do crime", que tem cunho mais abrangente, sob a justificativa de que a pena, embora seja a consequência mais gravosa, não é a única a que se sujeita o condenado.

A sanção penal consiste na resposta estatal àquele que comete um crime ou uma contravenção penal, mediante a aplicação de uma pena (pressupõe culpabilidade) ou uma medida de segurança (pressupõe periculosidade). Por isso se diz que o Direito Penal é um **sistema de dupla via**: a primeira via é a **pena** (imputáveis e semi-imputáveis desprovidos de periculosidade); e a segunda, a **medida de segurança** (inimputáveis e semi-imputáveis com periculosidade).

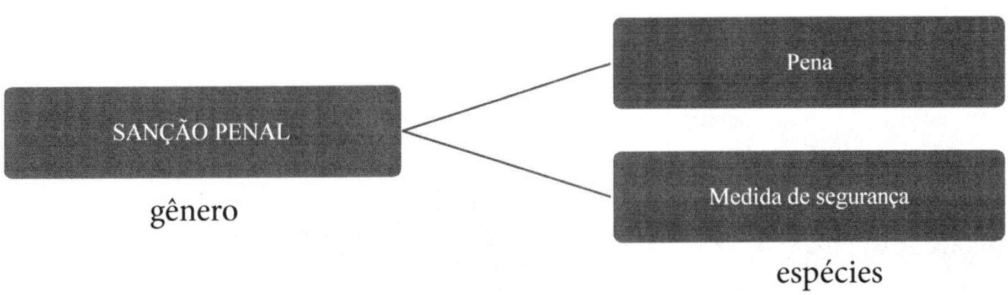

Por muito tempo, defendeu-se que a medida de segurança não poderia ser considerada espécie de sanção penal, pois, ao se destinar aos inimputáveis e aos semi-imputáveis dotados de periculosidade, assumia feição terapêutica e curativa, incompatível com o caráter penalizador das sanções. Este entendimento perdeu força, pois no campo jurisprudencial, o Supremo Tribunal Federal reconheceu a natureza sancionatória das medidas de segurança[1].

1. STF, 1ª Turma, HC 107.432/RS, Rel. Min. Ricardo Lewandowski, j. em 24/5/2011; STF, HC 97.621/RS, Relator Min. Cezar Peluso, j. em 02/6/2009.

Pena	Medida de segurança
Reclama a culpabilidade do agente e é aplicada aos imputáveis e aos semi-imputáveis desprovidos de periculosidade.	Pressupõe periculosidade do agente que receberá um tratamento curativo, sendo aplicada aos inimputáveis e semi-imputáveis.

▸ IMPORTANTE

Hodiernamente, a terceira via do Direito Penal tem ganhado maior relevância. Enquanto a primeira e a segunda via dizem respeito à pena e à medida de segurança, respectivamente, a terceira via privilegia a reparação do dano causado à vítima em razão da conduta delitiva. Para Roxin, trata-se de uma medida penal independente, legitimada pelo princípio da subsidiariedade. Sustenta que, dentre as sanções penais, a reparação é a que melhor cumpre seus fins sociais, na medida em que evita a aplicação de outras medidas mais gravosas e enseja o restabelecimento da paz jurídica, privilegiando os interesses da vítima.

A terceira via do Direito Penal está fortemente ligada ao movimento de **justiça restaurativa**, que se contrapõe à **justiça retributiva**, na medida em que busca, primariamente, restaurar os danos causados pelo cometimento de uma infração penal. Desenvolve-se por meio de um processo colaborativo e inclusivo, em que infrator e vítima assumem o protagonismo, e, com a ajuda de um mediador, buscam um acordo para resolução do conflito, que englobará outras dimensões, tal como a reparação material ou emocional.

Um marco no Brasil foi a criação da Lei 9.099/95, que evita a pena privativa de liberdade ao possibilitar a composição dos danos e a transação penal, além de prever a suspensão condicional do processo que pressupõe a reparação do dano (arts. 74, 76 e 89).

1ª Via do Direito Penal	2ª Via do Direito Penal	3ª Via do Direito Penal
Pena	Medida de Segurança	Reparação do dano

Justiça Retributiva	Justiça Restaurativa
O crime é ato contra a sociedade	O crime é ato que afeta autor, vítima e a sociedade
O interesse na punição é público	O interesse maior é reparar o dano
Predomina a indisponibilidade da ação penal	Predomina a disponibilidade da ação penal
O foco é punir o infrator	O foco é reparar o dano
Predominam as penas privativas de liberdade	Predomina a reparação do dano e das penas alternativas à privativa de liberdade

ATENÇÃO!

Chama-se de **privatização do Direito Penal** ou **terceira via do Direito Penal** a mudança de foco da Justiça Retributiva para a Justiça Restaurativa.

11.1. Princípios limitadores da pena

Dentre os princípios informadores do Direito Penal, há aqueles que legitimam e limitam as sanções estatais. Vários deles já foram abordados com mais minúcia no capítulo atinente aos princípios básicos do Direito Penal. Nesse momento, retomaremos de modo sucinto os mais relevantes para o estudo das penas.

a) Legalidade: somente a lei, em **sentido formal e material**, pode cominar penas (art. 5º, XXXIX, CF e art. 1º, CP);

b) Anterioridade: a lei deve ser **anterior ao fato** que se pretende punir, somente se autorizando que retroaja caso as novas disposições sejam mais favoráveis ao réu (art. 5º, XXXIX, CF e art. 1º, CP);

c) Personalidade, intranscendência, intransmissibilidade ou responsabilidade pessoal: os efeitos penais da sanção **não podem ultrapassar** a pessoa do condenado (art. 5º, XLV, CF). Há ressalva quanto aos efeitos extrapenais, pois a obrigação de indenizar o dano pode ser transmitida aos sucessores do agente;

d) Inderrogabilidade ou inevitabilidade: uma vez que se verifiquem todos os seus pressupostos, a pena não pode deixar de ser aplicada e cumprida em sua **integralidade**, excepcionadas as hipóteses de prescrição, perdão judicial, *sursis* etc.;

e) Humanidade: decorrente do princípio da dignidade da pessoa humana, **veda a imposição de sanções cruéis**, desumanas ou degradantes ao preso, bem como afasta a aplicação de penas de morte (salvo em caso de guerra declarada), de trabalhos forçados, de banimento, cruéis e de caráter perpétuo (art. 5º, XLIX e XLVII);

f) Proporcionalidade: princípio que **orienta a atividade legislativa e judicante**. Por conseguinte, não é lícito ao legislador criar tipos penais com penas inadequadas, pois a sanção deve ser cominada na exata medida da violação do bem jurídico tutelado. Também não é dado ao magistrado desprezar os limites impostos pela lei por ocasião da dosimetria da pena;

g) Individualização: é previsto no art. 5º, XLVI, da Constituição Federal. Projeta-se em três fases:

- **Fase legislativa:** quando o legislador cria o crime e **comina a pena**, já esboça os primeiros parâmetros de sua individualização.
- **Fase judicial:** ocorre quando o **juiz aplica a pena** ao caso concreto, respeitando os limites mínimo e máximo estipulados pelo legislador (teoria das margens).

- **Fase executória (administrativa):** diz respeito ao momento da **execução da pena** pelo Estado, que deve observar critérios de individualização durante o cumprimento da sanção (progressão e regressão de regime, remição etc.).

11.2. Teorias da pena

Cabe ao Estado a responsabilidade de punir o infrator, aplicando a pena nas suas diversas modalidades. Todavia, não o faz buscando a vingança ou a manutenção de um poder absoluto, mas perseguindo as finalidades estabelecidas na parte final do art. 59 do Código Penal, ou seja: a **reprovação** da conduta delitiva e a **prevenção** do crime.

Diversas teorias que buscam fundamentar a **necessidade e finalidade** da pena. Em outros termos, as teorias da pena visam a justificar aplicação de sanções penais por parte do Estado, a fim de legitimar a restrição e o tolhimento de bens jurídicos individuais do infrator.

Tal movimento teórico se deve à ascensão do princípio da legalidade, pois "até o surgimento da lei como limite de imposição do soberano, não havia ou, quando muito, era extremamente reduzida a necessidade de justificação discursiva dos castigos. Isso porque, em geral, o soberano era a personificação do Deus (como na antiguidade) ou representava a expressão da vontade de Deus ou, quando menos, dos governados, por razões de justiça previamente dadas e inquestionáveis (primeiras formulações do direito natural). Desse modo, as punições encontravam uma justificação previamente dada na pessoa de quem as impunha, sem necessidade de maiores considerações"[2].

11.2.1. Teoria absoluta ou retributiva

A teoria absoluta concebe a pena como um mal justo, cuja **aplicação deve se opor ao mal injusto causado pelo delito**. Seus conceitos partem de um ideal de justiça que postula a responsabilidade penal fundada no **livre-arbítrio** e na **culpabilidade individual** do agente. Em virtude disso, reconhece a pena como um fim em si mesma, valendo, para tanto, o *punitur quia peccatum est* (pune-se pelo fato praticado) e não o *punitur ne peccetur* (punir para que não peque). Marca, assim, a transição de um Estado, até então absolutista, para um Estado Liberal, no qual as leis deixam de ser mera expressão da vontade do monarca para consubstanciarem a vontade do povo. Por conseguinte, as sanções perdem o caráter expiatório, e assumem um viés retributivo, visto que são impostas como **retribuição pela turbação da paz social**, causada pelo descumprimento da ordem jurídica. Dentre

2. BUSATO, Paulo César. **Direito Penal – Parte Geral**. São Paulo: Atlas, 2013, p. 744.

os defensores da teoria absoluta, destacam-se Immanuel Kant e Friedrich Hegel, que, malgrado sustentem posicionamentos semelhantes, diferenciam-se por seus fundamentos.

11.2.1.1. Teoria retributiva de Kant

O pensamento de Kant, difundido pela obra Metafísica dos costumes, sustentava que a pena é uma **retribuição de cunho ético e moral**, decorrente do imperativo categórico (em outras palavras, uma exigência moral irrenunciável), cuja única finalidade é a realização da justiça. Repudiava a visão de que a pena pudesse servir a qualquer outra finalidade, pois isso implicaria no objetificação do ser humano que se submete à reprimenda. Na lição da doutrina, "se a pena fosse considerada um meio para conseguir um bem para o próprio indivíduo ou para a sociedade, o indivíduo estaria sendo um instrumento para a consecução de tais fins e, portanto, se lhe trataria como um simples objeto".

A teoria retributiva kantiana apresenta uma proposta que guarda similaridade à lei do talião, posto que a intensidade da agressão ao bem jurídico provocada pelo crime seria a medida da reprimenda, que recairia sobre bem de igual valor do criminoso. Por esse motivo, afirma-se que a tese de Kant se alinhou aos postulados iluministas, que defendiam a limitação no direito de punir. Também é importante destacar a relevância de sua teoria no estabelecimento de um critério de proporcionalidade para a aplicação das penas, que deve considerar a intensidade da agressão delituosa.

11.2.1.2 Teoria retributiva de Hegel

De acordo com a teoria retributiva de Hegel, o crime representava uma negação ao direito, que perturba a ordem jurídica. Portanto, a aplicação da pena é uma resposta a essa perturbação, a fim de **restabelecer a ordem jurídica e reafirmar a existência do direito**. "Assim, segundo seja o *quantum* ou a intensidade da negação do Direito, também será o quantum ou intensidade da nova negação, que é a pena".

Para Hegel, o direito é uma manifestação de vontade racional, ao passo que o delito é uma manifestação de vontade irracional. Desse modo, "ao aplicar a pena, o Estado honra o indivíduo, considerando um ser racional, apto a receber aquilo que lhe é devido, como parte de seu direito particular". Em razão disso, rejeitando a tese de prevenção geral, o filósofo alemão sustenta que a atribuição de qualquer outra finalidade à pena culminaria na degradação da dignidade do apenado, pois a pretensão de intimidar um ser humano com a pena equivaleria à tentativa de ameaçar um cão com um pedaço de pau.

▸ **DICA!**

Note que a teoria retributiva de Kant é, em diversos pontos, semelhante à teoria retributiva de Hegel. A diferença primordial entre ambas está na fundamentação. Para Kant, a legitimidade da pena decorre de um imperativo moral, uma necessidade ética. Por outro lado, Hegel fundamenta seu posicionamento na preservação da ordem jurídica.

11.2.2. Teoria relativa ou preventiva

Os retribucionistas consideravam a pena como um mal justo que se opõe a um mal injusto. Para os partidários da teoria preventiva, a **pena é um mal necessário**.

As bases da teoria relativa foram lançadas por Beccaria, o qual postulava que a pena deveria **evitar novos crimes**, e não simplesmente retribuí-los. Todavia, essa concepção somente encontrou espaço para florescer no Estado Social, quando os interesses coletivos tiveram mais relevância do que os individuais.

A teoria absoluta, que se recusava a visar a uma finalidade específica, mostrou-se incompatível com a ordem dos Estados contemporâneos, que são, marcadamente, fundados em ideias de instrumentalidade, ou seja, de atendimento a uma finalidade, de busca de um objetivo. Sendo assim, os prevencionistas legitimam a pena sob a luz de **critérios empíricos**: manutenção da paz social e prevenção de novos crimes, abandonando os critérios abstratos dos retribucionistas (realização de um ideal de justiça etc.).

A finalidade preventiva pode ser analisada a partir de **dois prismas**: prevenção geral, destinada à coletividade, e prevenção especial, direcionada ao agente criminoso.

11.2.2.1. Prevenção geral

A prevenção geral visa a prevenir a ocorrência de novas práticas delituosas que podem surgir no seio da **sociedade**. Subdivide-se em prevenção geral negativa e positiva, a depender da perspectiva adotada.

11.2.2.1.1. Prevenção geral negativa

A prevenção geral negativa também é conhecida como prevenção por **intimidação**, ou teoria da **coação psicológica coletiva**. O maior defensor dessa teoria foi Paul Johann Anselm Ritter von Feuerbach. Segundo ele, a busca pelo prazer é a causa dos delitos e, em virtude disso, a pena deveria servir como um contraestímulo, a fim de suprimir os impulsos criminosos dos seres humanos. Segundo essa corrente, a lei penal representa uma ameaça por parte do Estado aos potenciais criminosos que convivem no meio social. Assim, o ordenamento jurídico impõe-se como instrumento de dissuasão para aqueles que cogitam enveredar pelo caminho do crime.

O efeito dissuasório manifesta-se em dois momentos: antes da ocorrência do delito, quando o legislador comina abstratamente a pena, a qual serve de advertência à sociedade, a fim de impedir a prática criminosa; posteriormente ao fato, por meio da 'execução exemplarizada da pena', concretizando a ameaça inicial para que não perca seu poder de intimidação.

A teoria da prevenção geral negativa sofre diversas críticas da doutrina. Primeiramente, porque o elevado número de crimes que ficam impunes, compondo os índices da cifra negra do Direito Penal, minam a função intimidatória da reprimenda, considerando que o agente não temerá a pena se tiver confiança em sua impunidade.

Além disso, se a finalidade da pena for unicamente a prevenção geral negativa, o conceito de culpabilidade individual é irrelevante para a determinação de seus patamares. Será aplicada a pena na medida necessária para intimidar a sociedade em geral, sem qualquer relação com a reprovação do fato criminoso praticado pelo agente.

Ainda segundo a doutrina, "em última instância, uma pena fundada exclusivamente na prevenção geral infringe o princípio de dignidade da pessoa humana, uma vez que utiliza o indivíduo como meio para a consecução de fins sociais meramente utilitários, de duvidosa eficácia".

Muitas vezes, a combinação desses fatores enseja os excessos do Direito Penal simbólico, muito comum em nossos dias, em que crimes são criados e penas majoradas em total desconsideração ao princípio da subsidiariedade e proporcionalidade.

11.2.2.1.2. Prevenção geral positiva

Günther Jakobs é o principal expoente da teoria da prevenção geral positiva, e encontra os fundamentos de seu posicionamento no funcionalismo sistêmico e na teoria dos sistemas de Niklas Luhmann.

Se a prevenção geral negativa consiste na intimidação por meio da cominação das penas, a prevenção geral positiva parte da ideia de **restaurar a confiança da sociedade** no ordenamento jurídico, que é maculada quando um delito é cometido, reafirmando assim sua vigência e inviolabilidade.

Jakobs desenvolveu a chamada teoria totalizadora da sanção penal, pois defende que a prevenção geral positiva é a finalidade absoluta da pena. Claus Roxin, que também discorre sobre o tema, possui entendimento diverso, porquanto não concebe de maneira absoluta a finalidade de prevenção geral positiva, considerando-a apenas como uma das funções atribuídas à pena.

11.2.2.2. Prevenção especial

A prevenção especial, ao contrário do que se verifica com a prevenção geral, é **direcionada especificamente indivíduo criminoso**, a fim de que não volte a delinquir, pois é calcada na periculosidade individual, objetivando sua eliminação ou diminuição.

Um dos grandes defensores da prevenção especial foi Von Liszt, para o qual a teoria se sustentava sobre **três pilares**: correção e ressocialização dos agentes, intimidação daqueles que não necessitam ser ressocializados e inoculização dos criminosos irrecuperáveis e incorrigíveis.

De acordo com essa teoria, "o autor de um delito é a principal fonte de prováveis novos crimes. [...] Esse modelo representa uma clara ancoragem positivista do Direito penal, vinculado, em suas diversas formulações, em pressupostos da criminologia clássica, tanto biologicista quanto sociológica. O modelo de Direito penal estabelecido sobre as bases do positivismo e que leva à Defesa social transita de uma responsabilidade moral a uma responsabilidade social derivada do determinismo e da periculosidade dos sujeitos".

A teoria da prevenção especial desdobra-se em duas: teoria da prevenção especial negativa e positiva. Passemos a um breve estudo sobre cada uma delas.

11.2.2.2.1. Prevenção especial negativa

A prevenção especial negativa postula a **neutralização do criminoso**, com a finalidade de impedir que volte a cometer crimes enquanto cumpre a pena. Exemplo disso é o que ocorre durante a aplicação de pena privativa de liberdade, situação em que o agente é retirado da convivência social e segregado durante um período de tempo, visando a impossibilitar a reiteração delitiva.

A teoria da prevenção especial negativa floresceu na Escola Positiva italiana, amparada pelos estudos criminológicos de Lombroso. Nesse momento, a ideia de livre-arbítrio defendida pelos clássicos foi deixada de lado pelos positivistas em detrimento do determinismo, o qual apregoava a existência do criminoso nato. A responsabilidade moral limitada pela culpabilidade foi contraposta pela responsabilidade legal derivada do determinismo e da periculosidade.

A teoria da prevenção especial negativa é alvo de críticas em razão de sua ineficácia. Se tomarmos a situação do Brasil como exemplo, é possível constatar que, na atualidade, a pena privativa de liberdade não é capaz de neutralizar o indivíduo e obstar a reiteração delitiva, pois os agentes seguem com suas atividades criminosas dentro dos estabelecimentos penitenciários estatais.

11.2.2.2.2. Prevenção especial positiva

A prevenção especial positiva visa à **correção e ressocialização do criminoso**, que é visto como portador de um desvio social. Espera-se que, após o cumprimento integral da reprimenda, o agente esteja apto a retornar para o convívio em sociedade.

O modelo correcionalista foi consolidado na Escola Sociológica, ao final do século XIX, sob a influência de Von Liszt, o qual "ao contrário dos positivistas, não desterra a pena nem a culpabilidade. Admite a atitude dos homens para conduzir seus atos (imputabilidade). Decorre daí que a pena tem como natureza a coação psicológica ou motivação individual, dirigida ao sujeito. Por isso, rechaça a responsabilidade dos inimputáveis, ao contrário dos positivistas, já que para estes a responsabilidade legal ou social deriva do determinismo e da periculosidade das pessoas".

A prevenção especial positiva ganhou destaque no século XX, e, no Brasil, motivou a reforma da Parte Geral em 1984 e a ampliação das penas alternativas.

Não obstante seu caráter ressocializador, a teoria da prevenção especial positiva recebeu algumas críticas doutrinárias. Há quem considere uma grande contradição que o processo de ressocialização ocorra em espaço segregado, distante da sociedade. Além disso, as experiências concretas têm demonstrado que a ressocialização, pelo menos no tocante às penas privativas de liberdade, é um fracasso, posto que os estabelecimentos prisionais, ao invés de impedir a atividade criminosa, parecem fomentá-la.

11.2.3. Teoria mista, eclética, unitária ou unificadora

As teorias mistas buscam **conciliar as teorias retributiva e preventivas**, e alcançou maior destaque a partir do final do século XX. Segundo essa concepção, a pena: retribui o mal causado com a prática delitiva (retribuição); intimida os potenciais criminosos (prevenção geral negativa); restaura a confiança no ordenamento jurídico e reafirma a sua vigência (prevenção geral positiva); neutraliza o agente criminoso (prevenção especial negativa); corrige e ressocializa o indivíduo, a fim de torná-lo apto ao convívio social (prevenção especial positiva).

▸ TEORIA ADOTADA PELO CP:

A teoria mista foi acolhida pelo art. 59 CP ao dispor que a pena será estabelecida pelo juiz conforme seja necessário e suficiente para **reprovação** e **prevenção** do crime. No mesmo sentido, o art. 28-A do CPP estabelece que o acordo de não persecução penal (ANPP) pode ser proposto pelo Ministério Público desde que necessário e suficiente para a **reprovação** e **prevenção do crime**. A LEP prevê em seu art. 10 que a assistência ao preso e ao internado é dever do Estado, objetivando prevenir o crime e **orientar o retorno à convivência em sociedade**, e ainda, o art. 22 que a assistência social tem por finalidade amparar o preso e o internado e prepará-los para o **retorno à liberdade**. Na mesma linha, a Convenção Americana de Direitos Humanos (Pacto de San José da Costa Rica – Decreto nº 678/92) preconiza no art. 5.6. que as penas privativas de liberdade devem ter por finalidade essencial **a reforma e a readaptação social dos condenados**. Apesar de ser a teoria dominante, não está imune a críticas, uma vez que há doutrinadores que sustentam a incompatibilidade dos postulados de retribuição, prejudicial ao apenado, e ressocialização, de caráter benéfico.

▸ IMPORTANTE!

Claus Roxin defendeu a **teoria dialética unificadora**. Para ele, o caráter retributivo da pena deve ser repudiado. Entretanto, sua teoria é considerada unificadora por agregar as finalidades de prevenção geral e especial.

Portanto, lembre-se:

FINALIDADES DA PENA	
Teoria Absoluta (Retributiva)	**Teoria Relativa (Preventiva)**
A pena é aplicada como uma forma de **retribuição** pelo crime praticado. Não há aqui preocupação com a prevenção delitiva.	A pena é aplicada como forma de **prevenir** futuros delitos. A prevenção geral vale para todos. A prevenção especial vale para a pessoa que praticou o crime e foi condenada.
Subdivisão da Teoria Relativa	
Prevenção Geral Negativa	**Prevenção Geral Positiva**
Utiliza a **intimidação** que a possível aplicação de uma pena pode gerar para dissuadir os membros de um corpo social da prática de condutas criminosas.	Busca a **educação** da sociedade, no sentido de demonstrar a existência das normas jurídico-penais, bem como seu real funcionamento e aplicabilidade.
Prevenção Especial Negativa	**Prevenção Especial Positiva**
Busca intimidar o condenado para **evitar a reincidência**.	Busca educar o condenado visando à sua **ressocialização**.

Há 3 finalidades possíveis para a pena: retribuição, prevenção geral (negativa e positiva) e prevenção especial (negativa e positiva – ressocialização).

Prevenção Geral	Negativa	Contraestimular potenciais criminosos	Destina-se à sociedade
	Positiva	Demonstrar a vigência da lei penal	
Prevenção Especial	Negativa	Evitar a reincidência	Destina-se ao condenado
	Positiva	Ressocializar	
Retribuição		Restituir o mal causado	Destina-se ao condenado

Nesse panorama, existem basicamente 3 teorias a respeito da pena, conforme a finalidade que enxergam mais adequada à sanção penal.

Teoria	Finalidade da Pena
Absoluta	Retribuição
Relativa	Prevenção (Geral e Especial)
Mista	Retribuição e Prevenção (Geral e Especial)

▸ ATENÇÃO!

Zaffaroni sustenta a **teoria agnóstica ou negativa da pena**, colocando em descrença as finalidades da pena e no poder punitivo do Estado, principalmente no que se refere à ressocialização (prevenção especial positiva), pois jamais poderá ser efetivamente alcançada no nosso sistema penal. Zaffaroni não acredita na ressocialização. De acordo com o doutrinador argentino, a única função efetivamente desempenhada pela pena seria a **neutralização do condenado**, especialmente quando a prisão acarreta seu afastamento da sociedade[3].

11.3. Espécies de penas

Em observância aos princípios orientadores da pena, o art. 5º, XLVII da Carta Magna veda expressamente a existência de determinados tipos de pena (**princípio da humanidade**), a saber:

a) de morte, salvo em caso de guerra declarada;
b) de caráter perpétuo;
c) de trabalhos forçados;
d) de banimento;
e) cruéis.

Por outro lado, o art. 5º, XLVI da Constituição Federal elenca em **rol exemplificativo** quais são as penas autorizadas no ordenamento jurídico brasileiro. São elas:

a) privação ou restrição da liberdade;
b) perda de bens;
c) multa;
d) prestação social alternativa;
e) suspensão ou interdição de direitos.

---

3. ZAFFARONI, Eugenio Raul; ALAGIA, Alejandro; SLOKAR, Alejandro. **Derecho penal**: parte geral. Buenos Aires: Ediar, 2002, p. 51.

O Código Penal estabelece três modalidades de pena: privativa de liberdade, restritiva de direitos e multa. É importante salientar a legislação extravagante prescreve outras espécies de pena, a exemplo do art. 28 da Lei nº 11.343/2006, o qual tipifica o crime de porte de drogas para consumo pessoal. Esse dispositivo, além da prestação de serviços à comunidade, prevê a pena de advertência sobre os efeitos da droga, e medida educativa de comparecimento a programa ou curso educativo.

11.3.1. Sistemas penitenciários

Os sistemas penitenciários são maneiras idealizadas para **instrumentalização** da pena privativa de liberdade. Dentre os sistemas que emergiram a partir de 1700, destacamos os seguintes:

a) Sistema da Filadélfia, pensilvânico ou celular: Foi instituído pela primeira vez em 1790. Nesse sistema, o preso era isolado dos demais, permanecendo recolhido à sua cela. Era-lhe vedado exercer qualquer forma de trabalho ou receber visitas, a única atividade permitida era a leitura da Bíblia e de livros religiosos. O contato do apenado com o mundo exterior restringia-se às visitas de um sacerdote. O objetivo desse sistema era que, por meio da solidão e do confinamento, o preso chegasse ao arrependimento.

b) Sistema auburniano: Surgiu em 1816, na cidade de Nova York, como uma alternativa ao sistema pensilvânico. De maneira geral, reduziu o grau de isolamento imposto aos condenados, pois autorizava o trabalho durante o dia, embora o isolamento fosse mantido no período noturno. Inicialmente, as tarefas eram executadas pelos presos em suas próprias celas. Após um tempo, permitia o trabalho em grupo, desde que mantido absoluto silêncio (*silent system*).

c) Sistema progressivo, inglês ou irlandês: Foi inspirado no sistema progressivo idealizado pelo capitão da Marinha Real Inglesa Alexander Maconochie, que o instituiu em uma prisão situada em Norfolk, na Austrália. Em 1857, esse sistema foi conciliado com os outros até então existentes por Walter Crofton. Desse modo, o preso iniciava o cumprimento da pena em total isolamento, procedimento denominado período de prova. Após essa etapa, passava a exercer trabalho durante o dia, observando absoluto silêncio, e permanecia em isolamento durante a noite. Então, para demonstrar sua regeneração, o condenado ia para uma penitenciária industrial ou agrícola, onde podia conviver com os demais durante o dia e a noite. Por fim, depois do cumprimento dessas fases, recebia o livramento condicional.

▸ IMPORTANTE

No Brasil adotou-se o **sistema progressivo,** considerando a existência de escalonamento de regimes para o cumprimento da pena e outros institutos, tais como o livramento condicional.

11.3.2. Pena privativa de liberdade

A pena privativa de liberdade, como o próprio nome já indica, é aquela que atinge a liberdade de locomoção do apenado, em virtude de seu aprisionamento por tempo determinado, na forma da lei.

O ordenamento jurídico reconhece **três espécies de penas privativas de liberdade**: reclusão ou detenção, aplicáveis quando há a prática de um crime, e prisão simples, restrita às contravenções penais.

Embora haja outras formas de privação de liberdade previstas na legislação, a exemplo da medida de segurança (art. 96, I, CP) e da medida socioeducativa (art. 90, VIII, ECA), é necessário destacar que tais medidas possuem natureza jurídica distinta, e, por conseguinte, não são consideradas espécies de sanção penal.

Principais diferenças entre reclusão, detenção e prisão simples:

Reclusão	Aplica-se a **crimes** (art. 1º, Lei de Introdução ao Código Penal – Decreto-lei nº 3.914/1941) considerados mais graves. O início do cumprimento da pena pode se dar em regime inicial fechado, semiaberto ou aberto, a depender da quantidade de pena aplicada e das condições pessoais do agente (art. 33, CP). Havendo aplicação cumulativa com uma pena de detenção, primeiro deve ser cumprida integralmente a pena de reclusão, para que se proceda à execução da pena de detenção (art. 69, *caput*, CP). Além dos outros efeitos da condenação, pode ensejar a incapacidade para o exercício do poder familiar, da tutela ou da curatela nos crimes dolosos sujeitos à pena de reclusão cometidos contra outrem igualmente titular do mesmo poder familiar, contra filho, filha ou outro descendente ou contra tutelado ou curatelado (art. 92, II, CP). Caso o crime praticado por inimputável seja apenado com reclusão, a medida de segurança cabível será a internação (art. 97, CP). Pelo menos esse foi o desejo do legislador. A Lei nº 9.296/1996, em seu art. 2º, inciso III, autoriza a interceptação de comunicações telefônicas quando o fato investigado constituir crime punido com a pena de reclusão. Admite-se o confisco alargado (art. 91-A, CP) O tempo de cumprimento não pode superar 40 anos (art. 75, *caput*, do CP).

Detenção	Aplica-se a **crimes** (art. 1º, Lei de Introdução ao Código Penal – Decreto-lei nº 3.914/1941) de menor gravidade. O início do cumprimento da pena pode se dar em regime inicial semiaberto ou aberto. O regime fechado só é admitido na hipótese de regressão (art. 33). Havendo aplicação cumulativa com uma pena de reclusão, esta deverá ser cumprida integralmente, para que então se proceda à execução da pena de detenção (art. 69, *caput*, CP). Apesar de ensejar outros efeitos da condenação, não há incidência da incapacidade para o exercício do poder familiar, prevista no art. 92, inciso II, do Código Penal, que se aplica somente aos crimes apenados com reclusão. Nos termos da lei, caso o crime praticado por inimputável seja apenado com detenção, a medida de segurança cabível será o tratamento ambulatorial (art. 97, CP). A Lei nº 9.296/1996, em seu art. 2º, inciso III, não autoriza a interceptação de comunicações telefônicas quando o fato investigado constituir crime punido com pena de detenção. Não admite o confisco alargado (art. 91-A, CP) O tempo de cumprimento não pode superar 40 anos (art. 75, caput, do CP).
Prisão simples	Aplica-se a **contravenções penais** (art. 1º, Lei de Introdução ao Código Penal – Decreto-lei nº 3.914/1941). O início do cumprimento da pena pode se dar em regime inicial semiaberto ou aberto. Não há possibilidade de impor o regime fechado, pois não prevê a hipótese de regressão (Lei de Contravenções Penais, art. 6º). A reprimenda deve ser cumprida sem rigor penitenciário em estabelecimento especial ou seção especial de prisão comum, em local separado dos condenados à pena de reclusão e detenção (Lei de Contravenções Penais, art. 6º). Se o caso demandar aplicação de medida de segurança, será cabível o tratamento ambulatorial (art. 97, CP). Não admite interceptação telefônica (art. 2º, III, da Lei nº 9.296/96). O tempo de cumprimento não pode superar 5 anos (art. 10, LCP).

11.3.2.1. Regimes penitenciários

O art. 33, § 1º, do Código Penal, dispõe sobre a existência de três regimes penitenciários. São eles:

a) **regime fechado:** a execução da pena se dá em estabelecimento de segurança máxima ou média;

b) **regime semiaberto:** a execução da pena ocorre em colônia agrícola, industrial ou estabelecimento similar;

c) **regime aberto:** a pena é executada em casa de albergado ou estabelecimento adequado.

No momento da fixação da pena, o juiz sentenciante deverá observar o disposto no art. 59, III, do Código Penal, e fixar o regime inicial de cumprimento da pena privativa de liberdade (art. 33, § 3º, CP).

Regime fechado	estabelecimento de segurança máxima ou média
Regime semiaberto	colônia agrícola, industrial ou estabelecimento similar
Regime aberto	casa de albergado ou estabelecimento adequado

11.3.2.1.1. Fixação do regime penitenciário

O Código Penal disciplina no art. 33, § 2º, os critérios que orientam a fixação do regime penitenciário:

a) o condenado a **pena superior a 8 (oito) anos** deverá começar a cumpri-la em regime **fechado**;

b) o condenado **não reincidente**, cuja pena seja **superior a 4 (quatro) anos e não exceda a 8 (oito),** poderá, desde o princípio, cumpri-la em regime **semiaberto**;

c) o condenado **não reincidente**, cuja pena seja **igual ou inferior a 4 (quatro) anos**, poderá, desde o início, cumpri-la em regime **aberto**.

A partir do texto legal, é possível extrair a conclusão de que o reincidente, independentemente da pena aplicada, deverá iniciar o cumprimento da reprimenda em regime fechado.

Entretanto, é preciso salientar que a determinação do regime inicial de cumprimento da pena deve levar em consideração as circunstâncias judiciais previstas no art. 59 do Código (art. 33, § 3º, CP). Em razão disso, é possível haver certa relativização dos critérios legais que embasam a fixação do regime penitenciário.

Tanto é assim, que o Superior Tribunal de Justiça editou a **Súmula 269,** a qual dispõe: "É admissível a adoção do regime prisional semiaberto aos reincidentes condenados a pena igual ou inferior a 4 (quatro) anos se favoráveis as circunstâncias judiciais". Note que a súmula apresenta dois requisitos cumulativos para a fixação do regime semiaberto a condenados reincidentes: quantidade da pena, que deve ser igual ou inferior a 4 (quatro) anos, e circunstâncias judiciais favoráveis. Na falta de qualquer um desses requisitos, aplica-se o regime fechado. Ainda nessa linha de pensamento, o Supremo Tribunal Federal edital a Súmula Vinculante 56, com o seguinte teor: "É impositiva a fixação do regime aberto e a substituição da pena privativa de liberdade por restritiva de direitos quando reconhecida a figura do tráfico privilegiado (art. 33, § 4º, da Lei 11.343/06) e ausentes vetores negativos na primeira fase da dosimetria (art. 59 do CP), observados os requisitos do art. 33, § 2º, alínea c, e do art. 44, ambos do Código Penal".

Por outro lado, é possível que o magistrado fixe regime penitenciário mais severo do que o estabelecido segundo os critérios legais do art. 33, caso as circunstâncias judiciais sejam desfavoráveis ao agente. Todavia, o entendimento do Supremo Tribunal Federal é pacífico no sentido de que a imposição de regime mais gravoso não pode se basear em opiniões pessoais, necessitando de fundamentação idônea e concreta. A fim de cristalizar esse posicionamento, o STF editou duas súmulas:

Súmula 718: "A opinião do julgador sobre a gravidade em abstrato do crime não constitui motivação idônea para a imposição de regime mais severo do que o permitido segundo a pena aplicada".

Súmula 719: "A imposição do regime de cumprimento mais severo do que a pena aplicada permitir exige motivação idônea".

No mesmo sentido, é a previsão da **Súmula 440 do STJ**, que diz: "Fixada a pena-base no mínimo legal, é vedado o estabelecimento de regime prisional mais gravoso do que o cabível em razão da sanção imposta, com base apenas na gravidade abstrata do delito".

Portanto, se todas as circunstâncias judiciais são favoráveis, de forma que a pena-base foi fixada no mínimo legal, então, neste caso, não cabe a imposição de regime inicial mais gravoso.[4]

Ainda nessa linha de pensamento, o Supremo Tribunal Federal edital a Súmula Vinculante 56, com o seguinte teor: "É impositiva a fixação do regime aberto e a substituição da pena privativa de liberdade por restritiva de direitos quando reconhecida a figura do tráfico privilegiado (art. 33, § 4º, da Lei 11.343/06) e ausentes vetores negativos na primeira fase da dosimetria (art. 59 do CP), observados os requisitos do art. 33, § 2º, alínea c, e do art. 44, ambos do Código Penal".

A **Súmula 715 do STF** também merece atenção: "A pena unificada para atender ao limite de trinta anos (leia-se 40 anos) de cumprimento, determinado pelo art. 75 do Código Penal, não é considerada para a concessão de outros benefícios, como o livramento condicional ou regime mais favorável de execução."

▸ ATENÇÃO!

Considerando que a pena de **detenção** deve ser iniciada em regime semiaberto ou aberto, os critérios para sua fixação são os seguintes:

• Condenado reincidente deve iniciar o cumprimento da reprimenda em regime semiaberto, independentemente da quantidade da pena aplicada.

• Condenado não reincidente, cuja pena seja superior a 4 (quatro) anos, poderá iniciar o cumprimento da reprimenda em regime semiaberto.

• Condenado não reincidente, cuja pena seja igual ou inferior a 4 (quatro) anos, poderá iniciar o cumprimento da reprimenda em regime aberto.

▸ IMPORTANTE

A fixação do regime para cumprimento da pena deve ser realizada no **processo de conhecimento**, pelo magistrado sentenciante. Caso a sentença condenatória seja omissa nesse sentido, as partes devem opor embargos de

4. STF, 2ª Turma. RHC 131133/SP, Rel. Min. Dias Toffoli, j. em 10/10/2017 (Info 844).

declaração, a fim de que o juiz se pronuncie sobre o assunto. Ainda resta uma dúvida: o que ocorre se as partes deixarem de opor embargos de declaração e a sentença condenatória transitar em julgado sem fixar o regime penitenciário? Nessa hipótese, a incumbência será do **juízo da execução**, que deverá se ater estritamente aos critérios legais, não sendo possível aplicar a Súmula 719 do STF. Desse modo, não poderá aplicar regime mais gravoso do que o determinado no art. 33, § 2º do Código Penal, ainda que haja justificativa para tanto.

Imaginemos uma situação um pouco diferente: o juiz sentenciante, por um lapso, fixou o regime inicial aberto para um reincidente, condenado à pena de 8 (oito) anos de reclusão, quando deveria ter determinado o cumprimento da pena em regime fechado. Não houve recurso e a sentença transitou em julgado. Nessa hipótese, o juiz da execução, ao constatar o erro do juiz sentenciante, poderia alterar o regime inicial de aberto para fechado? A resposta é não, pois lhe falta competência para tanto, e também porque estaria, na prática, alterando o mérito da decisão de um juízo de mesma hierarquia.

Em resumo:

Critérios para a Fixação do Regime Inicial (art. 33, §§ 2º e 3º)

- tipo de pena aplicada (reclusão ou detenção);
- quantidade de pena aplicada (*quantum* de pena na sentença penal condenatória);
- reincidência;
- circunstâncias judiciais (art. 59 do CP).

<table>
<tr><th>PENA</th><th>REINCIDÊNCIA</th><th colspan="2">QUANTUM</th><th>REGIME</th></tr>
<tr><td rowspan="8">Reclusão</td><td rowspan="3">Condenado Primário</td><td colspan="2">Pena fixada superior a 8 anos</td><td>Fechado</td></tr>
<tr><td colspan="2">Pena fixada superior a 4 anos e não superior a 8 anos</td><td>Semiaberto</td></tr>
<tr><td colspan="2">Pena fixada igual ou inferior a 4 anos</td><td>Aberto</td></tr>
<tr><td rowspan="5">Condenado Reincidente</td><td colspan="2">Pena fixada superior a 8 anos</td><td>Fechado</td></tr>
<tr><td colspan="2">Pena fixada superior a 4 anos e não superior a 8 anos</td><td>Fechado</td></tr>
<tr><td rowspan="3">Pena fixada igual ou inferior a 4 anos</td><td>Circunstâncias judiciais desfavoráveis</td><td>Fechado</td></tr>
<tr><td>Circunstâncias judiciais favoráveis
(Súmula 269 do STJ)</td><td>Semiaberto</td></tr>
<tr><td>Princípio da insignificância
(STF, HC 135.164/MT – Info 938)</td><td>Aberto</td></tr>
</table>

Detenção	**Condenado Primário**	Pena fixada superior a 8 anos	**Semiaberto**
		Pena fixada superior a 4 anos e não superior a 8 anos	**Semiaberto**
		Pena fixada igual ou inferior a 4 anos	**Aberto**
	Condenado Reincidente	Qualquer que seja a pena aplicada	**Semiaberto**

11.3.2.1.1.1. Crimes hediondos e regime inicial de cumprimento da pena

A redação original do art. 2º, § 1º, da Lei no 8.072/1990, Lei dos Crimes Hediondos, previa que a pena privativa de liberdade imposta em razão do cometimento de crime hediondo ou equiparado deveria ser cumprida integralmente em regime fechado, o que vedava a fixação de outro regime inicial e até mesmo de progressão.

Contudo, durante o julgamento do HC 82.959/SP, ocorrido em 20 de março de 2006, o Supremo Tribunal Federal declarou a inconstitucionalidade do referido dispositivo, por violação ao **princípio da individualização** das penas. Então, foi editada a Lei nº 11.464/2007, que alterou a redação do art. 2º, § 1º, da Lei de Crimes Hediondos, a fim de estabelecer o regime inicial fechado para a pena privativa de liberdade imposta em razão do cometimento de crime hediondo ou equiparado. Portanto, embora a lei tenha fixado o regime inicial obrigatoriamente fechado, passou-se a admitir a progressão.

Por fim, é importante destacar que a alteração promovida em 2007 também foi declarada inconstitucional pelo Plenário do Supremo Tribunal Federal no julgamento do HC 111.840/ES, realizado em 27 de junho de 2012. A obrigatoriedade do regime inicial fechado foi considerada inconstitucional por inobservância ao princípio da individualização das penas. Desse modo, o magistrado poderá fixar o regime semiaberto ou aberto, respeitadas as condições delineadas no art. 33, § 2º, do CP.

11.3.2.1.2. Regras dos regimes penitenciários

Regras do regime fechado

Dispõe o Código Penal (art. 33, § 1º), que o cumprimento da pena privativa de liberdade em regime fechado deve se dar em estabelecimento de segurança máxima ou média. O art. 87 da Lei de Execução Penal dispõe que a penitenciária se destina ao condenado à pena de reclusão, em regime fechado.

Ao iniciar o cumprimento da pena em regime fechado, o condenado deverá ser submetido a **exame criminológico obrigatório** visando à obtenção dos elementos necessários a uma adequada classificação e com vistas à individualização da execução, conforme dispõe o art. 8º da Lei de Execução Penal.

A Lei de Execução Penal, em seu art. 88, enuncia que o condenado será alojado em cela individual, a qual conterá dormitório, aparelho sanitário e lavatório. Além disso, elenca os requisitos básicos da unidade celular: salubridade do ambiente pela concorrência dos fatores de aeração, insolação e condicionamento térmico adequado à existência humana; área mínima de 6,00 m^2 (seis metros quadrados).

Tratando-se de penitenciária feminina, deve haver seção para gestante e parturiente e de creche para abrigar crianças maiores de 6 (seis) meses e menores de 7 (sete) anos, com a finalidade de assistir a criança desamparada cuja responsável estiver presa.

Durante o período do cumprimento de pena, o condenado fica sujeito a trabalho no período diurno e a isolamento durante o repouso noturno. O trabalho será em comum dentro do estabelecimento, na conformidade das aptidões ou ocupações anteriores do condenado, desde que compatíveis com a execução da pena (CP, art. 34, §§ 1º e 2º). A jornada normal de trabalho não será inferior a 6 (seis) nem superior a 8 (oito) horas, com descanso nos domingos e feriados, havendo possibilidade de atribuição de horário especial aos presos designados para os serviços de conservação e manutenção do estabelecimento penal. (LEP, art. 33). Os maiores de 60 (sessenta) anos poderão solicitar ocupação adequada à sua idade, e os doentes ou deficientes físicos somente exercerão atividades apropriadas ao seu estado (LEP, art. 32, §§ 2º e 3º).

A Lei de Execução Penal (art. 37) estabelece que o trabalho externo será admissível, mediante autorização da direção do estabelecimento, a depender da aptidão, disciplina e responsabilidade do preso, além do cumprimento mínimo de 1/6 (um sexto) da pena.

O trabalho será executado em **serviço ou obras públicas** realizadas por órgãos da Administração Direta ou Indireta, ou entidades privadas, desde que tomadas as cautelas contra a fuga e em favor da disciplina. A prestação de trabalho à entidade privada depende do consentimento expresso do preso. A remuneração incumbirá ao órgão da administração, à entidade ou à empresa empreiteira tomadora do trabalho. Por questões de segurança, o limite máximo do número de presos será de 10% (dez por cento) do total de empregados na obra (LEP, art. 36).

▶ "Regras de Mandela"

Regras Mínimas das Nações Unidas para o Tratamento dos Presos (Regras Nelson Mandela).

As regras mínimas para o tratamento do preso, conhecida como Regras de Nelson Mandela, estabelecem os princípios e regras de uma boa organização penitenciária, bem como sobre práticas relativas ao tratamento dos custodiados. O documento possui 122 regras, procure fazer questões sobre o tema verificando quais as regras são mais importantes e mais cobradas.

Dica: Tais regras não tem o condão de descrever minuciosamente o tratamento dos presos e os Estados podem se afastar das regras, desde que haja justificativa, os doutrinadores dizem que os documentos que tratam do tema são *soft law*, estabelecendo um padrão mínimo de tratamento para os presos.

11.3.2.1.2.1. Regime Disciplinar Diferenciado (RDD)

O Regime Disciplinar Diferenciado passou a ser contemplado no art. 52 da Lei de Execução Penal, incluído pela Lei nº 10.792/2003, sendo alterado posteriormente pelo Pacote Anticrime (Lei nº 13.964/19).

Apesar de receber o nome de "regime" disciplinar diferenciado, não se trata de uma nova espécie de regime de cumprimento de pena, mas sim, de uma **sanção disciplinar,** aliás, a mais drástica imposta ao preso que pratica falta grave (art. 53, V, LEP).

A medida busca assegurar a segurança nos estabelecimentos penais e resguardar a ordem pública, que rotineiramente são ameaçadas por presos que integram e comandam facções criminosas no interior das penitenciárias do país.

O Regime Disciplinar Diferenciado poderá abrigar presos provisórios ou condenados, nacionais ou estrangeiros, quando se enquadrarem em uma das seguintes hipóteses:

- prática de fato previsto como crime doloso pelo condenado, que constitui falta grave, quando ocasione subversão da ordem ou disciplina internas;
- presos que representem alto risco para a ordem e a segurança do estabelecimento penal ou da sociedade;
- fundadas suspeitas de envolvimento ou participação em organização criminosa, associação criminosa ou milícia privada, independentemente da prática de falta grave[5].

O recolhimento do preso ao Regime Disciplinar Diferenciado dependerá de prévio e fundamentado despacho do **juiz competente**, mediante requerimento circunstanciado elaborado pelo diretor do estabelecimento ou outra autoridade administrativa (LEP, art. 54, *caput* e § 1º). Excepcionalmente, é possível que o diretor do presídio decrete o isolamento preventivo do condenado faltoso pelo prazo de até 10 (dez) dias (RDD preventivo). Ainda assim, a inclusão do preso no regime disciplinar diferenciado, no interesse da disciplina e da averiguação do fato, dependerá de despacho do juiz competente. Contudo, o tempo de isolamento ou inclusão preventiva no regime disciplinar diferenciado será computado no período de cumprimento da sanção disciplinar (LEP, art. 60).

---

5. Questiona-se a constitucionalidade dessa regra, pois o preso estaria sendo submetido a uma sanção, não pelo fato por ele praticado, mas pelo que ele é, pelo seu perfil. Eis a razão pela qual alguns enxergam um verdadeiro direito penal do autor, traduzindo em resquício de um direito penal do inimigo.

Há quem sustente que o Regime Disciplinar Diferenciado representa uma afronta ao princípio da dignidade da pessoa humana e da humanidade das penas, pois submete o condenado à tortura, a tratamento humano e degradante. Entretanto, o Superior Tribunal de Justiça já se posicionou de modo contrário a esse entendimento, pois:

> Na medida em que é certo que a inclusão no RDD agrava o cerceamento à liberdade de locomoção, já restrita pelas próprias circunstâncias em que se encontra o custodiado, contudo não represente, *per si*, a submissão do encarcerado a padecimentos físicos e psíquicos, impostos de modo vexatório, o que somente restaria caracterizado nas hipóteses em que houvesse, por exemplo, em celas insalubres, escuras ou sem ventilação.[6]

11.3.2.1.2.2. Regras do regime semiaberto

A execução da pena em regime semiaberto deve se dar em colônia agrícola, industrial ou estabelecimento similar (CP, art. 33, § 1º, "b").

Os condenados que cumprem pena no regime semiaberto **poderão** ser submetidos ao exame criminológico. Todavia, é importante ressaltar que, diferente do que ocorre com os reeducandos em regime fechado, o **exame é facultativo**, por força do disposto na Lei de Execução Penal, em seu art. 8º, parágrafo único.

O condenado poderá ser alojado em compartimento coletivo, observados os requisitos de salubridade do ambiente pela concorrência dos fatores de aeração, insolação e condicionamento térmico adequado à existência humana, e área mínima de 6,00 m^2 (seis metros quadrados). Além disso, também é necessária a seleção adequada dos presos, e o limite de capacidade máxima deve atender os objetivos de individualização da pena (LEP, art. 92).

De acordo com as disposições do Código Penal (art. 35, § 2º), neste regime o **trabalho externo é admissível**, bem como a frequência a cursos supletivos profissionalizantes, de instrução de segundo grau ou superior.

▸ ATENÇÃO!

O art. 119 da Lei de Execução Penal dispõe que a legislação local poderá estabelecer normas complementares para o cumprimento da pena privativa de liberdade em regime aberto. Essa disposição não padece de inconstitucionalidade, pois observa o art. 24, inciso I, da Constituição Federal, segundo o qual a competência para legislar sobre Direito Penitenciário é concorrente da União, Estados e Distrito Federal.

---

6. STJ, 5ª Turma. HC 40.300/RJ, Rel. Min. Arnaldo Esteves Lima, DJU 22/08/2005.

11.3.2.1.2.3. Regras do regime aberto

O regime aberto baseia-se na autodisciplina e **senso de responsabilidade do condenado** (CP, art. 36, *caput*). O condenado deverá, fora do estabelecimento e sem vigilância, trabalhar, frequentar curso ou exercer outra atividade autorizada, permanecendo recolhido durante o período noturno e nos dias de folga (CP, art. 36, § 1º).

Durante o período de recolhimento, o condenado deverá permanecer na **casa do albergado**. O prédio deverá situar-se em centro urbano, separado dos demais estabelecimentos, e caracterizar-se pela ausência de obstáculos físicos contra a fuga. O local deverá conter, além dos aposentos para acomodar os presos, espaço adequado para cursos e palestras, e instalações para os serviços de fiscalização e orientação dos condenados (LEP, arts. 93 a 95).

O cumprimento da pena no regime aberto impõe ao condenado a observância de algumas condições.

- **Condições legais ou gerais (art. 115, I a IV, LEP):** permanecer no local que for designado, durante o repouso e nos dias de folga; sair para o trabalho e retornar, nos horários fixados; não se ausentar da cidade onde reside, sem autorização judicial; comparecer a Juízo, para informar e justificar as suas atividades, quando for determinado.
- **Condições judiciais ou especiais (art. 115, caput, LEP):** são condições que, embora não estabelecidas expressamente em lei, o juiz poderá impor para o cumprimento de pena em regime aberto. As condições poderão ser modificadas pelo magistrado de ofício, ou a requerimento do Ministério Público, da autoridade administrativa ou do condenado, desde que as circunstâncias assim o recomendem (art. 116, LEP). É importante fazer uma ressalva: o juiz não poderá impor a prestação de serviços à comunidade ou qualquer outra modalidade de pena restritiva de direitos como condição especial, sob pena de caracterização do bis in idem. Tal entendimento está consubstanciado na Súmula 493 do STJ, a qual dispõe: "É inadmissível a fixação de pena substitutiva (art. 44 do CP) como condição especial ao regime aberto".

No regime aberto, o desempenho de **trabalho ou estudo externos são obrigatórios**, e constituem condição para a permanência no regime. Todavia, a Lei de Execução Penal (art. 114, parágrafo único) autoriza que algumas pessoas sejam dispensadas do trabalho. São elas:

> I - condenado maior de 70 (setenta) anos;
>
> II - condenado acometido de doença grave;
>
> III - condenada com filho menor ou deficiente físico ou mental;
>
> IV - condenada gestante.

11.3.2.1.2.3.1. Prisão albergue domiciliar

Prevista no art. 117 da Lei de Execução Penal, a prisão albergue domiciliar é uma forma de cumprimento de pena em regime aberto, por conseguinte, não é um regime propriamente dito. Essa modalidade permite que determinadas pessoas cumpram a pena em sua residência particular, quando tratar-se de:

> I - condenado maior de 70 (setenta) anos;
>
> II - condenado acometido de doença grave;
>
> III - condenada com filho menor ou deficiente físico ou mental;
>
> IV - condenada gestante.

Embora o rol do art. 117 da Lei de Execução Penal seja taxativo, é possível vislumbrar a ampliação de sua incidência a situações excepcionais. Por exemplo: o benefício pode ser conferido a um homem, pai de filho menor ou portador de deficiência física ou mental, a fim de não permitir que a criança fique desamparada.

A prisão albergue domiciliar não se confunde com a prisão domiciliar prevista no art. 317 do Código de Processo Penal, conforme demonstrado no quadro a seguir:

	Prisão albergue domiciliar	**Prisão domiciliar**
Previsão legal	Art. 117 da Lei de Execuções Penais	Art. 317 do Código de Processo Penal
Natureza jurídica	Forma de cumprimento de pena privativa de liberdade	Medida cautelar substitutiva à prisão preventiva
Quem pode ser beneficiado	I - condenado maior de 70 (setenta) anos; II - condenado acometido de doença grave; III - condenada com filho menor ou deficiente físico ou mental; IV - condenada gestante.	I - maior de 80 (oitenta) anos; II - extremamente debilitado por motivo de doença grave; III - imprescindível aos cuidados especiais de pessoa menor de 6 (seis) anos de idade ou com deficiência; IV – gestante; V - mulher com filho de até 12 (doze) anos de idade incompletos; VI - homem, caso seja o único responsável pelos cuidados do filho de até 12 (doze) anos de idade incompletos.

11.3.2.1.2.3.2. Ausência de local adequado para o cumprimento da pena em regime aberto

O descaso do Poder Público com o sistema de execução penal culminou na inexistência de casas de albergado no Brasil. A taxatividade do rol de beneficiários da prisão albergue domiciliar, cumulada com a ausência de vagas nas casas de albergado, fazia com que muitos condenados fossem submetidos ao regime fechado ou semiaberto, quando, na verdade, deveriam cumprir sua pena em regime aberto. Certamente, isso representa um tratamento mais gravoso do que o determinado pela lei, e culmina na violação de dois princípios de estatura constitucional: **o princípio da legalidade** e o **princípio da individualização das penas.**

Tendo em vista o direito do apenado de cumprir a pena no regime que lhe foi determinado, não sendo possível que venha a sofrer consequências mais gravosas do que as inerentes em virtude da pena imposta, o STF editou a **Súmula Vinculante nº 56**, a qual dispõe: "A falta de estabelecimento penal adequado não autoriza a manutenção do condenado em regime prisional mais gravoso, devendo-se observar, nesta hipótese, os parâmetros fixados no RE 641.320/RS". No referido Recurso Extraordinário, que foi tema de repercussão geral, o STF estabeleceu algumas diretrizes, ora transcritas:

- Os juízes da execução penal poderão avaliar os estabelecimentos destinados aos regimes semiaberto e aberto, para qualificação como adequados a tais regimes.
- São aceitáveis estabelecimentos que não se qualifiquem como "colônia agrícola, industrial" (regime semiaberto) ou "casa de albergado ou estabelecimento adequado" (regime aberto) (art. 33, § 1º, alíneas "b" e "c"). No entanto, não deverá haver alojamento conjunto de presos dos regimes semiaberto e aberto com presos do regime fechado.
- Havendo *déficit* de vagas, deverão ser determinados: (i) a saída antecipada de sentenciado no regime com falta de vagas; (ii) a liberdade eletronicamente monitorada ao sentenciado que sai antecipadamente ou é posto em prisão domiciliar por falta de vagas; (iii) o cumprimento de penas restritivas de direito e/ou estudo ao sentenciado que progride ao regime aberto.
- Até que sejam estruturadas as medidas alternativas propostas, **poderá ser deferida a prisão domiciliar ao sentenciado**.

Vale lembrar que medidas de cumprimento de pena diversas da prisão alcançam resultados melhores, quando consideramos os efeitos nefastos gerados pela segregação penal nas penitenciárias nacionais, a ponto de ensejaram o reconhecimento do **estado de coisas inconstitucional** pelo Supremo Tribunal Federal, no julgamento da ADPF 347[7].

---

7. O Estado de Coisas Inconstitucional (ECI) - técnica de decisão de origem colombiana (1997) - ocorre quando há violação generalizada e sistêmica de direitos fundamentais que alcançam expressiva parcela da população, causado pela inércia ou incapacidade reiterada e persistente das autoridades públicas em modificar a conjuntura (falha estatal estrutural), de modo que apenas transformações estruturais da atuação do Poder Público e a atuação de uma pluralidade de autoridades podem alterar a situação inconstitucional e não seja possível a resolução pela mera declaração de inconstitucionalidade de uma norma. O ECI apareceu pela primeira vez no Brasil na ADPF 347/DF, em 2015, no qual se discutiu a situação do sistema penitenciário brasileiro

11.3.2.1.2.4. Regime especial

O regime especial foi previsto pelo art. 37 do Código Penal, o qual dispõe: "As mulheres cumprem pena em estabelecimento próprio, observando-se os deveres e direitos inerentes à sua condição pessoal, bem como, no que couber, o disposto neste Capítulo".

Como já visto, os regimes de cumprimento de pena são: fechado, semiaberto e aberto. Desse modo, é importante destacar que, embora a rubrica marginal do art. 37 do Código Penal seja "regime especial", não estamos diante de um novo regime penitenciário. Trata-se, na verdade, de um conjunto de disposições constantes da Lei de Execução Penal que levam em consideração **as peculiaridades inerentes às mulheres**, e visam a oferecer condições adequadas para que elas cumpram a pena privativa de liberdade.

A previsão do regime especial atende ao que preceitua a Constituição Federal, em seu art. 5º, inciso XLVIII ("a pena será cumprida em estabelecimentos distintos, de acordo com a natureza do delito, a idade e o sexo do apenado"), e também no inciso L ("às presidiárias serão asseguradas condições para que possam permanecer com seus filhos durante o período de amamentação").

Na Lei de Execuções Penais, é possível encontrar diversos dispositivos que estabelecem regramentos especiais voltados ao cumprimento da pena privativa de liberdade por mulheres, dentre os quais podemos citar:

- será assegurado acompanhamento médico à mulher, principalmente no pré-natal e no pós-parto, extensivo ao recém-nascido (art. 14, § 3º);
- a mulher condenada terá ensino profissional adequado à sua condição (art. 19, parágrafo único); no estabelecimento para mulheres somente se permitirá o trabalho de pessoal do sexo feminino, salvo quando se tratar de pessoal técnico especializado (art. 77, § 2º);
- os estabelecimentos penais destinados a mulheres serão dotados de berçário, onde as condenadas possam cuidar de seus filhos, inclusive amamentá-los, no mínimo, até 6 (seis) meses de idade (art. 83, § 2º)
- a penitenciária de mulheres será dotada de seção para gestante e parturiente e de creche para abrigar crianças maiores de 6 (seis) meses e menores de 7 (sete) anos, com a finalidade de assistir a criança desamparada cuja responsável estiver presa (art. 89).

---

de violação generalizada de direitos humanos nos presídios, bem como proteger a vida, saúde e dignidade das pessoas encarceradas. Os ministros decidiram, em síntese, pela proibição à União de contingenciar o dinheiro do Fundo Penitenciário Nacional (Funpen) e realização urgente de audiências de custódia.

▸ "Regras de Bangkok"

Em 2010, quando aconteceu a 65ª Assembleia Geral ONU (Organização das Nações Unidas), no país da Tailândia, foram adotadas pelo Brasil as Regras das Nações Unidas para o tratamento de mulheres presas e medidas não privativas de liberdade para mulheres infratoras (Regras de Bangkok), que têm como principal alvo o melhoramento das necessidades das mulheres encarceradas, juntamente com sua prole, mas que só foram traduzidas pelo Conselho Nacional de Justiça - CNJ - em 2016. Essas regras estabelecem diretrizes específicas para garantir a igualdade de gênero no sistema prisional, considerando as necessidades particulares das mulheres. Por exemplo, elas enfatizam a importância do respeito à integridade física, mental e emocional das detentas, proibindo qualquer forma de tortura, abuso ou tratamento desumano.

11.3.2.1.2.5. Regime de cumprimento de pena do índio

Em havendo condenação de índio, "as penas de reclusão e de detenção serão cumpridas, se possível, em regime especial de semiliberdade, no local de funcionamento do órgão federal de assistência aos índios mais próximos da habitação do condenado" (art. 56, parágrafo único, da Lei nº 6.001/1973 (Estatuto do Índio)).

11.3.2.2. Progressão de regime penitenciário

No Brasil, adota-se o **sistema progressivo (ou inglês),** pois o Código Penal e a Lei de Execução Penal estabelecem que as penas privativas de liberdade deverão ser executadas (cumpridas) em forma progressiva, com a transferência do apenado de regime mais gravoso para menos gravoso tão logo ele preencha os requisitos legais.

Os requisitos para a progressão de regime penitenciário foram profundamente alterados pelo denominado "pacote anticrime" (Lei nº 13.964/19), especialmente quanto ao lapso temporal.

Passemos à análise de cada um deles.

a) Requisito objetivo

O requisito objetivo diz respeito ao **tempo de cumprimento da pena**, o qual dependerá da natureza do crime cometido e de eventual reincidência do condenado.

Segundo o art. 112 da Lei de Execução Penal, exige-se, em regra, os seguintes percentuais de pena para o preenchimento desse requisito:

<table>
<tr><th colspan="3">Requisitos objetivos para progressão de regime de acordo com alterações do "Pacote Anticrime" - Lei nº 13.964/2019</th><th>Disciplina legal anterior</th></tr>
<tr><td rowspan="2">Sem violência ou grave ameaça</td><td>Primário</td><td>16% - Artigo 112, inciso I, da LEP</td><td rowspan="2">1/6
Art. 112 da LEP</td></tr>
<tr><td>Reincidente</td><td>20% - Artigo 112, inciso II, da LEP</td></tr>
<tr><td rowspan="2">Com violência ou grave ameaça</td><td>Primário</td><td>25% - Artigo 112, inciso III, da LEP</td><td rowspan="2">1/6
Art. 112 da LEP</td></tr>
<tr><td>Reincidente</td><td>30% Artigo 112, inciso IV, da LEP</td></tr>
<tr><td rowspan="4">Crime hediondo ou equiparado</td><td rowspan="2">Primário</td><td>40% Artigo 112, inciso V, da LEP</td><td rowspan="2">2/5
Art. 2º, § 2º, da Lei 8.072/90</td></tr>
<tr><td>Se houver morte: 50%, vedado o livramento condicional
Artigo 112, inciso VI, alínea "a", da LEP</td></tr>
<tr><td rowspan="2">Reincidente</td><td>60% - Artigo 112, inciso VII, da LEP</td><td rowspan="2">3/5
Art. 2º, § 2º, da Lei 8.072/90</td></tr>
<tr><td>Se houver morte: 70%, vedado o livramento condicional
Artigo 112, inciso VIII, da LEP</td></tr>
<tr><td colspan="2">Comando, individual ou coletivo, de organização criminosa estruturada para a prática de crime hediondo ou equiparado</td><td>50% - Artigo 112, inciso VI, alínea "b", da LEP</td><td>1/6
Art. 112 da LEP</td></tr>
<tr><td colspan="2">Milícia privada</td><td>50% - Artigo 112, inciso VI, alínea "c", da LEP</td><td>1/6
Art. 112 da LEP</td></tr>
</table>

b) Requisito subjetivo

O requisito subjetivo diz respeito ao **bom comportamento carcerário**, comprovado pelo diretor do estabelecimento penitenciário (LEP, art. 112, *in fine*).

Entende-se preenchido esse requisito quando não há registro de falta disciplinar – leve, média ou grave – no prontuário do preso.

"Além disso, com o advento da Lei n. 14.843/2024, houve alteração no art. 112, § 1º, da Lei de Execução Penal, que passou a exigir o exame criminológico para a obtenção da progressão de regime."

O condenado por crime contra a Administração Pública terá a progressão de regime do cumprimento de pena condicionada à **reparação do dano** que causou, ou à devolução do produto do ilícito praticado, com os acréscimos legais (art. 33, § 4º). Recentemente o STJ entendeu que tal condicionamento deve **constar expressamente na sentença**:

> Para que a reparação do dano ou a devolução do produto do ilícito faça parte da própria execução penal, condicionando a progressão de regime, é necessário que essa determinação de reparação ou ressarcimento conste expressamente da sentença condenatória de forma individualizada e em observância aos princípios da ampla defesa e do contraditório, observando-se, assim, o devido processo legal.[8].

c) Requisito formal

A decisão do juiz que determinar a progressão de regime será sempre motivada e precedida de manifestação do Ministério Público e do defensor, procedimento que também será adotado na concessão de livramento condicional, indulto e comutação de penas, respeitados os prazos previstos nas normas vigentes (art. 112, § 2º, LEP).

11.3.2.2.1. Regras especiais para progressão de regime de mulher gestante ou que for mãe ou responsável por crianças ou pessoas com deficiência

Os requisitos estão previstos no art. 112, §§ 3º e 4º, da LEP.

Requisitos objetivos

a) não ter cometido crime com violência ou grave ameaça a pessoa (inciso I);

b) não ter cometido o crime contra seu filho ou dependente (inciso II);

c) ter cumprido ao menos 1/8 (um oitavo) da pena no regime anterior (inciso III);

Requisitos subjetivos

a) ser mulher gestante, mãe ou responsável por crianças ou pessoas com deficiência (*caput*);

b) ser primária e ter bom comportamento carcerário, comprovado pelo diretor do estabelecimento (inciso IV);

c) não ter integrado organização criminosa.

▸ FIQUE ATENTO!

As **Regras de Bangkok** foram utilizadas para fundamentar o julgado do STF no informativo 891 em que se estabeleceu critérios para substituição de prisão preventiva por prisão domiciliar para todas as mulheres presas que estivessem:

8. STJ. 5ª Turma. HC 686334-PE, Rel. Min. Reynaldo Soares da Fonseca julgado em 14/09/2021 (Info 709).

gestantes, puérperas e mães de crianças ou pessoas com deficiência, inclusive este julgado deu ensejo a Lei nº 13.769, de 2018, que acrescentou o art. 318-A no CPP.

11.3.2.3. Regressão de regime penitenciário

A regressão consiste no retorno a regime mais rigoroso quando o reeducando demonstra sua inaptidão ao estágio de reinserção ao convívio social em que se encontra, ou por superveniência de fato que impossibilite o cumprimento da pena no regime em que se encontra.

O art. 118 da Lei de Execução Penal dispõe sobre as hipóteses que autorizam a regressão de regime:

a) praticar fato definido como crime doloso ou falta grave;

De acordo com o art. 52 da LEP, a simples prática de fato definido como crime doloso é considerada como falta grave. Como já observado, a **Súmula no 526 do STJ** assinala que: "O reconhecimento de falta grave decorrente do cometimento de fato definido como crime doloso no cumprimento da pena prescinde do trânsito em julgado de sentença penal condenatória no processo penal instaurado para apuração do fato".

Por força do princípio da legalidade, que veda a analogia *in malam partem* no Direito Penal, a **prática de crime culposo ou de contravenção penal não enseja a regressão de regime prisional**.

O art. 50 da Lei de Execução Penal elenca em rol taxativo as outras situações que caracterizam **falta grave**:

> I - incitar ou participar de movimento para subverter a ordem ou a disciplina;
>
> II - fugir;
>
> III - possuir, indevidamente, instrumento capaz de ofender a integridade física de outrem;
>
> IV - provocar acidente de trabalho;
>
> V - descumprir, no regime aberto, as condições impostas;
>
> VI - inobservar os deveres de obediência ao servidor e respeito a qualquer pessoa com quem deva relacionar-se e de execução do trabalho, das tarefas e das ordens recebidas (previstos nos incisos II e V, do artigo 39, da LEP);
>
> VII – tiver em sua posse, utilizar ou fornecer aparelho telefônico, de rádio ou similar, que permita a comunicação com outros presos ou com o ambiente externo;
>
> VIII – recusar submeter-se ao procedimento de identificação do perfil genético.
>
> Sobre o tema, o STF fixou tese de repercussão geral no RE 972.598:
>
> A oitiva do condenado pelo Juízo da Execução Penal, em audiência de justificação realizada na presença do defensor e do Ministério Público, afasta a necessidade de prévio Procedimento Administrativo Disciplinar (PAD), assim como supre eventual ausência

ou insuficiência de defesa técnica no PAD instaurado para apurar a prática de falta grave durante o cumprimento da pena. [9]

A respeito da falta grave não se esqueça da **Súmula 535 do STJ**: "A prática de falta grave não interrompe o prazo para fim de comutação de pena ou indulto."

CONSEQUÊNCIAS DECORRENTES DA PRÁTICA DE FALTA GRAVE	
Atrapalha:	**Não interfere:**
1) Progressão: interrompe o prazo para a progressão de regime.	**1) Livramento condicional**: não interrompe o prazo para obtenção de livramento condicional (Súmula 441/STJ).
2) Regressão: acarreta a regressão de regime.	**2) Indulto e comutação de pena**: não interfere no tempo necessário à concessão de indulto e comutação da pena, salvo se o requisito for expressamente previstos no decreto presidencial.
3) Saídas: revogação das saídas temporárias.	**3) Saída temporária e trabalho externo:** (Requisito Objetivo): a prática de falta grave durante o cumprimento da pena não acarreta a alteração da pena-base para fins de saída temporária e trabalho externo.
4) Remição: revoga até 1/3 do tempo remido.	
5) RDD: pode sujeitar o condenado ao RDD.	
6) Direitos: suspensão ou restrição de direitos.	
7) Isolamento: na própria cela ou em local Adequado.	

Casos considerados falta grave pela jurisprudência:

- Posse de chip de celular caracteriza falta grave (Informativo 517 do STJ);
- Posse de cabo USB, fone de ouvido por visitante não configura falta grave (Informativo 519 do STJ);
- Comete falta grave o apenado que viola a zona de monitoramento eletrônico (HC 481.699/RS, STJ);
- É proibida a aplicação de sanções coletivas (STJ, HC nº 177.293/SP).

b) sofrer condenação, por crime anterior, cuja pena, somada ao restante da pena em execução, torne incabível o regime.

9. Tema objeto de questão dissertativa na prova para DPF/2021.

Durante o cumprimento da pena, é possível que o condenado sofra novas condenações, cuja soma torne incompatível o regime em que atualmente cumpre sua pena. Nesse contexto, **dispensa-se a necessidade de uma audiência prévia** com o condenado.

Para o STJ, não é alterada a data-base para a concessão de novos benefícios da execução penal, por ausência de previsão na Lei de Execução Penal. Para a Corte, o lapso para progressão de regime deve ser contado da data da prisão (ou da falta grave), não sendo reiniciado por conta da unificação das penas[10]. No entanto, o STF tem entendimento de que a unificação de pena promove a modificação da data-base para a concessão de benefícios, devendo ser considerado como termo inicial o trânsito em julgado da última condenação[11].

c) O condenado será transferido do regime aberto se, além das hipóteses referidas nos incisos anteriores, frustrar os fins da execução ou não pagar, podendo, a multa cumulativamente imposta.

Prevista no § 1º do art. 118 da LEP, esta hipótese é aplicável apenas ao condenado que está cumprindo pena em **regime aberto**, conforme é possível inferir a partir da leitura do dispositivo.

Há **frustração dos fins da execução** quando o agente deixa, injustificadamente, de observar as condições impostas pelo juiz para o cumprimento da pena em regime aberto.

Para que haja a regressão de regime em decorrência do inadimplemento da pena de multa, é necessário comprovar a solvência do condenado, demonstrando sua capacidade de cumprir a reprimenda sem comprometer seu sustento, ainda que parceladamente (art. 50, CP).

▸ CUIDADO!

Também é possível a regressão quando houver violação dos deveres inerentes à monitoração eletrônica (art. 146-C, parágrafo único, I, da LEP).

Questões finais:

1) É possível regressão de regime *per saltum*?

R. SIM, o art. 118 da LEP admite a regressão *per saltum* (do regime aberto para o fechado)[12]. Exemplos são a falta grave e cometimento de novo crime doloso[13].

---

10. STJ, 3ª Seção. Proposta de Afetação no REsp 1.753.512/PR, Rel. Min. Rogério Schietti Cruz, j. 18/12/2018.
11. STF, 1ª Turma. RE 1239389, Rel. Min. Alexandre de Moraes, j. 29/11/2019.
12. LEP, art. 118. A execução da pena privativa de liberdade ficará sujeita à forma regressiva, com a transferência para qualquer dos regimes mais rigorosos (...).
13. V. STJ, 6ª Turma. REsp 1.632.060/MS, Rel. Min. Nefi Cordeiro, j. em 08/05/2018, Dje 21/05/2018.

2) Suponha que Tício, que estava cumprindo pena em regime semiaberto, tenha tentado fugir do estabelecimento prisional. Em resposta a essa tentativa de evasão, foi iniciado um procedimento administrativo disciplinar para investigar a falta grave, conforme estabelecido no art. 50, II, da Lei de Execução Penal (LEP). No decorrer desse processo disciplinar, o juiz possui a prerrogativa de determinar a transferência de Tício para o regime fechado, que é considerado mais severo?

R. SIM! Trata-se da chamada **regressão cautelar ou sustação cautelar**. Consiste na regressão de regime durante a apuração da falta grave, sem caráter de definitividade.

Ao final, reconhecida a falta grave, o juiz proferirá decisão regredindo definitivamente de regime o condenado faltoso. Não se comprovando a falta, ele retornará ao regime aberto.

Para o STJ, a regressão cautelar dispensa oitiva do condenado[14].

3) O que se entende por excesso de execução e desvio de execução?

Excesso de execução	Desvio da execução
É a manutenção do preso por prazo maior do que o devido.	O cumprimento da pena destoa dos parâmetros impostos na sentença ou previstos em lei. Pode ser prejudicial ou benéfico ao condenado.
Diferença é quantitativa	Diferença é qualitativa
Ex. Condenado a 4 anos de pena é encarcerado por 5 anos.	Ex. Condenado a cumprir pena em regime semiaberto é indevidamente mantido em regime fechado (prejudicial) ou aberto (benéfico).

> **LEP, art. 185.** Haverá excesso ou desvio de execução sempre que algum ato for praticado além dos limites fixados na sentença, em normas legais ou regulamentares.
>
> **LEP, art. 186.** Podem suscitar o incidente de excesso ou desvio de execução:
>
> I - o Ministério Público;
>
> II - o Conselho Penitenciário;
>
> III - o sentenciado;
>
> IV - qualquer dos demais órgãos da execução penal.

14. STJ, 5ª Turma. AgRg no HC 565.368/SP, Rel. Min, Ribeiro Dantas, j. em 04/08/2020.

11.3.2.4. Autorizações de saída

As autorizações de saída são benefícios previstos na Lei de Execução Penal, concedidos aos condenados em **regime fechado ou semiaberto**. Não se aplicam ao regime aberto, pois a saída do preso durante o dia para desempenhar suas atividades é inerente a esse regime.

A autorização de saída é gênero, da qual são espécies a permissão de saída e a saída temporária.

11.3.2.4.1. Permissão de saída

A permissão de saída está regulada no art. 120 da Lei de Execução Penal, e é destinada aos **condenados e presos provisórios** que se encontrem em **regime fechado e semiaberto.**

Concedida pelo diretor do estabelecimento prisional, autoriza a saída do preso, mediante escolta, quando ocorrer um dos seguintes fatos:

I - falecimento ou doença grave do cônjuge, companheira, ascendente, descendente ou irmão;

II - tratamento médico, quando o estabelecimento penal não estiver aparelhado para prover a assistência médica necessária.

A permanência do preso fora do estabelecimento terá a duração necessária à finalidade da saída (art. 121, LEP).

11.3.2.4.2. Saída temporária

A saída temporária, regulada pelo art. 122 e seguintes da Lei de Execução Penal, pode ser deferida aos condenados que cumprem pena em regime semiaberto, nos seguintes casos:

a) visita à família: o que ocorre principalmente em datas comemorativas e feriados (Dia das Mães, Dia dos Pais, Páscoa, Natal etc).

b) frequência a curso supletivo profissionalizante, bem como de instrução do ensino médio ou superior, na Comarca do Juízo da Execução.

c) participação em atividades que concorram para o retorno ao convívio social: note que esta hipótese é bastante abrangente, e permite que qualquer outra atividade que não se enquadre nas situações anteriores seja contemplada (por exemplo: curso de alfabetização, visita a conselheiro religioso etc).

A ausência de vigilância direta não impede a utilização de **equipamento de monitoração** eletrônica pelo condenado, quando assim determinar o juiz da execução (art. 122, § 1º, LEP).

Não terá direito à saída temporária o condenado que cumpre pena por praticar crime hediondo ou com violência ou grave ameaça contra pessoa (art. 112, § 2º, da LEP, com a redação dada pela Lei nº 14.843, de 2024). A autorização será concedida por prazo não superior a 7 (sete) dias, podendo ser renovada por mais 4 (quatro) vezes durante o ano (LEP, art. 124, caput). Quando se tratar de frequência a curso profissionalizante, de instrução de ensino médio ou superior, o tempo de saída será o necessário para o cumprimento das atividades discentes (LEP, art. 124, § 2º). Nos demais casos, as autorizações de saída somente poderão ser concedidas com prazo mínimo de 45 (quarenta e cinco) dias de intervalo entre uma e outra (LEP, art. 124, § 3º). Segundo entendimento do Superior Tribunal de Justiça, respeitado o limite anual de 35 dias, estabelecido pelo art. 124 da Lei de Execução Penal, é possível a concessão de maior número de autorizações de curta duração. Na hipótese de maior número de saídas temporárias de curta duração, á intercaladas durante os doze meses do ano, e muitas vezes sem pernoite, não se exige o intervalo previsto no art. 124, § 3º, da LEP. Ao conceder a saída temporária, o juiz imporá ao beneficiário as seguintes condições obrigatórias: fornecimento do endereço onde reside a família a ser visitada ou onde poderá ser encontrado durante o gozo do benefício; recolhimento à residência visitada, no período noturno; proibição de frequentar bares, casas noturnas e estabelecimentos congêneres. Além dessas condições, é possível que o magistrado imponha outras condições que entenda compatíveis com as circunstâncias do caso e a situação pessoal do condenado (LEP, art. 124, § 1º).

11.3.2.4.2.1. Saída temporária automática

A saída temporária automática consiste na possibilidade de que o condenado que já obteve o benefício possa gozar dele novamente, sem que seja necessária a instauração de novo procedimento de autorização (que compreende a oitiva do Ministério Público, a verificação do cumprimento de todos os requisitos e a autorização judicial). Em regra, o Juiz da execução fixa um calendário anual com as datas de saída temporária (geralmente, dias festivos e feriados). Desse modo, o reeducando terá direito à saída temporária nessas datas enquanto não incorrer em nenhuma das hipóteses de revogação.

A jurisprudência do STF e do STJ reconhece a legalidade da saída temporária automática, pois entende-se que:

> Um único ato judicial que analisa o histórico do sentenciado e estabelece um calendário de saídas temporárias, com a expressa ressalva de que as autorizações poderão ser revistas em caso de cometimento de falta, é suficiente para fundamentar a saída mais próxima e as futuras. A decisão única permite participação

suficiente do Ministério Público, que poderá falar sobre seu cabimento e, caso alterada a situação fática, pugnar por sua revisão[15].

11.3.2.5. Remição

Prevista na Lei de Execução Penal, a remição é benefício por meio do qual condenado, durante o cumprimento da reprimenda, obtém o **abatimento da pena** em razão do **trabalho** e/ou do **estudo**.

De acordo com recente jurisprudência do Superior Tribunal de Justiça, é possível a remição do tempo de trabalho realizado antes do início da execução da pena, desde que em data posterior à prática do delito[16]. Desse modo, ainda que o trabalho tenha sido realizado antes do início da execução penal, será possível a remição da pena porque o delito que está sendo agora executado foi praticado antes do trabalho exercido. Desse modo, impede-se que o condenado goze de um "saldo", facultando-lhe o cometimento posterior de crimes sob o manto da impunidade (a doutrina também denomina esse fenômeno de "conta corrente penal" ou "poupança penal").

11.3.2.5.1. Remição pelo trabalho

A remição em razão do trabalho se dá na seguinte proporção: a cada 3 (três) dias de trabalho há o desconto de 1 (um) dia da pena (art. 126, § 1º, inciso II, LEP). Por expressa determinação legal, somente os condenados que cumprem pena em **regime fechado** e **semiaberto** têm o benefício da remição pelo trabalho (art. 126, caput, LEP). É importante ressaltar que o trabalho é condição para a permanência em regime aberto, e sua recusa pode ensejar a regressão a regime mais rigoroso (CP, art. 36 e LEP, art. 115).

A contabilização dos dias de trabalho para remição da pena deve respeitar a regra do art. 33 da Lei de Execução Penal, segundo a qual, "a jornada normal de trabalho não será inferior a 6 (seis) nem superior a 8 (oito) horas, com descanso nos domingos e feriados", lembrando que o dispositivo enuncia em seu parágrafo único que "poderá ser atribuído horário especial de trabalho aos presos designados para os serviços de conservação e manutenção do estabelecimento penal". De acordo com a jurisprudência do Superior Tribunal de Justiça, o período de atividade laboral do apenado que **exceder o limite máximo** da jornada de trabalho (8 horas)

15. STF, 2ª Turma. HC 128.763/RJ, Rel. Gilmar Mendes, j. em 04/08/2015, DJe 01/02/2016; STJ, 3ª Seção. REsp 1.544.036/RJ, Rel. Min. Rogério Schietti Cruz, j. em 14/09/2016, DJe 19/09/2016 (Info 590).
16. STJ, 6ª Turma. HC 420.257/RS, Rel. Min. Nefi Cordeiro, j. em 19/04/2018 (Info 625).

deve ser contado para fins de remição, computando-se um dia de trabalho a cada seis horas extras realizadas[17].

O trabalho realizado fora do estabelecimento prisional também deve ser considerado para fins de remição da pena, uma vez que o art. 126 da Lei de Execução Penal não faz distinção quanto à natureza do trabalho ou quanto ao local de seu exercício. Nesse sentido enuncia a **Súmula no 562 do STJ**: "É possível a remição de parte do tempo de execução da pena quando o condenado, em regime fechado ou semiaberto, desempenha atividade laborativa, ainda que extramuros".

11.3.2.5.2. Remição pelo estudo

A remição pelo estudo passou a ser contemplada pela Lei de Execução Penal após a edição da Lei no 12.433/2011. Anteriormente, era reconhecida apenas em sede jurisprudencial (vide Súmula no 341 do Superior Tribunal de Justiça). Nesta hipótese, poderão ser beneficiados os presos em **regime fechado e semiaberto**, bem como os que cumprem pena em **regime aberto.**

As atividades de estudo poderão ser desenvolvidas de forma presencial ou por metodologia de ensino a distância e deverão ser certificadas pelas autoridades educacionais competentes dos cursos frequentados (art. 126, § 2º, LEP). Saliente-se que a Lei nº 13.163/2015 alterou a Lei de Execução Penal, incluindo o art. 18-A, o qual dispõe que o ensino médio, regular ou supletivo, com formação geral ou educação profissional de nível médio, será implantado nos presídios, em obediência ao preceito constitucional de sua universalização.

A contagem de tempo para remição será feita a função de 1 (um) dia de pena a cada 12 (doze) horas de frequência escolar - atividade de ensino fundamental, médio, inclusive profissionalizante, ou superior, ou ainda de requalificação profissional - divididas, no mínimo, em 3 (três) dias (LEP, art. 126, § 1º, inciso I). De acordo com a jurisprudência do STJ a remição pelo estudo pressupõe a frequência a curso de ensino regular ou de educação profissional, independentemente da sua conclusão ou do aproveitamento satisfatório.[18] A fim de valorizar o comprometimento do reeducando que efetivamente se aplica aos estudos, o tempo a remir em função das horas de estudo será acrescido de 1/3 (um terço) no caso de conclusão do ensino fundamental, médio ou superior durante o cumprimento da pena, desde que certificada pelo órgão competente do sistema de educação (art. 126, § 5º, da LEP).

17. STJ, 6ª Turma. REsp 1.302.924/RS, Rel. Sebastião Reis Júnior, j. em 26/02/2013.
18. SJT, 6ª Turma. HC 289382/RJ, Rel. Ministro Sebastião Reis Júnior, j. em 08/04/2014, DJe 28/04/2014.

Nada impede que o reeducando faça jus à remição pelo trabalho e pelo estudo cumulativamente, desde que haja compatibilidade de horários. Portanto, é possível que labore durante o dia (tendo em vista que a jornada de trabalho pode chegar a oito horas) e dedique-se ao estudo no período da noite. Desse modo, a cada três dias de trabalho e estudo, poderá remição de dois dias da pena. Aliás, a Lei de Execução Penal dispõe que "para fins de cumulação dos casos de remição, as horas diárias de trabalho e de estudo serão definidas de forma a se compatibilizarem" (art. 126, § 3º).

A jurisprudência do STJ admite a consideração da **atividade de leitura** para fins de remição de parte do tempo de execução da pena. Ainda que o estabelecimento penal onde se encontra o detento assegure acesso a atividades laborais e à educação formal, não impede que ele obtenha também a remição pela leitura, que é atividade complementar, mas não subsidiária, podendo ocorrer concomitantemente, havendo compatibilidade de horários.[19]

No âmbito da União, foi editada a Portaria Conjunta 276/2012, do Conselho da Justiça Federal (CJF) e da Diretoria-Geral do Departamento Penitenciário Nacional (DEPEN), que trata da remição pela leitura aos condenados que cumprem pena em penitenciárias federais de segurança máxima. O Conselho Nacional de Justiça também editou a Recomendação nº 44/2013, recomendando aos Tribunais que, para fins de remição pelo estudo (Lei nº 12.433/2011), sejam valoradas e consideradas as atividades de caráter complementar, assim entendidas aquelas que ampliam as possibilidades de educação nas prisões, tais como as de natureza cultural, esportiva, de capacitação profissional, de saúde, entre outras, conquanto integradas ao projeto político-pedagógico (PPP) da unidade ou do sistema prisional local e sejam oferecidas por instituição devidamente autorizada ou conveniada com o poder público para esse fim.

Remição pelo TRABALHO	Remição pelo ESTUDO	Remição pela LEITURA
A cada 3 dias de trabalho, diminui 1 dia de pena.	A cada 12 horas de estudo, diminui 1 dia de pena.	1 obra equivale 4 dias de pena
Somente poderão ser considerados, para fins de remição, os dias em que o condenado cumprir a jornada normal de trabalho, que não pode ser inferior a 6h nem superior a 8h (art. 33).	As 12 horas de estudo deverão ser divididas em, no mínimo, 3 dias.	De 22 a 30 dias apresentar uma resenha da obra; limite de 12 obras por ano; se o condenado ler 1 obra por mês, durante 12 meses, terá a remissão de 48 dias

19. STJ. 5ª Turma. HC 353689-SP, Rel. Min. Felix Fischer, julgado em 14/6/2016 (Info 587).

Somente é aplicada se o condenado cumpre pena em **regime fechado ou semiaberto**. **Obs.**: não se aplica se o condenado estiver cumprindo pena no regime aberto ou se estiver em livramento condicional.	Pode ser aplicada ao condenado que cumpra pena em regime **fechado, semiaberto, aberto** ou, ainda, que esteja em **livramento condicional**. **Atenção**: perceba a diferença em relação à remição pelo trabalho.	Referido benefício busca atingir os reeducandos alfabetizados dos **regimes fechado e semiaberto**.

11.3.2.5.3. Remissão ficta ou virtual

Uma parcela da doutrina sustenta que a **remição é um direito do apenado.** Sendo assim, o benefício deverá ser conferido ainda que o Estado não proporcione meios para que o condenado possa remir a sua pena por meio do trabalho, do estudo ou de outras atividades, pois o reeducando não pode ser prejudicado pela inércia estatal. Nisso consiste a remição ficta: é a **possibilidade de remir a pena ainda que não haja desempenho efetivo das atividades.**

De acordo com o entendimento majoritário jurisprudencial, a remissão ficta não é admitida, pois:

> Reconhecer a remição ficta da pena, nesse caso, causaria substancial mudança na política pública do sistema carcerário, além de invadir a esfera do Poder Executivo. O instituto da remição exige, necessariamente, a prática de atividade laboral ou educacional. Trata-se de reconhecimento pelo Estado do direito à diminuição da pena em virtude de trabalho efetuado pelo detento. Não sendo realizado trabalho, estudo ou leitura, não há que se falar em direito à remição[20].

Uma outra acepção de remissão ficta foi aventada, embasada na ocorrência de violação aos direitos dos presos, notadamente quando a unidade penitenciária apresenta **problemas de superlotação** ou **condições insalubres.** Os que perfilham essa tese defendem que essa violação sistemática de direitos deveria ensejar a remição, como forma de reparação aos condenados submetidos a tais condições.

Igualmente, a tese foi rechaçada pelos Tribunais Superiores. Nessa hipótese, se o preso sofrer violação a direitos durante o período de encarceramento, poderá, eventualmente, fazer jus a indenização pecuniária pelos danos que houver experimentado, nos termos do art. 37, § 6º, da Constituição, não havendo que se falar em remição ficta[21].

20. STF, 1ª Turma. HC 124520/RO, rel. Min. Marco Aurélio, red. p/ ac. Min. Roberto Barroso, julgado em 29/5/2018 (Info 904); STJ. 5ª Turma. HC 421.425/MG, Rel. Min. Felix Fischer, julgado em 27/02/2018.; STJ. 6ª Turma. HC 425.155/MG, Rel. Min. Nefi Cordeiro, julgado em 06/03/2018.

21. STF, Plenário. RE 580252/MS, rel. orig. Min. Teori Zavascki, red. p/ o ac. Min. Gilmar Mendes, julgado em 16/2/2017 (repercussão geral) (Info 854).

▸ ATENÇÃO!

Exceção quanto à possibilidade de remição ficta

Tese (Tema 1.120): Nada obstante a interpretação restritiva que deve ser conferida ao art. 126, § 4º, da LEP, os princípios da individualização da pena, da dignidade da pessoa humana, da isonomia e da fraternidade, ao lado da teoria da derrotabilidade da norma e da situação **excepcionalíssima da pandemia de covid-19**, impõem o cômputo do período de restrições sanitárias como de efetivo estudo ou trabalho em favor dos presos que já estavam trabalhando ou estudando e se viram impossibilitados de continuar seus afazeres unicamente em razão do estado pandêmico[22].

COMPUTAÇÃO DA PENA EM DOBRO – INSTITUTO PLÁCIDO DE SÁ CARVALHO

O Instituto Penal Plácido de Sá Carvalho (IPPSC) é um estabelecimento penal voltado ao cumprimento de pena privativa de liberdade com o enfoque em pessoas do gênero masculino. Está localizado no Complexo Penitenciário de Gericinó, em Bangu, na Zona Oeste do Rio de Janeiro.

O IPPSC apresentou elevados índices de mortes de presos decorrentes da superlotação e das más condições sanitárias do local. Por essa razão, a Corte Interamericana de Direitos Humanos (Corte IDH) expediu medidas provisórias em face do Brasil, sob o fundamento de que houve violação à integridade pessoal dos presos, nos termos da Convenção Americana de Direitos Humanos (CADH).

Em uma dessas Resoluções (de 22/11/2018), **a Corte IDH determinou que deveria ser computado em dobro cada dia de privação de liberdade na unidade prisional IPPSC**, exceto para os acusados ou condenados por: a) crimes contra a vida; b) crimes contra a integridade física; ou c) crimes sexuais.

O cômputo da pena em dobro deve ser sobre todo o período de pena cumprido pelo condenado no IPPSC ou deverá ficar limitado ao período posterior ao conhecimento formal do Brasil acerca da Resolução?

O cômputo em dobro atinge a totalidade da pena cumprida. Logo, não é possível modular os efeitos do cômputo da pena em dobro, tendo em vista a situação degradante do estabelecimento prisional, inspecionado e alvo de inúmeras Resoluções da Corte IDH.

Não se mostra possível que a determinação de cômputo em dobro tenha seus efeitos modulados como se o preso tivesse cumprido parte da pena em con-

22. STJ. 3ª Seção. REsp 1.953.607/SC (recurso repetitivo- Tema 1.120), Rel. Min. Ribeiro Dantas, julgado em 14/09/2022.

dições aceitáveis até a notificação e, a partir de então, tal estado de fato tivesse se modificado. Em realidade, o substrato fático que deu origem ao reconhecimento da situação degradante já perdurara anteriormente, até para que pudesse ser objeto de reconhecimento, devendo, por tal razão, incidir sobre todo o período de cumprimento da pena.

STJ. 5ª Turma. AgRg no RHC 136961-RJ, Rel. Min. Reynaldo Soares da Fonseca, julgado em 15/06/2021, DJe 21/06/2021 (Info 701).23

11.3.2.5.4. Regras da remição

A remição é benefício que pode ser estendido aos condenados pela prática de qualquer crime, **até mesmo os hediondos e equiparados**, tendo em vista que não há vedação legal nesse sentido. Estende-se, inclusive, aos presos provisórios, conforme expressa a Lei de Execução Penal, em seu art. 126, § 7º.

Conforme assenta a Lei de Execução Penal, o preso impossibilitado, por acidente, de prosseguir no trabalho ou nos estudos continuará a beneficiar-se com a remição (art. 126, 4º). Por exemplo: imagine que um reeducando que trabalha ou estuda para remir sua pena venha a sofrer um acidente, ficando impossibilitado de desempenhar suas atividades pelo período de dois meses. O período em que permanecer inativo deverá ser computado para fins de remição, como se em trabalho/estudo estivesse. Note que o texto legal faz referência ao "prosseguimento" no trabalho ou nos estudos, demonstrando que o benefício é destinado àqueles que já iniciaram as atividades para remição. Portanto, o condenado que sequer começou a se empenhar em quaisquer das atividades oferecidas não poderá fazer jus a esse benefício caso venha a se acidentar.

A autoridade administrativa deve encaminhar mensalmente ao juízo da execução cópia do registro de todos os condenados que estejam trabalhando ou estudando, com informação dos dias de trabalho ou das horas de frequência escolar ou de atividades de ensino de cada um deles, bem como deverá fornecer ao condenado a relação de seus dias remidos (LEP, art. 129, caput, e § 2º).

A remição será declarada pelo juízo da execução, após oitiva do Ministério Público e da defesa (LEP, art. 126, § 8º). O **tempo remido será computado como pena cumprida**, para todos os efeitos (LEP, art. 128).

23. CAVALCANTE, Márcio André Lopes. **A Resolução da Corte Interamericana de Direitos Humanos de 22/11/2018, que determina o cômputo da pena em dobro, deve ser aplicada a todo o período cumprido pelo condenado no Instituto Penal Plácido de Sá Carvalho (IPPSC)**. Buscador Dizer o Direito, Manaus. Disponível em: https://www.buscadordizerodireito.com.br/jurisprudencia/detalhes/8ce241e1ed84937ee48322b170b9b18c. Acesso em: 02/02/2024

11.3.2.5.5. Perda dos dias remidos

De acordo com a redação do art. 127 da Lei de Execução Penal, conferida pela Lei nº 12.433/2011, em caso de falta grave (descritas em rol taxativo no art. 50 da LEP), o **juiz poderá revogar até 1/3 (um terço) do tempo remido**, recomeçando a contagem a partir da data da infração disciplinar. Para tanto, levará em conta natureza, os motivos, as circunstâncias e as consequências do fato, bem como a pessoa do faltoso e seu tempo na prisão.

A perda dos dias remidos será decretada após a conclusão do processo administrativo instaurado pelo diretor do estabelecimento para apuração da falta, assegurando ao condenado o direito de defesa e de ser assistido por advogado ou defensor público nomeado, nos termos da Súmula nº 533 do Superior Tribunal de Justiça.

É importante observar que a lei **limita a perda** dos dias remidos em até 1/3 (um terço). Por conseguinte, ao magistrado é facultado determinar a perda de menos dias, de acordo com a proporção que o caso demandar.

A remissão não deixa de ser um incentivo ao apenado para manter-se com bom comportamento O pleno reconhecimento da remissão da pena é uma expectativa condicionada ao cumprimento rigoroso dos critérios legais. Em resumo, a concessão da remissão referente a cada dia de trabalho ou estudo está sujeita à cláusula *rebus sic stantibus.*

11.3.2.6. Detração

A detração é instituto previsto no art. 42 do Código Penal, o qual permite que seja **descontado**, na pena privativa de liberdade e na medida de segurança, o **tempo de prisão provisória**, no Brasil ou no estrangeiro, o de **prisão administrativa** e o de **internação** em hospital de custódia ou outros estabelecimentos para tratamento psiquiátrico.

O STJ, analisando o art. 387, § 2º, do CPP, entendeu que o **juízo sentenciante** tem a competência para aplicação da detração, computando o período para fins de determinação do regime inicial de cumprimento da pena[24]

O referido dispositivo legal traz as hipóteses que ensejam detração:

- **Prisão provisória**: aqui estão compreendidas as prisões anteriores ao cumprimento de pena (prisão em flagrante, preventiva e prisão temporária).
- **Prisão administrativa**: era modalidade de prisão prevista no art. 319 do Código de Processo Penal, entretanto foi revogada pela Lei no 12.403/2011.

24. STJ, 6ª Turma. HC 357.440/SP, Rel. Ministra Maria Thereza de Assis Moura, DJe de 29/8/2016.

- **Internação**: é uma das medidas cautelares pessoais alternativas à prisão, prevista no art. 319, inciso VII, o qual assenta que caberá internação provisória do acusado nas hipóteses de crimes praticados com violência ou grave ameaça, quando os peritos concluírem ser inimputável ou semi-imputável e houver risco de reiteração.

▸ ATENÇÃO

A detração penal em virtude de prisão provisória em outro processo pode ser admitida desde que o delito pelo qual o condenado cumpra pena tenha sido praticado **anteriormente** ao tempo de encarceramento que se pretende detrair. Caso contrário, não é possível utilizar o tempo que o réu ficou preso provisoriamente no primeiro processo para fins de detração penal no segundo processo. Desse modo, impede-se que o condenado goze de um "saldo", facultando-lhe o cometimento posterior de crimes sob o manto da impunidade (a doutrina também denomina esse fenômeno de "conta corrente penal" ou "poupança penal").

DETRAÇÃO PENAL ANALÓGICA VIRTUAL

Detração: a detração penal ocorre quando o juiz desconta da pena ou da medida de segurança aplicada

ao réu o tempo que ele ficou preso antes do trânsito em julgado (prisão provisória ou administrativa) ou o tempo em que ficou internado em hospital de custódia (medida de segurança).

Analógica: o juiz afirmou que a detração que ele estava fazendo era "analógica" porque o art. 28 não prevê pena privativa de liberdade. Logo, o magistrado utilizou-se da analogia para descontar o tempo que o réu ficou preso preventivamente mesmo o art. 28 não cominando pena de prisão. Em outras palavras, o juiz utilizou-se da analogia para descontar uma situação que não estava prevista na lei (abater o tempo em que o réu ficou preso mesmo o art. 28 não prevendo pena de prisão).

Virtual: além disso, a detração foi virtual porque o juiz descontou o tempo que o réu ficou preso cautelarmente mesmo sem condenar o acusado. É como se ele dissesse o seguinte: eu nem vou condená-lo pelo art. 28 porque já reconheço que não há interesse processual nisso.25

11.3.2.6.1. Hipóteses de cabimento da detração

Por expressa determinação legal, a detração é aplicável às penas privativas de liberdade. Eventualmente, poderá incidir sobre outras espécies de penas, conforme haja compatibilidade com o instituto.

25. CAVALCANTE, Márcio André Lopes. **Decisão que reconhece detração penal analógica virtual não serve para fins de reincidência**. Buscador Dizer o Direito, Manaus. Disponível em: <https://www.buscadordizerodireito.com.br/jurisprudencia/detalhes/1134ac57b5b1d38b7d70c1b6feaa28cf>. Acesso em: 01 fev. 2024.

- **Detração e pena de multa:** com o advento da Lei nº 13.964/19 ("Pacote Anticrime"), ganhou força a posição doutrinária de Luiz Flávio Gomes e Antonio de Molina, no sentido de que é possível a detração em pena de multa[26].
- **Detração e pena restritiva de direitos:** a detração não é compatível com as penas de prestação pecuniária e perda de bens e valores, pois ambas possuem natureza patrimonial. Nos demais casos (prestação de serviços à comunidade, interdição temporária de direitos e limitação de fim de semana), a detração é aplicável, devendo o cálculo ser efetuado sobre a pena privativa de liberdade originalmente aplicada, para que depois se proceda à substituição por restritiva de direitos.
- **Detração e suspensão condicional da pena (sursis):** na suspensão condicional da pena, a execução da reprimenda fica suspensa durante o período de prova. Caso o agente não cumpra as condições impostas, o benefício pode ser revogado, ensejando o cumprimento da pena privativa de liberdade. Desse modo, a detração não tem qualquer relevância para o período de prova. Somente terá cabimento se o *sursis* for revogado, e o condenado iniciar o cumprimento da pena privativa de liberdade, quando então será descontado o tempo de prisão provisória ou internação.

11.3.2.6.2 Detração penal e prescrição

Há uma corrente doutrinária que sustenta a incidência de efeitos da detração sobre o cálculo do prazo prescricional. Dessa feita, uma vez operada a detração, a prescrição do crime deveria ser calculada sobre o tempo restante, ainda não cumprido pelo condenado. Por exemplo: o réu foi condenado a cinco anos de reclusão, mas até a data da sentença, havia permanecido preso provisoriamente por um ano e seis meses. Realizado o procedimento de detração, o restante da pena a cumprir é de três e seis meses anos. Por conseguinte, o cálculo da prescrição deveria recair sobre este montante, e não sobre o total da pena, que é cinco anos.

O **Supremo Tribunal Federal** já apreciou a matéria, e **rechaçou a tese**. No entendimento da Corte, "o tempo de prisão provisória não pode ser computado para efeito da prescrição, mas tão-somente para o cálculo de liquidação da Pena. O artigo 113 do Código Penal, por não comportar interpretação extensiva

26. GOMES, Luiz Flávio, MOLINA, Antonio García-Pablos de. **Direito Penal - Parte Geral.** v. 2. 2. ed. São Paulo: RT, 2007. p. 596.

nem analógica, restringe-se aos casos de evasão e de revogação do livramento condicional"[27].

11.3.2.7. Aplicação da pena privativa de liberdade

A fixação da pena é atividade **exclusivamente judicial**. Trata-se de ato discricionário juridicamente vinculado: discricionário, pois o juiz tem liberdade para estabelecer a pena considerando o caso concreto, mas juridicamente vinculado, pois está adstrito aos parâmetros balizadores estabelecidos em lei. Por essa razão, a doutrina afirma que a atividade de aplicação da reprimenda se sujeita à teoria das margens, posto que há limites que orientam a dosimetria da pena.

11.3.2.7.1. Sistemas para aplicação da pena

Há dois principais critérios para aplicação da pena:

Critério bifásico: criado por Roberto Lyra. Segundo este critério, a pena deve ser aplicada em duas fases: na primeira, analisam-se as circunstâncias judiciais, as atenuantes e agravantes genéricas; na segunda, são levadas em consideração as causas de diminuição e aumento de pena.

Critério trifásico: idealizado por **Nelson Hungria** (também conhecido como sistema Nelson Hungria). Sustenta que a aplicação da pena deve observar três fases distintas: na primeira fase, são analisadas as circunstâncias judiciais; na segunda, o magistrado aprecia as atenuantes e agravantes genéricas; por fim, na terceira etapa, devem ser consideradas as causas de diminuição e aumento de pena.

O Código Penal adotou o **critério trifásico** para **aplicação da pena privativa de liberdade**, conforme a redação de seu art. 68: "a pena-base será fixada atendendo-se ao critério do art. 59 deste Código; em seguida serão consideradas as circunstâncias atenuantes e agravantes; por último, as causas de diminuição e de aumento".

DOSIMETRIA DA PENA PRIVATIVA DE LIBERDADE	
Fases	**Leva em consideração**
1ª Fase (pena base)	Circunstâncias judiciais (CP, art. 59)
2ª Fase (pena intermediária)	Agravantes e atenuantes (CP, arts. 61 a 66)
3ª Fase (pena definitiva)	Causas de aumento e de diminuição

27. STF, 2ª Turma. HC 96.287/SP, Rel. Min. Cézar Peluso, DJe 22/05/2009.

Já no tocante à **pena de multa**, foi acolhido o **critério bifásico**. Primeiramente, o juiz determinará o número de dias-multa, que deve variar entre 10 (dez) e 360 (trezentos e sessenta) dias-multa. Em um segundo momento, fixará o valor de cada dia-multa, não podendo ser inferior a um trigésimo do maior salário mínimo mensal vigente ao tempo do fato, nem superior a 5 (cinco) vezes esse salário (CP, art. 49, caput e § 1º).

11.3.2.7.2. Elementares e circunstâncias

A diferença crucial entre elementares e circunstâncias reside no fato de que as primeiras são essenciais para a própria configuração do delito, ao passo que as segundas estão relacionadas à dosimetria da pena.

As elementares são dados nucleares que se agregam ao verbo núcleo do tipo penal a fim de detalhar a descrição da conduta, e assumem papel fundamental para a configuração da infração penal. Portanto, caso o fato praticado não contemple uma elementar contida na descrição típica, poderá ensejar a atipicidade da conduta ou sua desclassificação para outro delito. Exemplo: no crime de homicídio (art. 121, *caput*, CP), a expressão "alguém" é elementar do tipo.

As circunstâncias compreendem os elementos que, embora não sejam essenciais para a caracterização do tipo penal, podem se agregar a ele, formando o tipo penal derivado. É o caso das qualificadoras ou privilégios previstos em diversos tipos penais. Por exemplo: o emprego de chave falsa, embora não seja elementar do crime de furto, é uma circunstância que constitui qualificadora do delito (CP, art. 155, § 4º, III).

As circunstâncias podem ser classificadas em:

a) Circunstâncias legais: previstas no Código Penal sob a forma de privilégios, qualificadoras, atenuantes e agravantes genéricas, e causas de aumento e diminuição da pena.

Qualificadoras ou privilégios	As qualificadoras e os privilégios são verificados quando o tipo penal prevê determinadas circunstâncias que, se **agregadas ao tipo básico, aumentam ou diminuem a pena mínima e máxima cominada ao delito**. Exemplo: o emprego de violência qualifica o crime de injúria (CP, art. 140, § 2º), pois a pena inicialmente prevista (detenção, de um a seis meses ou multa) passa a ser de detenção, de três meses a um ano, e multa, além da pena correspondente à violência. Deve ser levada em consideração pelo juiz para o estabelecimento da pena-base, que ocorrerá na primeira fase de dosimetria da pena.

Atenuantes ou agravantes genéricas	As agravantes estão previstas nos arts. 61 e 62 do Código Penal, enquanto as atenuantes estão elencadas nos arts. 65 e 66. São **valoradas pelo juiz na segunda fase da dosimetria da pena**. Ao contrário do que ocorre com as causas de aumento e diminuição, **não estabelecem a fração a ser aumentada ou diminuída da pena**. Em sede judicial, convencionou-se utilizar a fração de 1/6 (um sexto).
Causas de aumento e diminuição da pena	Também são chamadas de majorantes e minorantes. Estão previstas no Código Penal (Parte Geral e Parte Especial), bem como na legislação extravagante. Estabelecem uma fração para aumento ou diminuição da pena, que será aplicada pelo magistrado na terceira fase de dosimetria da pena. Por exemplo: roubo majorado pelo concurso de pessoas (CP, art. 157, § 2º, II), ou arrependimento posterior (CP, art. 16), que enseja a redução da pena de um a dois terços.

b) Circunstâncias judiciais: são dados **não previstos expressamente no tipo penal**, mas que podem ser coletados pelo magistrado durante a apreciação do caso concreto, sempre observando o disposto no art. 59 do Código Penal. Possuem natureza **residual**, pois só são levadas em consideração se não configurarem nenhuma das espécies de circunstâncias legais.

11.3.2.7.3. Fases de aplicação da pena

Em síntese, as fases da aplicação da pena compreendem:

a) Primeira fase (pena-base): Nesta fase o magistrado deve valorar as **circunstâncias judiciais** previstas no art. 59 do Código Penal para estabelecer qual das penas cominadas irá aplicar e, a partir disso, definir a pena-base.

Portanto, caso preceito secundário do tipo penal preveja penas alternativas (por exemplo: detenção ou multa), o juiz deve estabelecer qual das duas sanções irá aplicar.

A pena-base, por sua vez, deve ser fixada **dentro das margens mínima e máxima previstas em lei**. Exemplo: no crime de homicídio simples, a pena base deve ser estabelecida entre 6 a 20 anos de reclusão. Caso se trate de homicídio qualificado, entre 12 a 30 anos.

b) Segunda fase (pena provisória): Na segunda fase, o magistrado irá sopesar as **atenuantes** (arts. 65 e 66, CP) e **agravantes genéricas** (arts. 61 e 62, CP), a fim de fixar a pena provisória. O cálculo deve recair sobre a pena-base estabelecida na fase anterior.

A pena provisória também deve se ater aos limites estabelecidos pelo tipo penal, conforme entendimento jurisprudencial, consubstanciado na **Súmula nº 231 do Superior Tribunal de Justiça**, segundo a qual: "A incidência da circunstância atenuante não pode conduzir à redução da pena abaixo do mínimo legal".

Ressalte-se, todavia, que a disposição da referida súmula é extremamente controversa. Há doutrinadores que se posicionam em sentido diametralmente oposto, afirmando que o entendimento sumulado afigura-se equivocado:

> Não apenas pela ausência de previsão legal para esta limitação, mas, sobretudo, porque a impossibilidade de atenuar-se a pena, quando existe atenuante afronta o princípio da individualização da pena. Aliás, não é mera questão de ausência de previsão legislativa. O art. 65 do Código Penal é categórico ao asseverar 'são circunstâncias que sempre atenuam a pena'. Ora, a expressão 'sempre' é totalmente desconsiderada pelo verbete sumular[28].

c) **Terceira fase (pena definitiva):** Na terceira fase, ocorre a valoração das causas de aumento (**majorantes**) e diminuição (**minorantes**), a fim de que seja fixada a pena definitiva.

Neste momento, deve ser levada em consideração a pena provisória, determinada na etapa anterior, sobre a qual serão aplicadas as frações para redução ou majoração da reprimenda.

Por fim, não será necessário manter a pena dentro das margens legais, pois o resultado de sua diminuição ou exasperação poderá ficar **abaixo ou acima dos limites definidos pelo tipo penal**.

Fixada a pena privativa de liberdade, com a observância do sistema trifásico, deverá o juiz, ainda:

a) estabelecer o regime inicial de cumprimento de pena (art. 59, inciso III, CP); e

b) verificar a possibilidade de substituição da pena privativa de liberdade aplicada por outra espécie de pena (art. 59, inciso IV, CP).

As regras relacionadas aos regimes de cumprimento de pena deverão ser estudadas na Lei de Execução Penal, para onde remetemos o leitor.

Passemos à análise de cada uma das fases da aplicação da pena privativa de liberdade.

11.3.2.7.3.1. Primeira fase: fixação da pena-base e circunstâncias judiciais

De acordo com o art. 68 do Código Penal, a pena-base será fixada atendendo-se ao critério do art. 59 deste Código. Por sua vez, o art. 59 assenta que o magistrado estabelecerá a pena atendendo à culpabilidade, aos antecedentes, à conduta social, à personalidade do agente, aos motivos, às circunstâncias e consequências do crime, bem como ao comportamento da vítima, conforme seja **necessário e suficiente para reprovação e prevenção do crime**.

28. ARAÚJO, Fábio Roque. **Curso de Direito Penal – Parte Geral**. Salvador: Editora JusPodivm, 2018, p. 900.

Como visto, há oito circunstâncias judiciais, previstas em rol taxativo no art. 59 do Código Penal, e compreendem a análise e apreciação de seguintes elementos:

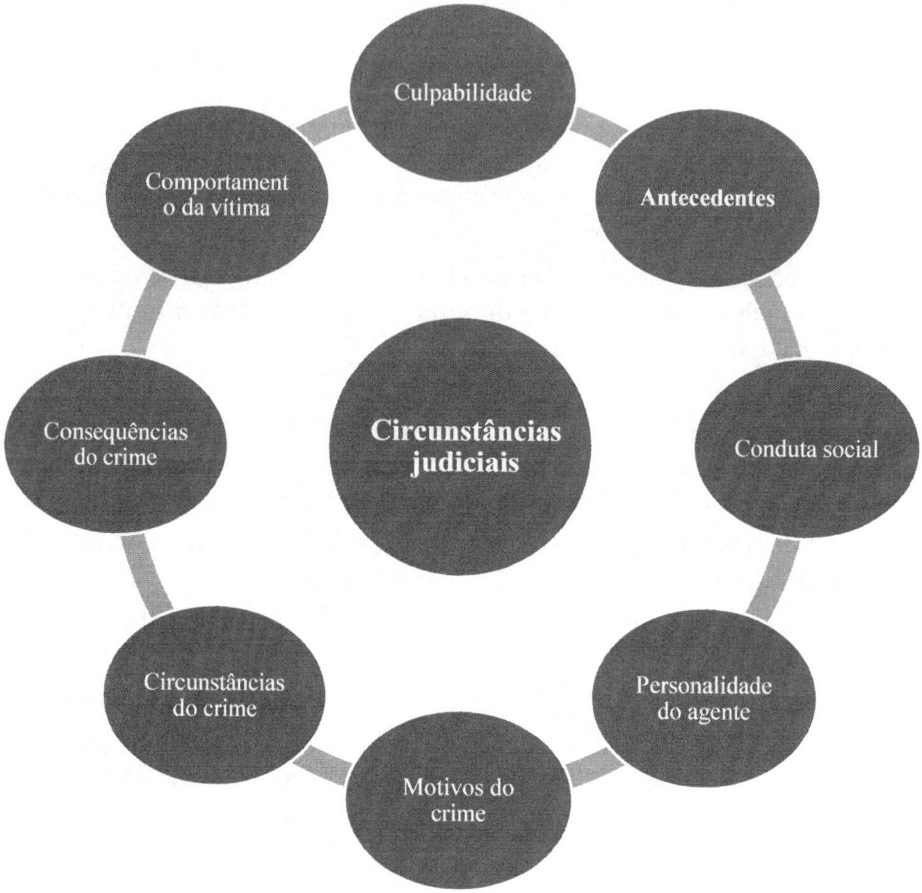

Com fulcro no princípio da proporcionalidade, os Tribunais Superiores partem da premissa de que todas as circunstâncias judiciais possuem o **mesmo grau de importância,** visto que o legislador não estabeleceu nenhum critério de diferenciação ou preponderância entre elas.

Além disso, o Código Penal não impõe a fração que será tomada como base para aumento ou diminuição da pena durante a apreciação das circunstâncias judiciais. Desse modo, os Tribunais Superiores têm admitido o **acréscimo em até 1/6 (em sexto) da pena-base** para cada circunstância judicial desfavorável, salvo peculiaridade que justifique acréscimo superior. Por exemplo: no julgamento de um crime cuja pena mínima é de 3 (três) anos de reclusão, a cada circunstância judicial desfavorável, o magistrado poderá elevar a pena-base em 6 (seis) meses.

Outro critério, igualmente aceito, consiste **na elevação de 1/8 (um oitavo)** do intervalo entre a pena mínima e a pena máxima cominada abstratamente ao delito a cada circunstância judicial desfavorável. A eleição de tal fração se deve ao fato de que o art. 59 elenca oito circunstâncias judiciais, e cada uma corresponde a uma parte de oito. Ilustrando: no julgamento de um crime cuja pena cominada é de 6 (seis) a 20 (vinte) anos de reclusão, a cada circunstância judicial desfavorável, o juiz poderá elevar a pena-base em 1 (um) ano e 9 (nove) meses (pois este período corresponde à fração de 1/8 sobre o intervalo entre a pena mínima e máxima, que é de 14 anos).

O STJ tem admitido, para aumento da pena-base, por circunstância judicial desfavorável, adotar as **frações de 1/8 entre o mínimo e o máximo da pena em abstrato, e 1/6 da pena mínima em abstrato**, assim como não adotar nenhum critério matemático, desde que haja fundamentação idônea e concreta, baseada na discricionariedade vinculada do julgador[29].

▸ JURISPRUDÊNCIA

Predomina nesta Corte Superior o entendimento de que o aumento da pena em patamar superior à fração de 1/6 (um sexto), demanda fundamentação concreta e específica para justificar o incremento em maior extensão.[30]

O Superior Tribunal de Justiça tem entendimento firmado de que, embora ausente previsão legal acerca dos percentuais mínimo e máximo de elevação da pena em razão da incidência das agravantes, o incremento da pena em fração superior a 1/6 (um sexto) exige fundamentação concreta.[31]

É possível a compensação entre circunstâncias judiciais favoráveis e desfavoráveis para a fixação da pena-base? Ilustrando: o agente, apesar de maus antecedentes, possui boa conduta social.

Há duas correntes sobre o tema.

1ª Corrente: é possível a compensação, devendo o magistrado invocar, por analogia, o artigo 67 do Código Penal (aplicando a preponderante). Esta providência deverá favorecer o réu, pois se o prejudicar, estaremos diante de analogia *in malam partem*, vedada por força do princípio da legalidade.

2ª Corrente: é inconcebível a compensação entre circunstâncias judiciais. As circunstâncias judiciais favoráveis e/ou neutras apenas impedem o acréscimo da pena-base do seu grau mínimo, sendo que, em nenhuma hipótese, poderão atuar para compensar a existência de circunstanciais judiciais desfavoráveis, as quais, por si sós, já autorizam a exasperação da sanção penal do patamar mínimo previsto em abstrato para o tipo penal incriminador.

29. STJ, 6ª Turma. AgRg no HC 665.698/RS, Rel. Min. Antonio Saldanha Palheiro, j. em 10/5/2022.
30. STJ, 5ª Turma. AgRg no HC 855.665/MG, Rel. Min. Reynaldo Soares da Fonseca, julgado em 3/10/2023.
31. STJ, 5ª Turma. AgRg no HC 843.477/SP, Rel. Min. Ribeiro Dantas, julgado em 2/10/2023.

Vamos analisar cada circunstância judicial individualmente:

a) Culpabilidade: A culpabilidade, como circunstância judicial, não se confunde com a culpabilidade como elemento que compõe um dos substratos do conceito analítico de crime.

A análise da circunstância judicial requer um exame de valoração do magistrado, pois deve graduar o juízo de reprovação que recai sobre a conduta, ligada à intensidade do dolo ou culpa do agente. Por exemplo: a frieza, a brutalidade ou a premeditação podem caracterizar um dolo mais intenso, fazendo jus a maior censurabilidade. Nos crimes culposos, analisa-se o grau do descuido do agente para a gradação da culpabilidade como circunstância judicial.

Em outros termos, corresponde ao **maior ou menor grau de reprovabilidade** da conduta do agente.

b) Antecedentes: Na apreciação desta circunstância judicial, são analisados os antecedentes criminais do agente, caso possua contra si sentença penal condenatória transitada em julgado, em virtude de fato ilícito anterior, e que **não implique em reincidência**[32].

A partir desse conceito, podemos inferir o seguinte:

Os antecedentes levam em consideração apenas os fatos praticados pelo agente que tenham repercussão judicial (histórico criminal do agente). As condutas desabonadoras que não configurem infração penal serão valoradas por ocasião da análise da **conduta social ou da personalidade do agente.**

Somente os fatos praticados **anteriormente** ao crime pelo qual está sendo condenado podem configurar antecedentes.

Por força do princípio da não culpabilidade (ou presunção de inocência) caracterização dos antecedentes depende da existência de sentença penal transitada em julgado. Reforçando este entendimento, a **Súmula no 444 do Superior Tribunal de Justiça** dispõe: "É vedada a utilização de inquéritos policiais e ações penais em curso para agravar a pena-base".

Portanto, não configuram maus antecedentes criminais:

- inquérito policial arquivado ou em andamento;
- ação penal em curso (ainda que haja condenação em segunda instância, mas sujeita a recurso especial ou extraordinário);
- ação penal com absolvição;
- ação penal em que foi extinta a punibilidade do agente pela prescrição da pretensão punitiva estatal;
- ação penal em que ocorreu transação penal ou composição de danos civis, institutos previstos na Lei no 9.099/1995;

32. A reincidência é uma agravante, logo, considerada na segunda etapa do cálculo da pena.

- a ação penal em que houve sentença concessiva do perdão judicial[33];
- a celebração do acordo de não persecução penal (ANPP)[34].

Fatos delituosos praticados antes da maioridade penal do condenado não podem ser consideradas para caracterização de antecedentes criminais, "porque os fatos criminosos anteriores praticados durante a inimputabilidade do agente não constituem qualquer gravame de culpabilidade penal[35]".

Quanto aos antecedentes, discutia-se se o Código Penal havia adotado o sistema da perpetuidade ou da temporariedade:

- **Sistema da perpetuidade:** o decurso do prazo depurador de 5 (cinco) anos, embora obste o reconhecimento da reincidência, pode caracterizar maus antecedentes.
- **Sistema da temporariedade:** a possibilidade de sopesarem-se negativamente antecedentes criminais, sem qualquer limitação temporal, *ad aeternum*, traduz pena de caráter perpétuo, o que é vedado pela Constituição Federal (art. 5º, inciso XLVII, alínea "b").

No Recurso Extraordinário 593.818/SC, com repercussão geral reconhecida, o **STF acolheu o sistema da perpetuidade**, fixando a seguinte tese: "Não se aplica o reconhecimento dos maus antecedentes o prazo quinquenal de prescrição da reincidência, previsto no art. 64, I, do Código Penal".

A sua comprovação pode ser feita por meio da folha de antecedentes criminais, a qual é apta para embasar a agravante da reincidência e a circunstância judicial dos maus antecedentes criminais. Nesse sentido, aliás, a **Súmula 636-STJ:** A folha de antecedentes criminais é documento suficiente a comprovar os maus antecedentes e a reincidência[36]. Importante ressaltar, que o STF tem entendimento de que informações processuais extraídas dos sítios eletrônicos dos tribunais (documento menos formal que a folha de antecedentes) também são aptas para comprovar a reincidência[37].

c) Conduta social: A conduta social, ao contrário do que ocorre com os antecedentes, não diz respeito a fatos criminosos anteriormente praticados pelo agente. Refere-se a seu **comportamento e proceder na comunidade** em que está inserido: família, trabalho, vizinhança etc.

Geralmente, provas testemunhais fundamentam a apreciação dessa circunstância, sem prejuízo de declarações e outros documentos que possam ser juntados aos autos.

33. Súmula no 18 do STJ: "A sentença concessiva do perdão judicial é declaratória da extinção da punibilidade, não subsistindo qualquer efeito condenatório".
34. STJ, 5ª Turma. REsp 2.059.742-RS, Rel. Min. Ribeiro Dantas, j. em 28/11/2023 (Info 797).
35. STJ, 5ª Turma. RHC 135396/SC, Rel. Min. Reynaldo Soares da Fonseca, j. 13/10/2020.
36. STJ, 3ª Seção. Aprovada em 26/06/2019, DJe 27/06/2019.
37. STF, 1ª Turma. HC 162548 AgR/SP, Rel. Min. Rosa Weber, julgado em 16/6/2020 (Info 982).

Alguns comportamentos podem influir negativamente na análise desta circunstância: deixar de pagar alimentos aos filhos, possuir histórico de despedidas por justa causa, ter pouca ou nenhuma aceitação na comunidade onde vive etc.

d) Personalidade do agente: A apreciação desta circunstância judicial é complexa, pois leva em consideração **o perfil subjetivo do agente**: índole, inclinações, sentimentos, pensamentos, maneira de agir e relacionar- se com o mundo.

A personalidade do agente só pode ser levada em consideração no cálculo da pena se tiver alguma relação com o crime. Assim, é lícito considerar a agressividade do agente para elevar a pena de um crime de desacato ou de uma lesão corporal, mas não faz sentido utilizá-la para aumentar a pena de crime fiscal.

A existência de condenações definitivas anteriores não se presta a fundamentar a exasperação da pena base como **personalidade** voltada para o crime. Condenações transitadas em julgado não constituem fundamento idôneo para análise desfavorável da personalidade do agente[38].

Considerando o conhecimento técnico que a tarefa pode requerer (envolvendo os ramos da Psicologia, Biologia, Sociologia etc.), há quem defenda que a personalidade do agente só poderá ser valorada a partir de um laudo psicossocial, firmado por pessoas habilitadas. No entanto, esse entendimento não encontra guarida no STJ. Para a Corte, o magistrado sentenciante deve utilizar-se de elementos concretos inseridos nos autos[39].

Nucci traz uma importante observância acerca desta circunstância judicial: "Mencionar que o réu tem personalidade voltada ao crime equivale a declará-lo delinquente por natureza, algo mais afeito à teoria de Lombroso (o homem delinquente) do que, propriamente, à personalidade"[40].

e) Motivos do crime: Os motivos do crime compreendem todas as **razões que conduziram o agente à ação delituosa do crime**. São fatores de ordem subjetiva e psíquica que desencadeiam a conduta criminosa.

Ao apreciar esta circunstância, o magistrado deverá analisar a maior ou menor reprovabilidade dos motivos do crime. Os motivos de um pai de família que, desesperado, furta o caixa de uma loja para custear o tratamento médico de seu filho não pode ser valorado da mesma forma que o furto praticado para financiar uma vida de ostentação e vaidade.

Apenas é preciso atentar para que a análise desta circunstância não englobe os motivos inerentes ao tipo penal, às agravantes e atenuantes, ou ainda às causas de aumento ou diminuição de pena, a fim de evitar a configuração do bis in idem. Por exemplo, o desejo de lucro fácil não pode recrudescer a pena de um crime

---

38. STJ, 3ª Seção. EAREsp 1.311.636-MS, Rel. Min. Sebastião Reis Júnior, j. em 04/09/2019, Dje 24/09/2018.
39. STJ, 5ª Turma. AgRg no REsp 1768487/RS, Rel. Min. Felix Fischer, j. 15/09/2020.
40. NUCCI, Guilherme de Souza. **Curso de Direito Penal**. v. 1. Rio de Janeiro: Forense, 2017, p. 662.

de furto, pois tal motivo é inerente ao tipo. A mesma lógica se aplica ao crime de estupro quanto à satisfação da lascívia.

f) Circunstâncias do crime: São todos os **elementos que circundam o crime** e que devem ser ponderados pelo juiz sentenciante.

Portanto, tudo que escape ao rol das atenuantes e agravantes genéricas, das causas de aumento ou diminuição da pena, e das elementares que integram o próprio tipo penal podem ser valoradas neste momento, tais como natureza da ação criminosa, espécie de instrumento empregado na prática criminosa, objeto material, tempo e lugar do delito etc. Assim, um roubo a uma residência no qual a vítima é mantida como refém e sujeita a violência merece uma punição mais severa do que o roubo de um celular praticado rapidamente em uma rua movimentada.

g) Consequências do crime: Esta circunstância tem o objetivo de analisar todos os **efeitos da conduta criminosa** que extrapolam o resultado do próprio tipo penal.

Desse modo, o magistrado sentenciante não pode exasperar a pena do crime de homicídio porque a conduta do agente resultou na perda de uma vida. Entretanto, se o delito ceifou a vida de um jovem que era o único responsável pelo cuidado e sustento da avó idosa e de um irmão deficiente, que ficaram desamparados após a morte da vítima, é possível valoração negativa da circunstância, pois as repercussões do fato vão além do alcance do tipo penal.

h) Comportamento da vítima: Na análise desta circunstância, o juiz deve verificar se o **comportamento da vítima facilitou ou provocou a prática delituosa**, ou se, de outra forma, contribuiu para sua ocorrência.

Por exemplo: vítima que deixa sua bolsa aberta e desatendida em local público, e tem os seus pertences furtados. Nessa hipótese, embora não seja afastada a responsabilidade penal do agente, tal circunstância judicial será favorável a ele, pois a desídia da vítima certamente facilitou a prática do crime.

A valoração do comportamento da vítima poderá ser neutra ou favorável ao réu, nunca desfavorável. De acordo com a jurisprudência do Superior Tribunal de Justiça, "ao individualizar a pena, não se acolhe a elevação da pena-base ao argumento de que as vítimas não contribuíram para a ação delitiva e não poderiam prevê-la, visto que, por certo, não iriam colaborar para o ato criminoso, não se justificando, assim, a valoração negativa dessa circunstância judicial"[41].

41. STJ, 5ª Turma. PExt no HC 542909/ES, Rel. Min. Ribeiro Dantas, j. 16/06/2020.

Veja este quadro-resumo sobre o tema:

CIRCUNSTÂNCIAS JUDICIAIS	
CP, art. 59 – Vetores para fixação da pena base (1ª fase de aplicação da pena) *Quantum* de aumento de **1/6 ou 1/8** (divergência na doutrina e jurisprudência, parece prevalecer 1/8)	
Culpabilidade	Maior ou menor reprovabilidade da conduta do agente. Trata-se de um juízo de reprovabilidade da conduta, ou seja, o menor ou maior grau de censura do comportamento do réu (STJ, HC 492.788). Ex.: a utilização, por bacharel em direito, de seus conhecimentos acerca do exame da OAB para participar de esquema de fraude (STJ, AgRg 2.101.521). Obs.: A ocultação de drogas na região pélvica, por si só, não constitui fundamento idôneo para negativar a culpabilidade (STJ, REsp 1.923.803).
Antecedentes	As condenações criminais anteriores transitadas em julgado (inclusive após o período depurador de 5 anos da reincidência – sistema da perpetuidade) são valoradas como "maus antecedentes", conforme jurisprudência consolidada do STJ (HC 399.029). Condenações criminais transitadas em julgado, não consideradas para caracterizar a reincidência (2ª fase de aplicação da pena), somente podem ser valoradas, na primeira fase da dosimetria como maus antecedentes, não podendo incidir na personalidade ou na conduta social do agente (STJ, REsp 1.794.854). Inquéritos policiais e ações penais em curso não são considerados (STJ, Súmula 444).
Conduta Social	Comportamento do agente no meio familiar, no ambiente de trabalho e no relacionamento com outros indivíduos (STF, RHC 130.132).
Personalidade do Agente	Síntese das qualidades morais e sociais do indivíduo. Trata-se de um retrato psíquico do agente (STJ, HC 420.344). Não há necessidade de perícia, mas demanda fundamentação (STJ, AgRg no HC 438.168).
Motivos do crime	É a razão que levou ao cometimento do delito. O STJ já admitiu a elevação da pena base de crime de trânsito porque o agente imprimiu velocidade excessiva ao veículo para levar drogas a uma festa (STJ, AgRg no HC 153.549). Motivos inerentes ao delito não justificam a exasperação da pena-base. Ex.: elevar a pena do furto sob o argumento de que o agente quis obter lucro fácil ou foi movido pela cobiça.
Circunstâncias do crime	Elementos que estão ao redor do crime, tais como lugar, tempo do crime e maneira de execução. Ex.: um roubo praticado mediante invasão de residência, no qual os moradores são feitos de reféns, merece punição mais severa do que um roubo rápido praticado em via pública (STJ, AgRg no HC 311.233).
Consequências do crime	Efeitos danosos causados pelo crime, além daqueles compreendidos pelo tipo penal. É o resultado da ação do agente, verifica-se se o dano material ou moral causado ao bem jurídico se revela superior ao inerente ao tipo penal (STJ, AgRg no AREsp 1.689.484).
Comportamento da vítima	É o modo de agir da vítima. O comportamento da vítima é circunstância judicial ligada à vitimologia, que deve ser necessariamente neutra ou favorável ao réu, sendo descabida sua utilização para incrementar a pena-base quando for desfavorável ao acusado (STJ, PExt no HC 542.909).

11.3.2.7.3.2. Segunda fase: fixação da pena provisória

Estabelecida a pena-base, o processo de dosimetria direciona-se à segunda fase, ocasião em que serão consideradas as atenuantes e agravantes, assim definidas em lei.

No Código Penal, as atenuantes encontram previsão nos artigos 65 e 66, ao passo que as agravantes são elencadas nos artigos 61 e 66.

Determinadas leis extravagantes também apresentam circunstâncias agravantes e atenuantes especiais, aplicáveis somente aos crimes que nelas estão tipificados. Entretanto, é importante ressaltar que as atenuantes e agravantes do Código Penal incidem sobre todos os delitos: os previstos em sua Parte Especial, bem como nas leis extravagantes.

As **circunstâncias agravantes** são previstas em **rol taxativo.** As **atenuantes,** por sua vez, encontram-se em **rol exemplificativo.** Saliente-se que o próprio Código Penal prevê a existência de **atenuantes inominadas,** conforme se extrai do art. 66, segundo o qual "a pena poderá ser ainda atenuada em razão de circunstância relevante, anterior ou posterior ao crime, embora não prevista expressamente em lei".

Assim como ocorre na fixação da pena-base, a segunda fase deve se **ater aos limites da pena abstratamente cominada.** Esse é o entendimento da **Súmula no 231 do Superior Tribunal de Justiça,** a qual assenta que "a incidência da circunstância atenuante não pode conduzir à redução da pena abaixo do mínimo legal". Se a pena não pode ser reduzida abaixo do mínimo legal, por consectário, também não será exasperada acima do máximo abstratamente estabelecido.

De acordo com o art. 68 do Código Penal, as circunstâncias atenuantes devem ser apreciadas **antes** das circunstâncias agravantes. Passemos, portanto, ao estudo mais detalhado de cada uma delas.

▸ IMPORTANTE

As circunstâncias agravantes aplicam-se somente aos crimes dolosos. São incompatíveis com os delitos culposos pois, nestes casos, a produção do resultado naturalístico não é desejada pelo agente. Embora haja certa controvérsia doutrinária e jurisprudencial, prevalece a posição de que não há incompatibilidade na aplicação das agravantes aos crimes preterdoloso, pois a conduta-base do tipo penal é dolosa[42]. A única exceção é a reincidência, aplicável a qualquer tipo de delito.

11.3.2.7.3.2.1. Circunstâncias atenuantes

a) Ser o agente menor de 21 (vinte e um) anos, na data do fato (CP, art. 65, inciso I, 1ª parte): A doutrina e a jurisprudência convencionaram denominar

42. STJ, 6ª Turma. AgInt no AREsp 1074503/SP, Rel. Min. Nefi Cordeiro, j. 18/09/2018.

esta circunstância atenuante de **menoridade relativa**, e é fundada na imaturidade e inexperiência do agente, que ainda não alcançou seu desenvolvimento mental completo, e pode ser suscetível a influências e pressões externas.

A atenuante amenizava um descompasso legal, visto que, na vigência do Código Civil de 1916, a maioridade civil somente era atingida aos 21 anos, ao passo que, na esfera penal, o agente era considerado maior de idade ao completar 18 anos. É imperioso destacar que a alteração da maioridade civil pelo Código Civil de 2002, que passou de 21 para 18 anos, em nada afetou a incidência da atenuante.

O paradigma para aplicação da atenuante da menoridade relativa é a **data do fato**. De acordo com o art. 4º do Código Penal, considera-se o crime praticado no momento da ação ou omissão, ainda que outro seja o momento do resultado (teoria da atividade). Tratando-se de crime permanente ou continuado, será levada em conta a idade do agente quando da cessação da continuidade ou da permanência.

A menoridade relativa deve ser comprovada por meio de **documento hábil**. Nesse sentido, é o entendimento sedimentado pelo **Superior Tribunal de Justiça na Súmula nº 74**: "Para efeitos penais, o reconhecimento da menoridade do réu requer prova por documento hábil". Dentre os documentos aceitos pela jurisprudência, estão as certidões de nascimento e de casamento, as carteiras de identidade, título de eleitor, carteira de habilitação, ou qualquer outro documento idôneo, expedido por órgão oficial.

b) Ser o agente maior de 70 (setenta) anos, na data da sentença (CP, art. 65, inciso I, 2a parte): O fundamento de tal disposição é a **senilidade e a fragilidade** que podem atingir o agente que alcança tal idade, tornando-o menos apto a suportar a reprimenda penal.

De acordo com art. 1º do Estatuto da Pessoa Idosa, considera-se pessoa idosa aquela que possui idade igual ou superior a 60 (sessenta) anos. Apesar dessa disposição, não houve alteração do critério etário adotado pelo Código Penal.

A idade do agente será aferida por ocasião da **sentença condenatória prolatada em primeiro grau**. Excepcionalmente, poderá ser verificada em sede recursal, caso haja acórdão condenatório, reformando decisão absolutória proferida em primeiro grau.

A doutrina sustenta que, embora mencione apenas a menoridade relativa, a Súmula nº 74 do Superior Tribunal de Justiça também é aplicável ao reconhecimento da senilidade, pois o fato que enseja a incidência da atenuante (critério etário) é idêntico.

▸ ATENÇÃO

Para fins penais, considera-se que o agente completa a idade à **zero hora do dia de seu aniversário**, não importando a hora que nasceu.

c) Desconhecimento da lei (art. 65, inciso II, CP): O art. 21 do Código Penal dispõe que o desconhecimento da lei é inescusável, e não isenta o agente de pena. A Lei de Introdução às Normas do Direito Brasileiro, por sua vez, prevê que ninguém se escusa de cumprir a lei, alegando que não a conhece (art. 3º, LINDB).

Apesar de tais disposições, o Código Penal prevê uma atenuante em benefício daqueles que, por desconhecimento, praticam uma conduta delituosa. Para a incidência deste dispositivo, pouco importa se o erro do agente é ou não inescusável.

Na dicção da doutrina, o **desconhecimento da lei recebe tratamento diverso do desconhecimento da ilicitude do fato**, pois este último, se inevitável, isenta o agente de pena; se evitável, enseja a aplicação de uma causa de diminuição de pena, de um sexto a um terço, que será valorada na terceira fase da dosimetria (erro de proibição).

No contexto das contravenções penais, a ignorância ou errada compreensão da lei, quando escusáveis, admite o perdão judicial (art. 8º da LCP).

d) Ter o agente cometido o crime por motivo de relevante valor social ou moral (CP, art. 65, inciso III, "a"): O motivo de relevante valor social diz respeito à **coletividade**. Isso significa que o agente, ao praticar a conduta, visava aos interesses da sociedade. Por exemplo: o agente, desconfiado que seu vizinho era o autor de uma série de furtos praticados contra os outros moradores do bairro, viola o domicílio do suposto ladrão para desmascará-lo. Ou ainda, agente que agride fisicamente o autor de uma série de roubos com emprego de violência, praticados contra pessoas idosas do bairro.

Por sua vez, o motivo de **relevante valor moral** está ligado à subjetividade do agente, e busca atender seus anseios pessoais. Ilustrando: mulher que, após ter sido violentada sexualmente por um homem rico e influente, invade dispositivo informático pertencente ao estuprador, com a finalidade de extrair vídeos, fotos e e-mails que demonstram a ocorrência de outros estupros e divulgá-los na internet, destruindo a reputação do agente.

Em ambos os casos, os motivos devem estar em conformidade com os princípios morais e éticos dominantes, considerados a partir da perspectiva do homem médio.

Eventualmente, tais motivos poderão atuar como causa de diminuição da pena (a exemplo do art. 121, § 1º, e art. 129, § 4º, ambos do Código Penal), ou privilégio (art. 242, parágrafo único, do Código Penal). Nessas hipóteses, os motivos do agente não serão apreciados como circunstância atenuante, pois a **dupla valoração é vedada**.

e) Ter o agente procurado, por sua espontânea vontade e com eficiência, logo após o crime, evitar-lhe ou minorar-lhe as consequências, ou ter, antes do julgamento, reparado o dano (CP, art. 65, inciso III, "b"): Esta atenuante beneficia o agente que, logo após o crime, procura **evitar ou minorar suas consequências, de modo espontâneo e eficaz**. Tal situação não se confunde com o arrependimento eficaz, prevista no art. 15 do Código Penal.

No **arrependimento eficaz**, o agente executa a conduta típica, mas impede a ocorrência do resultado, ou seja, a consumação do delito. Por exemplo: agente desfere uma facada em seu desafeto e, logo após, arrependido pelo que fez, estanca o sangramento e busca auxílio médico, salvando a vida da vítima. Nesse caso, há exclusão da tipicidade, pois o agente não responderá pelo crime que intentava consumar, mas somente pelos atos praticados.

A **atenuante**, por sua vez, beneficia aquele que, embora não tenha impedido a ocorrência do resultado, procurou evitar ou minorar as consequências de sua conduta. Por exemplo: agente desfere uma facada em seu desafeto, que vem a falecer em virtude do ferimento. Logo após o fatídico acontecimento, o agente espontaneamente paga as despesas de funeral e enterro, além de uma pensão mensal para o sustento da família da vítima.

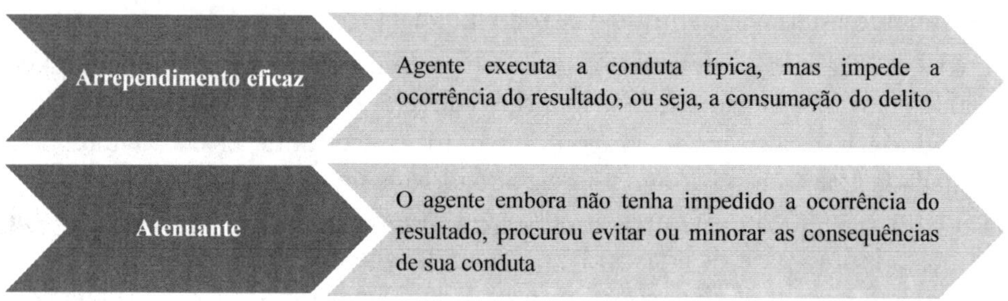

A **reparação do dano**, a que se refere a parte final do dispositivo, não se confunde com o arrependimento posterior, causa de diminuição da pena prevista no art. 16 do Código Penal. O arrependimento posterior é aplicável aos crimes cometidos sem violência ou grave ameaça à pessoa, quando há reparação ou restituição da coisa, até o recebimento da denúncia ou da queixa, por ato voluntário do agente.

A **atenuante** pela reparação do dano sujeita-se a lapso temporal mais amplo, tendo em vista que o seu aperfeiçoamento pode ocorrer até o julgamento em primeiro grau.

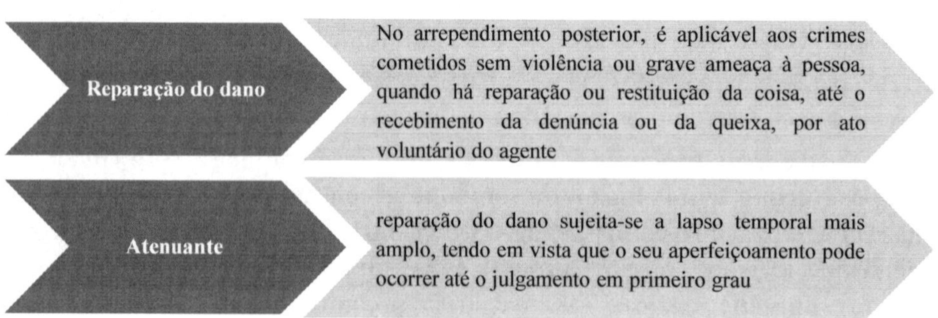

f) Ter o agente cometido o crime sob coação a que podia resistir, ou em cumprimento de ordem de autoridade superior, ou sob a influência de violenta emoção, provocada por ato injusto da vítima (CP, art. 65, inciso III, "c")

O ato de coação previsto nesta circunstância atenuante é aquele ao qual o **agente poderia ter resistido**. Sendo a coação irresistível, haverá a exclusão de sua culpabilidade, nos termos do art. 22 do Código Penal. Para incidência da atenuante, deve-se demonstrar que a pressão exercida pelo coator apenas diminuía a capacidade de autodeterminação do agente, não a suprimia.

Da mesma forma, aplica-se a atenuante quando o agente cumpre ordem manifestamente ilegal de autoridade superior. Caso a ilegalidade da determinação não seja manifesta, ou o agente desconheça seu caráter ilícito, ocorre a exclusão da culpabilidade (CP, art. 22).

Em ambas as hipóteses, "o agente poderia ter evitado o cometimento do delito, mas a fraqueza de sua personalidade o conduziu a prática do crime. Embora venha a sofrer as sanções penais relacionadas ao seu ato praticado, deverá ter a sua pena atenuada".

Também incide a atenuante quando o agente pratica o crime sob violenta emoção, provocada por ato injusto da vítima.

Quanto à essa disposição, é preciso atentar para dois detalhes. Primeiramente, **ato injusto não se confunde com agressão injusta**. Ocorrendo agressão injusta por parte da vítima, o agente poderá fazer jus à excludente de ilicitude da legítima defesa (art. 25, CP), não havendo que se falar na incidência da atenuante.

Além disso, é preciso distinguir a **influência de violenta emoção**, de que trata a atenuante, do domínio de violenta emoção, causa de diminuição da pena prevista em alguns crimes da Parte Especial (art. 121, § 1º, e art. 129, § 4º, ambos do Código Penal). Na lição da doutrina, "deixar-se dominar é perder completamente o controle da situação; influenciar-se é agir quando o ato podia ser evitado, mas a violenta emoção o impulsionou a praticá-lo. A influência é um *minus* em relação ao domínio"[43].

g) Ter o agente confessado espontaneamente, perante a autoridade, a autoria do crime (CP, art. 65, inciso III, "d"): Embora o texto legal demande a confissão da autoria do crime, é pacífico o entendimento de que a atenuante pode ser aplicada à confissão da participação.

A incidência desta circunstância depende da verificação de alguns requisitos:

A confissão deve ser espontânea: A confissão espontânea é a que ocorre por **vontade livre do próprio agente, sem qualquer interferência externa**. A confissão voluntária, por sua vez, ocorre a partir de um conselho, pedido ou sugestão de

---

43. SCHMITT, Ricardo Augusto. **Sentença Penal Condenatória**: Teoria e Prática. 10. ed. Salvador: Juspodivm, 2016, p. 212.

terceira pessoa. Numa fria análise do texto legal, conclui-se que confissão voluntária do agente não pode ensejar a aplicação da atenuante, pois não há qualquer previsão nesse sentido. Entretanto, a jurisprudência dos tribunais se posiciona pela aplicação da atenuante apenas com base na voluntariedade da confissão, independentemente de sua espontaneidade. Esse entendimento foi cristalizado na **Súmula nº 545 do STJ**, o qual dispõe: "quando a confissão for utilizada para a formação do convencimento do julgador, o réu fará jus à atenuante prevista no art. 65, III, 'd', do Código Penal".

A confissão deve ser feita perante a autoridade: Sendo assim, será reconhecida a atenuante caso o agente faça a confissão perante a **autoridade policial, membro do Ministério Público ou membro do Poder Judiciário**. A confissão feita perante particular não autoriza a aplicação da atenuante.

▶ IMPORTANTE

O agente que apresenta confissão parcial faz jus à atenuante?

A confissão pode ser total, quando o agente admite que praticou todos os fatos que lhe são imputados, ou parcial, quando confessa somente parte deles. O réu fará jus à atenuante, ainda que confesse parcialmente, se o magistrado considerar a confissão para formação de seu convencimento[44].

Admite-se a incidência da atenuante na hipótese de confissão qualificada?

Há confissão qualificada quando o réu, embora admita a prática dos fatos que lhe são imputados, alega uma tese defensiva que pode ensejar a exclusão da ilicitude ou da culpabilidade. Por exemplo: confessar que matou a vítima, mas alegar que o fez em legítima defesa.

Ambas as Turmas do Superior Tribunal de Justiça[45] entendem que a confissão qualificada pode autorizar a aplicação da atenuante, conforme **Súmula nº 545** ("quando a confissão for utilizada para a formação do convencimento do julgador, o réu fará jus à atenuante prevista no art. 65, III, 'd', do Código Penal").

<u>Cuidado</u>! No caso específico do **tráfico de drogas** o STJ cristalizou outro entendimento, **Súmula 630 do STJ**: "a incidência da atenuante da confissão espontânea no crime de tráfico ilícito de entorpecentes exige o reconhecimento da traficância pelo acusado, não bastando a mera admissão da posse ou propriedade para uso próprio".

---

44. STJ, 5ª Turma. HC 450.201/SP, Rel. Min. Jorge Mussi, j. em 21/03/2019; **STJ, Súmula 545**: Quando a confissão for utilizada para a formação do convencimento do julgador, o réu fará jus à atenuante prevista no artigo 65, III, d, do Código Penal.

45. STJ, 5ª Turma. HC 450.201/SP, Rel. Min, Jorge Mussi, j. em 21/03/2019, DJe 28/03/2019; STJ, 6ª Turma. AgInt no REsp 1.775.963/MG, Rel. Min. Sebastião Reis Júnior, DJe 20/05/2019.

Observação: No âmbito do Supremo Tribunal Federal, há julgados que rechaçam a extensão da atenuante à confissão qualificada. Os partidários deste segundo posicionamento, sustentam que a confissão qualificada não se presta à elucidação do crime, mas ao exercício da autodefesa do réu, e sua admissão como atenuante significa aproveitar somente a parte que interessa ao agente, permitindo a construção de uma figura híbrida, metade verdade e metade mentira, que unidas lhe trarão um benefício.

O agente pode ser beneficiado pela atenuante caso confesse o crime na fase pré-processual e, posteriormente, retrate-se em juízo?

Em relação à possibilidade de a confissão retratada ser utilizada como atenuante genérica, os Tribunais superiores são divergentes:

• **STJ, 6ª Turma:** SIM. Se a confissão do réu foi utilizada para corroborar o acervo probatório e fundamentar a condenação, deve incidir a atenuante prevista no art. 65, III, "d", do Código Penal, sendo irrelevante o fato de que tenha havido posterior retratação.[46]

• **STF, 2ª Turma:** NÃO. A retratação em juízo da anterior confissão policial obsta a invocação e a aplicação obrigatória da circunstância atenuante referida no art. 65, inc. III, alínea 'd', do Código Penal[47].

<table>
<tr><th>CONFISSÃO</th><th>STF</th><th>STJ</th></tr>
<tr><td>Retratada em juízo</td><td>Não (precedentes)</td><td>Aplica a atenuante, desde que utilizada para convencimento do juiz (STJ, Súmula 545)</td></tr>
<tr><td rowspan="2">Confissão qualificada</td><td rowspan="2">Não (precedentes)</td><td>Aplica a atenuante, desde que utilizada para convencimento do juiz (STJ, Súmula 545)</td></tr>
<tr><td>No caso de tráfico de drogas aplica a Súmula 630 do STJ, isto é, exige-se o reconhecimento da traficância pelo acusado</td></tr>
<tr><td>Confissão parcial</td><td colspan="2">Aplica a atenuante, desde que admita o fato principal (elementares), excluindo somente dados acessórios</td></tr>
</table>

h) Ter o agente cometido o crime sob a influência de multidão em tumulto, se não o provocou (CP, art. 65, inciso III, "e"): Esta atenuante aplica-se aos **crimes multitudinários**, e justifica-se em virtude da turvação acidental de espírito ou deformação transitória da personalidade que sofre o indivíduo sob a pressão das paixões violentas que motivam a massa amotinada. Por exemplo: pancadaria entre torcidas organizadas durante uma partida de futebol.

46. STJ, 6ª Turma. AgRg no REsp 1.712.556/SP, Rel. Min. Nefi Cordeiro, DJe 21/06/2019.
47. STF, 2ª Turma. HC 118375, Rel. Min. Cármen Lúcia, j. em 08/04/2014.

Em razão disso, aqueles que iniciaram o tumulto não podem ser beneficiados pela atenuante, conforme dispõe expressamente o texto legal.

▸ CURIOSIDADE

No Direito Canônico da Inquisição falava-se em "**alma coletiva**" quando havia pelo menos 40 pessoas reunidas para a prática de crimes.

i) Atenuante inominada (CP, art. 66): O art. 66 do Código Penal enuncia que "a pena poderá ser ainda atenuada em razão de circunstância relevante, anterior ou posterior ao crime, embora não prevista expressamente em lei".

Desse modo, o magistrado poderá aplicar a referida atenuante por **razões de clemência**, sempre que se deparar com circunstância relevante, não prevista em lei.

Aventa-se a possibilidade de que a **teoria da coculpabilidade** possa autorizar o reconhecimento da atenuante inominada. Segundo esta teoria, desenvolvida por Eugenio Raúl Zaffaroni, o Estado e a sociedade devem assumir uma parcela de responsabilidade pelos crimes cometidos por cidadãos que se encontram em situação de miserabilidade ou vulnerabilidade, em razão da inadimplência do Estado e da sociedade no cumprimento de suas obrigações de promover o bem comum e reduzir suas desigualdades sociais.

É possível a aplicação da teoria da coculpabilidade no ordenamento penal brasileiro?

Há uma divergência no STJ:

1ª Corrente: NÃO. A deficiência do Estado quanto ao atendimento satisfatório das necessidades fundamentais do indivíduo não autoriza sua co-responsabilização pela prática delitiva do agente. STJ. 6ª Turma. HC 187132, Rel. Min. Maria Thereza Assis Moura, julgado em 05/02/2013.

A teoria da coculpabilidade não pode ser erigida à condição de verdadeiro prêmio para agentes que não assumem a sua responsabilidade social e fazem da criminalidade um meio de vida. STJ. 6ª Turma. AgRg no REsp n. 1.770.619/PE, Rel. Min. Laurita Vaz, julgado em 06/06/2019.

2ª Corrente: SIM. A atenuante genérica prevista no art. 66 do Código Penal pode se valer da teoria da coculpabilidade como embasamento, pois trata-se de previsão genérica, que permite ao magistrado considerar qualquer fato relevante anterior ou posterior à prática da conduta delitiva mesmo que não expressamente previsto em lei, para reduzir a sanção imposta ao réu. A tese da coculpabilidade, no entanto, depende da verificação, no caso concreto, de elementos que demonstrem que o Estado tenha deixado de prestar a devida assistência ao acusado. STJ. 5ª Turma. HC n. 411.243/PE, Rel. Min. Jorge Mussi, julgado 07/12/2017. STJ. 5ª Turma. HC n. 509.589/SP, Rel. Min. Reynaldo Soares da Fonseca, julgado em 11/2/2020.

11.3.2.7.3.2.2. Circunstâncias agravantes

a) Reincidência (CP, art. 61, inciso I): A agravante da reincidência, declarada constitucional pelo Supremo Tribunal Federal no julgamento do RE 453.000/RS, encontra seu fundamento na política criminal de combate à delinquência e no princípio da individualização da pena, evitando que agentes que nunca se envolveram em condutas delituosas sejam apenados da mesma forma que criminosos contumazes.

Trata-se de agravante genérica de **caráter subjetivo** (pessoal) e **preponderante** (art. 61, inciso I, do CP), que foi prevista nos arts. 63 e 64 do Código Penal, os quais dispõem:

> CP, Art. 63 - Verifica-se a reincidência quando o agente comete novo crime, depois de transitar em julgado a sentença que, no País ou no estrangeiro, o tenha condenado por crime anterior.
>
> Art. 64 - Para efeito de reincidência:
>
> I - não prevalece a condenação anterior, se entre a data do cumprimento ou extinção da pena e a infração posterior tiver decorrido período de tempo superior a 5 (cinco) anos, computado o período de prova da suspensão ou do livramento condicional, se não ocorrer revogação;
>
> II - não se consideram os crimes militares próprios e políticos.

A partir da leitura de tais dispositivos, é possível notar que a configuração da reincidência depende dos seguintes requisitos:

1) Sentença condenatória transitada em julgado (no país ou no estrangeiro). Isso significa que, não basta o crime ter sido cometido anteriormente, é necessário que tenha sido julgado, e haja sentença penal condenatória definitiva.

Para a configuração da reincidência, **pouco importa a espécie de pena** aplicada na primeira condenação: privativa de liberdade, restritiva de direitos ou multa.

Cabe ressaltar que, em recentes julgamentos, o STJ entendeu que a condenação anterior pelo art. 28 da Lei no 11.343/2006 (porte de droga para uso próprio) não configura reincidência. Partiu-se do argumento de que, se a contravenção penal, que é punível com pena de prisão simples, não configura reincidência, mostra-se desproporcional utilizar o art. 28 da Lei de Drogas para fins de reincidência, considerando as penas cominadas a esse delito são menos graves (advertência, prestação de serviços à comunidade e medida educativa), e não há qualquer possibilidade de conversão em pena privativa de liberdade pelo seu descumprimento.[48]

48. STJ, 6ª Turma. REsp 1.672.654/SP, Rel. Min. Maria Thereza de Assis Moura, DJe 30/08/2018 e STF, RHC 178.512/SP, Rel. Min. Edson Fachin, j. em 14/12/2020.

A sentença condenatória estrangeira também gera reincidência e sequer precisa ser homologada pelo STJ (art. 9º, CP). É suficiente prova de que foi proferida judicialmente e de seu trânsito em julgado.

▸ IMPORTANTE!

Tratando-se de condenação por contravenção penal, é importante atentar para alguns detalhes. O art. 7º da Lei de Contravenções Penais assenta que: "Verifica-se a reincidência quando o agente pratica uma contravenção depois de passar em julgado a sentença que o tenha condenado, no Brasil ou no estrangeiro, por qualquer crime, ou no Brasil, por motivo de contravenção".

A conjugação desse dispositivo com o art. 63 do Código Penal, permite-nos extrair as seguintes conclusões:

1ª INFRAÇÃO (Transitada em Julgado)	2ª INFRAÇÃO	REINCIDÊNCIA
Crime	Crime	SIM (CP, art. 63)
Crime	Contravenção Penal	SIM (LCP, art. 7º)
Contravenção (só no Brasil - LCP, art. 2º)	Contravenção	SIM (LCP, art. 7º)
Contravenção	Crime	**NÃO** Falta de Previsão Legal. O art. 7º da LCP não prevê esta hipótese
Crime, porém porte de drogas (Lei de Drogas, art. 28)	Crime ou Contravenção	**NÃO** STJ, REsp 1.672.654/SP e STF, RHC 178.512

2) Novo crime cometido após o trânsito em julgado da sentença condenatória.

3) Crime cometido até 5 anos da data do cumprimento ou extinção da pena (período depurador). O período depurador nada mais é do que o prazo de validade da condenação para fins de reincidência, e encontra previsão no art. 64, I, do Código Penal. O Brasil adotou o **sistema da temporariedade**, limitando o período de abrangência da reincidência a 5 (cinco) anos.

O termo inicial do período depurador é data em que ocorreu a extinção da pena resultante do crime anterior, independentemente de quando foi proferida a sentença declaratória de extinção da punibilidade.

As condenações anteriores transitadas em julgado não compreendidas no período depurador, não poderão ser levadas em conta para caracterização da reincidência. Entretanto, nada impede que o magistrado as considere para configuração de maus antecedentes.

Em resumo:

- **Reincidência**: sistema da **temporariedade**.
- **Maus antecedentes**: sistema da **perpetuidade**.

▸ ATENÇÃO!

Existem decisões recentes do STJ entendendo que condenações muito antigas devem ser desconsideradas, em homenagem à teoria do direito ao esquecimento.[49]

Contudo, em recente julgado, a Quinta Turma entendeu, conforme acórdão da relatoria do Ministro Reynaldo da Fonseca, em caso no qual a pena havia sido extinta há pouco mais de 5 (cinco) anos, pela não-aplicação do princípio do direito ao esquecimento.[50]

O mesmo fato criminoso que ensejou o reconhecimento da reincidência não poderá ser utilizado para configurar maus antecedentes, sob pena de caracterização do *bis in idem*, conforme entendimento consubstanciado na **Súmula no 241 do Superior Tribunal de Justiça:** "A reincidência penal não pode ser considerada como circunstância agravante e, simultaneamente, como circunstância judicial".

Por outro lado, segundo entendimento jurisprudencial do Supremo Tribunal Federal, havendo mais de uma condenação por crime anterior transitada em julgado, o magistrado poderá levar uma delas em consideração para a configuração da reincidência, e tomar a outra para caracterização dos maus antecedentes.

▸ ATENÇÃO!

Caso a extinção da punibilidade do crime anterior tenha se efetivado antes do trânsito em julgado da sentença penal condenatória (por exemplo: prescrição da ação penal), este crime não configurará a reincidência. Caso a extinção da punibilidade tenha ocorrido depois do trânsito em julgado da sentença penal condenatória, esta condenação **poderá ensejar o reconhecimento da reincidência**, ressalvadas duas hipóteses: *abolitio criminis* e anistia. Além disso, a sentença que concede perdão judicial não é condenatória. Portanto, não havendo condenação, é incabível falar em reincidência. Nesse sentido é a **Súmula**

---

49. STJ, 6ª Turma. AgRg no REsp 1875382/MG, Rel. Ministra Laurita Vaz, j. em 20/10/2020, DJe 29/10/2020; STJ, 6ª Turma, AgRg no HC 503.912/SP, Rel. Ministro Rogerio Schietti Cruz, DJe 09/09/2019.
50. STJ, 5ª Turma. AgRg no REsp 1892544/DF, Rel. Min. Reynaldo Soares da Fonseca, DJe 17/12/2020.

no 18 do Superior Tribunal de Justiça, a qual dispõe: "a sentença concessiva do perdão judicial é declaratória da extinção da punibilidade, não subsistindo qualquer efeito condenatório".

4) Não seja crime político ou crime militar próprio

Os crimes militares próprios são aqueles definidos no Código Penal Militar, e que não encontram correspondência com nenhum delito tipificado no Código Penal (por exemplo: deserção, art. 187, CPM).

Os crimes políticos, que são aqueles que ofendem a segurança ou a organização do Estado não são aptos a caracterizar a reincidência, podendo, todavia, configurar maus antecedentes[51].

Nos termos do art. 64 do Código Penal, os crimes políticos e militares não geram reincidência, embora possam configurar maus antecedentes.

A reincidência pode ser classificada da seguinte maneira:

Quanto ao cumprimento da pena anterior:

- **Reincidência real, própria ou verdadeira:** caracteriza-se quando o agente comete novo crime após condenação definitiva e cumprimento integral da pena, em virtude de delito anterior. Ex.: após cumprir sua pena e deixar o sistema prisional, decide celebrar com amigos em um bar, mas se envolve em uma briga que resulta na morte de um dos envolvidos."
- **Reincidência ficta, imprópria ou presumida:** caracteriza-se quando o agente comete novo crime após condenação definitiva, sem que tenha cumprido a pena imposta. Ex.: sujeito é flagrado vendendo drogas no interior do presídio, onde cumpre pena por homicídio.

Essa classificação não tem utilidade prática, pois o Código Penal também considera a reincidência ficta como circunstância que agrava a pena. Para que seja considerado reincidente, basta que o agente tenha sofrido condenação definitiva anterior, independentemente do cumprimento da pena.

Quanto à espécie de crime:

- **Reincidência genérica:** os crimes praticados pelo agente encontram-se tipificados em tipos penais diversos. Por exemplo: agente pratica crime

51. Discute-se, doutrinariamente, se os crimes contra o estado democrático de direito são considerados políticos. Rogério Sanches e Ricardo Silvares entendem que **não há espaço para crimes políticos no Brasil**, onde vigora um Estado Democrático de Direito. Márcio André Cavalcante, por outro lado, discorda de que os crimes políticos só existiriam em regimes totalitários e considera que alguns delitos previstos na Lei nº 14.197/2021 tem natureza de crimes políticos. Conferir em: CAVALCANTE, Márcio André Lopes. **Lei 14.197/2021: crimes contra o Estado Democrático de Direito**. Buscador Dizer o Direito, Manaus. Disponível em: <https://www.buscadordizerodireito.com.br/novidades_legislativas/detalhes/beed13602b9b0e6ecb5b568ff5058f07>. Acesso em: 02 fev. 2024.

de furto, e depois da condenação definitiva em virtude do crime contra o patrimônio, pratica um homicídio.

- **Reincidência específica:** os crimes praticados pelo agente encontram-se tipificados no mesmo tipo penal. Por exemplo: agente pratica um crime de furto, e depois da condenação definitiva em virtude desse delito, pratica novo furto.

Vejamos a importância dessa classificação.

REFLEXOS DA REINCIDÊNCIA	
Genérica	**Específica**
agrava a pena (art. 61, inciso I, CP); na pena de reclusão, impede o início do cumprimento da pena em regime semiaberto ou aberto; na pena de detenção, impede o início do cumprimento da pena em regime aberto (art. 33); no concurso entre atenuantes, possui caráter preponderante (art. 67, CP); se em crime doloso, impede o *sursis* (art. 77, inciso I e § 1º, CP, salvo quando imposta apenas a pena de multa) autoriza a revogação do *sursis* (art. 81, I e § 1º), do livramento condicional (art. 86, I e II, e art. 87, CP) e da reabilitação, salvo se a condenação for somente a pena de multa; em crime doloso, aumenta o prazo para a concessão do livramento condicional (art. 83, V, CP); se anterior à condenação, aumenta em 1/3 o prazo da prescrição da pretensão executória (art. 110, *caput*, CP); se posterior à condenação, interrompe o prazo da prescrição da pretensão executória (art. 117, VI, CP); impede o reconhecimento do "privilégio" no furto, na apropriação indébita, no estelionato e na receptação (arts. 155, § 2º, 170, 171, § 1º e 180, § 5º, CP); impede a transação penal e a suspensão condicional do processo (art. 76, § 2º, I e art. 89, "caput", da Lei 9.099/95) impede o ANPP (art. 28-A, § 2º, inciso II, CPP). autoriza a decretação da preventiva, quando o réu tiver sido condenado por crime doloso (art. 313, III, CPP); impede a concessão de liberdade provisória (art. 310, § 2º, CPP).	veda a substituição de PPL por PRD (art. 44, § 3º, CP); veda o livramento condicional se o crime for hediondo ou equiparado; veda o livramento condicional para os crimes previstos nos arts. 33, caput e § 1º, 34 a 37 da Lei de Drogas; se o réu for reincidente na prática de crime previsto no CTB, o juiz aplicará a penalidade de suspensão da permissão ou habilitação para dirigir veículo automotor, sem prejuízo de outras sanções penais cabíveis (art. 296, Lei 9.503/97); Aumenta da ½ a pena nos crimes previstos nos arts. 14 a 18 do Estatuto do Desarmamento (art. 20); Aumenta os patamares para fins de progressão de regime (art. 112, IV, VII e VIII, da LEP).

CLASSIFICAÇÕES DA REINCIDÊNCIA		
Quanto ao cumprimento da pena anterior	**Reincidência real, própria ou verdadeira**	caracteriza-se quando o agente comete novo crime após condenação definitiva e cumprimento integral da pena, em virtude de delito anterior.
	Reincidência ficta, imprópria ou presumida	caracteriza-se quando o agente comete novo crime após condenação definitiva, sem que tenha cumprido a pena imposta.
Quanto à espécie de crime	**Reincidência genérica**	os crimes praticados pelo agente encontram-se tipificados em tipos penais diversos.
	Reincidência específica	os crimes praticados pelo agente encontram-se tipificados no mesmo tipo penal.

▸ ATENÇÃO

O art. 63 do Código Penal define apenas o conceito de reincidente: "é o agente que comete novo crime, depois de transitar em julgado a sentença que, no País ou no estrangeiro, o tenha condenado por crime anterior, antes da fluência do período depurador."

Assim sendo, o **conceito de primário é extraído pelo critério residual**. Isso significa dizer que é primário todo aquele que não é reincidente. Todavia, a primariedade não implica necessariamente na total ausência de infrações penais pretéritas. Basta o não cometimento de novo crime depois do trânsito em julgado de uma condenação anterior, sempre respeitado o prazo depurador.

Para diferenciar os agentes que efetivamente nunca se envolveram em práticas delitivas daqueles que, apesar de seu envolvimento em mais de uma infração penal, não são considerados reincidentes, a doutrina e a jurisprudência convencionaram criar a figura do **tecnicamente primário**. Segundo esse entendimento, o agente poderia ser considerado tecnicamente primário em duas situações: a) sujeito possui uma ou diversas condenações definitivas, mas não praticou nenhum dos crimes depois da primeira sentença condenatória transitada em julgado; e b) o indivíduo ostenta uma condenação definitiva, e depois dela praticou um novo crime. Entretanto, entre a extinção da punibilidade do crime anterior e o novo delito decorreu período superior a 5 (cinco) anos.

b) Ter o agente cometido o crime por motivo fútil ou torpe (CP, art. 61, inciso II, "a"): Motivo fútil é aquele de pouca importância, banal, ínfimo, insignificante. Evidencia-se quando a conduta do agente é **desproporcional** ao motivo que ensejou a sua prática.

Não sendo possível constatar o que conduziu o agente à prática delitiva, a **ausência de motivo não pode ser considerada como motivo fútil** para agravar a pena.

Da mesma forma, o ciúme também não deve ser tomado como motivo fútil, pois trata-se de um sentimento doentio, cuja intensidade pode dominar o ser humano, levando-o à desestabilização de seu controle mental.

O **motivo torpe** é o motivo vil, desprezível, repugnante, que **viola profunda e indubitavelmente o senso de justiça social**. Por exemplo: mãe que mata o próprio filho a fim de que possa herdar sozinha todos os bens deixados pelo falecido marido.

O crime praticado por vingança não é, automaticamente, um crime por motivo torpe. É preciso analisar o fato em razão do qual o agente desejou vingar-se. Por exemplo: Todos os bens de valor que estavam na casa de "A" foram furtados por "B". Além disso, o ladrão também subtraiu uma grande quantidade de dinheiro, que "A" guardava para comprar seu primeiro carro. Embora "B" tenha sido condenado e cumprido a pena pelo crime de furto, "A" ainda se sentia injustiçado, pois seus pertences e dinheiro, frutos de anos de trabalho, nunca foram recuperados. Um dia, enquanto "A" andava pela rua, encontrou "B" vindo na direção oposta. Com intenso desejo de vingar-se, "A" armou-se com uma barra de ferro e desferiu diversos golpes contra seu desafeto, causando-lhe lesões corporais gravíssimas. Embora a conduta de "A" tenha sido estimulada por vingança, não se pode dizer que seu motivo era torpe.

c) Ter o agente cometido o crime para facilitar ou assegurar a execução, a ocultação, a impunidade ou vantagem de outro crime (CP, art. 61, inciso II, "b"): Trata-se de agravante aplicável aos **crimes conexos**, que são aqueles que possuem vínculo com outro delito. A conexão pode ser:

- **Teleológica:** quando o crime é praticado para **facilitar** ou **assegurar** a execução de outro. O segundo delito motiva a prática do primeiro.
- **Consequencial:** quando o crime é praticado para garantir a **ocultação**, **impunidade** ou **vantagem** de outro crime. O primeiro delito motiva a prática do segundo.

Se o agente houver cometido o crime em conexão a uma contravenção penal ou ilícito que não tenha natureza penal, não é possível a incidência da agravante, sob pena de caracterização da analogia *in malam partem*.

d) Ter o agente cometido o crime à traição, de emboscada, ou mediante dissimulação, ou outro recurso que dificultou ou tornou impossível a defesa do ofendido (CP, art. 61, inciso II, "c"): A **traição** se configura pela violação da confiança depositada em alguém, é a quebra do dever de lealdade.

A **emboscada** é caracterizada pela preparação de tocaia. Na emboscada, o agente oculta-se para aguardar a passagem da vítima, a fim de praticar contra ela uma infração penal.

Por sua vez, a **dissimulação** é o emprego de meios mentirosos para camuflar a intenção de praticar uma conduta delituosa contra determinada pessoa.

A parte final do dispositivo vale-se da interpretação analógica ou *intra legem*. Reconhecendo sua incapacidade de antecipar as inúmeras possibilidades que eventualmente possam se enquadrar a tal hipótese, o legislador utiliza uma fórmula casuísta seguida de uma genérica. Em outras palavras: apresenta algumas situações sobre as quais deseja que recaiam a agravante, deixando o texto legal aberta a interpretações, de modo que possa abarcar outros recursos que dificultem ou tornem impossível a defesa do ofendido, ainda que não expressamente previstos.

d) Ter o agente cometido o crime com emprego de veneno, fogo, explosivo, tortura ou outro meio insidioso ou cruel, ou de que possa resultar perito comum (CP, art. 61, inciso II, "d"): Esta agravante apresenta três gêneros e quatro espécies, conforme demonstrado na tabela a seguir:

GÊNERO	ESPÉCIE
Meio insidioso	Emprego de **veneno**
Meio cruel	Emprego de **fogo** Emprego de **tortura**
Perigo comum	Emprego de **explosivo** Emprego de **fogo**

Na lição da doutrina, **meio insidioso** "é uma formulação genérica que engloba qualquer meio pérfido, que se inicia e progride sem que seja possível percebê-lo prontamente e cujos sinais só se evidenciam quando em processo bastante adiantado". O veneno é considerado uma espécie do gênero meio insidioso, pois normalmente é ministrado de maneira sub-reptícia, e a vítima só percebe que o ingeriu quando seus sintomas mortais começam a se manifestar.

O gênero **meio cruel** compreende qualquer forma de conduta do agente tendentes a infligir sofrimento desnecessário à vítima, ou intensificá-lo. O emprego de tais meios demonstra a insensibilidade do agente, por fazer se valer de extrema brutalidade no cometimento do delito. Além do emprego de fogo e tortura, também se enquadram neste conceito a asfixia e a reiteração de golpes ou lesões praticadas contra a vítima, considerando que este dispositivo se vale da interpretação analógica para abarcar outras hipóteses que não estejam expressamente previstas em seu texto.

Caracteriza-se o **perigo comum** quando o agente utiliza meios que, além de atentarem contra a vítima ou o bem ofendido, geram perigo a um número indeterminado de pessoas, a exemplo do que ocorre quando há emprego de fogo ou explosivo.

e) Ter o agente cometido o crime contra ascendente, descendente, irmão ou cônjuge (CP, art. 61, inciso II, "e"): Esta agravante objetiva impor uma reprovação mais intensa ao agente que se utiliza da **intimidade e confiança** que devem permear os vínculos familiares para atentar contra seus parentes ou cônjuge.

A incidência desta agravante demanda a **prova do parentesco** por meio de documentos idôneos. Caso contrário, não será possível sua aplicação.

No tocante aos filhos, aplica-se a agravante aos crimes cometidos contra filhos biológicos ou adotivos, pois o art. 227, § 6º da Constituição Federal veda a discriminação entre os filhos havidos ou não do casamento. A união estável, por sua vez, não autoriza a agravação da pena com base neste dispositivo, sob pena de configuração da analogia in malam partem.

f) Ter o agente cometido o crime com abuso de autoridade ou prevalecendo-se de relações domésticas, de coabitação ou de hospitalidade, ou com violência contra a mulher na forma da lei específica (CP, art. 61, inciso II, "f"): A maior reprovabilidade da conduta se deve à **violação do dever de solidariedade** e auxílio que deveria existir nessas relações. O agente deve efetivamente ter se aproveitado da confiança natural que as vítimas mantinham em relação à sua pessoa para a prática do crime.

O **abuso de autoridade** compreende as relações de direito privado (por exemplo: tutor e tutelado), sendo, portanto, excluídas as relações de direito público.

As **relações domésticas** são aquelas que se desenvolvem entre os que participam da vida familiar, independentemente da existência de vínculo de parentesco, a exemplo do patrão e da empregada doméstica ou da babá. Como visto, caso o agente pratique um crime contra o seu convivente, no âmbito da união estável, não é possível aplicar a agravante descrita na alínea anterior (contra ascendente, descendente, irmão ou cônjuge), mas nada impede a incidência da agravante em virtude das relações domésticas.

A **coabitação** é caracterizada pela convivência em sob o mesmo teto (por exemplo: república de estudantes).

Configura-se a **hospitalidade** quando há permanência provisória na residência de alguém, a convite ou com o consentimento do morador. Neste caso, não se verifica a convivência característica da coabitação, pois as relações hospitaleiras são marcadas pela eventualidade. Por exemplo: visita de um amigo para jantar ou passar um feriado na casa de campo.

A parte final do dispositivo, que trata da agravação da pena nos crimes praticados com **violência contra a mulher** na forma da lei específica, foi acrescida pela Lei Maria da Penha.

A doutrina critica tal disposição, sob o argumento de que "essa inovação legislativa não trouxe nenhuma utilidade prática, pois a violência doméstica ou familiar contra a mulher já funcionava como agravante genérica nessa alínea ('prevalecendo-se das relações domésticas') ou na alínea anterior ('contra ascendente, descendente, irmão ou cônjuge')". Por outro lado, há quem reconheça sua relevância pois, nos termos da **Súmula no 600 do STJ,** "Para configuração da violência doméstica e familiar prevista no art. 5º da Lei no 11.340/20006, Lei Maria da Penha, não se exige a coabitação entre autor e vítima". Desse modo, a agravante em apreço pode ser aplicada às hipóteses de violência doméstica e familiar contra a mulher, ainda que não haja coabitação e – muito embora a súmula não o diga – sequer relação doméstica de hospitalidade.

g) Ter o agente cometido o crime com abuso de poder ou violação de dever inerente a cargo, ofício, ministério ou profissão (CP, art. 61, inciso II, "f"): Esta agravante visa a punir de maneira mais severa o agente que se utiliza de seu cargo, ofício, ministério ou profissão para o cometimento de crimes.

O **abuso de poder** se configura quando o funcionário público comete crime no exercício da função ou em razão dela. Caso a qualidade de funcionário público seja elemento do tipo penal, do qual depende a própria tipicidade da conduta, não incide a presente agravante, por vedação do bis in idem.

As atividades desenvolvidas na esfera privada estão compreendidas na parte final do dispositivo. **Profissão** é toda atividade remunerada que envolve trabalho eminentemente intelectual (a exemplo dos advogados, médicos, professores etc.), ao passo que o **ofício** se refere às atividades manuais (por exemplo: pedreiros, chaveiros, carpinteiros etc.). O **ministério,** por sua vez, envolve as atividades desenvolvidas no âmbito religioso, tais como os padres e pastores.

h) Ter o agente cometido o crime contra criança, maior de 60 (sessenta) anos, enfermo ou mulher grávida (CP, art. 61, inciso II, "h"): A agravante fundamenta-se na **maior vulnerabilidade** das crianças, grávidas, enfermos e pessoas com mais de 60 (sessenta) anos, o que as torna a conduta do agente mais covarde e reprovável.

De acordo com o art. 2º da Lei no 8.069/90 (Estatuto da Criança e do Adolescente), considera-se criança a pessoa com idade inferior a 12 (doze) anos. Para a Lei nº 10.741/03, considera-se pessoa idosa todo aquela com idade igual ou superior a 60 (sessenta) anos. Deve-se atentar para o fato de que o texto legal estende a incidência da agravante somente aos crimes cometidos contra **maiores** de 60 (sessenta). Se o delito for praticado contra pessoa no dia em que este completa 60 (sessenta) anos, embora já seja considerada idosa sob a perspectiva do Estatuto, não poderá ser aplicada a agravante.

Em qualquer uma dessas duas hipóteses, a comprovação da idade da vítima deve ser feita por meio de **documento idôneo** (certidão de nascimento, carteira de identidade, carteira de habilitação etc.).

É considerado **enfermo** todo aquele que sofre de doença debilitante, que lhe comprometa a capacidade de resistência e defesa. Para a incidência da agravante no tocante às mulheres grávidas, o Código Penal não traz limitações quanto ao estágio da gestação da vítima. Todavia, o estado de enfermidade ou gravidez deve ter adentrado à esfera de conhecimento do agente criminoso, sob pena de caracterização da responsabilidade objetiva.

i) Ter o agente cometido o crime quando a ofendido estava sob a imediata proteção da autoridade (CP, art. 61, inciso II, "i"): Neste caso, o Código Penal objetiva punir com maior rigor aqueles que demonstram maior audácia ao atentar contra o ofendido quando este estava sob a proteção das autoridades. Por exemplo: ataque a preso que está sendo transportado sob escolta policial.

j) Ter o agente cometido o crime em ocasião de incêndio, naufrágio, inundação ou qualquer calamidade pública ou desgraça particular do ofendido (CP, art. 61, inciso II, "j"): A agravante é justificada pela total falta de empatia e solidariedade do agente em relação ao próximo.

Tendo em vista a adoção da técnica de interpretação analógica, além das ocasiões expressamente enumeradas pelo dispositivo (incêndio, naufrágio e inundação), a agravante pode ser estendida a outras **situações de calamidade pública**, marcadas pelo cunho generalizado (por exemplo: vendavais, terremotos etc.) ou de desgraça particular do ofendido, quando somente a vítima é atingida pelo infortúnio (por exemplo: furtar a bolsa de uma mulher que acabou de receber a notícia do falecimento de seu marido, ou de pessoa que está desacordada em seu veículo, logo após sofrer um acidente automobilístico).

l) Ter o agente cometido o crime em estado de embriaguez preordenada (CP, art. 61, inciso II, "l"): A agravante pune mais severamente o agente que, premeditadamente, embriaga-se com a intenção de comprometer suas inibições naturais, e sentir-se mais encorajado para a prática delitiva.

Para mais detalhes a respeito dos efeitos atribuídos pelo Código Penal à embriaguez, remetemos o leitor ao Capítulo 7, ponto 7.3.1.3, c4.

11.3.2.7.3.2.2.1. Agravantes no concurso de pessoas (art. 62, CP)

As agravantes relativas ao concurso de pessoas estão previstas em rol taxativo, no art. 62 do Código Penal. Concretizam o **princípio da individualização da pena**, pois quem de qualquer modo concorre para o crime, deverá responder por ele na exata medida de sua culpabilidade (art. 29, CP).

Segundo a redação do dispositivo, a pena será ainda agravada em relação ao agente que:

a) promove, ou organiza a cooperação no crime ou dirige a atividade dos demais agentes (CP, art. 62, I): Esta agravante visa a punir mais severamente o autor intelectual do delito, ou seja, o líder, aquele que encabeça a prática criminosa.

Para sua aplicação, é necessário comprar que houve **ajuste prévio** entre os criminosos, e de que há certa subordinação dos demais agentes em relação ao autor intelectual. Ainda, é importante destacar que é prescindível a presença deste no local onde transcorreram os fatos. Basta demonstrar sua orientação e coordenação para o desenvolvimento da ação.

b) coage ou induz outrem à execução material do crime (CP, art. 62, II): No que tange à coação, trata-se de agravante que recai sobre o **autor mediato** de uma infração penal, que coage física ou moralmente uma terceira pessoa, a fim de que esta efetivamente empreenda a prática criminosa.

A coação física exclui o crime em relação ao coagido, pois lhe falta vontade, elemento essencial para a caracterização da conduta. Quanto à coação moral, se irresistível, exclui a culpabilidade, sendo resistível, o agente imediato responderá pelo crime, mas será beneficiado pela aplicação de uma atenuante genérica (art. 65, III, "c", CP), como já visto anteriormente. Em qualquer uma dessas hipóteses, o agente mediato responderá pelo crime.

Induzir é criar na mente de outra pessoa uma ideia criminosa, até então inexistente. Como o indivíduo apenas faz uma "sugestão", não há emprego de qualquer meio de coação, por conseguinte, não se trata de hipótese de autoria mediata. O agente responderá como partícipe no crime praticado pelo induzido, e sua pena deverá ser agravada pela presente circunstância.

c) instiga ou determina a cometer o crime alguém sujeito à sua autoridade ou não punível em virtude de condição ou qualidade pessoal (CP, art. 62, III): A **instigação** ocorre quando o agente reforça a ideia criminosa já presente na mente de terceiro. A determinação, como o próprio nome já indica, compreende uma ordem, um comando.

Se o induzimento ou a determinação forem direcionadas a alguém sob a autoridade do agente, o subordinado poderá ter sua culpabilidade excluída em virtude da obediência hierárquica (art. 22, CP), ou responder pelo crime sendo beneficiado por uma atenuante (art. 65, III, "c", CP).

A instigação ou determinação de pessoa não punível é hipótese de autoria mediata. O agente não punível figura como instrumento do autor mediato para a prática delitiva. Por exemplo: o agente determina que uma criança de oito anos ministre veneno na bebida de um desafeto.

d) executa o crime, ou nele participa, mediante paga ou promessa de recompensa (CP, art. 62, IV): Esta agravante visa a punir mais severamente os autores de crimes mercenários. A **paga** se caracteriza quando o recebimento da vantagem é anterior à prática do delito. A **recompensa**, por sua vez, é posterior.

A paga ou recompensa pode ter natureza patrimonial, mas compreende **qualquer outra vantagem** que o agente possa receber pelo cometimento do crime (por exemplo: favores sexuais etc.).

11.3.2.7.3.2.3. Concurso entre circunstâncias atenuantes e agravantes

O concurso entre circunstâncias atenuantes e agravantes é disciplinado pelo artigo 67 do Código Penal, o qual dispõe: "Art. 67. No concurso de agravantes e atenuantes, a pena deve aproximar-se do limite indicado pelas circunstâncias preponderantes, entendendo-se como tais as que resultam dos motivos determinantes do crime, da personalidade do agente e da reincidência."

Desse modo, a **reincidência** e as circunstâncias ligadas aos **motivos determinantes** do crime e à **personalidade do agente**, devem **preponderar** sobre as demais, ou seja, recebem "maior peso" na análise do conjunto de atenuantes e agravantes aplicáveis ao réu.

Os **motivos determinantes** são aqueles que conduziram o agente à prática delitiva. Aqui é possível enquadrar o motivo fútil, torpe, de relevante valor social ou moral (arts. 61, II, "a" e 65, III, "a").

As circunstâncias atinentes à **personalidade** são aquelas que são inerentes à pessoa do agente, a exemplo da menoridade relativa ou da senilidade (art. 65, I, CP).

Por fim, também é preponderante a **reincidência**, prevista no art. 61, inciso I, do Código Penal, pois denota a recalcitrância do agente.

De modo geral, a jurisprudência é pacífica em reconhecer que a **menoridade relativa** e a **senilidade** são, dentre todas as circunstâncias, as que possui maior grau de importância, e, portanto, sempre preponderam sobre as demais, até mesmo a reincidência específica[52].

Atualmente, a 3º Seção do Superior Tribunal de Justiça entende que a **confissão** também pode ser incluída dentre as circunstâncias atinentes à personalidade do agente, pois demonstra sua disposição em cooperar.[53] O Supremo Tribunal Federal não adota o mesmo posicionamento, sob o fundamento de que a confissão espontânea é ato posterior ao cometimento do crime e não tem nenhuma relação com ele, mas, tão somente, com o interesse pessoal e a conveniência do réu durante o desenvolvimento do processo penal, motivo pelo qual não se inclui no caráter subjetivo dos motivos determinantes do crime ou na personalidade do agente"[54].

O Superior Tribunal de Justiça, que reconhece a confissão como circunstância afeta à personalidade do agente, coloca-a em patamar de igualdade com a reincidência, admitindo sua compensação, caso ambas estejam presentes. A **compensação entre reincidência e confissão só não é autorizada quando tratar-se de réu multirreincidente.**[55]

52. STJ, 5ª Turma. HC 441.341/SP, Rel. Min. Ribeiro Dantas, j. 22/05/2018.
53. STJ, 6ª Turma. AgRg no REsp 1.870.086/SP, Rel. Min. Nefi Cordeiro, j. 15/09/2020.
54. STF, 1ª Turma. RHC 141.519, Rel. Min. Marco Aurélio, j. 31/08/2020.
55. STJ, 3ª Seção. REsp 1931145-SP, Rel. Min. Sebastião Reis Júnior, j. em 22/06/2022 (Recurso Repetitivo – Tema 585) (Info 742).

Por sua vez, o Supremo Tribunal Federal entende que a reincidência prepondera sobre a confissão.[56]

Havendo o concurso de circunstâncias agravantes e atenuantes, e não sendo o caso de preponderância de uma sobre a outra, "a existência de ambas levará ao afastamento das duas, ou seja, não se aumenta ou diminui a pena nesse segundo momento".

A reincidência e a confissão espontânea se compensam ou prepondera a reincidência? Caso o réu tenha confessado a prática do crime (o que é uma atenuante), mas seja reincidente (o que configura uma agravante), qual dessas circunstâncias irá prevalecer?[57]

Posição do STF: a agravante da reincidência **prevalece**.

A teor do disposto no art. 67 do Código Penal, a circunstância agravante da reincidência, como preponderante, prevalece sobre a confissão. STF. 2ª Turma. HC 96.061/MS, Rel. Min. Ricardo Lewandowski, julgado em 18/03/2014.

Posição do STJ:

• **Regra**: a reincidência e confissão se **compensam**.

• **Exceção**: se o réu for multirreincidente. Em caso de multirreincidência, prevalecerá a agravante e haverá apenas a compensação parcial/proporcional (mas não integral).

Confissão espontânea + reincidência = compensação **integral**

Confissão espontânea + multirreincidência = compensação **proporcional**.

11.3.2.7.3.3. Terceira fase: fixação da pena definitiva

Na terceira fase da dosimetria da reprimenda, o magistrado aplica as **causas de aumento** ou de **diminuição da pena**, também chamadas **majorantes** e **minorantes**, respectivamente. Incidem sobre a pena provisória, fixada na segunda fase, aumentando-a ou diminuindo-a em frações fixas (exemplo: em sexto) ou variáveis (de um terço a dois terços).

O magistrado responsável pela sentença deve justificar sua escolha, seja pelo patamar mínimo, máximo ou qualquer outro dentro previsto no intervalo abstrato. Essa decisão deve ser explicitada na própria fundamentação, com o objetivo de

56. STF, 1ª Turma. RHC 141.519/SC, Rel. Min. Marco Aurélio, sessão virtual de 21/08/2020 a 28/08/2020.

57. CAVALCANTE, Márcio André Lopes. **Reincidência x confissão: qual das duas prepondera?**. Buscador Dizer o Direito, Manaus. Disponível em: <https://www.buscadordizerodireito.com.br/jurisprudencia/detalhes/6a971e08a01e6676d0f1a6e0dacbbd67>. Acesso em: 02 fev. 2024.

garantir que as partes envolvidas compreendam plenamente as razões que influenciaram a seleção do valor considerado ideal pelo julgador.

São classificadas da seguinte forma:

- **Causas genéricas:** quando podem ser encontradas na **Parte Geral do Código Penal**. Por exemplo: tentativa (art. 14, parágrafo único), arrependimento posterior (art. 16) etc.
- **Causas específicas:** são as elencadas na **Parte Especial do Código Penal** ou na **legislação extravagante**. Exemplos: causa de aumento de pena prevista para o crime de omissão de socorro (CP, art. 135, parágrafo único: "a pena é aumentada de metade, se da omissão resulta lesão corporal de natureza grave, e triplicada, se resulta a morte"); causa de diminuição de pena prevista para o crime de tráfico de drogas (Lei no 11.343/06, art. 33, § 4º: "as penas poderão ser reduzidas de um sexto a dois terços, desde que o agente seja primário, de bons antecedentes, não se dedique às atividades criminosas nem integre organização criminosa").

ATENÇÃO

Nesta fase, o magistrado poderá elevar a pena em concreto a **patamar superior** ao máxima abstratamente cominada ao delito, ou **inferior** ao seu mínimo.

De acordo com o art. 68, parágrafo único, do Código Penal: "No concurso de causas de aumento ou de diminuição previstas na parte especial, pode o juiz limitar-se a um só aumento ou a uma só diminuição, prevalecendo, todavia, a causa que mais aumente ou diminua".

A partir desse dispositivo, é possível extrair algumas conclusões, sintetizadas no quadro a seguir:

Causa de aumento **genérica**	+	Causa de aumento **genérica**	Ambas as causas de aumento devem ser aplicadas
Causa de aumento **genérica**	+	Causa de aumento **específica**	Ambas as causas de aumento devem ser aplicadas
Causa de diminuição **genérica**	+	Causa de diminuição **genérica**	Ambas as causas de diminuição devem ser aplicadas
Causa de diminuição **genérica**	+	Causa de diminuição **específica**	Ambas as causas de diminuição devem ser aplicadas

Causa de aumento **específica**	+	Causa de aumento **específica**	O juiz poderá aplicar ambas as causas de aumento de forma cumulada, ou optar por aplicar somente a que mais aumente
Causa de diminuição **específica**	+	Causa de diminuição **específica**	O juiz poderá aplicar ambas as causas de aumento de forma cumulada, ou optar por aplicar somente a que mais diminua

Havendo a ocorrência de uma causa de aumento e uma de diminuição, ambas deverão ser aplicadas.

Há controvérsia doutrinária quanto aos critérios a serem adotados pelo juiz sentenciante caso haja aplicação cumulativa de duas ou mais causas de aumento ou de diminuição de pena. Atualmente, três correntes se posicionam acerca do tema:

1ª corrente: defende o **sistema de incidência isolada**, no qual as frações da causa de aumento e de diminuição deverão recair sempre sobre a pena provisória, e não uma sobre as outras. Por exemplo: a pena provisória foi fixada em três anos, e o juiz deve aplicar duas causas de aumento: uma que majora a pena em 1/3 (um terço) e outra que a aumenta em 1/6 (um sexto). Para essa corrente, a pena deverá ser majorada em 1 (um) ano, totalizando 4 (quatro) anos. Depois disso, será aumentada em 6 (seis) meses, pois o cálculo da fração será efetuado sobre a pena provisória (que é de três anos), e não a majorada (que resultou em quatro anos). O resultado da pena definitiva será de 4 (quatro) anos e 6 (seis) meses.

2ª corrente: sustenta o **sistema da incidência cumulativa** ou do **efeito cascata**. As causas de aumento ou diminuição devem ser aplicadas uma sobre as outras. Partindo do exemplo anterior, a aplicação da primeira causa de aumento de pena resultará no montante de 4 (quatro) anos. A segunda majorante deverá ser calculada sobre o resultado dessa operação, aumentando a pena em 8 (oito meses). Ao final, a pena definitiva será de 4 (quatro) anos e 8 (oito) meses.

3ª corrente: este critério busca extrair o **cálculo mais benéfico ao réu**. Desse modo, as causas de aumento incidirão sempre sobre a pena provisória, enquanto as causas de diminuição recairão umas sobre as outras. Este critério tem sido **rechaçado** na jurisprudência dos Tribunais Superiores.

A **segunda corrente prevalece na doutrina e na jurisprudência**, pois a adoção de quaisquer dos outros critérios poderia ensejar a "pena zero".

Nos termos do art. 68 do Código Penal, "a pena-base será fixada atendendo-se ao critério do art. 59 deste Código; em seguida serão consideradas as circunstâncias atenuantes e agravantes; por último, as causas de diminuição e de aumento".

Como se pode inferir do texto legal, **o juiz deverá aplicar as causas de diminuição em primeiro lugar**, para então passar ao cálculo das causas de aumento da pena. A técnica para redação da sentença legal recomenda a observância desta disposição. Entretanto, em virtude da propriedade matemática comutativa, pouco importa se as causas de aumento serão apreciadas antes ou depois das causas de diminuição da pena.

11.3.3. Penas restritivas de direitos

11.3.3.1. Conceito e natureza jurídica

As penas restritivas de direitos são sanções penais **autônomas** e **substitutivas** previstas em lei, cuja finalidade é evitar o aprisionamento dos agentes que cometeram infrações penais de menor gravidade, e que possuem condições pessoais favoráveis à medida.

O artigo 43 do Código Penal elenca, em **rol exaustivo**, as penas restritivas de direitos adotadas pelo ordenamento jurídico brasileiro. Portanto, em decorrência do princípio da legalidade, não é permitido que o juiz, ao deparar-se com um caso concreto, crie uma nova pena restritiva de direitos além daquelas já previstas em lei.

O Código Penal prevê **cinco espécies** de penas restritivas de direitos, a saber:

- prestação pecuniária;
- perda de bens e valores;
- prestação de serviços à comunidade ou a entidades públicas;
- interdição temporária de direitos;
- limitação de fim de semana.

Em regra, o preceito secundário do tipo penal não prevê a imposição de penas restritivas de direitos. Sua aplicação depende da atividade judicial consistente em aplicar a pena privativa de liberdade, para então, verificando-se os requisitos legalmente exigidos, substituí-la por uma ou mais penas restritivas de direitos.

Encontramos uma exceção ao caráter substitutivo da pena restritiva de direitos na Lei nº 11.343/2006 (Lei de Drogas), ao tipificar a conduta de posse de droga para consumo pessoal, em seu art. 28. Este tipo penal não prevê a imposição de pena privativa de liberdade, mas penas restritivas de direitos, que podem ser de advertência sobre os efeitos das drogas, prestação de serviços à comunidade e medida educativas de comparecimento a programa ou curso educativo. Note que, nesse caso, a pena restritiva de direitos é **autônoma, não substitutiva.**

Em virtude do caráter autônomo da pena restritiva de direitos, se presentes os requisitos para a substituição, é vedada a cumulação com penas privativas de liberdade. Em outras palavras: ou é aplicada somente a pena privativa de liberdade, ou somente a pena restritiva de direitos.

Contudo, no tocante aos crimes de trânsito, faculta-se a **aplicação cumulativa** de penas privativas de liberdade e restritivas de direitos. Segundo o art. 292 do Código de Trânsito Brasileiro, "a suspensão ou a proibição de se obter a permissão ou a habilitação para dirigir veículo automotor pode ser imposta como penalidade principal, isolada ou cumulativamente com outras penalidades". Essa mesma exceção vem prevista no Código de Defesa do Consumidor, possibilitando aplicação cumulativa de pena privativa de liberdade e restritiva de direitos (art. 78, CDC).

▸ CURIOSIDADE

As penas restritivas de direito tiveram início no **Código Penal Soviético em 1926** que traziam a Prestação de Serviços à Comunidade. Chegou no Brasil com a reforma de 1984 da parte geral do Código Penal como penas alternativas. Em 1995, surgiu a Lei 9.099/95, que trouxe medidas despenalizadoras.

11.3.3.2. Requisitos

O art. 44 do Código Penal dispõe sobre os requisitos para a substituição da pena privativa de liberdade em restritiva de direitos. São eles:

a) Quantidade de pena e natureza da infração penal: Conforme dispõe o art. 44, inciso I do Código Penal, pode haver substituição por pena restritiva de direitos quando a **pena privativa de liberdade aplicada não for superior a quatro anos, nem o crime cometido com violência ou grave ameaça à pessoa.**

Portanto, a substituição da pena privativa de liberdade por restritiva de direitos depende da **quantidade de pena** inicialmente aplicada, que não pode ser superior a quatro anos. Leva-se em consideração a pena **aplicada em concreto**, e não a cominação abstrata.

Conforme a jurisprudência do Superior Tribunal de Justiça, havendo concurso de crimes, a substituição só será permitida se a soma das reprimendas não ultrapassar o limite de quatro anos previsto em lei.

Quanto à **natureza da infração penal**, o dispositivo exige que o crime não tenha sido cometido com violência ou grave ameaça à pessoa. Este requisito enseja algumas discussões doutrinárias e jurisprudenciais sobre o cabimento da pena alternativa em situações pontuais:

- **Violência imprópria:** a violência imprópria se caracteriza quando o agente neutraliza a capacidade de resistência da vítima, sem, contudo, empregar força física sobre ela. Por exemplo: ministrar um sonífero à vítima para subtrair seus bens. Para a doutrina majoritária, **não é possível substituir a pena privativa de liberdade por restritiva de direitos se o crime foi praticado com violência imprópria**. Ainda que o agente não tenha se valido da força para cometer o crime, é, inegavelmente, uma forma de violência.
- **Infrações de menor potencial ofensivo praticadas com violência ou grave ameaça à pessoa:** as infrações de menor potencial ofensivo são

aquelas cuja pena máxima prevista é igual ou inferior a dois anos. O crime de lesão corporal leve, por exemplo, prevê pena de detenção, de três meses a um ano. Trata-se de uma infração de menor potencial ofensivo em que a violência é inerente ao tipo penal. Segundo a corrente majoritária, nesses casos a pena privativa de liberdade deve ser substituída pelas penas alternativas, isso porque a Lei nº 9.099/1995 prevê uma série de outros institutos que visam a evitar o encarceramento (composição de danos civis, transação penal etc.). Sustentam que negar a substituição a esses casos seria um verdadeiro contrassenso. Entretanto, há argumentos em sentido contrário, alegando que "não cabe ao juiz estabelecer exceção não criada pela lei, de forma que estão excluídos todos os delitos violentos ou com grave ameaça, ainda que comportem penas de pouca duração. [...] O juiz, em caso de condenação, poderá conceder o *sursis* ou fixar o regime aberto para cumprimento. Há posição contrária, sustentando que, nas hipóteses de infração de menor potencial ofensivo, se cabe transação, por certo seria aplicável a substituição por pena restritiva de direitos. Pensamos de modo diverso. Se o autor desse tipo de infração merecer a transação, esta será aplicada. Não sendo o caso, é processado regularmente, vedada a substituição por restrição de direitos, restando outras medidas alternativas de política criminal" [58].

▸ IMPORTANTE!

Prevalece o entendimento de que é possível a substituição de penas privativas de liberdade por penas restritivas de direitos nas infrações de menor potencial ofensivo praticadas com violência ou grave ameaça à pessoa. Todavia, vale salientar que o **STJ editou a Súmula nº 588**, obstando a substituição quando a infração for cometida contra a mulher no ambiente doméstico, in verbis:

"A prática de crime ou contravenção penal contra a mulher com violência ou grave ameaça no ambiente doméstico impossibilita a substituição da pena privativa de liberdade por restritiva de direitos".

Tais requisitos aplicam-se somente aos delitos dolosos. Sendo a infração culposa, a natureza do crime e a quantidade de pena serão irrelevantes. Por exemplo: no crime de homicídio culposo (art. 121, § 3º) é possível a substituição da pena privativa de liberdade por pena restritiva de direitos, não obstante haja violência contra a pessoa.

b) Não reincidência em crime doloso: O Código Penal em seu art. 44, inciso II, dispõe que as penas restritivas de direitos não se estendem aos reincidentes em

---

58. NUCCI, Guilherme de Souza. **Curso de direito penal**, v. 1: parte geral: Arts. 1º a 120 do Código Penal. 5. ed. rev., atual Rio de Janeiro: Forense, 2021, p. 630.

crimes dolosos. Ante o silêncio do texto, infere-se que a lei não obsta a aplicação de penas alternativas aos reincidentes em crimes culposos.

O dispositivo faz uma ressalva em seu § 3º: "se o condenado for reincidente, o juiz poderá aplicar a substituição, desde que, em face de condenação anterior, a medida seja socialmente recomendável e a reincidência não se tenha operado em virtude da prática do mesmo crime".

Por conseguinte, as penas restritivas de direitos podem ser aplicadas aos reincidentes em crimes dolosos, desde que presentes os dois requisitos cumulativos exigidos na lei: a medida deve ser socialmente recomendável, o que é aferido concretamente pelo magistrado, e que o réu não seja reincidente específico, ou seja, não tenha incorrido pela segunda vez em crime previsto no mesmo tipo penal.

▸ ATENÇÃO!

Em relação ao parágrafo 3º do art. 44 a 3ª Seção do STJ se posicionou sobre o que seria "**prática do mesmo crime**". O simples fato de o condenado ser reincidente em crimes da mesma espécie não impede, em absoluto, a substituição da pena privativa de liberdade por restritivas de direitos. O juiz irá avaliar a situação e, se for socialmente recomendável, poderá conceder a medida.

Por outro lado, se a reincidência for quanto ao mesmo crime o juiz estará impedido, de forma absoluta, de conceder a substituição, nos termos do art. 44, § 3º, do CP.

"A reincidência específica tratada no art. 44, § 3º, do Código Penal somente se aplica quando forem **idênticos, e não apenas de mesma espécie**, os crimes praticados. STJ. 3ª Seção. AREsp 1.716.664-SP, Rel. Min. Ribeiro Dantas, julgado em 25/08/2021 (Info 706)."

c) Princípio da suficiência: Para decidir pela substituição da pena privativa de liberdade por restritiva de direitos, o magistrado deve levar em consideração uma série de **fatores subjetivos**. Segundo o art. 44, inciso III, as penas alternativas são aplicáveis quando "a culpabilidade, os antecedentes, a conduta social e a personalidade do condenado, bem como os motivos e as circunstâncias indicarem que essa substituição seja suficiente".

Sendo assim, caso as circunstâncias judiciais do art. 59 sejam favoráveis, ensejando a fixação da pena-base no mínimo legal, o magistrado não pode obstar a conversão da pena privativa de liberdade para restritiva de direitos argumentando a gravidade abstrata do delito.

Requisitos Objetivos CP, art. 44	(I) Pena Privativa de Liberdade (PPL) em crime doloso NÃO superior a 4 ANOS
	(I) Crime **NÃO** cometido com violência ou grave ameaça à **pessoa**
	(I) Para crimes culposos (**qualquer pena!**)
	(II) Réu **NÃO** reincidente na prática de mesmo crime **(idênticos - STJ, Info 706)** doloso e a medida for socialmente recomendável (§ 3º)
Requisitos Subjetivos	São as circunstâncias judiciais do inciso (III): culpabilidade, antecedentes, conduta social, personalidade do condenado e outros motivos e circunstâncias
Condenação Igual ou Inferior a 1 ano (§ 2º)	Pode substituir por Multa **OU** 1 PRD
Condenação for superior a 1 ano (e igual ou inferior a 4) (§ 2º)	**Pode substituir por:** a) 1 PRD **E** multa (O STJ - HC 470.920/SC - possui entendimento de que não se mostra socialmente recomendável a adoção dessa hipótese se o preceito secundário do tipo penal já possuir previsão de multa cumulada com a PPL. Neste caso deve se privilegiar a incidência de 2 PRD); **OU** b) 2 PRD.

11.3.3.3. Penas restritivas de direitos e tráfico de drogas

A pena do crime de tráfico de drogas (art. 33 da Lei 11.343/2006), na forma simples ou equiparada, é de 5 (cinco) a 15 (quinze) anos de reclusão, além da pena de multa, que pode variar de 500 a 1.500 dias-multa.

Considerando o patamar mínimo da reprimenda cominada abstratamente, a substituição da pena privativa de liberdade por restritiva de direitos afigura-se **inviável**, por desatendimento do requisito que impõe o limite de quatro anos à pena inicialmente aplicada.

De qualquer forma, deve-se levar em conta que a lei, em seu art. 33, § 4º, prevê que as penas poderão ser reduzidas de um sexto a dois terços, desde que o agente seja primário, de bons antecedentes, não se dedique às atividades criminosas nem integre organização criminosa. Consequentemente, caso o agente fosse beneficiado com essa causa de diminuição, a pena poderia ficar abaixo do limite de quatro anos, ensejando a aplicação das penas alternativas. Porém, o referido dispositivo fazia uma ressalva, vedando a substituição das penas ao crime de tráfico de drogas, ainda que atendidos os demais requisitos para sua incidência.

O Supremo Tribunal Federal, no julgamento do *Habeas Corpus* nº 97.256/RS, declarou inconstitucional a expressão “vedada a conversão em penas restritivas de direitos"[59] do § 4º do art. 33 da Lei nº 11.343/06, por violação ao princípio da individualização da pena. A execução da expressão foi suspensa pelo Senado Federal por meio da Resolução nº 5, de 2012, que conferiu eficácia *erga omnes* à decisão. Dessa maneira, atendidos os demais requisitos, **a substituição das penas privativas de liberdade por penas restritivas de direito é aplicável ao crime de tráfico de drogas.**

11.3.3.4. Penas restritivas de direitos e crimes militares

No Código Penal Militar **não são previstas sanções substitutivas da pena privativa de liberdade** e, conforme orientação do Supremo Tribunal Federal, não há como aplicar, por analogia, o artigo 44 do Código Penal[60].

Porém, a Suprema Corte possui precedente admitindo a substituição em sede de execução penal (art. 180 da LEP) quando a pena foi cumprida em **estabelecimento comum** e não militar[61].

11.3.3.5. Competência para aplicação da pena restritiva de direitos

A competência para substituição da pena privativa de liberdade por restritiva de direitos é do **juiz sentenciante.**

Entretanto, a Lei de Execuções Penais disciplina a aplicação das penas restritivas de direitos pelo juízo da execução. Dispõe o art. 180 da Lei n. 7.210/1984, *in verbis*:

> Art. 180. A pena privativa de liberdade, não superior a 2 (dois) anos, poderá ser convertida em restritiva de direitos, desde que:
>
> I - o condenado a esteja cumprindo em regime aberto;
>
> II - tenha sido cumprido pelo menos 1/4 (um quarto) da pena;
>
> III - os antecedentes e a personalidade do condenado indiquem ser a conversão recomendável.

É importante destacar que a Lei nº 9.714/98 trouxe novas disposições quanto às penas restritivas de direitos, alterando diversos artigos do Código Penal. Exemplo disso é o art. 44, o qual, desde então, autoriza a substituição da pena privativa de liberdade por restritiva de direitos quando aquela não for superior a quatro anos, e não apenas dois, como consta da Lei de Execuções Penais. O trecho do art. 180 da LEP, que trata do limite da reprimenda a ser substituída, encontra-se derrogado pela Lei nº 9.714/98. Contudo, subsistem os critérios enunciados nos incisos I, II e III.

---

59. STF, Plenário. HC 97.256/RS, Rel. Min. Ayres Brito, j. 01/09/2010.
60. STF, 1ª Turma. HC 136.718 AgR/MS, Rel. Min. Roberto Barroso, j. 06/02/2017.
61. STF, 1ª Turma. HC 91.709/CE, Rel. Min. Carmen Lúcia, j. 16/12/2008.

A Lei de Execuções Penais também autoriza que o juízo da execução realize ajustes na pena restritiva de direitos aplicada pelo magistrado sentenciante. De acordo com o art. 147 da LEP, "transitada em julgado a sentença que aplicou a pena restritiva de direitos, o Juiz da execução, de ofício ou a requerimento do Ministério Público, promoverá a execução, podendo, para tanto, requisitar, quando necessário, a colaboração de entidades públicas ou solicitá-la a particulares". Na sequência, o art. 148 dispõe que "em qualquer fase da execução, poderá o Juiz, motivadamente, alterar, a forma de cumprimento das penas de prestação de serviços à comunidade e de limitação de fim de semana, ajustando-as às condições pessoais do condenado e às características do estabelecimento, da entidade ou do programa comunitário ou estatal".

11.3.3.6. Regras para substituição

As regras para substituição da pena privativa de liberdade por restritiva de direitos é um ponto controverso na doutrina. Segundo o art. 44, § 2º do Código Penal, "na condenação igual ou inferior a um ano, a substituição pode ser feita por multa ou por uma pena restritiva de direitos; se superior a um ano, a pena privativa de liberdade pode ser substituída por uma pena restritiva de direitos e multa ou por duas restritivas de direitos".

Por sua vez, o art. 60, § 2º do Código Penal assim dispõe: "a pena privativa de liberdade aplicada, não superior a 6 (seis) meses, pode ser substituída pela de multa, observados os critérios dos incisos II e III do art. 44 deste Código".

Considerando a redação de ambos os dispositivos, pergunta-se:

É possível a substituição da pena privativa de liberdade por multa caso o agente tenha sido condenado a pena superior a seis meses, mas inferior a um ano?

Para a corrente majoritária, o art. 60, § 2º do Código Penal, editado em 1984, foi tacitamente revogado pela Lei nº 9.714/1998, que conferiu a atual redação do art. 44, § 2º, **mais favorável ao acusado**. Parece-nos a posição mais coerente.

Em sentido contrário, a segunda corrente postula que não houve revogação de normas, pois afigura-se "compatível a aplicação dos dois dispositivos, reservando-se à pena igual ou inferior a seis meses a possibilidade de substituição por multa (aplicando-se o art. 60, § 2º) ou por restritiva de direitos (aplicando-se o art. 44, § 2 º), conforme o caso, bem como à pena superior a seis meses e igual ou inferior a um ano somente uma pena restritiva de direitos"[62].

▶ IMPORTANTE

1. As penas restritivas de direitos têm seu limite temporal estabelecido pelo art. 55 do Código Penal. De acordo com esse dispositivo, as penas de limitação

62. NUCCI, Guilherme de Souza. **Curso de Direito Penal**. v. 1. Rio de Janeiro: Forense, 2017, p. 725.

de fim de semana, prestação de serviço à comunidade ou a entidades públicas, interdição temporária de direitos e limitação de fim de semana terão a **mesma duração da pena privativa de liberdade substituída**. Há uma ressalva quanto à pena de prestação de serviços à comunidade ou a entidades públicas: se a pena substituída for superior a um ano, é facultado ao condenado cumprir a pena substitutiva em menor tempo (art. 55), nunca inferior à metade da pena privativa de liberdade fixada (art. 46, § 4º, CP).

2. Na hipótese de colaboração premiada (art. 4º da Lei nº 12.850/13), a substituição da pena privativa de liberdade por restritiva de direitos pode ocorrer **mesmo que ausentes os requisitos** do Código Penal.

11.3.3.7. Reconversão da pena restritiva de direitos

Em determinadas situações, a lei impõe que o benefício da pena alternativa seja reconvertido à pena privativa de liberdade. A reconversão da pena é um **incidente de execução**, disciplinado pela Lei de Execuções Penais em seu art. 181, e requer a intimação do reeducando, a fim de que este possa se manifestar sobre as razões do descumprimento, em homenagem aos princípios do contraditório e da ampla defesa.

11.3.3.7.1. Reconversão obrigatória

Descumprimento injustificado da restrição imposta (art. 44, § 4º, CP): Trata-se de causa **obrigatória** de reconversão. De acordo com o dispositivo, a pena restritiva de direitos converte-se em privativa de liberdade quando o apenado deixar de cumprir injustificadamente a restrição imposta. O art. 181 da Lei de Execução Penal elenca algumas hipóteses que autorizam a reconversão.

Ao efetuar a reconversão, o tempo cumprido da pena restritiva de direitos será **deduzido pelo juiz**, a fim de determinar o montante da pena privativa de liberdade, sempre respeitado o **saldo mínimo de trinta dias de detenção ou reclusão**.

Imagine que foi imposta pena restritiva de direitos ao agente com duração de um ano. Após completar o primeiro mês, o agente deixa injustificadamente de cumprir a reprimenda. O juiz deve reconverter a pena alternativa em privativa de liberdade, descontando o período efetivamente cumprido pelo agente. Nesse caso, após a reconversão, o agente deverá submeter-se a onze meses de pena privativa de liberdade. Preservadas as mesmas condições, imagine que o agente cumpriu onze meses e dez dias da pena alternativa. Nessa segunda hipótese, o juiz deve reconverter a reprimenda para submeter o agente a 30 dias de pena privativa de liberdade, pois de acordo com o dispositivo, deve ser respeitado o tempo mínimo de 30 dias[63].

63. Ibidem, p. 799.

Luiz Flávio Gomes, acertadamente, tece críticas ao dispositivo. O autor sustentava que a parte final deve ser ignorada por ser inconstitucional, violando os princípios da culpabilidade, proporcionalidade e proibição do excesso.

11.3.3.7.2. Reconversão facultativa

Superveniência de nova condenação (art. 44, § 5º, CP): Dispõe o art. 44, § 5º do CP, *in verbis*: "Sobrevindo condenação a pena privativa de liberdade, por outro crime, o juiz da execução penal decidirá sobre a conversão, podendo deixar de aplicá-la se for possível ao condenado cumprir a pena substitutiva anterior".

A partir da redação legal podemos depreender importantes conclusões. Em primeiro lugar, a condenação superveniente por contravenção penal não autoriza a reconversão da reprimenda. Além disso, a aplicação de pena de multa em razão do segundo crime também não enseja a conversão, pois o dispositivo expressamente elenca como requisito a condenação a pena privativa de liberdade.

Não obstante a ausência de menção da lei, há ainda um outro requisito a ser atendido: a nova reprimenda imposta deve ser **compatível** com a pena restritiva de direitos. Caso seja possível ao condenado cumprir as duas penas, não há necessidade de reconversão. Em alguns casos, essa solução é inviável. Por exemplo: agente que está cumprindo pena alternativa de prestação de serviços à comunidade é condenado à pena de reclusão em regime fechado. Ante a total incompatibilidade das sanções, o juiz deve reconverter a pena alternativa em privativa de liberdade.

▸ IMPORTANTE

Em caso de descumprimento, é possível a reconversão de pena alternativa com caráter pecuniário?

O tema desperta divergência doutrinária.

1ª Corrente: Não é possível a reconversão de pena de natureza pecuniária à privativa de liberdade, pois, nessa hipótese, deve ser adotado o mesmo procedimento aplicado aos casos de pena de multa.

2ª Corrente: Sim, é possível proceder à reconversão da pena de natureza pecuniária, ainda que haja pagamento parcial do montante devido. Nesse caso, o juiz deve observar a proporção entre o valor devido e o valor pago para calcular o tempo a ser deduzido da pena privativa de liberdade.

11.3.3.8. Impossibilidade de execução provisória das penas restritivas de direitos

Para o Supremo Tribunal Federal, a impossibilidade de execução provisória abrange a pena privativa de liberdade, a pena restritiva de direitos e a pena de multa, pois o princípio constitucional da presunção de inocência, que fundamenta esse entendimento, não se limita às penas de prisão[64].

Na esteira desse entendimento, o **Superior Tribunal de Justiça editou a Súmula 643:** "A execução da pena restritiva de direitos depende do trânsito em julgado da condenação".

11.3.3.9. Penas restritivas de direitos em espécie

As penas restritivas de direitos em espécie podem ser **classificadas** da seguinte forma:

- **Gerais:** quando podem substituir as penas privativas de liberdade em qualquer infração penal, a exemplo da limitação de fim de semana, da proibição de frequentar determinados lugares, da prestação pecuniária, da perda de bens e valores e da prestação de serviços à comunidade ou entidades públicas.
- **Especiais:** são penas que só podem ser aplicadas aos agentes que praticaram certos delitos, tal como a interdição temporária de direitos.
- **Reais:** afetam os bens e o patrimônio do condenado, a exemplo da prestação pecuniária e da perda de bens e valores.
- **Pessoais:** a restrição recai sobre a própria pessoa do agente, como ocorre na prestação de serviços à comunidade, a interdição temporária de direitos e a limitação de fim de semana.

A seguir veremos cada uma delas.

11.3.3.9.1. Prestação pecuniária

De acordo com o art. 45, § 1º, do CP:

> A prestação pecuniária consiste no pagamento em dinheiro à vítima, a seus dependentes ou a entidade pública ou privada com destinação social, de importância fixada pelo juiz, não inferior a 1 (um) salário mínimo nem superior a 360 (trezentos e sessenta) salários mínimos. O valor pago será deduzido do montante de eventual condenação em ação de reparação civil, se coincidentes os beneficiários.

Por meio da simples leitura do dispositivo, podemos notar que há alguns pontos relevantes no que diz respeito à prestação pecuniária.

Em primeiro lugar, **o pagamento deve ser feito em dinheiro**. Entretanto, se houver aceitação do beneficiário, a prestação pecuniária pode consistir em

64. STF, 2ª Turma. ARE 1.235.057 AgR, Rel. Ricardo Lewandowski, j. 27/03/2020.

prestação de outra natureza (art. 45, § 2º, CP). A importância a ser paga, definida pelo juiz, poderá variar de 1 (um) a 360 (trezentos e sessenta) salários mínimos.

A sanção recai sobre o **patrimônio lícito** do agente, tendo em vista que a sua principal finalidade é restituir à vítima os bens atingidos com a infração, ou reparar-lhe os danos causados. Frise-se que a perda do patrimônio ilícito deriva de um efeito da condenação, previsto no art. 91, II, do Código Penal (confisco-efeito).

O pagamento efetuado a título de prestação pecuniária deve ser posteriormente **abatido** de eventual condenação à reparação civil em virtude do crime, quando se tratar dos mesmos beneficiários. Por conseguinte, não é possível efetuar a dedução da prestação pecuniária paga à entidade se uma das vítimas é quem pleiteia a reparação civil[65].

O pagamento deve ser feito à vítima, a seus dependentes ou a entidade pública ou privada com destinação social (é isto que diferencia da pena de multa). Esta é a **ordem a ser respeitada preferencialmente.** Portanto, na falta da vítima, o pagamento deve ser destinado aos seus dependentes, e assim sucessivamente (os dependentes somente serão destinatários na ausência da vítima, e as entidades, na falta da vítima e de seus dependentes). Considerando que o Código Penal nada dispõe acerca do rol de dependentes, a lacuna é colmatada por meio de aplicação analógica do art. 16 da Lei nº 8.213/91 (Lei da Previdência Social)[66].

Como bem ressalta a doutrina em geral, a prestação pecuniária se reveste de caráter **unilateral, impositivo e cogente**, razão pela qual não depende de aceitação da pessoa favorecida. Assim, o juiz pode aplicar esta pena sem prévia oitiva da vítima, de seus dependentes ou de entidade pública ou privada com destinação social.

Caso a infração cometida não tenha vítima determinada (a exemplo do delito de porte ilegal de arma de fogo, previsto no art. 14 da Lei 10.826/03, ou crime de direção de veículo automotor sem habilitação, previsto no art. 309 do Código de Trânsito Brasileiro), a prestação pecuniária reverterá em favor de entidade pública ou privada com destinação social.

É importante destacar que o Poder Judiciário não pode ser beneficiado pela pena de prestação pecuniária[67].

Cabe lembrar, ainda, que a prestação pecuniária pode ser estabelecida como condição do acordo de não persecução penal (art. 28-A, inciso IV, CPP).

---

65. STJ, 5ª Turma. REsp 1.882.059-SC, Rel. Min. Joel Ilan Paciornik, j. em 19/10/2021.
66. Desse modo, são dependentes:
    I - o cônjuge, a companheira, o companheiro e o filho não emancipado, de qualquer condição, menor de 21 (vinte e um) anos ou inválido ou que tenha deficiência intelectual ou mental ou deficiência grave;
    II - os pais;
    III - o irmão não emancipado, de qualquer condição, menor de 21 (vinte e um) anos ou inválido ou que tenha deficiência intelectual ou mental ou deficiência grave.
67. Art. 3º da Resolução nº 154/2012 do Conselho Nacional de Justiça.

Por fim, cabe *habeas corpus* da imposição da pena restritiva de direitos de prestação pecuniária, porque ela pode ser convertida por pena privativa de liberdade, diferentemente da pena de multa.

> **▸ ATENÇÃO!**
>
> Em caso de descumprimento injustificado da pena restritiva de direitos (ex: prestação pecuniária), o CP prevê, como consequência, a reconversão da pena restritiva de direitos em privativa de liberdade. Logo, o juiz não deve decretar o arresto dos bens do condenado como forma de cumprimento forçado da pena substitutiva. A possibilidade de reconversão da pena já é a medida que, por força normativa, atribui coercividade à pena restritiva de direitos. STJ. 6ª Turma. REsp 1.699.665-PR, Rel. Min. Maria Thereza de Assis Moura, julgado em 07/08/2018 (Info 631).

11.3.3.9.2. Perda de bens e valores

De acordo com a disposição do art. 45, § 3º, do Código Penal, "a perda de bens e valores pertencentes aos condenados dar-se-á, ressalvada a legislação especial, em favor do **Fundo Penitenciário Nacional**, e seu valor terá como teto – o que for maior – o montante do prejuízo causado ou do provento obtido pelo agente ou por terceiro, em consequência da prática do crime".

A partir do texto legal podemos constatar que esta espécie de pena restritiva de direitos aplica-se somente a **crimes** ("em consequência da prática do crime"), sendo afastada, portanto, sua incidência a contravenções penais. Além disso, a conduta praticada deve acarretar algum prejuízo à vítima ou provento indevido ao agente ou a terceiro, pois o valor do prejuízo ou da vantagem, devendo o magistrado optar pelo maior deles, será o parâmetro para a definição da pena.

A perda de bens e valores, como o próprio nome já diz, atinge bens e valores do agente indistintamente (note que não há a exigência de que o pagamento se dê em dinheiro, como ocorre com a prestação pecuniária). A pena recai sobre o **patrimônio lícito** do acusado, pois o patrimônio auferido ilicitamente sofre os efeitos da pena, nos termos do art. 91, II, do Código Penal (confisco-efeito).

É primordial atentar para o fato de que o beneficiário da perda de bens e valores é o **Fundo Penitenciário Nacional, e não a vítima.**

Fique atento!

Perda de bens e valores **CP, art. 45, § 3º**	**Confisco** **(CP, art. 91, II)**
Pena restritiva de direitos	Efeito genérico e automático da condenação
Atinge o patrimônio **LÍCITO** do condenado	Atinge os **instrumentos** e o **proveito do crime**
Destinado ao Fundo Penitenciário Nacional (**FUPEN**)	Destinado à **União**

11.3.3.9.3. Prestação de serviços à comunidade ou a entidades públicas

De acordo com o art. 46 do Código Penal, a prestação de serviços à comunidade ou a entidades públicas consiste na atribuição de tarefas gratuitas ao condenado (art. 30, LEP), que deverão ser desenvolvidas em entidades assistenciais, hospitais, escolas, orfanatos e outros estabelecimentos congêneres, em programas comunitários ou estatais e que não geram vínculo com o Estado (art. 28, § 2º, LEP). As atividades atribuídas ao condenado levarão em consideração suas aptidões, e não podem prejudicar sua jornada normal de trabalho.

Por expressa disposição do art. 46, *caput*, a prestação de serviços à comunidade ou a entidades públicas é aplicável às **condenações superiores a seis meses de privação da liberdade.**[68] Seu cumprimento se dará à razão de uma hora de tarefa por dia de condenação.

Exemplificando: se o agente foi inicialmente condenado a dois anos de reclusão, havendo conversão em pena restritiva de direitos, deve cumprir 730 horas de prestação de serviços à comunidade ou a entidades públicas (qualquer dia ou hora).

Se a pena for superior a um ano, o Código Penal dispõe que, caso o condenado queira, o cumprimento das atividades poderá se dar em **tempo menor**, desde que não seja inferior à metade do tempo de pena privativa de liberdade fixada (art. 46, § 4º). Tomando como base o exemplo anterior (730 dias = 730 horas), o condenado deve cumprir pelo menos 365 dias (neste caso 2 horas por dia). O apenado não poderia, por exemplo, cumprir 5 horas por dia, pois cumpriria a pena em 146 dias o que é muito inferior a metade (365 dias).

As diretrizes que orientam a execução da pena de prestação de serviços à comunidade ou a entidades públicas são encontradas na Lei de Execução Penal, das quais destacamos as seguintes disposições:

- O trabalho do preso não está sujeito ao regime da Consolidação das Leis do Trabalho (art. 28, § 2º);
- As tarefas executadas como prestação de serviço à comunidade **não serão remuneradas** (art. 30);
- O Juiz da execução deverá: designar a entidade ou programa comunitário ou estatal, devidamente credenciado ou convencionado, junto ao qual o condenado deverá trabalhar gratuitamente, **de acordo com as suas aptidões**; determinar a intimação do condenado, cientificando-o da entidade, dias e horário em que deverá cumprir a pena; alterar a forma

68. Autores dizem que essa limitação mínima está na lei, não tendo problema nenhum, se for uma pena inferior a 6 meses, aplica-se outra pena restritiva de direitos. Contudo, doutrina majoritária **critica essa disposição**, pois não há razão para se ter um critério mínimo para se aplicar essa pena restritiva de direitos. Se a finalidade do instituto é evitar o cárcere, se acima de 6 meses é cabível porque não nas penas inferiores a 6 meses.

de execução, a fim de ajustá-la às modificações ocorridas na jornada de trabalho (art. 149, I a III);

- A execução terá início a partir da data do primeiro **comparecimento** (art. 149, § 2º);
- A entidade beneficiada com a prestação de serviços encaminhará mensalmente, ao Juiz da execução, relatório circunstanciado das atividades do condenado, bem como, a qualquer tempo, comunicação sobre ausência ou falta disciplinar (art. 150);
- Em qualquer fase da execução, poderá o Juiz, motivadamente, alterar, a forma de cumprimento das penas de prestação de serviços à comunidade, ajustando-as às condições pessoais do condenado e às características do estabelecimento, da entidade ou do programa comunitário ou estatal (art. 148).

▸ IMPORTANTE

Além do Código Penal, há **diplomas legislativos** que preveem a substituição da pena privativa de liberdade por prestação de serviços.

A **Lei de Crimes Ambientais** (Lei n. 9.605/98) dispõe sobre a prestação de serviços das pessoas físicas e pessoas jurídicas. O art. 9º da referida lei trata da pena aplicada a pessoas físicas, e prevê que "a prestação de serviços à comunidade consiste na atribuição ao condenado de tarefas gratuitas junto a parques e jardins públicos e unidades de conservação, e, no caso de dano da coisa particular, pública ou tombada, na restauração desta, se possível". Tratando-se de pessoa jurídica, incide o art. 22, segundo o qual "a prestação de serviços à comunidade pela pessoa jurídica consistirá em: custeio de programas e de projetos ambientais; execução de obras de recuperação de áreas degradadas; manutenção de espaços públicos; contribuições a entidades ambientais ou culturais públicas".

Igualmente, a **Lei de Drogas** (Lei nº 11.343/2006) prevê a prestação de serviços à comunidade ao crime de porte de drogas para consumo pessoal. De acordo com seu art. 28, § 5º: "a prestação de serviços à comunidade será cumprida em programas comunitários, entidades educacionais ou assistenciais, hospitais, estabelecimentos congêneres, públicos ou privados sem fins lucrativos, que se ocupem, preferencialmente, da prevenção do consumo ou da recuperação de usuários e dependentes de drogas". Por disposição expressa dos §§ 3º e 4º, a duração máxima da pena será de 5 (cinco) meses, podendo esse limite ser elevado a 10 (dez) meses no caso de reincidência.

11.3.3.9.4. Limitação de fim de semana

A limitação de fim de semana consiste na obrigação de permanecer, aos **sábados e domingos**, por 5 (cinco) horas diárias, em casa de albergado ou outro estabelecimento adequado (CP, art. 48, *caput*). Durante esse período, poderão ser ministrados ao condenado **cursos e palestras** ou atribuídas **atividades educativas** (CP, art. 48, parágrafo único).

A Lei de Execuções Penais (arts. 94 e 95) determina que a casa de albergado deve funcionar em prédio situado em centro urbano, separado dos demais estabelecimentos, e caracterizar-se pela ausência de obstáculos físicos contra a fuga. Também dispõe que em cada região haverá, pelo menos, uma casa do albergado, a qual deverá conter, além dos aposentos para acomodar os presos, local adequado para cursos e palestras.

O Juiz deverá intimar o condenado a fim de cientificá-lo do local, dias e horários em que deverá cumprir a pena, cujo início se dará a partir da data do primeiro comparecimento (LEP, art. 151). O estabelecimento designado encaminhará, mensalmente, ao Juiz da execução, relatório, devendo, a qualquer tempo, comunicar a ausência ou falta disciplinar do condenado (LEP, art. 53).

Na realidade, esta espécie de pena restritiva de direitos é pouco aplicada na prática, pois as **casas de albergado são praticamente inexistentes no Brasil**. Conforme precedente do STJ, o juiz não pode determinar o cumprimento da pena de limitação de fim de semana em estabelecimentos prisionais[69] e, de acordo com a Súmula Vinculante 56[70], o preso não pode ir para regime mais severo por falta de estabelecimento adequado. Assim, nas regiões **onde não há casa de albergado, as penas são cumpridas na própria residência dos sentenciados**.

11.3.3.9.5. Interdição temporária de direitos

As penas de suspensão ou interdição de direitos foram previstas na Constituição Federal, em seu art. 5º, inciso XLVI. O art. 47 do Código Penal elenca as **cinco espécies** de penas de interdição temporária de direitos. São elas:

> I - proibição do exercício de cargo, função ou atividade pública, bem como de mandato eletivo;
>
> II - proibição do exercício de profissão, atividade ou ofício que dependam de habilitação especial, de licença ou autorização do poder público;
>
> III - suspensão de autorização ou de habilitação para dirigir veículo.
>
> IV - proibição de frequentar determinados lugares.
>
> V - proibição de inscrever-se em concurso, avaliação ou exame públicos.

---

69. STJ, 6ª Turma. HC 158.783/RS, Rel. Min Celso Limongi (desembargador convocado do TJ/SP), j. 31/08/2010, DJe 20/09/2010.

70. A falta de estabelecimento penal adequado não autoriza a manutenção do condenado em regime prisional mais gravoso, devendo-se observar, nessa hipótese, os parâmetros fixados no RE 641.320/RS (SV, 56).

A interdição é temporária e tem o **mesmo tempo de duração da condenação da pena privativa de liberdade** (CP, art. 55).

A seguir comentaremos cada uma delas.

11.3.3.9.5.1. Proibição do exercício de cargo, função ou atividade pública, bem como de mandato eletivo

Cargo público é o lugar instituído na organização do serviço público, com denominação própria atribuições e responsabilidades especificas e estipêndio correspondente; **função pública**, por sua vez, é a atribuição ou o conjunto de atribuições que a Administração confere a cada categoria profissional ou comete individualmente a determinados servidores para a execução de serviços eventuais; já a **atividade pública** é toda aquela, remunerada ou não, desenvolvida em benefício do Estado e sujeita a nomeação, escolha ou designação pelo Poder Público (ex. emprego público); e, finalmente, o **mandato eletivo** é aquele exercido pelos membros do Poder Legislativo (senadores, deputados, vereadores) e Executivo (presidente da República, governadores, prefeitos), durante determinado lapso temporal previamente fixado.

Essa espécie de pena restritiva de direitos deve ser aplicada àqueles que cometem **crimes mediante violação dos deveres** que são inerentes ao cargo, função, atividade ou mandato que exercem (art. 56, CP). Portanto, não podem ser aplicadas visando a obstar o eventual ingresso no quadro de servidores públicos ou candidatura a mandato eletivo.

A proibição não se prolongará por tempo indefinido, visto que no Brasil são vedadas as penas de caráter perpétuo. O período da medida alternativa deverá corresponder ao da pena privativa de liberdade inicialmente imposta ao agente.

Tem prevalecido o entendimento de que a aplicação da medida restritiva a deputados federais e senadores seria inconstitucional, considerando que, caso haja condenação criminal transitada em julgado, a Constituição prevê regramento específico (CF, art. 55, VI).

▸ CUIDADO!

A **proibição do exercício** de cargo, função ou atividade pública, bem como de mandato eletivo não se confunde com o efeito da condenação previsto no art. 92, I, do Código Penal, que trata da **perda** de cargo, função pública ou mandato eletivo. O efeito da condenação incidirá quando aplicada pena privativa de liberdade por tempo igual ou superior a um ano, nos crimes praticados com abuso de poder ou violação de dever para com a Administração Pública; ou ainda, quando for aplicada pena privativa de liberdade por tempo superior a 4 (quatro) anos nos demais casos.

Proibição do exercício do cargo, função ou atividade pública (CP, art. 47, I)	Perda de cargo, função pública ou mandato eletivo (CP, art. 92, I)
Pena restritiva de direitos (modalidade de interdição temporária de direitos)	**Efeito genérico e não automático da condenação**
Tem cabimento quando praticado crime no exercício de profissão, atividade, ofício, cargo ou função, quando houver **violação dos deveres que lhes são inerentes**.	Tem cabimento: a) aplicada pena privativa de liberdade igual ou superior 1 ano, nos crimes praticados com abuso de poder ou violação do dever para com a administração pública; b) aplicada pena privativa de liberdade superior a 4 anos nos demais casos.
Temporária (prazo da pena privativa de liberdade)	**Permanente**

11.3.3.9.5.2. Proibição do exercício de profissão, atividade ou ofício que dependam de habilitação especial, de licença ou autorização do poder público

À semelhança do que ocorre na proibição do exercício de cargo, função, atividade pública ou mandato eletivo, esta espécie de pena restritiva de direitos deve ser aplicada àqueles que cometem **crimes mediante violação dos deveres** que são inerentes à profissão, atividade ou ofício que exercem (art. 56, CP). Enquanto aquela é destinada aos agentes que atuam no meio público, esta dirige-se aos que **desempenham suas atividades no meio privado**.

A doutrina concebeu os conceitos de profissão, ofício e atividade. **Profissão** é o trabalho remunerado predominantemente intelectual, a exemplo dos médicos, advogados, engenheiros etc. **Ofício** é o trabalho remunerado, de índole mecânica ou manual. O conceito de **atividade** é residual, abarcando outras formas de labor, seja remunerada ou não. De qualquer modo, esta pena restritiva de direitos só alcança aqueles que desempenham atividades que **dependem de habilitação, licença ou autorização** do poder público, como as que demandam a inscrição em conselhos profissionais (a exemplo dos médicos, enfermeiros, advogados, dentistas, engenheiros etc.).

11.3.3.9.5.3. Proibição de inscrever-se em concurso, avaliação ou exame públicos

Embora esta pena alternativa esteja **relacionada com a conduta tipificada no art. 311-A** do Código Penal (fraudes a certames de interesse público), não é modalidade de pena específica, e pode ser aplicada aos condenados por **quaisquer outros crimes**.

Como exemplo, a sentença condenatória por vários crimes justifica a proibição do acesso a cargos e funções públicas devido à falta de honestidade e integridade moral por parte do indivíduo, como é observado em casos de estelionato e crimes contra a administração pública, entre outros exemplos.

11.3.3.9.5.4. Suspensão de autorização ou habilitação para dirigir veículo

O art. 57 do Código Penal estabelece que a suspensão de autorização ou habilitação para dirigir veículo só é aplicada aos **crimes culposos de trânsito**. Entretanto, com a edição do Código de Trânsito Brasileiro, que regulou inteiramente a matéria, é possível constatar que houve **revogação tácita desse dispositivo**.

Veja a diferença entre autorização, permissão e habilitação:

Autorização	Art. 141, do CTB	Destina-se à condução de ciclomotores (não foi prevista no CTB). A autorização para conduzir veículos de propulsão humana e de tração animal ficará a cargo dos Municípios.
Permissão	Art. 148, § 2º, do CTB	É conferida ao aprovado no exame de habilitação, e tem validade de 1 (um) ano.
Habilitação	Art. 148, § 3º, do CTB.	É conferida por meio da Carteira Nacional de Habilitação ao condutor aprovado no exame de habilitação, e que, após o término do prazo de um ano de permissão, não tenha cometido nenhuma infração de natureza grave ou gravíssima ou seja reincidente em infração média.

À primeira vista, podemos constatar que o Código Penal nada diz a respeito da suspensão da permissão para dirigir. Portanto, é possível inferir que a suspensão da permissão deve ser regulada pelo Código de Trânsito Brasileiro. Além disso, os crimes de lesão corporal culposa e homicídio culposo na direção de veículo automotor foram tipificados pela Lei nº 9.503/1997 (arts. 302 e 303, respectivamente) e apresentam em seus preceitos secundários a pena de suspensão ou proibição de se obter a permissão ou a habilitação para dirigir veículo automotor cumulada com pena privativa de liberdade.

Assim, caso o detentor de permissão ou habilitação cometa crime culposo na direção de veículo automotor, **não é possível efetuar a substituição da pena privativa de liberdade por restritiva de direitos nos moldes do Código Penal, posto que o Código de Trânsito Brasileiro já prevê essa medida cumulativamente à pena privativa de liberdade**.

O art. 47, III, do Código Penal **subsiste apenas no tocante à suspensão da autorização**, a qual, como já visto anteriormente, é restrita aos ciclomotores ou veículos de propulsão motora ou animal. Entretanto, sua incidência concreta é praticamente inexistente.

> **ATENÇÃO!**
>
> A pena restritiva de direitos prevista no art. 47, III, do Código Penal não se confunde com o efeito da condenação previsto no art. 92, III, do mesmo diploma normativo. Enquanto aquela destina-se aos crimes culposos, este dispõe sobre a inabilitação para dirigir veículo, quando utilizado **como meio para a prática de crime doloso**.

11.3.3.9.6. *Proibição de frequentar determinados lugares*

Trata-se de pena restritiva de liberdade, pois limita o direito de locomoção do condenado, embora não o prive de sua liberdade. De modo geral, recebe muitas críticas da doutrina, pois sua **aplicação é de difícil fiscalização**.

> **CUIDADO!**
>
> A **Lei Maria da Penha** prevê, entre as medidas protetivas de urgência, a proibição do agressor de frequentar determinados lugares, visando preservar a integridade física e psicológica da vítima (art. 22, III, "c", Lei n. 11.340/06). Esta medida **não deve ser confundida** com a interdição de direitos prevista no Código Penal, uma vez que aquela é uma **medida cautelar autônoma que não pressupõe condenação**, enquanto esta última é uma pena autônoma e substitutiva. Por idênticas razões, a pena ora analisada difere da medida cautelar estabelecida no art. 319, II, do Código de Processo Penal.

11.3.4. Pena de multa

A multa é espécie de pena de **natureza patrimonial**, e sua imposição implica no pagamento em dinheiro do valor fixado na sentença condenatória ao **Fundo Penitenciário Nacional.**

O Código Penal adotou o critério do **dia-multa**. Desse modo, sendo cabível a aplicação de tal espécie de reprimenda, o juiz determinará o valor da multa com base no que dispõe o art. 49 do Código.

11.3.4.1. *Aplicação da pena de multa*

> CP, Art. 49 - A pena de multa consiste no pagamento ao fundo penitenciário da quantia fixada na sentença e calculada em dias-multa. Será, no mínimo, de 10 (dez) e, no máximo, de 360 (trezentos e sessenta) dias-multa.
>
> § 1º - O valor do dia-multa será fixado pelo juiz não podendo ser inferior a um trigésimo do maior salário mínimo mensal vigente ao tempo do fato, nem superior a 5 (cinco) vezes esse salário.

§ 2º - O valor da multa será atualizado, quando da execução, pelos índices de correção monetária.

Diferentemente do que ocorre com a aplicação da pena privativa de liberdade, que se submete ao critério trifásico, a aplicação da pena de multa decorre de um **critério bifásico.** Passemos a uma breve análise dessas duas fases:

a) 1ª fase - estabelecimento do quantitativo de dias-multa: Nesta fase, o juiz deverá estabelecer o **número de dias-multa** a ser aplicado, que poderão variar de 10 (dez) a, no máximo, 360 (trezentos e sessenta). Para tanto, deverá levar em consideração as circunstâncias judiciais, agravantes e atenuantes genéricas, bem como causas de aumento e diminuição de pena apreciadas na aplicação da pena privativa de liberdade.

Nesse momento, o juiz não levará em conta a condição econômica do condenado: esta análise será reservada para a próxima fase.

Como ensina a doutrina, "a pena de multa é o espelho da pena privativa de liberdade". Dessa maneira, deve haver estrita observância do princípio da proporcionalidade, pois ambas as sanções advêm do mesmo fato.

b) 2ª fase - valoração do dia-multa: Após a definição do quantitativo de dias-multa, o magistrado deverá estabelecer o seu **valor**. O art. 49, § 1º do Código Penal estabelece o limite dessa valoração: não pode ser inferior a 1/30 (um trigésimo) do maior salário-mínimo mensal vigente ao tempo do fato, nem superior a 5 (cinco) vezes esse salário.

Nesta fase, o magistrado tomará em **consideração a situação econômica do réu**, nos termos do art. 60, caput, do Código Penal. Vale ressaltar que a multa pode ser aumentada até o triplo, se o juiz considerar que, em virtude da situação econômica do réu, é ineficaz, embora aplicada no máximo (art. 60, § 1º, CP).

Por outro lado, a Lei nº 9.099/1995 permite que o magistrado reduza a pena de multa até a metade, caso esta seja a única reprimenda aplicável. Evidentemente, o juiz só poderá proceder dessa maneira se a situação econômica do réu recomendar o abrandamento da pena.

1ª Fase Estabelecimento do **quantitativo** de dias-multa	Mínimo de 10 e máximo de 360 dias-multa. **Obs.**: **NÃO** se leva em conta a condição econômica do condenado.
2ª Fase **Valoração** do dia-multa	Não pode ser inferior a 1/30 do maior salário-mínimo vigente ao **tempo do fato**; Não pode ser superior a 5 vezes do maior salário-mínimo vigente ao **tempo do fato**. **Obs1.**: se leva em conta a condição econômica do condenado. **Obs1.**: a multa pode ser aumentada **até o triplo**, se ineficaz.

11.3.4.2. Pagamento da pena de multa

O art. 50 do Código Penal dispõe que a multa deve ser paga dentro de **10 (dez) dias depois** de **transitada em julgado a sentença**. Por sua vez, a Lei de Execução Penal, em seu art. 164, estatui que extraída a certidão da sentença condenatória com trânsito em julgado, que valerá como título executivo judicial, o Ministério Público requererá, em autos apartados, a citação do condenado para, no prazo de 10 (dez) dias, pagar o valor da multa ou nomear bens à penhora.

Note que cada diploma legislativo estabelece um procedimento diferente. Portanto, é preciso estabelecer qual deles deve prevalecer. A questão não pode ser resolvida com base no **critério hierárquico ou temporal**, pois ambas as leis ocupam o mesmo grau de hierarquia, e foram aprovadas no mesmo dia. Sendo assim, a doutrina sustenta que as **disposições da Lei de Execução Penal devem prevalecer, pois são mais benéficas ao condenado**.

De acordo com o art. 169 da Lei de Execução Penal, até o término do prazo para pagamento, o condenado poderá requerer ao Juiz o **parcelamento** da multa em prestações mensais, iguais e sucessivas. O Juiz, antes de decidir, poderá determinar diligências para verificar a real situação econômica do condenado e, ouvido o Ministério Público, fixará o número de prestações. Ademais, se o condenado for impontual ou se melhorar de situação econômica, o Juiz, de ofício ou a requerimento do Ministério Público, poderá **revogar o benefício** das prestações mensais, iguais e sucessivas (art. 169, § 2º da LEP).

O Código Penal ainda faculta o pagamento da multa mediante desconto no vencimento ou salário do condenado quando:

a) aplicada isoladamente;

b) aplicada cumulativamente com pena restritiva de direitos;

c) concedida a suspensão condicional da pena (art. 50, § 1º, CP).

O desconto não deve incidir sobre os recursos indispensáveis ao sustento do condenado e de sua família (art. 50, § 2º, CP). A Lei de Execução Penal, no art. 168, inciso I, estabelece critérios mais objetivos para limitação do valor da parcela: no máximo a quarta parte da remuneração, e no mínimo, um décimo.

11.3.4.3. Execução da pena de multa

Como visto, a multa é uma sanção de **natureza patrimonial**, fixada em sentença penal condenatória. Apesar disso, a realidade demonstra que o inadimplemento da pena de multa não é um evento incomum.

O art. 51 do Código Penal previa a conversão da multa em pena de detenção, quando o condenado solvente deixasse de pagá-la ou frustrasse a sua execução. Todavia, a Lei nº 9.268/1996 deu nova redação ao dispositivo, vedando a conversão: "Art. 51 - Transitada em julgado a sentença condenatória, a multa será considerada dívida de valor, aplicando-se-lhes as normas da legislação relativa à dívida ativa da Fazenda Pública, inclusive no que concerne às causas interruptivas e suspensivas da prescrição."

O artigo foi novamente modificado pela Lei 13.964/2019 (Pacote Anticrime). Vejamos a **redação atual**:

> Art. 51. Transitada em julgado a sentença condenatória, **a multa será executada perante o juiz da execução penal** e será considerada dívida de valor, aplicáveis as normas relativas à dívida ativa da Fazenda Pública, inclusive no que concerne às causas interruptivas e suspensivas da prescrição.

Embora seja considerada dívida de valor, a multa conserva a sua **natureza de pena.** Desse modo, ocorrendo a morte do condenado, a dívida não se transmite a seus herdeiros, independentemente do valor da herança que tenha deixado, em decorrência da aplicação do **princípio da intranscendência**. Todavia, é devida a reparação de danos e é possível a decretação do perdimento de bens, nos limites do valor do patrimônio transferido (CF/88, art. 5º, XLV).

A multa tem caráter penal, conforme a CF/88, art. 5º, XLVI, "c", por isso não se permite mais a conversão da pena de multa em detenção. Diferentemente da prestação pecuniária (substitutividade).

Considerando a natureza patrimonial da pena de multa, e a impossibilidade de sua conversão em pena privativa de liberdade, o **Supremo Tribunal Federal editou a Súmula nº 693**, a qual dispõe: "Não cabe *habeas corpus* contra decisão condenatória a pena de multa, ou relativo a processo em curso por infração penal a que a pena pecuniária seja a única cominada".

Existia intenso debate acerca da legitimidade para executar a pena de multa. O Superior Tribunal de Justiça afirmava que a competência era da Fazenda Pública. De outro lado, o Supremo Tribunal Federal sustentava ser o Ministério Público o legitimado no juízo da execução penal (sob a égide da LEP) e, em caso de inércia ministerial por mais de 90 dias após sua intimação, caberia à Fazenda Pública a sua execução de forma subsidiária, no juízo da execução fiscal (sob o rito da Lei 6.830/80)[71].

Com a nova redação do art. 51 do CP, há quem defenda que a legitimidade é somente do Ministério Público (exclusiva), abolindo-se a legitimidade subsidiária da Fazenda Pública[72], inclusive há um julgado do STJ neste sentido[73]. No entanto, assumimos o entendimento de que a **orientação dada pelo Supremo Tribunal Federal continua sendo perfeitamente aplicável**, sob pena de proteção

71. STF, ADI 3.150 e AP 470 QO, Rel. Min, Luis Barroso, DJe 13/12/2018.
72. CUNHA, Rogério Sanches. **Pacote Anticrime**. Salvador: Juspodivm, 2020, p. 22.
73. O Ministério Público possui atribuição exclusiva para cobrança da multa perante o juiz da execução penal. STJ, 5ª Turma. Agravo Regimental no Recurso Especial nº 1.869.371-PR, Rel. Min. Felix Fischer, julgado em 17/11/2020, publicado no DJ em 24/11/2020.

insuficiente do Estado e da coletividade. Desse modo, caso o *parquet* não adote as providências para a cobrança no prazo de 90 dias, o juiz da Vara de Execuções Penais deve cientificar a Fazenda Pública para que proceda à cobrança perante a Vara de Execuções Fiscais[74].

11.3.4.4. Prescrição da pena de multa

Conforme disposto no art. 51 do Código Penal, as normas da legislação relativa à dívida ativa da Fazenda Pública devem ser aplicadas à pena de multa, inclusive no que concerne às **causas interruptivas e suspensivas da prescrição**. Desse modo, incidem a Lei nº 6.830/1980 – Lei de Execução Fiscal – e o Código Tributário Nacional.

A interrupção do prazo prescricional se dá com o despacho do juiz que ordena a citação (art. 8º, § 2º, LEF).

No que concerne à suspensão do prazo, o art. 40, *caput*, da Lei de Execução Fiscal prevê que o Juiz suspenderá o curso da execução, enquanto não for localizado o devedor ou encontrados bens sobre os quais possa recair a penhora, e, nesses casos, não correrá o prazo de prescrição.

A **Súmula 314 do Superior Tribunal de Justiça** também dispõe nesse sentido: "Em execução fiscal, não localizados bens penhoráveis, suspende-se o processo por um ano, findo o qual se inicia o prazo da prescrição quinquenal intercorrente".

Além disso, o art. 2º, § 3º da Lei de Execução Fiscal enuncia que "a inscrição, que se constitui no ato de controle administrativo da legalidade, será feita pelo órgão competente para apurar a liquidez e certeza do crédito e suspenderá a prescrição, para todos os efeitos de direito, por 180 dias, ou até a distribuição da execução fiscal, se esta ocorrer antes de findo aquele prazo".

11.3.4.5. Superveniência de doença mental

O Código Penal traz disposição acerca da suspensão da execução da pena de multa, caso sobrevenha ao condenado **doença mental** (art. 52). É importante atentar que neste caso apenas a execução da pena será suspensa. O prazo prescricional continuará correndo.

11.3.4.6. Multa substitutiva

A multa substitutiva encontra previsão no art. 60, § 2º, do Código Penal: "A pena privativa de liberdade aplicada, não superior a 6 (seis) meses, pode ser

74. ALBERTO, Márcio, COSTA, Adriano, FONTES, Eduardo e HOFFMANN, Henrique. **Pacote Anticrime.** Salvador: Editora JusPodivm, 2020, p. 19-20.

substituída pela de multa, observados os critérios dos incisos II e III do art. 44 deste Código".

Dessa maneira, podemos concluir que a aplicação da multa substitutiva depende dos seguintes requisitos:

- quantidade de pena aplicada igual ou inferior a 6 (seis) meses;
- réu não reincidente em crime doloso (art. 44, II, CP);
- a culpabilidade, os antecedentes, a conduta social e a personalidade do condenado, bem como os motivos e as circunstâncias indicarem que essa substituição seja suficiente (art. 44, III, CP).

Como se pode observar, não há qualquer óbice a aplicação da multa substitutiva aos crimes dolosos praticados com violência ou grave ameaça à pessoa.

Apesar disso, é importante destacar a ressalva da **Lei Maria da Penha**, a qual dispõe em seu art. 17: "É vedada a aplicação, nos casos de violência doméstica e familiar contra a mulher, de penas de cesta básica ou outras de prestação pecuniária, bem como a substituição de pena que implique o pagamento isolado de multa".

Outro ponto que merece atenção diz respeito à possibilidade de aplicação da multa substitutiva quando a pena privativa de liberdade é cumulada com multa. O **Superior Tribunal de Justiça editou a Súmula n. 171**, que trata do assunto nos seguintes termos: "Cominadas cumulativamente, em lei especial, penas privativas de liberdade e pecuniária, é defeso a substituição da prisão por multa". Considerando que a súmula faz referência somente aos crimes previstos em lei especial, se as penas cumuladas estiverem previstas no Código Penal, seria possível a multa substitutiva, de modo que o condenado estaria sujeito, apenas, à pena pecuniária.

11.3.4.7. Inadimplemento da multa e extinção da punibilidade

O inadimplemento da pena de multa impede a extinção da punibilidade mesmo que já tenha sido cumprida a pena privativa de liberdade ou a pena restritiva de direitos?

Regra: Sim. O STJ decidiu de que se o indivíduo for condenado a pena privativa de liberdade e multa, o inadimplemento da sanção pecuniária **obsta (impede)** o reconhecimento da extinção da punibilidade. Em outras palavras, somente haverá a extinção da punibilidade se, além do cumprimento da pena privativa de liberdade, houver o pagamento da multa.[75]

Exceção (*distinguishing*): se o condenado comprovar que **não tem como pagar a multa**. Se o condenado comprovar a impossibilidade de pagar a sanção pecuniária, neste caso, será possível a extinção da punibilidade mesmo sem a

75. STJ, 5ª Turma. AgRg no REsp 1.850.903-SP, Rel. Min. Reynaldo Soares da Fonseca, julgado em 28/04/2020 (Info 671).

quitação da multa. Bastará cumprir a pena privativa de liberdade e comprovar que não tem condições de pagar a multa.[76]

11.3.4.8. Sistemática da pena de multa na legislação extravagante

Lei(s)	Multa (sistemática)	Arts
Dec. Lei nº 2.848/1940 Código Penal	**Quantidade**: 10 – 360 dias-multa. **Dias-multa**: 1/30 – 5x SM. Pode ser aumentada até o triplo (3x)	49/52 e 60, § 1º
Dec. Lei nº 3.688/1941 Lei de Contravenções Penais	Não pode ultrapassar 50 "contos"	10
Lei nº 4.737/1965 Crimes Eleitorais	**Quantidade**: 1 – 300 dias-multa. **Dias-multa**: 1 SM diário da região – 1 SM mensal. Poder ser aumentada de 3x (não podendo exceder o máximo genérico).	286
Lei nº 6.766/1979 Parcelamento de solo urbano	Art. 50 (5-50x o maior SM e 10-100x o maior SM) Art. 52 (5 – 50x o maior SM)	50 e 52
Lei nº 7.492/1986 Crimes contra o SFN	Aplica a sistemática do CP, com a ressalva de que o limite do dia-multa pode ser estendido até o décuplo (10x)	33
Lei nº 8.072/1990 Crimes Hediondos	Aplica a sistemática do CP	
Lei nº 8.078/1990 Código de Defesa do Consumidor	**Quantidade**: dias-multa, correspondente ao mínimo e ao máximo de dias de duração da pena privativa da liberdade cominada ao crime. Pode ser aumentada até o triplo (3x), faz referência ao art. 60, § 1º do CP. Obs.: autoriza a cumulação com as PRD do art. 78	77 e 78
Lei nº 8.137/1990 Crimes contra a Ordem Tributária	Para os crimes dos arts. 1º ao 3º: **Quantidade**: 10-360 dias multa. **Dias-multa**: 14-200 BTN (Bônus do Tesouro Nacional)	8º
Lei nº 8.176/1991 Crimes contra a Ordem Econômica	Apenas para o crime do art. 2º (exploração da matéria prima da União) **Quantidade**: 10-360 dias-multa **Dia-multa**: 14-200 (Bônus do Tesouro Nacional)	Art. 2º §§ 2º e 3º

76. STJ, 3ª Seção. REsp 1785861/SP, Rel. Min. Rogerio Schietti Cruz, julgado em 24/11/2021 (Recurso Repetitivo – Tema 931).

Lei nº 8.245/1991 Lei de Locações de Imóveis Urbanos	**Quantidade** (art. 43): 3 a 12 meses do valor do último aluguel atualizado, revertida em favor do locatário. Obs: Contravenção penal. **Quantidade** (art. 44): multa equivalente a um mínimo de 12 e um máximo de 24 meses do valor do último aluguel atualizado ou do que esteja sendo cobrado do novo locatário, se realugado o imóvel. Obs.: crime de ação pública	Art. 43, *caput* e art. 44. p. ú.
Lei nº 9.029/1995 Exigência de atestados de gravidez e esterilização, e outras práticas discriminatórias	Multa administrativa de dez vezes o valor do maior salário pago pelo empregador, elevado em cinquenta por cento em caso de reincidência	Art. 3º, I
Lei nº 9.279/1996 Lei de Propriedade Industrial	**Quantidade**: 10-360 dias multa **Dias-Multa**: Igual o CP (1/30 – 5x SM) Obs (p. ú).: A multa poderá ser aumentada ou reduzida, em até 10 (dez) vezes, em face das condições pessoais do agente e da magnitude da vantagem auferida, independentemente da norma estabelecida no artigo anterior	Art. 197 e p. ú.
Lei nº 9.434/1997 Lei de Transplante de Órgãos	**Quantidade** (vários patamares): 100, 150 e 200 – 150, 200, 250 300 e 360	Arts. 14 a 20
Lei nº 9.503/1997 Código de Trânsito Brasileiro	**Multa reparatória**: Sistemática do CP, porém só é aplicada quando houver prejuízo material resultante do crime. **Obs.**: Não pode ser superior ao valor do prejuízo demonstrado no processo. Na indenização civil do dano, o valor da multa reparatória será descontado	Art. 297, §§ 1º a 3º
Lei 9.605/1998 Lei de Crimes Ambientais	Mesma sistemática do CP, porém se revelar-se ineficaz, ainda que aplicada no valor máximo, poderá ser aumentada até três vezes (3X), tendo em vista o valor da vantagem econômica auferida **Obs.**: A perícia de constatação do dano ambiental, sempre que possível, fixará o montante do prejuízo causado para efeitos de prestação de fiança e cálculo de multa.	Arts. 18 e 19
Lei 9.613/1998 Lavagem de Capitais	Mesma sistemática do CP	
Lei nº 11.340/2006 Lei Maria da Penha	É vedada a aplicação, nos casos de violência doméstica e familiar contra a mulher, de penas de cesta básica ou outras de prestação pecuniária, bem como a substituição de pena que implique o pagamento isolado de multa.	Art. 17

	Porte de Drogas: Multa em razão do descumprimento de medida educativa, atendendo a reprovabilidade da conduta (valores serão creditados no FUNAD) **Quantidade**: 40 – 100 dias-multa **Dias-multa**: 1/30 até 3x o valor do maior SM.	Art. 29
Lei nº 11.343/2006 Lei de Drogas	**Quantidade (vários patamares)**: Art. 33, *caput* e § 1º: 500 a 1.500 dias-multa Art. 33, § 2º: 100 a 300 dias-multa Art. 33, § 3º: 700 a 1500 dias-multa Art. 34: 1200 a 2000 dias-multa Art. 35: 700 a 1200 dias-multa Art. 36: 1500 a 4000 dias-multa Art. 37: 300 a 700 dias-multa Art. 38: 50 a 200 dias-multa Art. 39: 200 a 400 dias-multa (se for transporte coletivo, 400 a 600 dias-multa) **Art. 43. Dias-multa**: 1/30 até 5x o maior SM. **P. ú.** As multas, que em caso de concurso de crimes serão impostas sempre **cumulativamente**, podem ser aumentadas até o décuplo (10X) se, em virtude da situação econômica do acusado, considerá-las o juiz ineficazes, ainda que aplicadas no máximo.	Arts. 33 a 39, e art. 43 e p. ú.
Lei nº 12.850/2013 Organizações Criminosas	Mesma sistemática do CP	

QUESTÕES

QUESTÃO 1

VUNESP - 2023 - PC-SP - Delegado de Polícia

O condenado à pena privativa de liberdade igual ou inferior a quatro anos, por disposição expressa do CP

a) deverá se submeter a exame criminológico quando iniciar o cumprimento de pena em regime aberto.

b) poderá iniciar o cumprimento de pena, apenas, em regime semiaberto ou aberto.

c) poderá iniciar o cumprimento de pena em regime fechado, semiaberto ou aberto.

d) deverá iniciar o cumprimento de pena em regime aberto.

e) deverá ter sua pena privativa de liberdade substituída por pena restritiva de direito, independentemente da natureza do delito.

QUESTÃO 2

VUNESP - 2023 - PC-SP - Delegado de Polícia

São penas principais previstas na LCP:

a) detenção, reclusão e multa.
b) detenção e reclusão, apenas.
c) prisão simples e multa.
d) prestação de serviços à comunidade e prestação pecuniária.
e) medida educativa de comparecimento a programa ou curso educativo e multa.

QUESTÃO 3

FGV - 2024 - PC-SC Delegado

Dalva, mãe de filhas gêmeas de 13 anos, foi condenada por roubo (Art. 157 do CP) à pena de reclusão de 4 anos e 2 meses. Dalva foi condenada no passado pelo crime de furto (Art. 155 do CP), tendo cumprido sua pena integralmente há 6 anos.

Pelo exposto, para progredir de regime prisional, Dalva deverá obrigatoriamente

a) cumprir 16% da pena e ostentar bom comportamento carcerário.
b) cumprir 30% da pena, ostentar bom comportamento carcerário e reparar o dano causado.
c) cumprir 30% da pena e ostentar bom comportamento carcerário.
d) cumprir 20% da pena, ostentar bom comportamento carcerário e reparar o dano causado.
e) cumprir 25% da pena e ostentar bom comportamento carcerário.

QUESTÃO 4

VUNESP - 2022 - PC-SP - Delegado de Polícia

De acordo com o que determina expressamente o art. 33 do CP, o condenado por crime contra a Administração Pública

a) terá a progressão de regime do cumprimento da pena condicionada à reparação do dano que causou, ou à devolução do produto do ilícito praticado, com os acréscimos legais.
b) nos crimes praticados com abuso de poder ou violação de dever para com a Administração Pública perderá o cargo automaticamente quando condenado, independentemente da pena aplicada.

c) não pode gozar de suspensão condicional da pena, independentemente da quantidade de pena aplicada.

d) terá decretada por sentença a perda da remuneração e de qualquer direito à aposentadoria, inclusive sobre valores previamente pagos a título de contribuição para tal fim.

e) não tem direito à reabilitação.

QUESTÃO 5

FGV - 2024 - PC-SC Psicólogo Policial Civil

Com relação às penas previstas no Código Penal, analise as seguintes afirmações:

I. A multa não é uma pena.

II. O trabalho do preso será sempre remunerado, salvo quando for condenado a trabalhos forçados.

III. O tempo de prisão provisória no estrangeiro computa-se na pena privativa de liberdade.

Está correto apenas o que se afirma em

a) I e III.

b) III.

c) I.

d) II e III.

e) II.

QUESTÃO 6

FGV - 2024 - Câmara Municipal de São Paulo - SP - Procurador Legislativo

Tício, reincidente em crime doloso, foi condenado, em sentença transitada em julgado, pela prática do crime de corrupção passiva, a uma pena final inferior a quatro anos e multa, sendo certo que todas as circunstâncias judiciais lhe são favoráveis.

Nesse cenário, considerando as disposições do Código Penal e o entendimento dominante dos Tribunais Superiores, é correto afirmar que Tício iniciará o cumprimento da pena no regime

a) semiaberto, porquanto a pena aplicada é inferior a quatro anos e as circunstâncias judiciais lhe são favoráveis.

b) aberto, porquanto a pena aplicada é inferior a quatro anos e as circunstâncias judiciais lhe são favoráveis.

c) fechado, porquanto o crime foi praticado contra a Administração Pública.

d) semiaberto, porquanto o crime de corrupção passiva é punido com detenção.

e) fechado, porquanto o acusado é reincidente em crime doloso.

QUESTÃO 7

FCC - 2023 - DPE-ES - Defensor Público

De acordo com o entendimento do Superior Tribunal de Justiça, é correto afirmar que

a) a confissão espontânea atenua a pena, ainda que não tenha sido utilizada pelo juiz para fundamentar a condenação.

b) a confissão espontânea, desde que feita de forma integral e circunstanciada, constitui circunstância atenuante de pena.

c) a agravante prevista no art. 61, inciso II, alínea j, do CP, possui natureza objetiva, aplicando-se aos delitos praticados durante o estado de calamidade pública decretado em razão da pandemia, independentemente da comprovação de causalidade.

d) o fato de ter o agente cometido o crime com violência contra a mulher constitui circunstância agravante prevista no art. 61, inciso II, alínea f, do CP, a qual é aplicável ao delito de feminicídio.

e) a reincidência constitui circunstância agravante preponderante, a qual pode ser compensada com a atenuante da confissão espontânea, desde que não se trate de reincidência específica.

QUESTÃO 8

MPE-RS - 2023 - MPE-RS - Promotor de Justiça

Considere as seguintes afirmações.

I - Aplicam-se aos presos provisórios as disposições da lei de execuções penais, vedada, todavia, a progressão do regime prisional antes do trânsito em julgado da condenação para ambas as partes.

II - Segundo entendimento do Supremo Tribunal Federal, a falta de vaga em colônia penal obriga a imediata concessão de prisão domiciliar com monitoramento eletrônico, uma vez que ao condenado não se impõe o dever de cumprir a pena em regime mais gravoso que aquele estabelecido na sentença.

III - O benefício da detração deve ser reconhecido desde logo pelo juiz de conhecimento quando para beneficiar o réu em relação ao regime inicial de cumprimento da pena.

IV - Das decisões do juiz de execução cabe agravo sem efeito suspensivo, que deve ser interposto no prazo de 5 (cinco) dias, acompanhado de razões, diretamente no Tribunal competente.

V - Aplica-se o regime disciplinar diferenciado (RDD) aos presos provisórios ou condenados que apresentem alto risco para a ordem e a segurança do estabelecimento penal de origem ou a sociedade.

Quais afirmações estão corretas?

a) Apenas I e III.

b) Apenas II e IV.

c) Apenas III e V.

d) Apenas II, IV e V.

e) Nenhuma das afirmações está correta.

QUESTÃO 9

CESPE / CEBRASPE 2023 - PGE-SE - Procurador do Estado

À luz do Código Penal (CP) e da jurisprudência do Superior Tribunal de Justiça (STJ), assinale a opção correta acerca das penas privativas de liberdade e das penas alternativas.

a) É admissível a fixação de pena substitutiva (art. 44 do CP) com condição especial ao regime aberto.

b) O condenado que for reincidente em crime doloso não fará jus, em nenhuma hipótese, à pena restritiva de direitos.

c) As penas se dividem em duas espécies: privativas de liberdade e restritivas de direitos.

d) Se a pena-base for estabelecida no mínimo legal, é possível impor um regime prisional mais gravoso com base unicamente na gravidade abstrata do delito.

e) A execução da pena restritiva de direitos depende do trânsito em julgado da condenação.

QUESTÃO 10

TJ-AM - 2023 - TJ-AM - Titular de Serviços de Notas e de Registros - Ingresso por Provimento

O método de dosimetria da pena instituído no Código Penal compreende:

a) A consideração de qualificadoras na última fase do método trifásico, aplicando-se uma sobre a outra na forma de fração.

b) As chamadas majorantes e minorantes na terceira fase do método trifásico, que também podem ser denominadas causas de aumento e causas de diminuição, respectivamente.

c) A aplicação das circunstâncias judiciais na segunda fase do método trifásico, com a incidência posterior de atenuantes, o que não impede que a pena seja levada aquém do mínimo previsto abstratamente no tipo.

d) A valoração de agravantes e, posteriormente, de atenuantes na chamada primeira fase do método bifásico, sendo que estas devem ser aplicadas nessa ordem.

QUESTÃO 11

FGV - 2023 - TJ-BA Juiz Leigo

Tício, reincidente, foi condenado, definitivamente, à pena de dois anos de reclusão, sendo certo que as circunstâncias judiciais são favoráveis. No mesmo processo, Jonas, reincidente, foi condenado, definitivamente, à pena de nove anos de detenção, sendo certo que as circunstâncias judiciais são desfavoráveis.

Nesse cenário, considerando as disposições do Código Penal e o entendimento dominante do Superior Tribunal de Justiça, é correto afirmar que:

a) Tício iniciará o cumprimento de pena em regime aberto, enquanto Jonas cumprirá pena, de início, em regime semiaberto;

b) Tício iniciará o cumprimento de pena em regime fechado, enquanto Jonas cumprirá pena, de início, em regime semiaberto;

c) Tício iniciará o cumprimento de pena em regime semiaberto, enquanto Jonas cumprirá pena, de início, em regime fechado;

d) Tício e Jonas iniciarão o cumprimento de pena em regime semiaberto;

e) Tício e Jonas iniciarão o cumprimento de pena em regime fechado.

GABARITO

Questão 1	Letra "C"
Questão 2	Letra "C"
Questão 3	Letra "E"
Questão 4	Letra "A"
Questão 5	Letra "B"
Questão 6	Letra "A"
Questão 7	Letra "A"
Questão 8	Letra "C"
Questão 9	Letra "E"
Questão 10	Letra "B"
Questão 11	Letra "D"

CAPÍTULO 12

Concurso de crimes

É a nomenclatura dada à prática de mais de um crime por parte do agente, mediante uma ou várias ações. De acordo com a legislação pátria, há três espécies: **concurso material, concurso formal e crime continuado**, previstos respectivamente nos arts. 69, 70 e 71, todos do Código Penal.

12.1. Sistemas de aplicação da pena

Os sistemas de aplicação da pena no concurso de crimes orientam a atividade do órgão julgador, estabelecendo critérios para a imposição da reprimenda. São eles:

- **Sistema da acumulação material:** No sistema da acumulação material, as penas dos delitos praticados em concurso deverão ser **somadas**. É o sistema que rege o concurso material de crimes, o concurso formal impróprio e a aplicação da pena de multa referente aos crimes praticados em concurso. Em algumas situações, deve-se aplicar o sistema da acumulação material por determinação expressa do legislador no tipo penal. Por exemplo: injúria qualificada pela violência, em que a pena é de detenção, de três meses a um ano, e multa, além da pena correspondente à violência.
- **Sistema da exasperação:** Neste sistema, o magistrado deverá aplicar a pena do crime mais grave, e **exasperá-la na proporção determinada em lei**. É o sistema adotado para o concurso formal próprio e para o crime continuado.

A depender do número de crimes praticados pelo agente e da pena imposta pelo magistrado, a somatória das reprimendas aplicadas em virtude do concurso de delitos pode ultrapassar o limite máximo de 40 anos para cumprimento de pena privativa de liberdade, estabelecido no art. 75 do Código Penal. Nessa hipótese, fala-se em **concurso de crimes moderado ou limitado**. Isso significa que, embora o total da pena ultrapasse o teto legal, seu efetivo cumprimento será moderado para atender o limite legal.

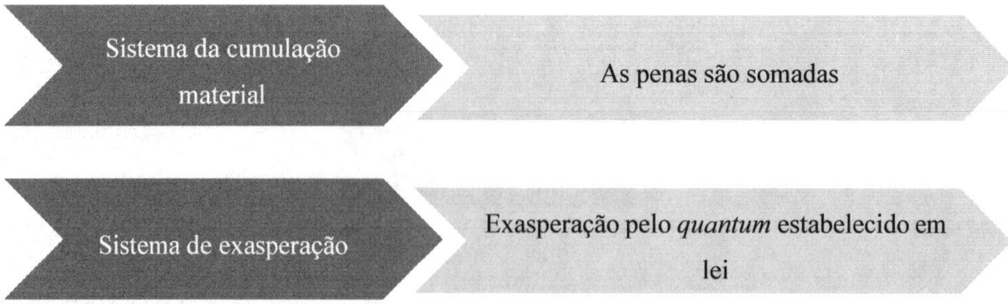

▸ PARÂMETRO PARA EXASPERAÇÃO

O parâmetro para a exasperação é o número de infrações penais: quanto mais crimes o agente houver cometido, mais o aumento deve se aproximar da metade. Veja um julgado do STJ sobre o tema:

> "Em relação à fração adotada para aumentar a pena em razão do reconhecimento do concurso formal, nos termos da jurisprudência deste Tribunal Superior, esse aumento tem como parâmetro o número de delitos perpetrados, no intervalo legal entre as frações de 1/6 e 1/2. No presente caso, tratando-se de sete infrações, a escolha da fração de 1/2 foi correta, não havendo ilegalidade a ser sanada."[1]

12.2. Concurso material ou real de crimes

Previsto no art. 69 do Código Penal, ocorre quando há **pluralidade de condutas** por parte do agente, causando **pluralidade de resultados**. Ressalte-se que a conduta pode ser omissiva ou comissiva, dolosa ou culposa, bem como os crimes podem ser idênticos ou não. O concurso material pode ser homogêneo ou heterogêneo:

- **Homogêneo:** ocorre quando os crimes são **idênticos**. Por exemplo: o agente, com *animus necandi*, desfere um golpe de faca em "A" e depois desfere um golpe em "B", praticando dois crimes de homicídio.
- **Heterogêneo:** caracteriza-se quando os crimes praticados em concurso são **diferentes**. Por exemplo: o agente pratica o crime de estupro, e depois mata a vítima por asfixia.

Como consequência, as penas dos crimes praticados serão **somadas**, aplicando-se o sistema do **cúmulo material**. No momento de fixação da reprimenda, o magistrado deverá determinar a pena de cada crime isoladamente, para então somá-las.

1. STJ, 5ª Turma. HC 475.974/SP, Rel. Min. Reynaldo Soares da Fonseca, j. 12/02/2019.

Um exemplo claro de aplicação de concurso material pode ser extraído do seguinte julgado do STJ:

> O tipo incriminador capitulado no art. 241-A não constitui fase normal ou meio de execução para o delito do art. 241-B, não havendo porque uma conduta ficar absolvida pela outra. Por isso, "quando o agente adquire ou baixa arquivos de imagens pornográficas (fotos e vídeos) envolvendo crianças e adolescentes e os armazena no próprio Hd como no caso dos autos -, é perfeitamente possível o concurso material das condutas de "possuir" e "armazenar" (art. 241-B do ECA) com as condutas de "publicar" ou "disponibilizar" e "transmitir"(art. 241-A), o que autoriza a aplicação da regra do art. 69 do Código Penal.[2]

Em resumo:

CONCURSO MATERIAL Pluralidade de condutas e de crimes	
Conduta ⇒ Crime	**Cúmulo material** (soma das penas)
Conduta ⇒ Crime	
Conduta ⇒ Crime	

12.3. Concurso formal ou ideal de crimes

No concurso formal, mediante apenas **uma conduta**, o agente dá causa a uma **pluralidade de resultados.** Pode ser classificado como **homogêneo**, se os crimes forem idênticos, ou **heterogêneo**, se os crimes forem diversos.

Note que a unidade de conduta não é sinônimo de crime unissubsistente, que é aquele praticado mediante um único ato. O concurso formal é perfeitamente compatível com os crimes plurissubsistentes.

O concurso formal ainda pode ser classificado em concurso formal **perfeito ou próprio** e concurso formal **imperfeito ou impróprio**. Vejamos com mais detalhes as diferenças entre eles.

12.3.1. Concurso formal perfeito ou próprio

O concurso formal perfeito está previsto no Código Penal, em seu art. 70, *caput*, primeira parte. Caracteriza-se quando o agente pratica a conduta motivado por **um só desígnio**, mas sua atuação enseja a produção de dois ou mais resultados.

2. STJ, 5ª Turma. AgRg no AgRg no REsp 133.0974/MG, Rel. Ministro Ribeiro Dantas, julgado em 12/02/2019, DJe 19/02/2019.

Em outras palavras: o agente intencionava atingir determinado objetivo, mas, sem querer, sua conduta dá causa também a outro resultado, não inicialmente desejado.

Observe que não é possível o concurso formal perfeito entre crimes dolosos, pois a ocorrência do segundo resultado não é desejada pelo agente. Desse modo, o concurso formal perfeito pode ser verificado entre **crimes culposos ou entre crime doloso e culposo**.

Por exemplo: "A", desejando matar "B", efetua disparo com arma de fogo em sua direção. O projétil atinge "B", atravessa seu corpo e também fere "C", que estava atrás dele. "B" falece no local, e "C" sofre lesões corporais graves em razão da conduta de "A". Nessa hipótese, haverá concurso formal perfeito entre o crime de homicídio doloso praticado contra "B" e crime de lesão corporal culposa contra "C".

Neste caso, incide o **sistema da exasperação**, ou seja, o juiz deve aplicar **a mais grave** das penas cabíveis ou, **se iguais, somente uma delas**, mas aumentada, em qualquer caso, de um sexto até metade. O patamar de exasperação submete-se a critérios objetivos, variando de acordo com o número de crimes praticados pelo agente com sua conduta.

Na esteira do entendimento do STJ:

> Em relação à fração adotada para aumentar a pena em razão do reconhecimento do concurso formal, nos termos da jurisprudência deste Tribunal Superior, esse aumento tem como parâmetro o número de delitos perpetrados, no intervalo legal entre as frações de 1/6 e 1/2. No presente caso, tratando-se de sete infrações, a escolha da fração de 1/2 foi correta, não havendo ilegalidade a ser sanada.[3]

12.3.2. Concurso formal imperfeito ou impróprio

Previsto no Código Penal, em seu art. 70, *caput*, segunda parte, o concurso formal imperfeito ou impróprio configura-se quando o agente atua com **desígnios autônomos** com relação à pluralidade de crimes que pratica, sempre a título de dolo. Desse modo, desde o início o autor pretende causar mais de um resultado com sua conduta.

Por exemplo: "A", deseja matar o casal "B" e "C", colocando fogo na casa em que moram. Em virtude do incêndio provocado, "B", "C" vêm a falecer. Neste caso, apesar de ter praticado uma só conduta, "A" responderá pelos homicídios em concurso formal imperfeito, pois houve dolo quanto à morte de "B" e "C".

Na visão do Superior Tribunal de Justiça:

> Os desígnios autônomos que caracterizam o concurso formal impróprio referem-se a **qualquer forma de dolo, direto ou eventual**. A segunda parte do art. 70 do CP, ao dispor sobre o concurso formal impróprio, exige, para sua incidência,

3. STJ, 5ª Turma. HC 475.974/SP, Rel. Min. Reynaldo Soares da Fonseca, j. 12/02/2019, DJe 19/02/2019.

que haja desígnios autônomos, ou seja, a intenção de praticar ambos os delitos. O dolo eventual também representa essa vontade do agente, visto que, mesmo não desejando diretamente a ocorrência de um segundo resultado, aceitou-o.[4] (grifo nosso)

Imagine que no exemplo anterior, "A" tem consciência de que, ocasionalmente, a empregada doméstica permanece na residência do casal. Obstinado, não se importa com esse fato, e resolve pôr em prática o seu plano. Em virtude do incêndio provocado, "B", "C" e a empregada vêm a falecer. Neste caso, apesar de ter praticado uma só conduta, "A" responderá pelos homicídios em concurso formal imperfeito, pois houve dolo direto quanto à morte de "B" e "C", e dolo eventual quanto à morte da empregada.

No concurso formal imperfeito vigora o **sistema da acumulação**, conforme estatui o art. 70, *caput*, segunda parte, do Código Penal.

CONCURSO FORMAL DE CRIMES	
Próprio, perfeito ou normal (única conduta e pluralidade de crimes)	
Conduta ⇒ Crime Crimes Crime	**Exasperação** (pena de um dos crimes aumentada de 1/6 a 1/2)
Impróprio, imperfeito ou anormal (única conduta e pluralidade de crimes com **desígnios autônomos**)	
Conduta ⇒ Crime Crime Crime	**Cúmulo material** (somam-se as penas)

▸ IMPORTANTE – "CONCURSO MATERIAL BENÉFICO"

Note que o legislador buscou ser mais benevolente com aquele que pratica crimes em concurso formal perfeito, pois neste caso, o agente não tinha a intenção de provocar todos os resultados causados por sua conduta. Em razão disso, estabeleceu o sistema da exasperação, reservando o sistema do cúmulo material, mais gravoso, ao concurso formal imperfeito.

Entretanto, é possível que, a depender das circunstâncias, o sistema da exasperação seja mais prejudicial do que o sistema do cúmulo material. Para evitar essa contradição, o Código Penal estatuiu o **concurso material benéfico**, que encontra na previsão no art. 70, parágrafo único, do Código Penal. Segundo tal dispositivo, a pena resultante do critério da exasperação não poderá a pena exceder a que seria cabível pela regra da cumulação material. Com efeito, o

4. STJ, 6ª Turma. HC 191.490/RJ, Rel. Min. Sebastião Reis Júnior, j. em 27/9/2012.

magistrado deverá analisar a pena resultante de ambos os critérios, e optar por **aquele que for mais benéfico ao réu**.

Exemplo: Após uma discussão com a esposa, "A" toma uma arma que estava no aparador da sala de sua casa e desfere diversos tiros contra a mulher, que vem a falecer imediatamente em virtude dos ferimentos. Além disso, uma das munições atravessa o sofá onde o cunhado de "A", sem o conhecimento deste, dormia profundamente, causando-lhe lesões corporais.

Nesse caso, há dois crimes em concurso formal perfeito: feminicídio e lesão corporal culposa. A pena mínima do primeiro crime é de 12 (doze) anos de reclusão, e a do segundo é de 2 (dois) meses de detenção. De acordo com o sistema da exasperação, previsto no art. 70 do Código Penal, o magistrado deverá aplicar a mais grave das penas cabíveis e aumentá-la de um sexto até metade. Partindo da premissa de que a pena do crime de homicídio qualificado foi estabelecida em 12 (doze) anos, e que o magistrado exasperou a reprimenda no patamar mínimo de 1/6 (um sexto), a pena privativa de liberdade resultante será de 14 (quatorze) anos. Se fosse aplicado o critério do cúmulo material, as reprimendas de ambos os delitos seriam somadas, resultando num montante de 12 (doze) ano de reclusão e 2 (dois) meses de detenção.

Evidentemente, o sistema do cúmulo material é mais benéfico ao réu nessa hipótese, devendo, portanto, ser adotado pelo magistrado no momento da fixação da pena.

Em resumo:

<table>
<tr><th>CONCURSO FORMAL</th><th>Conduta</th><th>Resultados</th><th>Sistema</th></tr>
<tr><td rowspan="2">Próprio/Perfeito/Normal
(CP, artigo 70, 1ª parte)</td><td>Culposa</td><td>Culposos</td><td>Exasperação
(1/6 a 1/2)</td></tr>
<tr><td>Dolosa</td><td>Dolosos e Culposos
(pelo menos um culposo)</td><td>Exasperação
(1/6 a 1/2)</td></tr>
<tr><td>Impróprio/Imperfeito/Anormal
(CP, artigo 70, 2ª parte)</td><td>Dolosa</td><td>Dolosos (todos)
Desígnios Autônomos</td><td>Cúmulo Material
(Soma)</td></tr>
</table>

Se o indivíduo, durante um roubo, matar duas pessoas, mas subtrair o patrimônio de apenas uma delas, ele terá cometido um ou dois crimes de latrocínio?[5]

5. CAVALCANTE, Márcio André Lopes. **Se o indivíduo, durante um roubo, matar duas pessoas, mas subtrair o patrimônio de apenas uma delas, ele terá cometido um ou dois crimes de latrocínio?** Buscador Dizer o Direito, Manaus. Disponível em: https://www.dizerodireito.com.br/2023/11/se-o-individuo-durante-um-roubo-matar.html. Acesso em: 11 fev. 2024.

O STJ entendia, no passado, que haveria concurso formal impróprio no crime de latrocínio quando, não obstante tivesse havido a subtração de um só patrimônio, o animus necandi fosse direcionado a mais de um indivíduo. Em outras palavras, o STJ entendia que a quantidade de latrocínios era aferida a partir do número de vítimas em relação às quais foi dirigida a violência, e não pela quantidade de patrimônios atingidos.[6]

No entanto, essa posição do STJ destoava da orientação do STF sobre o tema. O Supremo possui julgados afastando o concurso formal impróprio e reconhecendo a ocorrência de **crime único de latrocínio**, nas situações em que, embora o *animus necandi* seja dirigido a mais de uma pessoa, apenas um patrimônio tenha sido atingido.[7]

Diante disso, o STJ decidiu fazer um *overruling* da sua jurisprudência, adequando-a ao entendimento do STF acerca do tema. Em suma, o entendimento atual da jurisprudência do STJ e STF é o seguinte:

"Subtraído um só patrimônio, a pluralidade de vítimas da violência **não impede o reconhecimento de crime único de latrocínio**."[8]

12.4. Crime continuado

Previsto no art. 71 do Código Penal, é a modalidade de concurso de crimes que se verificará sempre que o agente, mediante duas ou mais condutas praticar dois ou mais crimes da mesma espécie e nas mesmas condições de tempo, lugar, modo de execução e outras semelhantes. Como consequência, os crimes subsequentes serão considerados como continuação do primeiro, aplicando-se a pena de um deles, se iguais, ou a mais grave, se distintos, com aumento de pena de um sexto a dois terços, visto que o Código Penal adotou o critério da **exasperação** para os crimes continuados.

Quanto à **natureza jurídica** do crime continuado, há três principais teorias:

- **Teoria da ficção jurídica:** idealizada por Francesco Carrara, defende que o crime continuado é uma ficção do Direito. Desse modo, os diversos delitos praticados pelo agente, também chamados pela doutrina de **delitos parcelares**, são considerados como um único crime por opção do legislador. Caso as condutas constituíssem efetivamente um único crime, não haveria sentido em se permitir a exasperação da pena. É a teoria adotada pelo nosso Código Penal.

---

6. STJ, 5ª Turma. HC 336.680/PR, Rel. Min. Jorge Mussi, julgado em 17/11/2015.
7. STF, 2ª Turma. HC 109539, Rel. Min. Gilmar Mendes, julgado em 07/05/2013. STF. 2ª Turma. HC 96736, Rel. Min. Teori Zavascki, julgado em 17/09/2013. STF. 1ª Turma. RHC 133575, Rel. Min. Marco Aurélio, julgado em 21/02/2017.
8. STJ. 3ª Seção. AgRg no AREsp 2.119.185-RS, Rel. Min. Laurita Vaz, julgado em 13/9/2023 (Info 789). STJ, HC 848.743/SC, Rel. Min. Reynaldo Soares da Fonseca, j. em 30/01/2024.

- **Teoria realista, da realidade ou da unidade real:** concebida por Bernardino Alimena, sustenta que o crime continuado é realmente um único delito. Desse modo, entende que há pluralidade de condutas, mas não pluralidade de crimes.
- **Teoria mista ou da unidade jurídica:** para esta corrente, o crime continuado não é unidade real, tampouco ficção jurídica. A continuidade é uma figura própria - realidade jurídica - dirigida a fins específicos. Não há unidade ou pluralidade de crimes, mas sim um terceiro crime - o crime de concurso - legalmente unificado pela unidade do aspecto subjetivo.

12.4.1. Requisitos do crime continuado

A configuração do crime continuado depende da verificação de determinados requisitos, estabelecidos no art. 71, *caput*, do Código Penal, o qual dispõe:

> Art. 71 - Quando o agente, mediante mais de uma ação ou omissão, pratica dois ou mais crimes da mesma espécie e, pelas condições de tempo, lugar, maneira de execução e outras semelhantes, devem os subseqüentes ser havidos como continuação do primeiro, aplica-se-lhe a pena de um só dos crimes, se idênticas, ou a mais grave, se diversas, aumentada, em qualquer caso, de um sexto a dois terços.

Desse modo, são requisitos do crime continuado:

a) Pluralidade de condutas: É necessário que o agente tenha praticado os crimes mediante pluralidade de condutas, ou seja, **mais de uma ação ou omissão.**

b) Crimes da mesma espécie: O Código Penal não conceitua o que seriam crimes da mesma espécie. Em virtude da ausência de definição legal, surgiram duas correntes acerca do tema.

Para a **primeira corrente, amplamente adotada** pela jurisprudência do STJ e do STF, crimes da mesma espécie são aqueles que se encontram descritos no **mesmo tipo penal**. Para os partidários dessa linha de pensamento, é possível a continuidade delitiva entre vários delitos de furto, mas nunca entre um furto e um roubo[9].

Além disso, os bens jurídicos tutelados pela norma penal devem ser idênticos. Desse modo, não é possível a configuração do crime continuado entre um roubo e um latrocínio, apesar de ambos estarem previstos no art. 157 do Código Penal. Embora as duas condutas pertençam ao mesmo gênero, não são da mesma espécie, pois tutelam bens jurídicos distintos.

---

9. Não há como reconhecer a continuidade delitiva entre os crimes de roubo e o de latrocínio porquanto são delitos de espécies diversas, já que tutelam bens jurídicos diferentes. STJ. 5ª Turma. AgInt no AREsp 908.786/PB, Rel. Min. Felix Fischer, julgado em 06/12/2016.

A segunda corrente, por sua vez, sustenta que crimes da mesma espécie são aqueles que tutelam o mesmo bem jurídico, independentemente de que estejam previstos no mesmo tipo penal. O STJ já adotou essa corrente ao reconhecer a continuidade delitiva entre o crime de sonegação previdenciária e o crime de apropriação indébita previdenciária, praticados na administração de empresas de um **mesmo grupo econômico.**

c) Conexão temporal: O art. 71 exige que os crimes tenham sido cometidos nas "mesmas condições de tempo". Como a lei não apresenta nenhum critério objetivo para verificação desse requisito, a jurisprudência do STJ e do STF estabeleceu que entre um crime e outro não pode haver lapso temporal **superior a 30 (trinta) dias**[10].

Excepcionalmente, o Supremo Tribunal Federal reconheceu a continuidade delitiva entre crimes contra a ordem tributária, em que houve intervalo temporal de até 3 (três) meses entre as condutas[11].

d) Conexão espacial: À semelhança do que ocorre com o requisito temporal, o art. 71 exige que os crimes tenham sido cometidos nas "mesmas condições de lugar", mas não define de maneira objetiva os critérios para verificação desse requisito. Novamente, a jurisprudência balizou a aplicação do texto legal, estabelecendo como limite a **circunscrição municipal e as cidades limítrofes.**[12]

e) Conexão modal: Dentre os requisitos elencados, o art. 71 exige **similaridade na maneira** como os crimes são praticados, ou seja, as condutas devem seguir um padrão para que haja o reconhecimento da continuidade delitiva. Por exemplo: não há crime continuado se o agente pratica o primeiro crime sozinho, e o subsequente em concurso de pessoas, ou ainda, se comete o primeiro furto com emprego de chave falsa e o segundo mediante abuso de confiança[13].

f) Conexão ocasional: Além desses requisitos, o Código Penal também faz referência a "outras circunstâncias semelhantes", o que a doutrina convencionou denominar **conexão ocasional.** Isso significa dizer que "o agente, para executar os crimes posteriores, deve se valer da ocasião proporcionada pelo crime anterior[14]".

Questão. A ausência de um dos requisitos objetivos descaracteriza o crime continuado?

NÃO. Se houver mais de um requisito poderá caracterizar o crime continuado.

---

10. Tese 2, Jurisprudência em Teses do STJ, edição nº 17.

11. No entanto, há decisões flexibilizando o mencionado lapso temporal em casos específicos. Sob esse viés, o STJ decidiu, em 2018, que "embora para reconhecimento da continuidade delitiva se exija o não distanciamento temporal das condutas, em regra no período não superior a trinta dias (...), excepcional vinculação entre as condutas permite maior elastério no tempo. STJ, AgRg no REsp 1.345,274/SC, Rel. Min. Nefi Cordeiro, j. 20/03/2018.

12. STJ, 5ª Turma. HC 490.707/SC, Rel. Min. Ribeiro Dantas, j. em 21/02/2019.

13. Tese 4, Jurisprudência em Teses do STJ – edição nº 17.

14. MASSON, Cleber. **Código Penal Comentado**. 2ª ed., rev., atual. e ampl. São Paulo: Método, 2014, p. 354.

CUIDADO!

O crime continuado não se confunde com o crime habitual.

No **crime continuado**, os delitos que compõem a cadeia de continuidade são puníveis individualmente (denominado pela doutrina de **flagrante fracionado**). Apenas são considerados como crime único em virtude de uma ficção jurídica, criada por política criminal.

No **crime habitual**, os atos praticados pelo agente, isoladamente considerados, não possuem relevância para o Direito Penal, não sendo, portanto, puníveis. Na verdade, o delito apenas se configura mediante a reiteração da conduta pelo agente.[15]

12.4.1.1. Unidade de desígnios como requisito subjetivo

A doutrina defende que o reconhecimento da continuidade volitiva exige um liame volitivo entre os delitos parcelares, que devem se entrelaçar de modo que a conduta posterior seja um desdobramento, uma continuação de fato da anterior.

Exige-se do agente um intuito único (homogeneidade subjetiva), um propósito global a ser alcançado com essas condutas parcelares, é esse intuito/propósito o chamado **dolo global ou unitário**. Trata-se de um requisito subjetivo e demanda um planejamento prévio do agente.

O art. 71 nada diz quanto à **unidade de desígnios** como requisito para configuração da continuidade delitiva. Por isso, alguns doutrinadores afirmam que ele não é necessário.

Três correntes se formaram acerca do tema:

- **Teoria subjetiva**: o que caracteriza o crime continuado é a programação (mental) inicial do agente. Leva em consideração a sua intenção. Para configurar o crime continuado basta demonstrar que o agente agiu com unidade de desígnio, ou seja, com um único propósito. Não é adotada pelo Brasil.
- **Teoria objetiva pura ou puramente objetiva**: de acordo com os partidários desta corrente, a caracterização do crime continuado funda-se apenas nos critérios de ordem objetiva enunciados no art. 71, caput, do Código Penal, independentemente da intenção do agente.[16]
- **Teoria mista ou objetivo-subjetiva**: para essa corrente, a configuração da continuidade delitiva depende da verificação dos **critérios objetivos**

---

15. Tese 5, Jurisprudência em Teses do STJ – edição nº 17: "não há crime continuado quando configurada habitualidade delitiva ou reiteração criminosa"

16. Essa teoria foi adotada pelo art. 59 da Exposição de Motivos da Parte Geral do CP, segunda a qual, crime continuado não depende de unidade de designíos, bastando o preenchimento dos requisitos objetivos do art. 71. *caput*, do CP.

estabelecidos no art. 71 **e da unidade de desígnios do agente**. Em outras palavras: a pluralidade de crimes deve ser fruto de um desejo prévio do criminoso. É a posição **majoritária** atualmente na doutrina e jurisprudência[17].

12.4.2. Espécies de crime continuado

No art. 71 do Código Penal, é possível identificar três espécies de crime continuado:

a) Simples ou comum: Ocorre quando as penas dos delitos são **idênticas**, por exemplo, o agente comete três crimes de furto simples consumado. Vigora o sistema da exasperação, devendo o magistrado aplicar a pena de somente um deles, aumentada de um sexto a dois terços;

b) Qualificado: Neste caso, as penas dos crimes são **diferentes**, por exemplo, o agente pratica dois furtos simples consumados e um furto simples tentado. Igualmente, incide o sistema da exasperação, devendo o juiz aplicar a pena do crime mais grave, aumentada de um sexto a dois terços;

c) Específico: Encontra-se previsto no parágrafo único do art. 71 do Código Penal. Sua caracterização depende da prática de crim**es dolosos, contra vítimas distintas, cometidos com violência ou grave ameaça à pessoa**. Nesse caso, em que também vigora o sistema da exasperação, será aumentada até o triplo a pena de um dos crimes, se idênticas, ou a mais grave, se diversas.

É importante observar que a lei determina apenas o patamar máximo de exasperação da pena, nada mencionando a respeito do patamar mínimo. A doutrina sustenta que "em sintonia com o *caput*, deve ser utilizado o **mínimo de 1/6**, pois, caso contrário, o crime continuado seria inútil por se confundir com o concurso material, ofendendo-se a vontade da lei e a origem do instituto, consistente em tratar de forma benéfica os autores de crimes da mesma espécie ligados entre si pelas mesmas condições de tempo, local, maneira de execução e outras semelhantes".

▸ ATENÇÃO

Com as alterações produzidas no Código Penal pela Lei n. 7.209/1984, a Súmula nº 605 do Supremo Tribunal Federal, que obstava o reconhecimento da continuidade delitiva nos crimes contra a vida, encontra-se **superada**.

▸ FIQUE ATENTO!

A "violência" mencionada no parágrafo único do art. 71 do CP é a "real", pois conforme já decidiu o STJ, "em caso de estupro de vulnerável praticado contra

---

17. Tese 1, Jurisprudência em Teses do STJ – edição nº 17: "para a caracterização da continuidade delitiva é imprescindível o preenchimento de requisitos de ordem objetiva) mesmas condições de tempo, lugar e forma de execução - e de ordem subjetiva) unidade de desígnios ou vínculo subjetivo entre os eventos."

duas ou mais vítimas, mediante **violência presumida**[18]**, não há continuidade delitiva específica** (somente continuidade simples), nem concurso material. Isso porque a violência de que trata a continuidade delitiva especial é a real, não abarcando a violência presumida".[19]

Em resumo (tabela adaptada do site Dizer o Direito)[20]:

CRIME CONTINUADO		
Simples (ou comum)	**Qualificado**	**Específico**
Ocorre quando o agente pratica dois ou mais crimes que possuem a mesma pena.	Ocorre quando o agente pratica dois ou mais crimes que possuem penas diferentes.	Ocorre no caso de: crimes dolosos cometidos com violência (real) ou grave ameaça à pessoa contra vítimas diferentes
Exemplos		
Três furtos simples consumados; dois furtos qualificados tentados.	Dois furtos simples consumados e um tentado; um furto qualificado consumado e um tentado.	José segue duas mulheres que caminhavam juntas e pratica estupro consumado contra uma e estupro tentado contra a outra.
Como se calcula a pena:		
Aplica-se a pena de um só dos crimes, exasperada (aumentada) de 1/6 a 2/3.	Aplica-se a pena do crime mais grave, exasperada (aumentada) de 1/6 a 2/3.	Aplica-se a pena de um só dos crimes, se idênticas, ou a mais grave, se diversas, e aumenta até o triplo (3x). **Obs.**: apesar de não haver previsão legal, a jurisprudência entende que o aumento mínimo é de 1/6.

18. "Ficção jurídica de violência do legislador utilizada para criar o tipo penal de estupro de vulnerável". STJ, 5ª Turma. PET no REsp 1.659.662/CE, Rel. Min. Ribeiro Dantas, DJe de 14/5/2021.
19. STJ, 5ª Turma. AgRg em ARESP 2.165.385/MG, Rel. Min. Reynaldo Soares da Fonseca, julgado em 5/9/2023 (Info 786).
20. CAVALCANTE, Márcio André Lopes. **Não incide a regra a continuidade delitiva específica nos crimes de estupro praticados com violência presumida**. Buscador Dizer o Direito, Manaus. Disponível em: https://www.dizerodireito.com.br/2023/11/nao-incide-regra-continuidade-delitiva.html. Acesso em: 11 fev. 2024.

STJ, Súmula 659		
O critério para o aumento é *exclusivamente* o número de crimes praticados: 2 crimes – aumenta 1/6 3 crimes – aumenta 1/5 4 crimes – aumenta 1/4 5 crimes – aumenta 1/3 6 crimes – aumenta 1/2 7 ou mais – aumenta 2/3	O critério para o aumento é *exclusivamente* o número de crimes praticados: 2 crimes – aumenta 1/6 3 crimes – aumenta 1/5 4 crimes – aumenta 1/4 5 crimes – aumenta 1/3 6 crimes – aumenta 1/2 7 ou mais – aumenta 2/3	A exacerbação da pena deverá se nortear por critérios objetivos (número de infrações praticadas) e subjetivos (culpabilidade, antecedentes, conduta social, personalidade do agente, motivos e circunstâncias do crime). (STJ. 5ª Turma. HC 305.233/SP, Rel. Min. Felix Fischer, julgado em 27/10/2015)

12.4.3. Critério para aumento do crime continuado

a) Crime continuado do *caput* do art. 71 do CP: A jurisprudência sempre entendeu que o critério para se determinar o *quantum* da majoração (entre 1/6 a 2/3) é apenas a **quantidade de delitos** cometidos. Assim, quanto maior o número de infrações praticadas, maior deve ser a fração de aumento.

Sobre o tema, recentemente o STJ reforçou esse entendimento editando a Súmula 659, *in verbis*:

> A fração de aumento em razão da prática de crime continuado deve ser fixada de acordo com o número de delitos cometidos, aplicando-se 1/6 pela prática de duas infrações, 1/5 para três, 1/4 para quatro, 1/3 para cinco, 1/2 para seis e 2/3 para sete ou mais infrações.

b) Crime continuado específico (art. 71, parágrafo único, do CP): A fração de aumento será determinada pela **quantidade de crimes praticados e** também pela análise das **circunstâncias judiciais** do art. 59 do Código Penal[21].

12.4.4. Concurso de crimes com imposição de multa

Dispõe o art. 72 do Código Penal que as penas de multa nos concursos de crimes são impostas integral e distintamente.

Em relação ao concurso formal e material, não há divergência, aplica-se o sistema de cúmulo material (somam-se as penas de multa).

Contudo, em relação ao crime continuado, há **divergência**. Duas correntes disputam o tema:

1ª corrente: deve ser aplicado o teor do art. 72 do CP. Assim, as penas de multa deverão ser somadas (sistema do cúmulo material). Essa é a posição que

21. STJ, 5ª Turma. REsp 1.718.212/PR, Rel. Min. Jorge Mussi, j. em 19/04/2018.

prevalece na doutrina, com base na posição topológica do artigo 72, que deve se aplicar aos artigos 69, 70 e 71.

2ª corrente: não deve ser aplicado o art. 72 à continuidade delitiva, tendo em vista a adoção da teoria da ficção jurídica. Tratando-se de crime único para fins de aplicação de pena, também deve incidir **apenas uma pena de multa, com exasperação**. É a posição do STJ, veja:

> A jurisprudência desta Corte assentou compreensão no sentido de que o art. 72 do Código Penal é restrito às hipóteses de concursos formal ou material, não sendo aplicável aos casos em que há reconhecimento da continuidade delitiva. Desse modo, a pena pecuniária deve ser aplicada conforme o regramento estabelecido para o crime continuado, e não cumulativamente, como procedeu a Corte de origem.[22]

12.4.5. Outras questões relevantes

Alguns outros pontos merecem destaque no que concerne ao estudo do crime continuado. São assuntos sempre explorados em prova:

a) Súmula 711, do STF: A lei penal mais grave aplica-se ao crime continuado ou ao crime permanente, se a sua vigência é anterior à cessação da continuidade ou da permanência;

b) Conforme já mencionado, o teor da Súmula 605, do STF, **não pode mais ser invocado**, sendo perfeitamente possível o reconhecimento da continuidade delitiva em crimes contra a vida;

c) Admite-se a **incidência do crime continuado e do concurso formal** para crimes praticados no mesmo contexto fático. Porém, há divergência no que se refere ao cálculo da pena. Suponhamos que no dia 01/01, João rouba passageiros de um ônibus. No dia 03/01, pratica o mesmo crime, mas agora em outra linha de transportes urbanos da cidade. Por fim, no dia 05/01, mais uma vez, assalta passageiros no interior de um coletivo. Neste caso, cada roubo a ônibus caracteriza o concurso formal e, os três crimes praticados na sequência, valendo-se das mesmas condições de tempo, lugar e modo de execução, configuram a continuidade delitiva.[23]

Na hipótese supra, como deve ser fixada a pena?

Para parte da doutrina, não deve incidir o concurso formal, aplicando-se somente o instituto da continuidade delitiva para os vários roubos, como forma de se evitar o *bis in idem*. Esta é a posição de Luiz Flávio Gomes e é acolhida pelo STJ, inclusive em sua Jurisprudência em Teses (edição nº 20): item 10. "Caracteri-

22. STJ, 5ª Turma. AgRg no AREsp 484.057/SP, Rel. Min, Jorge Mussi, j. 27/02/2018, DJe 09/03/2018.
23. SANCHES, Rogério Cunha. **Manual de Direito Penal: parte geral**. 7ª ed. rev., ampl. e atual. Salvador: JusPODIVM, 2019, 563-577.

zado o concurso formal e a continuidade delitiva entre infrações penais, **aplica-se somente o aumento relativo à continuidade**, sob pena de *bis in idem*".

Contudo, outra vertente da doutrina entende que como as duas causas de aumento de pena estão previstas na parte geral do Código Penal, o juiz deve considerar os dois aumentos, relativos tanto ao concurso formal quanto à continuidade delitiva.

d) No que tange à **prescrição**, deve ser observado o disposto no art. 119, do CP: "No caso de concurso de crimes, a extinção da punibilidade incidirá sobre a pena de cada um, isoladamente".

Jurisprudência em Teses do STJ – edição nº 23. Item 7. No concurso de crimes, o cálculo da prescrição da pretensão punitiva é feito considerando cada crime isoladamente, não se computando o acréscimo decorrente do concurso formal, material ou da continuidade delitiva.

Jurisprudência em Teses do STJ – edição nº 17. Item 6. Quando se tratar de crime continuado, a prescrição regula-se pela pena imposta na sentença, não se computando o acréscimo decorrente da continuação. (Súmula n. 497/STF)

e) Quando o juiz não reconhece o crime continuado na sentença, cabe ao juiz da execução essa tarefa (LEP, art. 66). Exemplo: três roubos cometidos em três comarcas vizinhas. Cada juiz condena pelo crime ocorrido no seu território (não tendo havido reunião dos processos – CPP, art. 82). É na Vara de Execução que se fará o reconhecimento do crime continuado, em incidente de unificação de penas.

12.5. Limite das penas

Por força do preceito constitucional insculpido no art. 5º, inciso XLVII, alínea "b", da Carta Magna, são **vedadas as penas de caráter perpétuo no Brasil**. A fim de concretizar tal determinação, o Código Penal dispõe em seu art. 75: "O tempo de cumprimento das penas privativas de liberdade não pode ser superior a 40 (quarenta) anos."

A Lei de Contravenções Penais possui regramento próprio quanto à pena de prisão simples: "Art. 10. A duração da pena de prisão simples não pode, em caso algum, ser superior a cinco anos, nem a importância das multas ultrapassar cinquenta contos."

Portanto, conclui-se que o limite da pena de detenção ou reclusão, aplicada em virtude da prática de crime previsto no Código Penal é de **40 (quarenta) anos**. Tratando-se de pena de prisão simples, decorrente do cometimento de contravenção penal, o limite será de **5 (cinco) anos**.

Vale lembrar que esse tema sofreu alteração pela Lei 13.964/2019 ("Lei Anticrime").

CÓDIGO PENAL	
Redação Anterior	**Redação Atual (Lei 13.964/19)**
Art. 75 – O tempo de cumprimento das penas privativas de liberdade não pode ser superior a 30 (trinta) anos. § 1º – Quando o agente for condenado a penas privativas de liberdade cuja soma seja superior a 30 (trinta) anos, devem elas ser unificadas para atender ao limite máximo deste artigo.	Art. 75. O tempo de cumprimento das penas privativas de liberdade não pode ser superior a *40 (quarenta) anos*. § 1º Quando o agente for condenado a penas privativas de liberdade cuja soma seja superior a *40 (quarenta) anos*, devem elas ser unificadas para atender ao limite máximo deste artigo.

Tratando-se de ***novatio legis in pejus***, a nova regra só alcançará os fatos ocorridos após a entrada em vigor da Lei 13.964/19, ou seja, 23 de janeiro de 2020.

12.5.1. Unificação das penas

De acordo com o art. 75, § 1º do Código Penal, quando o agente for condenado a penas privativas de liberdade cuja soma seja **superior** a 40 (quarenta) anos, devem elas ser **unificadas para atender ao limite máximo** estabelecido no *caput* do referido dispositivo.

Em outras palavras, na fase de execução, será considerado que o acusado deve cumprir apenas 40 anos, desprezando-se o período que superar esse limite.

Por exemplo: o agente foi condenado a 20 (vinte) anos de reclusão pelo cometimento de um crime, e a 30 (trinta) anos pela prática de outro delito. Como a soma de ambas as reprimendas ultrapassa o teto de 40 (quarenta) anos estabelecido pelo Código Penal, as penas deverão ser unificadas para que o seu cumprimento atenda ao limite.

Tal tarefa incumbirá ao juízo da execução, conforme dispõe o art. 66, III, "a", da Lei de Execução Penal.

12.5.2. Outras questões

Atenção para os seguintes temas:

a) Impossibilidade de utilização do prazo para concessão de benefícios: De acordo com o **enunciado de súmula 715 do STF**: "A pena unificada para atender ao limite de trinta anos de cumprimento, determinado pelo art. 75 do código penal, **não é considerada para a concessão de outros benefícios**, como o livramento condicional ou regime mais favorável da execução."

Importante registrar que a Súmula não está superada, merecendo apenas uma releitura para atender ao novo limite de cumprimento de pena previsto no art. 75 do CP.

b) Medida de segurança: Quanto às medidas de segurança, os Tribunais Superiores possuem entendimento no sentido de que essa espécie de sanção penal não tem prazo ilimitado de duração, vez que a CF veda as penas de caráter perpétuo. No entanto, apresentam posições díspares quanto ao referido prazo.

Para o **STF**, o limite é justamente o estampado no art. 75 do CP, aplicado por analogia, ou seja, a medida de segurança, com o advento da Lei nº 13.964/19, não poderá suplantar o período de 40 anos[24]. Já o **STJ** entende que o tempo de duração da medida de segurança não deve ultrapassar o limite máximo da pena abstratamente cominada ao delito praticado[25].

c) Extradição: Vale observar que a alteração promovida no art. 75 do CP trouxe reflexos no julgamento dos pedidos de extradição. Isso porque a Lei de Migração (Lei *nº* 13.445/17), em seu art. 93, III, condiciona a entrega do extraditando condenado à pena perpétua ou de morte à comutação em privativa de liberdade por prazo não superior à duração máxima admitida pela lei penal brasileira. Ou seja, 40 anos a partir da entrada em vigor do Pacote Anticrime[26].

d) Unificação das penas e superveniência de nova condenação: A unificação das penas no caso de superveniência de nova condenação foi previsto pelo Código Penal, no art. 75, § 2º, segundo o qual "sobrevindo condenação por fato posterior ao início do cumprimento da pena, far-se-á nova unificação, desprezando-se, para esse fim, o período de pena já cumprido".

Do dispositivo extrai-se que:

- Se a nova condenação decorrer de **eventos anteriores ao início do cumprimento da pena, não haverá uma nova unificação.** O réu prosseguirá cumprindo o restante da pena anterior, sem acréscimos. Isso previne que o acusado seja punido pela lentidão do sistema judiciário. Se o incidente anterior tivesse sido julgado prontamente, sua pena por esse crime teria sido considerada na unificação anterior. Exemplo: Tício teve uma pena unificada de 40 anos, dos quais cumpriu 5 anos, e foi condenado por eventos anteriores a uma nova pena de 20 anos. Neste cenário, ele deverá cumprir apenas os 35 anos restantes da pena que já estava unificada anteriormente.
- Se a nova condenação decorrer de **eventos posteriores ao início do cumprimento da pena, haverá uma nova unificação**. O tempo já

24. STF, 1ª Turma. HC 107.432/RS, Rel. Min. Ricardo Lewandowski, DJe 24/05/2011.
25. Súmula 527 do STJ: O tempo de duração da medida de segurança não deve ultrapassar o limite máximo da pena abstratamente cominada ao delito praticado.
26. STF, Ext 855, Rel. Min. Celso de Mello, DJ 26/08/2004.

cumprido da pena será somado à nova pena imposta, até o limite permitido. Exemplo 1: Tício teve uma pena unificada de 40 anos, dos quais cumpriu 5 anos, e foi condenado por um novo crime a uma pena de 20 anos. Portanto, ele tem 35 anos a cumprir da pena anterior e mais 20 anos pela nova condenação, totalizando, em tese, 55 anos. No entanto, como o limite máximo é de 40 anos, ele deverá cumprir mais 35 anos a partir deste momento, desconsiderando os 5 anos já cumpridos. Isso significa que o restante da pena anterior foi somado à nova pena até o limite de 40 anos, e o excedente foi descartado.

Eventos **anteriores** ao início do cumprimento da pena	•**NÃO** haverá nova unificação.
Eventos **posteriores** ao início do cumpriemto da pena	•Haverá nova unificação.

QUESTÕES

QUESTÃO 1

FGV - 2024 - PC-SC Delegado

Numa repartição militar em um país em guerra, soldados cumpriram ordens de superiores para executar todos os prisioneiros. Assim, Klaus acionou um botão de um dispositivo com gás letal, levando intencionalmente à morte por asfixia de 10 prisioneiros de uma cela. Thomas deu um tiro de fuzil em um prisioneiro, porém o projétil atingiu acidentalmente mais uma pessoa, levando ambas ao óbito. Por fim, Mark foi perseguindo e executando prisioneiros, tendo matado 8 pessoas, uma em cada cela.

Diante da situação hipotética narrada, analise as condutas de Klaus, Thomas e Mark e assinale a afirmativa correta acerca do concurso de crimes.

a) A conduta de Klaus compreende o concurso formal imperfeito, a conduta de Thomas compreende concurso formal perfeito e a conduta de Mark pode se amoldar ao concurso material.

b) A conduta de Klaus compreende o concurso formal perfeito, a conduta de Thomas corresponde ao crime continuado e a conduta de Mark se amolda ao concurso material.

c) A conduta de Klaus compreende o concurso formal imperfeito, a conduta de Thomas corresponde ao crime continuado e a conduta de Mark se amolda ao crime continuado específico.

d) Klaus, Thomas e Mark devem responder integralmente pelas penas do crime de homicídio na forma do concurso material.

e) Klaus, Thomas e Mark devem responder pelas penas do crime de homicídio na forma do crime continuado específico.

QUESTÃO 2

CESPE / CEBRASPE 2023 - PC-AL - Delegado de Polícia Civil

Configurado o concurso formal impróprio ou o crime continuado, adota-se o sistema da exasperação da pena.

Certo ( ) Errado ( )

QUESTÃO 3

FGV - 2024 - MPE-GO - Promotor de Justiça Substituto

Isabel e os filhos, Carlos, Eduardo e Luiz, crianças de sete, nove e onze anos, comemoravam o aniversário de Carlos, quando foram surpreendidos pela entrada de Caio no imóvel.

Caio, sob influência de álcool, exibiu arma de fogo a Isabel e sua família para impedir que eles resistissem, e, assim, subtrair os pertences dela. Assustado, Luiz começou a chorar e a gritar por socorro, após o que Carlos o agrediu com coronhadas para que permanecesse em silêncio e garantir o sucesso da empreitada. Isabel, então, colocou-se entre Carlos e o filho, após o que Carlos atirou na cabeça de Isabel e de seus filhos, que vieram a óbito.

Na sequência, Carlos pegou o computador, as joias e a quantia de R$20.000,00, quantia esta que Isabel escondia no armário. Após, evadiu-se do local, na posse dos mencionados bens de Isabel. Do lado de fora do imóvel, estava Pedro, pessoa com quem Carlos ajustou que iria praticar o furto, enquanto ele vigiava a aproximação de policiais, mas que estava ciente de que Carlos trazia com ele arma de fogo.

Diante destes fatos, assinale a afirmativa correta.

a) Carlos, de acordo com a jurisprudência mais atual tanto do Supremo Tribunal como do Superior Tribunal de Justiça, deverá responder, em concurso material por quatro latrocínios.

b) Carlos, segundo a jurisprudência mais atual tanto do Supremo Tribunal como do Superior Tribunal de Justiça, deverá responder, em concurso formal impróprio.

c) Carlos, nos termos da jurisprudência mais atual tanto do Supremo Tribunal como do Superior Tribunal de Justiça, restará configurada a continuidade delitiva.

d) A pluralidade de vítimas de violência não afasta, pelo Supremo Tribunal Federal, quando há subtração de um só patrimônio, o reconhecimento de crime único de latrocínio.

e) Configurada hipótese de cooperação dolosamente distinta, nos termos do Art. 29, caput, do Código Penal, Pedro deve responder por furto, não sendo caso de se reconhecer dolo eventual por parte de Pedro.

QUESTÃO 4

FUNDEP (Gestão de Concursos) - 2023 - DPE-MG - Defensor Público de Classe Inicial (adaptada)

No concurso de crimes, o cálculo da prescrição da pretensão punitiva é feito considerando cada crime isoladamente, computando-se somente o acréscimo decorrente do concurso mais benéfico.

Certo ( ) Errado ( )

QUESTÃO 5

CESPE / CEBRASPE 2023 - TCE-MS - Procurador de Contas Substituto do Ministério Público de Contas

A respeito do concurso de crimes, assinale a opção correta.

a) Não há impedimento para que a pena resultante da aplicação da regra do concurso formal ultrapasse aquela que seria obtida pela sistemática do concurso material.

b) No concurso formal de crimes, as penas dos delitos devem ser somadas, independentemente da relação entre as ações.

c) A fixação da pena de multa não obedece à regra de aumento prevista para as penas privativas de liberdade nos casos de concurso formal próprio.

d) O concurso material de crimes ocorre quando um agente, por meio de ação única, comete duas ou mais infrações penais, com a utilização de diferentes meios ou recursos.

e) No concurso ideal de crimes, as penas são somadas, não havendo previsão de aplicação do sistema de exasperação.

QUESTÃO 6

CESPE / CEBRASPE 2023 - MPE-BA - Promotor de Justiça Substituto

Em relação à continuidade delitiva, assinale a opção correta.

a) Não se admite continuidade delitiva nos crimes contra a vida.

b) Se inviável a aferição do número exato de crimes, o magistrado pode aumentar a pena no patamar máximo legal de 2/3 com base no longo período de tempo em que tenham sido praticados os crimes.
c) É admissível a continuidade delitiva entre os crimes de roubo e extorsão, se cometidos nas condições de tempo, lugar e outras semelhantes que permitam que os crimes subsequentes sejam considerados continuação do primeiro.
d) A diversidade do modo de execução de crimes de roubo não afasta a possibilidade de reconhecimento da continuidade delitiva.
e) O reconhecimento da continuidade delitiva implica a obrigatoriedade de fixação da pena em patamar inferior ao que seria aplicável com base no cúmulo material.

QUESTÃO 7

CS-UFG - 2023 - TJ-GO - Residência Jurídica

Leia o caso a seguir.

L. B., funcionário de uma joalheria, decidiu furtá-la para conseguir dinheiro rápido, mas, para não chamar atenção de seus superiores, decide retirar uma peça por dia. Quando completa a primeira semana, o gerente percebe a retirada de mercadorias e assiste às gravações das câmeras de segurança, noticiando o crime à polícia civil, que prende L. B. em flagrante delito, com uma das peças em sua mochila.

No caso acima, os delitos podem ser classificados como

a) crime único.
b) concurso formal próprio de crimes.
c) concurso formal impróprio de crimes.
d) crime continuado comum.
e) crime continuado específico.

QUESTÃO 8

CESPE / CEBRASPE 2023 - PGM - SP - Procurador do Município

Marcos foi denunciado e condenado pela prática dos delitos de peculato e falsificação de documento público. As penas foram fixadas em 2 anos e 10 dias-multa para cada um dos delitos. Na sentença, considerando que, mediante uma única ação com desígnios autônomos, o réu praticou dois crimes distintos, o juízo aumentou a reprimenda em 1/6, fixando a sanção definitiva, em relação à pena privativa de liberdade, em 2 anos e 4 meses.

Considerando a situação hipotética apresentada, é correto afirmar que houve o reconhecimento do

a) crime continuado, caso em que a aplicação das penas de multa deve seguir o sistema do cúmulo material.
b) concurso formal de crimes, caso em que a aplicação das penas de multa deve seguir o sistema da exasperação.
c) crime continuado, caso em que a aplicação das penas de multa deve seguir o sistema da exasperação.
d) concurso material de crimes, caso em que a aplicação das penas de multa deve seguir o sistema do cúmulo material
e) concurso formal de crimes, caso em que a aplicação das penas de multa deve seguir o sistema do cúmulo material.

QUESTÃO 9

FGV - 2023 - TJ-RN - Oficial de Justiça - Judiciária – Direito

Dexter ingressou em um ônibus e, mediante grave ameaça, consistente em emprego de arma de fogo, determinou que os passageiros lhe entregassem os seus bens. Nesse contexto, três diferentes passageiros, sem qualquer vínculo entre si, entregaram os seus telefones celulares ao autor do delito, o qual, ato contínuo, evadiu-se.

Nesse cenário, considerando o disposto no Código Penal e a jurisprudência dominante dos Tribunais Superiores, é correto afirmar que Dexter responderá pela prática de:

a) três crimes de roubo, qualificados pelo emprego de arma de fogo, em continuidade delitiva;
b) três crimes de roubo, circunstanciados pelo emprego de arma de fogo, em concurso material;
c) três crimes de roubo, circunstanciados pelo emprego de arma de fogo, em concurso formal;
d) um crime de roubo, circunstanciado pelo emprego de arma de fogo;
e) um crime de roubo, qualificado pelo emprego de arma de fogo.

QUESTÃO 10

CESPE / CEBRASPE – 2023 – DPE-RO – Defensor Público Substituto

Quando o agente, mediante uma só ação, quer e obtém dois resultados distintos, ocorre

a) crime continuado.

b) concurso material homogêneo.
c) concurso formal próprio.
d) concurso material heterogêneo.
e) concurso formal impróprio.

GABARITO

Questão 1	Letra "A"
Questão 2	Assertiva "Errada"
Questão 3	Letra "D"
Questão 4	Assertiva "Errada"
Questão 5	Letra "C"
Questão 6	Letra "B"
Questão 7	Letra "D"
Questão 8	Letra "E"
Questão 9	Letra "C"
Questão 10	Letra "E"

CAPÍTULO 13

Suspensão condicional da pena

A *suspensão condicional da pena*, instituto também denominado *sursis*, consiste no sobrestamento da execução da pena privativa de liberdade imposta ao réu, desde que estejam presentes os requisitos autorizadores para sua concessão, e que o condenado se submeta às condições estabelecidas durante o período de prova.

A principal finalidade do instituto é evitar que os condenados por infrações de curta duração sejam recolhidos ao cárcere, a fim de evitar que permaneçam expostos às influências nocivas de criminosos perversos e contumazes, reduzindo, assim, a probabilidade de reincidência.

Há diversas posições acerca da **natureza jurídica** da suspensão condicional do processo.

Uma corrente sustenta que o *sursis* é **modalidade de pena**, pois consiste numa modificação da forma de cumprimento da reprimenda. Outra parcela defende que é **instituto de política criminal**, atuando como substitutivo penal. Por fim, para a corrente dominante, o *sursis* é **direito público subjetivo do condenado.** De acordo com essa última linha de pensamento, o magistrado conserva sua discricionariedade durante a análise dos requisitos autorizadores e, constatando sua presença, deverá obrigatoriamente conceder o benefício. O STJ tem precedente nesse sentido[1].

▸ ATENÇÃO

A suspensão condicional da pena, de que trata o art. 77 do Código Penal, não se confunde com a suspensão condicional do processo, também denominado ***sursis* processual** previsto no art. 89 da Lei nº 9.099/95. Na suspensão condicional da pena, o agente sofre a condenação, e o juiz suspende a execução da reprimenda imposta na sentença. Na suspensão condicional do processo, sequer há sentença condenatória, pois, como o próprio nome já indica, o processo é suspenso

1. STJ, 5ª Turma. HC, 309535/SP, Rel. Ministro Joel Ilan Paciornik, j. em 22/08/2017.

CURIOSIDADE

O instituto do *sursis* surgiu na França em 1891 (Lei Bérenger), embora antes disso já existissem leis com propósitos similares no Estado de Massachussetts (1869) e na Bélgica (1888). No Brasil, o *sursis* foi criado, em 1924, pelo Decreto nº 16.588 (a Lei nº 4.577/1922 autorizou o Executivo a fazê-lo).

13.1. Sistemas

Há três sistemas no direito comparado relacionados à suspensão condicional da pena:

SISTEMAS		
Sistema Anglo-Americano/ Anglo Saxão/*Probation System*	***Probation of first offenders act***	**Sistema Franco-belga (europeu continental)**
Após comprovada a culpa do réu, mas antes de aplicada a pena, o processo é suspenso e aberto período de prova. Se o agente descumprir as condições o **julgamento** é retomado.	O agente **não é reconhecido culpado** e a ação penal é suspensa. É o adotado no âmbito dos juizados especiais criminais,	**Após comprovada a culpa do réu e aplicada a pena**, o processo é suspenso e aberto o período de prova. Se o agente descumprir as condições o processo é retomado para execução da pena.
Não é adotado no Brasil.	Sistema adotado na **suspensão condicional do processo** (art. 89 da Lei 9.099/95), quando a pena mínima fixada não ultrapassa um ano.	É o **adotado no Brasil** na suspensão condicional da pena (CP, arts. 77 a 82).

13.2. Requisitos para concessão

De acordo com o art. 77 do Código Penal, para que haja a suspensão condicional da pena é necessário o preenchimento cumulativo de requisitos **objetivos e subjetivos.**

> Art. 77 – A execução da pena privativa de liberdade, não superior a 2 (dois) anos, poderá ser suspensa, por 2 (dois) a 4 (quatro) anos, desde que:
>
> I – o condenado não seja reincidente em crime doloso;
>
> II – a culpabilidade, os antecedentes, a conduta social e personalidade do agente, bem como os motivos e as circunstâncias autorizem a concessão do benefício;
>
> III – Não seja indicada ou cabível a substituição prevista no art. 44 deste Código.
>
> § 1º – A condenação anterior a pena de multa não impede a concessão do benefício.

> § 2º A execução da pena privativa de liberdade, não superior a quatro anos, poderá ser suspensa, por quatro a seis anos, desde que o condenado seja maior de setenta anos de idade, ou razões de saúde justifiquem a suspensão.

Passemos à análise de cada um desses requisitos.

13.2.1. Requisitos objetivos

a) Natureza da pena: A suspensão condicional do processo somente pode ser concedida aos condenados à **pena privativa de liberdade**. Por força do disposto no art. 80 do Código Penal, o *sursis* ***não se estende às penas restritivas de direitos nem à multa.***

b) Quantidade da pena: O *sursis* pode ser concedido pelo magistrado quando a pena for **igual ou inferior a 2 (dois) anos**. Deve-se sempre levar em consideração a pena final aplicada pelo magistrado, ou seja, após os cálculos decorrentes da aplicação de causas de aumento ou diminuição de pena, do concurso de crimes etc.

O Código Penal também dispõe sobre o ***sursis* etário**, que beneficia o condenado maior de 70 anos ao tempo da sentença ou acórdão, e o ***sursis* humanitário ou profilático**, concedido ao condenado portador de doenças ou problemas de saúde. Em ambos os casos, para a concessão da suspensão condicional da pena, a reprimenda aplicada poderá ser **igual ou inferior a 4 (quatro) anos**.

▸ ATENÇÃO

O art. 16 da Lei de Crimes Ambientais apresenta regra especial, autorizando a concessão do *sursis* caso haja condenação à pena privativa de liberdade igual ou inferior a 3 (três) anos.

c) Não tenha sido a pena privativa de liberdade substituída por restritiva de direitos: O *sursis* tem **caráter subsidiário**. Portanto, só é possível a suspensão condicional da pena caso não seja possível substituir a pena privativa de liberdade por restritiva de direitos.

No entendimento do legislador, as condições a que o condenado deve se submeter fazem com que a suspensão condicional seja solução mais severa do que as penas restritivas de direitos (vide item 65 da Exposição de Motivos da Nova Parte Geral do Código Penal), por isso possui caráter subsidiário.

13.2.2. Requisitos subjetivos

a) Condenado não reincidente em crime doloso: Note que a reincidência em **crime culposo** não obsta a concessão da suspensão condicional da pena. Além disso, nos termos do art. 77, § 1º do Código Penal, a condenação anterior a pena de multa não impede a concessão do benefício.

b) Que a culpabilidade, os antecedentes, a conduta social e a personalidade do agente, bem como os motivos e as circunstâncias do crime, autorizem a concessão do benefício: Na análise desse requisito subjetivo, o magistrado verificará a **suficiência da medida**, levando em consideração os elementos do caso concreto.

A jurisprudência do STJ já se posicionou quanto à concessão do benefício ao condenado que responde por outros processos criminais, ainda em curso. Na visão do STJ, os requisitos subjetivos, previstos no art. 77, II, do Código Penal, exigidos para a concessão do *sursis*, coincidem com as circunstâncias judiciais previstas no art. 59 do mesmo diploma, cuja análise é necessária quando da fixação da pena-base. Assim, é perfeitamente aplicável ao caso, por analogia, o entendimento consubstanciado na Súmula 444/STJ, a qual veda a utilização de inquéritos policiais e ações penais em curso para agravar a pena-base[2].

Nessa hipótese, deve ser autorizado o gozo provisório do benefício até o trânsito em julgado das sentenças condenatórias, ocasião em que o *sursis* poderá ser cassado.

<table>
<tr><td rowspan="5">SURSIS SIMPLES
(CP, Art. 80)

Obs.: A suspensão não se estende às PRD nem à multa.</td><td rowspan="4">Código Penal
(CP, art. 77 e ss)</td><td>(CP, art. 77, caput)
Execução da pena privativa de liberdade não superior a 2 anos</td></tr>
<tr><td>Suspende (período de prova)
Crime: de 2 a 4 anos
Contravenção Penal: de 1 a 3 anos (Dec.-Lei 3.688/41, art. 11)</td></tr>
<tr><td>Súmula 499, STF e § 1º: "Concessão anterior por multa não impede o benefício."</td></tr>
<tr><td>Requisitos subjetivos:
(I) Condenado NÃO reincidente em crime doloso;
(II) Culpabilidade, antecedentes, conduta social e personalidade do agente, motivos, circunstâncias que autorizem concessão;
(III) Não seja caso de pena restritiva de direitos (subsidiário).</td></tr>
<tr><td>Crimes Ambientais (Lei 9.605/98, art.16)</td><td>Pena privativa de liberdade não superior a 3 anos
Suspende de 2 a 4 anos (período de prova)
Deve reparar o dano (laudo de reparação do dano ambiental) e as condições a serem impostas pelo juiz deverão relacionar-se com a proteção ao meio ambiente (artigo 17)</td></tr>
</table>

2. STJ, 6ª Turma. REsp 1.262.591/MG, Relator Min. Sebastião Reis Júnior, j. em 18/03/2013.

13.3. Espécies de sursis

Atendendo ao **princípio da individualização das penas**, o Código Penal apresenta duas modalidades de suspensão condicional da pena, com requisitos próprios para concessão, além de condições específicas de cumprimento. São elas:

a) *Sursis* simples (art. 77 do Código Penal): Aplica-se esta espécie quando o réu, injustificadamente, não houver reparado o dano, ou quando as circunstâncias judiciais do art. 59 do Código Penal não lhe forem inteiramente favoráveis.

Nesta modalidade o condenado deverá prestar serviços à comunidade ou submeter-se à limitação de final de semana durante o primeiro ano do período de prova.

b) *Sursis* especial (art. 78, § 2° do Código Penal): Deve ser concedido quando o réu houver reparado o dano, salvo se estiver impossibilitado de fazê-lo, e se as circunstâncias do art. 59 do Código Penal lhe forem inteiramente favoráveis.

Nessa hipótese, o juiz poderá substituir a prestação de serviços à comunidade ou a limitação de final de semana por medidas cumulativas menos rigorosas, quais sejam: a) proibição de frequentar determinados lugares; b) proibição de ausentar-se da comarca onde reside sem autorização do juiz; e c) comparecimento obrigatório em juízo, mensalmente, para informar e justificar as suas atividades.

▸ ATENÇÃO

As condições do ***sursis* especial** devem sempre ser aplicadas de maneira substitutiva, não podendo ser cumuladas com as condições do sursis comum.

Nos termos do art. 79 do Código Penal, além das condições já mencionadas, a sentença poderá especificar outras condições a que fica subordinada a suspensão, desde que adequadas ao fato e à situação pessoal do condenado.

c) *Sursis* etário: Aplicável para condenados maiores de 70 anos.

d) *Sursis* humanitário: Aplicável quando razões de saúde do condenado justificarem.

Tratando-se de **sursis etário ou humanitário**, as condições a serem impostas ao réu dependerão da existência de **reparação ou não do dano** causado com a conduta delitiva.

Nesses casos, a pena privativa de liberdade imposta na sentença **não pode ser superior a 4 anos,** sendo o **período de prova de 4 a 6 anos.**

<table>
<tr><td>Sursis Etário
(CP, art. 77, § 2º)</td><td>Maior de 70 anos</td><td rowspan="2">Execução da pena privativa de liberdade não superior a 4 anos
Suspende de 4 a 6 anos (período de prova)
Mesmos requisitos do art. 77, incisos I, II e III (requisitos subjetivos)</td></tr>
<tr><td>Sursis Humanitário
(CP, art. 77, § 2º)</td><td>Razões de Saúde</td></tr>
</table>

De acordo com o art. 158, § 3º da Lei de Execução Penal, a fiscalização do cumprimento das condições será atribuída a **serviço social penitenciário**, Patronato, Conselho da Comunidade ou instituição beneficiada com a prestação de serviços, inspecionados pelo Conselho Penitenciário, pelo Ministério Público, ou ambos.

13.4. Período de prova

É o intervalo de tempo, fixado pelo juiz na sentença condenatória, no qual o condenado deverá demonstrar boa conduta e cumprir as condições que lhe foram impostas.

O termo inicial do período de prova é a **audiência admonitória**, e deve durar, em regra, de dois a quatro anos. Entretanto, caso o réu faça jus ao *sursis* etário ou humanitário, este período poderá ser de quatro a seis anos, se a pena aplicada for superior a dois anos e igual ou inferior a quatro anos.

O *quantum* será determinado, pelo juiz, em audiência especialmente designada para este fim (art. 158 da Lei de Execuções Penais).

▸ IMPORTANTE

O art. 11 da **Lei das Contravenções Penais** dispõe que o juiz pode suspender a execução da pena de prisão simples por tempo não inferior a um ano nem superior a três, desde que reunidas as condições legais para tanto.

<table>
<tr><td rowspan="2">Período de Prova
(CP, art. 78)

(caput) Durante o prazo de suspensão o condenado ficará sujeito à observação e ao cumprimento das condições estabelecidas pelo juiz</td><td>(§ 1º) No 1º ANO deverá o condenado:
Prestar serviços à comunidade (art. 46), <u>OU</u>
Limitação do final de semana (art. 48)</td></tr>
<tr><td>(§ 2º) Sursis Especial - Se o condenado:
Reparar o dano, salvo impossibilidade de fazê-lo;
Tiver circunstâncias judiciais inteiramente favoráveis (art. 59) o Juiz PODERÁ substituir a exigência do § anterior pelas seguintes condições:
Proibição de frequentar determinados lugares;
Proibição de ausentar-se da comarca onde reside, sem autorização do juiz;
Comparecimento pessoal e obrigatório a juízo, mensalmente para informar e justificar suas atividades.</td></tr>
</table>

CP, Art. 79. "A sentença poderá especificar outras condições a que fica subordinada a suspensão desde que adequadas ao fato e à situação pessoal do condenado." (são chamadas de "**condições judiciais**").

13.5. Revogação do sursis

Como já visto, a suspensão condicional do processo é, na visão da doutrina majoritária, um direito público subjetivo do réu. Apesar disso, o *sursis* é um benefício que, em determinadas hipóteses, pode ser revogado.

Sua revogação pode ser obrigatória, quando determinada por lei, ou facultativa, caso haja margem de discricionariedade para que o magistrado decida pela manutenção ou não do benefício.

13.5.1. Revogação obrigatória

O art. 81 do Código Penal elenca em seus incisos as hipóteses de revogação obrigatória do *sursis*:

a) Superveniência de condenação irrecorrível pela prática de crime doloso (art. 81, I do Código Penal): Nesse caso, não importa o momento em que se deu a prática delitiva. Basta que a nova condenação por crime doloso transite em julgado ocorra **durante o período de suspensão da pena**.

▶ **IMPORTANTE**

Segundo entendimento jurisprudencial e doutrinário, não haverá revogação obrigatória do *sursis* se condenação superveniente impuser **somente pena de multa** ao réu. De acordo com o art. 77, § 1º, do Código Penal, a condenação anterior à pena de multa não impede a concessão do benefício. Portanto, seguindo esse raciocínio, também não pode conduzir a sua revogação.

A sentença concessiva de **perdão judicial** pela prática de crime doloso também não tem o condão de revogar o *sursis*, pois é declaratória da extinção da punibilidade, não subsistindo qualquer efeito condenatório (Súmula nº 18 do STJ).

b) Frustração da execução da pena de multa, embora solvente o condenado ou não reparação do dano provocado pelo delito, sem motivo justificado (art. 81, II do Código Penal): ***É importante destacar que existe controvérsia doutrinária acerca da possibilidade de revogação do*** *sursis* em virtude do inadimplemento da pena de multa.

A primeira corrente sustenta que a frustração da execução da pena de multa não pode revogar a suspensão condicional da pena. Embasam seu entendimento no art. 51 do Código Penal, segundo o qual o inadimplemento da multa enseja sua cobrança como dívida de valor. Segundo a doutrina, "permitir-se a revogação da suspensão condicional da pena pelo inadimplemento da pena de multa equivaleria a permitir, por via oblíqua, o que a alteração legislativa, em 1996, pretendeu evitar: a imposição da pena privativa de liberdade em casos com este"[3].

Na visão da segunda corrente, é perfeitamente possível a revogação do *sursis* em virtude do inadimplemento da pena de multa, sob o argumento de que as alterações legislativas promovidas no Código Penal pela Lei nº 9.268/1996 não alteraram o instituto da suspensão condicional da pena.

Por sua vez, a não reparação do dano só acarreta na revogação obrigatória do *sursis* caso o condenado tenha condições para tanto e, injustificadamente, deixe de fazê-lo. Constatada a absoluta impossibilidade de reparação do dano pelo agente, não há revogação do benefício.

c) Descumprimento da prestação de serviços à comunidade ou limitação de fim de semana no primeiro ano do período de prova (art. 81, III do Código Penal): Trata-se de causa de revogação que só se aplica ao *sursis* simples. Confere tratamento mais severo ao condenado que, não tendo reparado o dano e possuindo circunstâncias judiciais desfavoráveis, também deixa de cumprir as condições do *sursis.*

Revogação Obrigatória CP, Art. 81	I - é condenado, em sentença irrecorrível, por crime **doloso** (automático, não exige oitiva prévia); II - **frustra**, embora solvente, a execução de pena de multa (revogado tacitamente essa parte da multa) ou não efetua, **sem motivo justificado**, a reparação do dano (exige oitiva prévia); III - descumpre a condição do § 1º do art. 78 deste Código (exige oitiva prévia).

13.5.2. Revogação facultativa

As causas de revogação facultativa do *sursis* estão dispostas no § 1º do art. 81 do Código Penal. Como não possuem caráter obrigatório, o magistrado possui **discricionariedade** para apreciar o caso concreto e determinar pela revogação ou não do benefício. São elas:

a) Superveniência de condenação irrecorrível, por crime culposo ou contravenção, à pena privativa de liberdade ou restritiva de direitos (art. 81, § 1º do Código Penal): De acordo com a redação do dispositivo, a superveniência de condenação irrecorrível, por **crime culposo ou contravenção**, à pena privativa de liberdade ou restritiva de direitos pode ensejar a revogação do *sursis.* Mais uma

3. ARAÚJO, Fábio Roque. **Curso de Direito Penal – Parte Geral**. Salvador: Editora JusPodivm, 2018. p. 983.

vez, é importante frisar: a condenação à pena de multa não acarreta na revogação do benefício.

A doutrina sustenta que a suspensão condicional da pena deve ser revogada somente se o réu for condenado à pena privativa de liberdade em regime fechado ou semiaberto, pois inviabilizam o cumprimento das condições do *sursis*[4].

b) Descumprimento de qualquer das condições judiciais fixadas no *sursis* simples ou das condições do *sursis* especial (art. 81, § 1° do Código Penal): As condições do *sursis* especial, previstas no art. 78, § 2°, do Código Penal, são: proibição de frequentar determinados lugares e de ausentar-se da comarca onde reside, sem autorização do juiz, e comparecimento pessoal e obrigatório a juízo, mensalmente, para informar e justificar suas atividades. O descumprimento de tais condições pode acarretar a revogação facultativa do *sursis*.

Além disso, o magistrado pode fixar **outras condições** não previstas expressamente em lei, tanto para réus beneficiados pelo *sursis* simples como pelo *sursis* especial. A inobservância das condições judiciais também pode ensejar a revogação da suspensão condicional da pena.

Revogação Facultativa CP, art. 81, § 1°	O condenado descumpre qualquer outra condição imposta; É irrecorrivelmente condenado, por: Crime **culposo** ou por **contravenção**, a pena privativa de liberdade ou restritiva de direitos (não cabe revogação se for pena de multa)

13.6. Cassação do sursis

A cassação do *sursis* ocorre quando algum fato **obsta o início do benefício**. Em outras palavras: apesar da concessão da suspensão condicional da pena na sentença condenatória, o réu sequer chegou a cumprir o período de prova.

Esse fenômeno pode ocorrer quando o condenado **deixa de comparecer à audiência admonitória injustificadamente** (art. 161, LEP), ou **recusa o benefício**. Eventualmente, também pode haver a cassação do *sursis* se, antes do período de prova, a instância superior, ao julgar um recurso, reformar a decisão que concedeu o *sursis*, ou com o advento de outra condenação transitada em julgado.

▸ ATENÇÃO

A cassação do *sursis* não se confunde com a revogação. Nesta, a causa que obsta a continuidade do benefício é posterior ao início do cumprimento do período de prova. Naquela, o período de prova **sequer tem início**.

4. MASSON, Cleber. **Direito Penal Esquematizado. – Parte Geral**, v. 1. 10 ed. São Paulo: Método, 2016, p. 866.

Cassação do *sursis* Ocorre uma causa anterior ao início do cumprimento do sursis, que impede a fruição do benefício	**Não comparecimento injustificado** na audiência admonitória: antes da audiência admonitória, não há *sursis*. Portanto, se o sujeito não comparece à audiência, aquele *sursis* concedido na sentença é cassado, pois o condenado não chegou sequer a começar; Provimento de recurso da acusação contra a concessão do benefício; Condenado **recusa das condições**.

13.7. Prorrogação do período de prova

O Código Penal, em seu art. 81, §§ 2º e 3º, dispõe sobre a prorrogação do período de prova do *sursis*. Destaque-se que, de acordo com o entendimento majoritário, o condenado não fica submetido às condições impostas na sentença durante o período da prorrogação.

A prorrogação do período de prova pode se dar em duas situações:

a) Se o beneficiário está sendo processado por outro crime ou contravenção: Nesse caso, o período de prova deve ser prorrogado **até o julgamento definitivo**. Conforme a jurisprudência do STJ:

> O período de prova do *sursis* fica automaticamente prorrogado quando o beneficiário está sendo processado por outro crime ou contravenção, bem como que a superveniência de sentença condenatória irrecorrível é caso de revogação obrigatória do benefício, mesmo quando ultrapassado o período de prova[5].

▸ **ATENÇÃO**

O texto legal autoriza a prorrogação do período de prova somente se o réu estiver sendo processado por outra infração penal. Desse modo, a existência de **inquérito policial não conduz à prorrogação do período de prova**.

b) Se o beneficiário incorreu em uma das causas de revogação facultativa do *sursis*: Como já visto anteriormente, o magistrado detém a faculdade de revogar o *sursis* em determinadas situações. Como tal medida não é obrigatória, caso opte por não revogar o benefício, o juiz poderá, por meio de **decisão fundamentada**, prorrogar o período de prova.

▸ **ATENÇÃO**

Nesse caso, a prorrogação do período de prova não é automática, pois depende de pronunciamento judicial.

---

5. STJ, 5ª Turma. HC 175.758/SP, Relatora Min. Laurita Vaz, j. em 04/10/2011.

<table>
<tr><td rowspan="2">Prorrogação do período de prova</td><td>CP, art. 81, § 3º:
O juiz ao invés de decretar a revogação facultativa pode prorrogar o período de prova até o máximo, se este não foi o fixado.</td></tr>
<tr><td>CP, art. 81, § 2º:
Se o beneficiário está sendo processado por outro crime ou contravenção, considera-se prorrogado o prazo da suspensão até o julgamento definitivo da nova infração penal (prorrogação automática quando recebida a denúncia ou queixa)</td></tr>
</table>

13.8. Término do período de prova e extinção da pena

Após o **cumprimento integral** do período de prova pelo condenado, e desde que não tenha ocorrido a revogação do *sursis*, o magistrado deve declarar a extinção da pena, nos termos do art. 82 do Código Penal.

Frise-se que, diferentemente da suspensão condicional do processo (Lei nº 9.099/1995, art. 89), para o livramento condicional e para a suspensão condicional da pena, o STJ entende que se não houve a suspensão ou revogação do benefício dentro do período de prova, não pode ocorrer após, devendo ser declarada extinta a punibilidade.

Veja: "inexistindo revogação ou prorrogação do período de prova, correta a decisão que extinguiu a pena, nos termos do artigo 82 do Código Penal, segundo o qual, 'expirado o prazo sem que tenha havido revogação, considera-se extinta a pena privativa de liberdade.'"[6]

Extinção da pena privativa de liberdade	Expirado o prazo sem que tenha havido revogação, considera-se extinta a pena privativa de liberdade; Sentença Extintiva Declaratória.

13.9. Questões finais

a) Diferença entre o sursis e o livramento condicional

- Enquanto no livramento condicional o condenado deve cumprir parte da pena imposta, no *sursis* a execução não chega a ter início;
- Em regra, o período de prova do *sursis* é de dois a quatro anos, ao passo que no livramento condicional é equivalente ao restante da pena; e
- O *sursis* é concedido na sentença ou no acórdão, enquanto o livramento condicional é concedido durante a execução da pena.

6. STJ, 5ª Turma. AgRg no REsp 1.988.707/MG, Rel. Min. Ribeiro Dantas, j. em 21/06/2022, DJe 29/06/2022.

b) Sursis sucessivo: pode o condenado obter um sursis após o cumprimento de outro sursis, desde que a nova infração seja um crime culposo ou contravenção penal, porque o réu reincidente em crime doloso não faz jus ao benefício (art. 77, inciso i, cp).

c) Sursis simultâneos: São os cumpridos ao mesmo tempo. Ocorre quando, durante o período de prova, o sujeito é condenado irrecorrivelmente por penas que autorizam a concessão do sursis (crime culposo ou contravenção penal). Ex. Sujeito é condenado por um crime com pena não superior a 2 anos e foi agraciado com o sursis. Pratica um crime culposo ou uma contravenção penal. Trata-se de hipótese de revogação facultativa (a condenação definitiva não decorreu de crime doloso). Em síntese, admitem-se sursis simultâneos, desde que, depois de aplicado o primeiro, o segundo seja antes da realização da audiência admonitória do primeiro.

d) Sursis para estrangeiro: Não há vedação legal de sursis para estrangeiro, prevalecendo o entendimento de que é possível, com base no princípio da isonomia (art. 5º, caput, CF). Aliás, a Lei de Migração admite o sursis mesmo quando o estrangeiro está sofrendo medida de expulsão em caso de crime comum (art. 54, § 3º).

e) Sursis e crimes hediondos: Não há vedação à concessão do sursis.

f) Sursis e Lei de Drogas: Há vedação expressa no art. 44 da lei nº 11.343/06 à concessão do sursis aos crimes dos arts. 33, *caput*, § 1º, e 34 a 37, sem que, até o momento, se tenha reconhecido inconstitucional essa vedação. Na linha do entendimento do STJ:

> (...) Consoante entendimento deste Superior Tribunal de Justiça, a vedação ao *sursis* (prevista no artigo 44 da lei n. 11.343/06) não foi objeto de controle de constitucionalidade pelo supremo tribunal federal, razão pela qual mantém-se em plena vigência, ainda que a reprimenda definitiva fixada não seja superior a 2 (dois) anos de reclusão.[7]

g) Sursis e crime praticado no contexto de violência doméstica e familiar: Cuidado! O que não se admite é a suspensão condicional do processo (STJ, Súmula 536).

Neste sentido o STJ:

> (...) A jurisprudência desta corte é firme em assinalar ser possível a concessão de suspensão condicional da pena aos crimes e às contravenções penais praticados em contexto de violência doméstica, desde que preenchidos os requisitos previstos no art. 77 do Código Penal, nos termos reconhecidos na sentença condenatória restabelecida.[8]

7. STJ, 5ª Turma. AgRg no REsp 1.615.201/MG, Rel. Ministro Jorge Mussi, j. em 08/2017, DJe 18/08/2017.
8. STJ, 6ª Turma. AgRg no REsp 1.691.667/RJ, Rel. Min. Rogério Schietti Cruz, DJe 09/08/2018.

QUESTÕES

QUESTÃO 1

CESPE / CEBRASPE 2023 - MPE-SC Promotor de Justiça Substituto (fase matutina)

Nos crimes em que a pena mínima cominada for igual ou inferior a dois anos, o Ministério Público, ao oferecer a denúncia, poderá propor a suspensão do processo por até quatro anos, se o acusado não for condenado por outro crime e estiverem presentes os demais requisitos da suspensão condicional da pena.

Certo ( ) Errado ( )

QUESTÃO 2

CESPE / CEBRASPE 2022 - DPE-SE - Defensor Público

Desde que cumpridos os necessários requisitos, admite-se a suspensão condicional da pena nos casos de condenação

a) por crimes praticados em contexto de violência doméstica e familiar contra a mulher.
b) por crimes preterdolosos em que se opera a reincidência.
c) a penas privativas de liberdade superiores a 4 anos quando o condenado for maior de 70 anos.
d) a penas restritivas de direito.
e) a penas de multa.

QUESTÃO 3

CESPE / CEBRASPE 2022 - PC-PB - Delegado de Polícia Civil

Em relação ao livramento condicional e à suspensão condicional da pena, é correto afirmar que

a) a execução da pena privativa de liberdade não superior a dois anos poderá ser suspensa desde que o condenado não seja reincidente em crime doloso ou culposo.
b) as penas relativas a infrações diversas não podem ser somadas para efeito do livramento condicional.
c) a execução da pena privativa de liberdade não superior a quatro anos poderá ser suspensa quando o condenado for idoso.

d) cabe livramento condicional ao condenado que cumprir mais de dois terços da pena, independentemente de ser reincidente específico em crime hediondo.

e) a condenação anterior a uma pena de multa não impede a concessão da suspensão condicional da pena.

QUESTÃO 4

CESPE / CEBRASPE 2022 - DPE-PA - Defensor Público

Ao indivíduo não reincidente, condenado por tentativa de roubo a uma pena de um ano e quatro meses, será cabível

a) apenas a adoção do regime aberto.

b) a aplicação de pena restritiva de direito.

c) a conversão da pena aplicada em multa.

d) o livramento condicional.

e) a suspensão condicional da pena.

QUESTÃO 5

FCC - 2021 - DPE-GO - Defensor Público

A suspensão condicional da pena

a) é facultativamente revogada se o beneficiário é condenado por crime doloso em sentença condenatória irrecorrível.

b) é incabível em crimes cometidos com violência ou grave ameaça à pessoa.

c) comporta extensão a todas as modalidades de pena, como as penas restritivas de direitos e de multa, em razão de seus propósitos político-criminais.

d) garante a ausência de estigmatização do condenado por não submetê-lo às mazelas prisionais, mas o mero comparecimento mensal em juízo.

e) é aplicável em caso de reincidente em crime culposo e nos crimes submetidos à Lei Maria da Penha.

QUESTÃO 6

FGV - 2021 - PC-RN - Delegado de Polícia Civil Substituto

Paula namorou João por onze meses, tendo dado fim ao relacionamento em razão do comportamento ciumento e agressivo deste. Três meses após, João, inconformado com o fim do relacionamento, abordou Paula na saída do seu trabalho e, após desferir um soco em seu rosto, causando-lhe lesão leve, ainda a perseguiu até sua casa, ameaçando-a de morte caso não retomasse o namoro. Temendo a reação de João, Paula registrou o ocorrido, sendo os fatos confirmados por perícia e testemunhas que presenciaram o evento. João foi denunciado pelos crimes de lesão corporal e ameaça. Diante do que foi acima narrado, é correto constatar que:

a) o fato não se encaixa na Lei Maria da Penha, pois ocorrido após o fim do relacionamento entre João e Paula;
b) caso condenado, João poderá ter sua pena privativa de liberdade substituída por restritiva de direitos;
c) a natureza leve da lesão causada tornou indispensável a representação da vítima para denúncia do crime de lesão;
d) caso condenado, em razão da natureza dos delitos, João não poderá apelar em liberdade;
e) caso condenado por pena de até dois anos, João poderá ser beneficiado com a aplicação do sursis da pena, não sendo cabível, contudo, a suspensão condicional do processo.

GABARITO

Questão 1	Assertiva "Errada"
Questão 2	Letra "A"
Questão 3	Letra "E"
Questão 4	Letra "E"
Questão 5	Letra "E"
Questão 6	Letra "E"

CAPÍTULO 14

Livramento condicional

É o benefício que confere liberdade antecipada ao condenado, desde que atendidos os requisitos estabelecidos em lei. Trata-se de medida decorrente do sistema progressivo, adotado pelo Código Penal brasileiro, pois **visa à ressocialização do reeducando**, que é gradativamente reinserido ao convívio social.

O instituto possui natureza jurídica de **direito subjetivo do apenado**, pois o magistrado deve necessariamente conceder o benefício sempre que verificar a presença de todos os requisitos legais.

A liberdade conferida pelo livramento condicional tem as seguintes características:

- É **antecipada**: o condenado retorna à sociedade antes do cumprimento integral da pena privativa de liberdade;
- É **condicional**: o condenado, durante o restante da pena, deve submeter-se ao cumprimento das condições impostas na decisão que concede o benefício;
- É **precária**: pode ser revogada se preenchidos as hipóteses dos arts. 86 e 87 do Código Penal.

A competência para concessão do benefício é, em regra, do **juízo da execução,** conforme disposto no art. 66, III, "e", da Lei de Execução Penal.

14.1. Requisitos para a concessão

O art. 83 do Código Penal dispõe acerca dos requisitos para a concessão do livramento condicional:

> Art. 83. O juiz poderá conceder livramento condicional ao condenado a pena privativa de liberdade igual ou superior a 2 (dois) anos, desde que:
>
> I – cumprida mais de um terço da pena se o condenado não for reincidente em crime doloso e tiver bons antecedentes;

II – cumprida mais da metade se o condenado for reincidente em crime doloso;

III – comprovado:

a) bom comportamento durante a execução da pena;

b) não cometimento de falta grave nos últimos 12 (doze) meses[1];

c) bom desempenho no trabalho que lhe foi atribuído; e,

d) aptidão para prover à própria subsistência mediante trabalho honesto;

IV – tenha reparado, salvo efetiva impossibilidade de fazê-lo, o dano causado pela infração;

V – cumpridos mais de dois terços da pena, nos casos de condenação por crime hediondo, prática de tortura, tráfico ilícito de entorpecentes e drogas afins, tráfico de pessoas e terrorismo, se o apenado não for reincidente específico em crimes dessa natureza.

Parágrafo único. Para o condenado por crime doloso, cometido com violência ou grave ameaça à pessoa, a concessão do livramento ficará também subordinada à constatação de condições pessoais que façam presumir que o liberado não voltará a delinquir.

Desse modo, a concessão do benefício ao egresso depende do atendimento de determinados requisitos, que podem ser de ordem **objetiva ou subjetiva.**

14.1.1. Requisitos objetivos

a) Espécie de pena: O agende deve ter sido condenado a qualquer uma das espécies de **pena privativa de liberdade**: reclusão, detenção ou prisão simples. Sendo assim, não contempla os condenados à pena de multa ou restritiva de direitos.

b) Pena privativa de liberdade igual ou superior a dois anos: O cálculo para concessão do livramento condicional deve levar em consideração o **total** de penas privativas de liberdade impostas ao condenado, ainda que o montante seja resultado da soma de diversas infrações (art. 84, CP).

c) Tempo de cumprimento da pena privativa de liberdade: Para fazer jus ao benefício, o condenado deve ter cumprido: mais de um terço da pena, se não reincidente em crime doloso e portador de bons antecedentes. É o que a doutrina convencionou denominar **livramento condicional simples.**

Para o livramento **condicional qualificado**, conferido ao reincidente em crime doloso, é necessário o cumprimento de mais da metade da pena.

Por fim, a concessão do **livramento condicional específico**, demanda o cumprimento de mais de dois terços da pena, e destina-se ao condenado pela prática

1. Enunciado 12 da I Jornada de Direito Penal e Processo Penal da CJF/STJ: O requisito previsto no art. 83, III, b, do Código Penal, consistente em o agente não ter cometido falta grave nos últimos 12 (doze) meses, poderá ser valorado, com base no caso concreto, para fins de concessão de livramento condicional quanto a fatos ocorridos antes da entrada em vigor da Lei 13.964/2019, sendo interpretado como comportamento insatisfatório durante a execução da pena.

de crime hediondo, prática de tortura, tráfico ilícito de entorpecentes e drogas afins, tráfico de pessoas e terrorismo, se o apenado não for reincidente específico em crimes dessa natureza.

▸ ATENÇÃO

A Lei 14.811/2024 rotulou o tráfico de pessoas cometido contra criança ou adolescente como hediondo. Contudo, por força do art. 83, V, do CP, qualquer indivíduo condenado por tráfico de pessoas, independentemente da idade da vítima (por exemplo, adultos), deverá cumprir mais de dois terços da pena para obtenção do livramento condicional.

Espécie de livramento condicional	Tempo de cumprimento da pena	Beneficiário
Simples	Um terço da pena	Não reincidente em crime doloso e portador de bons antecedentes.
Qualificado	Metade da pena	Reincidente em crime doloso.
Específico	Dois terços da pena	Condenado pela prática de crime hediondo ou equiparado, se o apenado não for reincidente específico em crimes dessa natureza.

Importante destacar que é **vedado** o livramento condicional ao condenado (primário ou reincidente) por crime hediondo ou equiparado com **resultado morte** (art. 112, VI e VIII da LEP, alterado pelo Pacote Anticrime).

▸ ATENÇÃO

A Lei nº 13.964/19 (Pacote Anticrime) promoveu uma mudança no inciso III do art. 83 do CP estabelecendo um novo requisito, de **caráter objetivo**, para a obtenção do livramento condicional: o não cometimento de falta grave nos últimos 12 meses (alínea b).

Os demais requisitos constantes no referido dispositivo permaneceram inalterados pela neófita lei. Nesse passo, como continua sendo exigido o bom comportamento carcerário, em que pese não possa retroagir o novo requisito objetivo de ausência de falta grave em 12 meses, o juiz pode negar o livramento condicional caso decida fundamentadamente que o cometimento de falta grave é elemento comportamental incompatível com a liberdade antecipada[2].

2. CUNHA, Rogério Sanches. **Pacote Anticrime**. Salvador: Juspodivm, 2020, p. 29.

Falta grave e não interrupção do prazo

Conquanto a falta grave interrompa o prazo para progressão de regime, por força do art. 112, § 6º da LEP (Súmula 534 do STJ), **não interrompe o lapso para o livramento condicional** (Súmula 441 do STJ), dada a ausência de previsão legal nesse sentido.

Para o Superior Tribunal de Justiça, impor a interrupção significava criar um requisito não contemplado na lei, em evidente afronta ao princípio da legalidade. Com o advento da Lei nº 13.964/19 questiona-se se a Súmula 441 do STJ está superada. Pensamos que não. Conquanto o condenado não possa obter o livramento condicional quando houver cometido falta grave nos 12 meses anteriores à sua pretensão, o prazo do benefício não se reinicia diante dessa infração. Observe-se que em nenhum momento o legislador menciona que a falta grave acarretará a interrupção do prazo.

Nessa esteira, o cometimento de falta grave durante o cumprimento de pena acarretará a um só tempo:

a) a vedação à obtenção do livramento condicional, mas não a interrupção do seu prazo; e

b) a interrupção do prazo para a progressão de regime.

d) Reparação do dano: A concessão do livramento condicional depende da reparação do dano causado pela conduta delituosa do agente, salvo se comprovada a efetiva impossibilidade de fazê-lo. Tal requisito deve ser relevado caso a conduta não tenha causado dano material a outrem (como é o caso do crime de tráfico de drogas), a vítima recuse a reparação ou não seja localizada.

14.1.2. Requisitos subjetivos

a) Comportamento satisfatório durante a execução da pena: De maneira geral, o condenado deve cumprir seus deveres durante todo o período de cumprimento da pena, demonstrando **respeito em relação aos demais reeducandos e obediência aos funcionários**, evidenciando que está apto para o retorno ao convívio em sociedade.

b) Bom desempenho no trabalho que lhe foi atribuído: O bom desempenho nas atividades laboristas demonstra, de certa forma, que o reeducando está preparado para retornar à sociedade. Ressalte-se que o recluso não é forçado a trabalhar, mas caso não o faça, não receberá o benefício. Contudo, a ausência desse requisito não impedirá a concessão do livramento condicional se o estabelecimento penitenciário não puder oferecer trabalho aos condenados.

c) Aptidão para prover a sua própria subsistência mediante trabalho honesto: A constatação da aptidão para subsistência mediante trabalho honesto não implica na existência de emprego garantido fora da instituição penitenciária. Espera-se apenas que o condenado demonstre ter maturidade suficiente para **assumir a responsabilidade de um trabalho honesto**, garantindo assim sua subsistência.

d) Constatação de condições pessoais que façam presumir que não voltará a delinquir, em caso de condenado por crime doloso cometido com violência ou grave ameaça à pessoa: Quanto a esse requisito, a doutrina leciona que:

> Por ocasião da Reforma Penal de 1984, aboliu-se o sistema do duplo binário, que impunha ao condenado perigoso pena e medida de segurança, de modo que ele somente seria liberado, ao término de sua pena, caso cessasse a sua periculosidade. Entretanto, no tocante ao livramento condicional, manteve-se a análise desse aspecto da personalidade do sentenciado. Para que obtenha o benefício, é preciso demonstrar estar cessada a sua periculosidade; do contrário, não poderá sair em liberdade condicional. Trata-se de uma prognose – juízo de periculosidade que se projeta sobre o futuro, para prever se restaram elementos criminógenos que façam antever futuras reincidências. É a "quase certeza" de que, voltando à sociedade, não tornará a delinquir. Nesse contexto, prevalece o preceito *in dubio pro societate*.[3]

LIVRAMENTO CONDICIONAL	
Requisitos objetivos	Pena privativa de liberdade (reclusão, detenção ou prisão simples) **igual ou superior a 2 anos.**
	Livramento condicional simples: **+ 1/3 de pena**, se não reincidente em crime doloso e portador de bons antecedentes.
	Livramento condicional qualificado: **+ da 1/2 da pena**, para reincidente em crime doloso.
	Livramento condicional específico: **+ 2/3 da pena** nos casos de: Crime hediondo; Tortura; Tráfico de drogas; Tráfico de pessoas; e Terrorismo. **Observação – Vedação ao livramento condicional:** a) Ao apenado **reincidente específico** em crimes dessa natureza (acima discriminados); b) Reincidente específico em crime hediondo ou equiparado com **resultado morte**; c) Reincidência específica do artigo 33, *caput* e § 1º, e 34 a 37 da Lei 11.343/06 (artigo 44, § único). Inclui-se na vedação a "associação para o tráfico", mesmo não sendo hediondo (princípio da especialidade).[4]
	Não cometimento de falta grave nos últimos 12 meses.
	Reparado o dano causado pela infração, salvo **efetiva** impossibilidade.

3. NUCCI, Guilherme de Souza. **Curso de Direito Penal**. v. 1. Rio de Janeiro: Forense. 2017, p. 1014.
4. STJ, 6ª Turma. AgRg no RHC 117.816/SP, Rel. Ministro Sebastião Reis Júnior, j. em 12/05/2020, DJe 19/05/2020.

Requisitos subjetivos	Comportamento satisfatório durante a execução da pena.
	Bom desempenho no trabalho que lhe foi atribuído.
	Aptidão para prover a sua própria subsistência mediante trabalho honesto.
	Constatação de condições pessoais que façam presumir que não voltará a delinquir, em caso de condenado por crime doloso cometido com violência ou grave ameaça à pessoa.

14.2. Condições do livramento condicional

Como o próprio nome do instituto já indica, a liberdade antecipada depende da observância de algumas condições pelo condenado durante o período de prova. Esse período é **equivalente ao tempo restante de pena a ser cumprido**, e tem início a partir do dia em que é realizada a cerimônia de livramento condicional.

▸ ATENÇÃO!

O Juiz da Execução Penal, para conceder o livramento condicional, observará a pena privativa de liberdade resultante de sentença(s) condenatória(s). Alcançado o requisito objetivo para fins de concessão do livramento condicional, a duração dele (o período de prova) será correspondente ao restante de pena privativa de liberdade a cumprir, **limitada ao disposto no art. 75 do CP (40 anos)**.

Foi o que decidiu o STJ: "Aplica-se o limite temporal previsto no art. 75 do Código Penal ao apenado em livramento condicional."[5]

Segundo o art. 137 da Lei de Execução Penal, a cerimônia do livramento condicional será realizada em dia marcado pelo Presidente do Conselho Penitenciário, no estabelecimento onde está sendo cumprida a pena. A sentença deverá ser lida ao liberando, e a autoridade administrativa chamará sua atenção para as condições impostas na sentença de livramento. Após a leitura, o liberando declarará se aceita as condições da liberdade antecipada.

As condições impostas podem ser **legais**, decorrentes diretamente da lei e previstas em rol taxativo, ou **judiciais**, impostas discricionariamente pelo magistrado.

O art. 132, § 1º, da Lei de Execução Penal elenca as condições legais que o liberando **obrigatoriamente** deverá observar. São elas:

a) obter ocupação lícita, dentro de prazo razoável se for apto para o trabalho;

b) comunicar periodicamente ao Juiz sua ocupação;

---

5. STJ, 5ª Turma. REsp 1.922.012-RS, Rel. Min. Joel Ilan Paciornik, julgado em 05/10/2021 (Info 712).

c) não mudar do território da comarca do Juízo da execução, sem prévia autorização deste.

As condições judiciais, por sua vez, encontram previsão no art. 132, § 2º, da Lei de Execução Penal:

a) não mudar de residência sem comunicação ao Juiz e à autoridade incumbida da observação cautelar e de proteção;

b) recolher-se à habitação em hora fixada;

c) não frequentar determinados lugares.

d) utilizar equipamento de monitoração eletrônica.

O rol das condições judiciais é meramente **exemplificativo**. Portanto, diante do caso concreto, o magistrado pode fixar outras condições além das descritas na Lei de Execução Penal, sempre observando os princípios da proporcionalidade e da dignidade da pessoa humana.

Condições Legais (LEP, art. 132, § 1º)	**Condições Judiciais (LEP, art. 132, § 2º)**
a) obter ocupação lícita, dentro de prazo razoável se for apto para o trabalho; **b) comunicar periodicamente ao Juiz sua ocupação;** **c) não mudar do território da comarca do Juízo da execução, sem prévia autorização deste.**	a) não mudar de residência sem comunicação ao Juiz e à autoridade incumbida da observação cautelar e de proteção; b) recolher-se à habitação em hora fixada; c) não frequentar determinados lugares.

14.3. Revogação do livramento condicional

O livramento condicional é um benefício **precário** e, em virtude disso, pode ser revogado quando verificada uma das hipóteses descritas em lei.

14.3.1. Revogação obrigatória

As causas de revogação obrigatória estão elencadas no art. 86 do Código Penal. Verificando a ocorrência de algumas dessas hipóteses, o magistrado deve **necessariamente** revogar o benefício, não havendo, portanto, margem de discricionariedade na decisão. De acordo com o texto legal:

> Art. 86 – Revoga-se o livramento, se o liberado vem a ser condenado a pena privativa de liberdade, em sentença irrecorrível:
>
> I – por crime cometido durante a vigência do benefício;
>
> II – por crime anterior, observado o disposto no art. 84 deste Código.

A redação do inciso I do art. 86 do Código Penal dispõe que o livramento condicional será obrigatoriamente revogado quando o egresso vier a ser condenado a **pena privativa de liberdade** em sentença irrecorrível por crime cometido **durante**

a vigência do benefício. Desse modo, é possível inferir que não haverá revogação obrigatória se o agente for condenado por sentença irrecorrível por contravenção penal, nem se lhe for imposta pena de multa ou restritiva de direitos.

Além da revogação do livramento condicional, o agente que comete crime durante a vigência do benefício enfrenta outras consequências gravosas. O tratamento mais severo é justificado ante a inaptidão do agente para o convívio social e o desprezo que demonstrou em relação ao voto de confiança que lhe foi conferido por ocasião da concessão da liberdade antecipada. Segundo o art. 88 do Código Penal e os arts. 141 e 142 da Lei de Execução Penal, a revogação provocará os seguintes **efeitos**:

- o tempo em que o egresso estava em livramento condicional não é computado como pena cumprida;
- não se concederá, em relação à mesma pena, novo livramento;
- é vedada, para a concessão de novo livramento, a soma do tempo das 2 (duas) penas.

A hipótese de revogação prevista no inciso II do art. 86 do Código Penal aplica-se aos egressos condenados por crime praticado **antes do período de vigência do benefício**, que resulte na impossibilidade de mantença do livramento condicional.

Considerando que o agente não descumpriu seus deveres durante a vigência do benefício, as consequências da revogação nesta hipótese são mais brandas. Segundo o art. 88 do Código Penal e os arts. 141 e 142 da Lei de Execução Penal, nesta hipótese, a revogação provocará os seguintes efeitos:

- o tempo em que o egresso estava em livramento condicional é computado como pena cumprida;
- é permitida, para a concessão de novo livramento, a soma do tempo das 2 (duas) penas;
- a concessão de novo livramento condicional é permitida, desde que o condenado tenha cumprido a parcela da pena requerida por lei.

Revogação Obrigatória	Condenado a pena privativa de liberdade por sentença irrecorrível:	Por crime cometido **durante a vigência** do benefício	o tempo em que o egresso estava em livramento condicional não é computado como pena cumprida; não se concederá, em relação à mesma pena, novo livramento; é vedada, para a concessão de novo livramento, a soma do tempo das 2 (duas) penas.

Revogação Obrigatória	Condenado a pena privativa de liberdade por sentença irrecorrível:	Por crime cometido **antes do período de vigência** do benefício	o tempo em que o egresso estava em livramento condicional é computado como pena cumprida; é permitida, para a concessão de novo livramento, a soma do tempo das 2 (duas) penas; a concessão de novo livramento condicional é permitida, desde que o condenado tenha cumprido a parcela da pena requerida por lei.

14.3.2. Revogação facultativa

O livramento condicional será facultativamente revogado quando o egresso **deixar de cumprir as condições** impostas ou for **irrecorrivelmente condenado, por crime ou contravenção, a pena que não seja privativa de liberdade** (art. 87 do Código Penal).

A Lei 14.843/2024 trouxe mais uma hipótese de revogação facultativa. Se o condenado violar os deveres relacionados à monitoração eletrônica, o juiz da execução penal poderá revogar o livramento condicional (art. 146-C, parágrafo único, inciso VIII, da LEP).

▸ IMPORTANTE

Consoante a dicção do art. 145 da LEP, praticada pelo liberado outra infração penal, o Juiz poderá ordenar a sua prisão, ouvidos o Conselho Penitenciário e o Ministério Público, suspendendo o curso do livramento condicional, cuja revogação, entretanto, ficará dependendo da decisão final.

Desse modo, o **período de prova será prorrogado até o trânsito em julgado do processo que julga a outra infração penal praticada pelo agente**. Nos termos do art. 89 do Código Penal, o juiz não poderá declarar extinta a pena, enquanto não passar em julgado a sentença em processo a que responde o liberado, por crime cometido na vigência do livramento. O egresso não precisará se submeter às condições do livramento condicional durante o prazo da prorrogação que exceder ao período de prova inicialmente estipulado.

Segundo a **Súmula 617 do STJ**, a ausência de suspensão ou revogação do livramento condicional antes do término do período de prova enseja a extinção da punibilidade pelo integral cumprimento da pena. Portanto, a revogação e a suspensão do livramento condicional da pena não são automáticas: dependem de **decisão expressa do Poder Judiciário**. Caso o magistrado deixe de suspender ou revogar o benefício durante o período de prova, não poderá fazê-lo posteriormente.

▸ ATENÇÃO!

CPP, Art. 581. Caberá recurso, no sentido estrito, da decisão, despacho ou sentença:

XII - que conceder, negar ou revogar livramento condicional.

14.4. Término do período de prova e extinção da pena

Encerrado o período de prova do livramento condicional, o magistrado, de ofício, a requerimento do interessado, do Ministério Público ou mediante representação do Conselho Penitenciário, **julgará extinta a pena privativa de liberdade**, se expirar o prazo do livramento sem revogação ou suspensão do benefício (LEP, art. 146). De qualquer forma, é obrigatória a prévia oitiva do Ministério Público antes da extinção da pena (LEP, art. 67).

Segundo a doutrina, os efeitos da sentença declaratória retroagem à data do término do período de prova. Por conseguinte, "extingue-se a pena privativa de liberdade **com o término sem revogação do período de prova**, e não com a decisão judicial que se limita a reconhecer o fim da sanção penal"[6].

QUESTÕES

QUESTÃO 1

FUNDEP (Gestão de Concursos) - 2023 - MPE-MG - Promotor de Justiça Substituto

Sobre o livramento condicional, é INCORRETO afirmar que:

a) O tempo em que o liberado esteve solto é considerado no cumprimento da pena, quando a revogação resulta de condenação por outro crime anterior ao benefício.

b) Não se concede o benefício para o condenado por crime comum que comete um segundo crime hediondo ou equiparado.

c) Admite-se a soma do tempo de penas correspondentes a infrações diversas para a concessão de novo livramento.

d) A revogação não será obrigatória se o liberado for irrecorrivelmente condenado, por crime ou contravenção, a pena de multa.

QUESTÃO 2

VUNESP - 2023 - TJ-SP - Juiz Substituto

É requisito para a concessão do livramento condicional:

a) a realização de trabalho ou estudo durante os 06 meses que antecederam o pedido de livramento.

b) não tenha cometido falta grave nos últimos 18 (dezoito) meses.

---

6. MASSON, Cleber. **Direito Penal Esquematizado. – Parte Geral**, v. 1. 10 ed. São Paulo: Método, 2016, p. 900.

c) aptidão para prover sua subsistência, ou comprovar quem o possa fazer, em decorrência de trabalho honesto.
d) que a pena privativa de liberdade seja igual ou superior a 2 anos.

QUESTÃO 3

CESPE / CEBRASPE 2023 - MPE-SC Promotor de Justiça Substituto (fase matutina)

O período em que o réu permanece em livramento condicional deve ser considerado para o cálculo do tempo máximo de cumprimento de pena previsto no CP.

Certo ( ) Errado ( )

QUESTÃO 4

CESPE / CEBRASPE 2023 - DPE-RO - Defensor Público Substituto

Na hipótese de condenado reincidente em crime doloso, o requisito temporal necessário para a concessão do benefício do livramento condicional é o cumprimento de, no mínimo,

a) um sexto da pena.
b) dois terços da pena.
c) um terço da pena.
d) metade da pena.
e) três quintos da pena.

QUESTÃO 5

INSTITUTO AOCP - 2022 - PC-GO - Delegado de Polícia Substituto

Acerca do tema do livramento condicional, assinale a alternativa correta.

a) A pena unificada para atender ao limite de 40 anos, determinado pelo Código Penal, deve ser considerada para a concessão de outros benefícios, como o livramento condicional ou o regime mais favorável de execução.
b) Além do requisito "tempo de cumprimento da pena", é dispensável, para alcançar o benefício do livramento condicional, o bom comportamento durante a execução.
c) Decorrido o período de prova sem que o magistrado tenha revogado expressamente o livramento condicional, não fica extinta a pena privativa de liberdade, por exigir pronunciamento judicial para seu término.

d) Ofende o princípio da legalidade a decisão que fixa a data da fuga do apenado como nova data-base para o cálculo do requisito temporal do livramento condicional.

e) O requisito temporal do livramento condicional é aferido a partir da quantidade de pena já efetivamente cumprida, quantidade essa que sofre alteração com eventual prática de falta grave.

QUESTÃO 6

FGV - 2022 - TCE-TO - Analista Técnico - Direito

Em relação aos requisitos para o livramento condicional, é correto afirmar que:

a) a ausência de falta grave no período de doze meses é suficiente para satisfazer o requisito exigido para concessão do benefício;

b) faltas disciplinares ocorridas no período anterior a doze meses não podem ser consideradas pelo Juízo das Execuções Penais para aferir fundamentadamente o mérito do apenado;

c) faltas disciplinares ocorridas no período anterior a doze meses podem ser consideradas pelo Juízo das Execuções Penais para aferir fundamentadamente o mérito do apenado;

d) a ausência de falta grave no período de seis meses é suficiente para satisfazer o requisito exigido para concessão do benefício;

e) a demonstração da aptidão para prover a própria subsistência mediante qualquer atividade é suficiente para satisfazer o requisito exigido para concessão do benefício.

QUESTÃO 7

INSTITUTO AOCP - 2022 - Governo do Distrito Federal - Policial Penal

A ausência de suspensão ou revogação do livramento condicional antes do término do período de prova enseja a extinção da punibilidade pelo integral cumprimento da pena.

Certo ( ) Errado ( )

GABARITO

Questão 1	Letra "B"
Questão 2	Letra "D"
Questão 3	Assertiva "Correta"
Questão 4	Letra "D"
Questão 5	Letra "D"
Questão 6	Letra "C"
Questão 7	Assertiva "Correta"

CAPÍTULO 15

Efeitos da condenação

A condenação consiste na aplicação de uma penalidade ao indivíduo culpável, que reconhecidamente praticou um fato típico e ilícito. Decorre de um processo legal, em que devem ser observados todos os direitos e garantias fundamentais do acusado, e é julgado pelo Poder Judiciário.

A **condenação** acarreta **efeitos primários**, consistentes na própria pena aplicada ao condenado, mas também produz **efeitos secundários**, que repercutem na esfera penal e extrapenal.

▸ IMPORTANTE

A sentença que homologa a transação penal entre o Ministério Público e o autor do fato, a sentença declaratória da extinção da punibilidade pela prescrição da pretensão punitiva, ou que arquiva inquérito policial não têm natureza condenatória e, por conseguinte, não acarretam os efeitos da condenação. Igualmente, a sentença que aplica medida de segurança ao inimputável não gera os referidos efeitos, pois possui natureza jurídica de sentença absolutória imprópria.

EFEITOS DA CONDENAÇÃO	
Primários (pena aplicada ao condenado)	O efeito **principal (primário)** da condenação é impor ao condenado uma sanção penal. A sanção penal divide-se em: a) pena; b) medida de segurança.

Secundários (repercussão na esfera penal e extrapenal)	**Penais** Alguns exemplos: Reincidência (art. 63); Causa de revogação do *sursis* (art. 77, I e § 1º); Causa de revogação do livramento condicional (art. 86); Causa de conversão da pena restritiva de direitos em privativa de liberdade (art. 44, § 5º); Impossibilita a transação penal e concessão de suspensão condicional do processo (arts. 76 e 89 da Lei nº 9.099/95) etc. **Extrapenais** a) Genéricos: art. 91 do CP; b) Específicos: art. 92 do CP; c) Previstos na legislação extravagante (exs: art. 15, III, CF; art. 181, da Lei de Falências).

15.1. Efeitos penais

Os efeitos penais dividem-se em primários e secundários.

a) Efeitos primários: Também são denominados efeitos **principais.** Referem-se à **própria penalidade aplicada na sentença penal condenatória**, que pode impor pena privativa de liberdade, restritiva de direitos, multa ou, quando se tratar de semi-imputável se reconhecida periculosidade, medida de segurança (detentiva ou restritiva).

b) Efeitos secundários: Os efeitos secundários, também denominados **mediatos, reflexos, acessórios ou indiretos**, podem alcançar a esfera penal e extrapenal. Dentre os inúmeros efeitos secundários penais da condenação, destacamos:

- Possibilidade de configuração da reincidência caso o agente venha a praticar outros crimes no futuro (arts. 63 e 64, CP);
- Caracterização de maus antecedentes (art. 59, CP);
- Conversão da pena restritiva de direitos em privativa de liberdade, se não for possível ao condenado cumprir a pena substitutiva anterior (art. 44, § 5º, CP);
- Interrupção do prazo prescricional da pretensão executória (art. 117, VI, CP);
- Óbice à concessão de suspensão condicional da pena caso o condenado venha a praticar novo crime, bem como possibilidade de revogação do *sursis* e do livramento condicional (arts. 77, I e § 1º, 81, I, 86, *caput*, e 87, CP);
- Impedimento à concessão de transação penal ou suspensão condicional do processo caso o condenado venha a praticar novo crime (arts. 76, § 2º, I e 89, caput, da Lei nº 9.099/95);

- Impedimento à realização do acordo de não persecução penal (art. 28-A, § 2º, II, CPP).

15.2. Efeitos extrapenais

São efeitos da condenação que **repercutem na esfera jurídica** do condenado atinentes a outros ramos do Direito. Dividem-se em: **genéricos e específicos.**

15.2.1. Efeitos genéricos

Recebem esta denominação pois **incidem sobre todos os crimes**, indistintamente. Encontram previsão no artigo 91 do Código Penal, e são **automáticos**, prescindindo de consignação expressa na sentença. São eles:

a) Tornar certa a obrigação de indenizar o dano causado pelo crime (art. 91, I, CP). A prática de um ilícito penal pode causar danos na **esfera cível**, que deverão ser **reparados** pelo autor da prática delitiva.

O art. 63 do Código de Processo Penal enuncia que a sentença condenatória transitada em julgado constitui título executivo judicial. No Código de Processo Civil é possível encontrar disposição semelhante (CPC, art. 515, VI). Esse título poderá ser apresentado ao juízo cível pelo ofendido, seu representante legal ou seus herdeiros. Nesse caso, não será necessário discutir a ocorrência do ilícito ou sua autoria, pois tais questões já foram decididas no âmbito penal. Apenas deve-se definir o montante da reparação devida.

O art. 387, IV, do Código de Processo Penal prevê que o juiz, ao proferir sentença condenatória, fixará valor mínimo para reparação dos danos causados pela infração, considerando os prejuízos experimentados pelo ofendido. Note que o dispositivo requer a fixação do valor mínimo para reparação dos danos. Desse modo, caso o ofendido entenda que o montante fixado pelo magistrado na sentença penal condenatória não é suficiente, poderá executar o valor mínimo, sem prejuízo da liquidação para a apuração do dano efetivamente sofrido (CPP, art. 63, parágrafo único).

Não é necessário aguardar o trânsito em julgado da sentença penal condenatória para pleitear a reparação do dano no juízo cível. Entretanto, intentada a ação penal, o juiz da ação civil poderá suspender o curso desta, até o julgamento definitivo daquela (CPP, art. 64, parágrafo único).

Ainda segundo o Código de Processo Penal, em seu art. 65, faz coisa julgada no cível a sentença penal que reconhecer ter sido o ato praticado em estado de necessidade, em legítima defesa, em estrito cumprimento de dever legal ou no exercício regular de direito. Importante destacar que, conforme dispõe o art. 929 do Código Civil, reconhecido o estado de necessidade (agressivo), a pessoa lesada faça jus à indenização do prejuízo que sofreu, se não for culpada do perigo que deu causa à conduta do agente. Nos demais casos, elencados no art. 65 do Código de Processo Penal, não se configura a obrigação de indenizar.

b) Perda em favor da União de instrumentos do crime, produtos do crime ou valores equivalentes (art. 91, II, CP). De acordo com o Código Penal, em seu art. 91, inciso II:

> Art. 91. São efeitos da condenação:
>
> [...]
>
> II– a perda em favor da União, ressalvado o direito do lesado ou de terceiro de boa-fé:
>
> a) dos instrumentos do crime, desde que consistam em coisas cujo fabrico, alienação, uso, porte ou detenção constitua fato ilícito;
>
> b) do produto do crime ou de qualquer bem ou valor que constitua proveito auferido pelo agente com a prática do fato criminoso.
>
> § 1º Poderá ser decretada a perda de bens ou valores equivalentes ao produto ou proveito do crime quando estes não forem encontrados ou quando se localizarem no exterior.
>
> § 2º Na hipótese do § 1º, as medidas assecuratórias previstas na legislação processual poderão abranger bens ou valores equivalentes do investigado ou acusado para posterior decretação de perda.

Esse efeito consiste no chamado **"confisco"**, que recai sobre **bens de natureza ilícita**. Visa a impedir o enriquecimento ilícito dos criminosos, bem como evitar a proliferação e difusão de instrumentos ou produtos que possam fomentar a prática de novos delitos. Os bens confiscados em favor da União destinam-se ao **Fundo Penitenciário Nacional**.

Instrumentos do crime *(instrumenta sceleris)* são as coi**sas empregadas pelo agente na prática da conduta delituosa**. Por exemplo: uma arma de fogo para a execução de um crime de roubo. Entretanto, a perda de tais objetos em favor da União somente ocorrerá quando seu fabrico, alienação, uso, porte ou detenção constitua fato ilícito. Desse modo, o confisco não recairia sobre o veículo do agente, utilizado para transportar bens subtraídos durante um furto, pois o uso do carro não constitui fato ilícito.

Produto do crime *(producta sceleris)* é a **vantagem direta obtida com a prática delitiva**. Por exemplo: os bens furtados da casa da vítima.

O **proveito do crime**, por sua vez, é a **vantagem indireta do crime. Exemplificando:** o valor obtido pelo agente após a venda do celular furtado.

Conforme enuncia o dispositivo, o confisco recai sobre os bens de natureza ilícita pertencentes ao criminoso, sempre **ressalvado o direito do lesado ou ter-**

ceiro de boa-fé. Por exemplo: o veículo obtido mediante furto é produto do crime praticado pelo agente. Entretanto, o bem não será perdido em favor da União, pois será devolvido ao legítimo proprietário, resguardando, assim, o direito do lesado.

A Lei nº 12.694/2012 introduziu os §§ 1º e 2º no art. 91 do Código Penal, a fim de conferir mais efetividade ao confisco. Desse modo, é possível a perda de bens ou **valores equivalentes** ao produto ou proveito do crime quando estes não forem encontrados ou quando se localizarem no exterior **(confisco por equiparação ou equivalência)**. Além disso, tais bens e valores poderão sofrer as constrições decorrentes das medidas assecuratórias previstas na legislação processual, a fim de garantir a posterior decretação de perda.

O chamado "Pacote Anticrime" (Lei 13.964/19) inovou ao inserir o art. 91-A, no Código Penal, introduzindo a figura do **confisco alargado.**

O que o legislador autorizou com a nova lei foi a perda de bens que não estão comprovadamente vinculados ao crime pelo qual o réu foi condenado, mas que se revelam **incompatíveis com seus rendimentos, presumindo-se sua ilicitude.**

A título de exemplo, imagine que um auditor da Receita Federal foi condenado a uma pena de 4 anos de prisão pela prática do crime de facilitação de contrabando ou descaminho (art. 318 do CP), cuja pena máxima cominada ao delito é de 8 anos. Suponha que referido funcionário público trabalhe há apenas 2 anos no órgão e receba um subsídio mensal de 20 mil reais, embora o valor apurado do seu patrimônio supere a cifra de 15 milhões de reais, revelando-se absolutamente incompatível com os seus ganhos. Infere-se, com isso, que outros delitos contra a Administração Pública foram por ele perpetrados, conquanto não desvendados pelo Estado (cifra negra). Diante da nova regra insculpida no art. 91-A do CP, perderá ele todos os bens correspondentes à diferença do valor de seu patrimônio e aquele julgado compatível com seu rendimento lícito.[1]

Vejamos como ficou a redação legal do confisco alargado:

> Art. 91-A. Na hipótese de condenação por infrações às quais a lei comine pena máxima superior a 6 (seis) anos de reclusão, poderá ser decretada a perda, como produto ou proveito do crime, dos bens correspondentes à diferença entre o valor do patrimônio do condenado e aquele que seja compatível com o seu rendimento lícito. (Incluído pela Lei nº 13.964, de 2019)
>
> § 1º Para efeito da perda prevista no caput deste artigo, entende-se por patrimônio do condenado todos os bens: (Incluído pela Lei nº 13.964, de 2019)
>
> I – de sua titularidade, ou em relação aos quais ele tenha o domínio e o benefício direto ou indireto, na data da infração penal ou recebidos posteriormente; e (Incluído pela Lei nº 13.964, de 2019)

1. FONTES, Eduardo; HOFFMAN, Henrique (coord.). **Carreiras Policiais – Pacote Anticrime (2020).** Salvador: Editora JusPodivm, 2020, p. 26.

II – transferidos a terceiros a título gratuito ou mediante contraprestação irrisória, a partir do início da atividade criminal. (Incluído pela Lei nº 13.964, de 2019)

§ 2º O condenado poderá demonstrar a inexistência da incompatibilidade ou a procedência lícita do patrimônio. (Incluído pela Lei nº 13.964, de 2019)

§ 3º A perda prevista neste artigo deverá ser requerida expressamente pelo Ministério Público, por ocasião do oferecimento da denúncia, com indicação da diferença apurada. (Incluído pela Lei nº 13.964, de 2019)

§ 4º Na sentença condenatória, o juiz deve declarar o valor da diferença apurada e especificar os bens cuja perda for decretada. (Incluído pela Lei nº 13.964, de 2019)

§ 5º Os instrumentos utilizados para a prática de crimes por organizações criminosas e milícias deverão ser declarados perdidos em favor da União ou do Estado, dependendo da Justiça onde tramita a ação penal, ainda que não ponham em perigo a segurança das pessoas, a moral ou a ordem pública, nem ofereçam sério risco de ser utilizados para o cometimento de novos crimes. (Incluído pela Lei nº 13.964, de 2019)

Na verdade, o que há de interessante no novo dispositivo é que, nos crimes aos quais a lei comine **pena máxima superior a 6 anos de reclusão**, haverá mais uma possibilidade de perdimento de bens, a despeito de as demais ainda serem perfeitamente aplicáveis.

Note que o critério escolhido pelo legislador recai sobre a pena máxima cominada **abstratamente** no preceito secundário da norma e não na sanção efetivamente aplicada pelo magistrado no caso concreto.

Esse recorte legislativo baseado na **gravidade abstrata do delito** acabou deixando de fora crimes patrimoniais que podem, igualmente, ensejar atos de enriquecimento ilícito de grande magnitude, a exemplo de apropriações indébitas previdenciárias e de estelionatos de grande calibre. Nesse sentido, equivocou-se o legislador em face de tal limitação, pois a medida seria importante para auxiliar no combate desses e outros delitos.

Observe que há, agora, 3 espécies de perdimentos de bens previstos no Código Penal[2]:

2. FONTES, Eduardo; HOFFMAN, Henrique (coord.). **Carreiras Policiais – Pacote Anticrime (2020).** Salvador: Editora JusPodivm, 2020. p. 27.

	Confisco simples	Confisco por Equivalência, por fungibilidade ou por extensão	Confisco por presunção ou alargado	
Previsão legal	**Art. 91, II**	**Art. 91, §§ 1º e 2º**	**Art. 91-A**	**Art. 91-A, § 5º**
Bens atingidos	Instrumento do crime (desde que sua posse ou porte seja **ilícito**). - Produto ou proveito do crime	Bens ou valores equivalentes ao produto ou proveito do crime (quando estes não forem encontrados ou quando se localizarem no exterior)	Bens correspondentes a diferença entre o valor do patrimônio do condenado e aquele que seja compatível com o seu rendimento lícito	Instrumento do crime (**mesmo que de posse e porte lícito**).
Crimes abrangidos	Qualquer delito	Qualquer delito	Crime com pena máxima em abstrato **superior a 6 anos de reclusão**	Crime organizado e milícias

15.2.1.1. Pressupostos de aplicação do confisco alargado

São três, portanto, os pressupostos para a aplicação do confisco alargado:

a) condenação por crime com pena máxima superior a seis anos;

b) incompatibilidade do patrimônio com a renda lícita do agente; e

c) indícios mínimos de que o enriquecimento sem causa derive da infração penal investigada ou de qualquer outra que a lei comine pena máxima superior a 6 anos.

O § 1º do citado dispositivo esclarece o que se entende por patrimônio do condenado para efeito do confisco:

a) os bens de sua titularidade, ou seja, aqueles formalmente declarados (inciso I); e

b) os que são usufruídos por ele, pois estão sob seu domínio ou controle, embora registrados em nome de terceiros (inciso II).

PATRIMÔNIO REAL PARA FINS DE CONFISCO	
Bens de titularidade do agente	**Bens usufruídos pelo agente**
Formalmente declarados para as instituições de controle (ex. Receita Federal)	Embora registrados em nome de terceiros (*laranjas*), estão sob **domínio e controle fático do agente**

Evidente que o inciso I visa alcançar o **patrimônio real do condenado**, na medida em que o criminoso raramente possui bens registrados em seu nome, lançando mão de familiares e amigos para ocultar o real proprietário da coisa. Note que, nessa hipótese, a análise recai sobre **bens contemporâneos ou posteriores aos crimes investigados.**

No inciso II, a intenção do legislador foi abarcar aquelas situações em que o sujeito, após tomar conhecimento de que há uma investigação criminal em seu desfavor, **transfere bens para terceiros**, mediante doação (título gratuito) ou **mediante contraprestação irrisória** (venda forjada).

Parece ter caminhado mal o legislador ao fazer uso da palavra irrisória. Pode se ter criado um guia prático de como evitar a incidência do perdimento de bens nesses casos: basta não declarar um valor muito baixo. Deveria ter empregado uma terminologia mais compatível e elástica como contraprestação de valor incompatível, porquanto as transferências fraudulentas (a título de lavagem de capitais, por exemplo) nem sempre trazem valores irrisórios a ponto de escancararem seu caráter espúrio.[3]

15.2.1.1.1. Medidas assecuratórias aplicáveis

Diferentemente da opção legislativa quando da idealização do confisco por equivalência (Lei nº 12.694/12), o **Pacote Anticrime foi omisso** quanto ao cabimento da medida assecuratória de sequestro em face do patrimônio que será alvo do perdimento por confisco alargado.

No que tange ao confisco por equivalência, o § 2º do art. 91 disciplina que: "na hipótese do § 1º, as medidas assecuratórias previstas na legislação processual poderão abranger bens ou valores equivalentes do investigado ou acusado para posterior decretação de perda".

A nosso ver, não obstante tal esquecimento legislativo, seria absolutamente desarrazoada a criação de uma nova modalidade de perdimento sem ela estar devidamente acompanhada da ferramenta processual que lhe assegure. Por isso, em analogia ao disposto no art. 91, § 2º, do Código Penal, é **cabível a medida asse-**

3. FONTES, Eduardo; HOFFMAN, Henrique (coord.). **Carreiras Policiais – Pacote Anticrime (2020)**. Salvador: Editora JusPodivm, 2020, p. 27.

curatória de sequestro com o fito de assegurar quaisquer das outras modalidades de perdimento/confisco, **independentemente de previsão expressa**, providência que deve ser tomada pelo Delegado no bojo do Inquérito Policial.

15.2.1.1.2. *Ônus da prova*

O § 3º exige que a perda prevista no art. 91-A seja requerida **expressamente pelo Ministério Público** no oferecimento da denúncia, com indicação da diferença apurada, denominado pela doutrina de **"imputação patrimonial"**.

Portanto, quando o § 2º do mesmo dispositivo esclarece que o condenado poderá demonstrar a inexistência da incompatibilidade ou a procedência lícita do patrimônio, não inverte o ônus da prova acusatória, mas apenas indica o exercício do direito de defesa sobre fato comprovado durante a investigação e por isso mencionado na acusação[4].

Não parece haver mácula ao princípio da presunção de inocência, do qual decorre, como uma de suas dimensões, a regra de que o ônus da prova cabe à acusação. Perceba que o MP deverá apenas demonstrar que o acusado teve uma evolução patrimonial desproporcional à sua renda e os indícios de que isso deriva de ilícitos que tenham pena máxima cominada superior a 6 anos, **sendo desnecessário comprovar que os bens são declaradamente de natureza ilícita**.

A **defesa arcará com o ônus de confirmar a procedência lícita dos bens**. *Mutatis mutandis*, quando o réu pretende demonstrar que agiu de forma autorizada pelo Direito, é a defesa quem deve demonstrar a existência de causa excludente de ilicitude, e não a acusação.

De outro norte, o uso da palavra condenado poderá ensejar uma série de dúvidas, pois o legislador acabou passando a falsa percepção de que não seria possível a insurgência do investigado ou do acusado frente ao perdimento de seu patrimônio. Ora, se o Ministério Público já indicará, na denúncia, a diferença patrimonial apurada, ocasião em que requererá o perdimento dos bens do denunciado (§ 3º), infere-se que desde então o acusado poderá se insurgir quanto a eventual apreensão ou sequestro de seus bens, visando a evitar a incidência de quaisquer das três modalidades de perdimento.

15.2.1.1.3. Decisão fundamentada do juiz

Ao prolatar a sentença condenatória, deverá o juiz fundamentadamente (§ 4º):

a) declarar o valor da diferença apurada;

b) especificar os bens cuja perda for decretada.

4. NUCCI, Guilherme de Souza. **Pacote Anticrime Comentado.** Rio de Janeiro: Forense, 2020, p. 15.

15.2.1.1.4. Instrumentos utilizados por organizações criminosas ou milícias

De acordo com o § 5º, os instrumentos utilizados para a prática de crimes praticados por organizações criminosas ou milícias terão seu perdimento declarado em favor da **União ou dos estados, dependendo da Justiça onde tramita a ação penal**.

Perceba que o § 5º não guarda relação com o *caput*. Enquanto este diz respeito ao perdimento de bens incompatíveis no caso de condenações por infrações penais com pena máxima de 6 anos de reclusão, aquele se refere à perda dos instrumentos de crimes perpetrados por organizações criminosas e milícias.

O ponto que merece destaque, no entanto, é que a norma admite expressamente o perdimento de instrumentos do crime **mesmo que de posse ou porte lícito**, diferentemente do confisco simples do art. 91, II do CP que abarca somente os instrumentos ilícitos. Além disso, agora há previsão legal expressa de perdimento em favor dos estados, e não somente da União.

O legislador fez uso da expressão dependendo da justiça onde tramita a ação penal, deixando evidente que os instrumentos vinculados a crimes de competência da União serão perdidos em favor dela; os de competência estadual, em favor dos estados. Por exemplo, instrumentos vinculados a crimes de competência da justiça militar estadual serão perdidos em favor do respectivo Estado.

Caminhou mal o legislador ao não prever, ainda no § 5º, outras formas de *societatis sceleris*, a exemplo da associação criminosa do art. 288, *caput*, do CP e da associação para o tráfico (art. 35, Lei 11.343/06).

15.2.1.1.5. Constitucionalidade

Certamente haverá vozes doutrinárias questionando a constitucionalidade do art. 91-A do CP, na medida em que o magistrado poderá decretar a perda dos bens como produto do crime (*producta sceleris*) ou proveito do crime (*pretium sceleris*), presumindo a origem ilícita do patrimônio do réu.

Discordamos desse posicionamento, enxergando no art. 91-A uma **importante medida de política criminal** que tem natureza jurídica de efeito secundário da sentença penal condenatória, que se espraia por outras esferas jurídicas do réu visando alcançar bens incompatíveis com seu patrimônio lícito.

O legislador buscou **despatrimonializar o criminoso**, tendo em vista que somente a pena de prisão não atinge com força suficiente a moderna criminalidade, não impedindo a continuidade da delinquência por agentes que detenham poder econômico, ainda que com a liberdade privada.

Trata-se de estratégia de enfrentamento à criminalidade que parte da ideia de que determinados crimes são permeados por um alto grau de escolha racional, em que o agente avalia e assume os riscos e benefícios decorrentes de sua prisão e do retorno proporcionado[5].

15.2.2. Efeitos específicos

Elencados no art. 92 do Código Penal, são aplicáveis somente a **determinados crimes.**

a) Perda do cargo, função pública e do mandato eletivo (art. 92, I, CP). De acordo com a redação do art. 92, inciso I, do Código Penal:

> Art. 92 – São também efeitos da condenação:
>
> I – a perda de cargo, função pública ou mandato eletivo:
>
> a) quando aplicada pena privativa de liberdade por tempo igual ou superior a um ano, nos crimes praticados com abuso de poder ou violação de dever para com a Administração Pública;
>
> b) quando for aplicada pena privativa de liberdade por tempo superior a 4 (quatro) anos nos demais casos.

O dispositivo elenca duas hipóteses distintas de perda do cargo, função pública ou mandato eletivo.

No primeiro caso, deve-se verificar se o agente foi condenado à **pena privativa de liberdade igual ou superior a 1 (um) ano**, e se o **abuso de poder ou violação de dever** se deram no **exercício de sua função**. Desse modo, a prática dos delitos funcionais, previstos nos arts. 312 a 326 do Código Penal.

A segunda hipótese abarca os crimes que **não possuem relação direta** com o cargo, função pública ou mandato eletivo, por exemplo: violência doméstica. Exige-se que o agente seja condenado à pena privativa de liberdade por tempo igual ou superior a 4 (quatro) anos.

▸ IMPORTANTE

Considerando que a redação do art. 92, inciso I, do Código Penal **não prevê a cassação da aposentadoria**, tal efeito não pode ser aplicado caso o agente já a tenha obtido por ocasião da sentença condenatória, pois tal medida caracterizaria a analogia *in malam partem*, vedada em nosso ordenamento jurídico.

Por fim, cumpre destacar que este efeito da condenação tem **natureza permanente**, pois, por força do art. 93, parágrafo único, do Código Penal, a reabilitação não autoriza a reintegração do agente ao cargo, função ou mandato perdido.

5. CUNHA, Rogério Sanches. **Pacote Anticrime**. Salvador: Juspodivm, 2020, p. 37.

Efeitos da condenação na Lei de Abuso de Autoridade

A Lei nº 13.869/2019 (Lei de Abuso de Autoridade) possui **regramento próprio** sobre perda do cargo, mandato ou da função pública (art. 4º, III). O parágrafo único do art. 4º da LAA determinada que tanto a inabilitação para o exercício de cargo, mandato ou função pública, pelo período de 1 a 5 anos como a perda do cargo, do mandato ou da função pública são **condicionados à ocorrência de reincidência** em crime de abuso de autoridade e **não são automáticos**, devendo ser declarados motivadamente na sentença.

EFEITOS DA CONDENAÇÃO PARA PERDA DO CARGO, MANDADO OU FUNÇÃO PÚBLICA		
Abuso de poder ou violação de dever no exercício da função (CP, art. 92, I, "a")	**Outras hipóteses sem relação direta com o cargo, função pública ou mandato eletivo (CP, art. 92, I, "b")**	**Abuso de autoridade (Lei nº 13.869/2019, art. 4º, III e parágrafo único)**
Quantum da pena privativa de liberdade por tempo igual ou superior a um ano	*Quantum* da pena privativa de liberdade por tempo superior a 4 (quatro) anos	Condicionados à ocorrência de reincidência em crime de abuso de autoridade, independentemente da pena

b) Incapacidade para o exercício do poder familiar, da tutela ou da curatela nos crimes dolosos sujeitos à pena de reclusão cometidos contra outrem igualmente titular do mesmo poder familiar, contra filho, filha ou outro descendente ou contra tutelado ou curatelado (art. 92, II, CP). Esse dispositivo foi alterado em setembro de 2018 pela Lei nº 13.715/2018. De acordo com a redação antiga, era efeito da condenação "a incapacidade para o exercício do pátrio poder, tutela ou curatela, nos crimes dolosos, sujeitos à pena de reclusão, cometidos contra filho, tutelado ou curatelado".

Dentre as mudanças promovidas pela nova redação do dispositivo, destacamos:

- **adequação do termo "pátrio poder"**, utilizado pelo Código Civil de 1916, que foi substituído pela expressão "poder familiar", adotada pelo Código Civil de 2002;
- **extensão dos efeitos** caso o crime seja cometido contra "outrem igualmente titular do mesmo poder familiar". Exemplificando: se o pai pratica tentativa de homicídio contra a mãe, o juiz poderá reconhecer a incapacidade para o exercício do poder familiar do pai em relação ao filho menor de idade do casal.
- **extensão dos efeitos** caso o crime seja cometido contra **outro descendente**, que não os filhos. Nesta hipótese, enquadram-se os netos e bisnetos do agente. Provavelmente, esta será uma situação incomum. Entretanto, conforme aponta a doutrina, é possível sua ocorrência. Por exemplo:

> João possui dois filhos: Pedro (23 anos) e Isabela (6 anos). Pedro, por sua vez, tem uma filha de 5 anos (Letícia). João pratica estupro contra Letícia (sua neta). O juiz poderá condenar João a perder o poder familiar em relação a Isabela[6].

Para a aplicação de tal efeito, é necessário verificar a presença de três requisitos:

a) o crime praticado pelo agente deve ser **doloso**;

b) a pena prevista para o crime deve ser de **reclusão**, pouco importando a quantidade aplicada no caso concreto, nem o regime inicial de cumprimento;

c) a vítima do crime deve ser uma das pessoas das elencadas no dispositivo: contra outrem igualmente titular do mesmo poder familiar, contra filho, filha ou outro descendente ou contra tutelado ou curatelado.

Prevalece na doutrina o entendimento de que a incapacidade para o exercício do poder familiar, tutela ou curatela aplica-se a outros filhos, tutelados e curatelados, e não somente à vítima do crime. Conforme a lição doutrinária:

> Em relação à vítima do crime doloso e punido com reclusão, essa incapacidade é permanente. De fato, mesmo em caso de reabilitação é vedada a reintegração do agente na situação anterior (CP, art. 93, parágrafo único). No tocante a outros filhos, pupilos ou curatelados, a incapacidade é provisória, pois o condenado, se reabilitado, poderá voltar a exercer o poder familiar, tutela ou curatela[7].

Efeitos da condenação no caso de crimes previstos no Estatuto da Criança e do Adolescente

A Lei de Abuso de Autoridade (Lei nº 13.869/2019), em seu artigo 42, acrescentou o art. 227-A no ECA (Lei nº 8.069/1990) dispondo que os efeitos da condenação no caso de **crimes previstos no ECA**, por **servidores públicos com abuso de autoridade**, são **condicionados à ocorrência de reincidência** e o parágrafo único prevê que a perda do cargo, do mandato ou da função, nesse caso, **independerá da pena** aplicada na reincidência.

c) inabilitação para dirigir veículo, quando utilizado como meio para a prática de crime doloso (art. 92, III, CP). Este efeito da condenação não se aplica aos crimes previstos no Código de Trânsito Brasileiro. Sua incidência é restrita aos casos em que o veículo é utilizado como meio para a prática de **crime doloso**. Por exemplo: o agente deseja provocar lesões corporais em seu desafeto e, para alcan-

6. CAVALCANTE, Márcio André Lopes. **Comentários à Lei 13.715/2018, que ampliou as hipóteses de perda do poder familiar decorrente da prática de crimes.** Disponível em: <https://www.dizerodireito.com.br/2018/09/comentarios-lei-137152018-que-ampliou.html> Acesso em: 26/12/2018.

7. MASSON, Cleber. **Direito Penal Esquematizado. – Parte Geral**, v. 1. 10 ed. São Paulo: Método, 2016, p. 918.

çar o resultado pretendido, atropela-o deliberadamente com o seu carro. Nesse exemplo, o agente responderá pelo crime tipificado no art. 129 do Código Penal, estando sujeito à inabilitação para dirigir veículo, como efeito da condenação.

É importante destacar que a Lei nº 13.804/19 incluiu o art. 278-A no Código de Trânsito Brasileiro, prevendo a **cassação ou proibição de obter a habilitação** para direção de veículo automotor aos condenados pelos crimes de **receptação, descaminho e contrabando**, o qual dispõe *in verbis*:

> Art. 278-A. O condutor que se utilize de veículo para a prática do crime de **receptação, descaminho, contrabando**, previstos nos arts. 180, 334 e 334-A do Decreto-Lei nº 2.848, de 7 de dezembro de 1940 (Código Penal), condenado por um desses crimes em decisão judicial transitada em julgado, terá cassado seu documento de habilitação ou será proibido de obter a habilitação para dirigir veículo automotor pelo prazo de 5 (cinco) anos.
>
> § 1º O condutor condenado poderá requerer sua reabilitação, submetendo-se a todos os exames necessários à habilitação, na forma deste Código.
>
> § 2º No caso do condutor preso em flagrante na prática dos crimes de que trata o caput deste artigo, poderá o juiz, em qualquer fase da investigação ou da ação penal, se houver necessidade para a garantia da ordem pública, como medida cautelar, de ofício, ou a requerimento do Ministério Público ou ainda mediante representação da autoridade policial, decretar, em decisão motivada, a suspensão da permissão ou da habilitação para dirigir veículo automotor, ou a proibição de sua obtenção. (grifo nosso)

Há quem argumente que a inabilitação para dirigir não pode ser aplicada aos motoristas profissionais, sob pena de inviabilizar sua atividade laborativa que, muitas vezes, é a única fonte de sustento do agente e sua família. Entretanto, o Superior Tribunal de Justiça possui entendimento em sentido contrário:

> De acordo com a jurisprudência deste Superior Tribunal de Justiça, os motoristas profissionais – mais do que qualquer outra categoria de pessoas – revelam maior reprovabilidade ao praticarem delito de trânsito, merecendo, pois, a reprimenda de suspensão do direito de dirigir, expressamente prevista no art. 302 do CTB, de aplicação cumulativa com a pena privativa de liberdade. Dada a especialização, deles é de se esperar maior acuidade no trânsito[8].

▸ IMPORTANTE

Os efeitos específicos da condenação **não são automáticos**, portanto, o magistrado deve aplicá-los expressa e fundamentadamente na sentença condenatória (art. 92, parágrafo único, CP).

---

8. STJ, 6ª Turma. REsp 1.744.154/CE, Rel. Min. Sebastião Reis Júnior, j. em 21/09/2018, DJe 16/11/2018.

15.3. Efeitos da condenação na legislação extravagante

a) Lei de Tortura (Lei nº 9.455/1997): O art. 1º, § 5º prevê ao condenado por tortura a perda do cargo, função ou emprego público e a interdição para seu exercício pelo **dobro do prazo** da pena aplicada. É pacífico o entendimento nos Tribunais Superiores de que esse **efeito é automático** da sentença condenatória, dispensando a declaração do juiz.

b) Lei de Organização Criminosa (Lei nº 12.850/2013): O art. 2º, § 6º prevê que o funcionário público condenado perderá o cargo, função ou mandato eletivo e interdição para o exercício de função ou cargo público pelo **prazo de 8 (oito) anos** subsequentes ao cumprimento da pena. Trata-se de **efeito automático** da sentença.

c) Lei do Preconceito Racial (Lei nº 7.716/1989): O art. 16 prevê a perda do cargo ou função pública para o servidor público e a suspensão do funcionamento do estabelecimento particular por prazo não superior a três meses. Nos termos do art. 18 do referido diploma legal, esse efeito **não é automático**, reclamando aplicação mediante sentença devidamente motivada.

d) Lei de Lavagem de Capitais (Lei nº 9.613/1998, art. 7º, I e II): Essa lei prevê como efeitos da condenação:

- a perda, em favor da União, dos bens, direitos e valores objeto dos crimes de lavagem de dinheiro, ressalvado o direito do lesado ou de terceiro de boa-fé; e
- a interdição do exercício de cargo ou função pública de qualquer natureza, bem como das funções de diretor, de membro de conselho de administração ou de gerência das pessoas jurídicas referidas no artigo 9º daquele diploma, pelo dobro do tempo da pena privativa de liberdade aplicada.

e) Lei de Falências (Lei nº 11.101/2005, art. 181, I a III e § 1º): São efeitos **não automáticos** da condenação dos crimes previstos nos arts. 168 a 178 desta lei:

- a inabilitação para o exercício de atividade empresarial;
- impedimento para o exercício de cargo ou função em conselho de administração, diretoria ou gerência das sociedades sujeitas a Lei; e
- a impossibilidade de gerir empresa por mandato ou por gestão de negócio.

f) Lei de Abuso de Autoridade (Lei nº 13.869/19, art. 4º, I a III e parágrafo único): A Lei de Abuso de Autoridade prevê como efeitos da condenação as seguintes hipóteses:

- tornar certa a obrigação de indenizar o dano causado pelo crime, devendo o juiz, a requerimento do ofendido, fixar na sentença o valor mínimo para reparação dos danos causados pela infração, considerando os prejuízos por ele sofridos;

- a inabilitação para o exercício de cargo, mandato ou função pública, pelo período de 1 (um) a 5 (cinco) anos;
- a perda do cargo, do mandato ou da função pública.

O parágrafo único do art. 4º salienta que os efeitos (segundo e terceiro acima previstos) são condicionados à ocorrência de **reincidência em crime de abuso de autoridade** e **não são automáticos**, devendo ser declarados motivadamente na sentença.

g) Estatuto da Criança e do Adolescente (Lei nº 8.069/90, art. 227-A e parágrafo único): Conforme já mencionado, o ECA prevê que a perda de cargo, função pública ou mandato eletivo são condicionados à ocorrência de **reincidência** e **não são automáticos**, devendo ser declarados motivadamente na sentença.

LEI	DISPOSITIVO LEGAL	EFEITOS DA CONDENAÇÃO	CONDIÇÕES
Lei de Tortura (Lei nº 9.455/1997)	**Art. 1º, § 5º**	Perda do cargo, função ou emprego público e a interdição para seu exercício pelo **dobro do prazo.**	**AUTOMÁTICO**
Lei de Organização Criminosa (Lei nº 12.850/2013)	**Art. 2º, § 6º**	Perda do cargo, função, emprego ou mandato eletivo e a interdição para o exercício de função ou cargo público pelo prazo de **8 (oito) anos** subsequentes ao cumprimento da pena.	**AUTOMÁTICO**
Lei do Preconceito Racial (Lei nº 7.716/1989)	**Art. 16, 18 e 20, § 4º**	- Perda do cargo ou função pública, para o servidor público, e a suspensão do funcionamento do estabelecimento particular por prazo **não superior a três meses**. - Destruição do material apreendido de quaisquer dos crimes do artigo 20 (doutrina defende que a destruição do material possui **efeito automático**).	**NÃO AUTOMÁTICO**

<table>
<tr>
<td>Lei de Lavagem de Capitais (Lei nº 9.613/1998)</td>
<td>Art. 7º, I e II</td>
<td>- A perda, em favor da União - e dos Estados, nos casos de competência da Justiça Estadual -, de todos os bens, direitos e valores relacionados, direta ou indiretamente, à prática dos crimes previstos nesta Lei, inclusive aqueles utilizados para prestar a fiança, ressalvado o direito do lesado ou de terceiro de boa-fé;
- A interdição do exercício de cargo ou função pública de qualquer natureza e de diretor, de membro de conselho de administração ou de gerência das pessoas jurídicas referidas no art. 9º, pelo dobro do tempo da pena privativa de liberdade aplicada.</td>
<td rowspan="4">NÃO AUTOMÁTICO</td>
</tr>
<tr>
<td>Lei de Falências (Lei nº 11.101/2005)</td>
<td>Art. 181, I a III e § 1º</td>
<td>- A inabilitação para o exercício de atividade empresarial;
- O impedimento para o exercício de cargo ou função em conselho de administração, diretoria ou gerência das sociedades sujeitas a esta Lei;
- A impossibilidade de gerir empresa por mandato ou por gestão de negócio.</td>
</tr>
<tr>
<td>Lei de Abuso de Autoridade (Lei nº 13.869/19)</td>
<td>Art. 4º, I a III e p. ú.</td>
<td>- Tornar certa a obrigação de indenizar o dano causado pelo crime, devendo o juiz, a requerimento do ofendido, fixar na sentença o valor mínimo para reparação dos danos causados pela infração, considerando os prejuízos por ele sofridos;
- A inabilitação para o exercício de cargo, mandato ou função pública, pelo período de 1 (um) a 5 (cinco) anos (condicionado a reincidência);
- A perda do cargo, do mandato ou da função pública (condicionado a reincidência).</td>
</tr>
<tr>
<td>Estatuto da Criança e do Adolescente (Lei nº 8.069/90)</td>
<td>Art. 227-A e p. ú.</td>
<td>Perda de cargo, função pública ou mandato eletivo e condicionados à ocorrência de reincidência.</td>
</tr>
</table>

QUESTÕES

QUESTÃO 1

FGV - 2023 - TJ-ES - Juiz Substituto

Relativamente aos institutos do perdimento de bens alargado e do perdimento de bens pelo equivalente, como efeitos da sentença penal condenatória, é correto afirmar que:

a) deverão ser declarados perdidos em favor dos Municípios, no perdimento de bens pelo equivalente, os instrumentos utilizados para a prática de crimes por organizações criminosas;
b) poderá o juiz decretar o perdimento de bens alargado independentemente de o Ministério Público tê-lo requerido por ocasião do oferecimento da denúncia;
c) poderá ser decretado o perdimento de bens alargado na hipótese de condenação por infrações às quais a lei comine pena máxima superior a dois anos de reclusão;
d) poderá o condenado, no perdimento de bens alargado, demonstrar a inexistência da incompatibilidade ou procedência lícita de seu patrimônio;.
e) deverão os bens objeto do perdimento pelo equivalente ao produto ou proveito do crime encontrar-se em território nacional e estarem devidamente identificados.

QUESTÃO 2

OBJETIVA 2023 - Câmara de São João do Manhuaçu - MG - Assistente Jurídico Parlamentar

A perda alargada (confisco alargado) foi reconhecida pelo Artigo 91-A, com a reforma do Código Penal, promovida no final do ano de 2019. De acordo com BITENCOURT, assinalar a alternativa CORRETA:

a) O legislador brasileiro adotou o "confisco de bens e valores" travestido, nesta hipótese, como se fora efeito da condenação. Não é possível, nesse caso, alcançar os bens que já foram transferidos a terceiros a título gratuito ou mediante contraprestação irrisória, a partir do início da atividade criminal.
b) Insere no âmbito do direito penal, que é formal, preventivo e garantista, matéria de direito fiscal tributário, para "confiscar patrimônio individual", mesmo sem relação com eventual condenação por qualquer crime a pena superior a quatro anos.

c) A perda prevista neste artigo deverá ser requerida expressamente pelo Ministério Público, por ocasião do oferecimento da denúncia, com indicação da diferença apurada, ou pelo Delegado de Polícia, na conclusão do inquérito policial.

d) O objeto desse novo "confisco" não é o produto ou proveito do crime, o que seria mais do que razoável, além de constitucional, mas sim os bens correspondentes à diferença entre o valor do patrimônio do condenado e aquele que seja compatível com o seu rendimento lícito, segundo valoração do judiciário, portanto, independente de qualquer vínculo ou relação com o crime pelo qual fora condenado.

QUESTÃO 3

CESPE / CEBRASPE 2023 - MPE-AM - Promotor de Justiça Substituto

A respeito dos efeitos da condenação, assinale a opção correta.

a) A incapacidade para o exercício do poder familiar, da tutela ou da curatela é efeito da condenação por crimes dolosos ou culposos praticados contra filho, tutelado ou curatelado, sancionados com pena de reclusão.

b) O confisco consiste na perda de qualquer dos produtos, proveitos e instrumentos do crime e configura efeito extrapenal genérico da condenação.

c) O confisco pode ser previsto como pena, e não apenas como efeito da condenação.

d) O confisco depende de previsão expressa na sentença penal condenatória.

e) A perda do cargo público constitui efeito extrapenal específico da condenação, sendo necessário o seu requerimento expresso na denúncia para sua aplicação na sentença condenatória.

QUESTÃO 4

FGV - 2023 - CGE-SC - Auditor do Estado - Direito - Tarde (Conhecimentos Específicos)

Arnaldo, servidor público estadual, foi condenado por um delito de furto na modalidade tentada, tendo sido condenado a uma pena de 9 (nove) meses de reclusão. De acordo com a dinâmica narrada na denúncia, Arnaldo foi flagrado no banheiro da academia de ginástica que frequenta tentando arrombar o cadeado de um armário, utilizando-se de um alicate, com o fim de subtrair o aparelho celular e a carteira de outro aluno da academia.

Com base nas informações do enunciado, são efeitos da condenação de Arnaldo

a) a perda do cargo público, em razão do tempo de pena aplicada.
b) a perda do cargo público, ante a violação de dever para com a administração pública.
c) a proibição de frequência à mesma academia de ginástica onde ocorreram os fatos.
d) a perda, em favor da União, dos instrumentos do crime.
e) tornar certa a obrigação de indenizar o dano causado pelo crime.

QUESTÃO 5

CESPE / CEBRASPE 2023 - PO-AL - Papiloscopista

Segundo dispositivo constitucional, nenhuma pena passará da pessoa do condenado, podendo a obrigação de reparar o dano e a decretação do perdimento de bens ser, nos termos da lei, estendidas aos sucessores e contra eles executadas, até o limite do valor do dano.

Certo ( ) Errado ( )

QUESTÃO 6

FUNDATEC - 2022 - AGERGS - Técnico Superior Advogado

No que concerne aos efeitos da condenação, conforme previsto no Código Penal, assinale a alternativa correta.

a) Na hipótese de condenação por infrações às quais a lei comine pena máxima superior a 4 (quatro) anos de reclusão, poderá ser decretada a perda, como produto ou proveito do crime, dos bens correspondentes à diferença entre o valor do patrimônio do condenado e aquele que seja compatível com o seu rendimento lícito.
b) Poderá ser decretada a perda de bens ou valores equivalentes ao produto ou proveito do crime, exceto quando estes não forem encontrados ou quando se localizarem no exterior.
c) Os instrumentos utilizados para a prática de crimes por organizações criminosas e milícias deverão ser declarados perdidos em favor do Estado ou do Município, dependendo da Justiça onde tramita a ação penal, ainda que não ponham em perigo a segurança das pessoas, a moral ou a ordem pública, nem ofereçam sério risco de ser utilizados para o cometimento de novos crimes.
d) Dentre os efeitos da condenação está a perda em favor da União, ressalvado o direito do lesado ou de terceiro de boa-fé, dos instrumentos do crime, desde que consistam em coisas cujo fabrico, alienação, uso, porte ou detenção constitua fato ilícito.

e) A inabilitação para dirigir veículo, quando utilizado como meio para a prática de crime doloso, é efeito automático da condenação.

QUESTÃO 7

FGV - 2022 - CGU - Auditor Federal de Finanças e Controle - Área Correição e Combate a Corrupção

Com o cometimento de um fato delituoso e a consequente sentença condenatória pela prática deste, existem implicações que a acompanham. São os chamados efeitos secundários, mediatos, reflexos, acessórios ou indiretos, subdividindo-se, ainda, em penais ou extrapenais.

Sobre o efeito específico da condenação consistente na perda do cargo, é correto afirmar que:

a) é indispensável que a infração seja praticada com abuso de poder ou violação de dever na atividade pública;

b) declarado reabilitado, o condenado poderá voltar ao cargo, função ou mandato exercido anteriormente;

c) a perda do cargo decorrente de sentença penal condenatória impede que o agente seja investido em nova função;

d) a perda da função abrange qualquer cargo, função ou atividade exercidos pelo condenado, ainda que distinto daquele em que praticou o abuso;

e) uma vez cumprido o prazo de reabilitação, mesmo sem o processo, o condenado poderá voltar ao cargo, função ou mandato exercido anteriormente.

QUESTÃO 8

FUNDATEC - 2022 - IPE Saúde - Analista de Gestão em Saúde - Direito

O Pacote Anticrime (Lei nº 13.964/2019) acrescentou o Art. 91-A ao Código Penal, que prevê, como efeito da condenação, a perda de bens correspondentes à diferença entre o valor do patrimônio do condenado e aquele que seja compatível com seu rendimento lícito. Tal perda tem lugar na hipótese de condenação por infrações às quais a lei comine pena máxima superior a:

a) 2 anos de detenção.

b) 3 anos de detenção.

c) 4 anos de reclusão.

d) 6 anos de reclusão.

e) 8 anos de reclusão.

QUESTÃO 9

CESPE / CEBRASPE 2021 - CODEVASF - Assessor Jurídico - Direito

Um dos efeitos da condenação é a possibilidade de decretação de perda, como produto ou proveito do crime, dos bens correspondentes à diferença entre o valor do patrimônio do condenado e aquele que seja compatível com o seu rendimento lícito, devendo o juiz declarar, na sentença condenatória, o valor da diferença apurada.

Certo ( ) Errado ( )

QUESTÃO 10

IDIB - 2020 - Prefeitura de Araguaína - TO - Procurador Municipal

Analise as afirmativas a seguir sobre os efeitos da condenação penal:

I. É efeito da condenação, entre outros, a perda, em favor da União, Estados e Municípios, do produto do crime ou de qualquer bem ou valor que constitua proveito auferido pelo agente com a prática do fato criminoso. II. É efeito genérico da condenação a perda de cargo, função pública ou mandato eletivo, salvo quando for aplicada pena privativa de liberdade por tempo inferior a 4 (quatro) anos. III. Nos crimes praticados com abuso de poder ou violação de dever para com a Administração Pública, a condenação penal não pode resultar na perda do cargo público quando for aplicada pena privativa de liberdade por tempo igual ou inferior a 2 (dois) anos.

É correto o que se afirma

a) apenas em I.

b) apenas em II.

c) apenas em III.

d) em nenhuma das afirmativas.

GABARITO

Questão 1	Letra "D"
Questão 2	Letra "D"
Questão 3	Letra "C"
Questão 4	Letra "E"
Questão 5	Assertiva "Errada"
Questão 6	Letra "D"
Questão 7	Letra "A"
Questão 8	Letra "D"
Questão 9	Assertiva "Correta"
Questão 10	Letra "D"

CAPÍTULO 16

Reabilitação criminal

16.1. Conceito e natureza jurídica

Disciplinada pelos arts. 93 a 95 do Código Penal, a reabilitação é **medida de política criminal**, que visa à **reintegração do sentenciado à sociedade**, a fim de que volte a gozar condicionalmente de alguns direitos que foram suspensos por ocasião da condenação, e de que tenha garantido o sigilo de seus antecedentes criminais.

De acordo com o item 83 da Exposição de Motivos da Nova Parte Geral do Código Penal:

> A reabilitação não tem, apenas, o efeito de assegurar o sigilo dos registros sobre o processo e a condenação do reabilitado, mas consiste, também, em declaração judicial de que o condenado cumpriu a pena imposta ou esta foi extinta, e de que, durante dois anos após o cumprimento ou extinção da pena, teve bem comportamento e ressarciu dano causado, ou não o fez porque não podia fazê-lo. Tal declaração judicial reabilita o condenado, significando que ele está em plenas condições de voltar ao convívio da sociedade, sem nenhuma restrição ao exercício de seus direitos.

Por conseguinte, a reabilitação tem duas finalidades:

- assegurar ao condenado o **sigilo dos registros** sobre o seu processo e condenação (CP, art. 93, *caput*);
- **suspender condicionalmente** alguns dos efeitos secundários específicos da condenação (CP, art. 93, parágrafo único).

IMPORTANTE

Como bem destaca o item 82 da Exposição de Motivos, "a reabilitação não é causa extintiva da punibilidade e, por isso, ao invés de estar disciplinada naquele Título, como no Código vigente, ganhou Capítulo próprio, no Título V. Trata-se de instituto que não extingue, mas tão-somente **suspende alguns efeitos penais**

da sentença condenatória, visto que a qualquer tempo, revogada a reabilitação, se restabelece o *status quo ante*. Diferentemente, as causas extintivas da punibilidade operam efeitos irrevogáveis, fazendo cessar definitivamente a pretensão punitiva ou a executória". (grifamos)

16.2. Sigilo dos registros sobre o processo e condenação

Como visto anteriormente, uma das finalidades da reabilitação é a garantia ao sentenciado de sigilo dos registros sobre o seu processo e condenação (CP, art. 93, *caput*).

Há debate acerca da utilidade do sigilo decorrente da reabilitação, posto que o art. 202 da Lei de Execução Penal instituiu benefício semelhante:

> Art. 202. Cumprida ou extinta a pena, não constarão da folha corrida, atestados ou certidões fornecidas por autoridade policial ou por auxiliares da Justiça, qualquer notícia ou referência à condenação, salvo para instruir processo pela prática de nova infração penal ou outros casos expressos em lei.

Na visão da primeira corrente doutrinária: "o sigilo assegurado pela reabilitação é **mais amplo**, pois as informações por ele cobertas somente podem ser obtidas por requisição (ordem), não de qualquer integrante do Poder Judiciário, mas **exclusivamente do juiz criminal.** É o que se extrai do art. 748 do Código de Processo Penal"[1].

Entretanto, parcela da doutrina sustenta que:

> A Lei de Execução Penal é lei mais recente, disciplinando exatamente o mesmo assunto, motivo pelo qual, nesse prisma, revogou o disposto no Código de Processo Penal. Portanto, reabilitado ou não, os dados constantes da folha de antecedentes do condenado serão exibidos sempre que houver requisição judicial ou para outros fins previstos em lei. Demonstre-se o nosso ponto de vista pela realidade. Não há interesse algum por parte de condenados de requerer a sua reabilitação, pois não veem vantagem alguma nisso, até porque os concursos públicos e demais órgãos do Estado, quando autorizados por lei, continuam, normalmente, a requisitar certidões de inteiro teor a respeito dos antecedentes do sentenciado, o que é perfeitamente viável[2].

16.3. Suspensão condicional de efeitos secundários específicos da condenação

Na dicção do Código Penal, e, conforme já estudamos, são efeitos secundários específicos da condenação aqueles que repercutem na esfera jurídica **extrapenal** do sentenciado:

---

1. MASSON, Cleber. **Direito Penal Esquematizado: Parte Geral**, v. 1. 10 ed. São Paulo: Método, 2016, p. 927.
2. NUCCI, Guilherme de Souza. **Curso de Direito Penal**. v. 1. Rio de Janeiro: Forense. 2017, p. 1037.

> Art. 92 – São também efeitos da condenação:
>
> I – a perda de cargo, função pública ou mandato eletivo:
>
> a) quando aplicada pena privativa de liberdade por tempo igual ou superior a um ano, nos crimes praticados com abuso de poder ou violação de dever para com a Administração Pública;
>
> b) quando for aplicada pena privativa de liberdade por tempo superior a 4 (quatro) anos nos demais casos.
>
> II – a incapacidade para o exercício do poder familiar, da tutela ou da curatela nos crimes dolosos sujeitos à pena de reclusão cometidos contra outrem igualmente titular do mesmo poder familiar, contra filho, filha ou outro descendente ou contra tutelado ou curatelado;
>
> III – a inabilitação para dirigir veículo, quando utilizado como meio para a prática de crime doloso.
>
> Parágrafo único - Os efeitos de que trata este artigo não são automáticos, devendo ser motivadamente declarados na sentença.

Embora a reabilitação vise a permitir que o sentenciado volte a fruir de seus direitos, a suspensão dos efeitos secundários específicos da condenação encontra **limitação** no art. 93, parágrafo único do Código Penal. O referido dispositivo estatui que é **vedada a restabelecimento da situação anterior nas hipóteses abarcadas pelos incisos I** (perda de cargo, função pública ou mandato eletivo) **e II** (incapacidade para o exercício do poder familiar, da tutela ou da curatela). Nessas hipóteses, ocorre somente a **reabilitação parcial**.

Exemplificando: "A", que exercia o cargo de fiscal de tributos na prefeitura de seu município, foi condenado pelo crime de corrupção passiva, e na sentença condenatória o magistrado determinou a perda de seu cargo. Após a reabilitação, "A" não poderá retornar ao cargo que exercia, pois há vedação expressa nesse sentido. Todavia, poderá integrar novamente os quadros da Administração Pública desde que haja nova investidura.

Quanto à incapacidade para o exercício do poder familiar, a doutrina posiciona-se no sentido de que:

> Os efeitos da condenação decorrentes de um crime doloso, punido com reclusão, cometido contra filho, tutelado ou curatelado podem ser estendidos às demais pessoas que se encontram em igual situação jurídica. Com a reabilitação, o condenado pode voltar a exercer o poder familiar, a tutela ou a curatela em relação àqueles que não foram vítimas do delito doloso punido com reclusão, pois em relação ao ofendido, a incapacidade é permanente, conforme determina o art. 93, parágrafo único, do Código Penal[3].

No tocante à inabilitação para dirigir veículo, o instituto opera de maneira integral, posto que, após a reabilitação, não haverá impedimentos para que o agente obtenha nova carteira de habilitação para dirigir.

---

3. MASSON, Cleber. **Direito Penal Esquematizado – Parte Geral**, v. 1. 10 ed. São Paulo: Método, 2016, p. 928.

▸ ATENÇÃO

A reabilitação **não suspende os efeitos penais da condenação**. Por conseguinte, não se impede a configuração da reincidência caso o agente cometa um novo delito no futuro.

16.4. Procedimentos e requisitos

Ao pleitear a reabilitação, o sentenciado deve comprovar o cumprimento **de quatro requisitos cumulativos**, conforme disposto no art. 94 do Código Penal:

a) decurso do **prazo de 2 (dois) anos** do dia em que for extinta, de qualquer modo, a pena ou terminar sua execução, computando-se o período de prova da suspensão e o do livramento condicional, se não sobrevier revogação. Ressalte-se que o prazo é o mesmo, seja o sentenciado primário ou reincidente;

b) **manutenção de domicílio no País** durante o prazo acima referido;

c) demonstração efetiva e constante de **bom comportamento público e privado**;

d) **ressarcimento o dano causado** pelo crime ou demonstração de absoluta impossibilidade de o fazer, até o dia do pedido, ou exiba documento que comprove a renúncia da vítima ou novação da dívida.

A legitimidade para pleitear a reabilitação é **exclusiva do sentenciado**, e não é passível de transferência aos seus sucessores, mesmo na hipótese de falecimento do agente. O pedido de reabilitação deve ser **endereçado ao juízo da condenação** (art. 743, CPP), e, nos termos do art. 744 do Código de Processo Penal, deverá ser instruído com:

- certidões comprobatórias de não ter o requerente respondido, nem estar respondendo a processo penal, em qualquer das comarcas em que houver residido durante o prazo a que se refere o artigo anterior;
- atestados de autoridades policiais ou outros documentos que comprovem ter residido nas comarcas indicadas e mantido, efetivamente, bom comportamento;
- atestados de bom comportamento fornecidos por pessoas a cujo serviço tenha estado;
- quaisquer outros documentos que sirvam como prova de sua regeneração;
- prova de haver ressarcido o dano causado pelo crime ou persistir a impossibilidade de fazê-lo.

Antes da decisão, o magistrado deverá ouvir o Ministério Público (art. 745, CPP). Ainda, de acordo com o art. 94, parágrafo único, do Código Penal, se o pleito de reabilitação for negado, poderá ser requerido novamente, a qualquer tempo, desde que o pedido seja instruído com novos elementos comprobatórios dos requisitos necessários.

▸ **IMPORTANTE**

O ordenamento jurídico brasileiro **não autoriza a "reabilitação em porções"**. De acordo com a doutrina, "ela ocorreria caso o sentenciado fosse, aos poucos, se reabilitando após o cumprimento ou a extinção de cada uma de suas várias penas, o que é inadmissível. Deve, primeiro, cumprir todas as penas e somente depois pedir a reabilitação"[4].

16.5. Revogação

Dispõe o art. 95 do Código Penal que "a reabilitação será revogada, de ofício ou a requerimento do Ministério Público, se o reabilitado for **condenado, como reincidente**, por decisão definitiva, a pena que não seja de multa".

QUESTÕES

QUESTÃO 1

CESPE / CEBRASPE 2023 - TJ-SC - Titular de Serviços de Notas e de Registros - Remoção

A respeito dos efeitos da condenação e da reabilitação previstos no CP, assinale a opção correta.

a) O autor do delito terá direito à reabilitação apenas após cinco anos do cumprimento da pena ou da extinção da punibilidade por qualquer motivo.
b) Os efeitos secundários da condenação são afetados pela concessão do indulto.
c) Consoante entendimento do STJ, o direito ao esquecimento é inaplicável na seara criminal.
d) A interdição temporária de direitos inclui-se no rol dos efeitos secundários da condenação elencados no CP.
e) Segundo a jurisprudência do STF, para o reconhecimento de maus antecedentes, não se aplica o prazo quinquenal de prescrição da reincidência.

4. NUCCI, Guilherme de Souza. **Curso de Direito Penal**. v. 1. Rio de Janeiro: Forense. 2017, p. 1037.

QUESTÃO 2

FGV - 2023 - TJ-MS - Juiz Substituto

Marx foi condenado à pena de reclusão de quatro anos pela prática de corrupção passiva, bem como foi decretada a perda de seu cargo público. Sua pena foi extinta em outubro de 2020. Em seguida, Marx se mudou para a Áustria, local de residência de seus pais. Em novembro de 2022, retornou ao Brasil com a pretensão de realizar novo concurso público, o que o motivou a requerer a sua reabilitação. Diante desses fatos, é correto afirmar que:

a) a reabilitação poderá, também, atingir os efeitos da condenação relativos à perda do cargo público, sendo possível a reintegração de Marx na situação anterior;
b) a reabilitação deverá ser indeferida, uma vez que para ser requerida é necessário o decurso de cinco anos do dia em que foi extinta a pena, o que não ocorreu;
c) o fato de Marx ter se mudado para a Áustria o impede de ter a reabilitação deferida em novembro de 2022, em razão da ausência de domicílio no Brasil;
d) poderá haver deferimento da reabilitação na hipótese de Marx ter ressarcido o dano causado pelo crime e desde que tenha dado, durante o período de dois anos, demonstração efetiva e constante de bom comportamento público e privado;
e) a reabilitação eventualmente deferida poderá ser revogada caso Marx seja condenado, por decisão definitiva, à pena privativa de liberdade ou de multa.

QUESTÃO 3

VUNESP - 2023 - TJ-SP - Juiz Substituto

Quais são os efeitos da reabilitação e condições para seu requerimento?

a) Sigilo dos registros do processo e condenação, devendo ser requerida no prazo de 2 (dois) anos da extinção da pena, acarretando a reintegração do condenado ao cargo, função pública ou mandato eletivo.
b) Sigilo dos registros do processo e condenação, sem interferência no prazo de 02 (dois) anos do dia que julgada extinta, por sentença, a pena imposta.
c) Sigilo dos registros do processo e da condenação, devendo ser requerida no prazo de 02 (dois) anos da data da extinção ou cumprimento da pena, sob pena de preclusão.
d) Sigilo dos registros do processo e condenação, e decurso do prazo de 02 (dois) anos do dia em que extinta ou cumprida a pena.

QUESTÃO 4

MPE-SP - 2022 - MPE-SP - Promotor de Justiça Substituto

Com a reforma de 1984 do Código Penal, a reabilitação passou a ser considerada medida jurídica de política criminal, que visa à reinserção social do condenado. Em relação a esse instituto, é incorreto afirmar:

a) a reabilitação não exclui a possibilidade de o réu ser considerado reincidente caso venha a cometer novo delito, já que a concessão dessa medida não extingue a condenação anterior.

b) negada a reabilitação, esta poderá ser novamente requerida no prazo de 02 (dois) anos, cujo pedido deve estar instruído com os elementos comprobatórios dos requisitos necessários.

c) a prescrição da pretensão punitiva não permite a reabilitação, enquanto que a prescrição da pretensão executória autoriza sua aplicação.

d) a reabilitação pode atingir alguns efeitos extrapenais específicos da condenação como a perda de cargo, função pública ou mandato eletivo, vedada, porém, a reintegração ao estado anterior.

e) a reabilitação será revogada, de ofício ou a requerimento do Ministério Público, se o reabilitado for condenado, como reincidente, por decisão definitiva, à pena que não seja de multa.

QUESTÃO 5

MPM - 2021 - MPM - Promotor de Justiça Militar

Quanto à reabilitação, assinale a opção correta.

a) Deve ser proposta no juízo da condenação, decorridos 2 anos da data em que for extinta a pena principal ou terminar a sua execução, ou do prazo final do sursis ou do livramento condicional.

b) Decretada a reabilitação pelo juízo de 1º grau, o próprio magistrado deve promover recurso ex officio para a instância ad quem.

c) Concedida reabilitação por sentença irrecorrível, não caberá sua revogação, mesmo que o reabilitado seja condenado ao cumprimento de pena privativa de liberdade.

d) Indeferido o pedido de reabilitação, o condenado poderá renová-lo a qualquer tempo, independentemente dos motivos da decisão negativa.

GABARITO

Questão 1	Letra "E"
Questão 2	Letra "C"
Questão 3	Letra "D"
Questão 4	Letra "B"
Questão 5	Letra "B"

CAPÍTULO 17

Medida de segurança

17.1. Conceito e natureza jurídica

A medida de segurança é, para a doutrina majoritária, **espécie de sanção penal**, de caráter **preventivo** e **curativo**. Aplica-se aos agentes inimputáveis ou semi-imputáveis dotados de periculosidade que cometem fatos típicos e ilícitos, buscando, assim, evitar que esses indivíduos pratiquem novas infrações penais.

Apesar de ser uma espécie de sanção penal, posto que afeta diretamente a liberdade do indivíduo a ela submetido, não se confunde com a pena propriamente dita, como é possível observar no quadro esquemático a seguir:

DIFERENÇAS ENTRE MEDIDA DE SEGURANÇA E PENA		
Destinatários	A medida de segurança destina-se aos **inimputáveis** e **semi-imputáveis** dotados de **periculosidade**.	A pena destina-se aos agentes **imputáveis** ou **semi-imputáveis** não dotados de periculosidade.
Pressuposto	O pressuposto de aplicação da medida de segurança é a **periculosidade**.	O pressuposto de aplicação da pena é a **culpabilidade**.
Finalidade	**Preventiva**	**Preventiva e retributiva**
Prazo de duração	De acordo com o Código Penal, o prazo de duração da medida de segurança é **indeterminado**, embora haja discussões doutrinárias e jurisprudenciais acerca do tema.	Os prazos de duração das penas são **determinados** expressamente pelo ordenamento jurídico.

▸ **IMPORTANTE**

Considerando sua natureza jurídica, a medida de segurança é regida pelos princípios constitucionais da **legalidade** e da **anterioridade**, assim como as demais espécies de sanção penal.

17.2. Periculosidade

A periculosidade, **pressuposto de aplicação** da medida de segurança, consiste na elevada probabilidade de que um agente inimputável ou semi-imputável volte a praticar novas infrações penais.

Ao contrário do que ocorre com a culpabilidade, em que o magistrado realiza um **juízo diagnóstico (retrospectivo)**, analisando os elementos e circunstâncias passados, para decidir sobre a necessidade ou não da aplicação de pena, a apreciação da periculosidade demanda um **juízo prognóstico (prospectivo)**, ou seja, uma análise do futuro, com base na experiência comum, a fim de determinar o grau de probabilidade da reiteração delitiva.

Caracteriza-se a **periculosidade presumida** quando a lei, de modo expresso, reconhece a periculosidade do agente. Trata-se de **presunção legal absoluta** *(iuris et de iure)*, e não há margem de discricionariedade para o magistrado decidir em sentido contrário. Aplica-se aos inimputáveis por força do art. 26 do Código Penal, o qual dispõe: "É isento de pena o agente que, por doença mental ou desenvolvimento mental incompleto ou retardado, era, ao tempo da ação ou da omissão, inteiramente incapaz de entender o caráter ilícito do fato ou de determinar-se de acordo com esse entendimento."

A **periculosidade real**, por sua vez, é aquela cujo reconhecimento depende de sua constatação no caso concreto, por meio de **exame pericial** demonstrando que o agente sofre de perturbação da saúde mental ou desenvolvimento mental incompleto ou retardado, e que, caso não lhe seja aplicada medida de segurança, provavelmente tornará a delinquir. Nesta hipótese, não sendo comprovada a periculosidade do agente, o juiz deverá aplicar a pena, reduzida de um a dois terços, nos termos do art. 26, parágrafo único, do Código Penal.

Por fim, veja o que diz o STJ sobre a necessidade de prévia instauração de incidente de insanidade mental e exame médico-legal para o reconhecimento da inimputabilidade ou semi-imputabilidade:

> **O art. 149 do CPP, ao exigir que o acusado seja submetido a exame médico-legal, não contempla hipótese de prova legal ou tarifada. A despeito disso, a partir de uma interpretação sistemática das normais processuais penais que regem a matéria, deve-se concluir que o reconhecimento da inimputabilidade ou semi-imputabilidade do réu (art. 26, caput e parágrafo único do CP) depende da prévia instauração de incidente de insanidade mental e do respectivo exame médico-legal nele previsto. Vale ressaltar, por fim, que o**

magistrado poderá discordar das conclusões do laudo, desde que o faça por meio de decisão devidamente fundamentada.[1] (grifo nosso)

17.3. Aplicação da medida de segurança

A aplicação da medida de segurança depende da verificação de três requisitos:

- prática de fato típico e ilícito pelo agente;
- constatação da periculosidade do agente;
- ausência de causas extintivas da punibilidade.

Exemplificando: o magistrado não deverá aplicar a medida de segurança se não existirem elementos que comprovem a autoria e a materialidade do delito, ou se um inimputável houver causado lesões corporais graves em outrem enquanto agia sob o manto da legítima defesa. Igualmente, é incabível a aplicação de medida de segurança caso tenha se verificado a prescrição da pretensão punitiva em relação ao fato praticado. Na dicção do art. 96, parágrafo único, do Código Penal: "extinta a punibilidade, não se impõe medida de segurança nem subsiste a que tenha sido imposta".

Quando o agente é inimputável, **não há aplicação de pena**, pois sua periculosidade é presumida. Nesse caso, o magistrado deve absolvê-lo, nos termos do art. 386, VI, do Código de Processo Penal, aplicando-lhe uma medida de segurança, segundo o disposto no art. 386, parágrafo único, III, do mesmo diploma. Em virtude disso, a decisão que isenta o réu de pena, mas lhe impõe medida de segurança, é denominada **sentença absolutória imprópria.**

Tratando-se de agente semi-imputável, o juiz deverá verificar se há culpabilidade, ainda que reduzida. Em caso positivo, deverá aplicar a pena, **minorada de um a dois terços** (CP, art. 26, parágrafo único). Todavia, se constatar que o agente é dotado de periculosidade, situação que requer tratamento terapêutico, o magistrado deverá **substituir a pena por medida de segurança** (após a reforma de 1984 não se pode mais aplicar as duas sanções, é uma ou outra). Frise-se que, nesta hipótese, a sentença tem natureza **condenatória**.

▸ IMPORTANTE

De acordo com a antiga redação do Código Penal, antes da reforma na Parte Geral operada pela Lei nº 7.209/1984, prevalecia o **sistema duplo binário, de dupla via ou duplo trilho**. Nesse sistema, havia a possibilidade de submeter o semi-imputável à pena e, demonstrada a persistência da periculosidade ao fim de seu cumprimento, sujeitá-lo à medida de segurança. Após a reforma, o Código Penal passou a adotar o **sistema vicariante ou unitário**, pois o magistrado deverá

1. STJ, 6ª Turma. REsp 1.802.845/RS, Rel. Min. Sebastião Reis Júnior, julgado em 23/06/2020 (Info 675).

impor ao semi-imputável a pena reduzida de um a dois terços ou a medida de segurança, a depender do que seja mais apropriado ao caso, **mas nunca cumular as duas medidas.**

17.4. Espécies de medidas de segurança

O art. 96 do Código Penal enuncia as espécies de medidas de segurança admitidas pelo ordenamento jurídico brasileiro. São elas:

a) **Medida de segurança detentiva (internação):** consiste na **internação em hospital de custódia e tratamento psiquiátrico** ou, à falta, em outro estabelecimento adequado (art. 96, I, CP);

b) **Medida de segurança restritiva (tratamento ambulatorial):** implica na sujeição a **tratamento ambulatorial** (art. 96, II, CP).

O critério para definição de qual espécie de medida deve ser imposta encontra-se delineado no art. 97 do Código Penal. De acordo com o dispositivo, se o agente for inimputável e o crime for apenado com reclusão, o juiz determinará sua internação. Se, todavia, o fato previsto como crime for punível com detenção, poderá o juiz submetê-lo a tratamento ambulatorial.

Esquematizando:

O critério definido pelo Código Penal sofre muitas críticas da doutrina. Aqueles que rechaçam a regra estabelecida no art. 97 do Código Penal sustentam que:

> Esse preceito é nitidamente injusto, pois padroniza a aplicação da sanção penal e não resolve o drama de muitos doentes mentais que poderiam ter suas internações evitadas. Imagine-se que o inimputável autor de uma tentativa de homicídio, com lesões leves para a vítima. Se possuir família para abrigá-lo e ampará-lo, fornecendo-lhe todo o suporte para a recuperação, por que interná-lo? Seria mais propícia a aplicação do tratamento ambulatorial. Melhor, nesse sentido, a Lei de Drogas, prevendo a internação somente quando o caso concreto o exigir. Os tribunais brasileiros perceberam essa distorção e têm autorizado o tratamento ambulatorial, mesmo aos autores de infrações punidas com reclusão, desde que o laudo médico assim recomende[2].

2. NUCCI, Guilherme de Souza. **Curso de Direito Penal.** v. 1. Rio de Janeiro: Forense. 2017, p. 1046.

Compactuando com esse entendimento, a Re**solução nº 113 do Conselho Nacional de Justiça** dispõe que o juiz competente para a execução da medida de segurança, sempre que possível buscará implementar políticas antimanicomiais, conforme sistemática da Lei nº 10.216, de 06 de abril de 2001.

O STJ encampou a tese doutrinária e fixou a seguinte tese:

> À luz dos princípios da adequação, da razoabilidade e da proporcionalidade, na fixação da espécie de medida de segurança a ser aplicada **não deve ser considerada a natureza da pena privativa de liberdade aplicável, mas sim a periculosidade do agente, cabendo ao julgador a faculdade de optar pelo tratamento que melhor se adapte ao inimputável.**
>
> Desse modo, mesmo em se tratando de delito punível com reclusão, é facultado ao magistrado a escolha do tratamento mais adequado ao inimputável.[3] (grifo nosso)

Ademais, nos moldes do art. 184 da Lei de Execução Penal, a **qualquer tempo**, o tratamento ambulatorial poderá ser c**onvertido em internação se o agente revelar incompatibilidade com a medida**. Nesta hipótese, o prazo mínimo de internação será de 1 (um) ano. Tal medida não é uma forma de "regressão", pois é determinada com finalidade exclusivamente terapêutica.

DETENTIVA (Internação)	RESTRITIVA (Tratamento Ambulatorial)
Consiste na internação do agente em um **hospital de custódia e tratamento psiquiátrico**. **Obs**.: se não houver hospital de custódia, a internação deverá ocorrer em outro estabelecimento adequado.	Consiste na determinação de que o agente se sujeite a **tratamento ambulatorial**.
É chamada de detentiva porque representa uma **forma de privação da liberdade** do agente.	O agente permanece livre, mas tem **uma restrição em seu direito**, qual seja, a obrigação de se submeter a tratamento ambulatorial.

▸ CURIOSIDADE

Noticiou-se nas páginas informativas que, até maio 2024, todos os manicômios judiciários do Brasil serão desativados, conforme a Resolução nº 487/2023 do Conselho Nacional de Justiça (CNJ). Pessoas com transtornos mentais que cometeram crimes devem ser tratadas nas instalações do Sistema Único de Saúde (SUS), com o apoio da família. Com a decisão do CNJ, hospitais custódia como o de Franco da Rocha devem fechar e, pacientes com transtornos mentais, que

3. STJ, 3ª Seção. EREsp 998.128/MG, Rel. Min. Ribeiro Dantas, julgado em 27/11/2019 (Info 662).

cometeram crimes, vão cumprir a medida de segurança em hospitais gerais, CAPs, ou em outras unidades do SUS.[4]

17.5. Prazo da medida de segurança

O prazo mínimo da medida de segurança foi estabelecido pelo art. 97, § 1º, do Código Penal. Segundo o dispositivo: "A internação, ou tratamento ambulatorial, será por **tempo indeterminado**, perdurando enquanto não for averiguada, mediante perícia médica, a cessação de periculosidade. O **prazo mínimo** deverá ser de **1 (um) a 3 (três) anos**".

A leitura do dispositivo permite inferir que, embora o prazo mínimo seja fixado por lei, o prazo máximo poderá se estender indefinidamente, até que cesse a periculosidade. Nos termos do item 89 da Exposição de Motivos:

> Duas espécies de medida de segurança o Projeto: a detentiva e a restritiva. A detentiva consiste na internação em hospital de custódia e tratamento psiquiátrico, fixando-se o prazo mínimo de internação entre um e três anos. Esse prazo tornar-se-á indeterminado, perdurando a medida enquanto não for verificada a cessação da periculosidade por perícia médica. A perícia deve efetuar-se ao término do prazo mínimo prescrito e repetir-se anualmente.

Aqueles que defendem a indeterminação do prazo máximo da medida de segurança argumentam que se trata de procedimento terapêutico, que visa à cura e proteção do agente inimputável. Em virtude do seu caráter benéfico, não se deve estabelecer um prazo máximo para a medida, sob pena de privar o agente do necessário tratamento.

Contudo, para a **corrente majoritária**, tal posicionamento não pode prosperar, pois a indefinida perduração da medida de segurança viola preceito constitucional insculpido no art. 5º, XLVII, "b", que veda as penas de caráter perpétuo. Esse posicionamento tem sido adotado pelos Tribunais Superiores.

O Supremo Tribunal Federal firmou entendimento de que o prazo máximo de duração da medida de segurança é o previsto no art. 75 do CP, ou seja, **quarenta anos**[5].

Na visão do Superior Tribunal de Justiça, o tempo de duração da medida de segurança não deve ultrapassar o **limite máximo da pena abstratamente cominada**

---

4. G1. **Precariedade e ambiente insalubre: os relatos dos envolvidos no processo de fechamento dos manicômios judiciário**s. Publicado em 06 set. 2023. Disponível em: https://g1.globo.com/profissao-reporter/noticia/2023/09/06/precariedade-e-ambiente-insalubre-os-relatos-dos-envolvidos-no-processo-de-fechamento-dos-manicomios-judiciarios.ghtml. Acesso em: 15 fev. 2024.
5. STF, 1ª Turma. HC 107432, Relator Min. Ricardo Lewandowski, 24/05/2011; STF, 1ª Turma. HC 84.219/SP, Relator Min. Marco Aurélio, j. em 16/06/2005.

ao delito praticado. Tal entendimento foi cristalizado na **Súmula nº 527**. A Corte da Cidadania privilegiou o princípio da isonomia, a fim de que seja dispensado o mesmo tratamento a imputáveis e inimputáveis, posto que prolongar o prazo da medida de segurança indefinidamente, e até mesmo limitá-la ao período de 30 (trinta) anos, implica, de modo geral, em tratamento mais gravoso ao indivíduo dotado de periculosidade.

PRAZO MEDIDA DE SEGURANÇA	
STF (HC 107.432)	**STJ (Súmula 527)**
Entende que o limite máximo de medida de segurança será o previsto no artigo 75 do CP (40 anos).	Entende que o limite máximo da Medida de Segurança não poderá ultrapassar o máximo da pena em abstrato do crime do qual o agente foi condenado.

17.6. Execução da medida de segurança

A execução da medida de segurança é regulada pelo Título VI da Lei de Execução Penal. Transitada em julgado a sentença que aplicar medida de segurança, será ordenada **a expedição de guia para a execução**, que é imprescindível, pois ninguém poderá ser internado em Hospital de Custódia e Tratamento Psiquiátrico, ou submetido a tratamento ambulatorial, para cumprimento de medida de segurança, sem a referida guia (LEP, arts. 171 e 172). Ao Ministério Público será dada ciência da guia de recolhimento e de sujeição a tratamento (LEP, art. 173, § 1º).

▸ JURISPRUDÊNCIA

A serventia judicial tem o dever de elaborar e fornecer à Defensoria Pública, na proteção das pessoas com deficiência, relatórios dos processos em que há medida de segurança sendo aplicada.[6]

Nos termos do art. 174, a realização de **exame criminológico é obrigatória** quando se tratar de **medida de segurança detentiva**. No caso do tratamento ambulatorial, o **exame criminológico é facultativo**, à semelhança do que ocorre com os condenados à pena em regime semiaberto.

6. STJ, 2ª Turma. RMS 48922-SP, Rel. Min. Og Fernandes, julgado em 19/10/2021 (Info 714).

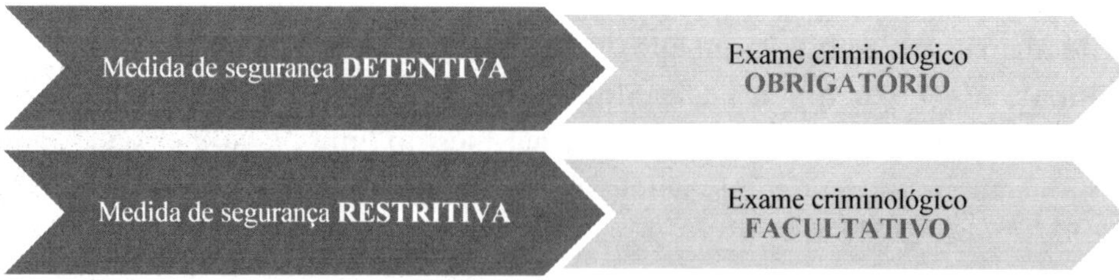

O art. 175 da LEP dispõe que a cessação da periculosidade será averiguada no fim do prazo mínimo de duração da medida de segurança, pelo exame das condições pessoais do agente, observando-se o seguinte:

> I – a autoridade administrativa, até 1 (um) mês antes de expirar o prazo de duração mínima da medida, remeterá ao Juiz minucioso relatório que o habilite a resolver sobre a revogação ou permanência da medida;
>
> II – o relatório será instruído com o laudo psiquiátrico;
>
> III – juntado aos autos o relatório ou realizadas as diligências, serão ouvidos, sucessivamente, o Ministério Público e o curador ou defensor, no prazo de 3 (três) dias para cada um;
>
> IV – o Juiz nomeará curador ou defensor para o agente que não o tiver;
>
> V – o Juiz, de ofício ou a requerimento de qualquer das partes, poderá determinar novas diligências, ainda que expirado o prazo de duração mínima da medida de segurança;
>
> VI – ouvidas as partes ou realizadas as diligências a que se refere o inciso anterior, o Juiz proferirá a sua decisão, no prazo de 5 (cinco) dias.

Em qualquer tempo, ainda no decorrer do prazo mínimo de duração da medida de segurança, poderá o Juiz da execução, diante de requerimento fundamentado do Ministério Público ou do interessado, seu procurador ou defensor, ordenar o exame para que se verifique a **cessação da periculosidade**, seguindo o procedimento estabelecido no art. 175 (LEP, art. 176).

Sendo constatada a cessação da periculosidade, o magistrado deverá determinar a **desinternação**, caso o agente esteja submetido à medida de segurança detentiva, ou de liberação, tratando-se de medida restritiva. De acordo com a doutrina, para atacar a decisão que suspende a execução da medida de segurança cabe **agravo em execução com efeito suspensivo**[7]. A ordem para desinternação ou liberação somente será expedida pelo juiz após o trânsito em julgado da sentença (LEP, art. 179).

7. MASSON, Cleber. **Direito Penal Esquematizado – Parte Geral**, v. 1. 10 ed. São Paulo: Método, 2016, p. 944.

A suspensão da execução da medida de segurança é **condicional**, e ao determinar a desinternação ou liberação do agente, o magistrado deve submetê-lo às **mesmas condições do livramento condicional** (LEP, art. 178).

É importante frisar que as condições do livramento condicional, previstas no art. 132 da Lei de Execução Penal, também aplicáveis ao egresso da medida de segurança, dividem-se da seguinte forma:

CONDIÇÕES DO LIVRAMENTO CONDICIONAL (aplicáveis ao egresso da medida de segurança)	
Obrigatórias (art. 132, § 1º, LEP)	**Facultativas (art. 132, § 2º, LEP)**
a) obter ocupação lícita, dentro de prazo razoável se for apto para o trabalho; b) comunicar periodicamente ao Juiz sua ocupação; c) não mudar do território da comarca do Juízo da execução, sem prévia autorização deste.	a) não mudar de residência sem comunicação ao Juiz e à autoridade incumbida da observação cautelar e de proteção; b) recolher-se à habitação em hora fixada; c) não frequentar determinados lugares.

O art. 97, § 3º, do Código Penal estatui que a desinternação, ou a liberação, será sempre condicional devendo ser restabelecida a situação anterior se o agente, antes do decurso de **1 (um) ano**, pratica **fato indicativo de persistência de sua periculosidade**. Observe que o texto legal autoriza a revogação do benefício com a mera prática de "*fato indicativo da manutenção de sua periculosidade,* e não necessariamente *fato criminoso*". Portanto, é possível que a **revogação tenha por fundamento um indiferente penal**, desde que praticado no lapso temporal de um ano após a concessão da suspensão, e revele a manutenção da periculosidade do agente.

▸ IMPORTANTE

Embora não prevista expressamente na Lei de Execução Penal, a jurisprudência tem admitido a denominada **desinternação progressiva**. Essa é a medida aplicável quando o magistrado constata que o grau de periculosidade do internado diminuiu, mas ainda não cessou. Assim, verificando que a medida detentiva deixou de ser adequada, converte a internação em tratamento ambulatorial. Tal procedimento é extremamente positivo, pois promove o princípio da individualização das penas ao garantir a progressividade da medida de segurança aos inimputáveis.

17.7. Medida de segurança provisória

A redação original do Código Penal admitia a aplicação provisória das medidas de segurança durante o curso do processo, determinando que o tempo de aplicação provisória fosse computado no prazo mínimo de duração da medida definitivamente aplicada. Todavia, com a edição da Lei de Execução Penal, tal possibilidade foi removida de nosso ordenamento jurídico.

Posteriormente, a Lei nº 12.403/2011 alterou o Código de Processo Penal, o qual passou a admitir em seu art. 319, inciso VII, a **internação provisória** como **medida cautelar pessoal diversa da prisão**, sempre que presentes os seguintes requisitos **cumulativos**:

- Crime praticado com **violência ou grave ameaça**;
- Constatação, por meio de **perícia**, da inimputabilidade ou semi-imputabilidade do agente, a qual deverá demonstrar a necessidade da medida;
- Demonstração da existência de **risco de reiteração** da conduta.

17.8. Conversão da pena em medida de segurança

Quando, no curso da execução da pena privativa de liberdade, sobrevier doença mental ou perturbação da saúde mental de natureza permanente, o Juiz, de ofício, a requerimento do Ministério Público, da Defensoria Pública ou da autoridade administrativa, poderá determinar a substituição da pena por medida de segurança (LEP, art. 183).

▸ IMPORTANTE

De acordo com o entendimento do Superior Tribunal de Justiça, "em se tratando de medida de segurança aplicada em substituição à pena corporal, prevista no art. 183 da Lei de Execução Penal, sua duração está adstrita ao tempo que resta para o cumprimento da pena privativa de liberdade estabelecida na sentença condenatória, sob pena de ofensa à coisa julgada"[8].

Caso a doença ou perturbação mental seja temporária, o condenado deve ser recolhido a hospital de custódia e tratamento psiquiátrico ou, à falta, a outro estabelecimento adequado, nos termos do art. 41 do Código Penal. Uma vez recuperado, retomará o cumprimento da pena, considerando-se o tempo passado em tratamento como pena cumprida.

8. STJ, 6ª Turma. HC 130.162/SP, Relatora Min. Maria Thereza de Assis Moura, j. em 02/08/2012.

QUESTÕES

QUESTÃO 1

CESPE / CEBRASPE 2023 - PC-AL - Delegado de Polícia Civil

No que diz respeito ao direito penal, julgue o item a seguir.

A liberação do preso internado em hospital de custódia será sempre condicional, devendo ser restabelecida a situação anterior se o agente, antes do decurso de um ano, praticar fato indicativo de persistência de sua periculosidade.

Certo ( ) Errado ( )

QUESTÃO 2

FGV - 2023 - TJ-PR - Juiz Substituto

Em ação penal na qual Bianca responde pelo crime de furto, cujas penas cominadas são de reclusão, de 1 a 4 anos, e multa, consta dos autos laudo de exame de sanidade mental da ré, o qual conclui que, ao tempo do crime, ela, por perturbação da saúde mental, não possuía capacidade plena de autodeterminação, necessitando de tratamento curativo.

Diante do caso narrado, à luz da jurisprudência do Superior Tribunal de Justiça sobre o tema, o juiz deverá:

a) condenar a ré, reduzindo a pena de reclusão, mas não a de multa, de um a dois terços;
b) absolver a ré, aplicando medida de segurança de internação em hospital de custódia e tratamento psiquiátrico;
c) condenar a ré, substituindo a pena de reclusão por medida de segurança de internação em hospital de custódia e tratamento psiquiátrico;
d) absolver a ré, aplicando medida de segurança de internação em hospital de custódia e tratamento psiquiátrico ou de submissão a tratamento ambulatorial;
e) condenar a ré, substituindo a pena de reclusão por medida de segurança de internação em hospital de custódia e tratamento psiquiátrico ou de submissão a tratamento ambulatorial.

QUESTÃO 3

CESPE / CEBRASPE 2023 - TJ-ES - Analista Judiciário - Especialidade: Direito

Com relação ao momento inicial do processo de execução das penas privativas de liberdade e das medidas de segurança, julgue o item a seguir.

No caso de medida de segurança de internação, é dispensável o trânsito em julgado da sentença absolutória imprópria ou acórdão para a inclusão do paciente em Hospital de Custódia e Tratamento Psiquiátrico.

Certo ( ) Errado ( )

QUESTÃO 4

FUNDATEC - 2023 - SPGG - RS - Médico de Perícia e Análise (Psiquiatria)

Em uma avaliação de responsabilidade penal (também conhecida como exame de insanidade mental), caso o periciando seja considerado __________, ele poderá ter a redução de sua pena, ou a mesma transformada em __________.

Assinale a alternativa que preenche, correta e respectivamente, as lacunas do trecho acima.

a) inimputável – medida de segurança
b) semi-imputável – internação compulsória
c) imputável – medida de segurança
d) semi-imputável – medida de segurança
e) inimputável – internação compulsória

QUESTÃO 5

FCC - 2022 - DPE-CE - Defensor(a) Público(a) de Entrância Inicial (adaptada)

Sobre a Lei antimanicomial e as medidas de segurança:

Não é possível a determinação de tratamento ambulatorial ao inimputável acusado de fato punível com reclusão, devendo, nesse caso, ser considerada a natureza da pena privativa de liberdade aplicável e não a periculosidade do agente, conforme orientação do Superior Tribunal de Justiça.

Certo ( ) Errado ( )

QUESTÃO 6

INSTITUTO AOCP - 2022 - Governo do Distrito Federal - Policial Penal

A medida de segurança tem prazo mínimo de um a três anos, devendo ser fixado pelo juiz no momento da sentença.

Certo ( ) Errado ( )

QUESTÃO 7

CESPE / CEBRASPE 2022 - DPE-SE - Defensor Público

Considerando o sistema vicariante ou dualista adotado pelo ordenamento jurídico brasileiro, assinale a opção correta a respeito da execução das medidas de segurança.

a) O cumprimento dessas medidas impõe a existência de sentença penal condenatória com trânsito em julgado.

b) Na medida de segurança, assim como na pena privativa de liberdade, é cabível a aplicação da detração penal.

c) Nenhuma medida de segurança pode ter duração maior que 30 anos.

d) A incidência de causa extintiva de punibilidade não impede a execução de medida de segurança.

e) É cabível a aplicação das medidas de segurança em caráter provisório.

QUESTÃO 8

CESPE / CEBRASPE 2022 - DPE-PI - Defensor Público

Acerca das medidas de segurança, assinale a opção correta.

a) É permitida, ante a ausência de vaga em hospital de custódia, a permanência em ala separada de estabelecimento prisional, de forma isolada, de inimputável submetido à medida de segurança de internação se submetido a tratamento médico.

b) À luz dos princípios da adequação, da razoabilidade e da proporcionalidade, mesmo nos casos de delitos sujeitos à pena de reclusão praticados por pessoas inimputáveis, o magistrado tem a faculdade de determinar tratamento ambulatorial, se considerá-lo mais adequado.

c) Segundo jurisprudência do STF, o tempo de duração da medida de segurança não deve ultrapassar o limite máximo da pena abstratamente cominada ao delito praticado.

d) Como as medidas de segurança têm natureza diversa das penas não podem ser objeto de indulto ou comutação, consoante a própria dicção da regra constitucional.

e) Na hipótese de conversão do tratamento ambulatorial em internação motivada pela incompatibilidade do agente com a medida, o prazo mínimo de internação será de três anos.

QUESTÃO 9

CESPE / CEBRASPE 2022 - MPE-TO - Promotor de Justiça Substituto (adaptada)

A jurisprudência sumulada do STJ prevê que o prazo máximo de cumprimento da medida de segurança é o estabelecido na Lei de Execução Penal (ou seja, 40 anos), mesmo que não cessada a periculosidade, dada a vedação constitucional a penas perpétuas.

Certo ( ) Errado ( )

QUESTÃO 10

CESPE / CEBRASPE 2022 - DPE-RS - Defensor Público

João, sujeito muito conhecido e querido na comunidade onde vive, cometeu um delito apenado com reclusão. Realizada a perícia, o laudo apontou que João era inimputável ao tempo da ação e que apresentava baixa periculosidade. A instrução processual comprovou a autoria. O juiz o absolveu, de forma imprópria, aplicando-lhe uma medida de segurança, com prazo mínimo de internação de três anos.

A partir dessa situação hipotética, julgue o próximo item.

O juiz poderia ter corretamente aplicado a João a medida de tratamento ambulatorial, em razão da baixa periculosidade apontada no laudo pericial.

Certo ( ) Errado ( )

QUESTÃO 11

INSTITUTO AOCP - 2023 - MPE-RR - Promotor De Justiça Substituto

Assinale a alternativa correta a respeito da imputabilidade penal.

a) Foi adotado no Brasil, desde 1984, o sistema duplo binário para as medidas de segurança.

b) É possível a conversão da pena em medida de segurança na hipótese de superveniência de doença mental.

c) A inimputabilidade, de acordo com o Código Penal, pode se dar por doença mental, embriaguez fortuita e privação temporária dos sentidos.

d) A emoção e a paixão, além de não afastarem a imputabilidade penal do agente, configuram circunstâncias agravantes para o crime de homicídio.

GABARITO

Questão 1	Assertiva "Correta"
Questão 2	Letra "E"
Questão 3	Assertiva "Errada"
Questão 4	Letra "E"
Questão 5	Assertiva "Errada"
Questão 6	Assertiva "Correta"
Questão 7	Letra "B"
Questão 8	Letra "B"
Questão 9	Assertiva "Errada"
Questão 10	Assertiva "Correta"
Questão 11	Letra "B"

CAPÍTULO 18

Ação penal

Quando um crime é praticado, surge para o Estado o direito de punir, exercido por meio da ação penal. A doutrina conceitua ação penal como ato inicial de procedimento cognitivo, em que será concedido ao acusado o direito de defesa, o contraditório e a produção de provas, e alicerça-se no direito de postular ao Estado a aplicação de uma sanção em face da infringência a uma norma penal incriminadora[1].

A ação penal consiste em direito de **estatura constitucional**, conforme disposto no art. 5º, XXXV, da Constituição Federal: "a lei não excluirá da apreciação do Poder Judiciário lesão ou ameaça a direito". Sob outro prisma, também **resguarda os direitos do cidadão**, na medida em que assegura que "ninguém será privado da liberdade ou de seus bens sem o devido processo legal" (CF, art. 5º, LIV).

18.1. Condições da ação

O exercício regular do direito de ação depende do atendimento de algumas condições, que podem ser **gerais** ou **específicas**, sem as quais não é possível instaurar a relação processual pois, de acordo com o art. 395, II, do Código de Processo Penal, "a denúncia ou queixa será rejeitada quando faltar condição para o exercício da ação penal".

18.1.1. Condições gerais ou genéricas

As condições gerais devem estar presentes **em qualquer ação penal**, independentemente da infração penal praticada pelo agente. São elas:

- **Possibilidade jurídica do pedido:** o provimento jurisdicional almejado deve ter **amparo legal**. Por exemplo: o pedido de condenação penal pela prática de adultério é impossível, pois tal conduta é atípica;

---

1. AVENA, Norberto. **Processo Penal**. 10 ed. São Paulo: Método, 2018, p. 287.

- **Legitimidade *ad causam*:** a **legitimidade ativa** para a causa na ação penal pública é do Ministério Público. Nas ações privadas, a legitimidade ativa é do ofendido, seu representante legal ou sucessores;
- **Interesse processual:** a configuração do interesse processual depende de três elementos: **necessidade, adequação e utilidade** do provimento jurisdicional. A necessidade é inerente ao processo penal, visto que, segundo a Constituição Federal, ninguém será privado da liberdade ou de seus bens sem o devido processo legal (art. 5º, LIV). A adequação, por sua vez, consiste na coadunabilidade entre a pretensão do autor (por exemplo, condenação) e o meio utilizado para tanto (ação penal). Por fim, a utilidade está relacionada "com a efetividade do processo, de modo a ser possível afirmar que este, enquanto instrumento da jurisdição, deve apresentar, em juízo prévio e necessariamente anterior, um mínimo de viabilidade de satisfação futura da pretensão que informa o seu conteúdo"[2];
- **Justa causa:** é o **lastro probatório mínimo** que deve embasar a peça acusatória, indicando a autoria e materialidade do fato criminoso.

18.1.2. Condições específicas ou de procedibilidade

Aplicam-se somente a **determinadas ações penais**, a depender da infração penal praticada pelo agente. Exemplificando:

- a representação do ofendido ou requisição do Ministro da Justiça quando se tratar de ação penal pública condicionada (CPP, art. 24, *caput*);
- a entrada do agente em território nacional, em caso de crime praticado no exterior (CP, art. 7º, § 2º, "a");
- trânsito em julgado da sentença que, por motivo de erro ou impedimento, anule o casamento, no crime de induzimento a erro essencial e ocultação de impedimento (CP, art. 236, parágrafo único).

---

2. OLIVEIRA, Eugênio Pacelli de. **Curso de processo penal**. 18 ed. São Paulo: Atlas, 2014. p. 125.

18.2. Classificação das ações penais

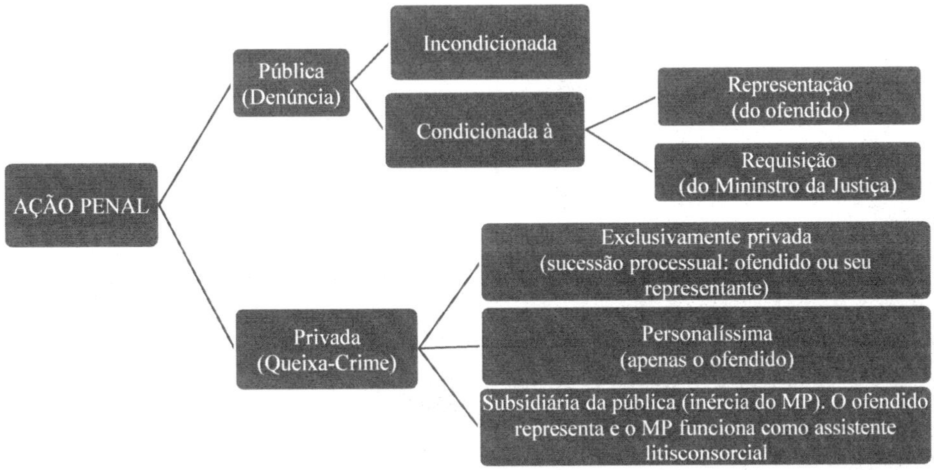

18.2.1. Ação penal pública

O art. 100, *caput*, do Código Penal enuncia que "a ação penal é pública, salvo quando a lei expressamente a declara privativa do ofendido". Isso significa que a **ação penal pública é a regra** em nosso ordenamento jurídico, e as exceções a essa regra geral devem ser fixadas expressamente pela lei.

Dentre as funções institucionais do Ministério Público, incumbe-lhe promover, privativamente, a ação penal pública, na forma da lei (CF, art. 129, I).

A ação penal pública pode ser **incondicionada** ou **condicionada**. De acordo com o art. 24, *caput*, do Código de Processo Penal, "nos crimes de ação pública, esta será promovida pelo Ministério Público, mas dependerá, quando a lei o exigir, de requisição do Ministro da Justiça, ou da representação do ofendido ou de quem tiver qualidade para representá-lo". O art. 100, § 1º, do Código Penal apresenta disposição de teor semelhante.

A ação penal pública deve observar uma série de **princípios**, dentre os quais destacamos:

- **Oficialidade:** a persecução penal é incumbência de **órgãos públicos oficiais**;
- **Obrigatoriedade:** o Ministério Público é obrigado a propor a ação penal caso estejam presentes todas as condições da ação. Esse princípio é mitigado pelo art. 76 da Lei nº 9.099/1995, que autoriza a transação penal nos crimes de menor potencial ofensivo;

- **Indisponibilidade:** o Ministério Público não pode desistir da ação penal já proposta (CPP, art. 42), nem do recurso interposto (CPP, art. 576). O art. 89 da Lei nº 9.099/1995 apresenta uma exceção a essa regra, admitindo que o órgão ministerial proponha a suspensão condicional do processo após o oferecimento da denúncia;
- **Indivisibilidade:** na propositura da ação penal, o Ministério Público deve denunciar todos os agentes envolvidos na prática do fato criminoso, sejam autores ou partícipes. Entretanto, a doutrina leciona que:

> Opção do promotor de justiça em não ajuizar, de plano, a ação penal contra todos os envolvidos, fazendo-o apenas em relação a um ou alguns deles, não acarreta qualquer tipo de preclusão quanto aos demais, mesmo porque são consolidadas, na doutrina e na jurisprudência, tanto a possibilidade de aditamento da denúncia a qualquer tempo (desde que antes da prescrição do crime, obviamente) para inclusão de coautor ou partícipe que não tenha integrado o polo passivo da relação processual, como a viabilidade de propositura de nova ação penal contra o corresponsável não incluído em processo já sentenciado[3].

- **Intranscendência:** a ação penal somente pode ser ajuizada **contra o autor ou partícipe** do fato criminoso, sendo vedada a inclusão de pessoas que não contribuíram com condutas penalmente relevantes no polo passivo. Este princípio decorre de garantia insculpida na Constituição Federal, o qual dispõe que nenhuma pena passará da pessoa do condenado (art. 5º, XLV).

18.2.1.1. Particularidades da ação penal pública condicionada

A ação pública pode ser condicionada à **representação do ofendido** ou **requisição do Ministro da Justiça** quando a lei expressamente exigir (CPP, art. 24 e CP, art. 100, § 1º). A exigência tem a finalidade de evitar inconvenientes políticos ou preservar a dignidade do ofendido do escândalo do processo (*strepitus judicii*).

▸ IMPORTANTE

Embora haja divergência doutrinária acerca da natureza jurídica da representação do ofendido e da requisição do Ministro da Justiça, o STF[4] firmou entendimento de que se trata de **condição de procedibilidade** da ação penal pública condicionada.

---

3. AVENA, Norberto. **Processo Penal**. 10 ed. São Paulo: Método, 2018, p. 306.
4. STF, 1ª Turma. HC 88.387/MT, Relator Min. Ricardo Lewandowski, j, em 10/10/06.

18.2.1.1.1. Representação do ofendido

A representação, também denominada *delatio criminis* **postulatória**, é a manifestação inequívoca de vontade do ofendido, prestando seu consentimento a fim de que o Estado deflagre a persecução penal contra o autor do fato criminoso.

Segundo entendimento pacífico da doutrina e da jurisprudência, a **representação não se submete a formalidades**, bastando que seja apresentada por escrito. Caso seja manifesta de maneira oral, deverá ser reduzida a termo. Além disso, a representação pode ser feita perante qualquer autoridade: delegado de polícia, membro do Ministério Público ou magistrado.

O direito de representação poderá ser exercido pessoalmente pela vítima ou por procurador com poderes especiais (CPP, art. 39). Caso o ofendido seja menor de 18 anos ou mentalmente enfermo, a legitimidade para a representação será de seu representante legal. Eventualmente, se os interesses do incapaz estiverem em conflito com os de seu representante, o juiz deverá nomear um curador, a fim de que este, entendendo ser conveniente, ofereça a representação.

No caso de morte do ofendido ou quando declarado ausente por decisão judicial, o direito de representação passará ao cônjuge, ascendente, descendente ou irmão (CPP, art. 24, § 1º). Considerando a equiparação constitucional da união estável com o casamento, o direito de representação também poderá ser exercido pelo companheiro.

O prazo para exercício do direito de representação é de **seis meses**, contado a partir do dia em que o ofendido ou seu representante legal veio a saber quem é o autor do crime (CP, art. 103).

Nos termos do art. 102 do Código Penal, a **representação será irretratável depois de oferecida a denúncia**, ainda que o juiz não a tenha recebido.

▶ JURISPRUDÊNCIA

O comparecimento perante a autoridade policial só pode ser considerado como representação quando é **espontâneo**, tal como ocorre nos casos em que a vítima registra ocorrência policial ou mesmo comparece espontaneamente ao Instituto Médico Legal para fins de submissão ao respectivo exame médico legal. Em tais cenários, está **implícita a vontade da vítima em dar início à persecução penal**. Por outro lado, o **comparecimento não pode ser considerado espontâneo** se a vítima vai até a Delegacia **por força de mandado de intimação** expedido pela autoridade policial.

Neste sentido, STJ: "O mero comparecimento da vítima em observância ao mandado de intimação expedido pela autoridade policial, sem que seja colhida a manifestação expressa do interesse de representar, não configura representação para fins penais."[5]

5. STJ, 6ª Turma. REsp 2.097.134-RJ, Rel. Min. Sebastião Reis Júnior, julgado em 21/11/2023 (Info 797).

18.2.1.1.2. Requisição do Ministro da Justiça

A requisição do Ministro da Justiça é **ato administrativo e discricionário**, que autoriza a deflagração da persecução penal nas hipóteses especificadas por lei. São elas:

a) crime cometido por estrangeiro contra brasileiro fora do Brasil (CP, art. 7º, § 3º, "b");

b) crime contra a honra praticado contra Chefe de Governo estrangeiro (CP, art. 141, I, c/c art. 145, parágrafo único);

c) crime contra a honra praticado contra o Presidente da República (CP, art. 141, I, c/c art. 145, parágrafo único).

Diversamente do que ocorre com a representação do ofendido, o Código Penal **não submete a requisição do Ministro da Justiça a prazo decadencial**, que pode ser apresentada a qualquer tempo, enquanto não extinta a punibilidade.

▸ ATENÇÃO!

A requisição do Ministro da Justiça **não obriga o Ministério Público a oferecer denúncia**. Recebida a requisição, o agente ministerial poderá oferecer denúncia, requisitar abertura de inquérito policial, promover seu arquivamento ou outras providências que entender serem cabíveis. De acordo com o entendimento doutrinário, "os dispositivos legais que se referem à requisição do Ministro da Justiça, devem ser interpretados em conformidade com a época em que foram editados, especialmente os do Código de Processo Penal, de 1941, em que o Ministério Público não tinha o perfil constitucional atual. Ao contrário, era um mero ramo do Poder Executivo, o que se justificava com a expressão 'requisição do Ministro da Justiça', pois o *Parquet* a ele estava hierarquicamente vinculado"[6].

18.2.2. Ação penal privada

Na ação penal privada, a **iniciativa** de provocar o Poder Judiciário deve **partir do ofendido ou de seu representante legal**, e podem ser classificadas em três espécies:

- exclusivamente privada;
- personalíssima;
- subsidiária da pública;

Passemos à análise mais detalhada de cada uma delas.

6. MASSON, Cleber. **Direito Penal Esquematizado – Parte Geral**, v. 1. 10 ed. São Paulo: Método, 2016, p. 970.

18.2.2.1. Ação penal exclusivamente privada ou propriamente dita

A peça inicial da ação penal privada é a **queixa-crime**, que deve conter a exposição do fato criminoso, com todas as suas circunstâncias, a qualificação do acusado ou esclarecimentos pelos quais se possa identificá-lo, a classificação do crime e, quando necessário, o rol das testemunhas (CPP, art. 41). O autor da demanda é denominado **querelante**, e o réu, **querelado**.

A ação penal privada é orientada pelos seguintes princípios:

- **Oportunidade ou conveniência:** a propositura da ação penal privada depende do juízo de oportunidade e conveniência da vítima, não havendo, portanto, qualquer obrigação de ingressar com a queixa-crime;
- **Disponibilidade:** uma vez proposta a ação penal privada, a vítima poderá dela dispor ou desistir;
- **Indivisibilidade:** se o fato criminoso foi praticado em concurso de pessoas, a vítima deverá propor a ação penal contra todos os agentes de que tiver conhecimento, sendo-lhe vedado oferecer a queixa-crime apenas contra um e isentar os demais. Na visão do Supremo Tribunal Federal, a afronta ao princípio da indivisibilidade da ação penal implica **renúncia tácita ao direito de querela**, cuja eficácia extintiva da punibilidade estende-se a todos quantos alegadamente hajam intervindo no cometimento da infração penal[7].
- **Intranscendência:** a ação penal somente pode ser ajuizada contra o autor ou partícipe do fato criminoso, sendo vedada a inclusão de pessoas que não contribuíram com condutas penalmente relevantes no polo passivo. Este princípio decorre de garantia insculpida na Constituição Federal, o qual dispõe que nenhuma pena passará da pessoa do condenado (art. 5º, XLV).

A doutrina aponta **três fundamentos** que levam o legislador a dispor que determinado delito depende de queixa-crime do ofendido ou de seu representante legal. Primeiramente, há certos crimes que afetam diretamente os interesses da vítima, e somente de forma indireta os interesses da coletividade. Além disso, a depender do caso concreto, é possível que o escândalo do processo criminal (*strepitus judicii*) cause danos maiores ao ofendido do que a própria impunidade do agente. Por fim, em tais crimes, de modo geral, a produção da prova depende unicamente da colaboração da vítima, daí porque o Estado, apesar de ser o detentor do *jus puniendi*, concede ao ofendido ou ao seu representante legal a titularidade da ação penal[8].

7. STF, 1ª Turma. Inq 3256/DF, Relator Min. Roberto Barroso, j. em 02/02/2016.
8. LIMA, Renato Brasileiro de. **Manual de Processo Penal**. 5 ed. Salvador: JusPodivm, 2017, p. 260.

Ressalvadas as exceções previstas em lei, os **crimes contra a honra**, por exemplo, tais como calúnia, difamação e injúria (CP, arts. 138 a 145) são processados por meio de ação penal exclusivamente privada.

▸ ATENÇÃO

De acordo com o art. 145, parágrafo único, do Código Penal, o crime praticado **contra a honra de funcionário público em razão de suas funções** é processado por meio de **ação penal pública condicionada à representação**. Entretanto, como o delito também atinge diretamente o interesse individual do funcionário público, o Supremo Tribunal Federal entende que **também é cabível a ação penal privada**. Esse posicionamento foi consolidado na **Súmula nº 714**: "É concorrente a legitimidade do ofendido, mediante queixa, e do Ministério Público, condicionada à representação do ofendido, para a ação penal por crime contra a honra de servidor público em razão do exercício de suas funções".

Nos termos do art. 103 do Código Penal, o ofendido decairá do direito de queixa se não o exercer dentro do prazo de **6 (seis) meses**, contado do dia em que veio a saber quem é o autor do crime.

A **legitimidade** para oferecimento da queixa-crime é **exclusivamente da vítima**, e caso esta não seja dotada de capacidade processual seu **representante legal deverá fazê-lo**. Ainda, de acordo com o art. 33 do Código de Processo Penal, se o ofendido for menor de 18 anos, mentalmente enfermo ou retardado mental, e não tiver representante legal, ou colidirem os interesses deste com os daquele, o direito de queixa poderá ser exercido por curador especial, nomeado, de ofício ou a requerimento do Ministério Público, pelo juiz competente para o processo penal.

No caso de morte do ofendido ou quando declarado ausente por decisão judicial, o direito de oferecer queixa ou prosseguir na ação passará ao cônjuge, ascendente, descendente ou irmão (CPP, art. 31). Tendo em vista a equiparação constitucional da união estável com o casamento, o direito de oferecer queixa ou prosseguir na ação também poderá ser exercido pelo companheiro. Neste caso, o rol dos legitimados está disposto em ordem de preferência. Por exemplo: se o cônjuge e os pais desejarem oferecer queixa, a preferência será do cônjuge, afastando-se o direito dos pais.

18.2.2.2. Ação penal privada personalíssima

Na ação penal privada personalíssima, o **ofendido é o único titular do direito** de apresentar queixa-crime, **e tal direito não pode ser transferido a outrem em hipótese alguma**. Portanto, não é admitida intervenção de representante legal, curador especial, nem é possível a sucessão processual no caso de falecimento ou ausência da vítima.

Há **somente um crime** previsto em nosso ordenamento jurídico cujo processo e julgamento se dá por meio da ação penal privada personalíssima: **induzimento a erro essencial e ocultação de impedimento ao casamento** (CP, art. 236).

▸ **ATENÇÃO**

A **morte do ofendido é causa de extinção da punibilidade** dos crimes processados por meio de ação penal privada personalíssima, pois o direito de queixa **não poderá ser exercido por mais ninguém**.

Neste caso, a lei determina um **marco específico para o início da contagem do prazo decadencial**. No crime de induzimento a erro essencial e ocultação de impedimento ao casamento, a ação penal só poderá ser intentada após o trânsito em julgado da sentença que anular o casamento (CP, art. 236, parágrafo único).

18.2.2.3. Ação penal privada subsidiária da pública

A ação penal privada subsidiária da pública também é denominada **ação penal acidentalmente privada ou supletiva**, e é importante instrumento para controle e fiscalização da atuação do Ministério Público.

Trata-se de direito fundamental garantido pela Constituição Federal (art. 5º, LIX), segundo a qual, "será admitida ação privada nos crimes de ação pública, se esta não for intentada no prazo legal". Além disso, encontra previsão no art. 100, § 3º, do Código Penal e no art. 29 do Código de Processo Penal.

De acordo com o texto legal, a ação penal privada subsidiária da pública poderá ser intentada sempre que houver **inércia do *Parquet***, ou seja, quando verificada a "ausência de qualquer manifestação do órgão ministerial dentro do prazo previsto em lei para o oferecimento da peça acusatória"[9].

▸ **ATENÇÃO**

O pedido de arquivamento do inquérito policial não autoriza a propositura de ação penal privada subsidiária da pública, pois tal providência não caracteriza desídia por parte do Ministério Público.

O Código de Processo Penal, em seu art. 29, dispõe que "será admitida ação privada nos crimes de ação pública, se esta não for intentada no prazo legal, cabendo ao Ministério Público aditar a queixa, repudiá-la e oferecer denúncia substitutiva, intervir em todos os termos do processo, fornecer elementos de prova, interpor

9. LIMA, Renato Brasileiro de. **Manual de Processo Penal**. 5 ed. Salvador: JusPodivm, 2017, p. 262.

recurso e, a todo tempo, no caso de negligência do querelante, retomar a ação como parte principal".

Destaque-se que, embora a ação penal seja privada, **continua submetida aos princípios da obrigatoriedade e indisponibilidade**, que regem as ações penais públicas. Por essa razão, a intervenção do Ministério Público é obrigatória, e se o querelante for negligente, caberá ao *Parquet* retomar a ação como parte principal.

A ação penal privada subsidiária da pública também está sujeita ao prazo decadencial de 6 (seis) meses, estipulado no art. 38 do Código de Processo Penal, contado do dia em que se esgotar o prazo para oferecimento da denúncia pelo Ministério Público. Essa situação é denominada **decadência imprópria**, pois, embora o ofendido decaia do direito de propor a ação penal privada subsidiária da pública e perca o direito de sua queixa-supletiva, esse fato não enseja automaticamente a extinção da punibilidade. O crime continua sendo de ação penal pública, e **nada impede que, em momento posterior, o órgão ministerial ofereça denúncia**, desde que o crime não esteja prescrito, e não se verifique outra causa extintiva da punibilidade.

18.2.3. Ação penal nos crimes complexos

O art. 101 do Código Penal enuncia: "Quando a lei considera como elemento ou circunstâncias do tipo legal fatos que, por si mesmos, constituem crimes, cabe ação pública em relação àquele, desde que, em relação a qualquer destes, se deva proceder por iniciativa do Ministério Público".

Crimes complexos são aqueles que **derivam da união de dois ou mais tipos penais**, a exemplo do latrocínio (em que se fundem o crime de roubo e de homicídio).

Portanto, de acordo com a redação do dispositivo, se um dos tipos penais que compõe o crime complexo admitir ação penal pública, este será processado por meio de ação pública, ainda que o outro delito seja de ação penal privada.

QUESTÕES

QUESTÃO 1

FGV - 2024 - PC-SC Delegado

Túlio, 41 anos, se desentendeu com seu vizinho Hugo, 74 anos, em razão de conflitos referentes a vaga de estacionamento na garagem do prédio. Indignado pelo fato de Hugo ter parado em sua vaga, Túlio proferiu palavras ofensivas como "velho safado", bem como ameaçou espancá-lo caso o fato viesse a se repetir. No dia seguinte, Hugo compareceu à delegacia de polícia e registrou ocorrência pelos crimes de injúria e ameaça, manifestando o desejo de representar criminalmente contra Túlio. Tendo em vista este cenário, assinale a afirmativa correta.

a) O Ministério Público poderá oferecer denúncia pelos crimes de injúria qualificada e ameaça.

b) O Ministério Público poderá oferecer a denúncia pelo crime de ameaça e Hugo deverá oferecer queixa-crime caso pretenda ajuizar ação penal para julgar o crime de injúria.

c) Apesar de o crime de injúria ser crime de ação penal privada, o Ministério Público poderá oferecer denúncia por ameaça e injúria, em razão do concurso de crimes.

d) O crime de ameaça é classificado como crime de ação penal pública incondicionada, já o crime de injúria simples é crime de ação penal privada.

e) Tendo em vista que a vítima é pessoa idosa, os crimes de injúria e ameaça são processados por meio de ação penal pública incondicionada.

QUESTÃO 2

VUNESP - 2023 - TJ-SP - Oficial de Justiça

Nos exatos termos do art. 100, § 3o, do CP, a ação de iniciativa privada pode intentar-se nos crimes de ação pública, se

a) a vítima, ou seu representante legal, não concordar com o arquivamento do inquérito policial.

b) houver dúvida quanto à tipificação legal.

c) o Ministério Público requerer o arquivamento dos autos.

d) o Ministério Público não oferecer denúncia no prazo legal.

e) for oferecido acordo de não persecução penal ao acusado.

QUESTÃO 3

CONSULPAM - 2023 - TCM-PA - Conselheiro Substituto

Em conformidade com o previsto pelo Dec. Lei n.º 2.848/1940 (Código Penal brasileiro) a respeito da ação penal, assinale a alternativa CORRETA.

a) A representação será irretratável mesmo antes de oferecida a denúncia.

b) Importa renúncia tácita ao direito de queixa o fato de receber o ofendido a indenização do dano causado pelo crime.

c) O perdão do ofendido, nos crimes em que somente se procede mediante queixa, não obsta ao prosseguimento da ação.

d) O direito de queixa não pode ser exercido quando renunciado tacitamente.

QUESTÃO 4

CESPE / CEBRASPE 2022 - POLITEC - RO - Perito Criminal - Área 2 - Ciências Biológicas/Biomedicina

Em um crime em que a ação penal seja de iniciativa pública incondicionada,

a) o inquérito policial só poderá ser instaurado após manifestação da vítima do crime, mas não poderá ser arquivado caso ela se retrate.

b) o delegado deverá arquivar o inquérito policial quando, após o início das investigações, verificar que o fato criminoso não ocorreu.

c) o inquérito policial poderá ser dispensado se o Ministério Público entender que possui informações suficientes para oferecer a denúncia.

d) quando a vítima perdoar o autor do fato criminoso, ocorrerá desistência e faltará condição para o exercício da ação penal pública pelo titular.

e) a vítima não tem legitimidade para propor a ação, ainda que o Ministério Público perca o prazo para oferecer a denúncia ou o inquérito policial seja arquivado.

QUESTÃO 5

INSTITUTO AOCP - 2022 - Governo do Distrito Federal - Policial Penal

Joana compareceu à delegacia de polícia relatando violência doméstica, na qual seu companheiro, por não aceitar que ela exercia atividade laboral, destruiu seus instrumentos de trabalho, os quais foram avaliados em R$ 85,00 (oitenta e cinco reais). Considerando o caso narrado, julgue o seguinte item.

Caso Joana também relate ter sido vítima de lesões corporais leves praticadas por seu companheiro no âmbito familiar, é correto afirmar que a ação penal, quanto às referidas lesões, será pública condicionada à representação.

Certo ( ) Errado ( )

QUESTÃO 6

FGV - 2022 - TJ-DFT - Técnico Judiciário - Área Administrativa

Nos crimes de ação penal pública condicionada à representação, é correto afirmar que a representação:

a) depende de formalidade expressa, consistente em manifestação expressa por meio de termo para inaugurar a investigação preliminar;

b) prescinde de qualquer formalidade, sendo necessária apenas a vontade inequívoca da vítima de representar contra o autor do fato;

c) depende de formalidade expressa, consistente em manifestação expressa da vítima ou de seu representante legal em audiência específica;

d) prescinde de qualquer formalidade, sendo necessária apenas a vontade inequívoca da vítima ou de seu representante legal de representar contra o autor do fato;

e) depende de formalidade expressa, consistente em manifestação expressa da vítima ou de seu representante legal em audiência preliminar.

QUESTÃO 7

CESPE / CEBRASPE 2022 - DPE-DF - Analista de Apoio à Assistência Judiciária - Direito

No intuito de se apropriar de joias e dólares, Raí, réu primário e sem antecedentes, ameaçou a vítima e a manteve sob sua vigilância até conseguir arrombar o cofre da residência dela. Após a regular tramitação processual, a condenação de Raí transitou em julgado.

A partir dessa situação hipotética, julgue o item a seguir.

A modalidade de crime praticada nessa situação admite ação penal privada subsidiária da pública caso o Ministério Público deixe de oferecer a denúncia no prazo legalmente estabelecido.

Certo ( ) Errado ( )

QUESTÃO 8

OBJETIVA 2022 - Prefeitura de Varginha - MG - Procurador Municipal

Segundo o Código Penal, marcar C para as afirmativas Certas, E para as Erradas e, após, assinalar a alternativa que apresenta a sequência CORRETA:

( ) A ação penal é pública, salvo quando a lei expressamente a declara privativa do ofendido.

( ) A representação será irretratável, depois de recebida a denúncia.

( ) Extingue o direito de oferecer a queixa ou de prosseguir da ação no caso de morte do ofendido ou de ter sido declarado ausente por decisão judicial.

A: C - C - E.
B: E - C - C.
C: C - E - E.
D: E - C - E.

QUESTÃO 9

CESPE / CEBRASPE 2022 - DPE-RS - Defensor Público

No que diz respeito ao processo penal, julgue o seguinte item.

Por força das alterações introduzidas em 23 de janeiro de 2020 pela Lei n.º 13.964/2019, é exigida representação para a propositura de ação penal sobre crime de estelionato que não tenha sido praticado contra a administração pública, direta ou indireta, criança, adolescente, pessoa com deficiência mental, maior de setenta anos de idade ou incapaz. Contudo, dada a natureza da norma em questão, tal exigência aplica-se somente aos crimes de estelionato praticados a partir da data de entrada em vigor das citadas alterações.

Certo ( ) Errado ( )

QUESTÃO 10

FAPEC - 2021 - PC-MS - Perito Papiloscopista

Acerca da ação penal pública condicionada, assinale a alternativa INCORRETA:

a) O direito de representação poderá ser exercido somente pessoalmente.

b) Salvo disposição em contrário, o ofendido, ou seu representante legal, decairá no direito de representação se não o exercer dentro do prazo de 6 (seis) meses, contado do dia em que vier a saber quem é o autor do crime.

c) A representação conterá todas as informações que possam servir à apuração do fato e da autoria.

d) A representação será irretratável, depois de oferecida a denúncia.

e) Oferecida ou reduzida a termo a representação, a autoridade policial procederá ao inquérito policial, ou, não sendo competente, remetê-lo-á à autoridade que o for.

GABARITO

Questão 1	Letra "A"
Questão 2	Letra "D"
Questão 3	Letra "D"
Questão 4	Letra "C"
Questão 5	Assertiva "Errada"
Questão 6	Letra "D"
Questão 7	Assertiva "Correta"
Questão 8	Letra "C"
Questão 9	Assertiva "Errada"
Questão 10	Letra "A"

CAPÍTULO 19

Extinção da punibilidade

19.1. Aspectos gerais

A punibilidade consiste no direito que o Estado detém de aplicar a sanção prevista em lei contra o agente que, com sua conduta típica, ilícita e culpável, infringiu a normal penal.

Embora haja quem sustente que a punibilidade é elemento integrante do crime, prevalece o entendimento de que se trata, na verdade, de um efeito, uma **consequência jurídica da infração penal**. Desse modo, ainda que, por algum motivo, o Estado não exerça o *ius puniendi*, o fato criminoso se encontra perfeitamente constituído. Como exemplifica a doutrina:

> O delito é merecedor de uma pena "assim como a criança travessa é merecedora de uma palavra corretiva, por parte da mãe. Mas pode acontecer que, por um motivo que nada tem a ver com o delito em si, a pena não possa ser aplicada, assim como pode acontecer que a mãe não aplique a palmada, porque tem a mão machucada, sem que isto em nada afete a existência da travessura do moleque[1].

Em algumas situações, o **direito de punir pode ser obstado ou mitigado** pelas causas de extinção da punibilidade. No Código Penal, as causas de extinção da punibilidade encontram-se elencadas no art. 107, em **rol exemplificativo**. Ressalte-se que é possível vislumbrar causas extintivas em outros dispositivos da Parte Geral, na Parte Especial do Código Penal, bem como na legislação esparsa. Por exemplo: escusas absolutórias (CP, arts. 181 e 348, § 2º); reparação do dano realizada antes da sentença irrecorrível no crime de peculato culposo (CP, art. 312, § 3º); término do período de prova do *sursis* sem que tenha havido revogação (CP,

1. ZAFFARONI, Eugenio Raúl; PIERANGELI, José Henrique. **Manual de direito penal brasileiro: parte geral**, 5 ed. São Paulo: Revista dos Tribunais, 2004, p. 705.

art. 82) término do período de prova da suspensão condicional do processo sem que tenha havido revogação (Lei nº 9.099/1995, art. 89, § 5º).

▶ **ATENÇÃO**

Podem existir causas de **extinção da punibilidade supralegais**, a exemplo do que ocorre com a **Súmula no 554, do STF**, a qual dispõe: "O pagamento de cheque emitido sem provisão de fundos, após o recebimento da denúncia, não obsta ao prosseguimento da ação penal".

19.2. Causas de extinção da punibilidade

19.2.1. Morte do agente (CP, art. 107, I)

Trata-se de causa de extinção da punibilidade decorrente do postulado *mors omnia solvit* (a morte tudo apaga). Além disso, fundamenta-se no **princípio constitucional da intranscendência das penas** (CF, art. 5º, XLV), segundo o qual a sanção penal não pode passar da pessoa do agente.

A morte do agente acarreta a extinção de **todos os efeitos penais da sentença, remanescendo somente os efeitos extrapenais**, a exemplo do perdimento de bens e da obrigação de reparar o dano, que pode ser transmitida aos sucessores até os limites das forças da herança.

Em virtude de sua própria natureza, a morte é uma causa de extinção da punibilidade **personalíssima**, que não se comunica aos coautores e partícipes que eventualmente tenham concorrido para a prática delituosa.

A prova da morte do agente deve ser feita, necessariamente, por meio da **certidão de óbito.** De acordo com o art. 62 do Código de Processo Penal, "no caso de morte do acusado, o juiz somente à vista da certidão de óbito, e depois de ouvido o Ministério Público, declarará extinta a punibilidade".

A doutrina debate acerca da declaração de extinção da punibilidade por morte do agente baseada em **certidão de óbito falsa.**

Para a **primeira corrente**, não é possível rever a decisão que declarou extinta a punibilidade após seu trânsito em julgado, pois não se admite a revisão criminal *pro societate*. Há, contudo, a possibilidade de responsabilizar o agente pelo crime de uso de documento falso, previsto no art. 304 do Código Penal. É a posição de Guilherme de Souza Nucci[2].

Na visão da **segunda corrente, adotada pelas Cortes Superiores**[3], a decisão embasada em fato inexistente (falso registro de óbito) não faz coisa julgada em

---

2. NUCCI, Guilherme de Souza. **Código Penal Comentado**. 17 ed. Rio de Janeiro: Forense, 2017, p. 970.
3. STF, 1ª Turma. HC 104.998/SP, Rel. Min. Dias Toffoli, j. 14/12/10; STJ, 5ª Turma. HC 31.234/MG, Rel. Min. Felix Fisher, j. 16/12/2003.

sentido estrito, não produzindo qualquer efeito. Além disso, o sistema jurídico não pode permitir que o agente se beneficie por sua própria torpeza. Desse modo, é possível a desconstituição da sentença que declarou a extinção da punibilidade.

Dependendo do momento em que é declarada, a extinção da punibilidade pode atingir a pretensão punitiva, que é o interesse do Estado em aplicar a sanção penal, ou a pretensão executória, que visa à execução da pena já imposta.

Ocorrendo a fulminação da pretensão punitiva, não há formação de título executivo judicial em favor do ofendido para posterior execução na esfera cível, nem configuração de reincidência no caso de reiteração delitiva, posto que são efeitos da condenação. Caso a pretensão executória seja atingida, tais efeitos, ressalvadas situações específicas, subsistirão.

19.2.2. Anistia, graça e indulto (CP, art. 107, II)

Previstas no art. 107, inciso II, do Código Penal, a anistia, a graça e o indulto são manifestações do poder de graça, ou seja, da indulgência soberana, por meio das quais o Estado **renuncia ao seu direito de punir**.

A **anistia** é conferida por meio de **lei ordinária**, aprovada pelo Congresso Nacional e sancionada pelo Presidente da República, e visa à extinção da punibilidade decorrente de determinado **fato criminoso**. A anistia produz efeitos *ex tunc*, e elide todos os efeitos penais da condenação (a exemplo da reincidência), todavia permanecem íntegros os efeitos extrapenais (obrigação de indenizar, por exemplo).

A anistia pode ser assim classificada:

<table>
<tr><td rowspan="2">Quanto ao momento de concessão</td><td>Própria</td><td>Concedida antes da condenação.</td></tr>
<tr><td>Imprópria</td><td>Concedida após a condenação.</td></tr>
<tr><td rowspan="2">Quanto à amplitude de abrangência</td><td>Irrestrita</td><td>Beneficia a todos os envolvidos no fato criminoso de maneira geral.</td></tr>
<tr><td>Restrita</td><td>Restringe-se aos agentes que atenderem determinados requisitos (por exemplo: primariedade).</td></tr>
<tr><td rowspan="2">Quanto à imposição de condições</td><td>Condicionada</td><td>Sua concessão depende do atendimento de certas condições.</td></tr>
<tr><td>Incondicionada</td><td>Não há qualquer condição para sua concessão.</td></tr>
<tr><td rowspan="2">Quanto ao âmbito de incidência</td><td>Comum</td><td>Concedida em relação aos crimes comuns.</td></tr>
<tr><td>Especial</td><td>Concedida em relação aos crimes políticos.</td></tr>
</table>

Por fim, cumpre destacar que, uma vez concedida, a anistia é **irrevogável**, e benefício não poderá ser recusado pelo agente, salvo se sua concessão depender do cumprimento de alguma condição.

A **graça**, também denominada **indulto individual**, é concedida por meio de **decreto** do Presidente da República (CF, art. 84, XII). Contudo, tal atribuição pode ser delegada aos Ministros de Estado, ao Procurador-Geral da República ou ao Advogado-Geral da União (CF, art. 84, parágrafo único).

Destina-se aos agentes condenados definitivamente por crimes comuns, e poderá ser provocado por petição do condenado, por iniciativa do Ministério Público, do Conselho Penitenciário, ou da autoridade administrativa, a qual, acompanhada dos documentos que a instruírem, será entregue ao Conselho Penitenciário, para a elaboração de parecer e posterior encaminhamento ao Ministério da Justiça. Posteriormente, a petição será submetida ao despacho do Presidente da República. Concedido o benefício, o Juiz declarará extinta a pena ou ajustará a execução aos termos do decreto, no caso de comutação. (LEP, arts. 188 a 192).

A graça pode ser plena, se sua concessão ensejar a extinção da pena imposta ao agente, ou parcial, se acarreta apenas a redução ou comutação da pena. É importante salientar que o condenado poderá recusar a graça se sua concessão importar em comutação da pena (CPP, art. 739).

O **indulto**, também denominado **indulto coletivo** ou **propriamente dito,** semelhantemente ao que ocorre com a graça, é concedido por meio de **decreto presidencial** do Chefe do Poder Executivo. Trata-se de benefício concedido **espontaneamente** pelo Presidente da República, e destina-se a todos os condenados que atendam aos requisitos objetivos e subjetivos estipulados, tais como quantidade de pena cumprida, primariedade etc.

O indulto pode ser total, se sua concessão ensejar a extinção da pena imposta ao agente, ou parcial, se acarreta apenas a redução ou comutação da pena.

Podem ser concedidos antes ou depois do trânsito em julgado:

- **Após o trânsito em julgado:** atingem **apenas** o **efeito penal principal** da condenação (cumprimento da pena), subsistindo os efeitos penais secundários e extrapenais. Nesse sentido, aliás, a **Súmula 631 do STJ:** "O indulto extingue os efeitos primários da condenação (pretensão executória), mas não atinge os efeitos secundários penais ou extrapenais.
- **Antes do trânsito em julgado:** a condenação não produzirá qualquer efeito[4].

▸ IMPORTANTE

A Constituição Federal, em seu art. 5º, inciso XLIII, dispõe que são insuscetíveis de graça ou anistia a prática da **tortura, o tráfico ilícito de entorpecentes**

4. STF, 1ª Turma. HC 87.801/SP, Rel. Min. Sepúlveda Pertence, j. 02/05/2006.

e drogas afins, o terrorismo e os definidos como crimes hediondos. Por sua vez, o art. 2º, inciso I, da Lei no 8.072/1990 (Lei de Crimes Hediondos), além de impedir a concessão de graça e anistia aos crimes ali elencados, também obsta a concessão de indulto. Quanto a esse assunto, surgiram duas correntes.

Para a **primeira corrente**, o óbice à concessão de indulto constante da Lei dos Crimes Hediondos é inconstitucional, pois agrava a situação do condenado, extrapolando a disposição da Carta Magna.

Os partidários da **segunda corrente** sustentam que a **vedação é constitucional**. Inclusive, este é o posicionamento adotado pelo Supremo Tribunal Federal, sob o argumento de que "a menção ao indulto é meramente expletiva da proibição de graça aos condenados por crimes hediondos"[5].

	ANISTIA	GRAÇA	INDULTO
Características	Benefício **coletivo**. Atinge o fato e não depende de requerimento.	Benefício **individual**. Atinge a pessoa de forma individual e concreta. **Depende de requerimento**.	Benefício **coletivo**. Atinge a pessoa de forma geral e abstrata. Não depende de requerimento.
Competência Privativa	Congresso Nacional por meio de Lei ordinária (CF/88, art. 48, VIII).	Presidente da República por meio de Decreto (discricionário). Pode haver delegação para: Ministro de Estado, Procurador Geral da República e Advogado Geral da União (CF/88, art. 84, XII e parágrafo único).	
Momento da Concessão	Antes (anistia própria) ou depois (anistia imprópria) do trânsito em julgado.	Depois do trânsito em julgado.	Antes ou depois do trânsito em julgado.
Efeitos	Alcança todos os efeitos penais, mantendo-se os extrapenais. Não gera reincidência.	Alcança somente os efeitos principais da condenação, persistindo os efeitos secundários penais (ex. reincidência) e extrapenais (STJ, Súmula 631).	

5. STF, 2ª Turma. HC 96.431/RJ, Rel. Min. Cezar Peluso, j. 14/04/2009.

19.2.2.1. Questões finais

1. O indulto é ato discricionário do Presidente da República?

R – SIM! O indulto é considerado um **ato discricionário e privativo** do Presidente da República, a quem cabe definir os requisitos e a extensão do ato de clemência, a partir de critérios de conveniência e oportunidade.

2. O indulto é passível de revisão judicial?

R – SIM, excepcionalmente o Poder Judiciário poderá revisar a constitucionalidade do indulto, mas não o mérito (conveniência e oportunidade).

Apesar de o chefe do Executivo ser livre para conceder o indulto para qualquer pessoa e qualquer infração penal, há vedações explícitas e implícitas no texto constitucional.

- **Vedações explícitas**: crimes hediondos e equiparados;
- **Vedações implícitas**: O Presidente da República não pode:
  a. assinar indulto em favor de **extraditando**, pois o objeto do instituto alcança apenas delitos sob a competência jurisdicional do Estado brasileiro;
  b. visar interesse pessoal ao invés do público (caracteriza **desvio de finalidade** e **violação de princípios da impessoalidade e moralidade administrativa**). Foi o que aconteceu no caso envolvendo o ex-Deputado Federal Daniel Silveira. Para o STF:

> É inconstitucional decreto presidencial que, ao conceder indulto individual (graça em sentido estrito), visa atingir objetivos distintos daqueles autorizados pela Constituição Federal de 1988, eis que observa interesse pessoal ao invés do público. Há, no caso, violação aos princípios da impessoalidade e da moralidade administrativa (art. 37, "caput", CF/88), além de desvio de finalidade. [6]

De acordo com a Suprema Corte, o benefício foi concedido de modo absolutamente desconectado do interesse público, tendo sido conferido ao condenado em razão do mero vínculo de afinidade político-ideológico existente entre o chefe do Poder Executivo e o beneficiário. Desse modo, a Corte entendeu que houve evidente desrespeito aos princípios norteadores da Administração Pública, principalmente o da impessoalidade e da moralidade administrativa[7].

---

6. STF, ADPF 964/DF, ADPF 965/DF, ADPF 966/DF e ADPF 967.
7. CAVALCANTE, Márcio André Lopes. **O decreto de indulto pode ser julgado inconstitucional caso fique demonstrado que tinha por finalidade atingir objetivos de interesse pessoal ao invés do interesse público**. Buscador Dizer o Direito, Manaus. Disponível em: <https://www.buscadordizerodireito.com.br/jurisprudencia/detalhes/f7779710d2026dca44c41da7a9b7c748>. Acesso em: 23 fev. 2024.

3. O art. 734 do CPP (que prevê a faculdade do Presidente conceder espontaneamente a graça), foi revogado tacitamente pelo art. 188 da LEP.[8] Diante disso, pergunta-se: pode o Presidente da República conceder a graça de ofício?

R – Tema polêmico:

1ª Corrente: SIM. Por meio de uma interpretação sistemática do art. 188 da LEP, pode-se concluir que a autoridade administrativa citada no referido dispositivo legal pode ser o Presidente da República[9].

2ª Corrente: NÃO. A concessão de graça de ofício desapareceu quando da entrada em vigor da LEP (Lei 7.210/84). Entender que a "autoridade administrativa" de que cuida esta norma se refira ao Presidente da República, revela uma hermenêutica forçada e absolutamente inapropriada (Rogério Sanches, Ricardo Jacobsen, Wladimir Aras, dentre outros).

19.2.3. Abolitio criminis (CP, art. 107, III)

Ocorre a *abolitio criminis* quando a nova lei não mais considera infração penal determinado comportamento, ensejando, portanto, a **descriminalização da conduta**.

Por ser nitidamente mais benéfica, a *abolitio criminis* **retroagirá para alcançar os fatos pretéritos**, ainda que acobertados pela coisa julgada. Extingue todos os efeitos penais da sentença condenatória, mantendo apenas os efeitos civis (reparação do dano, por exemplo).

O assunto foi tratado com mais detalhes no Capítulo 2, subitem 2.8.1., para onde remetemos o leitor.

19.2.4. Prescrição, decadência e perempção (CP, art. 107, IV)

Por questões didáticas a prescrição será tratada no capítulo seguinte.

19.2.4.1. Decadência

A decadência é a **perda do direito de apresentar** queixa-crime, nos delitos de ação penal privada, ou de oferecer representação, nos crimes de ação pena pública condicionada, ocasionada pela **inércia do titular do direito**, que não o exerceu no prazo determinado pela lei.

---

8. LEP, art. 188. O indulto individual poderá ser provocado por petição do condenado, por iniciativa do Ministério Público, do Conselho Penitenciário, ou da autoridade administrativa.

9. MORAES, Leonardo Bruno Pereira de. **Decreto de Bolsonaro não atende aos requisitos da doutrina brasileira.** Disponível em: https://www.conjur.com.br/2022-abr-22/pereira-moraes-graca-constitucional-daniel-silveira/. Acesso em: 23 fev. 2024.

De acordo com o art. 103 do Código Penal, o ofendido decai do direito de queixa ou de representação se não o exerce dentro do **prazo de 6 (seis) meses**, contados:

- do dia em que veio a saber de maneira inequívoca quem é o autor do crime;
- do dia em que se esgota o prazo para oferecimento da denúncia, quando o crime é de ação penal pública e houve inércia do Ministério Público.

Por se tratar de **prazo de natureza penal, é improrrogável**, e não se submete a causas suspensivas ou interruptivas. Além disso, deve ser contado na forma estabelecida pelo art. 10 do Código Penal, incluindo-se o dia do começo no cômputo do prazo, e contando-se o tempo pelo calendário comum.

Por fim, é importante destacar as principais diferenças entre a prescrição e a decadência:

PRESCRIÇÃO	DECADÊNCIA
Aplica-se a qualquer tipo de ação penal: Pública incondicionada; Pública condicionada; e Pública condicionada à representação.	**Aplica-se somente às ações penais pública:** Condicionadas à representação; ou Ação penal privada.
Pode ocorrer a qualquer momento: Antes ou depois de iniciado o processo; e Após o trânsito em julgado da decisão condenatória.	Ocorre **antes** da instauração do processo.
Atinge diretamente o **direito de punir** do Estado.	Atinge diretamente o **direito de apresentar** queixa-crime ou representação, o que repercute mediatamente no direito de punir do Estado.
É prazo improrrogável, mas **admite suspensão ou interrupção** nas hipóteses estabelecidas por lei.	É prazo improrrogável, **insuscetível de suspensão ou interrupção**.

DECADÊNCIA (CP, Art. 103)		
Ação pena privada	Atinge o **direito de ação** e ocorre **antes** da ação penal. Extingue a Punibilidade – a parte deixar correr o prazo *in albis*.	Prazo de 6 meses do conhecimento da autoria.
Ação penal pública condicionada à representação	**Antes** da ação penal.	Prazo de 6 meses do conhecimento da autoria.

19.2.4.2. Perempção

A perempção consiste na **perda do direito de ação em virtude da desídia** do querelante verificada no curso do processo, demonstrando desinteresse no prosseguimento da ação.

Aplica-se somente aos delitos processados por **ação penal exclusivamente privada** pois, tratando-se de ação penal privada subsidiária da pública, o Ministério Público deverá retomar a ação como parte principal se for constatada a negligência do querelante (CPP, art. 29). Nos termos do art. 60 do Código de Processo Penal, considerar-se-á perempta a ação penal:

> I - quando, iniciada esta, o querelante deixar de promover o andamento do processo durante 30 dias seguidos;
>
> II - quando, falecendo o querelante, ou sobrevindo sua incapacidade, não comparecer em juízo, para prosseguir no processo, dentro do prazo de 60 (sessenta) dias, qualquer das pessoas a quem couber fazê-lo, ressalvado o disposto no art. 36;
>
> III - quando o querelante deixar de comparecer, sem motivo justificado, a qualquer ato do processo a que deva estar presente, ou deixar de formular o pedido de condenação nas alegações finais;
>
> IV - quando, sendo o querelante pessoa jurídica, esta se extinguir sem deixar sucessor.

▸ ATENÇÃO

Havendo pluralidade de querelantes, a perempção reconhecida em desfavor de um deles **não afetará o direito de ação dos demais.**

PEREMPÇÃO (CPP, Art. 60)	Só ocorre **após o início da ação penal** e por **negligência** do querelante; Perda do direito de prosseguir na **ação privada** (sanção processual/jurídica). Só nos crimes de **ação penal privada exclusiva** ou **personalíssima**.

19.2.5. Renúncia do direito de queixa ou pelo perdão aceito nos crimes de ação penal privada (CP, art. 107, V)

19.2.5.1. Renúncia do direito de queixa

A renúncia é **ato unilateral** do ofendido, por meio do qual manifesta sua vontade de abrir mão do direito de ação. Trata-se, portanto, de causa extintiva da punibilidade que tem incidência somente na **fase pré-processual**, ou seja, antes que a vítima exerça seu direito de ação.

A renúncia do direito de queixa pode ser **expressa**, feita mediante declaração assinada pelo ofendido, por seu representante legal ou procurador com poderes especiais (CPP, art. 50). Pode haver também renúncia **tácita** do direito de queixa, a qual se caracteriza quando o ofendido pratica ato incompatível com a vontade de exercê-lo (CP, art. 104, parágrafo único, 1ª parte). Por exemplo: a vítima inicia um relacionamento amoroso com o autor do crime, ou convida-o para passar as férias em sua casa de praia etc. Vale destacar que, por expressa previsão legal, o fato de receber o ofendido a indenização do dano causado pelo crime não caracteriza renúncia tácita.

Se o delito foi praticado em concurso de pessoas, a renúncia ao exercício do direito de queixa, em relação a um dos autores do crime, a **todos se estenderá** (CPP, art. 49), por força do princípio da indivisibilidade. Por outro lado, havendo pluralidade de ofendidos, a renúncia de um deles não afeta o direito de queixa dos demais.

Em regra, esta causa extintiva da punibilidade aplica-se **apenas aos crimes de ação penal exclusivamente privada**, posto que, nas ações penais privadas subsidiárias da pública, a renúncia do ofendido não obsta o oferecimento de denúncia pelo Ministério Público enquanto a infração não estiver prescrita.

▸ IMPORTANTE

O art. 74 da Lei nº 9.099/95 dispõe que, "nas ações penais de iniciativa privada ou ações penais públicas condicionadas à representação, o acordo de composição dos danos civis, homologado pelo juiz, acarreta a renúncia ao direito de queixa ou representação." Note que este dispositivo apresenta **duas situações que excepcionam a regra geral** de incidência da renúncia:

- 1º. A renúncia se aplica aos crimes de ação penal exclusivamente privada. Entretanto, quando se tratar de infração de menor potencial ofensivo, estende-se também à ação penal pública condicionada à representação;
- 2º. O Código Penal (art. 104, parágrafo único) dispõe que o recebimento de indenização do dano causado não caracteriza renúncia. Todavia, no âmbito dos Juizados Especiais Criminais, a homologação do acordo de composição dos danos civis acarreta a renúncia ao direito de queixa ou representação.

▸ ATENÇÃO!

O STJ entendeu que haverá renúncia tácita no caso de o querelante **omitir deliberadamente e de forma voluntária um querelado** no polo passivo da demanda.[10]

10. STJ, 5ª Turma. HC 186.405/RJ, Rel. Min, Jorge Mussi, j. em 02/12/2014, publicado em 11/12/2014.

<table>
<tr><td rowspan="4">RENÚNCIA
(CP, art. 104)</td><td rowspan="4">Até o oferecimento da denúncia
Características:
Unilateral;
Pré-processual;
Indivisível (CPP, art. 49) – se estende a todos;
Irretratável.</td><td>Expressa</td></tr>
<tr><td>Tácita:
Ato incompatível com a vontade de exercê-la;
Omissão Voluntária (deliberada) de um querelado (STJ, HC 186.405/RJ, 2014).</td></tr>
<tr><td>Processual – próprios autos.</td></tr>
<tr><td>Extraprocessual – cartório.</td></tr>
</table>

19.2.5.2. Perdão do ofendido aceito pelo querelado

O perdão é causa extintiva da punibilidade, e se configura quando o ofendido, **depois de já proposta a ação penal**, manifesta a vontade de **perdoar o ofensor**, desistindo, assim, de prosseguir com o processo. Aplica-se somente aos crimes de **ação penal exclusivamente privada**, em virtude do princípio da disponibilidade.

A vítima poderá manifestar o perdão expressamente, mediante declaração nos autos (CPP, art. 58), ou de maneira tácita, quando pratica ato incompatível com a vontade de prosseguir na ação (CP, art. 106, § 1º).

Destaque-se que a produção de efeitos do perdão está condicionada à **aceitação do querelado**, o que o torna, portanto, um **ato bilateral**. Oferecido o perdão, o querelado será intimado a dizer, dentro de três dias, se o aceita, devendo, ao mesmo tempo, ser cientificado de que o seu silêncio importará aceitação (CPP, art. 58). Entretanto, a aceitação do perdão fora do processo constará de declaração assinada pelo querelado, por seu representante legal ou procurador com poderes especiais (CPP, art. 59).

Caso o delito tenha sido praticado em concurso de pessoas, o perdão concedido a qualquer dos querelados, **a todos aproveita**, por força do princípio da indivisibilidade (CP, art. 106, I). Entretanto, não surtirá efeitos em relação ao querelado que o recusar, ainda que os demais agentes o tenham aceitado (CP, art. 106, III).

Por outro lado, havendo pluralidade de ofendidos, o perdão concedido por um deles não prejudica o direito dos demais em prosseguir com a ação penal (CP, art. 106, II).

PERDÃO (CP, art. 105)	• Deve ser **aceito** e só ocorre **após iniciada a ação penal até o trânsito em julgado** (não é admissível após o trânsito em julgado - CP, art. 106, § 2º). • Concedido a um, **a todos aproveita**. Só não aproveita àquele que recusar (CPP, artigo 51 e CP, art. 106, I e III). Não pode ter condições ou exigências. • O Procurador deve ter **poderes especiais** (CPP, art. 55). • Se concedido por um dos ofendidos não prejudica o direito dos outros (CP, art. 106, II). • **3 dias** para o querelado se manifestar. O silêncio implica em aceitação (tácita). **Características**: • **Bilateral**; • Pós-Processual.	**Expresso** **Tácito** – ato incompatível com a vontade de prosseguir na ação (CP, art. 106, § 1º). **Processual** - próprios autos. **Extraprocessual** – cartório.

19.2.6. Retratação do agente (CP, art. 107, VI)

Retratar-se significa "retirar o que disse", "desdizer-se", reconhecendo o erro e pedindo desculpas.

A retratação da representação pode ocorrer nos casos em que:

- Não foi **oferecida** a denúncia (CPP, art. 25); e
- Enquanto não **recebida** a denúncia nos casos envolvendo a Lei Maria da Penha (Lei nº 11.340/2006, art. 16).

Ademais, tal causa excludente da punibilidade aplica-se estritamente aos tipos penais que expressamente a admitem:

- Calúnia (CP, art. 143);[11]
- Difamação (CP, art. 143);
- Falso testemunho e falsa perícia (CP, art. 342, § 2º).

▸ ATENÇÃO

A punibilidade do crime de injúria (CP, art. 140) não é excluída pela retratação, por ausência de previsão legal, pois, de acordo com o art. 143 do Código Penal, "o querelado que, antes da sentença, se retrata cabalmente da calúnia ou da difamação, fica isento de pena".

11. "A retratação da calúnia, feita antes da sentença, acarreta a extinção da punibilidade do agente independente de aceitação do ofendido." STJ. Corte Especial. APn 912/RJ, Rel. Min. Laurita Vaz, julgado em 03/03/2021 (Info 687).

▸ CURIOSIDADE

É possível a **retratação da retratação** enquanto não esvaído o prazo decadencial de 6 meses e antes da denúncia.

19.2.7. Perdão judicial (CP, art. 107, IX)

O perdão judicial é causa extintiva da punibilidade que se aplica somente às **hipóteses expressamente previstas pela lei**. Por meio desse instituto, o juiz, após analisar as circunstâncias que permeiam o caso concreto, poderá deixar de aplicar a pena, ainda que constatado ser o fato seja típico e ilícito, e o agente culpável.

Dentre as infrações penais que admitem a aplicação do perdão judicial, destacamos:

- **Art. 121, § 5º, CP**: "Na hipótese de homicídio culposo, o juiz poderá deixar de aplicar a pena, se as consequências da infração atingirem o próprio agente de forma tão grave que a sanção penal se torne desnecessária";
- **Art. 129, § 8º, CP**: "Aplica-se à lesão culposa o disposto no § 5º do art. 121";
- **Art. 180, § 5º, CP (receptação culposa)**: "Na hipótese do § 3º, se o criminoso é primário, pode o juiz, tendo em consideração as circunstâncias, deixar de aplicar a pena".
- **Art. 8º, Lei de Contravenções Penais**: "No caso de ignorância ou de errada compreensão da lei, quando escusáveis, a pena pode deixar de ser aplicada".

▸ IMPORTANTE

O Código de Trânsito Brasileiro não dispõe de maneira expressa sobre a incidência do perdão judicial aos crimes de homicídio e lesão corporal culposos, praticados na direção de veículo automotor. Apesar disso, o **posicionamento majoritário da doutrina e jurisprudência** alinha-se no sentido de permitir a aplicação das regras do art. 121, § 5º e art. 129, § 8º, ambos do Código Penal, por meio de **analogia**.

Por tratar-se de causa de extinção da punibilidade que leva em conta fatores pessoais do réu, a concessão do perdão judicial a um dos agentes **não se estende aos demais coautores e partícipes**.

O art. 120 do Código Penal estatui que "a sentença que conceder perdão judicial não será considerada para efeitos de reincidência". Tal dispositivo ensejou um debate doutrinário e jurisprudencial acerca da natureza jurídica da sentença concessiva do perdão judicial. Três correntes se formaram:

1ª corrente: A sentença concessiva do perdão judicial tem natureza condenatória, devendo o juiz primeiramente condenar o réu, para então conceder-lhe o perdão.

2ª corrente: A sentença que concede perdão judicial é absolutória, visto que não impõe qualquer sanção ao agente. Entretanto, tal posicionamento não encontra amparo legal, pois o art. 386 do Código de Processo Penal não prevê o perdão judicial dentre as causas de absolvição do réu.

3ª corrente: É a mais aceita na atualidade, sustentando que a sentença concessiva do perdão judicial não tem natureza absolutória ou condenatória, mas **declaratória da extinção da punibilidade**. De acordo com a **Súmula n. 18 do Superior Tribunal de Justiça**, "a sentença concessiva do perdão judicial é declaratória de extinção da punibilidade, não subsistindo qualquer efeito condenatório".

▸ JURISPRUDÊNCIA

O STJ entendeu no REsp 1.455.178/DF (Info 542) que se a conduta do agente acarretou a produção de dois ou mais resultados, o perdão judicial somente incidirá ao delito que se comprovar o **vínculo familiar ou afetivo entre autor e vítima**, de modo a demonstrar que as consequências do crime atingiram o autor de tal maneira que a sanção penal se revela desnecessária. Ademais, frise-se que, a caracterização de concurso formal, mediante unidade de conduta e pluralidade de resultados, não autoriza o reconhecimento automático do perdão judicial para todos os delitos (STJ, REsp 1.444.699/RS - Info 606).

QUESTÕES

QUESTÃO 1

CESPE / CEBRASPE 2023 - PC-AL - Delegado de Polícia Civil

A retratação da calúnia feita antes da sentença acarreta a extinção da punibilidade do agente, independentemente de aceitação do ofendido.

Certo ( ) Errado ( )

QUESTÃO 2

VUNESP - 2022 - PC-SP - Delegado de Polícia

Júpiter está arrumando a ligação elétrica de sua casa, com ajuda de Jano, seu amigo, que lhe segura a escada. Deixando de observar um dever objetivo de cuidado, Júpiter faz uma ligação equivocada e recebe uma alta descarga de energia, sofrendo inutilização permanente de membro. No mesmo incidente, Jano sofre uma lesão corporal leve. Em outro cenário, Saturno, pai dedicado e amoroso, está dando banho em seu filho, Nemestrino. Imprudentemente, Saturno deixa Nemestrino cair no chão, o que causa a morte imediata do bebê. No que concerne à lesão corporal sofrida por Jano e ao homicídio praticado por Saturno, o perdão judicial, ao menos em tese:

a) aplica-se ao primeiro caso e depende de concordância da mãe de Nemestrino para aplicação ao segundo.
b) aplica-se ao segundo caso, mas não ao primeiro.
c) não se aplica a nenhum dos casos.
d) aplica-se a ambos os casos.
e) aplica-se ao primeiro caso, mas não ao segundo.

QUESTÃO 3

ADVISE - 2024 - Prefeitura de Serra da Raiz - PB - Procurador Jurídico

Se o juiz reconhecer a extinção da punibilidade no processo penal, é CORRETO afirmar que:

a) deve declará-la em qualquer fase, de ofício.
b) pode declará-la apenas na fase instrutória.
c) pode declará-la apenas mediante requerimento do Ministério Público.
d) não pode declará-la de ofício em nenhuma hipótese.
e) pode declará-la de ofício apenas se for crime com pena de detenção.

QUESTÃO 4

FGV - 2023 - TJ-GO - Juiz Substituto

Réu condenado, por sentença definitiva, pela prática de crime pode vir a não cumprir a pena ou a ter a execução da pena extinta, caso sobrevenha causa extintiva da punibilidade. Dentre essas causas, existem aquelas que, ocorridas após a sentença condenatória irrecorrível, extinguem todos os efeitos penais da condenação, principais e secundários.

É o que acontece com o(a):

a) anistia;
b) graça;
c) indulto;
d) prescrição da pretensão executória;
e) reparação do dano, no crime de peculato culposo.

QUESTÃO 5

FGV - 2023 - TJ-MS - Juiz Substituto

Em relação à anistia, graça e indulto, é correto afirmar que:

a) a anistia é concedida mediante decreto do presidente da República, extinguindo todos os efeitos penais da condenação, mas preservando os efeitos civis;

b) a graça, também conhecida como indulto coletivo, é concedida mediante decreto do presidente da República, servindo somente para apagar os efeitos executórios da condenação;

c) o indulto é concedido mediante lei federal, extinguindo todos os efeitos da condenação, penais e civis;

d) o indulto é concedido mediante decreto do presidente da República, podendo extinguir pena ou medida de segurança;

e) condenado que venha a ser beneficiado com anistia, necessariamente concedida mediante lei federal, caso cometa outro crime, será considerado reincidente.

QUESTÃO 6

CESPE / CEBRASPE 2023 - TJ-ES - Analista Judiciário - Especialidade: Comissário de Justiça da Infância e Juventude

Para a concessão de indulto, deve ser considerada a pena originalmente imposta, e não a pena remanescente decorrida de comutações anteriores.

Certo ( ) Errado ( )

QUESTÃO 7

TJ-AM - 2023 - Titular de Serviços de Notas e de Registros - Ingresso por Remoção

No tocante às formas de extinção da punibilidade, assinale a alternativa INCORRETA:

a) Pelo perdão aceito, nos crimes de ação privada.

b) Retroatividade de lei que não mais considera o fato como criminoso.

c) Suspensão condicional do processo.

d) Anistia, graça ou indulto.

QUESTÃO 8

VUNESP - 2023 - Prefeitura de Jaguariúna - SP - Auditor Fiscal Tributário

É causa de extinção da punibilidade, nos termos do art. 107 do CP:

a) absolvição.
b) menoridade.
c) perdão judicial.
d) inimputabilidade.
e) casamento do ofensor com a vítima.

QUESTÃO 9

INSTITUTO AOCP - 2023 - MPE-RR - Promotor de Justiça Substituto

Acerca das causas extintivas da punibilidade, é correto afirmar que

a) o perdão do ofendido não depende de aceitação da vítima.
b) a prescrição retroativa se aplica entre a data do fato e a do recebimento da denúncia e entre esta e a da sentença penal condenatória recorrível.
c) o pagamento das contribuições previdenciárias não recolhidas ao INSS até o início da ação fiscal extingue a punibilidade.
d) a perempção, prevista no inciso IV, art. 107, CP, é instituto jurídico mediante o qual a vítima, ou seu representante, perde o direito de queixa ou de representação em virtude de não exercer seu direito no prazo de seis meses.

QUESTÃO 10

CESPE / CEBRASPE 2023 - TCE-RJ - Procurador do Ministério Público

A extinção da punibilidade de crime que seja pressuposto ou elemento constitutivo de outro a este se estende.

Certo ( ) Errado ( )

GABARITO

Questão 1	Assertiva "Correta"
Questão 2	Letra "D"
Questão 3	Letra "A"
Questão 4	Letra "A"
Questão 5	Letra "D"

Questão 6	Assertiva "Correta"
Questão 7	Letra "C"
Questão 8	Letra "C"
Questão 9	Letra "C"
Questão 10	Assertiva "Errada"

CAPÍTULO 20

Prescrição

20.1. Aspectos gerais

Fenômeno que ocorre quando o Estado **perde o direito de punir ou de executar uma pena** em virtude de sua inércia durante um lapso temporal legalmente estabelecido. Em síntese, é o **limite temporal do poder punitivo estatal.**

Por ser uma **matéria de ordem pública**, o juiz poderá reconhecer a prescrição **de ofício, em qualquer tempo e grau de jurisdição** (CPP, art. 61). Embora conduzam à extinção do processo, os prazos prescricionais possuem **natureza material,** pois impactam diretamente o direito estatal de punir. São, portanto, **improrrogáveis**, e sujeitam-se à regra insculpida no art. 10 do Código Penal sobre contagem dos prazos penais.

O instituto da prescrição tem por fundamento combater a inércia do Estado na persecução penal, promover a segurança jurídica e garantir que a sanção seja aplicada tempestivamente, a fim de que atenda às suas finalidades com eficácia e conveniência.

A prescrição possui **dupla natureza jurídica**:

- **Causa de extinção da punibilidade**, CP, art. 107, IV.
- **Instituto de direito material** (isso importa para o cômputo do prazo penal). Por ser instituto de direito material no prazo se inclui o primeiro dia e exclui o último dia, conforme CP, artigo 10.

▸ ATENÇÃO!

A prescrição ocorrerá no dia anterior do mesmo mês de tantos anos quantos forem. Como regra geral, CP, art. 111, I, a prescrição começa a contar do dia da consumação do crime. Exemplo: o crime se consumou no dia 10/01/2020, a prescrição se dará em 4 anos. A prescrição ocorrerá dia 09/01/2024. O Estado tem até às 23h59, do dia 09/01/2024, para exercer o *jus puniendi*.

▶ IMPORTANTE

Embora a prescritibilidade dos crimes seja a regra no direito pátrio, a Constituição Federal de 1988 estabelece expressamente dois casos de imprescritibilidade na seara criminal:

• **crime de racismo** (Lei n. 7.716/89), consoante previsto no art. 5º, XLII; e

• **ação de grupos armados, civis ou militares, contra a ordem constitucional e o Estado Democrático**, conforme o previsto no art. 5º, XLIV.

Mas não podemos olvidar de casos considerados imprescritíveis pelos Tribunais superiores, a saber:

• **Injúria racial** (CP, art. 140, § 3º) - O STF[1] e o STJ[2] entendem que a injúria racial é espécie do gênero racismo, portanto imprescritível. Há crítica da doutrina em relação a essa decisão do STF (ativismo judicial e afronta ao princípio da reserva legal, conforme mencionamos no estudo do princípio da legalidade, para onde remetemos o leitor). Contudo, a discussão em torno da imprescritibilidade da injúria racial perdeu parte de sua relevância com a promulgação da Lei nº 14.532, de 2023, a qual incluiu essa conduta criminosa no art. 2º-A da Lei nº 7.716/1989 (Lei de Antirracismo). Ao incorporar essa figura criminosa neste diploma legal, o legislador conferiu à injúria racial o status de imprescritibilidade. Portanto, mesmo havendo críticas à decisão do STF sobre o assunto, a própria legislação agora reforça essa perspectiva;

• **Crimes de competência do Tribunal Penal Internacional:** No plano internacional, o Estatuto de Roma (Decreto nº 4.388/2002), prevê no seu art. 29 que os crimes de competência do TPI não prescrevem (crimes de genocídio, contra humanidade, de guerra e de agressão), muito embora, no Brasil, o STF entenda que os delitos de competência do TPI estão sujeitos ao fenômeno da prescrição[3].

1. STF, Plenário. HC 154248/DF, Rel. Min. Edson Fachin, julgado em 28/10/2021 (Info 1036).
2. STJ, 6ª Turma. AgRg no REsp 1.849.696/SP, Rel. Min. Sebastião Reis Júnior, j. em 16/06/2020, DJe 23/06/2020.
3. STF, Plenário. Ext. 1.362/DF, Rel. Min. Teori Zavascki, j. em 09/11/2016 (Info 846) e STJ, 3ª Turma. REsp 1.798.705-SC, Rel. Min. Paulo de Tarso Sanseverino, julgado em 22/10/2019 (Info 659).

	PRESCRIÇÃO	DECADÊNCIA
Natureza Jurídica	Causa extintiva de punibilidade em razão de **inércia do titular de um direito**	Causa extintiva de punibilidade em razão de **inércia do titular de um direito**
Tipo de Ação Penal	**Qualquer espécie de crime**, não importando a forma pelo qual se processe	Crimes de aç**ão penal privada e ação penal pública condicionada à representação** do ofendido ou de quem o represente
Momento	Pode se concretizar a **qualquer momento**, antes ou durante a ação penal, e até mesmo depois do trânsito em julgado da sentença penal condenatória	**Antes do início** da ação penal
Consequência	Perda do **direito de punir** para o Estado	Perda do **direito de ação** e mediatamente o direito de punir

A prescrição penal, no Código Penal, está dividida em dois grupos, a saber:

- **Prescrição da pretensão punitiva (PPP)**, que se verifica **antes do trânsito em julgado da sentença condenatória**, e fulmina o direito estatal de buscar a punição do indivíduo;
- **Prescrição da pretensão executória (PPE)**, que ocorre a**pós o trânsito em julgado da sentença condenatória**, impede que o Estado execute a pena já imposta.

PRESCRIÇÃO DA PRETENSÃO PUNITIVA (PPP)	PRESCRIÇÃO DA PRETENSÃO EXECUTÓRIA (PPE)
Perda do **direito de punir**	Perda do direito de **executar a pena**
Ocorre **antes** do trânsito em julgado O Estado tem o prazo (art. 109, CP) para **formar** o título executivo judicial. Não gera execução na esfera cível (não tem título)	Ocorre **após** o trânsito em julgado O Estado tem um tempo (art. 109, CP) para **executar** o título judicial, com base na **pena em concreto.** Pode a execução na esfera cível (tem título)
Autoriza-se inclusive a **rejeição** da denúncia ou queixa (CPP, art. 395, II). Inclusive é possível ao acusado impetrar *habeas corpus* para cessar coação ilegal (CPP, art. 648, VII).	Compete ao **juízo da execução** reconhecê-la e declarar a extinção da punibilidade, depois de ouvido M.P., comportando essa decisão recurso de agravo sem efeito suspensivo (LEP, arts. 66, II, e 197).
Impede **qualquer efeito** de eventual condenação (efeito penal e extrapenal). O agente continua sendo primário	Impede **apenas a execução da pena**. Os demais efeitos subsistem

▶ IMPORTANTE

Os atos infracionais praticados por adolescentes também podem sofrer os efeitos da prescrição. Nesse sentido, dispõe a **Súmula nº 338 do STJ:** "A prescrição penal é aplicável nas medidas socioeducativas".

▶ JURISPRUDÊNCIA

Tratando-se de medida socioeducativa aplicada sem termo, o prazo prescricional deve ter como parâmetro a duração máxima da internação (3 anos), e não o tempo da medida, que poderá efetivamente ser cumprida até que o socioeducando complete 21 anos de idade.

Assim, deve-se considerar o lapso prescricional de 8 anos previsto no art. 109, IV, do Código Penal (baseado na duração máxima de 3 anos), posteriormente reduzido pela metade em razão do disposto no art. 115 do mesmo diploma legal, de maneira a restar fixado em 4 anos.[4]

20.2. Prescrição da pretensão punitiva (PPP)

A prescrição da pretensão punitiva consiste na **perda do direito de punir**, e ocorre **antes** do trânsito em julgado da sentença penal condenatória para ambas as partes.

De acordo com o Código Penal, ela pode ser subdividida da seguinte maneira:

- Prescrição da pretensão punitiva em **abstrato** ou **propriamente dita**;
- Prescrição da pretensão punitiva **retroativa**; e
- Prescrição da pretensão punitiva **superveniente** ou **intercorrente**.

<table>
<tr><td rowspan="3">Prescrição da pretensão punitiva (PPP)</td><td colspan="2">Em abstrato ou propriamente dita</td></tr>
<tr><td rowspan="2">Em concreto</td><td>Superveniente ou intercorrente</td></tr>
<tr><td>Retroativa</td></tr>
</table>

4. STJ, 5ª Turma. AgRg no REsp 1.856.028-SC, Rel. Min. Reynaldo Soares da Fonseca, julgado em 12/05/2020 (Info 672).

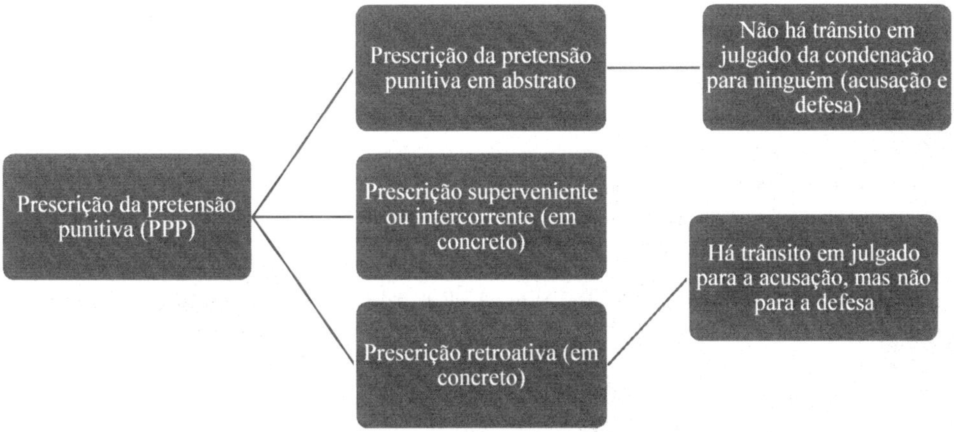

20.2.1. Prescrição da pretensão punitiva em abstrato

Esta espécie, prevista no art. 109 do Código Penal, é conhecida como a prescrição da pretensão punitiva "**propriamente dita**". Isso porque dispõe que, antes do trânsito em julgado da sentença condenatória, o lapso prescricional é calculado com base na pena máxima abstratamente cominada ao tipo penal em seu preceito secundário. O rol dos prazos prescricionais se encontra nos incisos do art. 109 do Código Penal:

Máximo da pena privativa de liberdade abstratamente cominada ao delito	Prazo Prescricional
Inferior a 1 ano (inciso VI)	3 anos
Igual ou superior a 1 ano, até 2 anos (inciso V)	4 anos
Superior a 2 anos até 4 anos (inciso IV)	8 anos
Superior a 4 anos até 8 anos (inciso III)	12 anos
Superior a 8 anos até 12 anos (inciso II)	16 anos
Superior a 12 anos (inciso I)	20 anos

Ilustrando: o crime de homicídio simples, previsto no art. 121, *caput*, do Código Penal, possui pena máxima estabelecida em 20 (vinte) anos de reclusão. De acordo com o art. 109, inciso I, do Código Penal, a pena máxima em abstrato superior a doze anos prescreve em vinte anos. Nesse caso, portanto, a prescrição da pretensão punitiva deste delito se verificará em vinte anos.

Os prazos prescricionais do art. 109 do Código Penal **não se aplicam à pena de multa**, caso esta seja a única cominada pela lei ou aplicada ao caso concreto. O art. 114 do Código Penal dispõe sobre o prazo prescricional da pena de multa, estatuindo que a prescrição da pena de multa ocorrerá em 2 (dois) anos, quando a multa for a única cominada ou aplicada. Por outro lado, a pena de multa prescreverá no mesmo prazo estabelecido para prescrição da pena privativa de liberdade, quando a multa for alternativa ou cumulativamente cominada ou cumulativamente aplicada.

▸ ATENÇÃO!

O crime de **porte de drogas para consumo pessoal**, previsto no art. 28 da Lei nº 11.343/06, submete-se a prazo prescricional especial, conforme dispõe o art. 30 do mesmo diploma legislativo. Segundo esse dispositivo, prescrevem em 2 (dois) anos a imposição e a execução das penas do crime previsto no art. 28, observado, no tocante à interrupção do prazo, o disposto nos arts. 107 e seguintes do Código Penal.

▸ IMPORTANTE

No caso de concurso de crimes (concurso material, concurso formal ou crime continuado) a extinção da punibilidade incidirá sobre a pena de cada um, **isoladamente** (CP, art. 119). Nos termos da **Súmula no 497 do Supremo Tribunal Federal**: "Quando se tratar de crime continuado, a prescrição regula-se pela pena imposta na sentença, não se computando o acréscimo decorrente da continuação".

As **circunstâncias judiciais e as agravantes e atenuantes genéricas**, de modo geral, não influem no cálculo da prescrição da pretensão punitiva, pois o seu reconhecimento não autoriza a elevação ou diminuição da pena para além dos limites abstratamente cominados no tipo penal. Inclusive, ressalte-se o teor da **Súmula n. 220, do Superior Tribunal de Justiça,** segundo a qual, "a reincidência não influi no prazo da prescrição da pretensão punitiva". A exceção a essa regra encontra-se no art. 115 do Código Penal, o qual estabelece a **redução pela metade** dos prazos prescricionais se o réu for menor de 21 anos na data dos fatos, ou maior de 70 anos na data da prolação da sentença.

Por sua vez, as **qualificadoras e as causas de aumento e diminuição de pena** devem ser sempre consideradas para o cálculo do prazo prescricional. Para tanto, toma-se como parâmetro a **teoria da pior das hipóteses para o condenado**.

Exemplificando: se a pena máxima prevista para o delito é de 6 (seis) anos, e causa de aumento de pena incidente ao caso pode variar de um a dois terços, o juiz deve levar em conta o pior cenário para o condenado, aplicando a fração de dois terços, que é a mais gravosa (observe que se houvesse incidência de uma causa de diminuição de pena variável de um a dois terços, o juiz levaria em conta a menor fração de redução, pois é a pior hipótese para o agente). Desse modo, o montante final de 10 (dez) anos será o parâmetro que orientará o cálculo do prazo prescricional que, de acordo com a tabela do art. 109 do Código Penal, será de 16 (dezesseis) anos.

<table>
<tr><th colspan="2">NA PENA MÁXIMA COMINADA COMPUTAM-SE?</th></tr>
<tr><td>Circunstâncias Judiciais (CP, art. 59)?</td><td rowspan="2">NÃO. Não tem critério fixo.</td></tr>
<tr><td>Atenuantes e Agravantes (CP, arts. 61, 62, 65 e 66)?</td></tr>
<tr><td>Causas de Aumento e Diminuição de Pena?</td><td>SIM, porque a lei traz o quantum de aumento e de diminuição.</td></tr>
<tr><td colspan="2">Há exceção: O aumento decorrente da exasperação da pena (1/6 a 2/3) do crime continuado não é computado por motivos de política criminal. Portanto, não se computa:
Concurso formal próprio (CP, arts. 70 e 119);
Crime Continuado (CP, art. 71 e Súmula 497 do STF).

Súmula 497 do STF: "Quanto se tratar de crime continuado, a prescrição regula-se pela pena imposta na sentença, não se computando o acréscimo decorrente da continuação."
CP, art. 119 - "No caso de concurso de crimes, a extinção da punibilidade incidirá sobre a pena de cada um, isoladamente."

Observação: A detração não é utilizada no cômputo da prescrição. Ou seja, a prescrição se dará com base na pena total em concreto aplicada na sentença, não considerando a pena já cumprida em prisão cautelar, por exemplo.</td></tr>
</table>

<table>
<tr><td rowspan="3">SITUAÇÕES QUE ALTERAM O PRAZO PRESCRICIONAL</td><td>Aumenta em 1/3 (CP, art. 110, in fine)
(Apenas na PPE, Súm. 220, STJ)</td><td>Condenado reincidente</td></tr>
<tr><td rowspan="2">Reduz pela metade (CP, art. 115)
(Comum à PPP e PPE)</td><td>Menor de 21 anos - ao tempo do crime, pois adota-se a teoria da atividade)</td></tr>
<tr><td>Maior de 70 anos - data da primeira sentença condenatória (juízo ou Tribunal – não alcança confirmação em Tribunal, STJ, Corte Especial, EDcl na APn 741/DF).</td></tr>
</table>

20.2.2. Prescrição da pretensão punitiva retroativa

A prescrição da pretensão punitiva retroativa encontra previsão legal no art. 110, § 1º do Código Penal, o qual dispõe: "a prescrição, depois da sentença condenatória com trânsito em julgado para a acusação ou depois de improvido seu recurso, regula-se pela pena aplicada, não podendo, em nenhuma hipótese, ter por termo inicial data anterior à da denúncia ou queixa".

Desse modo, pode-se afirmar que a prescrição retroativa se verifica **após o trânsito em julgado da sentença condenatória para a acusação**, e é balizada pela pena **concretamente** aplicada em virtude da **vedação** da ***reformatio in pejus.*** De acordo com a **Súmula 146 do Supremo Tribunal Federal**, "a prescrição da ação penal regula-se pela pena concretizada na sentença, quando não há recurso da acusação". Eventualmente, se houver recurso da acusação que não discuta o montante da reprimenda (insurgindo-se apenas contra o regime inicial de cumprimento da pena o ou pugnando pela incidência de determinado efeito da condenação, por exemplo), não há óbice ao reconhecimento desta espécie de prescrição.

Para tanto, **devem ser analisados os marcos interruptivos** que ocorreram **antes da prolação da sentença**, a fim de verificar se entre algum deles transcorreu prazo maior que o período da prescrição agora regulado pela pena concreta. Em caso positivo, terá ocorrido a prescrição da pretensão punitiva, ou seja, o Estado terá perdido o seu direito de punir o acusado pelo delito cometido.

Ressalte-se que, por expressa disposição legal, o termo inicial da prescrição retroativa **não pode ser data anterior à da denúncia ou queixa**. A doutrina destaca que "a investigação criminal, desacompanhada de acusação formal e de cunho extraprocessual (não é processo, e sim procedimento), comporta dilação temporal mais ampla, orientada somente pelo máximo da pena privativa de liberdade em abstrato. Com efeito, não há falar em imprescritibilidade penal no período anterior ao recebimento da denúncia ou queixa, pois continua a incidir, normalmente, a prescrição da pretensão punitiva propriamente dita (prescrição da ação) como castigo à inércia estatal. Por essa razão, não há espaço para a prescrição retroativa na fase investigatória".

Imagine que João foi acusado pelo crime de violação de sigilo funcional simples (CP, art. 325, *caput*), cuja pena em abstrato é fixada entre seis meses a dois anos de detenção. Enquanto não passa em julgado a condenação, o prazo prescricional do crime é de quatro anos, nos termos do art. 109, inciso V, pois é balizado pela pena máxima (dois anos) cominada ao delito. Finalmente, João é condenado à pena de 11 meses de detenção. Somente defesa recorreu da decisão, o que ensejou o trânsito em julgado da sentença para o Ministério Público, já que não é possível agravar a pena quando somente o réu houver apelado da sentença (CPP, art. 617). A partir desse momento, a prescrição passou a ser regulada pela **pena concretamente imposta ao réu**. Verificando os patamares do art. 109 do Código Penal, chega-se à conclusão de que a pena de 11 meses prescreve em três anos. Ocorre que entre o recebimento da denúncia e a publicação da sentença condenatória recorrível, transcorreu o lapso temporal de cinco anos. Assim, se a prescrição da pretensão punitiva se dá em três anos, e passaram-se cinco anos entre a data do recebimento da denúncia e a prolação da sentença, o delito está prescrito e, portanto, João não poderá ser punido em virtude dele.

20.2.3. Prescrição da pretensão punitiva superveniente, intercorrente ou subsequente

A prescrição da pretensão punitiva superveniente é assim denominada porque se opera **entre a publicação da sentença condenatória recorrível e o seu trânsito em julgado para a defesa**. Em outras palavras, é chamada de superveniente, porque ocorre **após a sentença**. Normalmente ocorre em virtude da morosidade no julgamento do recurso interposto pela defesa.

À semelhança do que ocorre com a prescrição da pretensão punitiva retroativa, a prescrição superveniente exige o trânsito em julgado para a acusação acerca da pena aplicada, pois é balizada pela pena concretamente aplicada em virtude da **vedação da *reformatio in pejus***. De acordo com a **Súmula 146 do Supremo Tribunal Federal**, "a prescrição da ação penal regula- se pela pena concretizada na sentença, quando não há recurso da acusação". Eventualmente, se houver recurso da acusação que não discuta o montante da reprimenda (insurgindo-se apenas contra o regime inicial de cumprimento da pena o ou pugnando pela incidência de determinado efeito da condenação, por exemplo), não há óbice ao reconhecimento desta espécie de prescrição.

Por exemplo: suponha que o réu tenha sido condenado à pena de um ano e dez meses de reclusão. De acordo com o art. 109, V, do Código Penal, o prazo prescricional é de quatro anos. Contudo, entre a publicação da sentença e o trânsito em julgado para a defesa, passaram-se cinco anos. Sendo assim, tem-se que operou a prescrição.

PRESCRIÇÃO DA PRETENSÃO PUNITIVA EM CONCRETO (PPPc) **CP, art. 110, § 1º**	
Prescrição Retroativa	**Prescrição Intercorrente ou Superveniente**
Ocorrendo o trânsito em julgado para a acusação, surge a modalidade da prescrição retroativa, a qual também leva em consideração a pena fixada na sentença para constatação do prazo prescricional (**pena em concreto**). Para a contagem, deve-se retroagir da data da publicação da sentença até o dia do recebimento da denúncia.	Conta-se da publicação da sentença condenatória com o **trânsito em julgado para a acusação** até o trânsito em julgado para a defesa (pendência de recurso na instância superior). O trânsito em julgado é para a acusação (STF, Súmula 146), pois se o M.P. recorrer – objetivando o aumento da pena, não há que se falar nesta espécie de prescrição. Neste caso não seria possível calcular a prescrição sobre uma reprimenda incerta. A prescrição será com base na **pena em concreto**, pois não há mais possibilidade de que essa sanção seja aumentada nas Instâncias Superiores, pois é vedado o *reformatio in pejus*.

20.2.4. Marco inicial da contagem da prescrição da pretensão punitiva

Os marcos iniciais da contagem do prazo prescricional da pretensão punitiva estão definidos no art. 111 do Código Penal. Desse modo, considera-se como termo inicial do lapso prescricional:

a) o dia em que o crime se consumou (inciso I): Nos termos do art. 4º do Código Penal, que adotou a teoria da atividade, considera-se praticado o crime no momento da ação ou omissão, ainda que outro seja o momento do resultado. Entretanto, o termo inicial da prescrição leva em consideração a **teoria do resultado**, pois o prazo só começa a fluir **a partir do dia em que o crime se consumou**.

Nos crimes materiais, a efetiva produção do evento naturalístico marca o início do lapso prescricional. Lembrando que, quanto aos crimes formais e de mera conduta, basta a prática da ação ou omissão para a consumação do delito.

b) o dia em que cessou a atividade criminosa, no caso de tentativa (inciso II): Quando se tratar de **crime tentado**, o prazo prescricional começará a correr a partir do dia em que o agente tiver praticado o último ato de seu frustrado empreendimento criminoso.

c) o dia em que cessar a permanência, no caso de crimes permanentes (inciso III): Os crimes permanentes são aqueles cuja execução se prolonga no tempo, a exemplo do crime de sequestro e cárcere privado (art. 148, CP). Sendo assim, o prazo prescricional somente começará a fluir a partir **da cessação do crime permanente**.

O Supremo Tribunal Federal aplica o mesmo raciocínio aos crimes habituais.

d) o dia em que o fato se tornar conhecido, no caso dos crimes de bigamia e falsificação ou alteração de assentamento no registro civil (inciso IV): Trata-se de exceção à regra geral, atendendo ao fato de que esses crimes são de difícil descoberta, pois rodeados de precauções e dissimulações. Se a eles fosse aplicado o disposto na letra "a" do art. 111, prescreveriam com facilidade.

e) nos crimes contra a dignidade sexual ou que envolvam violência contra a criança e o adolescente, previstos neste Código ou em legislação especial, da data em que a vítima completar 18 (dezoito) anos, salvo se a esse tempo já houver sido proposta a ação penal (inciso V): Com o advento da Lei nº 14.344/2022 (Lei Henry Borel), o inciso V estabelece um prazo diferenciado de prescrição não apenas para crimes relacionados à dignidade sexual de crianças e adolescentes, mas para **qualquer crime que envolva violência contra eles** (não apenas de natureza sexual, mas qualquer forma de violência).

Este dispositivo deve ser interpretado à luz do artigo 4º da Lei nº 13.431/17, que lista as diferentes formas de violência doméstica e familiar contra crianças e adolescentes (física, psicológica, sexual, institucional e patrimonial).

Em qualquer uma dessas formas, havendo crime, a prescrição só começa a correr quando a vítima completar 18 anos, salvo se já tiver sido proposta a ação.

CRIME	TERMO INICIAL DA PRESCRIÇÃO	ART. 111
Consumado	Data da consumação	Inciso I
Tentado	Data do último ato executório	Inciso II
Permanente	Data em que cessou a permanência	Inciso III
Crime de bigamia, falsificação ou alteração de assentamento de registro civil	Data em que o fato se tornou conhecido	Inciso IV
Nos crimes contra a dignidade sexual de crianças e adolescentes, previstos no Código Penal ou em legislação especial	Data em que a vítima completar 18 (dezoito) anos, salvo se a esse tempo já houver sido proposta a ação penal	Inciso V

▸ ATENÇÃO

De acordo com a o art. 182 da Lei nº 11.101/05 (Lei de Falências), o prazo prescricional dos **crimes falimentares começa a correr do dia da decretação da falência, da concessão da recuperação judicial ou da homologação do plano de recuperação extrajudicial**. De acordo com o parágrafo único do dispositivo citado, a decretação da falência do devedor **interrompe** a prescrição cuja contagem tenha iniciado com a concessão da recuperação judicial ou com a homologação do plano de recuperação extrajudicial.

▸ OBSERVAÇÃO

A prescrição da **medida de segurança** imposta em sentença absolutória imprópria é regulada pela pena máxima abstratamente prevista para o delito.[5]

20.2.5. Causas impeditivas da prescrição da pretensão punitiva

As causas impeditivas da prescrição estão previstas no art. 116 do Código Penal, em **rol exemplificativo** e demandam **expressa previsão legal**[6]. Na realidade, podem configurar como causas impeditivas, obstando o início do lapso prescricional, ou causas suspensivas, suspendendo temporariamente o decurso do prazo. Neste caso, cessada a causa suspensiva, o prazo volta a fluir. Vejamos:

a) Enquanto não resolvida, em outro processo, questão de que dependa o reconhecimento ou a existência do crime (inciso I): Este dispositivo versa sobre eventuais **questões prejudiciais** que devam ser decididas em outro processo.

5. STJ, 5ª Turma. RHC 39920-RJ, Rel. Min. Jorge Mussi, julgado em 6/2/2014 (Info 535).
6. STJ, 5ª Turma, AgRg no REsp n. 1.371.909/SC, relator Ministro Joel Ilan Paciornik, julgado em 23/8/2018, DJe de 3/9/2018.

Cite-se como exemplo o crime de bigamia, quando o réu discute no juízo cível a validade do casamento anterior.

Não confunda com as questões preliminares:

QUESTÃO PREJUDICIAL	QUESTÃO PRELIMINAR
São sempre de direito **material**	São sempre de direito **processual**
Cingem-se ao **mérito principal**	Cingem-se a **pressupostos processuais**
Tem autonomia	Não tem autonomia
Solucionadas pelo juízo penal ou extrapenal	São sempre decididas pelo juízo penal

b) Enquanto o agente cumpre pena no exterior (inciso II): Tal causa suspensiva destina-se a viabilizar a persecução penal no solo pátrio, pois é muito pouco provável que o Brasil obtenha a extradição do réu nesses casos.

c) Na pendência de embargos de declaração ou de recursos aos Tribunais Superiores, quando inadmissíveis (inciso III): Trata-se de causa suspensiva introduzida pela Lei nº 13.964/19 ("Pacote Anticrime").

Ao prever essa nova causa suspensiva, o legislador busca evitar que o réu seja beneficiado pelo fenômeno da prescrição em virtude de **manobras jurídicas meramente protelatórias manejadas pela defesa**.

Vale ressaltar que eventuais embargos protelatórios opostos pela acusação podem acarretar o delito do art. 31 da Lei de Abuso de Autoridade (Lei nº 13.869/19), se presente o especial fim de agir descrito no art. 1º, § 1º (prejudicar outrem ou beneficiar a si mesmo ou a terceiro, ou, ainda, por mero capricho ou satisfação pessoal).

A inclusão desse inciso é digna de elogios. De agora em diante, se opostos embargos de declaração ou interpostos recursos de índole extraordinária e estes forem tidos por inadmissíveis pelos Tribunais Superiores, o réu não se beneficiará de eventual prescrição que ocorra no período em que os embargos ou os recursos estavam em trâmite, porque haverá a suspensão do prazo prescricional.

Tratando-se de *lex gravior*, a norma tem aplicação aos casos futuros, não retroagindo para alcançar fatos anteriores à entrada em vigor do Pacote Anticrime[7].

Observe-se que, em razão do princípio da legalidade estrita, a regra suspensiva não se aplica aos embargos de declaração opostos no âmbito de tribunais locais (TJ e TRF) ou do juízo de piso, já que é vedada a integração do ordenamento jurídico por meio de analogia desfavorável ao réu (*in malam partem*). Parte da doutrina,

7. FONTES, Eduardo; HOFFMAN, Henrique (coord.). **Carreiras Policiais – Pacote Anticrime (2020)**. Salvador: Editora JusPodivm, 2020, p. 33.

entretanto, defende que mesmo os embargos opostos contra a sentença de primeiro grau devem suspender a prescrição[8].

d) Enquanto não cumprido ou não rescindido o acordo de não persecução penal (inciso IV): Esse inciso também foi uma inovação legislativa decorrente do "Pacote Anticrime" e não ficará imune a críticas.

Conforme destacamos em nossa obra:

> No acordo de colaboração premiada, cujo regramento se encontra na Lei 12.850/13, há prazo específico para o seu cumprimento. Dessa forma, até que sejam cumpridas as medidas a que se comprometeu o agente, o prazo para oferecimento da denúncia ou o processo poderá ser suspenso por até 6 meses prorrogável por igual período. Por corolário lógico, o legislador estabeleceu que, nesse caso, o prazo prescricional também permanecerá suspenso (art. 4º, § 3º, da Lei 12.850/13). Ocorre que, no caso do Pacote Anticrime, o legislador não fixou um prazo geral para o cumprimento cabal do acordo de não persecução penal, o que pode torná-lo demasiadamente longo. Não se ignora que a prestação de serviço à comunidade é condição limitada pelo período correspondente à pena mínima cominada ao delito diminuída de um a dois terços (art. 28-A, inciso III, do CPP). Contudo, no inciso V do citado dispositivo há apenas menção de que outra condição indicada pelo MP pode ser objeto de acordo, por prazo determinado. Com isso, é possível que o tal prazo determinado seja de muitos anos, o que conduziria a uma protraição desarrazoada do cumprimento do acordo e da própria possibilidade de punir. Em tal hipótese, a única salvaguarda do investigado é contar com a prudência do magistrado, que poderá negar a homologação do pacto por entender que condições demasiadamente alongadas são abusivas (art. 28-A, § 5º, do CPP). A depender do prazo fixado pelo MP para a realização de determinada tarefa, e em sendo homologado o acordo pelo magistrado, o investigado permanecerá vinculado por um bom tempo à mercê da vontade do MP. Recorde-se que durante esse período o crime não estará sujeito à prescrição, pois o prazo estará suspenso (art. 116, IV, CP). Nossa sugestão para o caso é o emprego da analogia frente ao art. 28-A, III, da Lei 13.964/19 para impor como limite máximo para cumprimento de toda e qualquer condição negociada o prazo de pena mínima cominada à infração penal, fazendo-se incidir a minorante de 1/3 a 2/3. Destaca-se, por fim, que o legislador sequer previu um recurso contra a homologação do acordo (somente para a recusa de homologação – art. 581, XXV, do CPP), sendo a medida adequada para tal caso, a nosso sentir, o habeas corpus.[9]

O parágrafo único do art. 116 do Código Penal prevê situação na qual, mesmo já existindo sentença judicial transitada em julgado, não está correndo o prazo prescricional para que o condenado seja obrigado a iniciar o cumprimento da pena.

---

8. CUNHA, Rogério Sanches. **Pacote Anticrime**. Salvador: Juspodivm, 2020, p. 45.
9. FONTES, Eduardo; HOFFMAN, Henrique (coord.). **Carreiras Policiais – Pacote Anticrime (2020)**. Salvador: Editora JusPodivm, 2020, p. 34-35.

JURISPRUDÊNCIA

O regramento trazido no art. 116, parágrafo único, do CP abrange também aqueles que se encontram **cumprindo pena em regime aberto, prisão domiciliar ou em livramento condicional:**

• Dessa forma, encontrando-se o paciente cumprindo pena em livramento condicional, o curso da prescrição da pretensão executória não teve início com o trânsito em julgado para o Ministério Público, haja vista a existência de causa impeditiva.[10]

• O cumprimento de pena imposta em outro processo, ainda que em regime aberto ou em prisão domiciliar, impede o curso da prescrição executória. Assim, não há que se falar em fluência do prazo prescricional, o que impede o reconhecimento da extinção de sua punibilidade.[11]

Além das causas elencadas no art. 116 do Código Penal, podemos citar, a título de exemplo, **outras situações** que impedem ou suspendem a prescrição da pretensão punitiva previstas em lei:

- **Lei 9.099/95, artigo 89, § 6º** - Só é suspenso o prazo prescricional no *sursis* processual, por expressa previsão legal. Em relação a transação penal o prazo não é suspenso por falta de previsão legal (STJ, 6ª Turma, RHC 8048);
- **CF/88, artigo 53, § 3º e 5º** - Deputado Federal e Senador na prática de crime, será julgando perante o STF, podendo-se sustar o andamento do processo por iniciativa do partido político e com voto da maioria absoluta dos seus membros pode sustar o andamento do processo e a prescrição;
- **Lei 12.850/13 (OrCrim), Art. 4º, § 3º** - O prazo para oferecimento de denúncia ou o processo, relativos ao colaborador, poderá ser suspenso por até 6 (seis) meses, prorrogáveis por igual período, até que sejam cumpridas as medidas de colaboração, suspendendo-se o respectivo prazo prescricional;
- **Casos de Repercussão Geral**: O STF entendeu que nos casos de Repercussão Geral o prazo prescricional fica suspenso até que ela seja julgada, se o relator assim o quiser (RE 966.177);
- **Acordo de leniência nos crimes contra a ordem econômica (Lei nº 12.529/2011, art. 87)** – Nos crimes contra a ordem econômica, tipificados na Lei nº 8.137, de 27 de dezembro de 1990 , e nos demais crimes diretamente relacionados à prática de cartel, e os tipificados no art. 288 do Decreto-Lei nº 2.848, de 7 de dezembro de 1940 - Código Penal, a

10. STJ, 5ª Turma. HC 429.545/SP, Rel. Min. Reynaldo Soares da Fonseca, julgado em 24/04/2018.
11. STJ, 5ª Turma. AgRg no RHC 123.523-SP, Rel. Min. Jorge Mussi, julgado em 13/04/2020 (Info 670).

celebração de acordo de leniência, nos termos desta Lei, determina a suspensão do curso do prazo prescricional e impede o oferecimento da denúncia com relação ao agente beneficiário da leniência;

- **CPP, art. 368** - Citação por carta rogatória para acusado no estrangeiro em lugar sabido. Veja o que decidiu o STJ sobre o tema: "O termo final da suspensão do prazo prescricional pela expedição de carta rogatória para citação do acusado no exterior (em lugar sabido) é a data da efetivação da comunicação processual no estrangeiro, ainda que haja demora para a juntada da carta rogatória cumprida aos autos."[12]
- **CPP, artigo 366** – citação por edital, se o réu não aparecer e nem constituir advogado, suspende o processo e a prescrição. Sobre este tema veja o que decidiu o STF:

> Em caso de inatividade processual decorrente de citação por edital, ressalvados os crimes previstos na Constituição Federal como imprescritíveis, é constitucional limitar o período de suspensão do prazo prescricional ao tempo de prescrição da pena máxima em abstrato cominada ao crime, a despeito de o processo permanecer suspenso.[13]

20.2.6. Causas interruptivas da prescrição da pretensão punitiva

Causas interruptivas são as circunstâncias que **zeram a contagem da prescrição**, conduzindo ao reinício do cálculo. Assim dispõe o art. 117, § 2º, do Código Penal: "interrompida a prescrição, salvo a hipótese do inciso V deste artigo, todo o prazo começa a correr, novamente, do dia da interrupção".

Os marcos temporais interruptivos da prescrição da pretensão punitiva estão insertos nos incisos I a IV do art. 117, do Código Penal, em **rol taxativo**. São eles:

a) Recebimento da denúncia ou queixa (inciso I): Observe que o dispositivo faz menção ao recebimento da denúncia ou queixa, **e não ao seu oferecimento**. Considera-se, aqui, a data da publicação da decisão que recebe a inicial acusatória.

Imagine a seguinte situação: a acusação interpôs recurso contra a decisão do juízo de primeiro grau que recusou a inicial acusatória, e tal recurso é provido pelo tribunal. Nesta hipótese, a **Súmula nº 709 do Supremo Tribunal Federal** dispõe que "salvo quando nula a decisão de primeiro grau, o acórdão que provê o recurso contra a rejeição da denúncia vale, desde logo, pelo recebimento dela".

---

12. STJ, 5ª Turma. REsp 1.882.330/SP, Rel. Min. Ribeiro Dantas, julgado em 06/04/2021 (Info 691).
13. STF, Plenário. RE 600.851, Rel. Min. Edson Fachin, julgado em 04/12/2020 (Repercussão Geral – Tema 438) (Info 1001).

De acordo com a jurisprudência do Superior Tribunal de Justiça, o recebimento da denúncia por **magistrado absolutamente incompetente** não interrompe o curso do prazo prescricional, que só ocorrerá com a publicação do despacho do juízo competente ratificando os atos anteriormente praticados. Para a Corte da Cidadania, tal entendimento não se aplica se o recebimento da denúncia se der por juízo relativamente incompetente.

O recebimento do aditamento à inicial acusatória não tem o condão de interromper o prazo prescricional se não trouxer nova imputação. Caso o aditamento apresente a imputação de novo fato delituoso, opera-se a interrupção da prescrição unicamente em relação a este crime.

▸ ATENÇÃO!

Em relação ao momento **exato do recebimento da denúncia** a divergência:

1ª Corrente (CPP, artigo 396) – Doutrina e STJ dizem que é neste dispositivo, onde diz que: "Nos procedimentos ordinário e sumário, oferecida a denúncia ou queixa, o juiz, se não a rejeitar liminarmente, **recebê-la-á** e ordenará a citação do acusado para responder à acusação, por escrito, no prazo de 10 (dez) dias."

2ª Corrente (CPP, art. 399) – Outra corrente defende que é neste dispositivo onde se diz que "**Recebida** a denúncia ou queixa, o juiz designará dia e hora para a audiência, ordenando a intimação do acusado, de seu defensor, do Ministério Público e, se for o caso, do querelante e do assistente".

b) Decisão de pronúncia (inciso II): Trata-se de causa interruptiva da prescrição que se aplica somente aos **crimes dolosos contra a vida**. Nos termos da **Súmula nº 191 do Superior Tribunal de Justiça**, "a pronúncia é causa interruptiva da prescrição, ainda que o Tribunal do Júri venha a desclassificar o crime".

c) Decisão confirmatória da pronúncia (inciso III): Nesta hipótese, o magistrado pronuncia o réu, e a defesa se vale do **recurso em sentido estrito para impugnar a decisão** (CPP, art. 589, IV, CPP).

Desse modo, interrompe-se a prescrição na data em que ocorrer a sessão de julgamento do referido recurso, confirmando a decisão de pronúncia, pois nesta ocasião a prestação jurisdicional condenatória torna-se pública.

d) Publicação da sentença ou acórdão condenatórios recorríveis (inciso IV): Nos termos do art. 389 do Código de Processo Penal, "a sentença será publicada em mão do escrivão, que lavrará nos autos o respectivo termo, registrando-a em livro especialmente destinado a esse fim". Como é possível inferir através da leitura do dispositivo, considera-se publicada a sentença com devolução dos autos pelo juiz ao escrivão, independentemente de sua veiculação na imprensa oficial.

ATENÇÃO

A sentença anulada não constitui marco interruptivo do lapso prescricional, pois um **ato que padece de nulidade não pode produzir quaisquer efeitos jurídicos**.

Além disso, segundo o entendimento do Supremo Tribunal Federal, "a sessão em que é realizado o julgamento da causa pode ser considerada como marco interruptivo da prescrição, uma vez que em tal data a prestação jurisdicional penal condenatória tornou-se pública. Logo, para fins do art. 117, IV, do CP, considera-se publicado o acórdão condenatório na data em que realizada a sessão de julgamento pelo Tribunal, havendo aí a interrupção do prazo de prescrição".

Para fins de interrupção da prescrição, **considera-se condenatório o acórdão** que:

- condena o réu em ação de competência originária do tribunal, salvo se prolatado pelo Supremo Tribunal Federal, visto que, neste caso, a decisão é irrecorrível;
- reforma sentença absolutória para condenar o réu em sede recursal;
- confirma a condenação proferida em primeiro grau, alterando-a substancialmente, seja mantendo, reduzindo ou aumentando a pena anteriormente imposta[14].

JURISPRUDÊNCIA

Nos termos do inciso IV do artigo 117 do Código Penal, o **acórdão condenatório sempre interrompe a prescrição**, inclusive quando confirmatório da sentença de 1º grau, seja mantendo, reduzindo ou aumentando a pena anteriormente imposta.[15]

20.3. Prescrição da Pretensão Executória (PPE)

A prescrição da pretensão executória, por sua vez, se dá **após o trânsito em julgado da sentença condenatória** tanto para a acusação quanto para a defesa. Encontra previsão legal no art. 110 do Código Penal, o qual dispõe que "a prescrição depois de transitar em julgado a sentença condenatória regula-se pela pena aplicada e verifica-se nos prazos fixados no artigo anterior, os quais aumentam de um terço, se o condenado é reincidente".

---

14. STJ, 3ª Seção. REsp 1.930.130/MG, Rel. Min. João Otávio de Noronha, julgado em 10/08/2022 (Recurso Repetitivo – Tema 1100) (Info 744).
15. STF, Plenário. HC 176.473/RR, Rel. Min. Alexandre de Moraes, julgado em 27/04/2020.

ATENÇÃO

Estatui o art. 110 do Código Penal que os prazos prescricionais da pretensão executória devem ser **aumentados de um terço caso o condenado seja reincidente.** Para não restarem dúvidas, é curial destacar o disposto na **Súmula nº 220 do Superior Tribunal de Justiça**, a qual enuncia que "a reincidência não influi no prazo da prescrição da pretensão punitiva".

Ocorrendo a prescrição da pretensão executória, o Estado **perde o direito de sujeitar o condenado à execução da pena que anteriormente lhe fora imposta**, acarretando a extinção da pena. É importante salientar que os efeitos secundários e extrapenais da condenação, tais como a formação de título executivo cível para reposição de danos, os maus antecedentes e a reincidência, como exemplo, permanecem.

A contagem do prazo prescricional deve levar em consideração a **pena aplicada concretamente** ao caso. Nos termos da **Súmula nº 604 do Supremo Tribunal Federal**, "a prescrição pela pena em concreto é somente da pretensão executória da pena privativa de liberdade".

Por sua vez, o art. 113 do Código Penal, observando a máxima segundo a qual "pena cumprida é pena extinta", estabelece que "no caso de evadir-se o condenado ou de revogar-se o livramento condicional, a prescrição é regulada pelo **tempo que resta da pena**".

20.3.1. Marco inicial da contagem da prescrição da pretensão executória

De acordo com o art. 112, do Código Penal, a contagem da prescrição executória se inicia:

a) do dia em que transitar em julgado a sentença condenatória para a acusação (inciso I): Sempre pairou divergência doutrinária e jurisprudencial acerca da literalidade do art. 112, inciso I, do Códgo Penal. O dispositivo enuncia que o início do lapso prescricional da pretensão executória se inicia com o trânsito em julgado da sentença condenatória para a acusação. Entretanto, desconsidera a possível existência de recurso da defesa, o qual pode obstar o início da execução, em virtude do princípio da presunção da inocência, de índole constitucional.

O Supremo Tribunal Federal, em sede de Repercussão Geral, acabou com a celeuma ao fixar as seguintes teses:

> O prazo para a prescrição da execução da pena concretamente aplicada somente começa a correr do dia em que a sentença condenatória transita em julgado para ambas as partes, momento em que nasce para o Estado a pretensão executória da pena, conforme interpretação dada pelo Supremo Tribunal Federal ao princípio da presunção de inocência (art. 5º, inciso LVII, da Constituição Federal) nas ADC 43, 44 e 54[16].

16. STF, Plenário. ARE 848.107/DF, Rel. Min. Dias Toffoli, julgado em 01/7/2023 (Repercussão Geral – Tema 788) (Info 1101).

Diante disso, o STF declarou a não recepção pela Constituição Federal da locução "para a acusação", contida art. 112, inciso I (primeira parte), do Código Penal, conferindo-lhe interpretação conforme a Constituição no sentido de que **a prescrição começa a correr do dia em que transita em julgado a sentença condenatória para ambas as partes**[17].

b) do dia em que é revogado o *sursis*: A revogação do *sursis* submete o condenado ao cumprimento integral da reprimenda que, até então, estava suspensa, cujo montante irá determinar o prazo prescricional da pretensão executória.

c) do dia em que é revogado o livramento condicional: O livramento condicional obriga o condenado a retomar o cumprimento da pena restante. Nos termos do artigo 113, do Código Penal, o tempo que resta pena deverá regular a prescrição.

É importante ter em mente que a depender da causa que ensejou a revogação do livramento condicional, o período em que o condenado esteve em liberdade pode ser computado ou não como pena efetivamente cumprida, o que certamente impacta no cálculo do prazo prescricional.

d) do dia em que se interromper a execução, salvo quando o tempo da interrupção deva computar-se na pena: Aqui está contemplada a hipótese de fuga do condenado, a partir da qual tem início o lapso prescricional.

▸ ATENÇÃO!

CP, art. 112, Inciso II, parte final "...salvo quando o tempo da interrupção deva computar-se na pena".

Exemplo clássico (superveniência de doença mental do condenado): ocorre no caso em que o condenado está cumprindo a pena e é acometido pela doença. Neste caso, a prisão é cessada e o condenado vai ser tratado. O **tempo de tratamento é computado na pena** (não se interrompe).

20.3.2. Causas impeditivas da prescrição da pretensão executória

Enuncia o art. 116, parágrafo único, do Código Penal que **não corre a prescrição contra o condenado preso por outro motivo**.

▸ IMPORTANTE

Lembre-se que o *sursis* e o livramento condicional também são causas que suspendem o prazo prescricional executório **em razão do período de prova**.

---

17. CAVALCANTE, Márcio André Lopes. **A prescrição da execução da pena começa a contar da decisão definitiva para todas as partes**. Buscador Dizer o Direito, Manaus. Disponível em: <https://www.buscadordizerodireito.com.br/jurisprudencia/detalhes/58ea24488cdaba86635a7cf8f963089c>. Acesso em: 23 fev. 2024.

20.3.3. Causas interruptivas da prescrição da pretensão executória

O art. 117 do Código Penal enuncia nos incisos V e VI, três causas que geram o reinício da contagem do prazo prescricional executória, a saber:

- Quando o condenado **inicia o cumprimento** da pena interrompe a prescrição;
- Quando o condenado **foge e é recapturado** (reinício do cumprimento da pena) interrompe a prescrição (a prescrição aqui é calculada pelo restante da pena).
- Reincidência (quando se verifica **posteriormente** à condenação que é marco inicial de contagem da PPE).

20.4. Prescrição virtual, antecipada ou pela pena hipotética

Também denominada **prescrição antecipada, projetada, retroativa em perspectiva ou prognostical**, é espécie de prescrição criada pela doutrina e jurisprudência. Objetiva a "constatação da prescrição, antecipadamente, levando-se em conta a pena a ser virtualmente aplicada ao réu, ou seja, a pena que seria, em tese, cabível ao acusado".

Por exemplo: Em 01/06/2015, "A", funcionário público, modificou o programa de informática de sua repartição sem autorização da autoridade competente, incorrendo no crime previsto no art. 313-B, do Código Penal, com pena prevista de 3 (três) meses a 2 (dois) anos de detenção e multa. Em 01/08/2015, o magistrado recebe a denúncia. Dado o volume de processos tramitando na vara, a audiência de instrução e julgamento só é realizada em 31/01/2019. De plano, verifica-se que a conduta não acarretou dano para a Administração Pública ou para o administrado, e que todas as circunstâncias conduzirão à aplicação da pena em seu patamar mínimo. Embora o crime **ainda não esteja prescrito**, posto que o lapso prescricional regido pela pena máxima abstratamente cominada é de 4 (quatro) anos, o **trânsito em julgado da sentença condenatória irá ensejar o reconhecimento da prescrição retroativa**. Sendo assim, pode o magistrado, com base no princípio da economia processual, e constatada a ausência do interesse de agir, deixar de condenar o agente e reconhecer a extinção da punibilidade pela incidência da prescrição virtual, ainda que, em tese, o crime ainda não esteja prescrito?

A resposta é **NÃO**. Na dicção da **Súmula nº 438 do Superior Tribunal de Justiça**: "É inadmissível a extinção da punibilidade pela prescrição da pretensão punitiva com fundamento em pena hipotética, independentemente da existência ou sorte do processo penal".

QUESTÕES

QUESTÃO 1

VUNESP - 2023 - PC-SP - Delegado de Polícia

Assinale a alternativa que apresenta, respectivamente, uma causa impeditiva e outra interruptiva da prescrição.

a) Durante o cumprimento de pena no exterior; pronúncia.

b) Recebimento da denúncia; decisão confirmatória da pronúncia.

c) Publicação da sentença recorrível; pendência de recursos aos Tribunais Superiores, quando inadmissíveis.

d) Reincidência; vigência do acordo de não persecução penal.

e) Publicação do acórdão condenatório recorrível; pendência de embargos de declaração.

QUESTÃO 2

CESPE / CEBRASPE 2023 - PC-AL - Delegado de Polícia Civil

Pedro ingressou na residência de sua avó Teresa e subtraiu o pequeno cofre do quarto, levando-o para um beco. Sem saber o segredo do cofre, abriu-o com um maçarico e subtraiu as joias de seu interior. Em seguida, levou as peças a uma tradicional joalheria da cidade e vendeu-as a João, comerciante de 20 anos, que comprou os objetos sem se importar em apurar a origem.

Considerando essa situação hipotética, julgue o item que se segue.

O prazo prescricional do crime cometido por João será reduzido pela metade, e eventual recebimento da denúncia interromperá a prescrição.

Certo ( ) Errado ( )

QUESTÃO 3

VUNESP - 2022 - PC-SP - Delegado de Polícia

São reduzidos de metade os prazos de prescrição

a) para pessoa cujos cuidados especiais sejam imprescindíveis para menor de 6 (seis) anos de idade ou com deficiência.

b) quando o criminoso era, ao tempo do crime, menor de 21 (vinte e um) anos, ou, na data da sentença, idoso, ou seja, maior de 60 (sessenta) anos.

c) apenas quando o criminoso era, ao tempo do crime, maior de 70 (setenta) anos.

d) quando o criminoso era, ao tempo do crime, menor de 21 (vinte e um) anos, ou, na data da sentença, maior de 70 (setenta) anos.

e) para mulher com filho de até 12 (doze) anos de idade incompletos.

QUESTÃO 4

FGV - 2024 - MPE-GO - Promotor de Justiça Substituto

Com relação à prescrição, analise as afirmativas a seguir e assinale (V) para a verdadeira e (F) para a falsa.

( ) A decisão confirmatória da pronúncia proferida pelo Superior Tribunal de Justiça em recurso especial sempre interrompe-a prescrição, nos termos do Art. 117, inciso III, do Código Penal.

( ) De acordo com o Superior Tribunal de Justiça, em caso de sentença absolutória imprópria a prescrição pelo máximo da pena em abstrato cominada ao delito.

( ) A prescrição da pretensão executória tem curso durante o cumprimento de suspensão condicional da pena.

As afirmativas são, respectivamente,

a) F – V – F.

b) F – V – V.

c) V – F – F.

d) F – F – V.

e) V – V – F.

QUESTÃO 5

CESPE / CEBRASPE 2023 - TC-DF - Auditor de Controle Externo – Área Auditoria

Se o réu completar setenta anos de idade depois da sentença penal condenatória e antes da decisão que julgar embargos de declaração opostos em desfavor dela, não se aplicará a redução do prazo prescricional pela metade.

Certo ( ) Errado ( )

QUESTÃO 6

TJ-AM - 2023 - TJ-AM - Titular de Serviços de Notas e de Registros - Ingresso por Remoção

No tocante à prescrição penal, assinale a alternativa INCORRETA de acordo com o Código Penal:

a) São reduzidos pela metade os prazos de prescrição quando o criminoso era, ao tempo do crime, menor de 21 (vinte e um) anos, ou, na data da sentença, maior de 70 (setenta) anos.

b) A prescrição da pena de multa ocorrerá em 3 (três) anos, quando a multa for a única cominada ou aplicada.

c) A prescrição depois de transitar em julgado a sentença condenatória regula-se pela pena aplicada e verifica-se nos prazos fixados no artigo anterior, os quais aumentam de um terço, se o condenado é reincidente.

d) Antes de passar em julgado a sentença final, a prescrição não corre enquanto não for resolvida, em outro processo, questão de que dependa o reconhecimento da existência do crime.

QUESTÃO 7

Avança SP - 2023 - Prefeitura de São Miguel Arcanjo - SP - Procurador Jurídico

De acordo com o que prevê o Código Penal acerca do instituto da prescrição, assinale a alternativa INCORRETA.

a) A prescrição, depois da sentença condenatória com trânsito em julgado para a acusação ou depois de improvido seu recurso, regula-se pela pena aplicada, não podendo, em nenhuma hipótese, ter por termo inicial data anterior à da denúncia ou queixa.

b) A prescrição, antes de transitar em julgado a sentença final, começa a correr do dia em que o crime se consumou, sem prejuízo de eventual incidência de causas suspensivas ou interruptivas

c) A partir do trânsito em julgado da sentença penal condenatória, começa a correr o prazo, exclusivamente, da prescrição da pretensão punitiva, e não da pretensão executória da pena.

d) A prescrição, antes de transitar em julgado a sentença final, começa a correr, no caso de tentativa, do dia em que cessou a atividade criminosa.

e) Aplicam-se às penas restritivas de direito os mesmos prazos prescricionais previstos para as privativas de liberdade.

QUESTÃO 8

CESPE / CEBRASPE 2023 - TJ-ES - Analista Judiciário - Especialidade: Comissário de Justiça da Infância e Juventude

O prazo da prescrição é reduzido à metade quando o criminoso tiver, ao tempo do crime, idade igual a 21 anos de idade.

Certo ( ) Errado ( )

QUESTÃO 9

Instituto Consulplan - 2023 - Câmara de Tremembé - SP - Oficial Legislativo - Jurídico

Em sede de Direito Penal, o curso da prescrição interrompe-se

a) pelo oferecimento da denúncia ou da queixa.
b) com o não cumprimento do acordo de não persecução penal.
c) pela publicação da sentença ou acórdão condenatórios recorríveis.
d) enquanto não resolvida, em outro processo, questão de que dependa o reconhecimento da existência do crime.

QUESTÃO 10

Avança SP - 2023 - Prefeitura de Americana - SP - Procurador Jurídico

Prevê o Código Penal:

a) Quanto ao termo inicial da prescrição antes de transitar em julgado a sentença final, começa a correr, no caso de tentativa, do dia em que cessou a atividade criminosa;
b) Que a punibilidade não se extingue pela retratação do agente em nenhum caso;
c) O curso da prescrição não é prejudicado enquanto não se resolver, em outro processo, questão de que dependa o reconhecimento da existência do crime;
d) O juízo sobre a denúncia ou queixa interrompe a prescrição se for por sua rejeição;
e) Todas as assertivas anteriores estão corretas.

GABARITO

Questão 1	Letra "A"
Questão 2	Assertiva "Correta"
Questão 3	Letra "D"
Questão 4	Letra "A"
Questão 5	Assertiva "Errada"
Questão 6	Letra "B"
Questão 7	Letra "C"
Questão 8	Assertiva "Errada"
Questão 9	Letra "C"
Questão 10	Letra "A"

Referências

ABREU, Fernando. **Direito Penal Para Concursos** - Parte Geral. 2 ed. São Paulo: Editora Juspodivm, 2022.

ALBERTO, Márcio, COSTA, Adriano, FONTES, Eduardo e HOFFMANN, Henrique. **Pacote Anticrime.** Salvador: Editora JusPodivm, 2020.

ALVES, Jamil Chaim. **Manual de Direito Penal - parte geral e parte especial**. Salvador. Editora JusPodivm. 2020.

______. **Manual de direito penal:** parte geral e especial. Editora: JusPodivm, 2022.

ARAÚJO, Fábio Roque. **Curso de Direito Penal - Parte Geral**. Salvador: Editora JusPodivm, 2018.

AULETE DIGITAL. **Dicionário Digital Caldas Aulete**. Disponível em: http://www.aulete.com.br/reificação.

AVENA, Norberto. **Processo Penal**. 10 ed. São Paulo: Método, 2018, p. 287.

AZEVEDO, Marcelo André de; SALIM, Alexandre. **Direito Penal: parte geral**. Editora JusPodivm, 8ª edição, 2018.

BATISTA, Nilo. **Introdução crítica ao direito penal brasileiro**. 11 ª edição. Rio de Janeiro: Revan, 2007.

BITENCOURT, Cezar Roberto. **Tratado de Direito Penal**, v. 1, Parte Geral. 13 ed. São Paulo: Saraiva, 2008.

BOTTINI, Pierpaolo. **O estranho e fascinante crime omissivo próprio - Parte 3.** Disponível em: https://www.conjur.com.br/2020-dez-21/estranho-fascinante-crime-omissivo-improprio-parte-2/.

BUSATO, Paulo César. **Direito Penal - Parte Geral.** São Paulo: Atlas, 2013.

CALLEGARI, André Luís. **Teoria Geral do Delito e da Imputação Objetiva**. 3 ed. São Paulo: Atlas, 2014.

CAPEZ, Fernando. **Curso de Direito Penal** - Parte Geral, v. 1. 16 ed. São Paulo: Saraiva, 2012.

______. **Curso de Direito Penal** - Parte geral, v1. 19 ed. São Paulo: Saraiva, 2015.

CAVALCANTE, Márcio André Lopes. **A prescrição da execução da pena começa a contar da decisão definitiva para todas as partes**. Buscador Dizer o Direito, Manaus. Disponível em: <https://www.buscadordizerodireito.com.br/jurisprudencia/detalhes/58ea2448 8cdaba86635a7cf8f963089c>.

______. **A Resolução da Corte Interamericana de Direitos Humanos de 22/11/2018, que determina o cômputo da pena em dobro, deve ser aplicada a todo o período cumprido pelo condenado no Instituto Penal Plácido de Sá Carvalho (IPPSC)**. Buscador Dizer o Direito, Manaus. Disponível em: https://www.buscadordizerodireito.com.br/jurisprudencia/detalhes/8ce241e1ed84937ee48322b170b9b18c.

______. **Comentários à Lei 13.715/2018, que ampliou as hipóteses de perda do poder familiar decorrente da prática de crimes.** Disponível em: <https://www.dizerodireito.com.br/2018/09/comentarios-lei-137152018-que-ampliou.html> Acesso em: 26/12/2018.

______. **Decisão que reconhece detração penal analógica virtual não serve para fins de reincidência**. Buscador Dizer o Direito, Manaus. Disponível em: <https://www.buscadordizerodireito.com.br/jurisprudencia/detalhes/1134ac57b5b1d38b7d70c1b6f eaa28cf>.

______. **Lei 14.197/2021: crimes contra o Estado Democrático de Direito**. Buscador Dizer o Direito, Manaus. Disponível em: <https://www.buscadordizerodireito.com.br/novidades_legislativas/detalhes/beed13602b9b0e6ecb5b568ff5058f07>.

______. **Lesão corporal qualificada pelo resultado morte e nexo de causalidade**. Buscador Dizer o Direito, Manaus. Disponível em: <https://www.buscadordizerodireito.com.br/jurisprudencia/detalhes/8e2cfdc275761edc592f73a076197c33>.

______. **Não incide a regra a continuidade delitiva específica nos crimes de estupro praticados com violência presumida**. Buscador Dizer o Direito, Manaus. Disponível em: https://www.dizerodireito.com.br/2023/11/nao-incide-regra-continuidade-delitiva.html.

______. **O decreto de indulto pode ser julgado inconstitucional caso fique demonstrado que tinha por finalidade atingir objetivos de interesse pessoal ao invés do interesse público**. Buscador Dizer o Direito, Manaus. Disponível em: <https://www.buscadordizerodireito.com.br/jurisprudencia/detalhes/f7779710d2026dca44c41da7a9b7c748>.

______. **Reincidência x confissão: qual das duas prepondera?**. Buscador Dizer o Direito, Manaus. Disponível em: <https://www.buscadordizerodireito.com.br/jurisprudencia/detalhes/6a971e08a01e6676d0f1a6e0dacbbd67>.

______. **Se o indivíduo, durante um roubo, matar duas pessoas, mas subtrair o patrimônio de apenas uma delas, ele terá cometido um ou dois crimes de latrocínio?** Buscador Dizer o Direito, Manaus. Disponível em: https://www.dizerodireito.com.br/2023/11/se-o-individuo-durante-um-roubo-matar.html.

______. **Súmula 582-STJ**. Buscador Dizer o Direito, Manaus. Disponível em: <https://www.buscadordizerodireito.com.br/jurisprudencia/detalhes/ed46558a56a4a26b96a68738a0d28273>.

COSTA, Adriano Sousa; FONTES, Eduardo; HOFFMANN, Henrique; SILVA, Márcio Alberto Gomes da. **Pacote Anticrime.** Salvador: Juspodivm, 2020.

CUNHA, Rogério Sanches. **Direito Penal. Parte Geral**. Salvador: Editora Juspodivm, 2016.

______. **Manual de Direito Penal** - Parte Geral, Bahia: Juspodivm, 2015.

______. **Manual de Direito Penal**: parte geral (arts. 1º ao 120). 7. ed. rev., ampl. e atual. Salvador: JusPODIVM, 2019.

______. **Pacote Anticrime**. Salvador: Juspodivm, 2020.

______. **Súmula 599 do STJ: Não se aplica o princípio da insignificância nos crimes contra a Administração Pública.** Disponível em: https://meusitejuridico.editorajuspodivm.com.br/2017/11/20/sumula-599-stj-nao-se-aplica-o-principio-da-insignificancia-nos--crimes-contra-administracao-publica.

DE JESUS, Damásio. **Direito Penal – Parte Geral.** vol. 1. 33ª ed. São Paulo: Saraiva, 2013.

DIAS, Jorge de Figueiredo. **Direito Penal: parte geral**. São Paulo: Revista dos Tribunais; Coimbra: Editora Coimbra, 2007. t. I.

DINIZ, Maria Helena. **Compêndio de Introdução à Ciência do Direito.** 20 ed. São Paulo: Saraiva, 2009.

DOTTI, René Ariel. **Curso de Direito Penal: parte geral.** 8. ed. São Paulo: Revista dos Tribunais, Thomson Reuters, 2022.

ENTRINGE, Ronaldo. **Prova discursiva – Ministério Público/RJ – XXXIV Concurso – Prova Preliminar 2016.** Disponível em: https://www.coachronaldoentringe.com.br/tag/concurso-para-o-ministerio-publico-do-rio-de-janeiro/?print=print-search.

FERNANDES, Bernardo Gonçalves. **Curso de Direito Constitucional.** 3.ed. Rio de Janeiro: Lumen Juris, 2011.

FERRAJOLI, Luigi. **Direito e Razão**. São Paulo: Revista dos Tribunais, 2002.

FISCHER, Douglas; PELELLA, Eduardo. **Garantismo penal integral**. Salvador: Juspodivm, 2013.

FISHCER, Douglas; PEREIRA, Frederico Valdez. **As obrigações processuais penais positivas**. 2ª ed. Livraria do Advogado, 2019.

FONTES, Eduardo. HOFFMAN, Henrique et al. **Carreiras policiais: delegado federal**. 2. ed. rev., atual. e ampl. Salvador: JusPODIVM, 2021.

______. **Carreiras Policiais – Pacote Anticrime (2020).** Salvador: Editora JusPodivm, 2020.

______. Carreiras Policiais: **Criminologia**. 4 ed. rev., atual. e ampl. Salvador: Editora JusPodivm, 2021.

FONTES, Eduardo; MORAES, Geovane. **Temas Controversos de Direito Penal**. 1 ed. Recife: Armador. 2016.

FRAGOSO, Heleno Claudio. **Lições de Direito Penal,** Parte Geral. 16ª ed. Rio de Janeiro: Forense: 2003.

FRANCO, Alberto Silva. **Código penal e sua interpretação jurisprudencial.** 5ª ed. São Paulo: Revista dos Tribunais, 1995.

FRANK, Reinhard *apud* BUSATO, Paulo César. **Direito Penal – Parte Geral**. São Paulo: Atlas, 2013.

FUHER, Maxilimiliano Roberto Ernesto. **História do Direito Penal**. São Paulo: Malheiros, 2005.

G1. **Precariedade e ambiente insalubre: os relatos dos envolvidos no processo de fechamento dos manicômios judiciário**s. Publicado em 06 set. 2023. Disponível em: https://g1.globo.com/profissao-reporter/noticia/2023/09/06/precariedade-e-ambiente-insalubre-os-relatos-dos-envolvidos-no-processo-de-fechamento-dos-manicomios-judiciarios.ghtml.

GARCIA, Basileu, **Instituições de Direito penal**, v. 1. t. 1. São Paulo: Saraiva, 2008.

GOMES, Enéias Xavier. **Dolo sem vontade psicológica: perspectivas de aplicação no Brasil**. Belo Horizonte: Editora D'Plácido, 2017.

GOMES, Luiz Flávio, MOLINA, Antonio García-Pablos de. **Direito Penal - Parte Geral**. v. 2. 2. ed. São Paulo: RT, 2007.

GRECO, Rogério. **Código Penal: comentado**. 4ª ed. Niterói, RJ: Ímpetus, 2010.

______. **Curso de Direito Penal – Parte Geral**. vol. 2, 15ª ed. Rio de Janeiro: Impetus, 2013.

______. **Curso de Direito Penal – Parte Geral**, v. 1. 17 ed. Rio de Janeiro: Impetus, 2015.

______. **Curso de Direito Penal**: **parte geral**. 9º ed. Rio de Janeiro: Impetus, 2007.

______. **Direito Penal do Equilíbrio: uma visão minimalista do Direito Penal**. 4 ed. Niterói, RJ: Impetus, 2009.

HASSEMER, Winfried. **Los elementos característicos del dolo**. Anuário de derecho penal y ciências penales. Tomo 43, Fasc/Mes 3, 1990.

______. Perspectivas de uma moderna política criminal. **Revista Brasileira de Ciências Criminais**, v. 8.

IBCCIM. **A teoria cognitiva do dolo e o alargamento do poder de punir**. Disponível em: https://www.ibccrim.org.br/noticias/exibir/8921. Acesso em: 29 out. 2019.

JAKOBS, Günther. **A imputação objetiva no Direito Penal**. 5 ed. São Paulo: Revista dos Tribunais, 2014.

JESUS, Damásio de. **Direito Penal – Parte Geral**, v. 1. 36 ed. São Paulo: Saraiva, 2015.

JUNIOR, Miguel Reale. **Instituições de Direito Penal.** Rio de Janeiro: Forense, 2002.

JUS.COM.BR. Aspectos dogmáticos da(s) teoria(s) da imputação objetiva. **Revista Jus Navigandi**, ISSN 1518-4862, Teresina, ano 11, n. 973, 1 mar. 2006. Disponível em: ‹https://jus.com.br/artigos/8021›.

LIMA JÚNIOR, José César Naves de. **Criminologia.** Salvador: Juspodivm, 2017.

LIMA, Renato Brasileiro de. **Manual de Processo Penal**. 5 ed. Salvador: JusPodivm, 2017.

______. **Manual de processo penal**: volume único. 11. ed. rev., ampl. e atual. São Paulo: Ed. JusPodivm, 2022.

LISZT, Franz von. **Artigos e conferências de direito penal**, [s.l]: [s.ed.], 1905.

______. **Tratado de direito penal alemão.** Trad. José Hygino Duarte Pereira. Rio de Janeiro: F. Briguiet, 1889. t. I.

MANÃS, Carlos Vico. **O Princípio da Insignificância como Excludente da Tipicidade no Direito Penal**. 1ª. ed., São Paulo: Saraiva, 1994.

MASSON, Cleber. **Código Penal Comentado**. 2ª ed., rev., atual. e ampl. São Paulo: Método, 2014.

______. **Direito Penal Esquematizado – Parte Geral**, v. 1. São Paulo: Método, 2016.

MEU SITE JURÍDICO. **A doutrina classifica o excesso nas justificantes em extensivo e intensivo**. Disponível em: https://meusitejuridico.editorajuspodivm.com.br/2021/02/28/doutrina-classifica-o-excesso-nas-justificantes-em-extensivo-e-intensivo/.

MORAES, Leonardo Bruno Pereira de. **Decreto de Bolsonaro não atende aos requisitos da doutrina brasileira.** Disponível em: https://www.conjur.com.br/2022-abr-22/pereira-moraes-graca-constitucional-daniel-silveira/.

MRE. **O Itamaraty e as carreiras do Serviço Exterior**. Disponível em: https://www.gov.br/mre/pt-br/acesso-a-informacao/perguntas-frequentes/o-itamaraty-e-as-carreiras-do-servico-exterior#doze. Publicado em: 24 ago. 18.

NORONHA, Edgard Magalhães. **Direito Penal. v. 1.** 36 ed. São Paulo: Saraiva, 2001.

______. **Direito Penal: parte geral.** 21 ed. São Paulo: Saraiva, 1982.

NOVELINO, Marcelo. **Curso de Direito Constitucional**. Salvador: Editora Juspodivm, 2015.

NUCCI, Guilherme de Souza. **Código Penal Comentado**. 17 ed. Rio de Janeiro: Forense, 2017.

______. **Curso de direito penal**, v. 1: parte geral: Arts. 1º a 120 do Código Penal. 5. ed. rev., atual Rio de Janeiro: Forense, 2021.

______. **Curso de Direito Penal**. v. 1. Rio de Janeiro: Forense. 2017.

______. **Leis Penais e Processuais Penais Comentadas**. Rio de Janeiro: Forense, 2017.

______. **Manual de Direito Penal**. 10 ed. Rio de Janeiro: Forense, 2014.

______. **Pacote Anticrime Comentado.** Rio de Janeiro: Forense, 2020.

OLIVEIRA, Eugênio Pacelli de. **Curso de processo penal**. 18 ed. São Paulo: Atlas, 2014.

PASTOR, Daniel Roberto. La deriva neopunitivista de organismos y activistas como causa del desprestigio actual de los derechos humanos. **Nueva Doctrina Penal**, Buenos Aires, 2005, p. 73-114.

Paulo: RT, 2007.

PRADO, Luiz Régis. **Curso de Direito Penal Brasileiro**. v. 1 - Parte Geral. 9 ed. São Paulo: Revista dos Tribunais, 2010.

PUPPE, Ingeborg. **A Distinção entre Dolo e Culpa**. São Paulo: Manole, 2004.

QUEIROZ, Paulo. **Direito Penal: Parte Geral.** 4 ed. Rio de Janeiro: Editora Lumen Juris, 2008.

ROXIN, Claus. **A Proteção de Bens Jurídicos como Função do Direito Penal**. 2 ed. Porto Alegre: Livraria do Advogado, 2009.

SANTOS, Humberto Souza. **Elementos fundamentais de um conceito de dolo político-criminalmente orientado**. v. 20, n. 97, p. 87-118, jul./ago., 2012.

SANTOS, Juarez Cirino dos. **Direito Penal – Parte Geral.** 3 ed. Curitiba: ICPC; Lumen Juris, 2008.

SCHMITT, Ricardo Augusto. **Sentença Penal Condenatória**: Teoria e Prática. 10. ed. Salvador: Juspodivm, 2016.

SILVA SÁNCHEZ, Jesús-María. **A expansão do direito penal: aspectos da política criminal nas sociedades pós-industriais**. Trad. Luiz Otávio de Oliveira Rocha. São Paulo: RT, 2002.

SILVA, José Afonso da. **Curso de direito constitucional positivo**. 34 ed. rev. e atual. São Paulo: Malheiros, 2011.

TAVARES, Juarez. **Teoria do injusto penal.** 2 ed. Belo Horizonte: Del Rey, 2002.

TAVORA, Nestor; ALENCAR, Rosmar Rodrigues Alencar. **Curso de Direito Processual Penal**. 14. ed. rev. e atual. Salvador: Ed. JusPodivm, 2019.

TOLEDO, Francisco de Assis. **Culpabilidade e a Problemática do Erro Jurídico Penal**. São Paulo: Revista dos Tribunais, 2010.

______. **Princípios básicos de direito penal**. São Paulo, Saraiva, 2000.

TUIRNI, Ramon Teixeira; FERNANDES, Bráulio da Silva Fernandes; LOPES, Ricardo Ferraz Braida Lopes. Reflexos do avanço expansionista à luz das velocidades do Direito Penal. **Revista das Faculdades Integradas Vianna Júnior**, v.11, n. 2, Juiz de Fora, jul-dez 2020, p. 327-328. Disponível em: https://www.viannasapiens.com.br/revista/article/view/692.

VIANA, Eduardo. **Dolo como compromisso cognitivo.** São Paulo: Marcial Pons, 2017.

ZAFFARONI, Eugenio Raul; ALAGIA, Alejandro; SLOKAR, Alejandro. **Derecho penal**: parte geral. Buenos Aires: Ediar, 2002.

ZAFFARONI, Eugenio Raúl; PIERANGELI, José Henrique. **Manual de Direito Penal Brasileiro**. vol I, parte geral. 4 ed. rev., atual. São Paulo: Editora Revista dos Tribunais, 2011.

______. **Manual de direito penal brasileiro: parte geral**, 5 ed. São Paulo: Revista dos Tribunais, 2004.

JUS3473